吳笠谷 著

文物出版社

1. 端石"唐相国房公砚"（江西余江倪氏家族藏）

2. "香山居士"砚（《中国民间藏砚珍赏》刊）

3. 唐会昌四年澄泥砚（五绝砚斋藏）

4. 北宋许远端石椭圆砚（江苏仪征市博物馆藏）

5.北宋包绶墓出土歙石抄手砚(安徽省博物馆藏)

6.明何吾驺端石长方砚(广东省博物馆藏)

7.明邝露款端石天风吹夜泉砚(台北兰千山馆藏)

8.明许友铭端石游龙砚
(台北兰千山馆藏，沈汝瑾原藏)

9.清许遇端石钟池砚（棲砚楼藏）

10.清林佶端石圭璋砚
（日版《古名砚》刊，沈汝瑾原藏）

11.清林在峨铭许遇端石《心经》砚（私家藏）

12.清李馥端石瓶池抄手砚（私家藏）

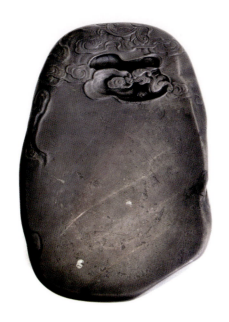

13.清谢士骥制端石云螭砚（私家藏）

14.清董汉禹制端石夔纹砚（私家藏）

15.清董汉禹制端石风字砚（私家藏）

16.清黄任款端石墨雨砚
（天津博物馆藏，徐世章原藏）

17.清黄任款生春红砚
（台北历史博物馆藏，林白水原藏）

18.清李云龙铭端石瓜蝶砚
（北京首都博物馆藏）

19.清顾二娘款"洞天一品砚"
（北京故宫博物院藏）

21.清纪晓岚款绿端砚
（北京首都博物馆藏，康生原藏）

20.清顾二娘款双燕衔花端砚（台北兰千山馆藏）

22.清纪晓岚款"朱端砚"（私家藏）

23.唐制南北朝铜雀台砖砚（背）
（五绝砚斋藏）

24.唐带盖凫形虢州澄泥砚（五绝砚斋藏）

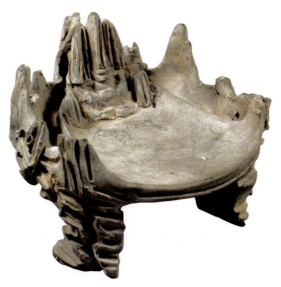

25.唐三足十二峰澄泥砚（五绝砚斋藏）

27.清红丝石素池砚（日版《古名砚》刊）

26.明歙石金晕"罗汉入洞"砚
（日版《歙州砚》刊）

28.清黎溪石云月砚
（日版《古名砚》刊，曾收入《和汉砚谱》）

29.清端石松段砚(棲砚楼藏)

30.近代王玉瑞制陕州澄泥蟾形砚
（私家藏）

31.明卢敬制陕州澄泥骆驼砚
（瓦缶堂藏）

32.宋合津（河津）张家制澄泥砚
（私家藏）

33.明黑包红澄泥蟾形砚(私家藏)

34.唐红丝石（传）箕形砚
（山东省博物馆藏）

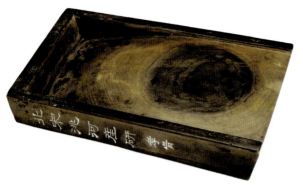

35.郑孝胥铭北宋洮河石抄手砚
（天津博物馆藏）

36.南宋淳祐款绿端兰亭砚
（日本国永青文库藏）

37.宋~元端石蓬莱砚
（盛源斋藏）

38.清歙石庙前坑夔纹砚（私家藏）

39.北宋歙石庙前青抄手砚
（五绝砚斋藏）

41.仿汉铜雀瓦砚
（台北故宫博物院藏，清乾隆内府原藏）

40.北宋曾巩墓出土端石抄手砚
（江西省博物馆藏）

42.宋高宗赐王十朋款端石抄手砚
（浙江省温州市博物馆藏）

43.唐大中十三年虢石双足箕形砚
（五绝砚斋藏）

44.宋苏轼款端石抄手砚（背）
（浙江省杭州市余杭区博物馆藏）

45.明王艮小像端石几形砚
（北京故宫博物院藏）

46.清黄易款石函砚
（北京首都博物馆藏）

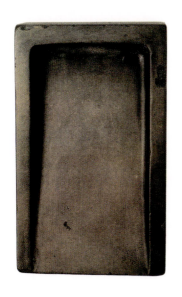

47.宋端石抄手"百一砚"（背）
（北京故宫博物院藏，
苏宗仁先生捐献，清乾隆内府原藏）

48.易安款端石素池砚
（台北兰千山馆藏，沈汝瑾原藏）

49.清曾国藩藏天籁阁澄泥砚
（台版《典藏古美术》刊）

50.高凤翰端石田田砚
（上海博物馆藏，曾收入高氏《砚史》）

51.清余甸端石青花砚（五绝砚斋藏）

52.清阮元茶坑石岁寒三友砚（藏砚斋藏）

53.清高兆端石鲛绡砚（背）
（私家藏）

54.清许瑶光辰溪石井田砚（背）
（棲砚楼藏）

55.明邢侗貔石来禽馆砚（五绝砚斋藏）

56.元徐贞静眉纹歙石墓志铭砚
（林岗先生藏）

57.南宋虞似良眉纹歙石三足砚（五绝砚斋藏）

58.清黄士陵刻铭端石长方砚
（私家藏）

59.清王岫君制端石竹节砚
（私家藏）

60.清圣祖康熙赐孙勋松花石砚
（日版《砚台》刊）

61.清徐立纲金星歙石仿宋合璧砚
（楼砚楼藏）

凡　例

一、本书分《刍议编》、《杂俎编》两部分。《刍议编》诸文，主要按年代先后考析古代名人砚及砚史名家砚事，有证伪，有辨真。《杂俎编》诸文为杂说，有对古今各种名砚争议问题的考辨，也有对古名人砚鉴赏问题的探求。

二、本书各文，以数百字左右短文分节，各节皆冠以小标题，求每节主题明了。

三、本书除主题所考砚，又有与主题相关如古琴等文房什物，不足单独成篇，只略作考辨附于文后为参考。

四、本书所辨各砚，涉及主题的主要人物皆有生平简介。极著名者，略之不叙。所计人物年龄，循古人惯例以虚岁为主。

五、本书所引文献，为求准确，尽量引用原文。有歧说者，以原始出处为主。

六、本书引用原文原注，皆于括号内注明。未标明原注者，皆为笔者所按。

七、本书主题涉及的古人名贤，以称呼字号为主，取敬重前贤意。影响不甚彰显者，则直称其名。

八、本书引用次数较多的古今人图籍，首次引用称全名，后文兼用简称。如米芾《砚史》简称《米史》、纪昀《阅微草堂砚谱》简称《纪谱》。

九、本书所采用的砚图、砚拓，除国内今人出版物外，亦择用前人《广仓砚录》及《古名砚》、《砚台》等日版砚谱。

十、本书收入若干本书著者五绝砚斋藏品及部分今人私家珍藏品以为例说，多为于砚史具有重要意义者，均为首次发表。

目 录

序一 铁笔生花　文心辨砚
　　………………蔡鸿茹（ 1 ）
序二 妙伎成佳砚　奇缘会古人
　　………………刘德水（ 1 ）
自序 魂兮归来　吾道不孤
　　——论当代砚文化式微之成因及复
兴的机缘 ………………（14）
今夕何夕　梦里不知身是客
　　………………………（14）
浮槎东渡　墙里开花墙外香
　　………………………（14）
泰西不重　无可奈何落花去？
　　………………………（15）
国人冷落　欲觅知音难上难
　　………………………（16）
砚田乾坤　旧时王谢斋中宝
　　………………………（17）
笔耕谋食　最数文人相亲傍
　　………………………（17）
疏阉国学　雾里难窥花真容
　　………………………（18）
争居奇货　炒古岂是真赏古？
　　………………………（19）
重器轻道　黄钟大吕久毁弃
　　………………………（20）
取法乎下　斤斤小伎瓦缶鸣

　　………………………（20）
急功近利　墨客无心磨闲墨
　　………………………（21）
笔砚精良　曼妙翰墨续因缘
　　………………………（22）
片石清幽　卧游烟云堪供养
　　………………………（23）
格石赏心　天地之道道可道
　　………………………（23）
以博以深　砚须亟定专门学
　　………………………（24）
辑古有功　今世亟需好事者
　　………………………（26）
各取所需　雅艺俗雕可共赏
　　………………………（27）
砚道复兴　源头活水是法门
　　………………………（28）
楚人有弓　柳暗花明别有村
　　………………………（28）
陶写寂寥　路漫漫其修远兮
　　………………………（29）

上编　刍议编

孔子砚与“法家诗人”

　　——李贺诗《杨生青花紫石砚歌》
诸解正谬 ………………（ 3 ）

子曰 ……………………（ 3 ）

夫子用砚 …………………（ 4 ）

唐时尚传 …………………（ 5 ）

托名先师 …………………（ 5 ）

"鬼才"名歌 ………………（ 6 ）

砚歌试说 …………………（ 7 ）

"鬼诗"难解 ………………（ 7 ）

李贺反儒？ ………………（ 8 ）

长吉尊颜 …………………（ 9 ）

踏水割石？ ………………（ 10 ）

尼山孔砚？ ………………（ 11 ）

神赐孔砚 …………………（ 12 ）

吾作"解人" ………………（ 12 ）

宽顽·宽硕 ………………（ 13 ）

刘李已疑？ ………………（ 14 ）

附考一 芹溪"孔砚"——儒乡多

"圣迹" …………………（ 15 ）

"孔砚"实"华砚" ……………（ 15 ）

荒山觅"鬼石" ……………（ 15 ）

附考二 东海"孔砚"——既宽且顽

………………………（ 16 ）

附考三 梁公砚之谜——非以孔父名

………………………（ 17 ）

崇儒劝学砚 ………………（ 17 ）

良工梁家叟 ………………（ 18 ）

书圣遗宝传苏米

——王羲之凤池砚考 …………（ 20 ）

右军将军人中龙 所遗紫石形似凤

………………………（ 20 ）

永嘉温岩非名门 却占砚史枝头春

………………………（ 21 ）

逸少风流贤太守 暇余翰思胜迹留

………………………（ 21 ）

王帖颇许华岩石 晋画原有凤凰池

………………………（ 22 ）

老叟云是右军后 砚历晋唐现皇宋

………………………（ 23 ）

书台石家名好古 素师草叙启山谷

………………………（ 24 ）

康伯雅病嗜翰墨 画苑最宝湖州竹

………………………（ 25 ）

眉山苏石原世姻 名物归苏半人情

………………………（ 26 ）

米老亦是旧相识 石氏秘阁有交易

………………………（ 27 ）

雅物名品常攘夺 米家珍本苏家珍

………………………（ 28 ）

推许高品压端歙 宝晋斋中宝晋砚

………………………（ 14 ）

缘结书史三高峰 合称砚史第一品

………………………（ 29 ）

附考 王羲之浮鹅砚——伪书载赝砚

………………………（ 30 ）

与《楞严经》"共存亡"？

——佛教名物房相砚钩沉 ……（ 32 ）

梵僧贻宝 …………………（ 32 ）

走私血经 …………………（ 33 ）

沙门大德 …………………（ 33 ）

名刹遗名砚 ………………（ 34 ）

天府藏黄琮 ………………（ 35 ）

房融造经？ ………………（ 36 ）

石有可疑 …………………（ 38 ）

相国房公砚 ………………（ 38 ）

并无房相款 ………………（ 39 ）

氏名环列紫秋虫 ……………（40）

南渡群公竞赏识 …………………（41）

半是赝刻半是真 …………………（41）

白傅墨海？

　　——香山居士砚谈霏 …………（43）

"白粉"·"诗黑" ………………（43）

香山白居士 ………………………（44）

居士手琢？ ………………………（44）

歙行无心觅佳砚 …………………（46）

许石为友白诗翁 …………………（47）

手痹病叟挥铁笔？ ………………（47）

使君何为绕浙中？ ………………（48）

江海漂漂过兰溪 …………………（49）

此蓝溪岂是彼兰溪？ ……………（49）

兰溪诗案 …………………………（50）

天保何处山？ ……………………（51）

香山谢居士 ………………………（51）

香山缪居士 ………………………（52）

浔阳诗案 …………………………（53）

此香山绝非彼香山！ ……………（54）

附考　白居易故居出土多足璧雍砚

　　——白傅当年曾亲使？ ……（55）

高阳子春砚抉隐

　　——真州"双包案" …………（56）

同时同城同表字　真州居然两子春

　　………………………………（56）

高阳必是许家子　谁知竟为邑先贤

　　………………………………（57）

天圣年间官秘阁　砚当文府待制用

　　………………………………（58）

许家媳是柳孙女　秦晋之好两子春

　　………………………………（58）

欧公记载许公墓　许砚必出许家茔

　　………………………………（60）

"大义灭砚"非龙图　掷砚真有唐状元

　　——"包公掷砚"胜话 ………（61）

青天·大老爷 ……………………（61）

掷砚示廉 …………………………（62）

未持 ………………………………（62）

亦未掷 ……………………………（63）

投扇示廉是原型？ ………………（64）

只许州官盗石 ……………………（65）

不让包公专美 ……………………（66）

陶公官端不求砚 …………………（66）

仗势夺砚陈大尹 …………………（67）

半夜窃石熊制府 …………………（68）

草菅端民数二藩 …………………（69）

不受砚贿杨一本 …………………（69）

借花献佛朱尚书 …………………（70）

归途还砚凌大令 …………………（71）

愧过砚洲黄明府 …………………（71）

桂亭使君龙图清？ ………………（72）

江神不贪砚 ………………………（74）

投砚鸭绿水 ………………………（74）

徽州好个唐皋哥 …………………（75）

学士巧对朝鲜王 …………………（76）

黑脸·铁面 ………………………（76）

持一砚归 …………………………（78）

附考一　肥水包氏砚——孝肃清风

　　………………………………（78）

附考二　包绥砚——孝肃家风

　　………………………………

附考三　年海瑞印、砚——砚铭有无

　　"斗私"言？ …………………（79）

附考四 施世纶藏赐砚——施二公子

　不玩砚 ……………………（81）

砚史"葫芦案"的N个细节

　——脂砚漫谭 ………………（83）

　显学·显疵 …………………（83）

　红颜素心 ……………………（84）

　北里名姬 南蛮压寨 …………（85）

　词翰大佬 风雅皮条 …………（85）

　雅督 …………………………（86）

　雅贿 …………………………（87）

　赢砚事虚 ……………………（88）

　传砚"正说" …………………（89）

　传砚奇话 ……………………（90）

　国学大师谋宝？ ……………（91）

　偶得之 ………………………（91）

　借丢了 ………………………（93）

　白某黑手 ……………………（93）

　戴氏做媒 ……………………（94）

　方黄王汪万范花 ……………（95）

　自买·代收 …………………（96）

　翩翩浊世佳公子 ……………（96）

　展没了 ………………………（97）

　飞走了 ………………………（98）

　二百年来罕遭之异珍 ………（98）

　不准疑！ ……………………（99）

　不准挂！ ……………………（100）

　脂砚何"脂"？ ………………（101）

　胭脂晕·胭脂韵 ……………（102）

　"脂砚"何"斋"？ ……………（102）

　玄学？ ………………………（103）

　之流？ ………………………（104）

　依然你猜我猜大家猜 ………（104）

　疑者有因 ……………………（105）

　考少实据 ……………………（106）

　薛家有女未长成 ……………（107）

　"梨花"本爱"海棠" …………（107）

　念佛可捧薛娘 ………………（108）

　画姬写像犯难 ………………（109）

　玩古"棒捶" …………………（110）

　红学"铁杆" …………………（111）

　《红楼》红而紫砚"紫" ……（111）

　难煞"葫芦僧" ………………（112）

　附考一 曹雪芹千山老芹 砚——越

　　"破"越疑 …………………（114）

　三破疑 ………………………（114）

　反三破疑 ……………………（114）

　附考二 薛素素小像砚——人面映桃花

　　………………………………（115）

　附考三 薛素素秋叶端砚——秋叶一片

　　那姓薛？ …………………（116）

玉人香砚的风月

　——疏香阁眉子砚证闻 ……（118）

　意马心猿 遥想伊玉手当年

　　………………………………（118）

　分湖一水 多少才人骚雅窟

　　………………………………（119）

　我见犹怜 奈何老天竟不怜

　　………………………………（120）

　字瘦诗靓 都是可怜香闺泽

　　………………………………（120）

　十载恩重 片石涵三春煦晖

　　………………………………（122）

　仙迹留传 人鬼间情尤未了

　　………………………………（122）

吴娥粤女 笑说袁公大诗老
　　…………………………（123）

冷肆拾宝 珍视胜过那琼瑶
　　…………………………（124）

仙魂招取 把亭亭倩影细描
　　…………………………（124）

掩玉埋骨 又兼护得孤坟好
　　…………………………（126）

断钗螭璧 更续曩日砚缘巧
　　…………………………（127）

遍辑诗篇 聊把幽恨来解消
　　…………………………（128）

楼石俱焚 留传后世有迷踪
　　…………………………（128）

机关算尽 反误了徐卿性命
　　…………………………（129）

天兵一炬 眉砚在劫终难逃
　　…………………………（130）

阊门访艳 状元书寓抚奇珍
　　…………………………（131）

供奉山馆 中书拜倒汉官春
　　…………………………（132）

唤使仙株 定庵呆词何凉薄
　　…………………………（133）

小说家言 真身赛姬未获宝
　　…………………………（133）

词人作证 替身褚媵也未得
　　…………………………（134）

半伦亲予 叹惜子静惟残璧
　　…………………………（135）

分堤吊梦 可怜文章才女坟
　　…………………………（136）

侧镌疏香 龚家款非王家样

　　…………………………（137）

犀纹龙尾 陶家歡异王家端
　　…………………………（138）

获砚猎色 袁浦龚王各奇遇
　　…………………………（139）

言石说形 眉子不作眉池解
　　…………………………（139）

铭袭坡诗 小鞏可作小鸾看
　　…………………………（140）

润砚无声 江南三月樱桃雨
　　…………………………（141）

拓影征题 获经堂中应过手
　　…………………………（142）

侧镌疏香 居然真见有名阁
　　…………………………（143）

造化弄人 王令砚缘竟虚话
　　…………………………（144）

净土难觅 一泓清水掩风流
　　…………………………（144）

风流竟被雨打风吹去
　　——正说明季粤地抗清诸烈士遗民

砚事琴事 （146）

粤士正气歌 （146）

铭必大手笔 （146）

真埝羞死何太史？ （147）

道人本烈士 （148）

闲足何曾闲 （149）

青史岂能灭！ （150）

诗夺状元黎牡丹 …………（151）

名士自风流 …………………（151）

访石羚羊峡 …………………（152）

叹砚别怀抱 …………………（153）

乘真畸人邝鹦鹉 ……………………（153）

抱琴且赴死 ………………………（154）

法物不同沉 ………………………（155）

遗字有谁知？ ……………………（156）

片石留人寰？ ……………………（157）

忠肝扑贼陈先生 …………………（158）

忠魂梦授宝 ………………………（159）

梦砚便得砚 ………………………（160）

黔中传百载 ………………………（160）

"嫁胡弃妾"梁翰林 ………………（161）

曲尽其妙陈才人 …………………（162）

惟操匪石心 ………………………（163）

拜谒御琴屈翁山 …………………（164）

识砚端州婿 ………………………（164）

错认侯门独漉子 …………………（165）

石墨恋不舍 ………………………（166）

存金不昧何不偕 …………………（167）

沉砚还金井 ………………………（168）

附考一 陈献章琴、砚——茅笔大师
真大雅 ……………………（169）

素琴本无弦 ………………………（169）

砚里乾坤大 ………………………（170）

附考二 陈昂琴、砚——唐琴宋砚至
秘珍 ………………………（171）

邝斋三邝琴 ………………………（171）

双阙得双砚 ………………………（172）

许友——人中龙遗云龙砚
……………………………（176）

许遇——花农亦是一砚农
……………………………（178）

许均——妙绝铭词盈砚底
……………………………（179）

黄文焕——十砚之中遗几许？
……………………………（180）

黄任——诗人原是砚状元
……………………………（181）

林逊——取静享寿立轩翁
……………………………（183）

林侗——一方瓦砚动公卿
……………………………（183）

林佶——"闽派砚学"半君功
……………………………（184）

林在华——萧疏兀傲一可人
……………………………（186）

林正青——曾访黄令端州衙
……………………………（187）

林在峨——"一乡一家"著良史
……………………………（188）

林兆显、林擎天、林畅——克绍家风
铭水肪 ……………………（190）

陈治滋——顾砚一用二十年
……………………………（190）

谢道承——癖梅爱石皆赏心
……………………………（191）

高兆——观石考砚高固斋
……………………………（193）

余甸——题石成金余京兆
……………………………（194）

似闻咂咂评砚声

　　——清代中前期闽人玩砚圈考略

……………………………（174）

砚学在闽 …………………………（174）

乌衣子弟伴水肪 …………………（174）

洋洋乎砚人金榜 …………………（175）

李馥——书砚为侣李鹿山
　　……………………………（196）
周绍龙——题铭潇洒人出尘
　　……………………………（198）
游绍安——以砚明志心如水
　　……………………………（200）
李云龙——瓜蝶遗砚顾氏琢？
　　……………………………（200）
赵国麟——泰山相国癖砚同
　　……………………………（202）
陈兆仑——载墨一舟羡遨游
　　……………………………（203）
沈廷芳——隐拙斋中洗云根
　　……………………………（204）
余文仪——诗翁怂恿石琢砚
　　……………………………（205）
朱景英——砚翁赠砚勉稽古
　　……………………………（206）
谢士骥——制钮琢砚有神伎
　　……………………………（207）
董汉禹——董杨曾如顾氏工
　　……………………………（208）
杨洞一——谁料天工最忌名
　　……………………………（210）
顾二娘——大匠要数顾大家
　　……………………………（211）
附考一　林在峨《砚史》所载伪铭古砚
　　——林黄鉴古非当行（213）
悉今疏古　闽中砚脉叹未深
　　……………………………（213）
诗人眼拙　十砚轩藏赝鼎
　　……………………………（214）
林君过吴　喜得松雪珍璧

　　……………………………（215）
大家巧手　所改谁知赝品
　　……………………………（215）
王婆卖瓜　顾娘自称大家？
　　……………………………（217）
学士多才　何屑抄袭之事
　　……………………………（218）
附考二　铭抄林在峨《砚史》的数品赝
　　砚——古贤岂作“铭抄公”（219）

洗去诗翁脸上的铅华与污垢
　　——十砚轩“十砚”及黄任诸砚事、
　　艳事考实　………………（222）
芬芳悱恻　美人本是花真身
　　……………………………（222）
雅人深致　诗妻砚妾闲生涯
　　……………………………（222）
盛名之下　赝黄伪任知多少
　　……………………………（224）
有模有样　所谓十砚之其一
　　……………………………（224）
构轩贮砚　榕城初颜十砚轩
　　……………………………（226）
携砚之任　端城再辟十砚轩
　　……………………………（227）
访求故家　十砚备齐康熙年
　　……………………………（228）
燕诒子孙　坤五先生最博雅
　　……………………………（229）
伯冠侄戴　风雅汉奸是亲叔
　　……………………………（230）
西江会许　砚乡官廨堪论砚
　　……………………………（230）

或琢或改　十砚顾娘半磨砻

　　………………………………（232）

林郎有记　十砚绝真有三品

　　………………………………（232）

论质论名　十砚应列此四品

　　………………………………（233）

认名不差　四美入毂乾隆夸

　　………………………………（234）

殷勤远寄　名物欲归有缘人

　　………………………………（236）

进献天览　君臣鱼水有深情？

　　………………………………（236）

无度美品　至宝原待至人用？

　　………………………………（237）

见款心喜　十美恐多水中花

　　………………………………（239）

后生也晚　十美榜无生春红

　　………………………………（240）

三年廉吏　端溪名物不曾贪

　　………………………………（241）

名播八闽　骚坛巨手非黑手

　　………………………………（242）

客端七年　三洞也曾觅精华

　　………………………………（242）

清才傲上　因砚劾归本真相？

　　………………………………（243）

两宝被夺　黄丈居然真苦主

　　………………………………（244）

借砚不还　赵少恐是彼豪强

　　………………………………（245）

索砚花言　周督巧取更仗势

　　………………………………（246）

谋食无计　十砚卖完缘易米

　　………………………………（247）

的是孟浪　袁公乱点鸳鸯谱

　　………………………………（248）

戚称中表　楚雨含情皆有托？

　　………………………………（249）

清风两袖　何来囊余二千金？

　　………………………………（250）

寡人有疾　千金购砚理有之

　　………………………………（250）

解语绿衣　香草斋中散花姬

　　………………………………（251）

添香红袖　原是秦淮从家女

　　………………………………（252）

夫人宝砚　不关尹如夫人事

　　………………………………（253）

蟾宫失意　阊门买醉登徒子

　　………………………………（254）

羁旅有幸　专诸古巷访砚人

　　………………………………（255）

蓄尼养砚　十砚轩是十砚庵？

　　………………………………（256）

麟儿后身　君家黄郎今又来

　　………………………………（257）

情同螟蛉　清泪蟾蜍滴未干

　　………………………………（258）

附考一　林白水与"生春红"砚

　　——楚人得者非原弓？………（259）

剩看秋碧照春红 ………………（259）

外家名珍竟赝鼎 ………………（260）

附考二　十砚轩风字砚——砚乡大令

　　"游"端州？ …………………（261）

附考三　黄任端石云形砚——是年诗人

　　未游端 ………………………（262）

炫人目的翔凤与迷人眼的乱花

——吴门顾氏制砚世家初考及顾二娘

"一寸干将"砚探赜 ············ (264)

石瘦砚欲肥 个中真三昧

·· (264)

谁知阿家翁 本是亲娘舅

·· (265)

顾娘传家学 半老始成名

·· (266)

老道是德邻 小道是启明

·· (267)

这娘复那娘 无非顾家娘

·· (268)

启明巧手妇 大名顾秋霞?

·· (269)

谁能奏此技 德邻顾老翁

·· (270)

夺得天工巧 唯有顾二娘

·· (271)

古雅媳能继 华美翁难兼

·· (272)

御匠惟精工 屈哉公望才

·· (273)

磨砻三世名 砚史第一家

·· (274)

香火虽已绝 砚艺有余绪

·· (275)

在峨疏未录 大作应有款?

·· (276)

民女多无名 琢砚何所署?

·· (277)

其艺虽未化 其款或许真

·· (278)

有伎能如此 庸手难梦见

·· (279)

金莲易鉴石 杂坑也曾雕

·· (280)

韩印与顾砚 费氏推双绝

·· (281)

名赝称一品 真顾何处寻?

·· (283)

名品珠娘制 并非顾娘琢

·· (283)

巧手顾家妇 仿就南唐样

·· (284)

砚林风雅客 名篇颂红妆

·· (285)

冤哉刘康成 子才也昏昏

·· (286)

陶醉何情郎 春巢已梦梦

·· (287)

寸刀切紫泥 细心勤磨砻

·· (287)

片石大如许 随携何堪玩?

·· (288)

伪款虽比比 真凤当有之

·· (289)

有款署容若 无款顾家凤?

·· (290)

公子生也早 无缘娘子砚

·· (291)

红杏花片春意闹 ············ (292)

顾家堂前燕 飞如林生家

·· (294)

附考一 脱十娘、顾二娘——拉娘配

·· (294)

附考二　吴六娘、丁六娘——借六娘
　　………………………………（295）

"砚革"的"斗批改"
——纪晓岚绿红端辩诬 ………（297）
许看不许摸 ……………………（297）
纪明星的前世今生 ……………（298）
康氏：炮打纪晓岚——我的一张
"砚革"大字报 ………………（299）
是端非洮 ………………………（300）
且看纪尚书的"识别古砚"
　　………………………………（300）
再看纪尚书的"基本常识"
　　………………………………（301）
谱中字影 ………………………（302）
纪大学士不懂落款格式？
　　………………………………（302）
"康阿瞒"：我得意地笑！
　　………………………………（303）
黑锅再次背 ……………………（304）
四库馆中只校书 ………………（305）
阅微草堂不著书 ………………（306）
观奕道人字潦"草"？ …………（307）
纪大烟袋：为何受伤的总是我？
　　………………………………（308）
且看康氏的"识别古砚"
　　………………………………（308）
再看康氏的"基本常识"
　　………………………………（309）
如是我闻 ………………………（310）
附考一　萧军藏纪晓岚古端砚——
"了翁"没了？ ………………（311）
附考二　康生题纪晓岚砚拓片五种

——亦为康氏"鼓与呼"（312）
附考三　康生题古钟砚拓——跋发
古之幽思 ……………………（314）

下编　　杂俎编

争座多少事，都付笑谈中
——四大名砚评传 …………（317）
古无四大名砚之说 ……………（317）
今人好"大"风气之产物
　　………………………………（318）
忆昔开元全盛日——澄泥
　　………………………………（318）
人人争识紫君面——端溪
　　………………………………（320）
最是江南好光景——龙尾
　　………………………………（322）
青州使君是知己——红丝
　　………………………………（323）
元祐君子入眼花——洮河
　　………………………………（324）
四大名砚影响之消长
　　………………………………（325）
四大名砚之地域文化因素
　　………………………………（326）
评说四大名砚 …………………（326）
品题四大名砚 …………………（327）
砚溪众笑 ………………………（328）
附考　四大名砚材质之易讹者——
珍璧或是他山石 ……………（329）

王谢风流各自夸
——端歙争魁 ………………（333）
争魁古已有之 …………………（333）

骨肉相争 ……………… （334）

端坑先出 ……………… （334）

端溪势众 ……………… （335）

端品美艳 ……………… （336）

歙石宜用 ……………… （337）

歙雕工良 ……………… （338）

古歙大佳 ……………… （340）

南唐端之冤 …………… （340）

端溪难为兄　歙溪难为弟

…………………… （341）

吾品端而用歙 ………… （342）

歙砚产地之争

——有砚无"歙"之困局 …… （344）

搬是非·拉郎配 ……… （344）

人文失忆的徽州 ……… （344）

地缘破碎的徽州 ……… （345）

角色尴尬的婺源 ……… （346）

有口难辩的砚人 ……… （347）

龙尾名石出婺源 ……… （347）

从来方物以州名 ……… （348）

琢砚工艺称徽雕 ……… （349）

砚山岂只采石匠 ……… （349）

似曾相识燕归来？ …… （350）

广陵竟绝唱

——虢绛澄泥砚源流考 … （352）

"汉唐斗" ……………… （352）

澄泥难澄 ……………… （352）

虢泥唐家尊 …………… （353）

虢泥遗珍多 …………… （354）

黑砚乃绛泥 …………… （355）

绛泥宋明崇 …………… （357）

绛泥何样泥？ ………… （358）

风骚各先后 …………… （359）

唐公眼里美西施

——红丝石传讹种种 ……… （361）

天下第一峰 …………… （361）

晋张华未言第一 ……… （361）

苏易简未言第一 ……… （362）

柳公权未言第一 ……… （363）

蔡君谟未言第一 ……… （364）

欧阳修未言第一 ……… （365）

唐彦猷以为第一尔 …… （365）

众不然之 ……………… （366）

鱼龙变化 ……………… （367）

亦足傲视砚林 ………… （368）

唐公砚？ ……………… （370）

取石制砚始自唐守？ … （370）

引自真《唐录》 ……… （371）

唐砚无红丝？ ………… （372）

附考　唐宫红砚非红丝——疑是紫

袍钟馗石 …………… （373）

洮砚起始数则略析

——多少他山绿石假洮河之名行之？

…………………… （374）

滉石青碧原是洮？ …… （374）

巩石洮石石脉通？ …… （375）

琴瑟合鸣双鱼砚 ……… （375）

滉石原出石鱼沟 ……… （376）

砚痴米公不解洮 ……… （377）

叠石唐砚产叠州？ …… （378）

龙壁秀石出柳州 ……… （379）

神宗熙宁开洮河 ……… （379）

陇右贡砺唐洮石 …………… (380)

蔡公遗帖已论洮 …………… (381)

英宗治平砚已有? …………… (382)

云是北宋洮河产 …………… (383)

八百年物井中出 …………… (384)

砚款南宋淳祐年 …………… (385)

凡品非洮亦非宋? …………… (387)

多少绿漪错看端 …………… (388)

玉堂新样非咏洮 …………… (389)

梦中情人宋绿漪 …………… (390)

歙溪曼妙绿精灵

——解密庙前青、庙前红…… (392)

歙溪之石精 …………… (392)

龙尾有绿漪 …………… (393)

是村? 是坑? …………… (394)

庙前青之"庙" …………… (395)

庙前坑之"坑" …………… (395)

坑出青红石 …………… (396)

是红? 是泓? …………… (397)

虽洪水冲刷所出 …………… (398)

却前人椎凿遗材 …………… (399)

石合庙前旧色 …………… (400)

坑必庙前遗迹? …………… (400)

绿璧俨然清旱中 …………… (401)

更有绝色宋家样 …………… (402)

孤品上溯景祐年 …………… (403)

石应是而坑存疑 …………… (404)

附考 绿歙未必"庙前青"——歙溪

水碧歙石青 …………… (405)

砚必宋唐

——高古名人砚辑逸 …… (407)

赫赫唐风　温文宋韵 …………… (407)

文房高品　可遇难求 …………… (408)

扬雄砚 …………… (408)

葛洪砚 …………… (409)

王献之砚 …………… (410)

陶弘景二砚 …………… (411)

王通砚 …………… (412)

释智永砚 …………… (413)

虞世南砚 …………… (413)

高士廉砚 …………… (414)

房玄龄砚 …………… (415)

许敬宗砚 …………… (415)

李白砚 …………… (417)

李泌砚 …………… (417)

郑虔砚 …………… (418)

白居易砚 …………… (419)

混过龙门的诸鱼

——《西清砚谱》名赝综考 (421)

砚史闻人 …………… (421)

汉瓦八砚皆赝 …………… (422)

汉砖三砚亦伪 …………… (423)

魏晋三砚二伪一存疑 …………… (423)

唐砚七方亦不真 …………… (424)

宋以降名人砚多有附会 …… (425)

劝君莫做摧花客

——砚之殇 …………… (428)

三灾石 …………… (428)

第四灾 …………… (429)

俗工 …………… (429)

俗眼 …………… (430)

滥铭与毁铭 …………… (431)

草菅砚命 ……………………（432）

锥刀·覆瓿·锤钉 ……………（434）

□□□公像砚 ………………（436）

与清净圆明本来妙觉真常之性同去

　…………………………………（437）

私盗与公藏 …………………（438）

凤兮凤兮，岂止一凤?

——古砚名款年款的复杂性（441）

下真迹一等 …………………（441）

春城无处不飞花韩翃 ………（442）

诗人岂可以没有别号? ………（442）

一陈二刘皆名蜕 ……………（443）

"文宝"必郑? …………………（444）

同宗两晋卿　宋清两墨客

　…………………………………（445）

朱明三百年　凌家三云翰

　…………………………………（446）

天宝称载不称年 ……………（447）

元丰年间无辛卯 ……………（448）

年号有误未必尽赝 …………（449）

百六十岁米老颠? ……………（450）

无此大胆王状元 ……………（450）

拒用"伪年号" …………………（451）

伪托年号多有之 ……………（452）

扶桑伪款三唐箕 ……………（453）

赝伎九种

——以"伪坡"为主例说（455）

赝鼎·赝砚 …………………（455）

一、向壁虚构　无中生有——臆造

　…………………………………（455）

二、移花接木　依样葫芦——抄书

　…………………………………（462）

三、偷梁换柱　断章取义——择句

　…………………………………（466）

四、文不对题　张冠李戴——离题

　…………………………………（471）

五、劣篆粗隶　丑字奴书——俗字

　…………………………………（475）

六、凡句俚语　陋意浅思——庸辞

　…………………………………（476）

七、下里俗工　伧夫野刻——劣工

　…………………………………（477）

八、以意穿凿　望文生义——附会

　…………………………………（478）

九、著录伪案　规模惑世——造势

　…………………………………（482）

识真八法

——聊充金针度与人 …………（486）

真气·真砚 …………………（486）

一、流传有绪 ………………（486）

二、有谱可勘 ………………（489）

三、有案可查 ………………（494）

四、题归专石 ………………（498）

五、辞属专人 ………………（499）

六、妙笔难仿 ………………（502）

七、匠心难雕 ………………（505）

八、材有禁脔 ………………（508）

后记　梦回何朝?

　…………………………………（512）

序〔一〕

铁笔生花　文心辨砚

蔡鸿茹

吴笠谷先生，我认识他首先是与他的砚刻晤面，作品构图清秀、典雅，尤其是人物比例合度，有别于其他，令人赞叹。吴君从三雕之乡徽州走来，那片具有浓郁文化气息的热土哺育了他，成就了他的刀笔。后北上入中央美院学习绘画，砚刻、绘画相互影响，同功并进，步入佳境，正因为胸有才学，故出手不凡，创出佳绩。

蔡鸿茹女士题词

大作《赝砚考》、《名砚辨》是两部关于古砚的辨伪专著，此类内容书籍，很少见到，在众多的砚谱类书籍中独树一帜，令人耳目一新。

中国是具有五千年文化的文明古国，文化遗产浩如烟海，如何认识这些珍贵瑰宝，传承下去，成为后辈人的重大责任，因而评估价值，研考真伪，探寻渊源，历朝历代，从未间断，甚至成为一项专门学问。但由于古人视野的局限，其研究的方法大多囿于金石学范畴，未能完全步入考古学时代，因而难免有误，这就需要今人以新的观点、新的方法、参阅新的资料，去探讨、研究，以求获得真谛，就古砚一类，恕我寡闻，吴笠谷先生先行了一步。吴君由刻砚进而研究砚，不仅使他对砚的历史、文化、嬗变有了更加深刻的认识，对他的砚艺亦大有裨益。要继承遗产，首先要认识它，不认识，良莠不分，囫囵吞枣，不但不能受益，反而适得其反。当然，历史遗留问题，不可能在我们这一辈全部得到解决，还要以不断出现的新资料加以印证，以及各代人的不懈努力，而我们这辈人能作到的尽力作到，则不愧于先人，无愧于我们这一代人的责任。

两书中引用了大量古今文献资料。查阅资料，寻找参照物，精心考证，反反复复，是件苦差事，吴君付出了大量脑力劳动和体力劳动，有时会数日无所获，但却在无意中得到心仪信息线索，则又令人兴奋不已，苦乐其中，想必吴君深有体会。

近年来，随着收藏热度的升温，人们对文房用具暨古砚给予了极大的关注，许多收藏单位或收藏家将所见所藏出版砚谱予以公示，对砚的研究、交流、收藏以至继承发展砚雕技艺均提供了丰富资料。吴君的著作别开生面，书中一些观点对砚界习说的颠覆性，想必会一石激起千重浪，不仅是砚林之中的一家醒世之说，更是收藏热中的一帖冷静剂。有争鸣才有进步，才能活跃学术气氛。由此可见，吴君《赝砚考》、《名砚辨》两部砚著的出版，无疑有着嘉惠砚林、添彩砚史的特殊意义。

两书出版在即，吴君要我写几句，惟拙笔恐难胜任，勉强为之，以应所嘱。

庚寅年秋，蔡鸿茹于津门

蔡鸿茹，女，1938年出生于北京。天津博物馆研究馆员，天津市文物鉴定委员会委员，天津市文史馆馆员，著名古砚研究、鉴赏家。编撰有《天津艺术博物馆藏砚》、《中华古砚》、《中华古砚一百讲》等。

序〔二〕

妙伎成佳砚　奇缘会古人

刘德水

与笠谷兄相识十余年，只是很少见面。日前蒙其错爱，命我审校《名砚辨》。用十一假期，狠狠享受了几天先睹之快。数日后，心怀满足与轻松，往京师菜市口他的寓所复命，笠谷变本加厉："我的第一部书《赝砚考》没有序，这一本，你来作序吧。"我有自知之明——在砚学上，我不过幼稚园水平，手无缚鸡之力，这么厚重的一本书，如何序得起？

而笠谷的一番话却深深打动了我，让我不得不拿起笔来，写。

十几年前，笠谷就向我们共同的老师张中行先生谈过自己关于砚学的一些看法，先生鼓励他写出来，并主动提出为其大著作序，再去找老友启功先生题签。这件事，老人曾说起过，我早就知道。可是后来两位老人先后罹恙，又先后往归道山，序文、题签，终于未果。所以，笠谷的第一本书《赝砚考》，便请元白翁高徒苏士澍先生题签，而把序文付诸阙如。"因为张先生没写，我就把它空着了，算作一种纪念。"笠谷沉沉地说。

"这是第二本。序文由你来写，替张先生写，也算是《赝砚考》的补序，如何？"

确实，1999年底张先生病后，凡有文字事宜，常常命我捉刀，笠谷知道这事儿。所以，现在他命我作序，心里念念不忘的，实是先生当年的遗愿，其中饱含着一位晚辈后学对先生的深深怀念之情。

我理解他的心情。笠谷一向崇敬张先生的学问和为人。从先生那里，他学到了很多弥足珍贵的东西，也得到过先生的赞许和奖掖，并深以为荣。我还清楚地记得，1999年初秋，和先生闲聊，说起藏砚，先生颇以我没有一方好砚为怪，我也趁机提出不情之请：方便时为我留意一方。一周后，老人兜里装了一千五百块钱，偕友人到琉璃厂蹚摸。那一次，遇到吴笠谷，观看了吴笠谷的作品，深为赞许。虽然年龄相差数十岁，却大有相见恨晚之感。笠谷招待他在阅微草堂所在的晋阳饭庄吃小炒肉、刀削面，并以一方自制箕形紫端三足小砚相赠，又因我是"先生的朋友"，附赠一方竹节红丝砚。其后，笠谷又复制"秦淮八艳"顾横波小像砚赠予老人，甚得先生之心，遂与笠谷定忘年之交。那一年重阳日，老人欣然命笔，亲撰一副对联，书赠笠谷：

妙伎成佳砚，奇缘会古人

笠谷大师寓观砚，背多刻昔贤，戏为一联书之。己卯重阳张中行。

张中行、文字般若（印）

其时，笠谷不过一崭露头角的毛头小子，先生如此嘉许，我曾颇有疑问。先生说，笠谷所雕之砚，"有古风，有文人气，不亚于顾二娘"。尤对其"秦淮八艳"砚，先生赞不绝口，还出示所藏三多侍妾"玉并女史"小砚给我，"你看看，笠谷的砚，绝不低于这个水平"。后来，我在笠谷寓中曾见到一方，是"八艳砚"之一的李香君砚，紫端石，大仅如掌，扇面状随形，一面有火捺胭脂痕，恰似鲜血滴落所化，笠谷寥寥数刀，划出扇骨，俨然一柄美人鲜血所染的桃花扇。另一面，精镌李香君小像，旁刻题铭。天然造化，巧施人工，其才思之妙，令人叹为观止。张先生从不轻易许人，目睹此砚，方知老人"大师"云云，良有以也，绝非虚誉。由此，就自然理解他满口应承为笠谷作序的缘由了。

张中行先生赠联

现在，笠谷的砚学著作付梓，我能想象得出先生翻阅之际得意的微笑，若曰："看看这两本书，当知我的眼力不差吧！"倘能提笔，他一定会毫不犹疑地履践前约；即使病后，也会打来电话："德水，我身体不行了，你来写吧；写完，我看看，签个名，好吗？"惜乎先生已在九原之下，这一切，我只能在脑子里想像了。

古云"有事，弟子服其劳"。为先生对笠谷的这份奖掖与嘉许，为笠谷对先生的这份深情厚谊，我觉得，即便我对砚学仅略知一二，人微言轻，这篇序，我也必须写。不是我写，而是替先生写。就算写得不好，想先生亦不会怪罪也——其实，这已经不是第一次了。当年，紫禁城出版社《王玉书书法篆刻作品选》的序文，中华书局《诗词读写丛话》前面的《再说几句》，都是我应命炮制而由先生审订签名的。

所以，思之再三，我答应了笠谷兄的请求。

然而，一旦提笔，却又不知从何写起。拜观过他的砚雕和藏品，细读过他的两本大著，吴笠谷这尊带着憨憨笑容的光头罗汉，竟如《庄子·秋水》所云："泾流之大，两涘渚崖之间，不辩牛马。"踌躇无措之际，凝视张中行先生所写对联，忽然顿悟：先生既称笠谷为"大师"，何不就从"大师"二字谈起？——先生早即有以教我矣。

且夫"大师"之冠，今日业已泛滥成灾。或自加，或他加，庶几乎每人头上都有一顶。然而语云：名者，实之宾也。当今所谓大师云云，真正能名副其实者几希。以我之愚见，大师者，有别于一般专家。专家，指在某一领域有突出识见、建树之人；而大师，则不仅要有所专擅，更须修养丰厚，旁通其他相关门类。以此为衡准，吴笠谷是堪当此"大师"之名的。以下分说其名下之实。

先说一，笠谷精于丹青，旁及书法、篆刻。甫入艺坛，笠谷是从绘画起手的。早年，他曾向黄宾虹大师入室弟子程啸天先生请益，深得这位新安画派传人的喜爱。20世纪九十年代，他负笈北上，求学于中央美院，又得众多名师及山水画名家龙瑞先生指授。当年，他的人物线描课稿，曾被老师作为范例，供同学临摹。我曾见过他酒后戏涂的几帧小品：画山水，笔墨攒簇，层峦深厚，肆意挥洒而氤氲纵横，深得黄宾老黑密厚重而又淋漓洒脱的韵致；画人物，或端庄仕女，或醉态东坡，线条流畅，墨韵十足，酣畅淋漓的潇洒中，又颇多永乐宫壁画的设色之妙。他的书法，兼习北碑南帖，笔意恣肆，结字险绝，笔由自主而不失绳墨，可入妙品。为刻砚铭，他多年用功于隶书和瘦金体，结字开张而不失谨严，下笔沉实而不失洒脱。我最欣赏的，也是他不同于当下许多所谓书画家的一点，是他笔下，始终在写自己，画自心；或者说是为自己而写、而画，而不是为别人写、为别人画。这样，一落笔就脱去了尘俗之气。

多年深厚的翰墨丹青生涯，使笠谷的砚学研究深具功力，得以在更深的层面展开，在考辨砚铭题字、图形方面，避免了缺少根据的空言，具有了发言权上的优势地位。比如，《赝砚考》中，他考证近代藏砚大家沈石友《沈氏砚林》中的三方名人（李商隐、杜甫、马湘兰）小像砚，即是从解析画家个人风格图式的角度，指证三方砚上的小像分别摹刻自清人画谱《晚笑堂画传》和《百美图》，而绝不可能是画谱作者摹写自砚台上，所以三砚必伪。考证民国高野侯梅王阁藏东坡涵星砚诸题铭，即以苏、米及文徵明、唐伯虎、祝枝山、倪云林诸家书风作为辨伪的重要证据。考证《西清砚谱》中的"宋徽宗睿思东阁砚"，则从砚背"宋徽宗御题"及砚侧"马远山水"不合两人的艺术风格而定砚品之伪。考证乾隆内府藏"宋辛文悦金星龙尾砚"系伪作时，也以字体书风草率粗俗、与人物身份不符作为理据之一。其余如岳飞砚及附考岳飞官印、名印，也是以字体书风（岳飞书法东坡）、篆法不合时代为要因，作为断赝证据之一。这是一项鉴古辨伪的基本功夫，在笠谷这里，准备俱足。

笠谷说过，鉴赏名人砚，首先要具备两项功夫："解字"以识铭字，"说文"以解辞义。这两项长期修炼所得之功，使他常享收藏的"披沙拣金"之乐。他的镇宅之宝——苏东坡藏南唐宫廷砚务官、一代砚艺巨匠汪少微（即李少微）所治歙石五绝砚（即东坡《文集》所载"定国吴砚"，原为双足风字，今只存半壁残石），即因砚背名款

"汪少微"的"微"字为异体，肆估莫辨，误识为"汪少徽"，笠谷便以廉价收入囊中。因原铭有"人间五绝"之句，笠谷遂自号曰"五绝砚斋"。笠谷箧中另一重器——南宋隶书名家虞似良（字仲房）铭长方眉纹大歙砚，也因砚背隶书铭款"虞仲房"的"房"字，作左右结构而非今人习见的上下结构，商估不识，遂为笠谷巧得。

笠谷玩砚"成精"，甚至有因大捡其漏而于心不忍者。某次在南方，他以廉价得一方原藏者未识之清代名家砚。孰知再次见面，此君又出一砚，仍不知题铭者谁。笠谷见其人虽一时失鉴而待人诚笃，顿时心生恻隐，乃直言相告：此是清代砚学大家吴兰修之砚，其价值非同凡品！笠谷的这种高德懿行，令在场砚友既大瞠其目，又钦佩不已。

其二，笠谷砚艺，有声于世，人誉"文人砚"，蔚为大家，皆因其手自操刀，明辨石材、刻工，对砚品高下，有独到的见解。得天独厚，笠谷生于四大名砚产地之一——徽州歙县。地利的优越，历时千载的乡邦文化，古今砚雕名家杰作，仿佛专为笠谷而设，成为他识真辨伪的自家资产。多年来，他踏遍龙尾诸坑，多次往端州及其他诸砚产地访石，得以精辨砚石；又亲炙名家，追古摹今，奏刀骙然，游刃于歙青端紫之间，对石材形色，石质坚老、柔腻，石坑位置、产材特色，皆烂熟于心。尤因其亲自操刀，对刀法乖顺、刻工良窳，感自身受，考证砚品，便有更直接的心得意会，避免了纸上谈兵之病。如论述砚雕流派，笠谷提出，在"徽派"、"吴派"、"粤派"诸家之外，还应有"闽派"一家，即是从砚刻风格做出的独家判断。这些，单靠案头的文字考证，即使功夫再深，也难臻于此境。他考证首都博物馆所藏大名鼎鼎"纪晓岚绿端砚"为伪，就有这样一句："从我多年来藏砚、制砚过程中过目、'过刀'不少端、洮绿石所获心得，可确定：无论色、质，砚属'一眼货'之绿端无疑！"言之凿凿，胸脯拍得啪啪作响，充满自信。这让我想到张中行先生说过的一件事，某次见到一方黄士陵款印章，友人信以为真，给金禹民先生看，金先生说，这是他仿治的，并且告诫说：名人款的印章，应多疑少信，比如丁敬、黄易、赵之谦，他多年刻印，或者由刀法上还可以分辨一二，至于外行，那就非受骗不可。俗语云：外行看热闹，内行看门道。笠谷和金先生，看的是门道。因为能看出门道，也就有发言权。笠谷的自信，其来有自，绝非毛头小子的自负空言。

其三，视野宽，收藏富，眼力高。笠谷致力砚学，其生活行迹，全以砚为中心延展开去。他客居京师多年，在这座艺术之都进德修业，广交师友，而后又游历四方，遍访古迹名山，其故里徽州无论矣，其他如端州、青州、虢州、绛州、洮州、长安、洛下乃至产高丽紫石砚的韩国忠清北道丹阳郡……举凡与砚、砚人、砚事有关之地，无不往访驻足。因热爱李义山，他亲往沁阳，拜谒义山墓于夕阳荒野之中，执杯相酹，与心仪的古人会神交心。全国各地博物馆及各地私家所藏名砚，他多所寓目、上手。语云："读万卷书，行万里路"，行脚僧般的游历，使他于书斋之外，收获了另一辨砚之功——开阔的眼界。不仅砚台，其余如秦砖汉瓦乃至古琴、宜壶等等，他也多加留意。读《赝砚考》、《名砚辨》两书的附考，就可知他的视野之广博。

多年来，他以自己治砚所得，倾力于砚藏。每遇佳物，辄倾囊鬻归。或者说，他的眼力功夫，是经过市场实战演练的，这就远胜于书斋里单纯的案头"研究"——"纸堆中数十年，而一出书房门，便不知东西南北"（钱履园语）。

厚于待砚，俭以待己。时至今日，笠谷仍赁屋而居。而其斗室之内，却琳琅满目，诸宝杂陈。在其寓所，我有幸亲睹那方苏东坡原藏汪少微歙石残璧，恭抚之际，想当年坡公写"大江东去""十年生死两茫茫"，或即以此砚濡毫，千载之后，今竟置于不才掌上，心不禁怦然而动。又见唐代虢州澄泥箕形砚巨制，品相、规格远逾日本奈良东大寺正仓院宝藏千年的唐代箕形陶砚，令人得窥盛唐气象之宏伟、博大。此外尚有邢侗、王岫君、余甸、黄士陵诸名家佳制。每出一砚，笠谷必溯源逐流，如数家珍。兴到时还要从满坑满谷的书堆中翻检出一部部典册、图谱，熟练地找到他课读时所做的标记，指给你看。其得意之态，毕现于其标志性的"笠谷式微笑"之中。

"观千剑而后知鉴"。古今鉴定大家，庋藏多富。不见真物，少睹佳品，乌足以言辨、言鉴？笠谷收藏之富，使之练就一副好眼力。每从形制、石材、砚工、题铭内容及风格等处，一上眼，便可分辨真伪。《赝砚考》论李义山砚，即以形制"非唐而宋"作为断伪要据之一。

其四，笠谷读书多，腹笥充盈。读他的两部巨著，最深的感受就是他的饱读诗书，披览博洽。一般说来，业界匠工者流，其所缺失，每在于读书少，学养薄，所得多来自眼见、耳食。用流行语说，是富于经验而疏于文献考辨。苏东坡《石钟山记》云："士大夫终不肯以小舟夜泊绝壁之下，故莫能知；而渔工水师虽知而不能言。"其意正如司马迁所说："能行之者未必能言，能言之者未必能行。"所以古往今来，砚学家多"眼高"而"手低"，砚雕家又"手高"而"眼低"。笠谷以砚雕名手而刻苦读书，便超越了这个局限。他自幼嗜书如命，近十几年来，更是把主要精力放在案头考据功夫上。尽管身居京华闹市，却甘于寂寞，潜心砚学，驻则枕籍入眠，出则据鞍读书，手不释卷。国图古籍馆几乎变成他的书房，凡馆藏砚学专著及与砚史相关的著述，被他检阅殆遍。"坐馆"既久，宛若孤云野鹤，以致砚界同仁多称其清高傲世、踪影诡然。为请他制砚，有人竟于网上发帖"寻找吴笠谷先生"。他的苦读，还可以两方面的根据为证。一是我亲眼所见，他的寓所，触目最多的是书。书架、书柜、几案、床头、地板，到处是各种典籍、砚谱，几无立锥之地。每有客来，须先腾挪，方可落座；就连待客之茶杯，也需与书几番相争之后才有放置之地。二是读他的文，征引之富，简直令人咋舌。凡涉人物，必考之正史本传，旁及稗官野史，把人物行迹、品行、著述、习尚及与砚有关之事，一一搜罗殆尽，然后详加考辨，剥茧抽丝，只言片语也不放过。每考一砚，征引资料均不下百数十条。仅以其考辨叶小鸾眉子砚《证闻》一篇为证，直接征引涉及的书目，粗略计之，就有《扪虱新话》、《季女琼章传》、《疏香集》、《续窃闻》、《琼花镜》、《两般秋雨盦随笔》、《午梦堂集》、《随园诗话》、《子不语》、《砚缘集录》、《列朝诗集小传》、《天寥先生年谱》、《传是楼记》、《端溪砚史》、《醉庵砚铭》、《天盖楼砚述》、《栖霞阁野乘》、《定庵集》、《定庵续集》、《定庵先生年谱》、《定庵先生年谱外纪》、《孽海花》以及近人陈去病《五石脂》、《松陵文集》、《国粹学报》、《清代学术概论》、《人间词话》、《古董琐记》、《太平天国史》等，加上诗文杂识，几近百种。旁搜博采，蔚为大观。笠谷读书，直如乾嘉学派，每于资料上搜罗不已，必穷尽乃止。如此广征博引，古今砚学专著，堪与比肩者希哉。

尤令人钦佩者，是笠谷读书，绝非浅尝辄止的泛泛涉猎，也非孟子所谓"尽信书"的死读。笠谷辨砚，最为服膺胡适先生"大胆怀疑，小心求证"的治学观。一方面大胆怀疑，一方面又善于在众多的资料中搜罗爬梳，然后比勘对证，钩玄提要，发现新的东西。师古而不泥古，眼前资料，皆能为我所用，因此每每新见迭出，见古人所未见，言前人所未言。结论之新，出乎意料；结论之确，无征不信。从语气看，凡说不清的，他每言"待考"、"俟考"，然而一旦断伪，即说"必伪无疑"；论真，即言"必真"。实是因其胸中自有"五车书"在也。

既如此确考矣，而笠谷却每不满足。两书中许多名人砚，笠谷已从文献上证其必伪，但仍不放过一切可能目验的机会。为考传为唐代丞相房融所遗"房相砚"，他借往婺源访石之机，绕道江西余江一小山村勘查实物。为写"孔子砚考"，他又特地往闽北建阳孔望山寻觅"孔砚"。村老早已不知此山何在，经多方走访，才觅得一疑似"孔望山"。山路狭仄，没于榛莽之中，笠谷披荆斩棘，跌打摸爬，务必探其究竟乃已。其治学之严谨，又绝非书斋中"闭门造车"之"考据家"所可比者。

其五，头脑明白，思维清晰。眼界宽，学养厚，譬如庖厨，不过什物杂陈于前而已，虽有龙肝凤胆、燕窝鱼翅，欲烹为适口佳肴，必有一"主司"在焉。此主司，即是明白、清晰的头脑，否则，读书多，腹笥充盈，也可一流而至于书蠹、腐儒。钱锺书先生有云："不受教育的人，因为不识字，上人的当；受教育的人，因为识了字，上书的当。"古今学者，因盲目、迷信而未免此病者多矣。所幸者，笠谷兄光秃秃的罗汉头，异常清醒、清晰，条理分明，毫无一点郑薰的冬烘气。比如《赝砚考》首篇考证乾隆《西清砚谱》所载"晋王廙壁水暖砚"，笠谷先列《砚谱》所刊三首题铭（《砚谱》记为篆字），廓清源流，首考王廙其人为右军之侄，系东晋书法名家。但因《砚谱》刊图只是馆臣以馆阁体所录铭文而无砚拓手迹，故对铭文真伪暂不做论定。次考另一题铭者中唐李德裕，引多则史料，证其不仅擅书，还曾到过端州，有藏石蓄砚之癖，然亦因《砚谱》无其手迹，虽《步辇图》有其篆书题跋又或恐不真，而无法断定李氏题铭真伪，故亦不论。再考南宋虞允文题铭，亦以多则史料证虞氏亦擅书，有作品流传至今。至此，与乾隆四库馆臣所考大致相同。此后即为笠谷独见而四库馆臣所忽略者，是，王廞书法作篆字，一悖时代流风，二悖家学传统；尤其自款"晋琅琊王廞铭"，系后人题称前朝人、物习惯，有悖历史常识。且王、李、虞三家时代相异、书风各擅胜场，而此砚竟三人一体（篆书），因此断定铭文必后人伪作。第二，从砚式上考查——此是眼界宽、收藏富的笠谷所长——中原北地冬寒，故为暖砚，可置炭火以防墨冻；又因石材受火易裂，故暖砚多为陶、瓷所制，而《砚谱》载此砚"质理紫润，绝类端石"，于理不合；又王廞为江南人，并无北地苦寒之虞，暖砚实属无用之物。经此诸番考据，断此砚为伪，尚有何言可辩？

随后，笠谷又考《西清砚谱》中另一虞允文题铭晋"玉兰堂"砚（实物今在台北故宫博物院）。此篇直揭馆臣之谬、让笠谷抓住"小辫子"而可明证其砚为伪者，恰是《砚谱》所刊凿凿铭文：铭尾明言"绍兴丙辰秋九月益州虞允文份甫记"，考《宋史》本传及杨万里《虞公神道碑》，铭此砚时，虞允文年方二十六岁，而虞铭中又明言此砚"翊我驱驰三十年"，两相比照，可知始用此砚，比虞氏出生竟早四年！焉有人未出生即开始用砚之理？斯铭之伪，由是可知矣。

与前砚情况类似，考"宋辛文悦金星龙尾砚"，亦显出笠谷头脑清醒，毫不迷信。他并未因此砚曾经天眼、有乾隆御题，且有大名相李沆题铭而轻易信以为真。而是检阅史传，考出李沆薨于宋真宗景德元年七月，而此砚题铭却在景德四年丁未，即此一条，立断其伪，亦无可辩驳。

又如今藏日本的"宋范成大紫金石砚"，在日本爱砚家中名气极大，笠谷却根据《南宋馆阁续录》等典籍，考出范铭所记赠砚人徐似道的官职，与徐氏行迹不合，断此砚必伪。还有，《西清砚谱》中"宋徽宗宣和洗象砚"，笠谷则从宋徽宗赵佶在位时扬道抑佛、以道教为国教着眼，引《宋大诏令集》中宋徽宗斥佛御诏，指证这方刻佛教题材的所谓"宣和御砚"必伪。

此外，清代康乾以来享誉砚史的三方名物——岳飞砚、文天祥玉带生砚、谢枋得桥亭卜卦砚，也在笠谷的笔下皆一一原形毕现。他以岳飞砚上朱彝尊观款与朱氏行迹不附，定砚为臆造品（若宋代岳飞铭为真，则亦不必伪造清人朱彝尊假款以添蛇足）。玉带生砚，则以其与元人所记原砚外形、铭文位置不附，定为赝品。桥亭卜卦砚，又从砚背明代赵元铭文所记初修谢枋得祠时间与史志所载不符，定砚必伪。其余如考辨"孔子砚"，从"孔砚宽顽何足云"一句中"宽顽"两字字义着力，析清自清初姚文燮以降诸名家对李贺《杨生青花紫石砚歌》的误解，并为"文革"中强加于李贺的"尊法反儒"恶名正谬。对首博今藏"纪晓岚绿端砚"的考辨，则又从砚上题铭的格式等有悖常理入手以证铭伪，为纪晓岚一洗康生所加"不懂砚"的诬名……凡此种种，经笠谷的严密推证，皆可谓一语定谳。

对名人砚的证伪，笠谷所用方法，或独辟蹊径，或各个击破，奇招迭出，招招致命。而对砚史名案"包公掷砚"来历的剖析，对20世纪五六十年代轰动红学界的"脂砚斋藏薛素素脂砚"传藏细节的演绎，对明末才女疏香阁眉子砚几种版本的甄别，对"四大名砚"排名的由来，对砚石排名的"端歙之争"，歙砚、澄泥砚产地的"皖赣之争"、"绛虢之争"，对早期红丝石、洮河石及歙石庙前青、庙前红等诸多问题的考证，无不经过缜密的分析，严谨的推理。读笠谷之文，被他引领着，在史料的水光山色中恣意流连，颇有"千岩万转路不定"之感，然而他又总在"山重水复疑无路"之际，笔锋一转，给你展现出"柳暗花明又一村"的桃源胜境，最后带你到峰巅，领略"一览众山小"的风光无限。那感觉，仿佛读美国欧亨利的小说，出人意料之外，又在情理之中。其思维之跌宕起伏，而又脉络清晰，每每令人匪夷所思——他是怎么想出来的呢？

毋须再加赘举，两部砚考，几乎篇篇如此。笠谷以其富厚的知识学养，清晰的思辨，条分缕析地娓娓道来，拨开重重迷雾，一一还原历史真相。俗语云，"乱拳打死老师傅"。客观而言，笠谷考辨诸多名砚真伪及砚史悬案，其结论石破天惊，颠覆前贤，对砚史及当代砚学研究，必将产生深远影响；称为"砚学革命"，当非过誉。吴笠谷，这尊阿罗汉，嘉惠当代砚林，其功厥伟！难怪他力倡的"砚学新说"应者日众，其来固有自也。

最后，说最重要的一点，是其六，笠谷为人，具情怀，有识见。张中行先生曾对我说过，写文章，见识第一。我引申师意，是，处世为人，皆需见识，何止文章？其见识之源，又是人生第一要著——情怀。"人生不可以无情"。情之所感，寝食忘焉；情之所钟，死生系焉。情也者，实天地之锁钥，人生之枢纽也。如前所说，笠谷所具者，砚雕，翰墨，学养。砚雕，不过技术尔，即便达于极境，亦徒一匠工；能附以翰墨，则可臻艺境；再辅以学养，则堪为艺师；除此之外，必再加以人文情怀，以情寄物，方成大家。笠谷，即是一位富有情怀之人。率真洒脱，旷达不羁，出处行藏，颇有古才人遗风。早年曾遭丙丁之厄，倾家荡产，可谓命运多舛，但他热爱生活的痴情依旧，赤心不改，在砚学研究上孜孜矻矻，竭心尽力。他历来主张以"人本主义"视角对待真伪两说之砚，并引而申之，以为玩砚、鉴古如是，世事、人情亦当如是。多年来，他治砚、辨砚，游于翰墨，耽于典册，绝不像商贾那样，锱铢计较于阿堵物中。他视砚与砚学为生命，把自己的心血、生命价值，寄托于一方方砚石之上。其实，他的视砚如命，是对人生的挚爱，体现着对理想人生的追求与执著。我忝列孟子所谓"人之患在好为人师"者流，曾面对学生疾声高呼：赶紧看啊！中国古典传统，就要消失了。我生也晚，未曾亲睹她的正面，仅仅看到背影；可就连那背影，竟也如此迷人。你们再不看，便背影也不得见了！笠谷在他的书里，在他的行色匆匆中，不是也高呼着这样的声音么。

　　笠谷对于人世，总是怀着一份大悲悯。他钻研佛学，倾心禅宗（以至精诚所至，金石为开，隋禅宗三祖塔铭瓦亦缘归其手），屡刻弘一大师法相砚，皆因钟情于佛家那颗慈悲为怀的救世之心。生活中，他路见不平，拍案而起，颇有"愤青"气概，自云"尘缘障目、心魔难伏"。其实，在我看来，这也是源于他的人间至情。因为这份至情，他从不流俗，独持己见。面对当今砚匠"愈工愈俗"的滥雕现象，笠谷大发感慨："譬如天生丽质一璧人，可怜见活生生被断臂截肢。"俗手日甚一日的暴殄天物，浪费资源，败坏文化之脉，让他痛如刀割，内心深处，总是淌着滴滴鲜血。

　　因为有情，便生出了深入的识见，体现在他对林林总总、真真假假的砚石考辨上，也体现在对人物、历史、社会人生的看法上。对清代砚学大家黄任，人们总是津津乐道于他的"千金买婢、千金购砚"，但经笠谷钩沉爬梳，种种艳事均属子虚乌有。又有论者以所谓"八闽巨手"之"恶名"并津博所藏"黄任墨雨砚"上伪铭"搜三洞石"为据，指斥黄任为一贪官，巧取豪夺，将佳石名砚据为己有。笠谷乃细加考辨，得出真相：黄任不仅为官清廉，而且还被权贵掠宝，惨遭其害。是可忍，孰不可忍！他挺身而出，为自己心仪的砚学大家昭雪正名："史实中之黄举人、黄大令、黄诗人、黄二丈，是一个洒脱不羁的才人，也是一个失意落寞甚至落魄的伤心人，一生中之知己，恐便是'十砚斋'中不能言的石友了。"满纸愤激语，一把辛酸泪。笠谷笔下饱含的，实是与前贤知己的惺惺相惜。"前不见古人，后不见来者"，一腔悲悯，今古同怀。

　　在这两部书里，笠谷的辨伪，始终是为了识真——倡导一种积极、健康的砚文化。对并无铁证可定必伪的古名人砚，他首倡"疑罪从无"的收藏观。即使对伪砚，笠谷也不一棒子打死。比如，对伪品"岳飞砚"，他就这样评价："此砚与《满江红》一样，已成其精忠报国精神之象征符号。砚虽伪，却自有其砚史之特殊意义。就此意义而论，'岳飞砚'铭伪意真，仍不失为名砚中之名砚！"这是一位饱含深情的砚学家对历史、对文化的尊重。然而，对于当今某些专为营利而造假作伪者，笠谷是深恶痛绝的。他自己的砚作，曾被人磨去款识，假冒旧砚高价出售，以致一些收藏家也莫能辨之。每说起来，他都义愤填膺，担心自己的清名被那些造假者污损。因此，他绞尽脑汁，寻找恰当的方式披露出来——因为还要顾及收藏者的声誉与面子。这种疾恶如仇与爱人以德的品行，在他身上和谐地体现着，令人油然而生敬佩之情。

　　正是由于对砚文化的热爱与忠诚，笠谷笑对古今，天心澄澈，如一泓清水。虽身怀鉴赏绝伎，却绝不固守陈规，秘藏自保。在考岳飞砚一文中，笠谷尝言："'奇文共欣赏，疑义相与析。'此为君子胸次；'恨人有，笑人无'，此为小人秉性。"因此，每有心得，他总愿和盘托出，与朋友共之而无憾。本书《赝伎九种》、《识真八法》两篇，就是他金针度人的无私体现。

　　当然，木秀于林，风必摧之。正如他在《赝砚考·引言》所说："掀起赝品名人砚之盖头，兹事体大，难免有'抓破美人脸'般之煞风景。"笠谷的诸般壮举，或许会破坏砚界的某些"潜规则"，招致售赝鬻伪者的忌恨。我私下也曾不无担心："你这是要砸人家饭碗啊！"笠谷坦荡君子，只轻轻一笑，毫不介意，如拂蛛丝。"澄清砚史，还文化清白！"其心弥诚，其志弥坚。磨而不磷，涅而不缁，必也坚白乎！

这是臻于"以伎济世"的高尚境界了。

此外，对古今很多事物的看法，他都独出机杼，自有心裁。如对一些历史名人（林则徐、曾国藩、李鸿章等），他的评价就大异时风。晤对之际，笠谷纵论时事，臧否人物，时出妙语，每令人忍俊不禁，会心而笑。在他行文的字里行间，此种机锋，也时或显露。

当年与张中行先生谈文章之道，我曾有问：散文随笔宜于抒情，可以写得灵动鲜活，学术文字则似乎不宜。先生说：不然，你去读启功先生的考证文字吧。旋读《启功丛稿》，确如先生所说，严谨的考证中，总有一份人间深情在焉。后来想，古今大家，莫不如此。远者，如因文字狱而三缄其口、一味爬梳古典的乾嘉学者，近者如曾遭掉书袋之讥的周二先生，也多有悲天悯人的情怀隐于文字背后。后来，读到赵丽雅（扬之水）的《诗经名物新证》，也有如此感觉。现在，读笠谷的文字，这种感觉复又生焉。他精于考据而没有学究气、讲章气，充满赤子真心，从文章说，洵为难得佳境。我披阅他的叶小鸾"眉子砚"考，在《我见犹怜，奈何老天不怜》一节，读到这样的句子，几度心动不已："'此曲只应天上有，人间那得几回闻'。天妒红颜，此叶小鸾之大不幸；然其早夭，使之笼罩着一层'悲剧人生'的'残缺美'，遂令后人为之哀叹不已。此后人念兹在兹，对疏香阁砚争相品题之要因，借一砚以抒解哀悼红颜薄命之郁结也。"我想，张中行先生见了这样的句子，也会为之动容吧。

行文至此，想起清代学者魏禧为周亮工《赖古堂集》所作序言中的一段话："士之能以诗文名天下、传后世者，有三资焉，曰记览之博也，曰见识之高也，曰历年之久也。记览博，则贯穿经史，驰骋诸子百家，书无所不读，言有本而出之不穷。见识高，则不依傍昔人成见，不汩没世俗之说，卓然能自成立。历年老，则积久而变化生，攻苦而神明出。"诸资之中，笠谷唯缺其一：历年久。身当壮年，无以称"老"。那就且待时日，等着他在逝水中再加历练之后的结晶吧。

该收笔了，抬头，张先生题写的"三馀书屋"斋额手迹，就在对面的壁上高挂着，想到多次前往老人说梦楼复命的情景，禁不住想问一句："先生，这篇序，我写完了。您看看，合适么？"

2010年11月22日，时值小雪寒夜，写于三馀书屋

　　刘德水，男，1963年出生于北京。北京市语文特级教师，北京市杂文学会理事。出版个人文集《三馀斋杂写》，著有《闲话八股文》（与张中行先生合作），编有《说梦楼里张中行》（与孙郁合编），《诸子百家新读》（鲍鹏山原著，刘德水评注）等，在各类报刊发表文章数百篇。

自序

魂兮归来　吾道不孤
—— 论当代砚文化式微之成因及复兴的机缘

今夕何夕　梦里不知身是客

2001年秋，我应韩国大韩佛教天台宗有关方面邀请，旅韩月余。

甫至东国，承好友汉学家金君雅意，偕游汉城（首尔）文化街仁寺洞。小街书铺古肆，朴实无华，仿佛江南寻常老街旧巷，颇富人情，令我讶异，盖与北京琉璃厂文化街的新亮光鲜，绝然别调。

游览一过，金君携我登街边一木阁茶肆少歇。室内陈设简而不陋，古色古香，令我心生欢喜。须臾，楼梯响处，二人入室，长者美髯，少年清癯，均着宽袍素衫，纱笼玄帽。正疑其为鬻艺歌手，孰知竟是金君兄长与弟子。原来，彼国习传统文化者，皆以此传统韩装为常服，金君兄长即一主持书法工作室之书法家也。

晚间，与吴君诸画友聚饮。吴君小写意花卉之传统根底，几夺吾人之席。诸人且觞且画，酒酣，金君起而吟唱苏子《赤壁怀古》，载歌载舞，古风古调，使人动容。恍惚间，仿佛中原衣冠，汉家台榭——作客异邦，宛若隔世，竟生梦蝶之叹，真不知今夕是何夕了！

"道不行，乘槎浮于海"。文化的难堪，本乎人文环境之不堪。当代就继承东方传统文化而言——日本尚唐——韩国崇明——国人颂清。

稽之往史，有礼仪之大，有章服之美，此我华夏族之民族传统、文明符号……所谓"礼失而求诸野"，传今年曲阜祭孔，便弃旗装而改为参用韩传明式汉服古礼模式。今日韩人所传儒家统绪，犹可称完备，祭孔礼仪可见一斑，然于砚学之道却远未得要领。仅就此而言，与东邻日本国之差距，竟难以道里计。

中国，作为砚的发源地，今日砚文化之几近式微乃为不争的事实。尤令国内砚人尴尬者，是日本爱砚家竟有所谓"研究中国古砚要来日本"之说！

浮槎东渡　墙里开花墙外香

无须讳言，相比国人，当代东瀛人士对砚的理解，就"文化"二字而言，或更传统，更纯粹。"祖上阔过"，不过是阿Q先生的"精神胜利法"。因此，以复兴我国砚文化计，借镜东瀛，不失为一良策。

所谓"研究中国古砚要到日本"之说，其来有自。晚清以来，流往日本的古砚极多，国人好砚者无缘谋面，惟兴望洋之叹。此种"墙里开花墙外香"的局面，原因简单，自明治维新以来，彼人政治上脱亚入欧，而文化犹守东方传统，源于中土之茶道、书道及花道等，传续不绝。又因"皇国万世一系"，流传有续的唐宋文物至今存世甚多。古砚即为其一。

日本国今藏中土名砚，较早者，有大阪道明寺天满宫所藏多足白瓷圆砚，为唐末遣唐使菅原道真自华携归之物，被定为彼国"国宝"；最著名者，当推欧阳修南唐官砚。此砚清末民初由国内流出，被矿石学家坂东贯山氏获得。其余明、清两代名家遗砚，应有尽有。沈汝瑾去世不久，《沈氏砚林》所收砚百余品，亦为日本名画家桥本关雪氏囊括而去。

因爱砚者众，近代以来，日人洗砚会、砚石研究会之类砚学组织甚多；以所好侧重不同，又分为铭文派、名坑派等。因品石赏砚之风蔚成，故彼国出版之文房杂志、名砚专谱甚众。

国人所称之古砚收藏家、藏砚家，日人称为爱砚家。窃以为"爱砚家"之称名更为妥帖，更富人文精神，不妨仿效"政治、民族、美术、国粹"等自日舶来词，借用之。

呜呼！国内文博界之足令人悲哀者久矣：敦煌虽在，敦煌学却在国外；殷墟仍存，读甲骨文须往东瀛。不计新砚，日本今藏中国历代古砚竟以十万计，晚清民国时流出最多；近三十年，古砚外流仍令人触目惊心，故日人所谓"研究中国古砚要来日本"之说，实也并非全为妄语，良有以也。

泰西不重　无可奈何花落去？

相视今日东瀛砚文化之仍多传续，反观国内，则滋味有别。

前人鉴古，首重金石书画。金为青铜器，石指古碑刻，砚为其一。因文物政策所囿，青铜器非今日私家所宜玩。书画，自古为收藏家所争宠，今日依然。砚，则今日仅为瓷器、字画、家具收藏之后一"小跟班"而已。

李杜、韩柳、欧王、苏黄米蔡等等文艺巨匠，皆不吝笔墨用于砚之品赞，孰闻于瓷器趋之若鹜？

何以昔日士人书斋乃至尚方禁苑中之掌中宝、案头珍，竟沦落成今人眼中之"破落户"？

或以为砚文化之没落，理固宜然，因其实际功用价值业已丧失。此说民国时赵汝珍已论及，不妨赘引：

　　　在唐、宋之时，千百金之砚，比比皆是，甚至万金、数万金一方之砚者，亦所恒有；元明相承，价格日升，直至晚清，砚价仍保持其历来之平衡。乃至清末，变法维新，西洋文化东来，不用毛笔者，亦可在社会上占重要之地位。于是，国文失去其固有之重要地位，古砚之价值遂愈趋愈贱矣。在以前值五百两者，今最多不过五百元。虽元、两相去无几，而实在则跌价甚多矣。说者谓此种跌价乃自然之结果，以前有用，今日用之者少，理固宜也。骤闻之，理由似甚充足，但细考之，仍非也。夫古玩者，均无用之物也，其价值不得之于用途。以前有用，今日无用者甚多。如古玉器、古铜器等，均昔人之所必须用者也，今则均无所用矣，然其价仍今贵于古，何也？盖中国今日之古玩，其价值完全操之西洋人之手。西洋人所认识者，所收买者，即有价值，否则，即无价值。对于古砚之精妙，西洋人绝不能理会，绝不能认识。故西洋人之来华者，任何古玩均可收可买，未闻有收买古砚者，此其所以愈趋于贱者也。然因此而楚弓楚得，不致流入西洋，亦天惠吾华之意欤！

　　　（《古玩指南》）

　　赵氏之意，民国时砚之地位即已江河日下，大受冷落。其缘近代以来，除西洋硬笔的冲击外，更因古器皆由西洋人定贵贱，而砚纯为东方诸国特有，与西洋少有渊源，彼辈不取，砚自日贱。此说固不无道理，实亦不尽然。毕竟东洋人乃赏砚内行，来华购砚者前赴后继，惟声势逊于大肆搜求古瓷等之西洋人而已。

　　赵汝珍氏本古玩名贾，在商言商，所论多着眼于古物之商业价值。然其说虽仅指民国砚，假诸今日，仍是实情。除西洋人不重此因素外，若深究今日砚学之式微，则国人对砚漠视，洵为第一要素。

国人冷落　欲觅知音难上难

　　早在晚清道咸间，已出现集砚、墨功能于一身的便携文具——铜墨盒。只此种砚的代用品，材质平凡，款式简单，除陈师曾、姚茫父等少数雅流对此饶有兴致外，其主要使用者不过私塾童子、账房先生者流。墨盒的诞生，尚未动摇砚之文房至宝的地位。

　　同光间，各种"改革"纷至沓来，"中学为体，西学为用"之结果，其一即是砚，虽未完全退出历史舞台，毕竟日渐式微。舶来品西式硬笔，其操作便捷显而易见。随后墨汁问世，无需磨墨，砚之器用功能日渐消弭，沦为明日黄花，确乎有其势之必然。

　　民初"新文化运动"，其颠覆传统不乏过激之处，不但要"打倒孔家店"，更有钱玄同、陈独秀之主张废汉字，鲁迅之宣扬不读中国书……此即赵汝珍氏所谓砚愈趋于贱的因素之一——"国文失去其固有之重要地位"也。

　　尽管风光大不如前，视今日沦为不入流之境地，民国砚学尚可圈可点。即以藏家而论，前有周庆云、沈汝瑾，继有许修直及徐氏昆仲（世昌、世章）、林氏叔侄（柏寿、熊光）诸家称名于世。迨至当代，即书画名家也多用墨汁，砚仅为石雕工艺品之一种。逮至今日信息时代，毛笔无论，硬笔且可为键盘、鼠标所取代，砚则更无容身之地矣。

凡物用之既久，自然生情。古时藏砚家，多是由用砚而藏砚，藏品由少及众，至有大成。不用砚、不知砚，何来藏砚家？然笔耕谋食的器用功能虽失，品石赏砚之怡情功能犹在。上品美石，谁肯用之？如赵汝珍氏所言，古玩多为前人实用品，后人只重欣赏，谁见藏家用古碗盛饭、古鼎烹肴？

再者，何以东瀛异邦，现代化、信息化更称先进，砚却不曾退出历史舞台，今日仍用之者多、好之者众？——此无他，国人类似昔日之玩砚主体阶层不复存在，且今人赏古之审美观又大有缺失耳。

砚田乾坤　旧时王谢斋中宝

"满朝朱紫贵，尽是读书人"，读书做官，此科举本质。统治阶级主体既为读书人，即"士"之阶层，而读书人又莫不与砚终生相守，故官僚士大夫自然成为玩砚的主流。两宋时，士大夫与天水赵氏共治天下，文化昌盛，亦为砚学之高峰期。有元一朝，统治者崇拜"暴力美学"，恃武功，轻科举，砚学乏善可陈。明代文官集团亦势大，只政治、文化已难达宋时高度，砚学亦然。前清集权专政，但尚打儒家招牌，故清代砚学甚是兴盛，几有中兴之势。即便民国，议会政治、政党政治粉墨登场，但彼时执政基础犹为缙绅阶层，故砚学仍延前清余绪。

统而观之，士大夫玩砚、藏砚，有以下诸多优势：

爱砚——或寒窗苦读，或红袖添香；其出身，无论贫民子、富家儿，自幼与砚相亲，一生和砚相守乃至去世以砚为殉。与砚相亲相伴，用情往往至深。

识砚——既是日常文房所用，对其性能必多有所知悉。又，官僚士大夫中游宦各地者，对砚种、石质异同，更易有心得体会。

能题——夫子门人，腹有诗书，笔能翰墨，题词、撰铭不过案牍余事。金石久寿，铭文借以不朽；锦词佳句，题于砚石，本为玩砚之重要意趣。

财厚——"三年清知府，十万雪花银。"即便两袖清风之循吏，凭干俸，购石玩砚亦非奢想。

势强——官宦玩砚，可引领时尚，号召群伦。宋之欧阳修、苏东坡，清之纪昀、刘墉等钜公胜流玩砚，皆领一时风骚，遂使时人赏砚之好，如风行草上，蔚为大观。

上述种种，足以说明"文官体制"之兴衰，对砚文化发展影响之巨大。

笔耕谋食　最数文人相亲傍

古代爱砚者、藏砚家，以在朝士大夫藏砚家为主力。

　　中唐大书法家柳公权，喜爱笔砚与图籍书画，专辟斋室珍藏之，并撰有《论砚》一则，评论当时诸砚优劣。中唐名相李德裕，藏砚甚多，其中一方妙绝者，取以砚为邻之意，命名为"结邻砚"。柳、李应为有史可考最早的藏砚名家，亦是士大夫藏砚家之代表人物。柳、李以降，著名的士大夫藏砚家计有：宋代唐询、蔡襄、欧阳修、苏轼、米芾；明代严嵩、李日华、屠隆、高濂；清代朱彝尊、余甸、林佶、黄任、纪昀、刘墉、铁保、阮元、黄易、高凤翰及近代徐世昌、许修直等皆是。帝王藏砚家如李后主、宋徽宗、乾隆，以文化属性论，亦应归入士大夫藏砚家之列。

　　在野的文人墨客藏砚家，著名者有明人项元汴，清人高兆、吕留良、金农、计楠、张廷济、朱栋、沈汝瑾等。

　　以数量计，在野文人远逊于在朝士大夫。较之在朝士大夫玩砚之诸种优势，在野文人之势弱，明矣。故以影响论，在野藏砚家，自然难比高居庙堂之名公巨卿、风雅大吏，但砚学修养未必不及，如计楠、朱栋等，造诣颇高。

　　古时玩砚名流尚有儒商。如近代藏砚名家周庆云，本江南巨贾，有物入眼，何患无赀？此外如清中期徽州籍名流程瑶田（著《纪砚》）、汪启淑（有《飞鸿堂砚谱》）、程庭鹭（所著《小松园书画跋》附砚铭五十余则）诸人，虽自己并不经商；但皆出身商贾大族，财学两富，故玩石藏砚，自无计楠、金农等囊中羞涩之窘境。

　　晚明陈继儒云："文人之有砚，犹美人之有镜也，一生之中，最相亲傍。"当然，无论在朝之士夫官宦，在野之文人墨客，在市之儒商巨贾，一生所用，多不过一二砚而已；但因古代文人士大夫群体庞大，文人玩砚之规模自然可观。市场有需求，奇货自可居，于是，藏家争相抬价，同好互为攘夺，致上品身价，在唐宋时代，千百金之砚，比比皆是；万金、数万金之砚，亦常有之，宋人米颠甚至以一座砚山换得晋唐名宅，未足奇也。

　　此曩日文人士大夫玩砚之大略格局。

疏阔国学　雾里难窥花真容

　　经"文革"之涤荡，往日作为文化担当者的主要群体，玩古之主流——官僚士大夫及乡绅阶层，彻底不复存在。传统文化之皮已不存，砚文化之毛将焉附？金农铭砚有云："不识字人曾见否？"读书既已无用，砚之境遇可知。

　　且赏砚之道，本属象牙塔中小众之雅好，譬如汉赋，譬如昆曲，属雅文化、精英文化，崇尚阳春白雪，与民间文化乃至流民文化迥然异趣，甚至冰火不能兼容，此审美观之有"阶级属性"的局限。一时之间，实难以蛹蛹化蝶。

　　同称文化人，古人熟习诗词歌赋，流连诸子百家；今人学数理化、文史哲及ABC。看似今人文史哲与古人所学经史子集，同属人文学科，但其意识形态、知识背景之全然不同，显而易见。所以，套用时下流行语"文凭不等于文化"，就"国学"而言，今日知识分子或曰"文化人"，显然与古代文人不可混为一谈。

隔膜，源于文化的疏离、传统的断裂。古人以诗词歌赋作砚铭，今人不谙此道，品古砚，铭字难辨，铭文难解；题新砚，腹笥空虚，拙于词翰。如此，即便有心于砚，也难免力有不逮。用白话题之者，譬如牛饮香茗，大失其趣。其玩砚，仅止于在石品雕工中赏新觅奇，如此自然难窥砚学真谛，此所以近年新进知识分子对赏砚之道仍有缺失也。

王安石诗云："欲寄荒寒无善画，赖传悲壮有能琴。"大贵如王氏者，赏画却取"荒寒"之境，今者几人解此滋味？

与古代玩砚群体中之在野文人相对应者，今日颇难定位。"草根"文化人，其地位及影响皆微不足道，实难与前人相匹俦。至于商界大亨，如古代赏砚之儒商者，今日亦远未成气候。

争居奇货　炒古岂是真赏古？

相较昔日玩古主体之文人士大夫阶层，今日玩古或曰收藏群体之缺乏渊源，亦是致使今人之赏古难达一定高度之要因。

灿烂之极归于平淡方为真平淡，不为名利所囿之好古方为真好古。今日玩砚文人群体的消失，其实质，亦可谓世家或曰旧家的风流云散。

玩古，本为有钱有闲者之奢侈事。旧日文人士大夫藏砚家，往往为世族旧家，有家学，富财力，即便不仕不商，承先人余荫，亦足可享受品古赏今之诗意人生。有钱，可得见真品名物；有闲，可潜心品味研究。如此，则见他人所未见，得他人所难得，识见自然高远，所藏往往高品。于是，或撰文辨石，或摹图说砚，可感染同好，可引领雅流。琴棋书画、品茗赏花，乃至斗鸡走狗、养鸟品虫之道，莫不如此。所谓"术业有专攻"，玩得纯粹，往往也玩得极致，玩出境界，如古书画收藏家项城张伯驹先生，古砚收藏家台北板桥林伯寿氏即是。

"文革"之后，世家、旧家一扫而光，如清代福州林佶家族那种延续数代之藏砚世家，遂成空谷绝响。

所谓"罗马不是一天建成的"。与林佶家族相似，史上之书法世家琅琊王氏，书画世家吴门文氏，竹刻世家嘉定朱氏，乃至日本收藏世家细川氏（其家族博物馆称永青文库），无不证明，一家一族的文化传统，非一朝一夕之功可成。而今人收藏则多急功近利，但求事功，而非陶冶性情，汲古得绠。多年来，"炒古"几与炒房、炒股成鼎足之势，而芸芸玩古众生中，居奇货以待贾者众，其深层次原因皆在于此也。

置今日收藏热之实质不论，古玩炙手可热，固为不争事实，依常理，砚本应在此热潮中分得一席之地；然而，较之瓷器、家具之被热捧，砚仍大受冷落。何以至此？——亦无他，此又今人"重器轻道"之趋俗收藏观所致也。

重器轻道　黄钟大吕久毁弃

两百年前，拒绝三跪九叩见乾隆的英国首任驻清国特使马戛尔尼勋爵，如此记其眼中的所谓"康乾盛世"：

> （中国）自从北方或满洲鞑靼征服以来，至少在过去150年里，没有改善，没有前进，或者更确切地说反而倒退了；当我们每天都在艺术和科学领域前进时，他们实际上正在变成半野蛮人。（《马嘎尔尼见闻录》）

今人玩古偏好艳俗之器，其流俗根源实可上溯至有清一代。就我国宫廷文化而言，其格调之高，观止于两宋；其庸俗化，滥觞于前清——这点，北京故宫博物院内所陈设原清宫色彩花俏之瓷器、雕工繁冗的家具，即可为证。上行下效，近三百年逆淘汰的后遗症，便是今日所谓"国粹"，其实多为"清粹"，如将旗装之变体称为"唐装"即一显例。

因之，前清专制皇权文化的流风影响，官本位思想之幽灵难去，此今人争崇清人俗工及清代官器之病根也。三流洋画师朗世宁所设计的清宫园林建筑构件"牛头、马面"们，被奉为天珍，除却所谓"国耻"因素，皇权文化之影响实为要因。

"清工"流弊，于砚影响亦深。今人砚刻之俗工种种，雕龙镂凤，令人观之心乱，触之神伤。又，"红光亮"本与"高大全"互为依傍，今日各地争相加封大如床、长似船者为"砚王"，即此种浮夸时风下的流弊一种。此种巨石繁雕，干砚何事？

清人瓷器，色彩大红大绿，内容花鸟虫鱼，即便"贩夫走卒，引车卖浆者流"亦能同赏；陈之几案，琳琅满目，更可极尽炫耀张扬之能事，此今人之好捧清瓷也。而砚之特性，形非摆件，不宜陈列；石品微妙，难以粗观；铭文深奥，不易解读，以其对观赏者文化要求之高，多为今人所不取。可见清人俗工与今人"大众趣味"合流之一斑。

但清人玩砚品味，尚可算清浊共存，文人雅士之审美亦取雅工为主。倘借古人论画逸、神、妙、能四品之美学标准，以量化定位砚及诸艺雅俗：清代雅俗参半，当代则要更为不堪。

取法乎下　斤斤小伎瓦缶鸣

所谓"楚王好细腰，宫中多饿死"。藏砚家是砚工之衣食来源，其审美取向对砚工之影响极大，故负有高屋建瓴，引导砚艺风尚之责任。今日藏砚家修为之多不可持，对今日砚工之负面影响甚是致命。而藏家与艺匠，又为互动关系，大环境如此，今日砚工本身之识见也大有局限。

砚艺，以审美观论，可分为"文人砚"、"宫廷砚"、"民俗砚"。今日，"宫廷砚"绝迹，然号称"文人砚"者不少，只是，并非刻历史题材，或唐诗宋词于砚，即是"文人砚"。而质胜文则野，"民俗砚"，或曰"匠人砚"，虽有生活气息，但格调不高，历来不入文人士大夫法眼。东坡名言"论画以神似，见与儿童邻"，更是道尽"文人砚"与"匠人砚"艺格的云泥之别。事实上，历数史上砚雕名家，亦以能书擅画者居多。借董其昌以禅论画之"南北宗"论砚，"南宗"写意，尚士气，可比之高凤翰、谢汝奇等人之"文人砚"；"北宗"写实，多匠气，近人陈端友先生可称先进。陈氏砚艺，镂瓜琢螺，惟妙惟肖，此种高妙手段，固是一代作手，可称仿生砚艺之高峰。然此种写实工艺，并不符合文人士大夫之审美情趣。因之，虽然陈氏与沪上书画名流有交往，但似乎受到文人墨客的垂青不多（今传吴昌硕题铭之陈氏款数砚，应是伪品）。

陈端友氏制砚，苦心孤诣，呕心沥血，十天一凿，五日一刀，甚至多年方琢磨成一砚，乃严肃的艺术创作。而今日砚界时风，刻工囿于识见，不仅以低俗为美，甚至堕入恶俗魔道，且多急功近利，于是难免有工无艺之"行活"遍地了。——多少美材，被庸手所戕害，诚所谓唐突西子、作贱嫦娥！

眼高手低者，可改可救；眼低手高者，无药可医——诸艺莫不如是。

急功近利　墨客无心磨闲墨

金农《冬心斋砚铭》自序有云：

> 文房之用，毕世相守。尊如严师，密如执友，宝如球璧琬琰，护如头目脑髓者，惟砚为然。墨次之，笔与纸又次之。

此文房四宝排位，后三名之墨、笔、纸，今仍用之；头名之砚，今反沉沦。这点，恐怕既是文人墨客又是砚史大家的冬心先生当年所绝难预料。

令人遗憾者，倘说今日"文人"对砚冷落，尚不乏情有可原之处；最该用砚的"墨客"群体——书画家们，今日往往也弃砚如敝屣，则不能不让人为之扼腕太息矣！

古人作诗填词、抄书录文、修书记账，文人学士、塾师蒙童、账房商贾皆需用砚。今日蒙童塾师、账房商贾不用墨砚，且不必说，自从取用硬笔、键盘，则文人所谓勘书、著书、填词、写经、点易，种种名目之砚，亦无用武之地。惟书画家，仍须借重笔墨以成作品，故案头多还备砚一二。可惜者，彼砚多为墨海（类旧日学童砚），仅以调和墨汁，用于研墨者罕少，甚至去砚而取碗碟代之者亦属常见。

"墨客"不磨墨之原因，盖与今日功利主义深入国人骨髓，导致"假大空"泛滥之时弊有关。今人凡事皆求"大"，画大，"气势大"、"魄力大"，悬之楼堂馆舍，占地盘、抢眼球。笔不精墨不妙者，得以尺幅之巨压人。又，今日书画家润格，多以作品大小论价，小幅价贱，不为人重。故今日书画家作画，须用大盆盛墨汁，磨墨自然不足敷用。大帧如此，即便小品，也用墨汁应景，早已无古人之悠闲心态，更遑论"十日一山，五日一石"之苦心经营。

替代品墨汁成为主角，案头之砚，自然可有可无，遂"灰不溜秋靠边站"了！

藏家之"炫耀性收藏"也好，书画家之弃砚不用也罢，皆是今日国人急功近利、心役于物的体现。

笔砚精良　曼妙翰墨续因缘

《文心雕龙》云："心生而言立，言立而文明。"人类感知、感悟世界而想表达，于是产生语言，进而发明文字；吾国文字由刻甲骨而刻简牍，而书帛纸，皆借笔、墨、纸、砚以为载体，故说中华文明赖砚等文房四宝以传，亦不为过。

视今日砚之落寞境遇，不免歔欷不已。但佐中华文明传续有大功之砚，随器用功能之消失而完成历史使命，亦可谓大德圆满，功成身退，似乎乃顺理成章之事。所谓器以用为功。论器用，硬笔优于毛笔，键盘又优于硬笔，此历史演进、文化发展，似乎不必抱残守阙，为砚之途穷黯然神伤。然而，砚之功能，除实用以外，犹可欣赏，上品良璞，更属宝石之列。故其生命力，与版刻书籍等的必然被淘汰，不可同日而语。

然则，如何使砚文化这一蒙尘明珠重放光彩？

如上所述，今日砚学式微，究其症结，其"病因"不外乎八个字——传统割裂，文化断层。

"病因"如此，何以下药？愚见，使砚之器用功能得以回归，及对砚之鉴赏价值的再认识，乃复兴砚文化之不二"良方"！

北宋名士苏舜钦有论文房名言，的确是文士会心之语："明窗净几，笔砚纸墨皆极精良，亦自是人生一乐。"良砚研佳墨，挥毫时能使墨分五色，云烟满纸。用墨汁，则黑气弥漫，燥味充溢。墨法大师黄宾虹先生作画，纸、笔可不择，墨、砚必上佳，故其画深得"黑墨团中天地宽"之笔墨真谛。画如是，书法亦如是。

物质追求有穷尽，精神生活无际涯。人类衍进至今，工业文明发达，物质日趋丰盈，然物欲横流，国人之精神家园却日见荒芜，心为形役，神为欲伤。何以解缚？——超越金钱、物质、权力崇拜的罗网，生命之花始能更舒展、更拙壮，社会始能更健康；故回归自然，追求本真，乃解吾人精神匮乏、心灵荒芜的灵丹妙药！

因此，去急功近利之躁动心，此国人亟须恢复研习书法的传统；享烟云供养之真意趣，此今日专业之文人墨客尤宜用砚也。

片石清幽　卧游烟云堪供养

砚，既有实用性又有文化属性；功用而外，玩砚之旨趣更在于鉴赏。此则可分为两个层面：美学欣赏与哲理感悟。

先论美学欣赏，此又可分为赏石与鉴砚。

赏石：所谓"孩儿面、美人肤"，此言石材之温润可人。紫端之瑞气，黑歙之玄远，绿洮之奇幽，红丝之炫目，五色纷呈，此言石色之多姿多彩。鸲鹆眼之明眸，眉子纹之妩媚，金银晕之奇幻，胭脂晕之美艳，此言石品之瑰丽可人。或如日月山河，或如虫鱼草木，或如老僧枯坐，或如天外飞仙，此言石品之意象万千。天生美材，产地不一，坑口有别，故能色品万千，此客观物象之天然真趣。凡此种种，不可方物，实造物主赐予有心人者，为广大爱砚者之兴致所在。

品砚：蟠螭汉砚之气势，双足唐箕之开张，宋式抄手之温文，明人玉堂之洗练，此谓时代气象。文人砚之逸致，宫廷砚之精工，民俗砚之朴拙，此谓审美意趣。王岫君之清雅，顾二娘之圆润，谢汝奇之文心，高凤翰之画意，陈端友之象形，方见尘之写意，此谓名工意匠。凤池、玉堂，寄托登科美意；兰亭、鹅形，向慕书圣情思；井田之祈愿，夔纹之古风，此谓题材丰富。质润喻君子之德，形方喻秉性刚烈，形圆喻内涵圆融，石眼青白比世态炎凉，秦砖汉瓦怀兴亡之思，此乃题者笔底乾坤。无论红尘名利客、荒斋素心人，皆可寓砚以个人感悟，有感而发，题之赞之，以铭心志；辞之为丽、为素、为庄、为谐，皆可见心性，显境界，此本砚之人文价值，又不可徒以玩好视之。

上述砚的器用之功、鉴赏旨趣，并无新意，古贤领略久矣，如金农《冬心斋砚铭》自序所谓：

> 李唐以来，砚之产不一地，形不一式，藏不一人，衍石墨相著而黑之语，为铭者不一家。

人类文明不断演进，而人类本能之审美天性不变。即如"环肥""燕瘦"，以杨妃之丰腴、飞燕之窈窕，今人见之依旧惊为天人。赏砚之道，亦同此理。

禅语云："好雪片片，不落别处。"所谓物我两忘，物我无尽，以此心境赏砚，自然处处光霁澄明、绮花万点。——东坡居士云："江山风月，本无常主，闲者便是主人。"明乎此，鉴砚之道得其三昧矣！

格石赏心　天地之道道可道

而砚道之深邃，又不仅在于赏石之美、鉴砚之趣，更在于可纳须弥于芥子，从手中有砚，到心中有砚，人砚合一，是谓哲理感悟。

揽青山白云、春风芳草之意象，以为己有，此为怡情，故尔，赏砚，凭几览石，固可得咫尺江南，卧游烟云之意趣，但尚处于"看山是山"之境，尤属美学范畴。进一步，砚的文化价值还可上升到更高层面之哲学追求，这就是——载道。即通过观砚省心，完善自我人格。换言之，即砚不仅是文房之用器、玩赏之雅器，还可上升到"形而上"之"道器"。

物有灵性人有心，故宋明理学，主张观物明心。所以，在王阳明眼中，花，与人一般皆有良知，良知之存在，促使空山无人之境，依然水流花开，未归于寂。此种"花我同体"的圆融无碍，亦即"天人合一"。看花，品砚，皆是一理。异者——花，对道、释家而言，更多的是幻灭的征象；砚，则不仅是逸士寄情之良媒，亦是仁人托志的信物。因之，圣贤气象与君子情怀，亦皆可从砚石之顽璞中味得。如高洁者取砚之不磷不缁；慎独者取砚之木讷澄静；贤德者取砚之正直纯贞……诸种借砚言志，又以"取砚必端"最具代表性。其意除端材之佳外，更在于借砚名之"端"及砚规矩形制之"端"，比喻君子人品端方正直之"端"。

明心而见性，进而达理；格物之目的在于穷理、致知。砚之"贞石"特性，使先贤上哲可从中探究到道德人文主义的体验。换言之，砚与人又可互动：人，可品砚之美；砚之德，亦可正人之心。所谓智者乐水，仁者乐山。砚，石品之流美，如水之律动，可启迪人的机变智慧；石材之坚贞，如山之浑厚，可陶铸人的博大襟怀。又，石质之细润柔嫩，是为阴；石材之坚韧刚毅，是为阳。刚柔相济、阴阳互动，乃天地万物得以衍化之根本，正合乎"天地之道"。

种种浮华，在朴拙大美面前皆不免苍白。所以为砚张目者，至有"俗人玩玉，雅人玩砚"之说。言自偏颇，然，砚深沉之美，较玉华贵之美，就"道法自然"这点而言，似更契合其哲学本质。

东坡《端砚铭》云："懿矣兹石，君子之则。匪以玩物，维以观德。"——故赏砚、制砚，可悟独善其身之"道"，亦可修兼济天下之"德"，此所以砚所具"成教化，助人伦"的意义，又远非他种"玩物"、文物所可比拟也。

因之，将先民所赋予砚之人文精神，乃至厚德载物的核心价值观，探骊得珠，时时拂试，不仅是吾人必须具备之智识，更应是吾人今日亟需取得之共识。

以博以深　砚须亟定专门学

与可将砚上升到"道器"之高度相似，在此尤要指出的是，复兴"砚文化"的又一重要举措，是须将砚的研究明确定义为"砚学"此一专门学概念。

在界定"砚学"之前，先须界定何为"砚文化"。"文化"概念，人言言殊，梁启超先生在《什么是文化》中称："文化者，人类心能所开释出来之有价值的共业也。"此所谓"共业"，应是指人类在社会发展过程中，对事物形成的共同感知、历史记忆。

砚文化，亦即指以人对砚的感知为主体之一切"共业"。换言之，砚石本不具文化意蕴，经人工琢磨，便被赋予人类之价值观念及工艺技能，从而进入"文化"范畴，故砚文化其含义是将砚"人化"或"人类化"。对有关砚之事物展开研究，亦即将"砚文化"理论化、学术化、系统化，是谓"砚学"。因此"砚文化"是纲，"砚学"为目；"砚文化"是瓜圃，"砚学"为藤蔓，砚则为瓜本身。

砚学研究之范围，广义而言，包括所有与砚有关之事物，如砚的制作、利用、鉴赏以及砚史学等。传统意义上的砚学，则是"国学"在砚上的投射。学术史之规律：学术愈发达则分科愈细，以前为某学之附庸，而今蔚然成一门独立科学者，比比然也。然并非每一种传统工艺种类皆可成"学"，即以文房四宝论，笔、纸，因其可供研究之内容相对较少，似难以专门称"学"；墨，范围略广，专门称"学"在两可之间；而砚，以其材质之多样性、制作之工艺性、铭文之文学性，尤其就人文价值而言，上下五千年，纵横文史哲。纵向而论，旁及吾国传统学术之文字、考据、训诂、谱录诸学，上通儒、释、道，可归类"国学"范畴之一专门学。横向而论，还可包括西方概念之史学、美学、博物学、地质学等。细分之，雕刻工艺、雕刻流派、砚种石品、砚诗砚铭、砚式砚题，更是多姿多彩。凡此种种而外，古贤今人所记关涉砚之不实、不尽、不均处，亦皆砚学家们须广辑资料而辨析之、叙论之的内容。如此鉴赏批判，约定正误、雅俗、优劣之辨，才能有"学"可研，有"文"可化。米芾撰《砚史》，以"用品"、"性品"、"样品"分类，考据尤属极精，足为文房鉴古之助，乃"砚学"之一经典范例。

近年来，虽偶有称言"砚学"者，但和者寥寥，甚至不乏质疑之声，所疑无非：砚之其伎，小道尔；砚之为器，玩物尔。虽时下因砚市看好，加之出版环境日趋宽松，于是砚书迭出，然多数所谓"砚学专著"不过图录而已，无非就器说器，罗列尺寸、材质、砚式，照录铭文罢了。对砚形、纹饰之文化含义，铭文之史学、文学乃至哲学价值的阐释，多付阙如。此更凸显今日"砚学"之研究，其在"砚文化"式微中所占之"短板"性质。

"文化"这个词中的"文"，包括指优美的事物，人类生活中，凡事凡物须有"文"的渗透，方能使人感动生活、享受人生。可以说，人类从原始蛮荒社会进化到现代文明社会，每一个进步都应该归功于是"文"所"化"出的结果。"砚学"的意义，便是考析砚之流变与存在，以求达到约定砚之正误优劣，提炼出砚的民族气质、人文精神，使砚"化"的更"文"更雅。

要之，倘以"砚文化"比之身，则"砚学"为之脑。可以说一个时代"砚学"之高低，乃是衡量一个时代"砚文化"高度之标杆。此我辈有心于"砚学"者之更须有使命感也。

辑古有功 今世亟需好事者

传统砚文化之精深，之博大，固然毋庸置疑。但其回归，其发扬，却又兹事体大，任重道远。首先，藏砚家与砚雕家，应有"为往圣继绝学"的担当。

在此传统文化青黄不接之过渡时期，期望出现黄任、林佶之类大藏砚家以启迪群伦，短期内似乎难以奢求。退而求其次，砚道之复兴，藏界中之好事者类型藏砚家，似可扮演重要角色。

米芾《画史》云：

> 好事者与赏鉴之家为二等。赏鉴家谓之笃好，遍阅记录，又复心得，或自能画，故所收皆精品。近世人或有赀力，元非酷好，意作标韵，至假耳目于人，此谓之好事者。

此虽论画，而一切玩古皆同一理。收藏家须具学养、识见及持之以恒的求证精神。而好事者，多备孔方兄即可。

鉴赏家，本乃玩古之最高境界。其可贵，在于能去伪存真、正本清源，既扬前人之遗泽，又度同好以金针。好事者，因其多金，收藏多以炫世为目的，有收藏能力却缺乏鉴赏手段，故被米颠奚落。细究之，米氏此论，实有失公允。

学养富，家资厚，精于汲古，淡看名利，因时代局限，今日此种鉴赏家寥寥无几。投机者外，今日主流玩古者实以"好事者"居多。所谓近朱者赤，近墨者黑，从量变到质变，附庸风雅或曰"媚雅"，终究以风雅为美，陶冶日久，亦可蜕茧化蝶，成真风雅。

俗云，具眼者无赀，多金者不识。其实，研古之道甚需"好事者"。盖以其搜古不吝金银，虽不乏入手斌珷，但往往亦能获重器、成规模。且"好事者"多好炫世，乐将所藏示之大众。如晚清大吏端方，嗜古如命，幕中博识名士济济，故斋中名品多多，刊专谱种种行世，其辑古之功实不可没。

按米颠所定"赏鉴家"、"好事者"标准，近人藏砚大家徐世章先生，藏古低调，不属"好事者"；但其择砚之精，得益于假耳目于行家甚力，似又难称严格意义上的赏鉴家。清人名士洪亮吉云：

> 上则补石室金匮之遗亡，下可备通人博士之浏览，是谓收藏家。（《北江诗话》卷三）

以洪氏之"收藏家"定位徐氏，极其恰当：其虽无"补石室金匮之遗亡"之功，然为"备通人博士之浏览"之举，亦功莫大焉！

今世严格意义上之鉴赏家虽少，类似徐先生之类收藏家有之，更不缺"好事者"，惜彼等皆志在官窑"清三代"；缺者，端方之类嗜古集古之"好事者"类爱砚家耳！

各取所需　雅艺俗雕可共赏

我从哪里来？要到哪里去？——这是西洋一哲学命题，套之当代砚艺，亦是一发人深省的问题。

鉴赏家之回归传统，须多看古人砚著，多看古砚珍品，这点，藏家以其切身利益故，都较自觉钻研。而继承传统对于砚艺之重要性，今日砚工群体对此问题之认识，似乎远嫌不足。

今日"大师"帽子遍地，但实又亟缺真正大师。就砚艺而言，各地新砚，多为20世纪六七十年代以来所恢复生产，传统工艺几已不继，多有砖雕、玉雕之类艺人被招来改行制砚，故诸砚雕刻工艺本皆少前人传统，加之砚工关心砚史者尤少，于是，今日目不见一古砚高品，而辙师心独创，惟雕镂一龙一凤，一山一水，即悬之市中以易斗米之人，比比皆是。

砚，原称为研；研，又有个由动词转化为名词之过程，故其功用与品赏之属性，两者皆不可或缺。似今日种种无水之源的作品，因无传统底蕴，全从花俏上用功，或失之石雕之犷，或失之玉雕之碎，或将之刻成一平面之图画，或将之琢成一立体之雕件，就"砚"字而论，徒有虚名而已。

不过，虽是纪晓岚说"刻鸟镂花，弥工弥俗"，愚见，"弥工"也并非全然"弥俗"、必然"弥俗"，且"俗"，又有"通俗"、"民俗"、"恶俗"之分。陈端友先生制品，逼真物象，直观易赏，可为"通俗砚"极品；明人所制澄泥砚"童子牧牛"等，为"民俗砚"上上品；今日端砚、易砚中"百龙"、"百蟹"之类，方是堕入"恶俗砚"境地之劣工。又则，"雅"与"俗"，本相对而言，陈端友相对于高凤翰，无疑是"俗工"，但相对于今天普遍匠气十足的砚雕闻人，则陈氏几可称得上"凌波仙子"了。况大俗亦可大雅，如明代陕州卢敬所制澄泥砚，民俗味十足，亦别是雅品一种。反之，"大雅"亦可大俗，如今人刻些文人雅士、山水小景，甚至只刻几句唐诗宋词于砚砖，题材、文辞固"雅"，但刀法拙劣而书法平庸，亦何雅之有？

客观而言，有些砚种其工艺采用镂空琐雕实颇合理，如湘地菊花砚，即以镂空雕为主，盖此法极适宜其石质粗疏、石纹粗放的特性。陈端友先生常取苏州腾村石磨砻，此种凡石，倘非出自陈氏手精雕细镂，何人取赏？即便端溪名石，其杂坑石如绿端、梅花坑之类，以材之易得，质之平庸，亦不妨"刻鸟镂花"，以博好事者之金，为作装点百宝阁、博古架之用。

因之，鉴于今日之浑沌世态，取雅艺品赏与借俗雕显摆，在当今之世，原可并行不悖。此种古香今艳，各有攸宜，或可谓别是一种"雅俗共赏"。

砚道复兴　源头活水是法门

　　所以，论清代以来砚雕俗刻，可分两说，凡品常石，从繁工琐刻上着力，亦不失为一变通之法，其风格可大胆尝试无忌。但此种砚艺之雕品摆件化，只可算砚艺之枝叶、别类。而上品美材，材同珍璧，寸璞寸金，万不可轻率下手"千刀万剐"，刻工宜求素雅，题材风花雪月，以案头把玩为主，方是砚艺之正道、之主流——石有不足，以工补之；石已至美，须做到工不掩石，石因工显。此砚刻之创作要义，无论"传统派"、"创新派"，皆不外乎此理。

　　《易经》"革卦"卦辞："革，已日乃孚，元亨，利贞，悔亡。"乃言万事万物之变革规律。砚之发展轨迹，由研磨器而辟雍，而箕形，而抄手……其款式之递次演变，无不是一个推陈出新的变革过程。传统本是创新之沉淀，创新之动态魅力，是一切艺术发展的生命。但变革、创新，说时容易做时难，政治强人王安石"改革"豪言："天变不足畏，祖宗不足法，人言不足恤。"后世史论却有北宋亡于王氏"新法"之说。故纵是旷世天才，亦须善借前人之力始能大成，否则，不知传统而妄言创新，倘非无知者无畏，则必是欺世者盗名。即便凭旁门左道创出一套自家招势，也只可称骚首弄姿的一种"腔调"而已，算不上艺术风格。

　　正本是为清源，继往方能开来，故砚雕工艺之回归传统，乃当务之急，此并非守旧，实与革新互为表里。其法，宜从历代砚式之流变，各地砚雕之特点，诸种砚石之特性上着手，取精用宏，融会贯通，然后始能独出机杼言创新、树风格。

　　当然，破坏只需激情，复兴则需智慧。"为往圣继绝学"，其"绝学"自然须是优秀之学、先进之学，方值得继承、值得发扬；客观而言，今日国人之种种：对历史的反思，对人性的自省……皆亟需一场全方位的"文艺复兴运动"，而此种"文艺复兴运动"，又必须以一场"文艺复古运动"为奠基。

　　砚艺，虽小道，亦可在，亦应在此场民族复兴、文化复兴运动中，扮演一要角。

楚人有弓　柳暗花明别有村

　　"仓廪实而知礼节，衣食足而知荣辱。"经济基础决定上层建筑，砚道兴衰亦本乎社会大势。

　　否极转泰来，凤凰可涅槃。食不果腹，无心风花雪月；丰衣足食，遂多精神追求。用砚、赏砚乃陶冶情操之需要，"吃饱饭"又"懂文化"的收藏家日众，则华夏文化之回归，砚文化之复兴，必为时代之召唤，历史之趋势。

　　上述对当代砚林种种时弊之痛下针砭，揆诸现实，直面惨淡，行笔之际，跌宕意气，无他——爱之弥深，责之弥切耳！

现状虽不尽如人意，但也并非全然一团漆黑，亦有可让人大感欣慰者。

20世纪八九十年代，东洋人来华购砚甚勤，"文革"劫后余砚，流失者众；然祸福相倚，近二十多年来，"盗墓运动"与基础建设致使高古砚大肆出土，彼国却因经济停滞，向慕汉学之老一辈爱砚家相继凋零，来华购砚风潮退却，使众多汉、晋、唐、宋佳砚得留本土，此天惠我辈国人好砚者也。因之，日人所谓"研究中国古砚要来日本"，并不尽然，至少高古砚部分，楚人并未失弓。且月有盈缺，彼消此长，近年文物回流，亦渐有声势，古砚亦然，当年流往东瀛者，今又时有反棹西来，合浦珠还，物归原土者。

时下拍卖会上之砚，数十万一方者寻常见，数百万一方者时有之，逾千万一方者亦已出现。然距名砚应有之人文价值，多乎哉？

投资也好，炒作也罢，附庸风雅也好，效颦跟风也罢，总之，广度推动深度，深度决定高度——涉砚群体日益壮大，客观上必然导致对砚的研究日趋精深。近年来，高层中的一些有识之士，也逐步认识到继承传统文化的现实意义。尤其值得大书一笔的是：解甲提笔，挂剑赏砚的刘红军将军，相继筹建聚砚斋砚台博物馆和创立中华砚文化发展联合会，办砚展、办论坛，致力于推动砚文化的发展，使更多的人认识到砚的文化价值、民族精神，投入到弘扬砚文化的行列中来。

部分公藏古砚，亦陆续见诸图谱。这点，曾供职故宫博物院的张淑芬女士和曾供职天津博物馆的蔡鸿茹女士，研究有年，与有功焉。

民间更不乏好古敏求人士，潜心于古砚之藏玩、研究。新砚推广则砚文化学者及砚雕家的著书立说，广为宣传，功绩居多。一些制砚艺人从砚艺上对古砚的借鉴，可圈可点，的是正道。

凡此种种，皆是可喜可贺之事。

陶写寂寥　路漫漫其修远兮

黄任《砚》诗云："青花白叶蔚蓝天，古款新铭小篆镌。每日摩挲三两遍，共君上下百千年。"此爱砚家之赏砚观。北宋唐庚《古砚铭》，阐述其从砚"以钝为体，以静为用"之特性，悟出养生之道。袁枚在《随园诗话》中说："美人之光，可以养目；诗人之光，可以养心。"砚材、砚艺之观赏性，可比美人之光，饱人眼福；砚铭、砚式之文学性，可比诗人之光，陶冶人的情操；砚本身之特性，如唐庚所言，极具哲理性。是名砚之光，不仅可养目、养心，更可养生矣。总之，砚中意趣，说之不尽，取之不竭；而我之与砚为侣，与砚对话，要在于：抚摸历史，品味人文，进而追求——"吾善养吾浩然之气"！

人能好古董，即高出于世俗，其胸次自别——董其昌《骨董十三说》尝如是说。而最具文人气息之古董雅器，愚见，当推古琴、名砚与宜壶，三者皆属极富"内美"者。"内美"，内在之美、深沉之美也。黄宾虹先生论画重"内美"，暮年尝预言其身后五十年，作品必为世人所识。其言果验，当代画人奉宾翁墨法为圭臬者众。

虽然，时下之爱砚家，相较古人，有上文各节所剖析的大环境各种局限，但今人亦有前贤所不具备的优势：信息便捷，资讯发达，可借图谱揽天下美砚于胸中为我所有，这给砚学、砚文化之研究带来极大的便利。故经有心者之筚路蓝缕，必能所得已毂；涓涓细水，终成巨流。

曩日，曾请张中行先生为我题"陶写寂寞"一轴，悬之寓壁，以作自励。今日砚学，虽仍属寂寞之道，砚道的复兴，犹可谓任重而道远；然而，春风乍起，一池静水已初现涟漪。钟情于砚者日众，柳暗花明，前景可期。因此，有道理相信远不必待五十年后，更多国人定能走近赏识砚中意趣的门径，登临领略砚之"内美"的堂奥——此我之祈愿，亦我撰此书的宗旨。

是为序。

上编　刍议编

孔子砚与"法家诗人"

——李贺诗《杨生青花紫石砚歌》诸解正谬

子 曰

如果说历史是个任人打扮的小姑娘，那么孔子——也是。

较之现代文明，儒家学说固然有其局限性。但今日国人对儒家之非议或误读，却似乎并非儒家本身的问题。其宿命，是读儒家或曰代儒家"立言"的今人，有问题！

真相在于，儒家人文思想和人格教育的本质，"从道不从君"，原是颇不利于"为统治阶级服务"的；明末清初大儒梨洲先生黄宗羲在《明夷待访录》中所倡言的政治理念，甚至已接近虚君共和。所以，专制如暴秦的始皇帝一定要坑儒。即便"尊孔"如前清，也不过"内法外儒"，挂"孔夫子"羊头卖"韩非子"狗肉尔。又因孔夫子是代表智识阶层的一个图腾，因此，那些志在"恺撒的归恺撒，上帝的也要归恺撒"的洪天王们之竭力反孔，更属势之必然——

有多少"子曰"被蓄意妖魔化：

克己复礼为仁。

惟上智与下愚不移。

惟女子与小人为难养也。

礼不下庶人，刑不上大夫。

民可,使由之；不可,使知之。

……

又有多少"子曰"让人感动：

己所不欲，勿施于人。

大道之行也，天下为公。

邦无道，富且贵焉，耻也。

不义而富且贵，于我如浮云。

三军可夺帅也，匹夫不可夺志也！

当然，最让寒门学子动容者：

有教无类。

孔夫子亦为我辈艺匠作过"广告"，曾经"曰"过：

工欲善其事，必先利其器。

夫子用砚

最早的名人砚，系所谓"黄帝砚"。

《苏谱》（苏易简《文房四谱》）云：

昔黄帝得玉一纽，治为墨海焉。其上篆文曰"帝鸿氏之砚"。

"黄帝不惟为中华民族之始祖，抑又为中国文化之创造者也"（于右任《黄帝功德记》）。今人所称"炎黄子孙"中的"炎黄"二字，已是一种文化符号；以父系血缘概率论，显然，今日之"炎黄子孙"绝对多数应是与炎黄同时之族人，甚至蚩尤族后裔（以母系论，则今日汉族人与炎黄时代任意一华夏族人，或多或少皆可能有血缘关系）。黄帝造舟车、作旌冕、作瓦甑、作宫室等传说众多，此无非"为道者必托于神农、黄帝而后能入说"（《淮南子·修务训》）之故。将砚之发明权归为"人文初祖"黄帝同此一理，非信史。

最早见诸记载的名人砚实物，应是"孔子砚"。

《苏谱》引南朝刘宋时人伍缉之所撰《北征记》（《太平御览》卷605亦载）云：

鲁国孔子庙中，有石砚一枚。制甚古朴，盖夫子平生时物也。

《高笺》（高似孙《砚笺》）亦引此条，且注云：

梁庾肩吾《谢赉铜笔格启》曰："烟磨青石，已践孔子之坛。"唐王嵩嵽《孔子石砚赋》曰："旁积垂露，中含偃波。"此八字形容甚妙。刘禹锡诗："阙里庙中空旧物。"李贺诗："孔砚宽硕何足云。"

伍缉之别著《从征记》又记：

鲁人藏孔子所乘车于庙中，是颜路所请者也。献帝时，庙遇火，烧之。

颜路，即颜回（渊）父无繇，亦出孔子之门，但此公德才皆有缺。颜回早逝，无繇因家贫，求孔子售车为安葬，孔子以其请与礼不合却之。伍氏云东汉时孔庙所藏，应即当年颜无繇请求恩师出售以葬颜回之车。

唐时尚传

王嵩罗《孔子石砚赋》全文：

> 昔夫子有石砚焉，遐观器用，宛无雕镌。古石犹在，今人尚传。从叹凤兮何世？至获麟兮几年？世历近王近霸，年止几祖几迁。任往回于几席，垂翰墨于韦编。时亦远矣，物仍在焉！非圣人之休佑，安得兹而不捐。泪乎俗远圣贤，教遗齐鲁，列庙以居，先师攸主。上荧荧以光澈，旁幂幂以色固，介尔坚贞，确乎规矩。
>
> 昔诸侯立政，周道无闻，嗟礼乐之仍缺，叹诗书而未分。圣人乃启以褒贬，垂以典坟，必藉兹器，用成斯文。盖石固而人往，亦事存乎砚云。至乃方质圆形，铜模龟首，雕饰为用，陶甄可久。横彩烟而不绝，添绿水而常有。岂如石焉，斯为不朽。昔偶宣父，厥容伊何，旁积垂露，中含偃波。时代迁移，去游夏而弥远；日月逾迈，变炎凉之已多。别有逢掖书生，献策东京，仰希先哲，攻文后成。叨秉笔以当问，愧含毫而颂声。

所谓孔夫子因"周道无闻"，而"启以褒贬，垂以典坟，必藉兹器，用成斯文"。盖言夫子著作皆借此砚之用。

唐代宗大历状元黎逢作有《石砚赋》，赋有云："成器尚古，征阙里之素王"；大历进士张少博亦作《石砚赋》，赋亦云："存之鲁国，犹列宣尼之庙。"古人认为孔子虽未居帝王之位，却有帝王之德，故誉称"素王"。汉平帝元始元年追谥孔子为"褒成宣尼公"，后因称孔子为宣尼。

黎、张两人所言，显然与王嵩罗相同，皆指唐时曲阜孔庙中同一"孔砚"。

盛唐时著名高士张氲好古成癖，时人纷纷戏赠以赝品前人"名物"，其中即有开国公李太一贻孔子木屐一枚，杨炯赠孔子石砚、杨雄铁砚（事见晚明李日华所撰《紫桃轩杂缀》，原始出处俟考）。虽然杨炯所赠之砚必是赝品，但由此可知唐时曲阜孔庙所藏"孔砚"为人悉知。

托名先师

从诸人诗文描述看，可知"孔砚"之大概规模。

伍缉之云"制甚古朴"，庾肩吾云"烟磨青石"，李长吉云"孔砚宽顽"，王嵩罗云"宛无雕镌"，知"孔砚"乃一形宽绰，质硬滑，古朴无雕饰的素池石质砚。

孔夫子为百世读书人之"至圣先师"，用砚自被后世文人视为圣物，此所以刘梦得、李长吉诸人不吝辞藻咏之赞之。

孔子门徒众多，以其人格之感召力，门生子弟对其遗物珍视非常，如孔庙所藏孔子乘车故事，有遗砚传世合乎情理。但伍缉之乃东晋、刘宋时人，距前秦孔夫子时相去已近千年，云砚乃"流传有自"之原物似不可信。唐人王嵩鄂距孔夫子时，更相去千数百年，更"时亦远矣"。虽然王氏将"物仍在焉"之原因，归功于"非圣人之休佑，安得兹而不捐（遗失）"。无须赘言，时间跨度如此之大，唐时所遗真砚之可能性必较东晋时更小。

孔夫子生当乱世，道不得行，生前并不得意。在郑国，与弟子相失，"累累若丧家之狗"；在陈、蔡，被困野外，断绝粮食，几不得脱。境遇如斯，恐当时也未必有人刻意收藏其用砚。

所谓"孔砚"，应似今日众多新修"名人故居"中之"名人遗物"，当不得真。

孔砚，唐以后再无下文，当湮没于乱世。唐之末造，天下丧乱，黄巢军曾祸及东鲁，砚失于其时亦未可知。

以砚之形制论，真孔夫子用砚当应为研磨器一类。

西汉研磨器。广州出土，藏广州博物馆。见刊《中华古砚》。此种形制，应与孔子时人所用砚相近。

"鬼才"名歌

关于此"孔砚"，"文革"中还曾起过波澜。

传统社会，社会价值的解释权握于读书人之手。"天不生仲尼，万古长如夜"，孔子为吾国有史以来最大之"神"。故"文革"起，曲阜孔庙被砸，连庙中早已不知失传于何代的"孔砚"，亦借李长吉之砚诗，被翻出"鞭尸"一番。

而长吉之所以被借以"古为今用"，被当作一"批孔"之"托"，正是因为其诗《杨生青花紫石砚歌》的被曲解。

长吉诗作，风格诡怪奇谲，喜写阴森恐怖景象，诡诞凄厉；长吉其人，又所谓天妒其才，英年早逝，故负"鬼才"之名，其诗便也被称为"鬼诗"。元人辛文房在《唐才子传·李长吉小传》中记长吉之死，说是天宫白玉楼建成，天帝召才子升天为作一楼记——"鬼才"之离世也不同凡夫，颇具神鬼色彩。

因长吉诗隐晦难懂，注者便常常不得要领，《杨生青花紫石砚歌》即被误解者一例。全诗云：

　　　端州石工巧如神，踏天磨刀割紫云。佣刓抱水含满唇，暗洒苌弘冷血痕。
　　　纱帷昼暖墨花春，轻沤漂沫松麝熏。干腻薄重立脚匀，数寸光秋无日昏。

圆毫促点声静新，孔砚宽顽何足云。

诗中"暗洒苌弘冷血痕"云云，即具典型长吉诗所特有的"鬼气"特色。

此砚诗在砚史上极有名，首两句"端州石工巧如神，踏天磨刀割紫云"，与坡公"千夫挽绠"云云之《端砚铭》同为后人论端砚所必举者。

砚歌试说

酌参前人旧注，试解《杨生青花紫石砚歌》：

"端州石工巧如神，踏天磨刀割紫云"：前句赞端州石工身手敏捷，攀登绝壁峭崖如履平地。后句言石工登山顶取紫色砚石，宛如在天边切割紫色云彩。

"佣刓抱水含满唇，暗洒苌弘冷血痕"：前句言刓刻齐整，注水满槽于砚。佣：齐整。刓，剜镂，刻削。唇，砚边。后句似指注水满池后，映衬出石色紫红或上有胭脂火捺石品，为前句之引申。苌弘，春秋末期周景王时贤臣，被冤杀，死后三年，血化为碧玉。

"纱帷昼暖墨花春，轻沤漂沫松麝薰"：前句言纱帘内春昼日暖，墨花似春花开放。后句言砚上水泡轻浮，散发出松麝清香（墨以松树烧烟，又合麝香、冰片等制成）。轻沤漂沫：水中轻细之浮泡。

"干腻薄重立脚匀，数寸光秋无日昏"：前句言用此砚墨磨，不论水干水湿，手轻手重，磨过之墨其墨脚皆平稳匀称。后句言磨出之墨汁如秋光澄澈，无丝毫浑浊。此二句以发墨之佳衬托石材之良。

"圆毫促点声静新，孔砚宽顽何足云"：前句言石材细腻粹美，以笔试之无摩挲之声，不粘笔，不损毫（粗石下墨快，但出墨粗且损毫）。以用笔之佳，归结到砚材之美。后句言与此石相比，鲁国孔子庙中之孔夫子石砚，不足道也。

要言之，长吉此诗写端砚采石之难，色品之艳，下墨之佳，可谓道尽端石佳处。若非谙熟砚中三昧者，难出此酣畅淋漓之内行人语，故长吉当属一端砚鉴赏家。

此诗因是咏物，只用一"苌弘化碧"典故，不算隐晦难解。但诗之末句"孔砚宽顽何足云"，则使后人大费心事，"何足云"何所指？"孔砚"究是何物？后人注家人言言殊，莫衷一是。

细考之，居然多为谬托知己的外道语。

"鬼诗"难解

所谓"孔砚"，清初学者桐城人姚文燮（羹湖）《昌谷集注》谓：

孔砚，孔方平歙砚也。《歙砚铭》云："非端溪温润而漪纹，非铜雀摧残而色新"（《高笈·铭》所载末两字则作"古色"）。贺为不足以当此耳。曾云：孔子庙中石。似谬。

姚氏以为"孔砚"乃歙石所制，故其质不若端溪（姚氏倒是一"拥端派"），其说之谬不值一驳。更让人不解者，"孔方平"者何人？北宋元祐间有编撰《兰畹集》之汝州词人孔方平，抑或姚氏竟以其为唐人？

姚氏稍后之雍乾间钱塘学者王琦，在文学史上以注释李太白、李长吉诗文而知名，所撰《李长吉歌诗汇解》，历来被誉为解长吉诗最佳本。其辨姚注"孔砚"之非，有识见：

> 殊不知歙砚后五代李后主时方见珍于世，前此安有所谓孔方平之歙砚哉！

王氏认为砚乃指伍缉之《从征记》所记者，是正解。但王氏解此《砚歌》亦有讹说。如"暗洒苌弘冷血痕"句，王氏注作："谓砚中有碧色眼也，其眼或散布有似花葩之象，故曰青花。"以为青花为形状如花样之碧色石眼。

姚文燮注释长吉诗，用"以史注诗"法，乃清代索隐钩玄一路之代表，将长吉完全解为一讽喻诗人。其注使长吉诗的审美空间被壅塞，想象层面亦大为消解。与翁方纲"以史论诗"一样，皆将诗歌导入无趣，并不高明。

王琦又云姚氏解"孔砚"为"孔方平歙砚"，乃为长吉"护短"，意即长吉"孔砚宽顽何足云"是对孔子大不敬，所以姚氏故意解为孔方平之物，则长吉无所谓冒犯孔子。实姚氏非"护短"，识见所未及耳。

姚文燮有画名，其乡里离吾歙不远，故其画风多受我邑新安派影响，然其对歙砚乃致砚史之研究实可谓全然糊涂。

李贺反儒？

"文革"中，"牛鬼蛇神"一词铺天盖地，其出处乃杜牧《李长吉歌诗序》中评长吉句："牛鬼蛇神，不足为其虚荒诞幻也。"

然"文革"中之长吉，不仅非"牛鬼蛇神"之类，且获"追赠"一"法家诗人"桂冠！此种"虚荒诞幻"之原由，正是源出清人王琦的误解长吉诗意。

王氏解文有直斥长吉语云：

> 因杨生一砚，而以孔砚为不足云，太无忌惮！

对至圣先师孔夫子"太无忌惮"，在古时，谓之"反动"；在"文革"，则谓之"革命"。正是此王氏一言，被作为长吉"反儒尊法"的主要证据之一，从而也使长吉受冤蒙屈，背上黑锅。

"孔学名高实粃糠"！为适应"文革"时"儒法斗争"的需要，古代诗人亦须按儒、法"站队"。太白《嘲鲁儒》诗云"我本楚狂人，风歌笑孔丘"，敢公然"笑孔丘"、"嘲鲁儒"，岂非正宗"法家诗人"？实李唐托名老聃之裔，故有唐一朝道教地位甚崇。太白本好与羽流交游，故肆意"笑孔丘"，不亲儒家实有之，但封其为"法家诗人"却未必确当。

长吉之荣登"法家诗人"榜，更是勉强，其"反儒"证据《金铜仙人辞汉歌》等诗，多牵强之说。

而《砚歌》之所以被定作"反儒"诗，固有王氏诗注所斥"太无忌惮"为引子，然以"文革"的无限上纲，即便无王氏之误读，"梁效"（"文革"时北京大学、清华大学两校大批判组的化名）从"孔砚"、"何足云"引申"考证"出"孔老二何足云"又何难之有哉？

故王氏诗注，虽是长吉"斥孔"说的"始作俑者"；而"梁效"之流将此句归为长吉"反儒"证据，不是别有用心，必是不学无术。

长吉尊颜

实长吉诗文不仅并无鄙孔语，反倒有借孔子高徒颜回自比之诗数首，如《春归昌谷》：

> 束发方读书，谋身苦不早。终军未乘传，颜子鬓先老。

终军，汉时人，束发（年十八）时乘驿车至长安上书，得武帝重用。诗云自己未到终军束发入仕年龄，却像颜回一样已鬓发泛白（可知长吉当是一"少白头"），此长吉少年时言志也。与此诗相若者还有长吉牢骚诗《公无出门》：

> 鲍焦一世披草眠，颜回廿九鬓毛斑。颜回非血衰，鲍焦不违天；
>
> 天畏遭衔啮，所以致之然。分明犹惧公不信，公看呵壁书问天。

连"复圣"颜回尚同情如此，何来"反儒"思想？

更可笑者，梁效者流以长吉《苦昼短》句"刘彻藏陵多滞骨，嬴政梓棺费鲍鱼"说事，云敢直呼秦皇、汉武之名，即是"反封建"。但秦皇、汉武被彼辈抬为"法家"名牌（实"内法外儒"之汉武帝至少是宣扬"独尊儒术"之肇始者），此诗岂非又成"反法"之罪证？

当然，之所以拉李长吉入伙"法家"，一者因王氏注；再者恐尚有一无法绕开之因素：毛泽东捧长吉。毛泽东句："一唱雄鸡天下白"（《浣溪沙·和柳亚子先生》），长吉句："雄鸡一声天下白"（《致酒行》）；毛泽东句："天若有情天亦老，人间正道是沧桑"（《七律·人民解放军占领南京》），长吉句："衰兰送客咸阳道，天若有情天亦老"（《金铜仙人辞汉歌》）。

"法家"教父商鞅认为：君主王霸之道，必先驯服百姓；而制民之道，要在愚民，"民愚则易治也"（《商君书·定分》）。于是，"大法家"秦始皇奄有四海、唯我独尊，百姓皆帝国战车上微不足道之"螺丝钉"，天下苍生"苦秦久矣"！

而本真"儒家"（"犬儒"不论），"民本"耳，认为夏桀、商纣之类暴君实一民贼，杀之则杀一独夫，非弑君作乱，"民为贵，社稷次之，君为轻"（《孟子·尽心下》）。

想长吉九泉有知，必不以忝列"法家诗人"为荣光。

踏水割石？

20世纪八十年代出版的《唐诗鉴赏辞典》，亦收入长吉此砚诗，有已故文史名学者陈迩冬先生所撰释文，影响亦大，然误解亦多。其云：

> 唐代开采端砚石的"砚坑"，只有西江羚羊峡南岸烂柯山（一称斧柯山。原注）的下岩（一名水岩，后称老坑。原注）、中岩、上岩和山背的龙岩，其中仅下岩石有"青花"。杨生此砚，应是下岩所产的"青花紫石"。据宋无名氏《端溪砚谱》说："下岩之中，有泉出焉，虽大旱未尝涸。"又云："下岩北壁石，盖泉生石中，非石生泉中。"采石工人则在岩穴之下、浸淋之中操作。可见"踏天磨刀割紫云"一句中的"踏天"，不是登高山，而是下洞底，踏的是水中天。

此解之误，古人已有之，王琦之注早有辨：

> 吴正子（南宋人，撰《笺注李长吉歌诗》。为最早注长吉诗者）谓"踏天，言水中之天。端岩之下，四时水浸，砚工取石皆于水中凿取，故曰'踏天'"。说非不巧，然是宋时取砚之法，似非确证。

正是陈先生自己所引的宋人无名氏（或云叶樾撰）《端溪砚谱》，记之明了：

> 自上岩转山之背曰龙岩。龙岩，盖唐取砚之所。

不仅《端溪砚谱》，其他古人端砚文字亦从未见下岩及中、上三岩唐时已采石之说。古人所记端溪唐坑似只一龙岩，坑在山背而非洞底。

显然长吉诗所谓"踏天"，言石工攀登之高，如将青天踏于脚下，因在高处，紫色砚石亦如山巅之云彩一般。故此句乃描述端州石工头顶青天，攀悬崖采山坑砚石之实况，而非"踏水"。诗中端州砚工所采实指龙岩，但长吉未至端州，所谓"踏天"、"紫云"，诗人妙笔生花，臆想而已。

又，端溪水岩乃为峒坑，石工须"篝火下缒"，方能"以出斯珍"，峒内黑不见日，何来"水中天"可踏？

"踏水割石"之谬，易使人误以为唐时端砚已有"水坑"。

尼山孔砚？

陈迩冬先生复又云：

> （端砚）唐代已享盛名，大书法家柳公权论砚时曾推为第一……青花，即砚上的"鸲鹆眼"。它本是石上的一处青筋，可说是石病，但偏偏为人宝视。

实柳公权《论砚》推为第一者乃"青州石末砚"。此说原始出处：

> （柳）所宝唯笔砚图画，自扃镌之。常评砚，以青州石末为第一，言墨易冷，绛州黑砚次之。（《旧唐书·柳公权传》）

陈先生所谓青花乃"鸲鹆眼"，将青花与石眼混为一谈，想是受王琦旧注将"青花"解作"碧色眼也"误导。其眼为石病之说，更是袭用前人偏颇之见。

陈先生注"孔砚宽顽何足云"句：

> 孔子名丘，字仲尼，后人称其出生地为尼山，好事者取尼山石为砚，借以"尊圣"。然尼山砚实不堪用，徒有其名，故李贺结语谓"何足云"，与起句"端州石工巧如神"意思暗对。

尼山，本名尼丘山，后人因避孔子讳，称尼山。《史记·孔子世家》记：孔子父母"祷于尼丘而得孔子"，"故因名曰丘云，字仲尼。"应是孔子因诞生于尼丘山而得名，并非尼丘山因孔子而得名。山在曲阜东南，东麓有孔子出生处：夫子洞。洞北旧有砚石沟，即古时采尼山石之处，尼山砚因之亦称"孔子砚"。此种砚石材质松软，缘孔子名世而已。

明尼山石自然形砚。石随形，色紫。面平整，侧及背纯取天然。面左边为五绝砚斋主人所摹刻孔子小像，右及额有苏士澍先生篆隶书题铭。楼砚楼藏品。

陈先生此解更大谬者：记载尼山"孔子砚"历史最早的文献，为明人《万历兖州府志》。因之，恐元时此石尚未出世，事实上尼山石砚宋元物也不多见，传世者多为明清物。唐人李长吉能见到此种尼山"孔砚"？

故长吉诗"孔砚"乃尼山砚之说，实是望文生义。

神赐孔砚

孔夫子"实粃糠"乃在当代，史上却是百代"圣人"。于是，托名夫子，以沾"圣贤气"之事物多多，尼山"孔子砚"的得名即一例。而"孔子砚"又不止尼山石"孔砚"及孔庙"孔砚"，此更易使解长吉诗"孔砚"者误入歧途。

宋人王谠编纂之《唐语林》卷八有一则云：

> 建安郡建安县有大勤墟（集市），中有石，无大小悉如砚形。旧说此墟人有好学，而于义理不能疾晓，常自咎顽愚。每盛夏烈暑，乃肉袒以自负。后因雷雨，空中有人谓曰："念尔恳诚，吾令尔墟内石大小俱成砚，苟用者，义理速解，以旌尔志。"雨止视之，果然。今俗谓之"孔砚"。

今人有据此解长吉砚诗，《杭州大学学报》1979年第4期所刊娄正南先生文《"孔砚"辨》云：

> "孔砚"之称当本此。唐代建安郡在今福建建阳县一带，大勤墟不知今属何地。大概墟中之石生来有些象砚，唐代有因此说而用这种"宽顽"之物作砚的风气，故李贺举以与青花砚作比，借以讥世人之俗见。

溪流中所拾之自然"天砚"。五绝砚斋藏。

所谓"神赐孔砚"之事，显然与唐宋笔记中诸多荒诞不经事一样，不足采信。也许当时闽北建安（治今建瓯）有一种状若砚形之天然卵石，土人偶有取之作砚之用罢了。

此种"天砚"，关乎自然地质而不关涉神灵点化。用此建安"天授神砚"能收"义理速解"之奇效，倒与江淹梦受神笔的"梦笔生花"故事相类。而江淹尝为建安吴兴（今福建浦城）令，"梦笔"之事亦在其时。

闽地"孔砚"，非长吉诗孔砚的理由一如尼山石"孔砚"："宽顽"乃指一砚，必非"大小俱成砚"之众石。

吾作"解人"

如前所考，古今诸家将长吉诗"孔砚"解为"孔方平歙砚"、尼山"孔子砚"、建安"孔砚"，自然是穿凿附会，实长吉诗"孔砚"出处甚明确。

宋人苏易简《苏谱》、高似孙《高笺》所记且不论，前文所列唐人所记的曲阜孔庙"孔砚"：

> 教遗齐鲁，列庙以居，先师攸主。（王嵩岳）

> 成器尚古，征阙里之素王。（黎逢）

> 存之鲁国，犹列宣尼之庙。（张少博）

诸家所记，无一丝歧义，皆为唐时曲阜阙里孔庙中之"孔砚"。因此砚在当时极有名，故时人咏赞者多。李长吉亦唐人，诗中之"孔砚"，亦必是指王、黎等人笔下阙里庙中的"孔砚"可无疑。

故长吉诗中之"孔砚"并非疑难僻典，竟然谬解纷纭，让人错愕。

不仅姚、陈诸家解李长吉诗"孔砚"有误，即便人称注解长吉诗最佳的王琦，所解"孔砚"除误青花为石眼外，其解文直斥长吉末句"太无忌惮"，显然指长吉此句诗对于孔夫子有所不敬，此说亦不确；盖长吉所云"何足云"，本意在物不在人，指砚材之不佳，非对夫子本人有所不屑。大约与坡公赞凤咮砚诗"坐令龙尾羞牛后"，而令歙人不平；长吉一句"孔砚宽顽何足云"，也被王琦斥为大逆不道，实皆诗人反衬手法而已。

而王氏误解的根源，当在于"宽顽"二字。

宽顽·宽硕

"宽顽"者，宽：言砚形宽绰；顽：言石质坚滑。

名人砚贵在"名人"而非砚本身，"孔砚"之所以被尊崇，在于"盖夫子平生时物也"，岂在于材质之优良、雕工的精美？不仅砚"制甚古朴"、"宛无雕镌"全然无妨，即便是一粗石劣璞，曾经孔夫子所用，又能减损"圣物"光环几分？

"孔砚宽顽何足云"，意与上文"数寸光秋无日昏"相对，"数寸"云云，形容端石虽小材而研出之墨色泽皎洁明净，实言端石材质之美也。而"孔砚"句为反衬前者的"反面教材"，言"孔砚"虽宽绰硕大，然材质顽劣，坚滑拒墨不堪研用，与端石相比，实不值一提！不过为誉端砚而贬"孔砚"，就石论石耳。

王琦注本之末复云：

> "宽顽"，姚仙期本（清初学者姚仙期所注《李长吉集》）作"宽硕"。

硕，意大。宽硕，砚之宽大状。

"宽顽"与"宽硕"相较，似以"宽硕"与上文"数寸"相对为胜。如若"宽硕"乃长吉原意而因后人传刻所讹，则长吉原意乃言："孔砚"虽巨大，但材质远不如端溪石之佳，其贬"孔砚"材质之意与"宽顽"亦大略相近。结合上句"圆毫促点声静新"之言石质细润，下墨而不损毫，纯就材质而言，后句的"宽顽"（或曰"宽硕"）也必言"孔砚"材劣不足道也。

时下出版之各种长吉诗集，解长吉诗中"孔砚"，仍袭用王琦"非孔"旧说，诚一憾事。

刘李已疑？

除李长吉外，中唐另一名诗人刘梦得（禹锡）亦有一首端砚诗，甚有名，即《唐秀才赠端州紫石砚以诗答之》。此诗与长吉《砚歌》一样，亦以孔庙中的"孔砚"与端砚对举。全诗云：

> 端溪石砚人间重，赠我应知正草玄。阙里庙中空旧物，开方灶下岂天然。
> 玉蜍吐水霞光净，彩翰摇风绛锦鲜。此日佣工记名姓，因君数到墨池前。

"阙里庙中空旧物"句，可作二解：一指虚构，言"孔砚"已非孔夫子所用旧物，假骨董耳。二指徒然，言"孔砚"材质极劣，浪得虚名。

"开方灶下岂天然"句，开方，为古虢州澄泥砚产地之一。今沪博藏一箕形唐澄泥砚，背款"开方"。此句言开方所烧澄泥砚原非天然石质。梦得之意，石质粗劣的"孔砚"与陶制"澄泥砚"皆不及端石之佳，以"孔砚"反衬端材之美，与长吉用意相同，只梦得更加上澄泥砚作例说。

刘梦得疑"孔砚"或为虚构之"旧物"，李长吉云"孔砚"不值一说；抑刘、李二家已疑"孔砚"之赝而各在诗中曲笔示意？

倘二人原已有疑，应是情理中事；信其必为真"夫子平生时物"，我反有疑两位诗史大家之识见了。

"鬼才"李长吉，一首《杨生青花紫石砚歌》，作注名家，自南宋吴正子以降至今人陈迩冬先生等学者，皆有曲解之处，虽"鬼诗"不易解读，但谬种多多之要因，恐还在于注者诸家，虽在考据学、诗学可称名家，但于砚学之道却难免隔行如隔山耳！

"文革"时，刘禹锡亦被名列"法家"。或许"梁效"之流，只有斗争性而无学术性，全然不知"阙里庙中空旧物"为何指，反使梦得此诗有幸逃过被当作一"反儒"标枪之辱。

乾隆间杭州人理学家桑调元过鲁，作《孔砚》诗云：

> 一砚删修独策勋，形模朴古恨空闻。春秋台点子行墨，日月光照万祺文。
> 白叶何须搜石髓，紫袍未用割天云。堪嗤昌谷真疏浅，宽硕胡为不足云？
> （《弢甫集·泰山集》）

取砚以人贵论，自然不在石优石劣，此"孔砚"之应被后人膜拜；取砚以石贵论，长吉之就石论石，实又未必可笑也！

附考一　芹溪"孔砚"——儒乡多"圣迹"

"孔砚"实"华砚"

尚有两处天然"孔砚"古迹，虽未被人附会为李长吉诗中的"孔砚"，却也值得一说。实此两砚倒是堪称"宽顽"之极。

其一亦在闽北。明《景泰建阳县志·山川》：

> 砚山在乐田里（雒田里），一名孔夫子案山。岚气常凝，春花烂漫，夏木荫浓。山之西有石，端平如案，上有二处微黑，隐隐若笔砚状。又有方石傍立，号书厨。按《九域志》载左承议郎傅镕《芹溪记》云：汉时有华子期者，师角（角）里先生，于此得隐仙灵宝法。旧有丹炉药灶，世远无存。山有泉七穴，下有芹溪九曲，为东阳之胜。孔夫子未尝至此，而山名孔夫子案山者，疑即华子期而俗传之讹矣！

此建阳砚山亦因有一"孔砚"而得名。山上有一石，端平如案，故名孔夫子案。石面有二处微黑（当形凹似砚堂、墨池或色如墨汁），仿佛如天然石砚，故此石又名"孔夫子砚"，山也因之名砚山。巧者，石旁又有一石相依傍，如一书橱。有砚有书厨，也堪称奇。

孔夫子周游卫、曹、宋、郑、楚诸国，但足迹从未至时尚称为"蛮荒"之地的闽、粤。如《建阳县志》所辨，此建阳孔夫子案山，乃汉初著名隐士、"商山四皓"之一角里先生弟子华子期修道炼丹之所在。故"孔夫子案山"本应称"华夫子案山"，山上所谓"孔砚"，只是"华砚"、"华子期砚"讹传而来。

荒山觅"鬼石"

闽北山邑建瓯、建阳，七贤（指南宋朱子、蔡元定等七位理学名家）过化之乡，人文荟萃，帷帐相望，人称"海滨邹鲁"、"南闽阙里"。所谓大勤墟"神赐孔砚"与砚山"石砚书厨"两种"孔砚"传说，与理学渊薮之地实堪相合。

大勤墟不知今在闽北何地，所谓"神赐孔砚"已无可考。建阳"孔夫子案山"则在古时即为胜迹。朱子《芹溪九曲棹歌》诗中写砚山句：

> 八曲砚峰倚碧虚，泉流瀑布世间无。凭谁染就丹青笔，写出芹溪九曲图。

芹溪原名勤溪，景色幽胜，宋时名声还在武夷九曲之上（今溪已不能行舟，知者无多）。又因是华子期隐居炼丹得道，骖鸾而去的所在，位列道家七十二福地之第三十一位。故朱子诗中又云：

> 五曲峰峦列翠屏，白云深处隐仙亭；子期一去无消息，唯有乔松万古青。

既有山水之美，又列道家福地，更关砚史遗迹，去岁秋我游闽北，尝由建阳砚友陈君父子相陪往建阳崇雒乡（古雒田里）访"孔砚"。其地今有村名"孔山"，然砚山所在难觅，村民更已不知"石砚书厨"久矣！据村老言：村后一山，山顶有一平整大石，儿时常往玩耍。然传彼处"有鬼"，故山虽不高，却因早无人迹，路已湮没。幸由一"老马识途"的村人带路，我披荆斩棘，费尽周折，方到山顶。山顶有数石，多被树木掩蔽，高处有一方石，桌面大小，疑即所谓"书橱"。周圈数石皆被齐腰柴草覆盖，"端平如案"之"孔砚"无从辨识。

抑或"孔砚书橱"别在另一今已无人知晓之处？

立"孔山"之顶，放眼九曲，溪山清幽，确是形胜之地。

回京数月后，接陈君电话告知，云经查访当地人，真正"砚山"实在我所登之山对面，隔芹溪正好相望，旧有砚峰寺及"书橱"石尚在，但"孔砚"踪迹亦已难觅，或云石被寺所覆。

详情如何，尚待来日有暇再赴建阳探察。

建阳砚山（夫子案山）"书厨"石（照片为建阳相关人士提供）

附考二　东海"孔砚"——既宽且顽

与建阳"孔砚"相类，东海古郯地亦有一巨形"孔砚"，与建阳"孔砚"不同者，古郯地的"孔砚"半由人工。

《左传》载鲁昭公时，"二十四孝"中"鹿乳奉亲"之郯国国君郯子至鲁国都城曲阜时，孔子曾求见，并向其请教郯人祖先"少昊之国"之官制建置。不久，孔子又赴郯

国"往见郯子而学",此即史上著名的"孔子问官于郯"。张宗子《夜航船》:

> 孔望山:海州。孔子问官于郯子,尝登此望海。

文中之孔望山,在今连云港(古属郯城)南郊。山上有"问官台",后人为纪念孔子当年"问官"事所建。山顶有一天然大石,形如一砚,故称"砚石"。石长三米有余,面被凿平,正中有一直径近半米之凹刻,周复有八个标形凹刻。石侧壁镌"砚石"两隶字。清人倪玉田《登孔望山》诗咏此石:"云是我夫子,曳杖曾经过";"墨汁流清砚,书香生绿莎"(《嘉庆海州志》引倪氏《学舍集》)。此刻石便被视为"孔子砚台"流传至今。

据今人考证,此孔望山"孔砚"实是东汉时期祭奠东海君之物。托名"孔砚"自是后人的附会。

此"孔砚"硕大近丈,堪称一"宽顽"之巨无霸。

好在孔望山"孔砚"虽遗石尚存,但地偏海隅,与埋没已久的建阳"孔砚"一样,名声不彰,因之也无人将其附会为李长吉诗中之"孔砚"。

上述两石外,还有一鄂东"孔子砚"。明《弘治黄州府志·山川》:

孔望山"孔砚"。《文物》1984年第8期所刊。

> 孔子山,在县治北五重乡九十里。传说孔子自卫适楚,尝登此。山有坐石,草木不侵,有砚石。雨下则墨水浸出。

据《史记·孔子世家》:孔子居蔡,楚昭王来聘,陈、蔡人忌恨,围孔子师徒于野,绝粮七日,楚昭王出兵迎之方脱。孔子遂入楚,后被谗,北归。

孔子到过楚地,是否到过黄州,已难考知。然可知者,黄州此孔子山"孔子砚",必与孔夫子案山、孔望山一样,附会"圣迹"耳。

附考三　梁公砚之谜——非以孔父名

崇儒劝学砚

今日存世砚中,有一种澄泥,传世有量。或三足鼎形,或四足长方,色灰黄、淡绿皆有。背又各有铭,少者只"梁公砚"三字,多者数十字铭文,内容都为劝学崇儒之意。字皆模印，常又必有"尼山精气"及"大明旹（时）"数字。

今人之解梁公砚，众说纷纭，未有共识。产地，或测柘沟，或测曲阜。砚名，则有认为乃是托名唐（武周）时名臣狄仁杰，因狄公卒后追封梁国公。"大明时"，言狄公断案如神，受冤屈者可大白于天下也。又有云：此类砚，铭文皆言尊儒，"尼山精气"指取材尼山，而孔夫子之父又名叔梁纥，故"梁公"乃指叔梁纥，以夫子之父名字冠之于砚，纪念孔子之意也。

实者，叔梁纥名纥、字叔梁。倘若砚名采自叔梁纥，亦当名"叔梁公砚"而非"梁公砚"。

而史上受封梁国公之名臣，还有唐名相房玄龄、姚崇等。故以为"大明时"指"明镜高悬"之意，定砚上"梁国公"必是狄青天狄梁公，实少说服力。

此类"梁公砚"，制作较精，在澄泥砚中别具一格，是一澄泥名品，其出处大有必要一考究竟。

良工梁家叟

查明《万历兖州府志·物产·货帛之属》，记有柘沟所产"东鲁柘砚"。后复又云：

> 良工砚：比柘砚又佳，间有精制殊绝者，价值亦贵，出鱼台县。

再捡《康熙鱼台县志》，书中不仅记当地"地近邹鲁，民沾圣贤遗化。尚礼让、劳耕读，犹有古风"，还记有"梁公砚"：

> 梁砚：昔有梁姓者，云就古秦尚书宅址，取泥为陶砚，文理莹腻，色碧绿，谓之梁公砚。往时上台索之尽，近无有藏者。而故秦尚书亦无考，或云即秦纮。（《风土志·土产》）

长方四足梁公砚。林岗先生藏。砚素池，篆书印"梁公砚"在砚冈前侧，甚别致，少见。背铭篆书"大明旹"、"尼山精气"；楷书"松烟研处金圭转，雪水凝时玉带围"、"尼山之英，蝅而为砚。祐启后人，维坚克念。镇山"；印"刘忠戈□（乡？）研旭梼周"。

同书《人物·寓贤》秦纮小传后，有编纂者按，云鱼台谷亭有秦尚书宅基，即梁氏取其泥制砚之所在。

秦纮（1425～1505年），字世缨，明代山东单县人，侨居鱼台县谷亭，景泰

八棱三足梁公砚。林岗先生藏。圆形砚池。背模印篆书"梁公砚";楷书"鼎砚铭:乾其体,坤其腹;兑其口,鼎其足,多识前闻以大畜。见海翁著"。津博亦藏一例,圆形,墨池呈桃形。背铭与此砚同,唯无"梁公砚"三字,款为"见海著",与此砚铭者应为同一人。

初进士,官至户部尚书兼右副都御史、三边总制,封太子少保衔。

按《鱼台县志》说法,《兖州府志》所记"良工砚"乃"梁公砚"之讹。而"梁公砚",是因鱼台人梁氏取明代名臣秦纮宅基之泥,淘炼烧制而成,故名。

弘治间,秦纮总制三边,曾筑内长城600余里。或许,秦尚书亦用烧长城砖之法,精选佳泥夯实宅基,故秦府因故(火灾之类)圮败后,梁姓土人遂取而烧砚。

至此,"梁公砚"之迷底似乎大白。但前些年,北京今通州唐大庄一金墓,曾考古出土一方圆鼎形三足澄泥砚,背有"见海著"款"乾其体"云云隶书铭一则。同样铭、款,又曾见于"梁公砚"上,可见"梁公砚"金代已有出品,县志所谓梁氏取秦尚书宅基泥烧砚之说,似并不可靠。

或许宋金时,鱼台梁氏家族即以制砚为业。至晚明(或清初),因秦宅地基泥佳,便取作烧砚?

虽"梁公砚"之真相如何,尚待后考。但可以肯定者,从铭文内容看,确与孔夫子及儒家有关。但"梁公"之得名,则应与夫子之父叔梁纥无关。

书圣遗宝传苏米

——王羲之凤池砚考

右军将军人中龙　　所遗紫石形似凤

王羲之凤字砚，自北宋始名于世，米元章文字有数则言及：

> 今人有收得右军砚，其制与晋图画同。头狭四寸许，下阔六寸许，顶两纯皆绰慢，下不勒成痕。外如内之制，足狭长，色紫，类温岩。中凹成臼。（《砚史·样品》）

> 余背李邕《光八郎帖》……得于石夷庚，昌言故物也……（夷庚）今居陈州，有右军古凤池紫石砚，苏子瞻以四十千置往矣！古砚心凹，所谓砚瓦如铜瓦，笔至水即圆，古书笔圆，有助于器也。（《书史》）

> 校理石扬休所购王羲之砚者，乃此石。（《砚史·温州华严尼寺岩石》）

> 吾老年方得琅琊紫金石，与余家所收右军砚无异，人间第一品也，端歙皆出其下。（《宝晋英光集·杂著》）

高似孙《砚笺·古砚·右军砚》：

> 石夷庚家右军古凤池，紫石、心凹。所谓砚瓦如筒，笔涉水即圆。

> 山阴老叟，称右军后，持一砚，长尺，色赤，凤字样，云右军所用。石扬休得之。

李之彦《砚谱·右军凤字砚》：

> 会稽有老叟，云右军之后，持一凤字砚，大尺余，色正赤，用之不减端石，云右军所用者。石扬休以钱二万得之（晚明陈眉公《珍珠船》则云"石扬休以钱三万得之村舍"。疑眉公引用有误）。

两宋米、高、李三家所记右军砚，以米元章为最早，乃第一手原始资料，最称权威。高、李的补充信息亦甚重要。宋后不复闻此砚下落，论者只引用三家旧说而已。

永嘉温岩非名门　却占砚史枝头春

《米史》（米芾《砚史》）所记之"温岩"、"温州华严尼寺岩石"，即华岩石。石产自浙江温州（古永嘉）城瓯江北岸的罗浮山、华严山。据《光绪永嘉县志·叙山》记：

> 华严山，在城北八里永宁支山，有华严洞，花木繁丽，自成佳境，其石可为砚。

《米史》记此石特性：

> 石理：向日视之，如方城石，磨墨不热，无泡，发墨生光，如漆如油，有艳不渗，色赤而多有白沙点，为砚，则避磨墨处。比方城差慢，难崭而易磨。亦有白点，点处有玉性，扣之声平无韵。

杜绾《云林石谱》论华严石：

> 温州华严石，出川水中，一种色黄，一种黄而斑黑，一种色紫。石理有横纹，微粗，扣之无声，稍润。土人镌治为方圆器。紫者亦堪为研，颇发墨。

《高笺》记：

> 永嘉观音石砚，比端溪尤良，润微不及。

高氏此说乃引自《郑刚中集》。郑刚中，南宋初抗金名臣。金华人，曾任温州判官。

从《米史》"温州华严尼寺岩石"名中的"华严尼寺"看，疑是因产石之地有观音庙之类的尼庵而得名，故"华严尼寺岩石"即《高笺》"观音石"。

米元章不仅认定右军砚乃温岩石所制，又云：

> 今人所收古砚，间有此石，形合晋画，约见四五枚矣。

既然宋时之温岩石古砚，只米元章所见就有四五枚之多，又皆"形合晋画"，应可证明华岩石砚，在南朝时已有之，且有一定的采石规模。

华严石砚，其质非上品，后人并不视为名砚，今日或已不传。但华严石虽无显赫名声，与腾村石砚一样却是见诸文献最早的石质砚之一，他砚最早不过唐代始出。

逸少风流贤太守　暇余翰思胜迹留

王右军寄居地越中会稽，与浙东南温州相距不远。史乘记右军永嘉行迹甚多：

> 尝考自东晋置郡以来，为之守者如王羲之之治尚慈惠，谢灵运之招士讲书，由

是人知自爱向学，民风一变。（明《温州府图志·序》）

王羲之守永嘉，庭列五马，绣鞍金勒，出即控之，今有五马坊。（南宋祝穆《方舆胜览》）。

（温州）乐成县民张荐者，隐居颐志，不应辟命。家有苦竹数十顷，在竹中为属，恒居其中。王右军闻而造之，荐逃避竹中，不与相见，一郡号为高士。（宋《太平御览·竹部》引刘宋郑缉之《永嘉郡记》）

旧志《祠祀门》有王谢祠，在华盖山下，祀晋郡守王羲之、宋郡守谢灵运……《万历旧志》谓墨池在城内墨池坊，王右军临池作书于此，米芾书"墨池"二大字……谢灵运《与弟书》云："闻恶溪道中九十九里，五十九滩，王右军游此，尝叹其奇绝，遂书'突星濑'于石。"又云，郭公山有富览亭，额系王羲之笔。亭久圮，字迹犹存。（清梁章钜《浪迹续谈》）

上述右军在温遗迹，五马坊、墨池坊传今日尚有之。墨池清末犹在，今已湮灭。

虽然温州流传右军事迹甚多，但《晋书·王羲之传》并无右军官温记载。梁茝林（章钜）在《浪迹续谈·王右军墨池》中对此有解：

凡此皆右军在永嘉之实事，想宋、元以前尚有他书可征，不能因《晋书》本传偶未及之，遂断为右军必未守永嘉也。

此论甚是，右军逸事、遗迹如此之多，恐非简单"附会"二字所能解释得了。

王帖颇许华岩石　晋画原有凤凰池

不仅王右军官永嘉基本可作史实看，更巧者，古人还有右军曾得一华岩石砚的记载。

梁茝林《浪迹续谈·王右军墨池》：

旧志载城北八里有山，中有黄岩洞，其石可为砚。王右军帖云："近得华岩石砚，颇佳。"

王右军在其辖境之内得一土产良砚，试用称佳，书帖以志，事理有之。

右军官永嘉及其所遗"华岩石帖"，似乎可证宋人"右军凤池砚"出身有渊源。然则此砚本身真伪如何？

宋人诸家记砚模样：

头狭四寸许，下阔六寸许，顶两纯皆绰慢，下不勒成痕。外如内之制，足狭长，色紫，类温岩。中凹成白。（《米史》）

古凤池，紫石、心凹……长尺，色赤，凤字样。（《高笺》）

色正赤。（《李谱》）。

从诸人描述可知，砚为唐代流行的双足凤池（又称双足凤字、双足箕形）式样。米元章又记砚"其制与晋图画同"，而其记晋画中之砚：

晋砚，见于晋顾恺之画者……有上圆下方，于圆纯上刊两窍置笔者，有如凤字两足者，独此甚多，所谓凤凰池也。盖以上并晋制，见于晋人图画。世俗呼为凤字，盖不原两足之制，谓之凤足。（《砚史·样品》）

今日可见之出土魏晋南北朝砚标准器，多为辟雍式。偶有带北朝东魏、北齐年号的平底凤字砚，多是唐宋人以北朝古砖所制。然双足凤池式唐时流行，其肇源或在唐之前，故不能排除东晋时已有凤字砚雏形的可能。当然，此说之成定论，尚俟来日考古发现以作实证。

老叟云是右军后　砚历晋唐现皇宋

王右军晚年定居山阴剡溪（今嵊县）金庭山。高似孙所撰《剡录》载：

（右军）慕会稽佳山水，遂居焉。剡金庭观称右军故宅，有书楼、墨池（卷三《先贤传》）

王右军墓，去县东孝嘉乡五十里。（卷四《古阡》）

今传《金庭王氏族谱书》：附载隋沙门尚杲所作《金庭瀑布山展墓记》云：

尝闻先师智永和尚云：晋王右军乃吾七世祖也。宅在剡之金庭，而卒葬于其地。

传南宋梁楷手笔《右军题扇图》（北京故宫博物院藏。局部）。描绘东晋大书法家王羲之为老媪书扇事。图中书僮所捧多足辟雍砚，与东晋时砚式相合。

米元章《宝章待访录·的闻》：

《王右军家谱》；右在山阴县王氏家，越州教授王涣之（字彦舟，常山人。后官至吏部侍郎。元祐党人）以书抵某，具言有此书。

智永，即隋时名书僧永禅师，俗名王法极。其去东晋不远，所言先祖的来历必不讹。《剡录》记有《王氏家牒》、《王氏家谱》，传唐人所修。今传《金庭王氏族谱》始修于南宋淳熙十年。

今日嵊县之地，右军后裔众多，称"金庭王氏"。

砚出于一自称"右军后"的"山阴老叟"，似乎合情合理。

此砚之可质疑处：米、高皆未言砚有右军款识，不知因何定为右军所遗？若仅凭"山阴老叟"所言"云右军所用"？则北宋后期距东晋已隔七八百年，右军后人传藏此砚如此之久恐非易事。然也并非绝无可能，以苏、米之博识，必不肯谬许。

《金庭景概图》。旧本《金庭王氏族谱》所刊。唐诗人裴通云："越中山水奇丽，剡中为最；剡中山水奇丽，金庭为最。"

从古人所记王右军在永嘉逸事及此砚之形制看，砚为右军遗物的可能性似应有之。

至少，并无断其必伪的绝对理由。

书台石家名好古　素师草帖启山谷

从"山阴老叟"购得右军砚的石扬休（995～1075年），字昌言，其先江都人，七世祖藏用徙家眉州。扬休年十八举进士，为数百人之首，声振西蜀。累官刑部员外郎，知制诰，迁工部郎，未及谢，卒。

石扬休亦一雅士，性喜闲放，平居养猿猴，玩图书，吟咏自适。有诗名，仁宗皇祐间，"馆中诗笔石昌言扬休最得唐人风格"（《湘山野录》）。又为琴史名人，今存古琴曲《猿鹤双清》，传为扬休所作。

眉山石氏本为藏书世家，号"书台石家"。石扬休亦承家风，喜聚古籍图书。然其最为名世者乃藏古书画。米元章《书史》记：

> 嘉祐中，三人收画，杨褒、邵必、石扬休皆酷好，竭力收。

不过在鉴赏大家米颠看来，当时收藏古书画名气最盛的三家，杨氏"无一轴佳者"，邵氏多"皆可绝倒"之赝品；石扬休虽不似杨、邵二家之不堪，也只得一"差优"的评语。

石家所藏伪迹有之，真品名物亦复不少。宋时怀素《自叙帖》世传有三：一在冯当世（京）家，后归禁中；一在苏子美（舜钦）家（此本今藏台北故宫博物院）；另一即石扬休所藏。曾敏行《独醒杂志》记：

> （黄山谷）绍圣中，谪居涪陵，始见怀素《自叙》于石扬休家，因借之以归，摹临累日，几废寝食，自此顿悟草法，下笔飞动，与元祐以前所书大异……故山谷尝自谓得草法于涪陵。

黄山谷草体书风的形成，颇得益于借观石氏家藏之怀素《自叙帖》。

石扬休以收藏古书画名重于时，其入藏之右军砚，亦必为时人好砚者所垂涎不已。砚传至扬休孙石夷庚，终为东坡所得。

康伯雅病嗜翰墨　画苑最宝湖州竹

石扬休子康伯（1020年～？），亦一奇士、高人，东坡所作《石氏画苑记》状之甚详。此记为苏文名篇，不妨赘录：

> 石康伯，字幼安，眉之眉山人，故紫微舍人昌言之幼子也。举进士不第，即弃去，当以荫得官，亦不就，读书作诗以自娱而已，不求人知。独好法书、名画、古器、异物，遇有所见，脱衣辍食求之，不问有无。居京师四十年，出入闾巷，未尝骑马。在稠人中，耳目谡谡然，专求其所好。长七尺，髯而黑，如世所画道人剑客，而徒步尘埃中，若有所营，不知者以为异人也。又善滑稽，巧发微中，旁人抵掌绝倒，而幼安淡然不变色。与人游，知其急难，甚于为己。有客于京师而病者，辄异置其家，亲饮食之，死则棺敛之，无难色。凡识幼安者，皆知其如此。而余独深知之，幼安识虑甚远，独口不言耳。今年六十二，状貌如四十许人，须三尺，郁然无一茎白者，此岂徒然者哉。为亳州职官与富郑公俱得罪者，其子夷庚也。
>
> 其家书画数百轴，取其毫末杂碎者，以册编之，谓之石氏画苑。幼安与文与可游，如兄弟，故得其画为多。而余亦善画古木丛竹，因以遗之，使置之苑中。子由尝言："所贵于画者，为其似也。似犹可贵，况其真者。吾行都邑田野所见人物，皆吾画笥也。所不见者，独鬼神耳，当赖画而识，然人亦何用见鬼。"此言真有理。今幼安好画，乃其一病，无足录者，独著其为人之大略云尔。

坡公笔下，淡泊名利、雅好书画、急人之难的石康伯形象，栩栩如生。

康伯长子石夷庚，字坦夫，生平事迹不详，曾官宿州支使。大约能继家学。坡公云其"与富郑公俱得罪者"，当指宰相富郑公（弼）因反对王安石青苗法而被谪判汝州，石夷庚曾遭连坐而获罪。

石扬休与司马温公（光）、范蜀公（镇）同年友好，亦与欧公（阳修）交厚，石康伯与东坡投契，诸贤皆反"新法"的中坚，家风如此，石夷庚亦必"元祐党"同道中人。

眉山苏石原世姻　　名物归苏半人情

石康伯长坡公十六岁，其病逝，坡公又为撰祭文。坡公之所以与康伯如此亲近，原是眉山苏、石二家，不仅同乡更是两代姻亲，坡公与康伯本是儿女亲家。

坡公诗《送表弟程六知楚州》有云："炯炯明珠照双璧，当年三老苏程石。"此"苏、程、石"，指坡公父苏洵、舅父程浚及石扬休。老苏有二姊，幼适扬休兄弟石扬言，故老苏诗《送石昌言使北引》有云："家居相近，又以亲戚，故甚狎。"

坡公又有《与迈求婚启》，文中有"里莽之游，笃于早岁；交朋之分，重以世姻"云云。从此《启》看，坡公为长子苏迈选中者乃一同乡故交且有世姻之女，只其确为何人未可确知。

1982年，眉山出土《苏符行状》，苏迈婿于谁氏之谜遂解开。碑有云："父讳迈，母石氏，故中书舍人昌言之孙。"盖苏迈正是石扬休之孙女婿。故坡公《祭石幼安文》所谓："闻人蜀音，回首灿然。刿如夫子，又戚且贤"。文中"戚"字，应指苏迈娶康伯女事也。

所以，石康伯之婶母乃是东坡姑母；石康伯之女又为坡公长媳，世姻如此。

《米史》记当时端歙新砚之价，分别为十千、五七千钱左右；南宋何薳《春渚记闻》记当时以十万钱购一吕道人砚，亦不易得；南宋张世南《游宦纪闻》记时人理学家度正以百五十缗（十五万钱）购得东坡涵星砚；米元章购《王略帖》亦费十五万钱。东坡谪居黄州，俸薪断绝，生计艰难，为节俭计，"日用不过百五十钱"（坡公《与秦太虚书》）。用粮价折算，北宋钱一百文约合今钱五十元。时坡公一家约二十余口，按此计，月出不超三千元。故右军砚的买价，只不过当时寻常人家半年生活费，以购买力计，约合今二万元左右。

由此度之，石扬休当年以钱二万购得右军砚，大是捡漏。而其孙石夷庚以钱四万（四十千）让于东坡，看似获利倍之，实者不过半卖半送（因此砚色紫，有今人考证"以四十贯的高价位成交，符合端砚的身价"，作为论证"端砚在唐以前已面世"的证据之一。实是臆断）。

毕竟，石夷庚对家姊（或妹）公爹东坡的售砚交易，大有人情在焉。

米老亦是旧相识　　石氏秘阁有交易

"右军古凤池紫石砚，苏子瞻以四十千置往矣！"作为一"石痴"、"砚迷"，又是一"晋迷"（此"宝晋斋"之由来），米颠此叹，失落之情显而易见。或许其对石家右军砚早已觊觎良久，只是石家宝而不舍。

事实上，米元章与石家亦多有交往，曾有古物交易。《宝章待访录》记：

　　李邕《多热要葛粉帖》：右白麻纸，真迹。上有"唐氏杂迹"字印、"陈氏图书"字印、"勾德元图书记"字印，紫微舍人石扬休物。今在其孙前宿州支使夷庚处。前一帖与《光八郎谢惠鹿帖》真迹，余过甬上，于夷庚处购得之。

《宝晋英光集·李邕帖赞》记米氏得二帖之过程更详：

　　右唐秘书李邕字泰和书。光王琚，元宗皇帝之子；濮王峤，太宗皇帝之曾孙。故紫微舍人石昌言所藏。元祐丁卯，过甬上，遇紫微孙夷庚字坦夫，以张萱六画、徐浩二古帖易得。尚有《厉少府求地黄帖》，白麻纸，在石氏。坦夫，幼安长子，书画号"翰林苑"。苏子瞻为之序。此帖飘纵，后帖谨严，余欲此帖，坦夫惜，不与。幼安程氏夫人，于户间使以归余焉。六月南都舟中装。

　　石夷庚初许元章以张萱、徐浩书画与其互易李北海（邕）《多热要葛粉帖》，并无李北海另一真迹《光八郎谢惠鹿帖》。但米氏既得陇又复生望蜀之心，遂"曲线求帖"，走石母程夫人（疑出坡公外家眉山程氏）门路，方如愿一并得手李书《光八郎谢惠鹿帖》。

　　由是可知，米元章与石家关系亦不浅，只是欲易右军宝砚尚嫌交情未到。

　　而右军砚归于坡公，盖坡公与石家世谊加世姻之渊源，远非元章"生意朋友"可比。

雅物名品常攘夺　米家珍本苏家珍

　　东坡本人并无遗下"右军凤池砚"只字，米元章亦未交代"余家所收右军砚"来由，但以情理推断，两砚必是一物。

　　当年苏米诸贤，相互攘夺玩好；其中尤以英宗驸马王晋卿（诜）最好强掠，苏米皆有被王驸马扣帖、占砚之类不快事。米元章《宝晋英光集·杂著》一则：

　　刘季孙于从行八百置得羲、献帖，苏轼要芾小研山，不与。季孙遂以此帖来易，与之。芾爱帖，许之。王诜借山去已一月，闻欲易帖，渠自欲山，恐易了，遂百简索，不还。至季孙赴任数日，乃还山，无人追及，遂不及易。

　　米氏先后有砚山多座，以海岳庵、宝晋斋两座最有名。此小砚

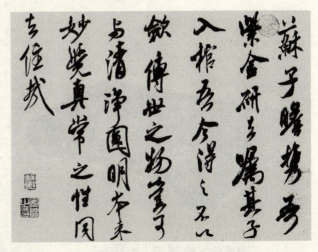

台北故宫博物院藏米芾《紫金研帖》

山，即使坡公开口，元章也不惜拂其雅意，而王驸马更以占砚之私欲，不惜破坏好友以砚山易帖美事。真不知此砚山为何样可人妙物？

硯史名作米元章《紫金研帖》：

> 苏子瞻携吾紫金砚去，嘱其子入棺。吾今得之，不以敛。传世之物，岂可与清净圆明本来妙觉真常之性同去住哉！

米元章称紫金砚与右军砚一样，皆"人间第一品"，胜过端、歙，偏爱若此。东坡也对此种砚一见钟情，不仅将米氏一紫金砚有借不还，甚至嘱其子将砚随己殉葬。元章死活不允，方使砚完璧归赵（实坡公尚有另一紫金石砚，后赠与从侄苏籀，籀《双溪集》有《雪堂砚赋》记之）。

此两则苏、米砚事，似可证右军砚由坡公而归于米颠的合理性。

推许高品压端歙　宝晋斋中宝晋砚

苏、米本书画同道、玩砚同好，王右军身后七百余年出一遗砚，以概率论，苏、米所得似乎也当是一物。否则，同时出世两方书圣遗砚，藏者之一米元章却未指出异同，反是咄咄怪事了。

以常理度之，坡公应不舍得于生前将右军砚让人，砚当在坡公故后，米氏得于坡公诸子之手。疑甫接坡公病逝讣闻，米氏便迫不及待从镇江赶往客居常州的苏家，既是吊丧，更为索要紫金砚并顺便求购右军砚。

建中靖国元年六月，坡公卒于常州，一年后北葬汝州郏城小峨眉。至少米氏为索回

首都博物馆藏"元章"紫金石砚

紫金砚而"不以敛"之事，必在北葬之前。

米元章又有云：

> （时人）有收得智永研，头微圆，又类箕像，中亦成臼矣。（《砚史》）

此智永箕形砚，亦米元章先见于他人，后收归己有者。其所得右军砚情况当与此相似。《米史》未记入"右军砚"，当是米氏得右军砚于《砚史》撰成之后。

总之，事在坡公生前或者故后不论，米元章最终如愿以偿获得东坡所藏"右军凤池砚"，使其可与"宝晋斋"中所藏《王略帖》等大王名迹相会一堂。或其中某帧王帖，即右军当年用此砚研墨所书亦未可知。

宋时石、苏、米先后递藏之右军砚早已不传，今首博藏一元墓出土"元章"款紫金石凤字砚，或云即东坡欲嘱子入殓之物，亦即米帖所云"吾老年方得琅琊紫金石，与余家所收右军砚无异"者。此砚之双足凤池，典型宋人砚式，与唐人双足凤池已有差别，又何能追攀东晋？知米颠所言紫金石与右军砚相同者，指石之色、质，而非形制，故云"端歙皆出其下"。

缘结书史三高峰　合称砚史第一品

所谓"魏晋风度"，是一种崇尚人性自然的人格范式，故王右军其人"飘如游云，矫若惊龙"；其书亦"贵越群品，古今莫二"。

两宋文人向慕魏晋，复有"宋人风度"之称。不过生活在文人天堂的宋人，只效法魏晋文人之率性放逸，而无魏晋文人"途穷而哭"之末路感喟。

坡公舟归毗陵："病暑，着小冠，批半臂，坐船中。"两岸观者如云。坡公笑语："莫看杀轼否？"以西晋"看杀卫玠"事自比（事见《邵氏闻见后录》）。而坡公书学渊源："东坡道人少日学《兰亭》"（黄山谷语）；"吾先君子，少喜二王书"（苏过语）。

米元章之"颠"，更似东晋顾虎头、王子猷辈。其自号"宝晋斋"，更是标榜对王右军及晋人之心仪。元章所藏右军《桓公破羌帖》，乃"典衣以增其直"而购得；得于蔡攸之另一右军帖，更是用以死相挟的"撒泼"法而得。其赞右军《王略帖》为"天下第一帖"；赞右军《兰亭序》为"神助留为万世法"；自夸："自任腕有羲之鬼"。故《宣和书谱》云米氏"书学羲之"。

至于米诗又有所谓："一洗二王恶札，照耀皇宋万古！"前句自是英雄欺人语，不过为后句供御赞歌作反衬耳。

故右军书艺对于苏米而言，皆为先师后友。

王右军，世称"书圣"，自是我国乃至汉文化圈书法史第一人；

苏东坡，"宋四家"之首，其天才广博及人格魅力可称千古一人；

米元章，陈眉公评曰："米颠，旷代一人而已"（《米襄阳志林序》）；

右军凤池砚，原已属"人间第一品"，况更经苏米宝藏；有何方"名人砚"，可比此砚更"名人"？

笠谷缀语：

尝见今人说砚文字一则，云石扬休以二万金购得王右军风字大砚，被人闻风窃走，且留诗一首于案几。扬休夜起如厕，见贼诗墨迹尚湿，叹窃砚之梁上君子乃一"雅贼"，一笑了之。

此故事未见说明出处，遍查无果。即便是前人旧说，也必戏说，盖米颠与苏东坡、石夷庚皆好友，其言砚乃东坡以四万钱从石夷庚手中购得，信史无疑。

当然，故事倒颇风雅有趣得紧。

只是倘若石扬休以黄金二万两购砚是真，孙子石夷庚以铜钱四万文卖出亦属史实，则不仅石夷庚太过"败家"，恐坡公也不肯占亲家如此一大"便宜"。

不过买主换成"狡狯"的米颠，或又别是一番景象。

附考　王羲之浮鹅砚——伪书载赝砚

《天盖楼砚述》记：

> 右军爱鹅，其所蓄之砚，亦琢一鹅，余曾见之。有铭于上云："爱之一笔更书之，化石依然守墨池。"下署："羲之自铭。"其质亦非端也。

王羲之爱鹅，即"右军爱鹅"，为古代人物画中以文人雅士之情趣生活为题材的"四爱"其中一种，其他"三爱"为：渊明（陶潜）爱菊、茂叔（周敦颐）爱莲、和靖（林逋）爱鹤。又有加上右军子王徽之的"子猷爱竹"（徽之字子猷）及"东坡爱砚"、"米颠爱石"等为"八爱"、"十爱"者。

据《晋书·王羲之传》载：会稽一孤姥养一好鹅，右军闻之，欲邀友往观。姥先杀鹅已备款待，羲之至，见鹅死，感叹而归。又，山阴一道士养一群好鹅，右军为写《道德经》一篇，笼鹅而归。

传右军因爱鹅，细察鹅的神态，融入其书艺之中，所写鹅字一笔而过，称为"一笔鹅"。此"浮鹅砚"铭文前句即纪此事。右军"一笔鹅"碑刻各地有多种，当皆是后人好事者臆造。但右军从鹅之动态中参悟笔法，事当有之。《兰亭序》中众多"之"字，姿态纵逸，变化万端，宛如一头头嬉游之好鹅宾。

《天盖楼砚述》，有必要略作赘述。此书有今人《说砚》所辑旧抄本，署名"吕晚村撰"。书中不仅字句浅陋，且谬说甚多。其中"宋米芾瓜瓞砚"，铭文云"咸淳三年春三月望日为元章先生作砚铭"。咸淳为南宋度宗年号，米颠北宋人，大儒吕晚村岂能不知此砚之伪铭而收记之？又，"叶小鸾眉子砚"，应是抄自梁绍壬《两般秋雨盦随笔·眉子砚》；"宋同字砚"，竟有铭款"晓岚审定"，此"晓岚"显然应指纪学士晓岚。梁、纪皆为清中期时人，可知此《天盖楼砚述》应是清中期以后人托名吕晚村之伪书。

右军虽爱鹅，但鹅形砚，元明人砚中有之，东晋时应无此式。

故书是伪书，砚也必是伪铭。

与《楞严经》"共存亡"？

——佛教名物房相砚钩沉

余江倪氏所藏端石"唐相国房公砚"（彩图1）

梵僧贻宝

晚明名流嘉兴李竹懒（日华）《六研斋笔记》：

> 广州经藏阁有大砚，刻云："大唐神龙改元七月七日，有天竺僧般刺密帝，自广出译经，回示此砚，验之，乃滩哥石也。其坚实可爱，置几案间如厚重君子，因识于后，以永其传。前谏正大夫中书门下平章事房融书"。

竹懒所记此砚，为佛教史上名物，乃唐丞相房融笔受《楞严经》时所用之砚。

《楞严经》，全称《大佛顶如来密因修证了义诸菩萨万行首楞严经》，又称《首楞严经》或《大佛顶首楞严经》，是唐中叶译出之大乘佛教著名经典。此经要旨在于阐述"常住真心"，亦即如来藏心。其丰富而具有思辨意义的内蕴，不仅对我国佛教研究，亦对我国思想史的研究极具启发性。

是经之出世，据唐开元十八年西京崇福寺沙门智升所撰《续古今译经图纪》云：

> 沙门般刺密帝，唐云极量，中印度人也。怀道观方，随缘济度，展转游化，达我支那(古印度人称中国为支那)；乃于广州制止道场居止。众知博达，祈请亦多；利物为心，敷斯秘赜。以神龙元年龙集乙巳五月己卯朔二十三日辛丑，遂于灌顶部诵出一品，名《大佛顶如来密因修证了义诸菩萨万行首楞严经》一部，十卷。乌苌国沙门弥迦释迦语，菩萨戒弟子、前正谏大夫同中书门下平章事清河房融笔受，循州罗浮山南楼寺沙门怀迪证译。其僧传经事毕，泛舶西归。有因南使，流通于此。
> （《大正藏》）

此李竹懒所记广州经藏阁大砚铭文所记"译经"、"示砚"情事之来由。

走私血经

所谓"河出图、洛出书"，凡经典出世多附灵异之说。

关于天竺僧般刺密帝释经，房融笔受之事，"头顶诵经"之外更有奇说：天竺尊《楞严经》为国宝，严禁外传。先是隋天台宗智者大师，时誉"东土小释迦"，精研《法华经》，发明"三止三观"修观法。待一梵僧相告，其意趣与《楞严经》相似。大师遂对《楞严》心向往焉，筑拜经台，西拜祈经早日东传，惜至圆寂仍未偿所愿。

后天竺高僧般刺密帝，闻智者大师求经事，为所感，发愿传经中土，遂私携《楞严经》偷渡来华，被查获于边境。监满释放，般刺密帝取常人难以想象之法，竟将经文缩书于丝帛，割开臂膀肌肉而藏其中，用针缝合，待肌伤生好，始平安出境航海到达中土广州。此经因藏于臂膀日久，被血水侵蚀，凝成血块，无法开卷。房融苦思无策，竟夕失眠。幸赖爱女想出以人乳浸泡经卷之法（或云此法乃一哑女忽能开口所言），化开血迹，始得释成，故《楞严经》又名《血渍经》。释经毕，般刺密帝自感有功诸佛却抱愧国家，于是西归自首。

此"血经"传说，以高僧大德弘法之心志度之，事或信史。只乳汁化经之事虽新奇，恐人乳未必有此神效。

天竺禁宝、理契《法华》、筑台祈经、传经被拘、割膀藏经、乳汁化经、经成自首，出家人为法忘躯，历经九死一生；《楞严经》之传来中土，难得难求，实不容易。

可惜，后人对《楞严经》来历的质疑由来久矣。

沙门大德

房融（生卒年不详），洛阳人。博识多闻，成进士业。武后时为相，依附张昌宗、张易之兄弟，为士林所不齿。逮中宗诛二张后，被长流钦州，徙死高州（今广东茂名）。子琯亦相肃宗，其开府成都时杜甫尝受其接济。

房融原好浮屠法，其笔受《楞严》事，乃在流放岭南时。《广东通志》卷265"谪宦录"云：

> 传其（房融）抵广州，巧遇般剌密帝浮海抵广，遂礼请般剌密帝于光孝寺释《楞严经》，房氏自为笔受。

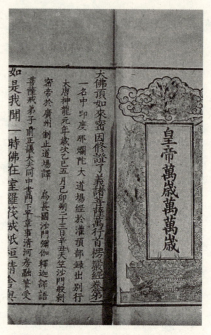

南宋刻本《楞严经》

所谓"笔受"，是指为草释经文加以文理、辞藻之校点、润色，使之不独义深，亦复文妙，以达文义双美之目的。房融以其宰相之才，笔受润色斯经，自然使《楞严经》语句文法典雅优美，在汉文佛经中可算首屈一指。东坡赞称：

> 大乘诸经至《楞严》则委曲精尽，胜妙独出，以房融笔受故也。（《东坡后集·书柳子厚大鉴禅师碑后》）

唐中宗神龙元年五月，《楞严经》译成，进呈于武后。因当时有《大云经》伪造风波（据《旧唐书》载，此经系武后为巩固其君权，特敕令沙门十人所伪撰），未及时流通，只将经存于宫中。后神秀禅师为国师，入宫内道场见所奏经本，始录传于世，由是东土《楞严经》方大显。

房融笔受《楞严》之事发生地广州光孝寺，唐名制止寺，"未有羊城，先有光孝"，为岭南最早之寺庙。始建于三国，由东吴名臣虞翻旧宅所改。梁武帝时，菩提达摩泛舶东来，先住锡此寺，后始转入少室面壁九年，开东土禅宗。六祖惠能于此寺菩提树下受戒，寺中至今尚遗六祖"瘗发塔"，"风动"、"心动"的公案即发生于此，故寺为禅宗圣地。南宋时改名光孝寺，沿用至今。

名刹遗名砚

后人为记念传译《楞严经》盛事，在光孝寺内建有译经台与洗砚池。

李竹懒所云广州经藏阁（阁当在光孝寺内）房融所铭大砚，正是指房融笔受《楞严经》时所遗之物。《南汉春秋》卷9载五代人林衢《题广州光孝寺》诗，诗云：

> 开池曾记虞翻苑，列树今存建德门。无客不观丞相砚，有人曾悟祖师幡。
> 旧煎诃子泉犹冽，新种菩提叶又繁。无奈益州经卷好，千丝丝缕未消痕。

"无客不观丞相砚"句中之"丞相砚",即房融砚。从林氏诗可知,五代南汉时,房融砚已甚有名,为游寺之人必观名物。

元代浙东大儒吴莱(字立夫,浦江人,曾任御史)《渊颖集》卷9《南海山水人物古迹记》,记光孝寺房融砚:

> 房相国融译《楞严经》,有笔受轩大砚。融自刻:"大唐神龙改元七月七日,天竺僧般若密谛,自广译经,出此砚。"坚润可爱,藏殿内。

《南海山水人物古迹记》专记广州(古称南海)山水人物及古迹,所记必有可靠根据。可知元时此砚尤在光孝寺。

明《光孝寺志》云:

> (译经)台为宋经略蒋之奇(字颖叔,常州人,哲宗元祐时知广州)建。有译经大石砚,铭云"厚重君子",久失去。

最迟于明时,房融砚已不在光孝寺内。

寺内又有传为房融洗砚所用的"洗砚池",明末有粤地抗清烈士、名诗人邝露所题"洗砚池"碑。池今不存,碑近年重新发现。

天府藏黄琮

明初文坛领袖、吴莱弟子宋濂作有《滩哥石砚歌(有序)》,诗云:

> 朱舍人蒂见滩哥石砚禁中,遂摹榻一本,装裱成轴,悬之书斋,命予作歌,填其空处。

> 朱君嗜古米黼同,三代彝器藏心胸。滩哥古砚近获见,惊喜奚翅逢黄琮。
> 研煤敷纸巧摹榻,访我一一陈始终。有唐四叶崇象教,梵僧航海来番禺。
> 手持贝叶写健相,翻译华竺谈玄空。辞义幽深众莫识,当时授笔唯房融。
> 砚中淋漓墨花湿,助演真乘诚有功。爱其厚重为题识,七月七日元神龙。
> 鬼工雷斧琢削古,天光电影生新容。袤将四尺广逾半,作镇弗迁犹华嵩。
> 涉唐入宋岁五百,但见宝气浮晴虹。南渡群公竞赏识,氏名环列紫秋虫。
> 朔元虽以实内府,弃置但使烟埃封。方今圣人重文献,毡蒙舟载来江东。
> 风磨雨濯露精彩,奉敕异入文华宫。宫中日晏万几暇,侍臣左右咸云从。
> 紫端玄歙尽斥去,欣然为此同重瞳。重瞳一顾光照日,天章奎画分纤秾。
> 有才沉薶恨已久,石如能语夸奇逢。维昔成周全盛日,兑戈彻衣并大弓。
> 藏诸天府遗孙子,用以镇国照无穷。愿将斯砚传万世,什袭不下古鼎钟。
> 上明文德化八极,下书宽诏苏疲癃。君方执笔掌纶诰,愿以此言闻帝聪。

老臣作歌在何日，洪武戊午当严冬。

诗中"翻译华竺谈玄空"、"当时授笔唯房融"云云，言此砚即房融笔受轩大砚；"爱其厚重为题识，七月七日元神龙。"言砚铭有类似："厚重君子"、"大唐神龙改元七月七日"字样；"袤将四尺广逾半"，言砚长达四尺之巨；"南渡群公竞赏识，氏名环列縈秋虫。"言砚四周有南宋初名人题识众多；"朔元虽以实内府，弃置但使烟埃封。方今圣人重文献，毡蒙舟载来江东。"言砚为元内府原藏，但元廷并不珍惜，而明太祖重文献，命将砚以毡蒙裹护，用船从元大都北京沿大运河运往南京；"藏诸天府遗孙子，用以镇国照无穷。"将砚藏于皇宫内府，作为镇国之祥瑞传诸龙子龙孙。

宋学士题诗之洪武十一年戊午（1378年），与唐神龙元年乙巳（705年）相距673年。诗中"涉唐入宋岁五百"，概言也。

房融造经？

"房融笔受轩大砚"记之者众，但房融笔受《楞严经》之事，乃至《楞严经》本身真伪，却一直备受争议。后人疑者数点：

一、或曰《楞严经》东汉末中土已有译本，后失传。

二、从房融被贬岭南至经译出只三个月。广州至洛阳近五千里，以古时的交通条件，房融当不可能完成此事。

三、虽梵文原本被般刺密帝携归，但《楞严经》自古迄今，中土、印度皆从未见有梵本。

四、始记般刺密帝释经、房融笔受的释智升，复在别著《开元释教录》中，记为佚名梵僧释经、释怀迪笔受，且指明以此书为准。

五、经文内容某些语句有抄袭《首楞严三昧经》等经之嫌，且其概念有与常见佛理不合者。

所以近人梁任公批此经"可笑思想更多"，"是假书"；吕澂更直斥此经为"集伪说之大成"，并列伪经之证据达百条之多。

实唐人已有《楞严》伪经之说，且指明房融所伪。此经释成不久即传入东瀛，引起争议，有日僧来唐考察，唐人告之经实房融伪造，智升未详，缪编正录。

房融擅文采，又佞佛，有造伪经基础。可疑者：房氏文名并不显著，其天资根器是否有伪造一部名经的天中天、圣中圣般神通？

另有一说云：经本是释怀迪或同时人所杜撰，托言得之梵僧，以示西来正宗；因当时京师所译梵经，均有名士为之润色，故又托名"房融笔受"，借其有文名且曾为宰相之声望耳。此与曹溪沙门杜撰张说、宋之问伪诗以光大其宗，其法一般无二。

《楞严》名经，是佛陀真说？是被人"念歪"之真经？抑是"房融"等杜撰的假经？至今仍是无解。

事实上，正如"大乘非佛说"之争议无法改变大乘佛教的地位一样，《楞严》真伪之争，亦末能撼动其在义理和修持上作为大乘名典的巨大影响。

《楞严经》无论是房融所伪撰或真笔受，则房融砚皆真有之；经若他人所伪，连"笔受"亦虚事，则砚必伪。

"房融笔受"之事，在真赝之间。但至少五代至宋元，广州光孝寺存有一方传为房融所遗"笔受轩大砚"必是不虚。

石有可疑

李竹懒、宋濂等笔下的房融砚，还有一疑，疑者，石材也。

《高笺》"滩哥石砚"条引《淡岩居士集》（此书似已不传。北宋末年有人物画家张激号淡岩居士，性好蓄奇石）：

> 神龙改元，天竺僧示滩哥石砚。王燮，西人，习知西州。言滩哥石黳黑，在积石军西。

此所记"滩哥石砚"当即指房融砚。"天竺僧"即般刺密帝。"神龙改元，天竺僧示滩哥石砚"，应即竹懒所记"大唐神龙改元七月七日，有天竺僧般刺密帝，自广出译经，回示此砚，验之，乃滩哥石也"的概说。《高笺·砚图》所列砚式中有一"房相样"，疑指光孝寺所存"房相砚"款式。

王燮，当是南宋初大将王燮，出身北宋镇守陕甘的精锐"西军"，以贪酷闻名。金兵攻建康、攻陕州，皆惧战先逃。此逃跑将军，因是"西人"（西北人），故知悉当地土产滩哥石砚。

积石军，地在今青海循化，与洮石产地不甚远，唐时曾长期为吐蕃所据。惜滩哥石砚，除《高笺》及前述李、宋等记房融砚外，别处信息罕见。只知此石色"黳黑"，纹理、质地皆不详，具体产地今日更是无迹可寻。

房融砚，若确如宋学士所记"袤将四尺广逾半"者为真品，则砚长达一米三以上，宽亦过半。如此达数百斤的笨重物，从西北运至岭南，舟车跋涉数千里，我为运石者愁焉。

又，砚为般刺密帝所示，倘大师获砚于青海，则积石军离丝绸之路本不远，倒有可能。然大师并非越葱岭由陆路来华，而是航海东来，译经完毕亦泛舶西归，来回皆走海路，足迹当未到过西北，并无取滩哥石之机缘。

实即便般刺密帝由陆路来中土，何必费力运一滩哥大石至岭南？

当然，亦有可能砚乃般刺密帝得自广州本地。但总疑后人因大师来自"西天"（天竺），便附会一"西州砚"滩哥石说故事。

　　再者，笔受经文，非比泼墨涂壁、草书巨幛，使此硕大之砚，即无必要，亦不便利，用之何为？

　　抑所谓光孝寺房融砚，不过晚唐五代时，好事者所作"房融笔受"象征性的纪念品？

相国房公砚

　　令人称奇者，今日尚有一"房相砚"流传人间（彩图1）。

　　《南方文物》1985年第一期刊张愚先生所撰《余江县发现唐代巨砚——兼释相国房公砚》一文，云1982年，赣地余江县文物普查队在该县一倪氏乡人家里，发现一巨砚。砚长77厘米、上端宽54厘米、下端宽60.5厘米、厚16厘米，底窄面阔，椭圆形，重二百余斤。砚面边沿及砚四侧刻有宋、元人题刻十七条，铭字诸体兼有。左侧一题刻云：

> 淳熙甲辰上巳前一日，东平巩湘，以先大父通奉忌，饭僧于光孝禅寺。因观唐相国房公砚题刻，摩挲久之。男岘峤侍行，三山龚梅卿、会稽黄师古、熟溪刘烨同至。住持僧祖莹炷香作茗供。

　　张愚先生由此条题刻得出结论："从这段文字中，可以清楚知道此砚乃是唐代房相国的遗物"。

　　砚右端边沿铭云：

> □滩哥之鼊石，琢相君之鸿砚。劂般剌之苦勤，负贝叶而手翻。
> 须相君之笔授，乃□肆而宏阐。肆兹砚之是录，翻墨海之汗漫。
> 凛文献之未寒，三摩挲而喟叹。繁苍琰以临之，岂古人之我简。
> 子口挂壁兮，非文字而禅。时涉笔以从之，犹惧绮语之流缅。

《南方文物》所刊倪氏所藏唐相国房公砚

张愚先生记：砚颜色褚红，为端砚无疑。并推断砚为房玄龄遗物。显然对房融笔受《楞严经》故事不悉，误以为唐人"房相国"必是开国名相房玄龄而不作他人想。从倪氏所藏砚上前述两铭看，砚主"唐相国房公"显然指房融，砚即房融"笔受轩大砚"。

无款铭"□滩哥之黳石"，指砚为色黳黑之滩哥石所制；"琢相君之鸿砚"，指砚为房融请匠人所琢；"翳般刺之苦勤，负贝叶而手翻"，指般刺密帝释经事；"须相君之笔授，乃□肆而宏阐"，指"房融笔受"事；"肆兹砚之是录，翻墨海之汗漫"，言房融当年笔授《楞严经》即用此砚研墨点校而成。

巩湘题跋，记观砚于光孝禅寺，更是确指砚即广州光孝寺的房融砚。

并无房相款

巩湘（1119年～1191年），字采若，号曲湖，婺州人。早承家学。宋高宗绍兴末进士，官至龙图阁学士。在任劝谕放粮，赈济饥民，为官有德政。任信州教授时，讲论经艺，慕名求学者逾千人。撰有《乾道刍议》30篇。父庭芝，字德秀，号山堂。建炎间为避金兵，由齐地东平南渡，卜居于浙江婺州。受业于名儒刘安世，与朱子、叶适、吕祖谦、陈亮等大儒交游。撰有《山堂类稿》多种。

随行巩湘观砚之龚梅卿，字逢辰，宁德人，居广州。侄龚郯，字昙伯，朱子门人。巩湘子岘峤和黄师古、刘烨，生平皆不详。今存韶关南华寺六祖慧能石刻像碑，为淳熙八年所立，跋文落款："曹溪第十九世法孙比丘祖莹"，当即接待巩湘一行的光孝寺住持祖莹。

《宋史·本纪》第35与《续资治通鉴》卷第194，皆载宋孝宗淳熙年间，巩湘曾官广东安抚使。与巩湘题款之淳熙十一年甲辰（1180年）相符。上巳，农历三月初三，为古人迎接祖先灵魂的"上巳节"。巩湘为祭奠祖父，在上巳节做法事于光孝寺，所以题铭寺内所藏房融砚上。以巩湘之铭论，与宦迹相符。

但光孝寺砚有"神龙"纪年房融题铭，倪氏此砚无之，只巩湘铭中提到"相君"、"唐相国房公砚"而已。且倪氏砚色紫红，"当是端砚无疑"。《高笈》等所记"笔受轩大砚"皆为黳黑色滩哥石。

又，倪氏砚虽长达77厘米，约合明人两尺余。与洪武内府"亥将四尺广逾半"仍差一尺有余，且后者有"七月七日元神龙"之唐神龙年款。

显而易见，砚式不论，只从铭文看，倪氏砚也必非光孝寺砚。与元明两朝内府所藏房融砚也并非一物。

倪氏砚无款诗云"滩哥之黳石"，砚却是呈褚红色的端石，与黳黑色的滩哥石色差颇大，只以此句论，这段铭文也必是伪作无疑。

元明两朝内府所藏房融砚，是否光孝寺藏品，已难定考。但倪氏砚必一伪品"房相砚”当可确定。

氏名环列萦秋虫

除巩湘题外，倪氏砚四周更有题刻密布，然皆为观款，对砚之真伪考证帮助不多。其中南宋纪年款者九条：

大宋绍兴元年大寒□，前尚书□丞，清河县男张澄达明志。

赵奇、朱敦儒、张勉、钱秉之、赵庆裔题。大宋绍兴甲寅十一月中院日书。

傅倘、程沂、吴咨同观。绍兴丁卯人日。

乾道元年陈晔日华来观。

吴兴陶定安世获观。拊摩□之，大宋乾道丙戌夏五日丙寅题。

曾种献之，王同老修年、李纶世美，乾道二年季秋中休日同观。

邵子厚、欧阳朴、李杞、林洽、庄夏、陈谠绍熙癸丑腊后三日同观。

绍熙甲寅，潘元虎、郑革同观。

（另巩湘淳熙年间一条，前文已引）。

元代至元年间两条：

至元丁丑古□杨思齐观。

鄱阳倪镗得之庐山厚斋冯氏，归于锦江书院。至元辛卯秋杨燧、张嗣巽、刘岳、张沅、余仁隆识。

无纪年者五条：

初寮道人王安中观。

苏公才、谢雍、李觉题。

古灵□眉伪□□□□□下鸟其左三□□□□□蒙作□□□□□潘言来观。

范直方观。

（另右端边沿“□滩哥之鬣石”一条，前文已引）。

另有一条为：

格室泉望阏逢摄提。

“阏逢摄提”，干支纪年，指甲寅年，此条亦为纪年款。

此砚题识涉及者达四十余人，应为古砚题铭最多之记录了。

南渡群公竞赏识

除巩湘一行人外，倪氏藏砚铭跋其他可考者：

王安中（1075～1134年），字履道，号初寮，中山曲阳人，曾从学于东坡，元符进士。政和中，以疏劾蔡京，迁翰林学士。宣和三年，出镇燕山府。靖康间，贬单州团练副使。绍兴四年卒，年五十九。有《初寮集》。

朱敦儒（1081～1159年），即南宋名词人朱希真，洛阳人。官至两浙东路提点刑狱。绍兴二十九年卒。有词三卷，名《樵歌》。人誉"天资旷逸，有神仙风致"。

范直方，范文正（仲淹）之后。绍兴年间知浔州。曾任刑部员外郎，性格诙谐，《笑林广记》载其趣事。

陶定，字安世，南宋初湖州文人。曾藏李商隐款端砚，背有"玉溪生山房"五字古篆。砚盖有东坡题铭。

钱秉之，建炎间曾官尚书户部员外郎。

程沂，程伊川（颐）后裔，字永之，绍兴间知昆山。为政温和，有循官之风。

邵子厚，曾任福建节度使，北宋易学大家邵康节（雍）曾孙。

欧阳朴，赣新喻人。程伊川三传谢谔（艮斋）之高徒，知衡阳县，尝作《艮斋事实》。

庄夏，闽晋江人。淳熙进士，宁宗朝官至兵部侍郎，封永春县开国男，食邑三百户，卒赠少师。有《礼记解》等。

陈说，字正仲，闽仙游人。隆兴进士，官至兵部侍郎，平生博览群书，诗文雅致，擅楷书。

陈晔，字日华，闽长乐人。淳熙间知淳安县，庆元间除广东提刑。有《夷坚志类编》三卷。

李纶，闽泉州人。淳熙初年提举广东。撰有《临漳志》。

郑革，闽晋江人。淳熙十一年进士。

以上题铭者虽众多，然只王安中、朱敦儒较有名。而诸人皆为观款，"鄱阳倪镗得之庐山厚斋冯氏"藏款的真伪，方是辨别此砚全伪、半赝之关键。

半是赝刻半是真

冯椅，字奇之，一作仪之，号厚斋，赣东北南康都昌人。其乡地近庐山东南麓，故称"庐山厚斋冯氏"。宋光宗绍熙四年（1193年）进士。尝受业于朱子。官知上高县。后居家授徒，著述多种，今传有《厚斋易学》。其四子去非、去辨、去弱、去疾并有时名。冯氏父子砥砺品行，热衷儒学经典，颇得理学要义，退能"独善其身"，进能"兼济天下"，时人咸推重之。

倪镗（1262～1346年），字仲宾，赣东北安仁（今余江，古属鄱阳郡）人。出生儒学世家，性耿直，博学。曾入江万里门下，讲求义理之学。入元，荐授信州永丰县教谕。忽必烈摒儒贬孔，镗上《逆鳞书》，请尊儒，被削职。于乡创锦江书院。元成宗继位，镗重申前议。成宗省悟，加封孔子为"大成至圣文宣王"。镗固传续儒学的功臣。生九女、十一子，八十四岁而终。

今藏"房相砚"之余江倪氏一族正为倪镗后人，故砚曾为倪镗所遗当可采信，因之倪镗题铭所云"得之庐山厚斋冯氏"亦必不虚。倪镗曾于至元年间官南康路学教授，任上协上司修整庐山白鹿洞书院教学规制，礼遇地方儒士。时冯椅早已去世（冯、倪不同时，冯氏去世倪镗应尚未出生），故砚应为倪氏得自冯椅后人。

倪氏砚，铭者以南宋理学士人为主，多为程、朱门生子弟，尤以闽籍为多，盖南宋理学，赣闽声气相连。冯椅本朱子门人，故铭者多理学同道。

但倪镗铭真，反更可证巩湘铭必伪，盖吴莱记元时光孝寺砚尤在，而倪氏砚宋末已归冯氏。

巩湘淳熙年款题铭伪托，则其前之高宗绍兴、孝宗乾道纪年六铭也必不真。但倪氏砚铭款累累，合乎宋濂诗"南渡群公竞赏识，氏名环列萦秋虫"，颇疑砚上绍兴年款王安中、朱敦儒等"南渡群公"数铭，原是仿刻自后入元明内府之砚。从砚式看，此砚四侧内敛，砚堂凸出，一目了然，典型宋人制品。

倪家砚，自倪镗以降元人之铭必真，与冯椅同时之南宋末诸铭也当属真题。因此，此砚不失一宋末元初名人砚真物，对于宋元理学人物交游的考证，颇有文献价值。

笠谷缀语：

此文初稿于三年前，去年我应赣地友人之邀同往婺源访砚，途中曾绕道余江县南乡一访倪氏所藏房公砚。砚属倪姓族人共有，暂归一倪姓村长保管，皆云是祖宗传下的"唐代房宰相的砚台"，不轻示人。重近三百斤。紫端宋砚可无疑，题铭亦必旧刻。

据云有出巨资收购者，被倪氏族人拒绝。只祖传文房宝物，静卧农舍一角与农具谷物为伍，不免受屈。

白傅墨海？

——香山居士砚谈霏

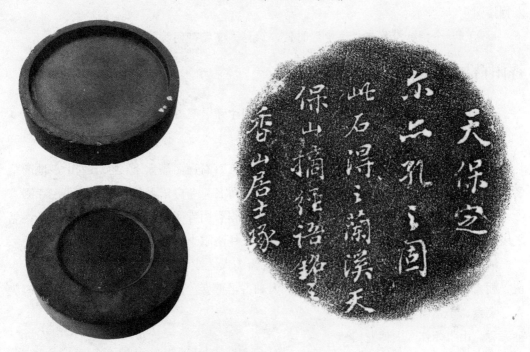

香山居士砚。《中国民间藏砚珍赏》所刊。（彩图2）

"白粉"·"诗黑"

舞象之年，情窦萌动，我颇迷一篇连环画，描述白居易早年与歌伎樊素之情事也。

后生小子白乐天，方出道时，在长安以歌诗往谒诗人顾况。顾大名士以乐天之名"居易"调侃道："长安米贵，居大不易。"（若我，还得更诘问：何况更是"白"居？）但当顾读到"离离原上草"云云之白诗名篇《赋得古原草送别》时，连忙改口："有才若此，居易不难。"自然，以乐天天纵之才，在"那场风花雪月的事"中，"白京漂"必然难免落一"抱得美人归"之俗套。

事固无稽，樊姬乃诗人中年后所买，"居难"、"居易"故事，小说家言耳。然此趣事，当属事虽无而理必有者。

惜者，当年彼连环图画，颇有古意，而作者今日不甘人后，竟成一媚世画匠矣！

一介"京漂"如我，朋辈中不乏"同是天涯沦落人"之"京漂"诗人，对"长安米贵"以外之诸般"居大不易"的感触，恐又非当年白生所能想见。

所谓诗情画意，所谓如诗如画，诗，对于世人陶冶情操之重要性，不言而喻。

大唐终究是大唐，彼时之精神文明、开放胸襟，是个"天生我材必有用"的大时代。时有超级"白粉"（白居易迷）荆州人葛清，全身竟纹白诗三十余首，人称"白舍人行诗图"。

反之，一个诗歌没落之"诗黑"时代，该是人文精神何等堕落的时代？

香山白居士

> 洛都四郊，山水之胜，龙门首焉。龙门十寺，观游之胜，香山首焉。

白乐天《修香山寺记》称誉龙门香山如此。

洛阳南郊，伊水中流，两山对峙，西曰龙门，有石窟名满天下；东曰香山，地产草名曰香葛，有异香，故得名。山上有寺，亦以山得名。今白乐天墓"白园"即在寺侧。

唐穆宗长庆四年，白乐天以余俸加马两匹购得香山寺旁履道里宅第一座，预备终老之用。大和三年，白以太子宾客分司东都，遂长住洛阳十八年，直至去世。

清人徐震《美人谱》，称古来婢妾"可为美人之次者"有四人：翾风、樊素、小蛮、朝云。石崇与东坡各有其一；乐天一人独占半壁春色。居有香草（香葛），室有美人（樊素、小蛮诸姬）；所谓红袖添香，山水相伴，白傅龙门燕居不亦乐乎。

白乐天退隐龙门后："茶铛酒杓不相离。尝科头箕踞，谈禅咏古，晏如也。"遂自号"醉吟先生"。与香山僧如满结香火社，"栖心释梵，浪迹老庄"，自谓"半移生计在香山"，故又自号"香山居士"。又与退居林下之胡杲等八人日相燕集，此即画中经典题材"香山九老"的由来。

龙门伊阙图景。清人《鸿雪因缘图记》所刊"伊阙证游"。

大诗人白乐天，其终老龙门、卒葬香山，诚为自家觅得一个永恒的诗意栖居地。

居士手琢？

湘地古砚藏家胡彬彬先生藏一"香山居士砚"（彩图2），刊其藏砚集《中国民间藏砚珍赏》。砚正圆，素池。色苍黝，云为"歙石"。背覆手内镌行书铭：

> 天保定尔，亦孔之固。此石得之兰溪天保山，摘经语铭之。香山居士琢。

据书中文字云，胡先生遍查资料，并亲至浙江兰溪实地考察，最后认定砚是："白居易在长庆二年（811年）五十一岁时出任杭州刺史，途径古婺州兰溪天保山时所得。"更云"白氏毕生爱石，喜藏石，善琢石。该砚是由白居易亲手所铭所琢，弥足珍贵"云云。

初观此砚即颇疑，唐代大诗人却用一清代以来流行的普通实用砚——墨海？

虽然，东汉已有带足圆形辟雍砚。但此种背挖浅覆手之样式，却是宋元以后始有而盛行于明清者。

今日所知可靠的出土带铭唐砚，多只一二字名款，偶有数字记事铭文，常为随意单刀刻划，此类铭文早在汉代已有，如豫博所藏带盖九螭砚。何薳《春渚记闻》所记东坡铭李义山（商隐）"玉溪生端砚"之类，即便真品，也只李义山名号穷款而已。

唐代李、杜等皆有咏砚诗，但此种砚诗与老杜题曹霸画马之《丹青引》诗一样，只为咏物，并非刻于实物砚上。文人题铭于砚，应是与文人题画一样，始自五代。坡公所

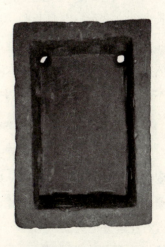

唐会昌四年澄泥砚（彩图3）。五绝砚斋藏。砚长19厘米。出自商丘隋唐大运河古码头遗址。砚四侧镂空，有线刻纹饰。风字池。墨池两侧各有一窍，插笔所用。背刻行书铭两行："会昌四年六月五日记，孙素敬砚瓦一所。"铭字行笔有法，当非出自寻常砚工之手，疑孙素敬为一士人，字为其自铭。会昌四年，为844年。时白居易七十三岁。是年，白傅施家财，开凿龙门八节石滩，以利舟楫。两年后即病逝。此砚可谓白居易时代的唐砚标准器，砚史价值可知。

藏一南唐汪少微（即李少微）砚，为真正意义上可考的第一方名人铭砚。覆手即由文人刻铭于砚背之风气生发而来，此法即可减轻砚的重量，又可保护覆手内铭文不被磨损。

唐人书法，皆学晋人，出锋爽利。白乐天有书名，史载"其书不名世，然投笔皆契矩，时有佳趣"，"笔势奇逸"。此砚铭字凝重浑朴，无唐人气象，倒像乾嘉以来碑学兴起后之书风。

故只以砚式及字体论，此"白居易砚"已极不容乐观。

国家博物馆藏宋拓白居易《书札》。此札写于杭州任上。

歙行无心觅佳砚

"香山居士砚"云为歙石所制，白乐天确曾到过歙州，甚至歙州亦有一天保山。

白诗《歙州山行怀故山》：

> 悔别故山远，愁行归路迟。云峰杂满眼，不当隐沦时。

考之白乐天行迹：贞元十六年，其进士及第后，曾有宣州探望叔父白季康、浮梁探望兄长白幼文之行。九月北归。浮梁与歙州婺源东接为邻，宣州又为歙州北境邻邑，自浮梁北归，走歙州经宣州再北行，正是顺道，歙行诗当作于此行。

诗次句"愁行归路迟"，乐天此时正是蟾宫折桂，春风得意，愁从何来？

原来乐天登第五年前，其父季庚病逝，自此白家潦倒，日益贫穷。《唐阙史·逸史》：

> 公（乐天）与弟不获安居，常索米丐衣于邻郡邑，母昼夜念之，病益甚。

据罗振玉及陈寅恪先生考证，乐天父、母系嫡亲舅甥（即白母又是乐天表姐）。陈先生推测"疑其婚配之间，当有难言之隐"。白母后以狂疾病发而"毙于坎井"。白家对外只言看花坠井而死。

大约白乐天此次北归符离，虽有登科之喜，念及有狂病的寡母，便看山不是山，"云峰杂满眼"，"杂"者，非云峰，心绪也。

连美景也无心欣赏，恐无闲情逸致留心寻觅砚乡美石。

龙尾砚乡婺源，唐开元间从歙州休宁县析出置县。休宁亦产砚，因与龙尾山山脉相连，佳者颇类龙尾。巧者，休宁北乡正有一天保山。惜遍索休邑"兰溪"不得。

许石为友白诗翁

白乐天乃赏石大家，为牛僧孺所作《太湖石记》，乃赏石文化史上名篇。文中记述牛相所藏太湖石种种情状；赞牛相"千里一瞬，坐而得之"的清福云云。

白诗《涌云石》：

> 人皆有所好，物各求其偶。渐恐少年场，不容垂白叟。
> 回头问双石，能伴老夫否？石虽不能言，许我为三友。

诗中"苍然两片石，厥状怪且丑"，为后人"文而丑"赏石观之出处；"石虽不能言，许我为三友"，更为后世"石不能言最可人"之赏石文化，乃至赏砚文化的理论基础。

晚居洛阳时，白乐天且"休息之时，与石为伍"。又得藏石多方，皆有诗可证。可见"白氏毕生爱石，喜藏石"确是实情。

白诗《感旧石上诗》：

> 闲拨船行寻旧池，幽情往事复谁知。太湖石上镌三字，十五年前陈结之。

诗中的陈结之，乃乐天早年爱妾，曾侍奉乐天十年之久，不知因何缘由被白遣走。十载春秋，时不为短。乐天念及往日幽情，刻昔日爱姬名字于案头供石，以作念想。此事离经叛道，可谓惊人之举，难怪南宋周密在《浩然斋词话》中对此事大发感慨："自昔未有以家妓字镌石者！"

此石上陈姬之款，难考是诗人请人所镌或是亲手书镌，故说乐天"善琢石"也算合理。

手痹病叟挥铁笔？

《旧唐书·白居易传》：

> 会昌中，请罢太子少傅，以刑部尚书致仕。与香山僧如满结香火社，每肩舆往来，白衣鸠杖，自称香山居士。

居士，原指"在家出家"的俗世素食修行者。白乐天晚岁佞佛，又居香山，故以"香山居士"自号。

显然，白乐天虽久居洛阳，常访香山，但用"香山居士"为号当在会昌二年（842年）致仕之后。时白乐天已七十开外，距胡彬杉先生所考乐天得砚的长庆二年（822年）已过18年！

即便白乐天"善琢石"，但为何时隔如此之久，方将旧石翻出琢刻？

所以，即便砚真为白乐天遗物，铭或为乐天所刻，但砚为白亲手琢制的可能性也极小。

因不善理财，白乐天晚年陷入"庖童朝告盐米尽，侍婢暮诉衣裳穿"之窘境。虽有"如花美眷"，奈何"似水流年"！诗人无奈放妓卖马，樊素、小蛮亦遣之。更因壮年即患眼疾，后半生一直被眼病所苦，有《病眼花》等诗多首言及。68岁时，诗人又患"风痹之疾"（中风），作诗自嘲为"一病鹤"。

又从白诗《病中对病鹤》"同病病夫怜病鹤，精神不损翅翎伤"；《病中宴坐》"头眩罢垂钩，手痹休援琴"看，晚年诗人之手也因中风而导至瘫痪，连抚古琴也不能够了。

实在难以想像，一老眼昏花且又中风、手更瘫痪的皓首诗翁，居然捉刀刻砚，是何景象？

使君何为绕浙中？

所谓砚为白乐天"途径古婺州兰溪天保山时所得"，应是一大误会。

清初婺源人汪立名所编《白香山年谱》，记长庆二年白乐天官杭州事：

> 时国是日荒，赏罚失宜，河朔再乱，公连上疏言军事及时政，皆不见用，求外任。七月，除杭州刺史。时汴河未通，取襄阳路赴任，以十月至杭州。

唐人自长安赴江南，捷径为走水路转运河之"汴州道"。因汴州兵变，白氏此次赴杭遂绕行"襄汉道"，即越秦岭至邓州登舟，再沿汉水而下江州（九江），所谓"取道襄汉"，此七年前诗人被贬江州司马时走过的旧路。此路至江州而下，则可扬帆放舟沿长江转大运河直趋杭州。

何以诗人到了江州，舍顺水船不坐，反去拐赣东、经浙西，绕道走"途径古婺州兰溪"至杭州的弯路？

白诗《夜泊旅望》可证此行是由水路至杭城，诗云：

> 近海江弥阔，迎秋夜更长。烟波三十宿，犹未到钱唐。

诗作于官船离江州下行之初，因离下游愈近，江面愈开阔。自邓州上船已一月（三十宿），时中秋将至，尚未到得杭州。乐天此行自七月到十月，费时三月。以此诗计，大致行程为：陆路自长安越秦岭至邓州半月，水路自邓州至江州一月，水路江州至杭州一个半月。

倘走陆路，何来"烟波"、"犹未"之语？

所以，白乐天赴任杭州，当无"途径古婺州兰溪"之事。

江海漂漂过兰溪

当然，赴杭州任未经过浙江兰溪，并不能排除白氏在其他时间到过此地并获一砚，事实上乐天早年似曾路过兰溪。

浙江兰溪，地名因水名而来。此水源出吾徽休宁马金溪，衢州至兰溪段称衢江，衢江至兰溪与金华江汇流称兰溪，亦称兰江，在建德与桐庐间与新安江交汇，再下行经钱塘江从杭州湾注入东海。

古人似无白乐天过兰溪的记载，考白乐天文字，亦无一字道及婺州兰溪，检兰溪新志旧乘亦无白到过当地只语。婺州东阳人滕珦致仕，白乐天有赠行诗《送滕庶子致仕归婺州》，此似白乐天唯一涉及婺州之文字。

然已故王拾遗教授却有别说。

白乐天年十七时，因其父白季庚官衢州别驾，曾从父居衢州任所一两年左右。衢州东邻正为兰溪。故王教授所撰《白居易传》，言白乐天早年在衢州时："他曾沿着衢江、兰江到达了桐庐，并在那里小住。他有一首《宿桐庐馆同崔存度醉后作》诗，可能就是这个时候写的。"

《宿桐庐馆同崔存度醉后作》原诗：

> 江海漂漂共旅游，一樽相劝散穷愁。夜深醒后愁还在，雨滴梧桐山馆秋。

"江海漂漂"，似白早岁漫游江南时语；"一樽相劝散穷愁"，借酒消愁，与白少年时家中多事（白母患狂疾）也相符。故白乐天早年极可能如王教授所言，确曾到过婺州兰溪，但只是舟过兰江而已。

如上文所考，白乐天号"香山居士"已在晚年，故即便诗人早年漫游江南得石兰溪，则铭砚更在得石50年以后，实在是匪夷所思。

此蓝溪岂是彼兰溪？

白乐天"途径古婺州兰溪天保山"之说，疑附会自白诗《长庆三年七月自中为舍人出守杭州路次蓝溪》。

白乐天赴任杭州，取道之襄汉路，虽山高水长，却一路风光奇丽，非取道汴州路平原之单调景致可比。故乐天此行得诗甚丰，《路次蓝溪》即名作之一。诗中的蓝溪，在陕西蓝田县境内，又称蓝水，源自秦岭，为灞水上游。老杜"蓝水远从千涧落，玉山高并两峰寒"即咏此处。

乐天此诗开篇即云"自秦穷楚越，浩荡五千里"，末句又为"策马渡蓝溪，胜游从此始"；乐天此行另一诗《宿蓝溪对月》，首亦云："昨夜风池头，今夜蓝溪口。"诗人数年前贬江州司马过蓝溪时，所作《初出蓝田路作》诗亦为："苍苍县（蓝田）南道，去途从此始"、"浔阳仅四千，始行七十里。"

数诗已证明，乐天路过者，乃距长安只"七十里"，"自秦穷楚越"，"浩荡五千里"之起点蓝田蓝溪，而非将至终点杭州之婺州兰溪。否则，白诗应云"胜游从此终"而非"胜游从此始"。

古人作字，"蓝"、"蘭"全不相干，不能通假。今日两字皆可用简化字"兰"，或即因此，白乐天赴杭便阳差阴错地到过一趟婺州"蘭（兰）溪"。蓝、蘭之讹，就此事而言，其谬竟在五千里外！

蓝田蓝溪，唐诗之胜地。脍炙人口之名句如韩退之《左迁至蓝关示侄孙湘》："云横秦岭家何在，雪拥蓝关马不前"；温飞卿《商山早行》："鸡声茅店月，人迹板桥霜。"2003年"非典"起，我自京南遁，有家不便回；复自江南而转西北，曾盘桓秦岭山中数日，领略了白诗"青山峰峦接"之美。

兰溪诗案

即使可确证白乐天从未到过浙江兰溪，只凭此也不能否定砚为白氏遗物，盖"香山居士砚"铭中之兰溪未必定是浙江兰溪。

古代有多处"兰溪"，除浙江兰溪外，以四川仁寿、湖北蕲水为有名。故"兰溪"常有讹说，实乃诗案多发的是非之地。

四川兰溪，为仁寿县境内一河名，五代画僧得得来和尚贯休入蜀过其地，留有诗作《春末兰溪道中作》：

> 山花零落红与绯，汀烟蒙茸江水肥。人担犁锄细雨歇，路入桑柘斜阳微。
> 深喜东州云寇去，不知西狩几时归。清平时节何时是，转觉人心与道违。

巧在贯休竟为浙江兰溪人，于是后人讹此诗为其咏家乡之作。实此诗辨之不难，因写家乡景致，多不称州县名。此诗题为"兰溪道中作"，显是路过他乡之意。

白乐天同科进士、润州诗人戴叔伦《兰溪棹歌》诗甚有名，余少时颇喜。诗云：

> 凉月如眉挂柳湾，越中山色镜中看。兰溪三日桃花雨，半夜鲤鱼来上滩。

但戴氏又作有《蕲州行营作》：

> 蕲水城西向北看，桃花落尽柳花残。朱旗半卷山川小，白马连嘶草树寒。

湖北蕲水，唐时名兰溪县。地有河名兰溪，汇入长江入口处有镇亦名兰溪。戴氏到过越、鄂两兰溪，倘前诗无"越中"确指，易使人误以为亦是咏蕲水兰溪。

唐时鄂地兰溪镇，是长江边一繁华商埠，有兰溪驿，为舟行旅人歇脚之地。地有书圣王羲之"洗墨泉"，又有被茶圣陆羽定为"天下第三泉"的"兰溪泉"等名迹，过往文人骚客常驻足访古。此兰溪，乃白乐天赴杭舟行必经之处。只此地并无产砚之说。

可考者还有湘地兰溪镇，在益阳东南二十里的资江南滨，但名声不高。

天保何处山？

"兰溪"有多处，倘可确知某处兰溪有座天保山，则砚的出处亦可明了。遗憾的是，遍索浙、鄂、川、湘诸地兰溪古今方志，有山数百座，不见有名"天保"者。故砚铭之天保山必实有，定是某地兰溪境内一山名，只此山一时难考，乃在"云深不知处"。

砚背铭文："天保定尔，亦孔之固。"乃择自《诗经·小雅·天保》篇首两句。全诗云：

> 天保定尔，亦孔之固。俾尔单厚，何福不除？俾尔多益，以莫不庶。
> 天保定尔，俾尔戬穀。罄无不宜，受天百禄。降尔遐福，维日不足。
> 天保定尔，以莫不兴。如山如阜，如冈如陵。川之方至，以莫不增。
> 吉蠲为饎，是用孝享。祠祠烝尝，于公先王。君曰卜尔，万寿无疆。
> 神之吊矣，诒尔多福。民之质矣，日用饮食。群黎百姓，遍为尔德。
> 如月之恒，如日之升。如南山之寿，不骞不崩。如松柏之茂，无不尔或承。

诗原为臣下祝福君主，祈铸上天庇佑国祚永固之意。句中：如山如阜、如冈如陵、如川之方至、如月之恒，如日之升、如南山之寿、如松柏之茂，连用九个"如"字，颂君主如山、阜、冈、陵、川、月、日、南山、松柏那样恒远常在，福寿绵长。后人以"九如"为吉祥祝寿之词。寓意天时、地利、人和，事皆如意，此即"天保九如"之典源。"天保九如"亦砚题之一，常见于明清砚，多为砚池边刻各种异体"如"字九个。

砚铭撰者因砚得自"天保山"，故录《诗经》"天保"篇中首两句作铭砚，当取金石长寿之意。

香山谢居士

从上文所考来看，砚基本可排除白傅遗物之可能。但砚背铭文似乎并非伪刻。

正如白傅诗名句所谓"乱花渐欲迷人眼"，各地以

明《程氏墨苑》"天保九如"墨

香山为山名、地名者甚多，如北京香山，广东香山（今广东中山）等等，故古人以"香山"为号者亦众多。而号"香山居士"者，除白乐天外，亦检得二人，一为明人谢天锡，一为清人缪镔。

谢天锡，明末江西南丰人。行迹较平淡，一般人物辞书均不载，民国版《南丰县志·善士》记之略详：

> 谢天锡，字振南，父廷用。端厚，为诸生，矜式。万历间，天锡肄业南雍（南京国子监，亦即南都太学）。美仪容娴止，虽王公前从容论议如侪辈。期满，例授官，以母老辞官。治家一秉古礼，内外肃严。喜施予及作轿亭利人事，晚年负债者多至千百，守空券。或矢以来生犬马报，锡笑曰："当为吾贤子孙耳！"筑书舍于广昌香山，课子文洊，卒成大儒。

清初古文名家魏禧，为谢氏作有墓表。所记与《南丰县志》相似，亦无太多内容，县志当以魏氏所撰墓表为主要参考。墓志记谢天锡生于万历七年己卯（1579年），享年六十七，则当卒于顺治二年（1645年）。

此谢香山是一美男子，虽读过太学，测是出于淡泊名利，便以母老奉亲为借口，辞官归里，故一生行迹平淡。除行善乡梓外，"课子文洊，卒成大儒"，算是其一生之最大功业，亦其宅心仁厚的回报，故县志只将其列入《善士》篇。谢善人"虽治家事，而好读书"，"藏书千余，卷悉手阅"，是一饱学乡绅。其号香山居士，乃缘筑学舍于广昌香山。

谢天锡子文洊（1617～1682年），字秋水，号约斋。因明季乱世，遂弃诸生入广昌香山，阅佛书。初喜阳明之学，后一意程、朱。有清代"江西理学正宗"之誉。著有《程山集》等多种。

香山缪居士

缪镔（1785～1808年），据《清画家诗史·群雅集》记其：

> 字尔钧，一字洪阳，号香山，丹徒人。嘉庆元年，举孝廉方正不就。诗画多抑郁盘礴之气。著《香山集》。

今存清刻本缪镔《香山草堂集选》，收缪友人王豫所撰《缪征君香山先生小传》记其：

> 丹徒高资镇人。居近香山，故又号香山居士。

缪镔不仅号"香山"，且明确自号"香山居士"。此号之由来与白乐天相同，皆取住地山名为号。缪氏有《登香山》诗云：

直上最高处，峻嶒石径斜。白横江一线，青散树千家。

泉曲通僧灶，山香带野花。结庐曾不远，吾欲老烟霞。

"泉曲通僧灶"句，盖丹徒香山北麓有一古刹，亦名香山寺。寺始建唐代，毁于太平天国战火。民国初重建。

据王豫所记，缪镛为人耿介诚笃。弱龄时不好嬉戏，却喜读书。因家道中落，少年时即在药肆帮佣，故亦通岐黄之术，撰有医书数种，今已佚。又因自幼习儒，"凡向日师所言程朱之理及《小学》、《性理》（《性理字训》）、《近思录》、《大学衍义》，有益于身心性命者，皆勤求其精义"。能诗，擅书画。阮元评论京口才子，称缪氏："西山爽气，尽在香山吐纳中矣！"年四十客居扬州，尝应邀为洪亮吉作《焦山避暑图》。

有意思的是，此缪香山与白乐天及"蓝溪"、"兰溪"还都大有缘分。

缪镛曾北游西安，入终南深处，得诗一卷名《西征草》。此行当路过蓝田蓝溪。又受友人所邀入楚行医，得揽三湘七泽之胜，作有《楚游草》。楚地湖、湘两兰溪，缪皆有造访的机缘，蕲水兰溪更为缪氏溯江入楚必经之地。缪氏还曾游过杭州，吊岳武穆、于忠肃、林和靖墓，采龙井新茶而返。著《西泠草》。

只未知缪氏浙江之行，有无到过婺州兰溪。

浔阳诗案

因同号香山居士，缪镛对白乐天别有深情，颇值一说。

缪氏在苏州虎丘谒白公祠（祠并有记念老杜与东坡之"怀杜阁"、"仰苏楼"），作《游白公祠》诗：

古今太守志相侔，公事余闲韵事优。

怀杜有诗因建阁，仰苏无客不登楼。

一湾流水添花舫，千载名祠并虎邱。

我欲题诗传胜迹，挥毫应许布衣俦。

入楚过九江时，缪香山自然也必去凭吊一番白香山遗迹。在当年诗人送客湓浦口遇浔阳妓处，后人建有琵琶亭。缪氏又作《琵琶亭》诗抒怀：

琵琶亭上忆香山，昔日香山泪独弹。

《琵琶行》诗意图。元人古杂剧《江州司马青衫泪》中插图。

今日香山经过处，一高空倚水云寒。

第三句后有缪自注："余亦号香山。"

这位缪香山在浔阳江边甚至也有一段天涯论交的插曲，谬诗《琵琶亭遇章君澧南，素不相识，倾盖如故，因此有作》云：

琵琶亭上遇诗人，片刻清淡意气真。谁说天涯知己少，不曾相识忽相亲。

缪氏之自许，想是不让前贤专美。

只是白乐天与浔阳妓，"同是天涯沦落人"，是谪人与妓女因红尘羁旅产生的心灵共鸣，"江州司马青衫湿"，白乐天原是为自己而悲！而缪氏与章氏相识之"片刻清淡意气真"，不过萍水相逢之意气相投而已，难免有"强说愁"的意味。

一悲一喜，一唐一清，白、缪两香山之"天涯"况味殊为别调。

内敛诚笃的清儒缪氏，怎能梦见唐代大诗人白乐天之浪漫情怀？

此香山绝非彼香山！

兰花，所谓"君子之香"，南国普遍有之。与龙门香山以地产香葛草得名一样，浙、鄂、蜀三兰溪，皆以溪流两岸盛产兰花而得名，前二地之县名亦由此而来。产兰花而得名，前二地之县名亦由此而来。"兰溪"之麻烦，便在于溪名虽美而易重名。可以想见，因多兰而名兰溪之河流不见文献者当不知有凡几。

得石之天保山难以确指，境有天保山之兰溪亦因之不能确定。

但经上述考索，可以确定者，"香山居士砚"为白居易遗砚的可能性应可否定。砚当是明清人某位香山居士所用。然者，此砚是否有出自明清谢、缪两位香山居士其中一人之手的可能？

从行迹看，缪应占先：谢，可知者只有求学南京，课子广昌，在乡行善事，似乎足迹不广；缪，行医四方，曾入楚游浙，有到过鄂、湘、浙三兰溪的机缘。尤其蕲水兰溪，为其沿江上朔入楚必经之码头。

从铭语看，缪略有优：择儒家经典《诗经》中语铭于所用砚上，正是研经之明清儒家，尤其清儒的本色。谢，虽未见记载其儒理精深，能课子"卒成大儒"，儒学修养自有根基；缪，自幼习儒，精研四书五经，更俨然是一淳儒。

从铭字看，缪当相符：谢，出身太学，不会拙于书法，惜无传世笔迹可供对勘。"香山居士"砚铭，书法沉郁，似正合史载缪氏"书画多抑郁磅礴之气"的风格。见刊传世一缪氏《墨松图》也可为证。此图笔墨朴茂，沉郁厚实，行书落款题"嘉庆庚午冬日香山缪镔写"，钤两印"镔印"、"香山"。画作于嘉庆十五年庚午（1810年）。将此画题款书法与砚背铭字比对，笔势大略相近。只画款书法结体稍长，或因题款位置略

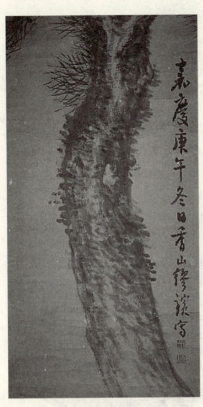

缪镔《墨松图》（局部）

有局促所致。

从以上所考谢、缪两人信息之种种征象看，砚为缪镔遗物的可能性较大。换言之，定为谬氏砚，至少也应该是——虽不中，亦不远。

附考　白居易故居出土多足壁雍砚——白傅当年曾亲使？

白乐天诗《池上篇》序中，记履道里白宅：占地十七亩，"屋室三之一，水五之一，竹九之一"，筑池塘、岛、桥、粟廪、书库、琴亭，置天竺石、太湖石于园中，池中植白莲、折腰菱，又放养华亭鹤。乐天自誉其园云："都城（东都洛阳）风土水木之胜在东南隅，东南之胜在履道里，里之胜在西北隅。西闬北垣第一第，即白氏叟乐天退老之地。"可见其园之美。

1992年，有关部门发掘履道里白居易故居，出土一重要文物，为六面石经残幢，刻有楷书计230余字，其中有"唐大和九年"纪年和"开国男白居易造此佛顶尊胜"等内容，或云为白乐天所亲书。

又出土文房用具若干，砚数方。其中一多足辟雍瓷砚。直径19厘米。砚堂中凸，周有贮水凹槽一周。砚边一侧附有两筒状水盂，砚底部有相联蹄足二十一。唐初诗人杨师道《咏砚》诗云"圆池类璧水，轻翰染烟华"，即言辟雍砚，此种砚式流行于南朝、隋、唐时代。此砚器形规整，端庄大气，当为白乐天同时物。

今见有介绍此砚者，直指为白乐天遗物。彼白氏宅园，有唐一代，先后入主者不知凡几，砚是否白乐天当年所用，实难确指。但砚为唐代遗物，又出诗人故居遗址，自然亦有诗人当年用砚的可能性。

另有一澄泥砚，背有"虢州魏家"字样。所见多方，乃宋代虢州砚人制品，与白傅无关。

白居易故居出土多足辟雍瓷砚

高阳子春砚抉隐

——真州"双包案"

高阳子春砚（彩图4）

同时同城同表字　真州居然两子春

1993年，江苏仪征化纤白沙二村出土一端砚，入藏仪征博物馆。见刊《扬州馆藏文物精华》（彩图4），题作"北宋铭文端砚"，未言铭者何人。

砚椭圆，素池。质细腻温润。砚面右下部有两石眼，甚别致。背覆手内镌行书铭三行十二字：

> 圣宋庚寅岁，高阳子春书府记。

有北宋人柳植（988～1053年），生于太宗端拱元年，卒于仁宋皇祐五年。字子春，真州人。少贫，勤于学。历官苏、杭、寿、亳、蔡、扬诸州，累迁吏部侍郎。史评其平居畏慎，家无长物，时称其廉，乃一清官。

宋之真州，治扬子县，正为今仪征市。

砚不仅出土地是柳植乡里，且柳氏的表字及时代也与砚相符，似乎砚为柳植遗物无可置疑了。

然又有北宋人许元（989～1075年），生于太宗端拱二年，卒于仁宋嘉祐二年。亦字子春，宣城人。以荫补官。仁宗庆历中，范文正荐为江淮两浙荆湖发运判官。长于理财，以主兴革弊而称名于时，业绩卓显，朝廷发牒传诸全国效仿。历知扬、越、秦诸州，官终工部侍郎、天章阁侍制。

许元卒后，欧公为撰《墓志铭》，言其葬"于真州扬子县甘露乡之某原"。

真可谓"无巧不成书"，北宋两"子春"，一葬仪征，一籍仪征（古人多归葬故里，故柳植亦卒葬仪征。详见下文）；官职也相若，皆至侍郎；两人相差只一岁，且是同朝之臣。

两"子春"如此相类，砚究是两者中何人遗物？

高阳必是许家子　　谁知竟为邑先贤

好在砚款"子春"名前尚有"高阳"二字可资考证，盖"高阳"乃"子春"家族郡望，辨明砚主姓柳姓许，着墨正宜在此二字。

古人常以郡望冠于名前，表示不忘家族源流、先人故土之意。如东晋琅玡王氏、陈郡谢氏。高阳，为许氏郡望。所谓"高阳世泽"，肇始有两说，许由父句龙，为颛顼高阳氏土正，能平九州，遂得赐氏曰高阳。战国初许国被楚所灭，国人以国为氏，迁居冀州高阳（今属河北保定），裔孙传衍各地。此许姓后裔多标为"高阳堂"的由来。

吾歙北乡许村，为徽州许姓渊薮，故以姓名村。今其地尚遗古桥名高阳，皆许氏不忘先梓、纪念原籍之意。

所以，"高阳子春"，必许姓名子春者，亦即许元明矣！

进一步索隐，许元正是出自吾邑许氏。

许元父逊，《宋史》有传，欧公亦为撰《司封员外郎许公行状》。云许逊"字景山，世家歙州"，乃由歙州而迁居宣州。

许姓为吾歙望族，有"南吴北许"之说。抵抗安史叛军牺牲的睢阳太守许远之孙许儒，后梁时，因不附朱温窃位，携家由雍州辗转南渡，先迁于歙西篁墩，其子知稠（欧公所撰许元《墓志铭》云为许稠）再定居歙北许村。许儒遂为徽州许氏始祖。

许儒另一子许规，尝寓宣州旅舍，遇客病，为延医，不治，客以金百两托以后事。客亡，许为之入殓而还金其家，人称许为长者。许规有文名。后迁居宣州。

许规子逊，仕南唐为监察御史，入宋官扬州知州。所至有政绩，为赵普及真宗所称誉，卒年57岁。

许逊有五子，许元行四。其家族历史，除欧公所撰许逊《墓志铭》外，王荆公《古歙许氏宗谱传》亦记之甚详。

"许氏爵色，姓大著，吏辈出"，歙北许氏《许村许氏敦本堂记》如是说。歙北许氏最著名之人物为明万历间武英殿大学士许阁老（国），近人则有史学家许疑庵太史（承尧）。许元父子无疑亦歙北许氏的名贤。

源流如此，此"高阳子春"砚，必是迁居宣州之邑人前贤许元所遗。

天圣年间官秘阁　　砚当文府待制用

铭款之"圣宋庚寅"，为宋仁宗皇祐二年庚寅（1050年），时许元61岁。据欧公为许元所撰《尚书工部郎中充天章阁待制许公墓志铭》，此年许氏当在天章阁待制任上。

天章阁，仁宗用为收藏其父真宗御制文集、御书之所在。天圣八年（1030年）置天章阁待制。"书府"，指收藏文书图籍的府库（原指中书省、秘书省）。

从砚铭可知，此砚应为许元天章阁当直时所用。

许元以为官干练有名于世，却并无文名。但宋时"天章阁待制"和"龙图阁学士"，原皆荣誉虚衔，未必真司为皇帝"待制"之事，不似翰林院学士，必是饱学之士方能胜任。如包公即曾先后任此两阁之职，但诗翰乃包公之短。

许元非进士出身，倒也通晓文墨。其与范文正公、王荆公乃至沈括皆交厚，与欧公交尤笃，今遗欧公为许氏所作诗文近十篇。许氏故后，欧公不仅为撰《墓志铭》，且为作《许元传》。欧公又记一与许氏诗文唱和之事，其诗《答许发运见寄》，原题下有欧公自注：

> 许诗云：芍药琼花应有恨，维扬新什独无君。

此两句，恐是许元传世仅存诗作。由此也可见许是能诗之人。

许元任发运使时，因修江岸，得石刻于池阳江水之中，上刻"相逢尽道休官好，林下何曾见一人"句。世人始知此流传甚广之俚谚名句，乃唐人释灵澈所作。欧公《集古录》记此事，当是许氏所相告，可见许元亦甚留心文事。

视此砚铭字，大有王右军《圣教序》笔意，又知许元书法原也可观。

许元之诗，只传两句；许元手迹，恐唯此砚背一铭十二字，此所以此砚之可贵也。

许家媳是柳孙女　　秦晋之好两子春

有趣的是，许元、柳植两"子春"，原是亲眷！

欧公所撰许元《墓志铭》，言许元育有二子一女，长子宗旦官真州扬子县主簿。次子宗孟官将作监主簿。

《文物》1995年第4期刊吴炜先生《介绍扬州发现的两合宋墓志》一文，介绍仪征市曹山乡发现宋墓两座。墓均已被盗，随葬品业已不存，幸墓志尚在。而两墓志皆与许元关系极近，亦与"子春"砚之出处大有关涉。

一即柳植墓，其墓志于1977年出土。墓志所记柳植生平，与《宋史》本传大略相同，但墓志言柳植卒于皇祐五年，享年六十六，补正史未载柳植生卒年之阙。

另一即许宗孟墓。其墓志1983年出土。据墓志载，许宗孟字世京，"以崇宁四年(1105年)四月初一日终于公舍，享年五十一"。由此推知其生于北宋至和二年(1155年)。又记宗孟："为人明锐"、"莅事有操略"。由将作监主簿始，任职凡七迁，官赣地分宜知县等职。某权贵因宗孟家传有一名画，欲宗孟献之而为其荐职，宗孟拒之曰："事当以义进，穷达命尔，渠以先人所藏为进身地乎！"可知宗孟乃一循吏。

有意思者，许宗孟墓志记：

> 君娶刘氏中书舍人放之女，继室柳氏，翰林侍读学士植之孙、朝请郎安道之女。封仁和县君。

柳植墓志盖

许宗孟墓志盖

原来许宗孟之元配夫人，为曾参修《资治通鉴》之史学名家刘放之女。放于熙宁三年（1104年），因致书王安石论新法不便，受斥通判泰州。宗孟时年十六，其娶放女当在此时也。

而宗孟后娶之继室，正为柳植孙女。其岳父柳植之子柳安道，神宗熙宁间曾知台州。能诗。

虽许、柳两"子春"是亲家，只是许宗孟娶柳氏时，许、柳两"子春"皆已去世。否则两亲家见面，互道"子春兄"寒暄，倒也有趣。

欧公记载许公墓　　许砚必出许家茔

许元砚之出土地，亦合史载。

古文献对许元的籍贯，记载不一，有歙州、宣城、泰州、扬州诸说。

欧公记许元父遜"世家歙州"，云许元"宣州宣城人"而"徙居海陵"。盖许元祖父许规由歙迁宣。许元复迁居扬州所辖泰州（海陵）。故歙州为许元祖籍，宣州为其出生地，泰、扬为其寓居地。

许家徙居泰州海陵后，遂成海陵望族。许元弟许平曾任海陵县主簿。子宗旦任真州扬子县主簿。范文正《书海陵滕从事文会堂》（此滕从事即范公《岳阳楼记》文中之滕子京）诗有"一学许查周"句，盖指当时泰州许、查、周三大望族。

许元任江淮制置发运使十三年，治所在真州，子宗旦又官真州扬子县，故其终老真州，卒葬真州。欧公所撰许元《墓志铭》言其葬地在"真州扬子县甘露乡之某原"；王荆公为许元弟许平所作《泰州海陵县主簿许君墓志铭》，云许平卒后，亦"葬真州之杨子县甘露乡某所之原"；而许宗孟墓志记宗孟"葬于真州扬子县甘露乡乂城之原"。

许宗孟墓所在地仪征化纤工地（原曹山乡永丰村），当即墓志所云宋时"义成之原"，亦即许元、许平兄弟所葬之"某原"、"某所之原"，其地应是许氏家族墓地。许元砚的出土地化纤白沙二村亦必同一地。

因之应可推定，砚之出土处，当极可能乃许元墓冢或其家族某一成员墓冢所在地。

笠谷缀语：

倘若名款都须如此砚这般"精确"到郡望，则古名人砚之鉴赏，实在是"玄之又玄"。

"大义灭砚"非龙图　掷砚真有唐状元

——"包公掷砚"脞话

青天·大老爷

拦轿递状，击鼓鸣冤；"子民"社会，或曰"臣民"社会之最高境界，当然是芸芸"草民"望"青天大老爷"的出世如盼甘霖，哭"青天大老爷"之去世如丧考妣！

"青天"，固然是一个让"草民"感到销魂的名词，只是，未被关进笼子里的权利，必然是傲慢的，必然是"共犯结构"，公权一定成为私器，"用贪官，反贪官"是山呼万岁年代统治者"牧民"权术的一种。"为民做主"与"做民主子"本是一体两面，暗箱操作所包装出的所谓"青天"，常常不过是"霸天"们为自己所立的一座座"牌坊"罢了！

包公审案砖雕。五绝砚斋藏。此古徽州砖雕中包公形象，手持惊堂木，正在升堂判案。表情颇有喜感，大似财神、土地、月老。民间雕工手法雷同之故。

国史之"青天"，以包拯最著名，海瑞亚之。引车卖浆者流，亦可款款道来，此皆戏文说部等通俗文艺之功也。

宋仁宗是位"最会做皇帝的皇帝"，所以方有"庆历诸贤"得展其才之盛事，包青天算是遇上个好主公。

海青天，所遇虽非明主，也并非暴君，故海氏虽吃了不少苦头，但其"敢骂皇帝"，尚能保全性命，且得声誉遍传天下。

包拯（999～1062年），字希仁，庐州人，仁宗天圣间进士，历官至枢密副使。知开封府时，以廉洁著称，执法严峻，贵戚官宦皆为敛手，闻者惮之，童稚妇女亦知其名，呼为包待制。京师语云"关节不到，有阎罗包老"。卒赠礼部尚书，谥孝肃。

掷砚示廉

"包公断案"话本多多，砚史亦有一段著名公案——包公掷砚。

宋仁宗康定五年，包公由殿中丞任粤地端州知州，时包公42岁。官端期间，包公开渠凿池，建造谷仓、挖掘水井、建立书院。离任时，还特上《请选广南知州疏》，奏请慎选广南州官，勿派无经验的新科进士及冗庸之人，于端民多有惠政。元人王揆《包孝肃公祠记》记其治下之端州：

> 地方千里，不识贼盗，吏无叫嚣，水蛋、山徭熟化奔走，恩威并著，岁仍太和……

官端其间，包公还作有《书端州郡斋壁》诗：

> 清心为治本，直道是身谋。修干终成栋，精钢不作钩。
>
> 仓充燕雀喜，草尽兔狐愁。往哲有遗训，无贻来者羞。

此诗所言牧民之道，可算一篇"清官箴"。

端人感念包公，宋时已为立祠纪念。今肇庆尚遗有包公井、七星岩题字等包公古迹。

传说包公官端三年任满，将北行。端州父老奉赠上品端砚一方送行，包公不受。端人遂以布帛包砚，藏匿于官船舱中。舟至羚羊峡口，砚被包公发现。为示清白，包公遂 将端砚掷于西江河中，以明心迹。投砚之处，随即现一沙洲，后人名为"掷砚洲"，亦称"墨砚沙"、"砚洲"、"砚渚"（地在今肇庆广利镇）。

所谓"包公掷砚"之本事如此。

未　持

"包公掷砚"传说，今日极有名，然明以前人文字罕见。《宋史·包拯传》唯云：

> （包拯）徙知端州，迁殿中丞。端土产砚，前守缘 贡，率取数十倍以遗权贵。拯命制者才足贡数。岁满不持一砚归。

史载至少宋初太宗时，端砚已作方物入贡。据《元丰九域志》记，"端州岁贡砚十"，此应为北宋时贡端之定额。官端者，难免借"贡"额外加征，以饱私囊，作为贿赂权贵，馈赠朋好之用。包公任上，只取十砚进呈东京，

包拯游七星岩之题记石刻。民国《广东文物》所刊拓片。从书法看，有柳体痕迹，不知是否包公亲题手迹。

不更取额外一石，使端人免遭搜砚掠石之苦。任满，未取一砚为私有，正所谓"两袖青风朝天去，免得闾阎话短长"。

可见宋人正史中的包公，只曾"不持一砚归"，并无"掷砚"之事。

今日端州"丽谯楼"有一联云："星岩朗耀光山海，砚渚清风播古今。"传为明中期端州知府黄瑜所撰。黄瑜，字仲美，松江人。正统九年举人。明英宗天顺间任端州知府，在任颇有政声，所作《披云楼》诗有云"包公尚有甘棠泽，清誉令人仰未休"。赞包公是曾在南巡时歇息于甘棠树下之周召公。黄氏又上疏请恢复已中断之官祭包公事，复重修端州古迹"御书楼"（端州为宋徽宗潜邸封地，徽宗继位后，亲笔赐书"肇庆府"。端守筑楼供奉御笔，故名），改名"丽谯楼"。据云"砚渚清风"联即此时所撰，但此说于文献之出处俟考。

明神宗万历间漳州人戴熹（万历三十五年进士）出任端州，为端州刻本《孝肃包公奏议》所作序文中有云："江上有公投砚处。每过，辄停桡徘徊不忍去者久之。"此说可以确定，至少明晚期"包公掷砚"的传说必已有之。

亦未掷

清初朱竹垞（彝尊）所撰《日下旧闻·包待制砚》（原始出处待考），倒明确记有"包公掷砚"的缘由及故事情节：

> 相传包公任肇庆府，归舟至江中，忽风浪大作，捡点舟中，案头有端砚一枚，随弃诸水，顷刻恬静。后所投处，忽长一洲，至今土人称"砚台洲"云。

竹垞笔下包公所掷之砚，未言是端人所暗送。所以包之"掷砚"，只为平息风波，仿佛并非包公主动守廉而拒受名砚，倒怪西江龙王觊觎水岩名宝，兴风作浪。包公为平风浪，被动弃砚。此说似不足于扬誉包公官德。

于是，今人又有折中说法：包公舟行峡口，忽然波涛汹涌，官船几倾。包公心生疑惑，以为必有己所未察而有损廉名之事。查验舱中行箧，果得端人预藏端砚，遂掷砚入水消弭风波云云。此说也有趣，似乎龙王不忍见包公受"毁名"之冤，掀起风浪示警。

包公投砚之说，固是扬誉包公人格之高尚、官德之圆满。然以我辈好砚者而言，此种"大义灭砚"，岂非暴殄天物乎？

幸尔不过一传说而已。

胡适先生曾说，包公是一箭垛式人物，古今奇案尽折射其身上。"包公案"，妇孺皆知，实正史只记包公在天长知县任上有一"专利权"不明的"审牛舌案"（此案《宋史·穆衍传》也记在穆衍账上），"包公案"种种，即因"牛舌案"之滥觞而来。所谓"打龙袍"、"斩驸马"更是子虚国里事。史载"包龙图打坐在开封府"共计一年半，无有任何判断名案之事。

　　"包公掷砚"之砚坛佳话，今日甚至演化成"包拯三掷砚"，真相应与诸种"包公案"一样，由《宋史·包拯传》"岁满不持一砚归"衍说所成之一民间故事而已，产生时间上限应在明代。

　　所以，史实上的包公，官端北还，应是既未持一砚而去，也未掷一砚而归。

连环画《包公三掷砚》封面。"包公掷砚"故事，与此图设计相合：有"包公案"之戏剧性，更是"青天"之脸谱化。

投扇示廉是原型？

　　与施耐庵笔下诸葛军师的"草船借箭"、"空城计"皆有原型类似，"包公掷砚"故事亦有原型可寻，疑即从东晋吴隐之的"吴公掷香"化用而来。

　　古代官粤著名清官，除包公外，更早者又有吴隐之（？～414年）。其字处默，濮阳鄄城人。生当东晋后期，以博学有清操被荐官。官至度支尚书。其官尚书郎时，其女出阁，隐之却宾客奉礼，因家贫，只好遣婢女牵狗至市中卖之以作嫁资。为官清廉如此。

　　王勃《滕王阁序》有云："酌贪泉而觉爽。"此"贪泉"，在广州北郊石门，传"饮之辄使人贪"。吴隐之官广州刺史，过贪泉，酌而饮之，且赋《酌贪泉诗》云：

　　　　古人云此水，一歃怀千金。试使夷齐饮，终当不易心。

　　从来贪官，在乎心术，何关泉事？吴隐之治粤，"清操逾厉"，以其清廉操守为"贪泉"一洗清白。

　　吴隐之卸官北还，舟至珠江，忽风浪大作，检家人侍仆有无收利者，始知夫人收受粤人父老所赠一沉香扇。于是隐之焚香祷天，投扇于江，遂风平浪静。投扇处现一小岛，即今日之"沉香浦"。

　　"卖狗嫁女"、"饮贪泉不贪"与"沉香于水"，是史上清官名典。前二则本事，均见载《晋书·良吏传·吴隐之》。然"沉香于水"则其本传只云："归舟之日，装无余资。"想吴隐之"投扇"与包公"投砚"一样，也是后人演绎之说。

　　吴公"沉香浦"与包公"掷砚洲"两故事如出一辙，疑其一为抄袭者，孰前孰后？

　　曾官肇庆府通判的南宋诗人方信孺有《沉香浦》诗：

一饮千金事已非，那容更载此香归。若教到此方投去，早落人间第二机。

如上文所考，包公"掷砚"故事似只可上推至明中期；而吴公"投扇"故事，从方氏此诗可知，至少南宋时已传，故"掷砚"由"投扇"滥觞而来之可能性甚大。

只许州官盗石

实者，史上官端者，清廉不输包公者大有人在，甚至在端州任上因"却砚守廉"而见诸史册者亦有数人，只是其"却砚"事迹被"青天大名垂宇宙"的包公有所夺色而已。又如"清官戏"中，无"庞太师"、"严太师"们之贪腐，便难显"包青天"、"海青天"们之廉正；砚史中，亦有数位"盗石"之"反派"人物，留下污名，从而更彰显出"却砚"的包公诸贤之官德。不同者，"太师"们多是戏说，"石盗"们则是史实。在此不妨将历代官端"却砚"之清官及"盗石"之污吏，皆略作索隐，一一罗列。

清初岭南大名士屈翁山（大均）《广东新语·端石》，记有数例：

> 宋熙宁中，杜谘知端州，禁民毋得采石，而知州占断，人号为杜万石。周濂溪时提点广南东路刑狱，恶其夺民之利，因为起请，凡仕于州者买砚毋得过二枚，遂为著令。叶石洞（明人叶春及）云：宋贡砚，惟赐史官，故端砚重于天下，杜谘遂以蒙诟……传称有韦承庆左迁高要尉，有馈紫砚者，置案上。岁余起辰州刺史，复以还之。包孝肃知端州秩满，有一砚投于羚羊峡口。马唏骥判肇庆府，有潜以奇砚献者。骥曰：此亦长物也，谢之。噫！若三公者，可谓无丧其宝者哉。

文中之杜谘，与明末熊文灿，同为砚史上著名之"端石大盗"。

杜谘（生卒年不详），据《宝庆四明志》、《续资治通鉴长编》，知其为浙东四明人。宋仁宗皇祐元年进士，医官之子，事迹多不可考，为世所知者似即任端州知州时，"只许州官放火，不许百姓点灯"，独霸采石权，中饱私囊。既是人称"杜万石"，当是掠得美石极多。

杜谘友人强至《赠杜谘秘校》诗云：

> 唐代诗人杰，家居世杜陵。祖风今不坠，君学善相承。
> 气直横秋鹗，文雄绝汉鹏。风骚如命将，坛复让谁登。

原来杜谘不仅能诗，且还是"诗圣"杜甫后人。其占石之霸道，诚有辱先人。

南宋初，有人浚井得一古砚，枢密使周麟之许以百金，但周得砚后食言，事被御史四川眉州人杜莘老弹劾。此位杜公为官有清名，是老杜十三世孙，却为老杜门楣争一辉光矣！

不让包公专美

杜谐戕害端民之掠石恶行，终因理学宗师周莲溪的干预而被禁。

周敦颐（1017～1073年），字茂叔，人称濂溪先生，湖南道县人。理学开山人物，其所提出之哲学范畴，如无极、太极、阴阳、五行、动静、性命、善恶等，皆为后世理学研究的课题。洛阳二程兄弟出其门下，惜濂溪先生风雅一面，二程应少领悟。

周濂溪于宋神宗熙宁初知郴州，擢广东转运判官，提点刑狱。所到之处，多有实绩，"在合州郡四年，人心悦服，事不经先生之手，吏不敢决"。在端州，恶杜谐伤民霸石，毅然上本为端人请命。朝廷遂定法条限制"以官谋砚"，规定端州官吏任内购砚不得超过两方。

包公官端三年，"不持一砚归"，治标不治本。周濂溪奏除端州官吏私取贡砚流弊，此惠民之功还在包公之上。

如屈翁山所言，在包公之前，已有唐人韦承庆；包公之后，又有南宋马唏骥，皆有"岁满不持一砚归"之事。

韦承庆(?～707年左右)，字延休，郑州阳武人，性谨畏，第进士，累迁凤阁舍人，官至同平章事。著有文集六十卷。

韦承庆曾因依附武后男宠张易之，被贬官岭南。在高要任上，曾收受土人一紫端，但卸任时复还砚而归。史载韦氏"在朝屡进谠言（直言）"，视卸任还砚此事，韦氏应是一清廉直臣。

马唏骥（生卒年不详），粤地潮连人，曾官朝议大夫。其判肇庆府，直接谢绝土人献砚，守廉可知。

周莲溪为端人请命，韦、马二人官端不取土人献砚，屈翁山赞叹三人"可谓无丧其宝者哉"，同是不让包公专美于史者！

陶公官端不求砚

北宋时，还有一陶公，因官端不取砚而与包公同誉。

明万历间彭大翼所撰《山堂肆考》卷七十三，记有包公官端不持一砚归事，继云：

又，陶岳亦尝知端州，余靖过

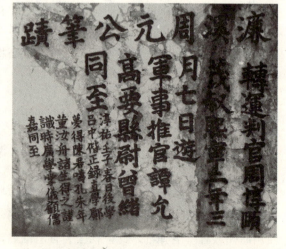

周濂溪游端州七星岩题记石刻。时在熙宁二年三月七日，濂溪官转运判官。石刻题名作"周惇颐"，后世写作"周敦颐"，乃避宋光宗赵惇名讳之故。

端，访诸父老，言前后刺史不求砚者，唯包公与陶公二人。

陶岳，字舜咨，又字介立。东晋名臣陶侃之后，自四世祖陶矩移家湖南祁阳。宋太宗太平兴国五年进士，与寇莱公（准）同年。莱公守密州，陶为其属下。因陶年略长于寇，冠以兄长称陶。累官太常博士、尚书职方员外郎，知端州，道州，宾州。卒于宋太宗乾兴元年，赠刑部侍郎。陶岳性清介，以儒学有声于时，为官亦有清名。

陶岳平生好学，所著《五代史补》，多为司马温公（光）《资治通鉴》所采用。又著有《荆湘近事》10卷，《零陵总记》115卷。传遗有《陶端州集》，已佚。

陶岳子陶弼，字商翁。历任邕州、忠州太守，迁东上阁门使。有武略，好诗文，风格近晚唐，亦有情绪悲壮、境界阔大之作，有《邕州小集》。其诗多散佚，遗有一首砚诗《端砚赠王欲》云：端石如池状，润疑云雨通。麄官不识字，好去伴诗翁。

包公官端自宋仁宗康定元年始（1040年），陶岳在宋仁宗即位前一年己去世（宋太宗乾兴元年，1022年），可知陶公"官端不持一砚归"之事，应在包公之前数十年。

之所以陶公"却砚"之事，其影响被包公后来居上，显然亦是因了包公"青天"名声之隆。

仗势夺砚陈大尹

传云"宋体字"乃秦桧创建，后人唾其人而不称"秦体字"。秦相造"宋体"应非史实，但因人废言、因人废艺之事，历来有之，甚至砚史也不例外。北宋陈公密应算一例。

端有熊坑（熊文灿采）、卢坑（卢坤采）、张坑（张之洞采），皆以人名称，而陈公密，砚史大功臣，端溪水岩之开肇者，却不仅未获"陈坑"命名之荣，且被后人多所冷落。乾隆间宦游粤东的钱塘文人朱玉振（秋汀）撰有《增订端溪砚坑志》，其外甥屠绍理（梦亭）序文有云：

> 自此石（水岩）一出，而天下之石皆废，即端溪各岩之石尽出其下，其功亦不可没。后但知有宋明开坑年月记名之人，而刱始之公密，竟无人道及，或亦因其人不足取，而不与传欤！

所谓陈公密"其人之不足取"，言其官端夺民之砚的恶行也，南宋王明清《挥麈后录余话》卷二：

> 陈公密缜未达时，尝知端州，闻部内有富民蓄一研，奇甚，至破其家得之……

"破其家"，自然是倚仗官威强取豪夺，可见陈公密之人品、官德斯下。虽只夺端人一砚，其恶不在独占万石的杜谙之下！

陈公密名缜,字公密,生平多不可考,宋哲宗元符间尝官广东韶州曲江令。东坡从海南赦还,过韶州,受到陈氏设宴款待,坡公曾为陈氏亲自采于端岩的一方子石砚作铭,即《陈公密子石砚铭并引》。可见陈氏应是一个爱砚之人。

陈氏从端民手中掠夺所得之砚,"砚面世所谓熨斗焦者,成一黑龙,奋迅之状可畏;二鹦鸪眼,以为目。每遇阴晦,则云雾辄兴"。遇阴天砚上云雾缭绕,自是神话,但砚上火捺纹(熨斗焦)如一黑龙欲飞,二石眼以为目,确也可称造化神功,希世之宝。陈公密死后,砚曾归内府,被宋徽宗置于宣和殿。

藏"熨斗焦砚"之端民,既然是一富室,黄白物自然难夺其志,故陈氏见奇宝而歹心起,必使彼富室家破而砚亡始罢休。

半夜窃石熊制府

明季清初时,亦不乏盗石丑角,既有今人悉知之明末两广总督熊文灿,更有清初平南王尚可喜、靖南王耿继茂二藩。

屈翁山云:

> 旧制把总一员,专辖守坑,律令:盗坑石比窃盗论。其厉禁如此。永乐、宣德间开坑,未几俱罢去。崇祯末,蜀人熊文灿总督两广日,指挥苏万邦致石工于江西,缊火中夜开坑,不敢自日中也。(《广东新语·端石》)予少颇蓄砚,以熊制府(总督别称)所开石为第一,次则某藩王所开石,今时石皆不如昔。(《广东新语·端溪砚石》)

熊文灿(?~1640年),泸州人。万历进士,官至兵部尚书。崇祯初,招抚郑芝龙,讨平海贼李魁奇、刘香。仍行前策招抚"流民军"张献忠、刘国能投降。后张复反,熊被捕斩首。

朱明之亡,非纯"亡国",就"道统"、"法统"而言,近于"亡天下";而刚烈之崇祯帝,至死皆纠结于"攘外"与"安内"之困境,对李自成、张献忠之流"流民军"施以妇人之仁,终被"赤子"李、张们逼死于煤山。熊文灿,不过是崇祯帝"怀柔"政策的牺牲品之一而已!

崇祯末,熊总督两广时,指挥部下苏万邦私采水岩,因是偷采,皆在夜中掘石,"不敢自日中也"。其所采石,后人称为"熊坑"。清人施闰章、黄钦阿、吴绳年等皆对熊坑之石推崇备至,誉为水岩上上品,尤物中之尤物。计楠《端溪砚坑考·熊坑》记一方熊文灿所藏"熊坑"石"脂玉砚"。砚"色润而淡,发墨异常。五活眼在砚池上。背镌'脂玉'二篆字,熊公自记年月日于旁。"

同是盗石,同为文人"石盗",相较杜谙,熊总督还算略有廉耻。

草菅端民数二藩

倘说儒将熊文灿之偷采端石，还算半遮半掩，纯武夫尚、靖二藩之盗采端石，则无疑于草菅人命。

屈翁山所评端石，"熊坑"石为第一，"次则某藩王所开"，此处所谓"某藩王"实应是二人，即平南王尚可喜、靖南王耿继茂。

尚可喜（1604～1676年），字元吉，号震阳，海州卫（今辽宁海城）人，原为明辽东副将。崇祯七年，投降后金。后伐朝鲜，击李自成，顺治六年受封平南王，与平西王吴三桂、靖南王耿仲明合称"三藩"。康熙十五年卒于广州，清圣祖玄烨给谥曰"敬"。其长子之信，封镇南王。尝发兵围困其父府邸以应吴三桂反，后又悔罪自归，终被康熙下旨逮京赐死。

耿继茂（？～1671年），辽东人，耿仲明子，袭其父靖南王爵。助清廷追杀各南明政权不遗余力，后被移封福建。死后由其子耿精忠继承王位。后清廷下诏撤"三藩"，耿精忠随吴三桂反。事败，遂降，亦被康熙下诏凌迟处死。

女真一族，区区数十万人，能定鼎中华，尚、耿及吴三桂、孔有德、施琅乃至范文程、洪承畴之流的反噬父母之邦，功莫大焉（闻今海城建有尚可喜纪念馆）。但狡兔死，曾经"为王前驱"之"走狗"或曰"功狗"多必然被烹，此所以"三藩之乱"实乃功狗吴三挂们急而逃墙也。

顺治七年，尚可喜与耿继茂联手攻破广州，"怒其民力守，尽歼其丁壮"，史称"广州大屠杀"……又因尚、耿在广州城中大肆修建靖南、平南二藩府，遂"广征材木，采石高要七星岩，工役无算；复创设市井私税民咸苦之"。二藩虽武夫，对粤地名产端砚亦不放过，役使黄冈夫匠采石制砚。而端溪峡险洞深，须引篝火入洞照明，因缺氧致死者多人。

幸而，尚、靖之盗石戕民，亦被一小小高要县令杨雍建所制上。

不受砚贿杨一本

杨雍建（1631～1704年），字自西，号以斋，海宁盐官人。明末国子监贡生，顺治十二年进士，历任至兵部侍郎。其官兵科给事中时，一日九疏，以敢谏闻名，时人有"杨一本"、"本朝第一谏官"之誉。康熙四十三年卒于家，年七十有七。杨氏一生，推崇经学，言必准古。能书翰，撰有《自怡集》等。

杨氏在国史"清官谱"中固有一笔，然此公在康熙十七年上书奏请严禁结社订盟，使明清之际盛极一时的党社运动顿遭扼杀。此举之反动，与淄川孙之獬上疏唆使清廷实行"剃发易服"同令后人齿冷。两人可并称吾国政治文明史上之一对丑角。

杨氏作为砚史一功臣，在于请罢藩府之役端民采石。

据朱竹垞《杨公雍建神道碑铭》、《光绪肇庆府志》等记载：顺治十四年，杨氏任高要知县。是时，清廷尚未底定广东，高要地当要冲。师行络绎，巡抚驻节，差徭夫役需索无节，民多逃亡，而"吏胥执之，若牵羊犬，纳诸廨宇隙地，冻馁者多"。杨氏甫到任，以民夫亦为人子，"命徙廊庑下，兼撤酒馔给之"。由此而得民心。尚、耿二藩役使黄冈夫匠采石制砚，致端人缺氧而死者多人。杨氏力请罢役，藩府掾吏以砚贿之，杨氏坚辞不受，民以包公比之。

杨氏不受藩府掾吏以砚贿赂（显然是二藩授意），敢于与残忍暴戾的一方诸侯尚、耿二藩强项，其勇气与风险，实还在包公之上。

又，杨氏任上先后有两大名士入幕，乃朱竹垞与查慎行。查氏入杨氏幕，已在杨氏大发迹后之黔抚任上；此前朱氏被杨氏聘为西席，正是杨氏初入仕途之高要令任上。

或许，倘无杨氏之聘竹垞，竹垞便可能无缘长客端溪，因之便也少了一砚史名篇——《砚说》。

借花献佛朱尚书

屠绍理《增订端溪砚坑志》序文，论及历代官端不贪砚者，包公、陶弼（误，应为陶岳）、韦承庆、马晞骥外，又云：

> 今则更有朱石君尚书，开府粤东时，有门下士献以古砚，备述佳处。尚书云："吾此砚用之数十年，未尝不作字，何必佳。"姑置于案，并未一试。遇一新进后生请谒，即举以畀之。夫佳砚不同于货宝，往古名贤，不免爱玩，今乃并此而不恋，不更戛戛乎其难哉！

此朱尚书，即乾嘉时名臣朱珪（1731～1806年），字石君，号南崖，晚号盘陀老人。与堂兄朱筠（竹君），时称"二朱"，祖籍萧山，随父侨居北京大兴。乾隆十三年进士，历官至体仁阁大学士、太子太傅等职。卒谥文正。

朱石君为人"清操亮节"，入官五十余载，历仕乾、嘉两朝，外抚黎民，内谏国策，为人处世持大礼，不贪资利，虽身为显官，家境却清绝俭朴。年四十余即独居，迄无妾媵。故嘉庆帝写诗称其"半生惟独宿，一生不爱钱"。操守如此，自然不取门人所献上品古砚，于是暂留不用，借机会将砚转赠于一新近后生。

朱石君任两广总督，在乾隆末嘉庆初年。其离端（明清两广总督府行辕设肇庆），未持端人一砚北归，但将一人所献一砚，转赠后进，对献者、受者而言，客观上皆含人情在焉，此与陶岳、包公、马晞骥之绝不受砚，韦承庆之卸任还砚略有不同。只也并不致损其廉名。

史载朱石君，"于经术无所不通，取士务以经策较四书文，锐意求朴学才士，门生遍天下。通人寒士，必扬其名于朝"（《清史稿》卷340）——或许，朱氏之受砚暂存，进而转畀后生，一者出于守廉原则；二者乃为奖掖后进；三者受赠者本是粤人甚至端人，意在楚弓还楚也。

归途还砚凌大令

史载还有一明人凌公"秩满不持一砚"的故事，虽其本事发生地不在端州，但事理相似，不妨一赘。

凌姓宗祠通用二联，一云："含山不持一砚；富阳粹解六经。"下联典指唐翰林学士凌准著有《六经解围》事。另云："校书世泽；留砚家声。"上联典指宋末抗元名臣凌震博学百家事。"不持一砚"、"留砚家声"两联皆指宋人凌冲事。

凌冲虽在凌氏一族大大有名，但史上名声不彰。其字灝灵，苏州吴县人。生于宋太祖开宝九年（976年），卒于哲宗绍圣元年（1094年）。少负才名，受知于王安石。尝著《乡党》、《传说》二论。神宗熙宁间知含山县。

凌冲"秩满不持一砚"事迹，见载明末郑瑄所撰《昨非庵日纂》。其云：

> 宋凌冲知含山县，一毫不妄取。秩满，归装有一砚，冲视之曰："非吾来时物。"命还之。

凌县令任满归朝，见行囊中有一砚，非原来上任前所携，遂命人送还（县署？）。

凌冲"还砚"之事有一异说。明末张宗子（岱）《夜航船·政事部·命还砧石》记包公"秩满归，不持一砚"故事之后又云：

> 宋凌冲令含山，律己甚严，一介不妄取。见归装有一砧石，诧曰："非吾来时物也！"命还之。

此处凌冲所还者，却是捣衣所用砧石而非石砚——一字之差，何者为是？

《夜航船》为张宗子晚年所撰，宗子卒于清康熙时。而郑瑄《昨非庵日纂》崇祯间即有刻本传世，故"还砚"较"还砧石"可信。又，一捶衣所用笨重砧石，携归何为？且一仆妇用物，即便"贪污"，恐也伤廉无多。

疑"砧"、"砚"两字，字形相近，刻本讹"砚石"为"砧石"而已。

愧过砚洲黄明府

"包公掷砚"故事与"掷砚洲"以及粤地名迹"贪泉"，还与砚学大家黄任有关。

嘉道间阮芸台（元）监修之《广东通志》云：

黄任，雍正二年官四会令。天才敏捷，判决如流，日不移晷而案牍已空。因复延接俊彦谈诗、角艺，日以为常，坐是颇为上官所不喜。县有龙腹堤、大沙堤，皆捍田千数百顷。大水陡发，堤溃，田因湮。任捐资修筑，未及竣事，以纵情诗酒被劾。任既去官，仍典卖衣物以蕆厥事。百姓德之，各赆金钱以偿，任一无所受。归日，惟端州坑石数枚，诗束两牛腰而已。至"贪泉"曰："吾无愧此君！"掬一勺饮之；至"掷砚沙"曰："人生不可有嗜好，吾有砚癖，惭见此君矣！"命榜人（船夫）停舟从他路去。

黄莘田因不为上官所喜，被罢归乡时，箧中携有端石数枚，未能如包公"不持一砚归"，深感惭愧，自觉无颜以对前贤包公遗迹，便命船家不过"掷砚洲"，绕道归乡。

莘田《秋江集》记一"井田砚"铭：

> 他山半亩佃秋烟，琢得方形井地连。自笑不曾持一砚，留他片石当公田。

铭有跋语："余在端州十月，末尝得一砚。"嗜砚入迷如黄莘田，官砚乡十月，并未利用手中职权，谋取美石。坦荡诗翁，何愧之有？故莘田好友林正青对此大发感叹：

> 昔包孝肃公莅端州，去日，不携一砚，至今以为美谈。余谓包公素不好砚，即不一砚，何难？今莘田之爱砚，如襄阳之爱石，形影相随廿载不去身，而一旦入砚乡，却之不一盼，此其识力尤有难者。（《十砚轩记》）

面对平生笃好之物，而不伸手，譬如登徒子遇西施之色诱，却能效柳下惠而坐怀不乱，试想天下，几人能够？——莘田实大可不必愧对"掷砚洲"矣！

桂亭使君龙图清？

清时端州吏守，取美石而归者多有之，甚至有获石多达百方甚至数百方者，如袁树、广玉等。若自家解囊购砚，相对而言，似也并不伤廉。只袁、广诸人之取石自留，是否以权谋私，瓜田李下，颇难厘清。

袁树，字豆村，号香亭，钱塘人，居江宁。袁枚从弟。乾隆进士，官至肇庆知府。精鉴别，工诗，画山水饶有自然之趣。

袁树之任肇庆知府，在乾隆四十七年壬寅，当年冬，"方伯郑公复捐俸开采（端石），命余董其事，独启大西洞"（《端溪砚谱记》）。因开工较迟（枯水期甚短）等原因，只获石琢砚大小百二十方。

此次捐俸开坑者，为时任广东布政使（方伯）之丰润人郑源璹，此公乃一乾隆未年之巨贪，史载"诸贪吏首亶望（和珅），次则郑源璹"（《清史稿》列传126），嘉庆初年被诛。

虽彼次采石，乃郑源璹出资，但郑某之官德，想必袁知府不会不知，且身为端守而受上官委托开坑，自己亦多有收获，袁知府对此自然不能无愧，"愧不能追孝肃之清风，投砚成渚"（《端溪砚谱记》）。

广玉（1750年～？），字桂亭，据其所撰《盛世良图记》自序，云为图门氏，隶属满洲正白旗。出生于乾隆十五年，历任贴写中书，迪化知州，惠州知州，肇庆知府，福建按察使。

广玉于乾隆五十九年知肇庆府，嘉庆元年合同僚酿金采石，得西洞石多达七千余枚。广氏所获，除馈赠文人墨士外，遗百砚携归家中，构有百砚斋书室。著有《开坑记》、《百砚铭》等。

屠绍理《增订端溪砚坑志序》记广氏开坑事：

先是丙辰（嘉庆元年）冬，广桂亭太守重开水坑。费金逾半万，得石多且佳，择其上上者，琢成贡砚数，分献各大吏，进之天府，余石即以赠人。又琢砚数百，亦为人乞尽。

广玉曾招屠氏至端州官署，为其藏砚题铭，并以一方时称端州第一好手郭仪传所琢"金茎荷叶砚"为馈。或许是拿人手短（实也人之常情），屠氏为砚题铭云：

桂亭使君龙图清，珠还合浦砚出坑。金茎荷叶乃石精，青莲花向笔底生。

清广玉铭老坑端砚。拍品。砚背行书铭：芙蓉之逻，羚峡之滨。有山礌礌，有水鳞鳞。灵毓琐城，秀结琳珉。肌丰以腻，理密而纯。滑不留手，破欲吹唇。廉隅励节，矩度持身。端人如此，其曰可亲。嘉庆丁巳，桂亭广玉识。春雨江烟、桂亭（印）。

广知府所采石制砚，不仅上贡内廷，自留或赠人者亦达数百方，可称"端溪数百石富翁"。此位桂亭使君，与屠氏所奉"龙图清"高帽之差距，恐不可以道理计。

江神不贪砚

如朱竹垞所记江神"劫宝"之类传说，古人所记不少，甚至有一龙王不爱端砚爱书法之传奇，亦颇值一说。

事见北宋释惠洪《冷斋夜话》：

> 王荣老（生平不详）尝官于观州，欲渡观江，七日风作，不得济。父老曰："公箧中必蓄宝物，此江神极灵，当献之，得济。"荣老顾无所有，惟玉麈尾，即以献之，风如故。又以端砚献之，风愈作；又以宣包、虎帐献之，皆不验。夜卧。念白："有黄鲁直草书扇头题韦应物诗：'独怜幽草涧边生，上有黄鹂深树鸣。春潮带雨晚来急，野渡无人舟自横'。"即取视之，恼恍之际，曰："我犹不识，鬼宁识之乎？"持以献之。香火未收，天水相照，如两镜展开，南风徐来，帆一饷而济。

此故事中，"劫宝"的广西江神不取端砚而喜黄山谷书法，与朱竹垞笔下"包公掷砚"中广东江神的嗜好倒是不同。对此奇事，陈眉公《珍珠船》有趣评：

> 江神必元祐迁客之鬼，不然，何嗜之深也。

眉公此解，甚别致。观州，在今广西桂西北南丹县一带，宋时为"溪峒群蛮"腹地，王化未被，水中土著神灵必也不知文雅，故此"劫字"之江神当是被贬八桂屈死的元祐党人，遇元祐同党黄山谷妙墨，固必欲夺之。

投砚鸭绿水

砚史著名"伪砚案"中主角北宋人李士衡（曾得一"天宝八年"赝品砚），亦有类似龙王"戒贪"经历。

《梦溪笔谈》卷九记李士衡出使高丽，一武人为副使。高丽礼币赠遗之物，士衡皆委副使处置。副使以己所得置上层，而将士衡所得缣帛藉船底堵漏。至海中，遇大风，船欲倾覆。副使仓皇悉取船中物投水，投及半，风息船定。既而点检所投，皆副使之物。士衡所得在船底，一无所失。

此故事中，武夫副使"聪明反被聪明误"，想是海神惩其私念。

有趣者，同为出使朝鲜，出为回朝舟中，明人唐皋，倒真真切切有一主动"掷砚示廉"之事。

明人严从简《殊域周咨录·东夷·朝鲜》记：

世宗肃皇帝嘉靖改元，遣翰林修撰唐皋宣谕朝鲜，以亲藩入继大统之意。皋字守之，歙县人。家贫，力学。博洽群书，下笔数千言立就，而气概英迈，自为博士弟子，当道即以公辅期之。正德甲戌，廷对第一。及使朝鲜，归日，视行囊惟一砚，投之鸭绿江中……

唐皋（生卒年不详），字守之，号心庵，歙西槐塘人，官至侍讲学士。

严从简（生卒年不详），字仲可，号绍峰，嘉兴人。嘉靖三十八年进士，官至刑科右给事中。严氏曾任婺源县县丞，其在京、在徽皆极易获知唐皋"掷砚"事。

故唐状元"掷砚示廉"之事当是史实无疑。

徽州好个唐皋哥

据今人《苏州与徽州》一书统计，明清进士人数，以府计，苏州第一，以人口比例计，徽州不输苏州。状元亦苏州第一，然苏州状元中寄籍之徽人竟达七人之多。歙县状元，自南唐状元舒雅（《韩熙载夜宴图》中有其形象）以降，亦有数位，以清代歙南大阜潘状元（世恩）官位最尊，歙北桂林洪状元（钧）最为有名。

唐皋今日吾乡也已少有人知，但唐之文才应在后来的潘、洪之上，尤其性情通达，是一极有趣人之人，逸事甚多。其早年，夜读灯下，有邻家女屡将窗纸舔破以偷窥戏弄。奈邻女枉有卓文君情怀，唐公却是一副柳下惠肝肠，题诗拒之，使一出"邻女夜奔"的"状元戏"胎死腹中。其又自信过人，每以魁首状元自许，但十考不中。乡人眼浅，有人作诗讥诮道：

> 徽州好个唐皋哥，一气秋闱走十科。
>
> 经魁解元荷包里，争奈京城剪绺多？

诗云解元、状元本为唐生囊中之物，谁知被京城小偷（剪绺）窃走？此乡人"打油诗"实也妙绝，歪才不凡（事见清初徽人赵吉士所撰《寄园寄所寄》）。

遭里人如此揶揄，唐心庵一笑了之，并不气馁，其志益坚，作一辞题壁自励：

> 愈读愈不中，唐皋其如命何？
>
> 愈不中愈读，命其如唐皋何？

又题人一《网鱼图》扇面曰：

> 一维复一网，终有一网得。

唐皋中状元跨马游街图。明《状元图考》（咸丰重镌本）所刊。

笑杀无网人，临渊空叹息。

龙岂池中物？果然唐于正德九年"网得"状元，时已年过五十。

或唐心庵生前未尽其才，故转世亦为状元。无锡人孙氏梦心庵投刺来拜而生子，取名继皋。继皋亦中万历二年状元，官至吏部侍郎。

学士巧对朝鲜王

唐心庵最为后人称道者，是巧对折服朝鲜国王之事，不妨一赘。其以翰林学士奉新登基之嘉靖帝命出使朝鲜，时李朝国王为中宗李怿。李国王事明虽恭谨，但私下对朱家皇帝颇不以为然。此前久闻唐状元清傲大名，欲以才学屈之，出上联命属对："琴瑟琵琶，八大王，一般头面。"唐即对云："魑魅魍魉，四小鬼，各自肚肠。"

"琴瑟琵琶"，四字皆"王"字头，所谓"八大王一般头面"；"魑魅魍魉"，四字左边皆"鬼"为旁，所谓"四小鬼"。"鬼"右边字又全异，"各自肚肠"也。所对即工整又巧妙，诚为千古绝对，使李国王"大骇服"。此事明人冯梦龙《古今谭概》、清人褚人获《坚瓠六集》皆载之。此联可与东坡以"四诗风雅颂"，巧对辽人之"三光日月星"联并美，趣味性尤过坡公之对。

从此事可知，唐状元早年之自负，确出于真才实学的自信。

唐心庵作有《劝世歌》，歌有"朝里官多做不尽，世上钱多赚不了，官大钱多忧转多，落得自家头白早"云云，不知《红楼梦》中《好了歌》是否受其影响？由寒门士子而成"天子门生"，对世态炎凉，别有体会，故唐状元对身外之物本看得淡薄，始有将朝鲜王赠砚投于江中之美谈。

实者朝鲜王所赠之砚，自必东国土产上品；然唐状元生长龙尾名砚之乡，对彼邦佳砚恐也未必高看。

包公"掷砚示廉"乃端砚名案，未必实有；"掷砚示廉"之真事却发生在歙人身上，惜唐状元名气不如包公，故少有言及者。

记载唐心庵"掷砚鸭绿江"之严从简《殊域周咨录》，撰成于明神宗万历二年（1574年）。明确记载西江有"（包）公投砚处"之《孝肃包公奏议》跋文作者戴熹，万历三十五年（1607年）进士。其出任端州更在此后。

是否"包公掷砚"乃袭用自"唐公掷砚"，尚待后考。

黑脸·铁面

俗云"黑脸包公"，与"白脸曹操"、"红脸关公"相映成趣。此戏剧脸谱形象，实情自然未必如此。

史载时人将包公微笑比为"黄河清"，盖此公一贯不苟言笑、神情严肃，此当是后

包拯像。台北故宫博物院所藏清代南熏殿原藏历代名臣画像之一。虽与"包黑"大有差距,倒也不怒自威。

赵抃像。清《郡陵桐江赵氏三修族谱》所刊。一文雅君子也。

人将其塑造成"包黑"的由来。

倒是与包公一殿为臣的侍御史赵抃,因弹劾不避权幸,正气凛然,京师号称"铁面御史"(明人廉吏周新所号"冷面寒铁",与之相类)。铁本黑色,"铁面御史"即"黑面御史",又引申为"铁面无私"。《宋史》中赵抃又与包拯同列一卷,且抃亦曾官龙图阁直学士,故说部之"包龙图",恐与史实中之"赵龙图"免不了干系。

赵抃(1008~1084年),字阅道(一作悦道),号知非子,浙江衢州人。仁宗景祐进士,官至资政殿大学士,以太子少保致仕。

赵龙图为官刚正不阿,赴成都知府任,匹马入蜀,只以一琴一鹤自随,此即"一琴一鹤"典源。琴鹤相随,既具隐者的超然出尘,又象征循吏的清廉完节。有宋一代,以"琴鹤"闻名于世者,除"梅妻鹤子"之林和靖(逋)外,最为人称道者,当属赵抃了。坡公《题李伯时画赵景仁琴鹤图》句:"清献先生(赵抃)无一钱,故应琴鹤是家传。谁知默鼓无弦曲,时向珠宫舞幻仙。"

其不仅善弹,赵诗《按狱眉山舟行》云"携琴晓出锦官城,千里秋原一望平"。又藏唐雷琴一张,金徽玉轸,视为平生至宝。

赵龙图告老乡居,名所屋曰"高斋",赋诗云:

赵抃手迹《致知郡公明大夫尺牍》。北京故宫博物院藏。字清劲而古雅。

　　腰佩黄金已退藏,个中消息也寻常。
　　时人要识高斋老,只是阿村赵四郎。

赵抃人如其号,诚一"高人",清廉不输包公,但"赵四郎"性情之雅趣,却为"黑老包"所不及。

持一砚归

赵龙图形象与包龙图"互通又无",但于砚事之"清誉"却当输与包公一着。

赵龙图乡衢州,与婺源只隔一石耳山,境内开化所出砚石,颇似歙石,古时即有取作冒充歙石者。赵龙图应对歙砚不乏了解,有所遗二诗可为证。

其一《歙砚诗》:

> 多谢君诗重见珍,砚从黟水濯来新。持当夏昼南窗下,玉发光晖冷照人。

其二《求砚于王监利》:

> 君家歙溪边,自采歙溪石。刓磨清泉根,刌斩紫虹脊。
> 罗纹洗莹致,蛾眉隐纤直。叩声清而长,触手生汗液。

从诗意看,赠砚之王监利应是一曾官湖北监利县令之歙州人,赵龙图同时人刘挚有《马上和王监利见寄》诗,又有《将至监利先寄王令》,当即此人。赵《歙砚诗》疑是得王氏砚后所作。

《寄园寄所寄》引《仰山胜录》记:

> 临海赵太守,洪武间卒业太学,为中贵《题蚕妇图》云:"蚕未成丝叶已无,鬓云撩乱粉痕枯。宫中罗绮轻如布,争得王孙见此图。"太祖幸中贵宅见之,诘问。中贵以赵对,即召除肇庆知府,在郡有廉声。及归,叹曰:"昔赵清献持一砚,今吾倍之。"遂持二砚以归,时号"赵双砚"。

此明人赵太守亦廉吏,官端州而"取二砚",有敬重前贤清名之美意。

赵清献,即赵抃,盖其卒谥"清献",有《赵清献集》。其曾于熙宁间知青州三年。在此之前十余年,青州红丝砚被唐彦猷誉为"名砚第一",故"持一砚"者疑是红丝石。

包龙图"不持一砚归",自不可以作秀看;赵龙图"持一砚归",亦不损其廉名。

愚见:赵公本一"清新切律,笔迹劲丽萧然如其为人"(苏子由评语)的诗人书法家,爱砚之情应非"天姿峭直,然素少学问"(欧公评语)的包公可比。

附考一　肥水包氏砚——孝肃清风

王氏《砚影》收一长方素池砚拓。砚池顶端正中有眼柱,砚斑驳锈蚀,似出土物。

砚侧篆书铭"肥水包氏","氏"字只存其半,其下似尚有三数字,已残蚀不可辨。砚背隶书题:"孝肃清风。洪武四年阳月,赤城后学方孝孺谨藏。"

方孝孺(1357~1402年),字希直,号正学,浙东宁海人。宋濂门

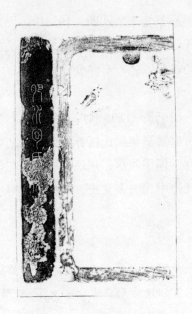

《砚影》所刊肥水包氏砚拓

人。建文时任侍讲学士，学者称正学先生。燕王朱棣破南京，拒为起草诏书。遂被磔于市，时年四十六。宗族、亲友、弟子十族连坐被杀者八百余人，投狱流放充军者逾数千。

方先生之政治操守，固志士，但以十族为殉，或不尽"仁人"。朱棣曾允诺谋主姚广孝之跪求，不杀方先生，以免"天下读书种子绝矣"，然终食言。

朱明初年，遗留蒙元政治传统中漠视生命之毒素尤多。

此"孝肃清风"砚，即便包氏铭款不假，只凭"肥水包氏"四字，三百年后之人方先生何以确定必是包公所遗？广义而言，合肥每一包姓皆可署"肥水包氏"款，并非包公专用。确指砚必包公遗物，尚须其他可靠信息为作旁证。

抑或方氏铭砚时，"肥水包氏"后所残数字中，包公字号尚未剥蚀？

方先生倒遗有一首《砚铭》：

其体刚，肖乎乾；用其静，法乎神。惟德全，承长存。

《易·杂卦传》："乾，天也"、"乾刚坤柔。"铭以砚石喻坚贞，寄托儒家肖天法地之人生理念，求道德之完善，重名节之长存。方氏不屈被杀，确是殉了此砚铭所言的理想。

附考二　包绶砚 ——孝肃家风

宋仁宗嘉祐七年，包公卒于东京开封，终年六十四岁。次年归葬庐州公城里（在今合肥东郊）。南宋时，金兵尝发其墓。复重修，后祭祀未曾间断。1973年，因建石灰窑挡道，包氏家族墓地被掘，出土包公与夫人董氏、长媳崔氏、次子绶、次媳文氏、孙永年等墓志。包公遗骨大部被弃，包氏后人费尽心机藏匿之一小部分碎骨幸存。

砚史堪记一笔者，包绶夫妇墓中，出土有一长方石砚（彩图5）。

包公有二子，长子繶，早亡无后。次子绶（1058～1105年），字君航，侧室孙氏所生。方五岁，父卒，由寡嫂崔氏抚育成人。哲宗曾嘉奖崔氏抚养包公幼孤之功，诏命即出自东坡之手。包绶因父荫官，历任团练判官、国子监丞、州通判等职。在任夙夜尽心，人称廉洁。四十八岁时，卒于赴谭州通判任途中。夫人文氏，名相文彦博小女。虽出身名门，却"以清静自将"。

包绶《墓志铭》记：

> 公既终，发遗箧，诰轴、著述外，曾无毫发所积为后日计者。益知公生平清苦守节，廉白是务，遗外声利，罕有伦比。孝肃以清白劲正光于青史，公可谓能克家者，孝肃之风，至于公而益炽也。

因为官廉洁，包绶故后，赖亲友资助方得下葬，故殉葬品除日常使用物铜镜、铜钱、瓷碗外，只水晶珠两件及铜印、用砚各一。

包绶砚，色灰黑，质坚润，无纹理，云歙石。投壶池抄手。砚堂与墨池开一流相通。四壁内敛，典型宋抄手，是研究宋代歙砚之重要标本。

包绶砚（彩图5）

包公遗有《戒廉家训》告诫后人：

> 后世子孙仕宦，有犯赃滥者，不得放归本家；亡殁之后，不得葬于大茔之中，不从吾志，非吾子孙。

包绶官德如此，诚不辱没包家"孝肃家风"。

附考三　海瑞印、砚——砚铭有无"斗私"言?

知堂周作人《记海瑞印文》：

> 偶读《论印绝句》，查药师（查岐昌，慎行孙）诗有注云："海忠介公印，以泥为之，略煅以火，文曰'司风化之官'。观之觉忠介严气正性，肃然于前。见周栎园《印人传》。"余平日最不喜海瑞，以其非人情也。

此辈实即是酷吏，而因缘以为名，可畏更甚。观印语，其肺肝如见，我不知道风化如何司，岂不将如戴东原所云"以理杀人"？姚叔祥《见只编》卷上云："海忠介有五岁女，方啖饵，忠介问饵从谁与，女答曰僮某。忠介怒曰：女子岂容漫受僮饵，非吾女也，能即饿死，方称吾女。此女即涕泣不饮啖，家人百计进食，卒拒之，七日而死。"余谓非忠介不生此女。

周栎园（亮工）《书影》卷九所记与此同。余读之而毛戴。海瑞不足责矣，独不知后世啧啧称道之者何心，若律以自然之道，

殆皆虎豹不若者也。

海瑞晚年起复，曾任都察院右佥都御史，职责主监察吏治，即所谓"司风化之官"。

海青天之"爱情"：一生娶三妻二妾。二妻被休，一妻暴死盛年，一妾自杀身亡。海青天之"亲情"：五岁亲生女因饥饿，接受男仆一饼，竟被此公以"男女大防"逼死！司一室"风化"如此，以其"道德洁癖"司天下之"风化"，未必天下人之福。知堂云"海瑞不足责矣，独不知后世啧啧称道之者何心"，意味深长。

海瑞像。《吴中名贤传赞》所刊。所谓"相由心生"，海公之气象，一脸"苦大仇深"，不易使人亲近。

浙地淳安所出"青溪龙砚"，传是海瑞任淳安令时所发砚，此说应属无稽，但有此缘源，海氏也算得上一砚史名人。

清嘉庆间探花、琼山人张岳崧所撰《筠心堂集·二友轩记》，记同年友莫书农（瑞堂）曾得一陈白沙遗琴，一"海刚峰先生砚"，分别命名"韵友"、"介友"。作"二友轩"珍藏之。

附考四　施世纶藏赐砚——施二公子不玩砚

"家天下"的特性，是皇帝以"国"为"家"，不乏真以反腐败为己任者；此与山寨组织梁山泊之类，在"忠义堂"中"大秤分金"之"共赢"或云"共犯"性质不同。

施世纶（1659～1722年），字文贤，晋江人，汉军镶黄旗。官至漕运总督。《清史稿》评施氏为官："聪强果决，推抑豪猾，禁戢胥吏，所至有惠政"，时称"青天"（小说《施公案》主角施公的原型）。但康熙批评施氏"遇事偏执"。对这位市井中大名鼎鼎之正史三流人物，鲁迅有高论：

满洲入关，中国渐被压服了，连有"侠气"的人，也不敢再起盗心，不敢指

斥奸臣，不敢直接为天子效力，于是跟一个好官员或钦差大臣，给他保镖，替他捕盗，一部《施公案》，也说得很分明。（《三闲集·流氓的变迁》）

小说《施公案》中之"施公"貌极丑，人称"施不全"，据云施世纶真身本也如此，其曾自称"兽面人心"以应对讥笑其貌丑之上官，确有智才。但施公子人丑命好，其父即是今日炙手可热的"施琅大将军"。

施世纶以父荫官，撰有诗词多卷。略阅之，实无锦绣心肝。所作《南宋》诗云：

偏安驻跸在杭州，无意中原居下流。
南渡君臣愚一字，北行父子辱千秋。
孤忠欲奋精忠死，伪学方兴道学仇。
若此天心知已去，何须长叹怨潮头。

小说中施仕纶形象。道光刻本《施公案》（《绣像施公案传》）所刊。

有此政治觉悟或曰政治态度，施二公子自然可以好官任做、好马任骑。

施氏诗文中无砚事可道。略相关联者有一"老瞒事事工奸佞，近闻朽骨已就枭"云云的《铜雀瓦歌》，亦陈词滥调而已。其生前，得康熙多次召见，先后赐给御纂《周易折中》、《朱子全集》、《古文渊鉴》等书及松花石砚，宠爱有加。

北京故宫博物院藏一佚名氏所作《赐书砚图》。图中赐书三种，二种可辨为《皇舆表》、《御选古文渊鉴》。砚为随形绿松花，有黄松花石制盒。

康熙赐施世纶之书与砚，应与图中之物相类。

故宫博物院所藏《赐书砚图》

硯史"葫芦案"的N个细节

——脂砚漫谭

脂砚照片。《文物》1973年第2期所刊。惜砚盒盖内所刻薛素素小像未刊出。

显学·显疵

《红楼梦》，一部"言情小说"，当代被祭上神坛成一"显学"，未必不是作者（曹雪芹？）的一大悲剧。是书作者之惨淡经营，其佳处恐正在于"梦"，惜今日研"红楼"者多属"说梦"的"痴人"……

懵懂时，囫囵吞枣读《红楼》，惟对宝哥哥的"齐人之福"羡而叹之，可见"少不读《红楼》"的真理。后因着各路《红楼》"说书人"的聒噪，竟致败了重读的兴致。于是，对是书之收获，只记得书中一副对联"烟霞闲骨胳，泉石野生涯"，深获我心，也体会出作书人，确是一块返璞归真的——"顽石"。

《红楼梦》的种种高明，今人论之者众；我姑且求其小疵，聊凑一趣。

书中第四十一回《贾宝玉品茶拢翠庵》一节，被誉为写茶事、茶具之经典，其有云：

又见妙玉另拿出两只杯来。一个旁边有一耳，杯上镌着"㼚瓟斝"三个隶字，后有一行小真字是"晋王恺珍玩"，又有"宋元丰五年四月眉山苏轼见于秘府"一行小字。

王恺乃晋室贵戚，武帝司马炎的母舅，藏奇珍无数，有与石崇斗富名案传世。妙玉此杯，即是王恺藏品，又曾入北宋皇宫（秘府），更有东坡题跋，何其珍稀！

关于此葫芦器"觚瓟斝"，文学大家、古器物专家沈从文先生撰文考辨此杯乃明清物，"红学"大闻人周妆昌氏则认定是高古瓟器，各执一词。古董界共识：模具塑形的瓟器始自康熙朝，此妙玉拢翠庵所藏"晋朝古瓟器"之荒唐。而东坡观款，更是此杯伪器的明证。查东坡元丰五年时，正在谪居地黄州。一人身自由且受管制的罪人，何来东京宫中观宝？显然妙玉此至宝茶杯必一伪品。当然或许此为曲笔，正是小说家一高明处。

妙玉的古董是真是赝，就"红学"而言，无关紧要；而有一方盈握小砚，却不仅被"红学"专家上升到令人咋舌的高度，说是因之揭开了《红楼梦》点评者"脂砚斋"的身份之迷；砚本身又来时也倏忽，去日了无痕，留与世人一宗迷案奇案，颇值重书一笔。

红颜素心

自红学肇起，凡与曹家有关事物的出世，莫不轰动一时，只是真者寥寥，伪品多多；如赝品"曹雪芹画像"，疑似赝品"曹雪芹书箱"、"曹雪芹墓碑"等等。于砚，亦有颇受争议的脂砚斋藏薛素素脂砚。

脂砚，原为民国"四公子"之一、收藏巨子丛碧先生张伯驹所得，张先生有《脂砚斋所藏薛素素脂砚》记之：

> 珊瑚红漆盒，制作精致。清乾隆尺宽一寸九分，高二寸二分。盒底小楷书款"万历癸酉姑苏吴万有造"。盒上盖内刻细暗花纹薛素像，凭栏立怵前，笔极纤雅；右上篆"红颜素心"四字，左下"杜陵内史"小方印，为仇十洲之女仇珠所画者。砚质甚细，微有胭脂晕乃及鱼脑文。宽一寸五分许，高一寸九分许。砚周边镌柳枝，旧脂犹存。背刻王稚登行草书五绝云："调研浮清影，咀毫玉露滋。芳心在一点，余润拂兰芝。"后题"素卿脂砚王稚登题"。按万历癸酉，百谷年三十九岁。砚下边刻隶书小字"脂砚斋所珍之砚其永保"十字，依此始知脂砚斋命名之所由。
>
> 砚为端方旧藏，与《红楼梦》佳本随身入川。端死后，砚流落于蜀人藏砚家方氏手。《红楼梦》本则不知所在。今岁癸卯元旦，蜀友戴亮吉君持以示余，因为吉林省博物馆以重值收之。
>
> 近日《红楼梦》学者，对脂砚斋其人各执一词；或者谓为曹雪芹之族叔；或者

谓为雪芹之堂兄弟；或者谓即雪芹本人；或者谓为史湘云。余意珍藏此砚必应文采风流如王百谷其人者，绝非默默无闻之流。否则为女子藏女子砚如史湘云，庶几近之。

此丛碧先生所记脂砚出世之始末。

此砚从出世到佚去，只寥寥数十年，但其间对砚本身真伪的争议不少，尤其围绕此砚传藏过程中所发生的稀奇事更是多多。今人说此砚者甚众，却少有论及细节者，此中实大有意趣。

北里名姬　　南蛮压寨

薛素素，一名素，又名素君，字素卿、润卿等，人称薛五、五郎、润娘，生卒年不详。浙江嘉兴人（一说江苏吴江人）。秦淮名妓（一作吴妓、嘉兴妓）。姿色艳雅，言动可爱。擅艺甚多。朱竹垞《静志居诗话》记时人称誉薛氏之"十能"："诗、书、画、琴、弈、箫、绣，而驰马、走索、射弹，尤绝技也。"钱牧斋（谦益）《列朝诗集小传》记薛氏："少游燕中，与五陵年少挟弹出郊，连骑遨游，观者如堵。"其早年似系卖艺暗兼卖笑者，因艳帜日盛，最终堕落烟花，落籍章台为业。薛氏情史多舛，数嫁皆不果，中年后崇释迦。曾为嘉兴文士沈虎臣（德符）妾，后嫁商人为房老（妾）以终，诚所谓薄命红颜。

李竹懒评薛氏："人间可喜可乐，以娱男子事，种种皆出其手"（《珊瑚网》）；《画史》记："而薛素素才技兼一时，名动公卿。都人士或避席，自觉气夺。"

能让都中名流为之"气夺"，薛五的色艺可知！

花开太艳，难免招蜂引蝶。薛氏"少游燕中"时，为一李姓征蛮将军所嬖。李将军竟将薛氏画像携至西南军前，朝夕展观，以慰相思之情。如此一来，在侗苗土著中，薛氏亦艳名远播，结果惹得四川酉阳土酋彭某色心大起，费金钱无算，将薛氏罗致得手。然薛氏终不遂彭氏愿，彭氏恼羞成怒，羁留薛氏十余年方放归。薛氏已佚诗集《南游草》当作于湘西。

钱牧斋评曰："北里名姬，至于倾动蛮夷，世所希有也。"

词翰大佬　　风雅皮条

题砚者王稚登（1535～1612年），其字百谷、伯谷。江阴人，移居吴门。四岁能属对，六岁善擘窠大字，十岁能诗。"青词宰相"袁炜门人，很得袁氏赏识，袁氏尝举荐百谷入仕，然无果。后袁氏政敌除阶用事，百谷遂绝仕进之念，一意于诗。诗遂有名于时，接文征明衣钵，主吴中词翰之席者三十余年，声名烜赫。又善书，闽、粤之人过吴门，虽贾胡穷子，必踵门求一见，乞其片缣尺素然后去。

实百谷才情并非绝伦,享大名一时,"时无英雄"耳。王世贞在《艺苑卮言》中大刺刺评曰:"王百谷苟能去巧去多,便足名世。"读之令人喷饭。

为后世最乐道者,倒非百谷诗翰之才,乃其与秦淮名妓马湘兰的韵事。惜痴情马氏所托非人,终也无果。

王百谷或是得其师袁炜"溺于女嬖"的真传,亦多下作不堪事。沈德符《万历野获编》记有多则。

吴县知县聊成人傅氏,以文采风流为政,与百谷厚善。百谷邀傅氏宴饮于私宅,匿名娼于曲室,酒酣出以荐枕,拉"亦洁廉"之傅某下水,为日后请托时的要挟作伏笔。百谷此种"皮条雅局",固可鄙也。

所谓"牡丹花下死,做鬼也风流",王才子风月场中太过逍遥,终致染上"风流病"(梅毒),被吾歙汪氏昆仲(兄道昆,官至兵部侍郎,抗倭名臣。弟道贯,善词翰)作《赠百谷》诗"身上杨梅疮作果,眼中萝卜翳为花"云云,讥笑一番。

又,当时吴中文人好伪作古董牟利,王百谷亦是热衷于在此道中讨生活。

如此诸般无行,可见王百谷才固不缺,其行亦有不端,"歪才"也非等闲辈可及。

百谷本花界名流,尝为薛素素《南游草》作序,或与薛五亦曾相好?故曾纳薛氏为妾的沈德符对此醋意难消,笔底大暴王氏之丑?

雅　督

丛碧先生所云脂砚原藏者端方,乃晚清名声显赫之重臣,众多名士的"主公"。

端方(1861～1911年),字午桥,号匋斋,托忒克氏,满洲正白旗。由荫生中举,历任工部主事、陆军部尚书、湖广总督、两江总督等职。任上,鼓励学子留洋,又曾赴欧美考察政治,办事机敏老练,时人誉有政治才。宣统三年,为镇压四川保路运动入川,在资州因兵变被杀,时年五十一。清室追赠太子太保,谥忠敏。

晚清时,很多官吏皆肠肥脑满,可称风雅人物者,端氏聊可当之。其性通脱,不拘小节。能诗词,好书法,笃嗜金石书画。尤于搜罗文献,厥功甚伟。或云端氏原不识古,早年与会赏古雅集,被人鄙视,遂发愤研古,终成收藏巨子。藏品极博广,凡商周青铜、汉魏碑刻及古印、古砖、泉范,以至井栏、田券、坟券,遇文字、饰纹有考订价值者,皆兼收并蓄,搜罗古物达万余数。其藏最著名者为西周重器毛公鼎。此外有"红学"二品:一书、一砚,亦名物中之名物。书,为《红楼梦》"端方本";砚,即"薛素素脂砚"。

可叹者,端氏被杀,其费尽心机所搜集的诸多文物,随即散尽。遗于后世者,乃一被后人贬成几近小丑的形象。

端氏支持革新,并非顽固派,其死不无其冤。实则,喜欢附庸风雅之满洲权贵端方，虽为官颇恃才傲物，但能优礼文雅，养士甚众，有前辈风雅大吏阮、毕流风。王观堂（国维）闻端氏死讯，伤感不已，作《蜀道难》祭之，诗中赞誉端氏所藏诸名物云：

玉刀三尺光芒静，宝鸡铜禁尤完整。孤本精严华岳碑，千言谟训毛公鼎。

河朔穹碑多荦致，中余六代朱文字。丹青一卷顾长康，唐宋纷纷等自郐。

陶斋玩古图。见刊《艺林旬刊》第六十一期。光绪二十七年，陕西宝鸡斗鸡台出土古禁（长如案，可置器物）及诸器，为端方所得。时端氏官湖北巡抚，集诸名士共赏。照片正中者即端氏，案上所陈即古禁，古禁上列尊、勺、卣、盉、爵、觚、角诸酒器，皆出土物。左一王闿运，左二李葆恂，右一黄绍箕，右二梁鼎芬，皆一时好古博雅之士。惜端氏后人贫不能守，图中古禁诸器皆归美国人之博物馆。

雅 贿

端午桥虽于辑古有大功，但为人贪鄙，湘籍名士湘绮先生王闿运曾借古瓷瓶当面嘲讽午桥："是瓶阅岁确甚久，可惜其形不端不方何！"其陶斋中所藏，多有巧取豪夺得之者。

端氏所藏毛公鼎，原为潍县陈簠斋（介祺）所藏。端氏派人至陈家，限簠斋后人三日交鼎，强行买走。又刘铁云（鹗）曾藏一宋坑端砚，亦为端午桥所垂涎，铁云不舍，端氏恼羞成怒，竟构铁云罪而夺之（或云此说不实），卑鄙如此。

端氏除倚仗权势豪夺外，还好借古物卖官鬻爵，传脂砚即因此巧取所得。

2003年某期《经济日报》刊《端方文物传奇》一文，言端午桥得砚情事，堪称传奇，故事梗概：

脂砚原为王稚登请苏州砚工吴万有镌造，赠与江南名妓薛素素。后薛素素人老珠黄，砚离香巢，在江南文士中辗转流传。

康熙间，曹雪芹祖父曹寅任江南织造，用重金求得。雍正初年，曹家两次被抄，唯脂砚无恙。曹雪芹后将脂砚带回北京，"披阅十载，增删五次"写《红楼梦》时，有脂砚相伴，故曹氏自号"脂砚斋"。《红楼梦》最早评点者还以之为笔名，即《脂评本》。

曹雪芹卒，砚不知何由落入粗人赵有伦舅父之手。赵为端午桥属吏，粗中有细，将砚用赌棋之法故意"输"与端氏，变相贿赂也。端氏心照不宣，投桃报李，委赵一盐课司肥缺。有人作嵌名联讽曰："卖差卖缺卖厘金，端人不若是也；买画买书买古董，方子何其多乎！"

端氏携脂砚入川，被杀后，所带文物散失一空，脂砚亦不知去向。二十年后，被白申甫购得于重庆一地摊。后又由端氏女婿袁克文之表弟张伯驹买去。新中国成立后，张伯驹先生将脂砚捐给国家，由吉林博物馆收藏。"文革"中，江青借口毛泽东要研究《红楼梦》，将砚强行调走。但毛泽东遗物中及江青居处皆无此物，砚的下落遂成一悬案云云。

文中所谓王稚登赠砚、曹寅得砚、曹雪芹用砚之说，作者一概未言出处，让人不知所以。端氏"赌棋"获砚之事，固是写意，只从未见别家有此一说，亦遍检不得其出处。

赵有伦实有其人，也确为端午桥属僚，讽刺端氏之嵌名联亦有之，只难考究竟与脂砚有无瓜葛。

赢砚事虚

赵有伦，本都中富家子，然目不识丁，以其舅张翼（晚清有总办路矿大臣张翼，抑其人欤？）之援入赘为官，累得阔差。尝千金购一妓，大妇乃一河东吼，赵无奈购别舍藏娇，被端午桥撰联讥笑：

> 一味逞豪华，原来大力弓长，不仅人夸富有；千金买佳丽，除是明天弦断，方教我去敦伦。

额曰：大宋千古。

联嵌赵有伦姓名（大宋，隐含其赵姓）。端氏嘲笑赵氏枉费千金，除非正室死去方得如愿去会外宠。可笑者，赵氏以为好辞，常诩诩自述，遇人皆说，被人匿笑甚久。

民初刊行之《古今联语汇选》等书皆记此联林趣事，然未见有云赵氏以脂砚贿赂午桥事。

端氏好弄才以联语揶揄他人，却也被他人以其人之道还治其人之身。徐珂《清稗类钞·端人不若是也》云：

> 端方督两江时，有刻薄者曾撰一联诬之。其上联云："卖差卖缺卖厘金，端人

不若也"……下联云："买书买画买古董，方伎何其多乎。"外间盛传端在江南，曾侵吞赈款银至二百余万两之多，经言官揭参，固查无实据也。

或云联语乃指陆氏兄弟以价值二十余万的藏书献端氏，故一得军械局总办，一得宝应厘局总办。端氏用赃款买书、买画以附庸风雅，故致干物议，遂有善嘲者 撰此嵌名联讽刺之。

故《端方文物传奇》文中所谓"卖差卖缺卖厘金"一联，乃讽端午桥受贿脂砚之说当虚。手谈赢砚之说，不过小说家言的噱头。

传砚"正说"

《端方文物传奇》或为"外行"所撰趣说，无关"学术"，专家之研究却也有让人拍案惊奇者。

1981年第4期《历史知识》，刊胡邦炜教授所撰《脂砚芳踪——一件与曹雪芹有关的历史文物的故事》。其所考索的脂砚来龙去脉亦甚奇。"芳踪"大略：

明万历间，苏州砚工吴万有制成脂砚。王稚登以二两银子购得，题镌"调研浮清影"云云之铭以赠名妓薛素素，砚遂为薛氏绣楼案头之物。薛氏不久即死去，砚与薛氏其他遗物一起被售出。

至康熙年间，曹寅被派江南，任江宁织造。某被贬小吏，以古玩贿寅，有脂砚在焉，砚又成曹寅心爱之物。曹寅死后，曹家败落，曹寅子曹頫移家北上，砚归曹頫子天佑所有，携至北京。乾隆时，曹雪芹写《红楼梦》，得堂兄曹天佑大力相助，天佑为此书写有批注甚多。因避文字祸，天佑以批书所用砚上"脂研"二字，取"脂研斋"为化名，并刻"脂研斋所珍脂研其永保"铭于砚，记其参与《红楼梦》之事。

砚在曹氏后，几经易手，落入端方手中。端氏死，脂砚失踪。1955年，砚被一酷爱金石书画的老人偶获于重庆市郊旧货摊。后老人朋友白隆平携砚至北京，售予张伯驹先生云云。

胡先生自记曾与脂砚发现者相识，文章是据砚发现者的"介绍和自己的考索"而写成。

胡先生为中国"《红楼梦》学会"理事，撰有《〈红楼梦〉中的悬案》、《红楼祭——二十世纪中国一个奇特文化现象之破译》等"红学"专著，为"红学"名人，故此说甚有影响，流传极广。前述《端方文物传奇》一文，显然亦借用了此"芳踪"部分故事。

只胡先生之考证，端方以前之砚事，亦未言有出处。此种天马行空式考证，虽所谓专家文章，应该只是文章副题所标"故事"而已。——更为让人困惑的是，这个信口"故事"，居然还被一资深古砚收藏家引用到一篇论说脂砚的文章中，令人无语。

传砚奇话

近年又有新说，较胡邦炜先生之传砚情事更有惊世语。

2001年某期《中山日报》刊一文《紫脂砚传奇》，述脂砚之由来有鼻子有眼，故事大概：

脂砚为万历间苏州砚工宋德钧费时四月制成（效率何其低也？）。被粤商胡竟生购得转赠浙商方清和。方氏镌"调研浮倩影"云云铭于砚，复转赠薛素素。

康熙时，粤人余之儒为求官，以瓦房三间从薛氏后人之手购得脂砚，遂以砚贿赂江宁织造曹寅。

乾隆间，曹寅孙天佑用此砚批点其侄曹雪芹所撰的《红楼梦》，因惧"文字狱"，遂以"脂砚斋"署名。后来，曹雪芹后人穷困，将砚典当于北京"燕轩斋"当铺，被封疆大吏瑞安买下，瑞安在四川"保路浪潮"中被杀，砚失去。

再后来砚被重庆黄笑芸先生偶然发现，黄氏再转售张丛碧先生，最后归吉林博物馆至佚去。

此脂砚"传奇"，所述砚事，无迹可觅，当纯属"说书"。所谓砚工宋德钧、题铭方清和、藏砚瑞安，显然对应者是吴万有、王百谷、端方。文章标题即有歧义，"紫脂砚"是何砚？紫色脂砚？砚背"调研浮倩影"铭文明明落款"王稚登题"，文中却云方氏镌赠薛素素。数黑论黄，离谱如此。

此文作者常于粤地报刊发表文史小品，疑是粤省人，此当是文中所谓脂砚"最初由广东人买下，又经被贬官的广东人之手"故事之由头。

曹家包衣出身，随主子发迹而显贵，明司织造之职，暗实"御用耳目"，监视江南舆情。但曹寅乃一善博雅的高级文化特务，能书善诗，藏书甚丰，今传高似孙《砚笺》，即据"楝亭藏本"所传刻。曹寅《楝亭集》收有砚诗数首，自然，并无脂砚信息。

上述脂砚两"传奇"一"芳踪"，皆只言脂砚流传的"知其然"，而不言何以知其"所以然"；所以，听故事者姑妄听之罢了。

曹寅墨迹所钤印"宿墨能除砚始灵"。句出曹氏诗："宿墨能除砚始灵，多生于此独忘形。何由一致中冷水，鸲鹆长教泼眼青"（《楝亭集·涤砚》）。

国学大师谋宝?

或云端午桥脂砚之失去,竟与民初大名士刘师培有关。

刘师培(1884~1919年)字申叔,仪征人。少承先人业,服膺汉学。光绪二十八年举人。早期赞成排满光复,加入革命党,取笔名"激烈派第一人"。好为大言,张皇国学。后亡命日本,其妇何震以其不获志于同盟会,遂牵入两江总督端午桥幕下为侦探。端氏死,复为袁项城效力,乃"筹安六君子"之一。袁氏败,为时论所鄙。民国八年病逝北京,年仅三十六岁。刘氏对经学、小学及汉魏诗文皆造诣精深,尤擅骈文。有"著作等身"之誉,其国学造诣,近代以来,除余杭章太炎先生外,恐无人可望其项背。

先是端方带兵入川,行至资中,时武昌首义已成功,端氏被困。为疏通川督赵尔丰关节,便遣其婿总文案夏寿田与文案刘申叔、朱三等人,选得名贵古物数挑为礼品,先行至成都斡旋。礼品中即有脂砚。

然夏、刘等人走后次日,端方即被杀,预送赵尔丰的珍贵古董遂下落不明。

端午桥所遣三文案中,名气最大者自是刘申叔。刘氏先投身革命,后被悍妻所误,输款端氏投靠清廷;再复攀附袁氏,鼓吹复辟。时人鄙其政治投机,进而斥其私德,遂有野传其谋吞端方古物之事,且云其所匿古物中即有脂砚。

实者,端氏死,刘申叔亦被新政权四川军政府资州军政分府所拘,后经蔡元培、章太炎等大力援救方被释放。

而事隔三十年后,脂砚复出于川地,也可证刘氏之清白。砚若刘申叔所匿,当早携之出川矣。

更有一说:端午桥入川,刘氏并未随行。时刘氏确在川中,只是任四川国学院讲师。革命军兴,刘被川人拘押,欲置之死,赖章太炎先生以书为解,方得脱身出川。若如此,脂砚之失,与刘申叔更无关涉。

刘申叔变节革命,沦为保皇一党,政治操守固是可鄙;然私德似无大垢,言其窃宝,冤哉!

偶得之

与脂砚同时失踪于川中的《红楼梦》"端方本",为端午桥偶得于丰润一地摊,故又称"丰润本"。端氏入川亦携之随行。端氏被杀,抄本亦与端氏其他古物一起流散民间。后资中时有古物现世,云皆端氏故物。

传民初时,晚清重臣荣庆曾遣一太监,装成僧人入川秘访"端方本",结果不明。

幸者,脂砚却再现人间。其再次出世,亦有缘人偶然所得。

1953年10月某日,时为重庆大学教授的黄笑芸先生应友人之约,饮于渝城西郊。回

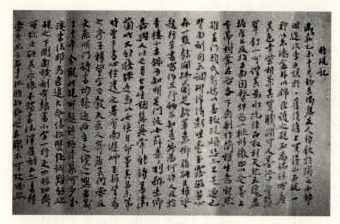

黄笑芸先生《脂砚记》手迹

城途次李子坝，于一旧货担上以二十五元购得脂砚。黄先生作有《脂砚记》记得砚始末，发表于1979年出版的《红楼梦研究集刊》第一集。文中对脂砚石质及盒盖内薛素素小像的描述，较丛碧先生略详：

> 砚石为端溪所产，其色青紫相兼，其质腻润可人。墨池中有翡翠钉一，可证其为水坑佳石（翡翠钉并非水岩独有，此说有误）。取材天然……刀痕细如游丝，仿佛若一小窗，茜纱双卷，中一女郎，鬖发蓬松，挽双髻，服轻绡，袖手凭阑，作凝眸眺望之状。

黄先生记此砚的学术价值：

> （脂砚）几历沧桑，今复流出，幸而获之。我愧不文，惟摩挲觇玩，徒想象素心人于画图刻镂之中耳。然而雪芹一编，尚得蜚声于百世之下，此区区片石未尝不与有力焉。爰为之记，庶几并传于不朽云尔。

黄笑芸（1916～1998年），原名世铭，号抱璞室主人、清宁洞口扫叶人，重庆江北县人。出身书香门第，毕业于川大中文系。擅长诗词书画，嗜金石考据。精篆刻，为重庆"巴山印社"创始人之一。民国时，黄氏已有《抱璞室印存》刊行。20世纪五十年代后，境遇颇惨，一度靠社会救济度日。1998年，居屋倒塌，不幸逝世。

黄笑芸先生记得砚时：

> 锦匣已破损不堪，上有退色之桃红小签，题曰："素卿脂研。"隶书甚古朴，而无款识。余初得此砚时，匣中尚存有脂砚之拓片数纸，拓墨甚精。右下角钤有白文小印，曰："匋斋。"颇似吾家牧甫先生手迹。

所谓砚本端方所藏，盖据匣内砚拓"匋斋"小印而定。

黄氏认为锦匣题签乃吾徽黟山印人黄牧甫（因两人同姓，故黄笑芸先生称"吾家牧甫先生"）手迹。光绪二十八年，牧甫曾应时任湖广总督的端氏邀请，至武昌为其编辑《匋斋吉金录》和《匋斋藏石记》。

黄笑芸先生"后脂砚斋巴人黄笑芸"印

借丢了

黄笑芸先生无意间得此名物,遂自号"后脂砚斋主人"。其《脂砚记》又考证砚是曹雪芹所遗:

> "脂研斋"之名骤不可考。偶然忆及清乾隆时曹雪芹所著之《红楼梦》,最初传出,为署名曰脂研斋评点之八十回手抄本,先后有再评三评之本传出。此外,闻见所及,不复有以脂研名斋者。于是乃恍然大悟曰:此雪芹斋中之故物也。人间尤物,无意得之,喜不自胜……

今人亦有直接称此砚为"曹雪芹脂砚"者,亦讹说。正名应为"薛素素脂砚"、"脂砚斋藏薛素素脂砚"或"脂砚斋脂砚"。

从碧先生《脂砚斋所藏薛素素脂砚》文中云:"端死后,砚流落于蜀人藏砚家方氏手。"而后"蜀友戴亮吉君持以示余",并无砚曾归黄氏之言。

又见一新说,2008年某期《重庆晨报》刊《红楼脂砚秘藏重庆多年》一文,记黄笑芸先生一弟子所透露黄氏失砚隐情:

> 这与一位白姓人士有关。白氏早年曾在伪满洲国任文物官员,解放后在重庆生活。白氏一次走访黄笑芸,而黄并未在家。白氏在黄家见到了这块脂砚后,提出要借去看看,黄母不许,白氏留下五十元"押金"后还是强借去。据记载,这方脂砚被著名收藏家张伯驹以八百元收购(原注:一说一千二百元)。

据此说法,则砚并非黄笑芸所甘愿转让,乃白某人乘黄氏不在家,见宝而起贪念,借机从黄母处诳走者。从黄先生《脂砚记》中其所流露出的珍爱之情看,必不肯轻易让砚,"强借"之说信为事实。

然则,此位掠宝的"白某"乃何方神圣?

白某黑手

周汝昌氏《红楼梦新证》"补说三篇"附录中云:"脂砚即端方旧藏,由重庆白坚甫携来北京";胡邦炜氏《脂砚芳踪》云:脂砚乃"一酷爱金石书画之老人"获得后,由其友"白隆平携至北京,售予丛碧先生。"并注释云:白隆平"即周汝昌同志在《红楼梦新证》一书中提到的白坚甫";黄笑芸弟子亦云:黄氏之砚乃被一"白氏"诳走。

由是知之,"强借"黄氏脂砚的"白氏"即白隆平,亦即《端方文物传奇》所云之"白申甫"。

白隆平,名坚夫(坚甫,或又名申甫?),四川西充人。传其早年留学日本,娶日女为妻。曾为吴佩孚大帅府秘书长，未知是否史实。此人长袖善舞，乃当年北京古玩行著名掮客，向日人倒卖名物甚多。颜鲁公手书《告身帖》、苏东坡《枯木怪石图》即由此公过手转卖与东洋人。丛碧先生《春游社琐谈·陆士衡平复帖》记：

> 西晋陆机《平复帖》……帖由沅老（傅增湘）持归，跋后送余。时白坚甫闻之，亦欲得此帖转售日本人，则二十万价殊为易事。而帖已到余手。

张丛碧为留下宝帖，抢得先机，筹得大洋四万元从溥王孙（儒）处购得西晋陆机《平复帖》，而白隆平为得此帖倒卖予日人，竟不惜多出五倍的重价购之，可知白氏当时在古玩行里势力之大。

张伯驹先生记录《平复帖》手迹

白隆平尝受汪伪政府所遣，赴日交涉被日军掘出偷运回国的"玄奘法师灵骨"石函，终索回顶骨三片。其倒手大量文物流往异邦固是罪人，索灵骨之行却也可圈可点。

黄家脂砚，被白氏此种掠宝巨手所觊觎，不失也难！

戴氏做媒

虽然脂砚在黄笑芸之后，被白隆平所得已可确知。但胡邦炜先生直指白氏直接售砚张丛碧之说，应非事实。白氏之售砚，应是假戴亮吉之手。

当事人丛碧先生言之甚明，砚乃得自其好友戴氏。

丛碧先生得砚之"癸卯"即1963年。此前一年，白隆平携苏东坡款《潇湘竹石图》进京求售，专家多目为伪品，未有接者。时任北京市委书记的邓拓偶见此画，自信满满，认为必真，以重价购下，一时皆誉邓氏慧眼识珠，"抢救国宝"云。可知当时白氏仍操古玩旧业。

丛碧先生获砚于戴氏可无疑，然为何未言砚由黄氏发现而后被白氏转卖，却言原藏者为"蜀人藏砚家方氏"？

我的推测：白氏见夺黄氏砚后，遂携之出川，入京寻觅买主。但当时已物是人非，日人老主顾自不必说，旧家亦被扫荡殆尽，新进城者又无由相识。好在张丛碧虽成"右派"，尚未受大冲击，且玩古大名尤在，白氏便想售砚于张。但对张不齿自己昔日交通

东坡款《潇湘竹石图》。邓氏所捐，今藏中国美术馆。此画实大可疑，杨升庵跋语不能圆说。从画艺看，虽笔精墨妙，但太过秀气，坡公画应无此"专业"。似元人作品。

东洋倒卖古物的行径，白某有自知之明，故托同乡戴氏荐砚于丛碧，遂成交易。

当然亦有可能，戴氏见砚为罕有名物，主动推荐于好友张丛碧。

因此，胡先生云"白隆平携至北京，售予丛碧先生"之说，应是不知有戴氏从中斡旋之事。

方黄王汪万范花

戴亮吉，名正诚，词人郑文焯婿，民初官财政部主事，金融巨子，重庆江北人，好游山水，能诗文，撰有《黄山游草》一卷。

张丛碧所编《春游社琐谈》收有戴氏文章多篇，两人当为文字友。戴氏与黄笑芸为江北小老乡，必曾告知张先生黄笑芸得砚原委，其云"蜀人藏砚家方氏"，当是被黄氏四川口音所误。

民间绕口令：

> 百家姓，姓百家。仇周赵招曹寿邵，念错了，闹笑话……高顾郭葛古柯戈，方黄王汪万范花……

南宋周草窗（密）《癸辛杂识·黄王不辨》云："浙之东言语，黄王不辨，自昔而然"（此实不仅浙东，我邑方言"黄"、"王"亦同音）。

今人有所谓"天不怕，地不怕，就怕四川人说普通话"之说（实所谓"北方语系"中，"川普"甚爽朗）。戴氏川人，想对"方黄王汪万范花"未得要领，所说四川官话"黄"、"方"不辨，"念错了，闹笑话"。丛碧先生便讹"黄"为"方"了。

所以，张丛碧所记"蜀人藏砚家方氏"，实应是"蜀人藏砚家黄氏"。

周汝昌氏是从张丛碧处听得获砚故事，故又讹成"此砚蜀中戴亮吉先生得于旧物担上"（《脂砚的来踪去影》）；"戴亮吉……是发现'脂砚'原物的人"（《潘素：黄叶山村入画图》）。

黄笑芸先生《脂砚记》发表于世，已在1979年；故张丛碧获砚之上世纪六十年代，时人多不知脂砚出世真相，遂有戴亮吉及"一酷爱金石书画之老人"、"方氏"发现脂砚的讹传。

自买·代收

脂砚有一问题尤须辨明，盖兹事体大，于丛碧先生之名誉甚有关碍。

见过脂砚原物的周汝昌氏，在《脂砚小记》中记脂砚是戴亮吉"持至京华，乃以善价归丛碧先生"；在《脂砚的来踪去影》中更云砚为："张伯驹先生以八百元收之，后归吉林省博物馆珍藏。"言砚为丛碧先生所购买，且明确记购砚价为八百元。

然而，丛碧先生自云"因为吉林省博物馆以重值收之"，言明砚为吉博所代收。

张丛碧之收脂砚，究是自买？还是代购？

张丛碧1962年起任职吉林博物馆，砚在次年所购。其购砚时，已是吉博在职人员。当时"破四旧"虽还在三年后，但时局已然"山雨欲来风满楼"。早在六年前，因筹演禁戏京剧《马思远》，张丛碧已被划为右派。试想除康老、邓书记、田秘书等可玩古无忌外，彼时"旧人"谁尚敢、谁复有心思玩古？

再者，张丛碧其时即便有心，恐也已无力购砚藏玩。周氏《脂砚小记》附记有云："这一枚脂砚，张先生收留之时他已没有多大财力，因此听说后来转归了长春博物馆。"

自20世纪五十年代起，张先生夫妇陆续捐出所藏古书画。1965年，又将所余名迹悉数捐予吉博。彼时购藏脂砚，亦悖常理。

因之，脂砚应是张丛碧为吉博所代收。盖其认为脂砚乃"红学"极重要之文物，不应散失，故虽经济困窘，乃购下作暂存计，随即联系吉博购藏。与购脂砚同一年，张丛碧尝介绍王世襄氏将古琴"松风清节"作价一千元转让吉博，此事或可作一旁证。

今人复别有一说：云砚乃丛碧先生捐予吉博。此说虽可扬先生高风，但张家当时已为生计坐困，节衣缩食购砚捐公亦不合情。

而八百购砚一千二售公之说，更不可靠。为护名迹不惜毁家纾难，所捐名迹价值连城，张丛碧先生岂是斤斤乎蝇头小利之人？

翩翩浊世佳公子

所谓造化弄人，岂非正说张伯驹先生之遭际乎？

王静安先生在《人间词话》中谓李后主："阅世愈浅，性情愈真"、"不失其赤子之心者也。"以此评比之张丛碧亦诚是；只此类"赤子"因出身膏粱，少被名利所垢，政治上却多太过天真。

所谓"民国四公子"中，红豆馆主"侗五爷"傅侗，虽时称雅流，不过以出身浪得时誉，今谁记得？洪宪二太子袁寒云（克文），视其苦谏老袁称帝，并非只知低吟浅唱、诗酒风流，原是有大识见的才士畸人。东北张公子，政治是非自有后人评说，此位舞林高手，对古董珍玩也兴致盎然（传故宫文物数百箱经其手流出）。张丛碧先生，纵观其一生，概言之，以1949年为分野，前后之遭际譬如泾渭。早年以父张镇芳（袁项城表弟）的荫庇，是一"专业公子哥"，琴棋书画、诗词戏曲尚属玩票，"职业"是三个字："攒书画"。后半生，亦三字可道尽：捐书画。

奇谈者：丛碧先生受聘吉博，被授副研究员。不知以先生的修为只值"副研究员"，何人够格"正研究员"？

张丛碧晚年得病，因级别不够而不得善治，虽然其所捐书画名迹，足以买下何止数十家医院。

丛碧先生尝云："予所收藏，不必终予身，为予有，但使永存吾土，世传有绪。"世无张丛碧辈不遗余力的藏宝、护宝，不知有多少巨迹被白隆平之流倒往异邦。张丛碧，固公子哥出身，然真一翩翩浊世佳公子也！

脂砚之名声甚大，固因关涉"红学"，但经大收藏家张伯驹的扬誉亦一要因。

展没了

张丛碧得脂砚之1963年，虽然俞平伯等正派"红学家"早已大受冲击，但"红学"主流为政治运动服务，故即便"文革"时，"红学"仍一时风光无限，俨然"显学"。

脂砚自归吉博，轰动一时。胡邦炜氏《脂砚芳踪》记：

> 1963年8月，在北京故宫文华殿举行了"曹雪芹逝世200周年纪念展览会"。会上，展出了有关曹雪芹生平的大量资料和文物。其中有一方被称作"脂研斋所珍之研"的小石砚，引起了人们极大的兴趣。陈毅同志也在百忙中亲临展览厅，对伟大的作家曹雪芹和他的不朽巨著《红楼梦》作了很多深刻细致、精辟独到的分析，并且用放大镜仔细地观察了这方小石砚……

意外者，因为脂砚名声甚大，也由此招来"黑手"，此馆藏"红学"宝砚，竟很快"丢失"。

自在故宫展出后只三年，"文革"起，砚由外地展出运回吉博，途经北京时，竟神秘逸去，至今下落不明。

"文革"中砚史两大悬案：吴家秘藏岳飞砚、吉博公藏脂砚，皆不翼而飞，疑是"识货"的"雅盗"所为。

据周汝昌氏说法，砚失踪后：

> 该馆（吉林博物馆）人员来京调查，向我询问，我方得知曾经有人携往日本办

"展览"，而展后即"不见"了，不知为何人"纳入私囊"云。（《脂砚的来踪去影》）

《端方文物传奇》将"纳入私囊"者直指为江青，恐"打落水狗"之言罢了。

脂砚被好玩古砚的"文物大盗"康生"借走"倒合乎情理，只难以栽赃者，康氏遗砚今日全在公藏，并无脂砚。

飞走了

脂砚失而复得，得而又复失，其丢失原因近又有详说。

《传记文学》2007年第4期，刊《张伯驹致王世襄书札》一文，作者云文章乃根据"当事人黄苗子先生回忆"，其经过概略：

1963年，周恩来授命举办"曹雪芹去世200周年展览"。由时任文联副秘书长的阿英负责，黄苗子被借调参与筹备。因传闻脂砚在张丛碧手，黄与张稔熟，遂由黄向张借得脂砚参展。脂砚在东华门文华殿举办之展览中引起轰动，应日中友协要求，全部展品送日展出。后发现日方所印展览图录中缺少脂砚等部分展品，遂展开调查。原来与展品同机者还有运赠柬埔寨之礼物，飞机曾在柬境内停留卸货再飞日本，中途却错将展品箱当礼物箱留柬。日展结束，展品运回北京文化部二楼对外文化交流协会。时国内"文革"正酣，展品被闲弃楼房过道。故宫知悉后，及时将其提供之展品检出运归，其他单位提供之展品却无人敢于过问。回京不久，黄苗子即失去自由。而脂砚，不仅未在日本展出，且就此失踪。

此说显然亦有不实，其云脂砚送展乃由黄苗子商借于张丛碧，若其时砚尚在张丛碧处，则借后即失去，何来吉博曾藏之说？

然其记脂砚丢失的过程未必虚构，此事不外乎此数种情况：或是装机起运之前即失去，或是因疏忽遗于柬国，或是运回后被人乘乱窃走。

脂砚因疏忽遗失异邦的可能性有之，但以时势度之，砚若非被有力人士豪夺"借走"，必是被有心人士巧取"捞走"。

二百年来罕遭之异珍

脂砚虽失去，然其横空出世所带给"红学"的冲击波却不曾少歇。

罗继祖先生云："丛碧先生……意即世所盛称脂砚斋评本《石头记》之脂砚也。"丛碧先生更认为脂砚的意义："依此始知脂砚斋命名之所由。"

当然，凡"红学"、"曹学"、"芹学"的相关文物，必须与"再次带动红学热"、"红学"大作迭出的周汝昌氏评断有关。1963年春节，丛碧先生甫得砚，便携之专程赴天津，请周氏断个真章。

周氏《脂砚小记》记其获观脂砚原委：

> 去年（1962年）除夕，蕴庵兄（陈迩冬，其号蕴庵）贻书告诘：闻蜀友言，脂砚为物，尚在人间，可以踪迹，当时已诧为奇闻。今岁开春甫数日，丛碧先生忽见过小斋，谈次，探怀出一小匣，曰："今日令君见一物！"启视，则脂砚原石赫然在眼。叹为二百年来罕遭之异珍。爰为小记，以述梗概，亦艺林一段佳话也……

果经"红学"大专家法眼，不让丛碧先生失望。周氏《脂砚小记》判砚有多条，皆赞不绝口。计有：

> 叹为二百年来罕遭之异珍！
>
> 按诸题刻，此砚实乃明代才妓薛素素遗物。
>
> 证以铭记，无不吻合。而"余润拂兰芝"之句，暗切其小字"润娘"与工绘芝兰而言，尤为显证。
>
> 此小砚即名妓才媛之研朱砚也，故取名"脂砚"以关合之。
>
> 脂砚之出，非独艺苑传赏之宝，实亦文坛考索之资。

《脂砚小记》发表于1963年3月6日香港《大公报》。至此，脂砚一锤定音，成真品"不二"。

不准疑！

周汝昌氏之鉴脂砚，归之一字曰："真"；归之二字曰："绝真"；更有三字曰："不准疑"！

《脂砚小记》附记有云：

> 听说又有人"鉴定"此砚也是"假"的，幸好，倒没说砚是凭空假造的，而是"已非原件"，是照原物仿制的。假使如此，那么这块已遭迷失的"假"物，仍然具有"乱真"的形态、铭刻，也就是足够代替原件供人研究的珍品了。

不知其所云"仿品"之说出处为何，想如果前提是"仿品"，则何以知其原本必真？

周氏又云，因有"妄人"伪造曹雪芹"假东西、假文字"：

> 于是有些人就被这些事缠得不耐烦了（原注：确实可恨），或者失于急躁了，便不加任何具体分析研究，将性质不同、情况不同、出现原因不同的一切雪芹文物资料一概加以怀疑：都是假的！并且以文物鉴赏家的自信感轻予"判决"。我要说，妄人混造伪品，对真实文献确实是个极大的起混乱作用的坏事情，怀疑反对的，岂不正是为了辨伪存真、斥伪返本？如果你将真的也不去认真考辨，咸加讥

讽，这貌似高明，其实却中了奸人之计，搞出了"玉石俱焚"的结果来，那么你的高明也就要成为问题了……

对疑脂砚不真之类说法，周氏大不以为然——问题是，周氏自己历年来声称"发现"曹氏的"遗物"、"遗迹"、"遗作"多矣；甚至有周氏"红学"同志吴恩裕、胡德平等，将周氏所作高明的"曹雪芹诗词"奉为曹雪芹及友人"真迹"的笑话，让吴、胡等"红学"名人"自信感"很是受伤……

"真理越辩越明"，此"不准疑"高论，实在让人错谔。

不准挂！

当今"红学"界一大乱象，是争挟"曹子"以令诸侯，鸡毛令箭乱飞，如"曹雪芹祖藉之争"、"曹雪芹标准像"闹剧，种种"专家意志"，不说也罢。

由周氏之"不许疑"，想起一更加荒唐的"红学"疑案，是为"不准挂"。虽与脂砚无关，却与"红学"、林黛玉及周汝昌氏有涉，甚至与端午桥也可"勾兑"上，不妨一说，以助谈资。

传抗战时，昆明街头新开一牛肉馆，因老板为湘人，遂挂招牌曰——潇湘馆。某日，某"红学"名人路过，认为店名亵渎了彼心中之林妹妹，勃然大怒，悍然挥舞手杖大砸其店泄愤云云。"打店"主角有两说，一为名教授吴雨僧吴宓，一即周汝昌氏。

吴雨僧素迷《红楼》，自号怡红公子，又自称为紫鹃，盖紫鹃爱护林黛玉最纯粹。此公言不阿贵，行不倿荣，颇有"名士气"——民国时，社会也颇能容忍名流们之有"名士气"。故彼时彼地，想吴雨僧是干得出此等孟浪事的。

而周氏迨至1953年，方因《红楼梦新证》一书暴得大名，民国时不过是一学界"无名氏"，自然无此砸店派头。实际上，周氏成"红学泰斗"后，也不见有多少"名士气"——并非名人就必然有"名士气"。此关乎气度、胸襟，乃至"根器"。

张爱玲《红楼梦魇》云："钗黛入教坊，更杀馋过瘾，是清末林黛玉艳帜的先驱。"此处所言，乃清末沪上花界花魁"四大金刚"之首林黛玉。其本沪郊陆氏女，以家贫堕落烟花，"林黛玉"其艺名也。此林姬喜重黛画眉，盖其久浸烟花，淫滥过度，

清末火花《二美图》。图中为沪上花魁"四大金刚"中两位：林黛玉与陆兰芬。右侧图中人即端方的"红粉知己"，吴宓先生（或周汝昌氏？）之"显学仇敌"——陆姬"林黛玉"。

梅毒染体，眉际留一斑痕，遂不得不藉此以为掩饰云。

在"红粉"（《红楼》迷）、"林粉"（林黛玉迷）们眼里，一个卖"人肉"且身患花柳"脏病"之烟花女，居然盗用冰清玉洁的林妹妹之芳名，这比挂"潇湘馆"招牌而卖牛肉，更又何其恶劣。无论砸店者为吴、为周，以彼种"名士气"作风，惜生也晚，倘早生数十年，路遇林姬黛玉，如何处置？当街扢毙？迫其登报改名？

林姬艳帜高张时，颇邀贵赏，段内阁内务总长汤化龙尝不惜一掷三千金，只为邀佳人春风一度来。当年端午桥行辕，亦见林姬芳踪。不知彼日"红学家"端午桥，面对林姬又是如何场景，打趣恐怕必然不免。

脂砚何"脂"？

脂砚的一大争议：砚名何解？

从碧先生《脂砚斋所藏薛素素脂砚》有云：

> 砚下边刻隶书小字"脂砚斋所珍之砚其永保"十字，依此始知脂砚斋命名之所由。

意思是"脂砚斋"乃因藏此薛素素所遗脂砚而名其斋，文中曾言砚上"旧脂犹存"，似言其砚为调胭脂之物耶？

张从碧好友、古文字学家于省吾（思泊）云：

> 脂砚斋所称之脂砚，言端砚之细腻如肉之脂，犹玉之称脂玉。蒲松龄《聊斋志异》有"猪血红泥地，羊脂白玉天"对话（句见《乩仙》篇）。（《春游社琐谈·曹雪芹故居与脂砚斋脂砚》）

于先生之意，脂砚之名是从"脂玉"所衍生而来。此说旧已有之。计楠《端溪砚坑考·熊坑》，记一方明末熊文灿所藏"熊坑"石"脂玉砚"。砚"色润而淡，发墨异常。五活眼在砚池上。背镌"脂玉"二篆字，熊公自记年月日于旁"。

在此"脂砚"得名问题上，周汝昌氏又革了其"红学"引路人胡适先生一命：

> 过去胡适硬说"脂砚斋"就是曹雪芹的化名，并把"脂砚"解释成为"那块爱吃胭脂的石头"。这件砚石的发现，根本驳斥了他的这种谬论。（《红楼梦新证·脂砚斋藏砚》）

胡先生未曾见过脂砚，故也无从得知其对脂砚之高见如何。

1954年，毛泽东就《红楼梦》研究问题，致函中共中央政治局，号召开展"反对在古典文学领域毒害青年三十余年的胡适派资产阶级唯心论的斗争"。周氏作此《脂砚小记》时，胡先生早已是一"死老虎"了！

胭脂晕·胭脂韵

周汝昌氏之解脂砚砚名:

"脂砚"一词,本是专用于妇女的,不作别解。有人释"脂"为"羊脂玉"的脂,指色白细润的石头,或说成是端砚的红色斑"胭脂捺",等等,都是错的。如参看明末谈迁《枣林杂俎》"彤管"一条云,"(原注:万历贡士兰溪舒大猷之妇)陆静,专工小词,以脂笔书字,落红满纸。"就可以省却许多无谓的风影之谈了。(《脂砚斋藏砚》)

"脂砚"之"脂",尚难遽解为"胭脂"一义;盖"脂玉"之脂,可以形容美玉之洁白温润矣;端石诸色彩中,其淡红者又有"胭脂捺"之名矣;此皆石质之品目,而未必即与人事有关也,云云。今实物既出,乃知当年拙解,幸而言中,此小砚即名妓才媛之研朱砚也,故取名"脂砚"以关合之。(《脂砚小记》)

《脂砚小记》曾记"脂砚,歙石,非上上品,然亦细润可爱"。但先后入藏的黄笑芸先生记砚"端溪所产";丛碧先生记砚"微有胭脂晕乃及鱼脑文",亦必言是一端石,故周氏若非识砚不精,则必所记有误。否则,若砚歙材,胭脂晕之"脂"无从说起。

我以为,以脂玉之"脂"、胭脂晕之"脂"解"脂砚",皆似勉强。

陆氏所谓"以脂笔书字",想可能是爱用眉笔或喜用毛笔沾胭脂写字,故"落红满纸"之"落红"指胭脂。其"脂笔",指沾胭脂之笔,未必指"专用于妇女的"笔。

胭脂水粉,本红颜第一"情人",亦可代指女人,所谓"红粉知己"。同理,女子用砚原属"闺房香泽",将"(胭)脂砚"作女子用砚之别称,有何不可?况薛素素本风尘中以色艺侍人的所谓烟花"粉头",涂脂抹粉原是其本色所擅胜场。

所以,"脂砚"其名或与研朱研墨之用、石质石品之美无关,乃"女人砚"雅称耳,故周氏"专用于妇女的"之说更近情理。

只"不作别解",何又太过绝对?

"脂砚"何"斋"?

"红学家"们欲藉脂砚解决之难题,亦脂砚作为"红学"名物的价值所在——脂砚斋究为何人?

脂砚斋,此"红学"要角身份之谜,论者莫衷一是,或云曹雪芹本人,或云曹雪芹族叔、堂兄弟等等,难有笃论。

周汝昌氏以为脂砚之发现,为其主张脂砚斋乃"'女性湘云说'增添了人所难料的证据"。并举《红楼梦》书中诗为佐证：探春诗"玉作精神难比洁，雪为肌骨易销魂。
芳心一点娇无力，倩影三更月有痕"之"芳心一点"，引用自脂砚所镌"芳心在一点"
句；宝钗诗"胭脂洗出秋阶影，冰雪招来露砌魂"之"胭脂"、"倩影"、"露砌"，
亦暗从百谷砚铭脱化而来。故周氏结论："这一切，表明了脂砚其物其人对于《红楼》
创作的重要作用"（《脂砚的来踪去影》）。

周氏此说，似有附会之嫌。"芳心一点"、"胭脂"、"倩影"、"露砌"乃古诗
文中常见之词，《红楼梦》中诗词甚多，出现数词与砚铭相类有何稀奇？

只从脂砚本身看，实少藏者信息，甚至其性别亦难确定，故丛碧先生云藏者："可
以是女"、"亦可是男"，未因砚铭而得出"脂砚斋"为何人的定论。

周氏又尝云"此小砚即名妓才媛之研朱砚也"，以之作为"脂砚斋"必为女性且直
指是史湘云的物证之一。

砚遗有"余脂"，其"脂"若为胭脂，固女子用砚，若朱砂则未必，盖研朱而勘书
点易，反是士大夫文人之常做功课。

所以，云脂砚为薛素素"名妓之研朱砚也"，或是后来之藏者"脂砚斋"的"研朱
砚也"，亦可；但因之断定"脂砚斋"必是一"才媛"，实少根据。

玄　学?

周汝昌氏心中的"脂砚斋"，实际上一直是一往情深地属意于史大姑娘的：

> 拙著考明批者是一位女子，是曹寅内兄李煦的孙女辈，也就是书中史大姑娘湘
> 云的"原型""模特"。拙说出后，评者众口喧腾，反对者说是"匪夷所思！"赞
> 成者则惊喜倾倒，口服心服，例子多极了。这是红学史上一大"突破"与佳话。
> （《脂砚的来踪去影》）

其于"例子多极了"，又特别有注：

> 如先师顾随先生初见《红楼梦新证》，即以长札予以奖许；说脂砚即湘云"铁
> 案如山，不容置疑"（近日学者沈治钧先生考证出周氏声称顾随先生"以长札予以
> 奖许"之《木兰花慢》词，实为咏《红楼梦》而作）。又如黄裳老同窗最近新书
> 《灯下随笔》中又重提旧事，也说拙考脂砚湘云之发现，虽异说纷纭，终不能改变
> 他对此义的承认："被说服了"。余者不及备列。

虽然周氏文字偏好一惊一乍，但其自白脂砚斋"女性湘云说"之考证方法，更让读
者心惊肉跳：

> 平生在红学上，自觉得最为得意而且最重要的一项考证就是本节所标的这个题

目的内涵。这种考证，与其说是靠学识，不如说凭悟性。（《周汝昌梦解红楼·脂砚即湘云》）

恐"凭悟性""这种考证"法得来之"史湘云说"，欲"统一认识"，实在也难。

我所疑者，"脂批"中的脂砚斋自称"老朽"。老朽"意为衰老陈腐，老年人自谦所称，男性习用；老年妇女则自称"老身"——抑周氏的"梦中情人"史大姑娘，一介女流之自称会性别错位如此？

之　流？

更不解者，周氏解砚上"脂砚斋"只留斋号而不署名的原因：

> "多材（原文如此，似应作"才"）多艺"的"风雅"名倡，是明代封建社会的罪恶产物，这本来不值得加以称说，但乾隆时代的"体面"人物，却也不敢公然表示对薛素素之流有所"赏识"，更不要说胆敢把"脂砚"一词取为他的"斋"名了……（脂砚斋）绝不是一个"正统"、"礼法"、"道学"、"名教"所能羁绊的腐俗之辈。（《〈红楼梦〉及曹雪芹有关文物叙录一束》）

此文刊于1973年《文物》第2期，在彼时语境下，"名倡（娼）"乃"封建社会的罪恶产物"之类政治语汇可不论。但事实上，"乾隆时代的'体面'人物"如袁枚等对多才多艺的风雅名倡马湘兰、柳如是"之流"皆有诗文赞咏。然则"脂砚斋"对"薛素素之流有所'赏识'"，有何怪哉？

况"脂砚斋"既"绝不是一个'正统'、'礼法'、'道学'、'名教'所能羁绊的腐俗之辈"，又何必在乎"公然表示对薛素素之流有所'赏识'"？

又，《楝亭集》载有曹寅三题长达五百余字之长诗《题马湘兰画兰长卷》。诗有句："亘史仍余季布名，横刀那见碓儿死。"又有题马湘兰《竹图》一跋赞："马校书少负侠气，摆脱故习，一时有季布之称，且寓之必文入格。"所画竹"乃校书之真情妙韵乎！取之幛间，以助行色。湘兰有灵，兼可猒冬烘之主司也"。

相信周氏对"红学基础读物"《楝亭集》即便不至倒背如流，也当滚瓜烂熟，何以竟不见曹寅一而再、再而三地"公然表示对薛素素之流"的勾栏同行姊妹马湘兰"赏识"如此？

"脂砚斋"，不过一斋名，末必字字有"真事隐"、"假语存"的"微言大义"。

依然你猜我猜大家猜

周汝昌氏解"脂砚斋"砚铭，尚有高见：

> 而落落十余字外，乃绝不存只字之下款，文玩铭题，此例良罕。

脂砚藏款"脂砚斋所珍之砚其永保"十字中，后七字实纯属"废话"，于考证无补。就砚说砚，藏者只镌斋号"穷款"，此种落款形式在砚及其他文玩铭题中，其例举不胜举，是再普遍不过之事，丝毫谈不上"良罕"，不值赘言。问题恰恰在于，此砚只"脂砚斋"三字，而无姓名款，给今人对铭者归属的考证带来极大困难。

脂砚之出世，似并未满足"红学界"寄予的厚望，于解开"脂砚斋"身份之谜帮助不多。之所以此砚一出，并未变成"红学""一唱天下白"的"雄鸡"，在于只凭"脂砚斋"等寥寥数字，即使巧舌如簧、妙笔生花的"巧媳妇""红学家"们，也难为"无米之炊"，少有大块文章好做。

如周氏观点，"脂砚"为"女子用砚"的泛称，则既不能排除某位痴迷红颜香泽的佚名氏亦取"脂砚斋"为号，更难以确定脂砚上此"脂砚斋"必是《红楼梦》的批注者脂砚斋。

黄笑芸先生所云之"此雪芹斋中之故物也"，更属"恍然大悟"的"拍脑袋"之说。

脂砚现世的结果，除为周汝昌氏一贯主张的、"凭悟性"产生的"史湘云说"锦上添花外；仍未突破此前"你猜，我猜，大家猜"之谜局，"脂砚斋"的身份仍然归于无解。

脂砚之价值，乃缘附着于"红学"而被罩上一层炫目的光环，"红学"走红砚也大"紫"，实是砚史一"异数"。

可以想见，脂砚斋身份之迷，"红学家"们依旧会前赴后继、乐此不疲地一直"猜"下去。

疑者有因

虽然周汝昌氏不遗余力宣扬脂砚必真，但"力斥脂砚之伪"者大有人在。

1980年《红楼梦研究集刊》第3辑，刊登郭若愚先生文章《有关曹雪芹若干文物质疑·砚石》，对数品所谓"曹雪芹遗物"：扇股、塑像、书箱、砚石、图章、笔山，提出质疑。

后三物皆周汝昌氏《〈红楼梦〉及曹雪芹有关文物叙录一束》一文所发表。"砚石"，即脂砚。

郭先生指砚赝品之理由，概言之为：

一、砚名：砚石和胭脂无关联，"脂研"和"脂砚"皆不可能存在。"脂砚"之名是将古代闺中"画眉砚"、"朱

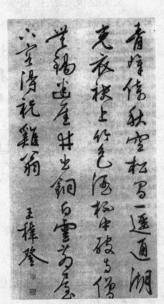

王稚登行书诗轴

砚"、"胭脂"等概念混淆一起而成。

二、书法：砚背王稚登铭文书法软弱披靡，与传世王字墨迹不同；王氏写砚铭此类小字少有行草多是楷体，故铭文乃摹缩王书行草大字风格而成。

三、刻工：砚面池上所刻两叶，不伦不类，非桃非梨，非榴非柑，交代不清，决非名工所造。

上述三条只算"软伤"，还有一条关键"硬伤"——年款。其考：

> 此砚砚盒底部有"万历癸酉姑苏吴万有造"字样，砚盖内刻薛素素小像，再无其它年款，是为均出一人之手制，可知在明万历癸酉年此砚已为薛素素所珍藏。按明万历癸酉是万历元年，公元一五七三年，这一年是薛素素降生之年，她的年龄只有一岁，我想她那时只要吃奶，大概决不会去使用这方"脂砚"的罢！

郭若愚先生既是红学家，撰有《红楼梦风物考》，又是知名文博学者（亦藏砚有得，有砚著《智龛品砚录》）。故此脂砚伪品之说自文章发表以来影响甚大，《中国古代文房四宝鉴别》即举其说，作为古砚辨伪的范例。

考少实据

郭先生所疑，有一定道理，又有可商榷之处，甚至明显有讹说。

关于砚名：郭先生认为"脂砚斋"之"脂"乃指砚上"胭脂晕"而言，而非指胭脂。此说恐难自圆，既然"脂"可因"胭脂晕"而言，为何非议"脂砚"其名？

又，铭文书法：黄笑芸评王百谷铭："书法雄秀，直追大令。"虽过誉，但铭字风格与百谷书风约略相似。所谓王氏小字少有行草多作楷体，更是太过绝对。大字缩刻，易显纤弱，此铭确有此嫌疑，但也不过推测罢了。

更者，刻艺本身：此种刻桃形或曰木瓜形砚式，传世物不少见。况名人不尽是藏砚家，未必懂砚，所用凡品多有之。黄笑芸先生形容盒盖内薛氏小像"刀痕细如游丝"、"简静生动，致足传神"；砚侧"脂研斋"隶书数字，"不独书法浑厚，刻工亦甚精"。至少以刻工论，砚上铭字与小像非一时好手不能为。

遍检未得薛氏生卒年。《有关曹雪芹若干文物质疑》文中郭先生所提供薛素素生于万历元年之根据：

> 薛素素（1573～1619年）（明），女。万历间浙江嘉兴妓……
>
> 录俞剑华《中国美术家人名辞典》

但查上海人民美术出版社2000年再版修订本俞氏《中国美术家人名辞典》中，"薛素素"条却是：

薛素素，（明）女。万历（1573～1620年）间浙江嘉兴妓。

括号内1573～1620年，为明神宗万历元年至48年，指万历帝在位年数。1573年，仅指万历登基改元第一年，而非薛氏生年。同理，1620年，为万历帝驾崩之年，非薛氏卒年。此处"万历间"，指薛氏主要生活或有影响的活动是在万历年间。

薛家有女未长成

古人未记薛氏生卒年，试从旁征求之。朱竹垞《静志居诗话》记薛素素：

董尚书（其昌）未第日，授书禾中，见（薛氏）而爱之，为作小楷心经，兼题以跋。

董思翁（其昌）中进士在万历十七年（1589年）。陈寅恪先生《柳如是别传》第四章据此考证董"至早在万历十六年以前遇见素素于嘉兴，此时素素之年龄至少亦不能小于十五岁"。按陈先生所考，则薛氏生于万历元年（1573年）左右。但陈先生此考似有不确。

薛氏之夫沈虎臣，生卒年史载明确：生于万历六年（1578年）。按陈先生所考，薛当大沈五岁，不合常理。所谓"娶妻取德，娶妾取色"，"妾"俗称"小老婆"，自然以"小"得宠，故薛氏必小于或同于沈氏，生年上限当为万历六年。

按董思翁登第两年前（1587年）始坐馆于嘉兴平湖冯氏。以薛氏生于万历六年计，则思翁识薛时，薛方虚龄十岁左右，幼女天才，聪颖初显，得思翁之赏识未必不合情理。"见而爱之"，被薛氏幼时可人气格所动耳。

砚盒吴万有造款之万历元年，薛素素尚未成年，自无资格请动名流王百谷、仇珠为自己用砚题诗、作画。故吴万有所制之砚（砚与盒常分别制成。大有可能吴氏仅只制盒，砚则他人所制）若确为薛氏而制，则砚上王字、仇画必伪，薛氏遗砚也必冒托。而砚盒小像乃成年人，亦可为证。

倘吴万有所制之砚，乃薛氏若干年后所得，再请王、仇题、画，则薛氏年龄与吴万有所刻年款不悖。换言之，万历元年只是吴万有制砚（或盒）年份，未必是薛氏请王、仇题、画时间。后人铭旧砚原是常事。

所以，藏砚之薛素素与制砚（盒）的吴万有不同时，虽一疑点，尚不足以定砚必伪。

"梨花"本爱"海棠"

又有以王百谷年龄为疑者，言百谷铭砚时年事已高，断不能和薛素素"演出感情戏"云云。

　　王百谷生于嘉靖十四年（1535年），卒于万历四十年（1612年）。姑以薛氏生于万历六年计，两人相差四十余岁。薛氏成名时，百谷已年过花甲。但按常理，才士迟暮，"花心"未已，古时妓家出道很早，杜牧识歌妓张好好时，"君为豫章姝，十三才有余"。倘百谷识薛氏时薛氏只"十三余"，则为薛氏题砚只五十余而已。即便薛、王相识时，百谷已花甲老翁，但所谓"一树梨花压海棠"，前有北宋词人张先八十五买妾，后有薛氏后辈柳如是二十四嫁六十翁的"钱柳恋"；逢场作戏之"演出感情戏"更不胜枚举：前有百谷前辈康状元（海）为贺六十寿而办"百妓宴"；后有大诗人袁子才在六十寿辰举办"百妓觞"。　"王马恋"的不了情（基本是马姬独自昵昵于"老王生"的"剃头挑子一头热"），即一直持续到百谷七十岁时湘兰去世方罢了。风月场中的常客王"老牛"，为才妓薛"嫩草"捧场题砚，有何怪哉？

　　但检阅百谷诗文集，薛、王确也有难"演出感情戏"之可能。

　　《王百谷集十九种·谋野集》所收《答朱十六》一札云：

　　　　仆十二而游青楼，三十二遂断绝。中间二十载，虽未尝不与此曹燕昵，钗铒纵横，履舄错杂，连袂接枕，迷花醉月，而此心匪石，更不可转。年来既修头陀行，娈童季女之好寂然不萌，食火吞针，游戏三昧而已。此不惟家姬儿女，及臧获（奴婢）辈所共明知，诸佛菩萨亦相印证……鸳鸯旧梦，久不入枕中。

　　另致马湘兰数札，婉拒马姬之款款示情有云，"足下之意，非不绸缪，但老头陀心如槁木"（《答马姬》）；"仆今年五十，纳衣持钵，号半偈头陀"（《寄马姬》）；"仆已作劣头陀相，何敢谈少年伎俩"（《与马姬》）。从此数札文字中百谷之夫子自道看，其虽少年轻狂，浪荡北里，三十二岁以后，却看破红尘，参禅礼佛，自称头陀，似乎不恋"鸳鸯旧梦"矣。

念佛可捧薛娘

　　王百谷因好禅悦，筑别馆曰半偈庵，此其号半偈头陀之由来。当时书画名流文嘉、钱谷、文伯仁，皆为王氏画有《半偈庵图》。今北京故宫所藏文嘉作于万历元年癸酉的《半偈庵图》，图中有文嘉书录王世贞一七律题诗云：

　　　　婚嫁由来不累人，何劳舍宅学王珣。经坛如意花能雨，梵夹香炉叶自尘。
　　　　空后已无生灭法，现来元是净名身。从君且乞杨枝露，梦里金茎恐未真。

　　虽然王百谷诗名甚大，但一直难入王世贞法眼。此图题诗，对百谷之"修头陀行"似也不乏揶揄之意。晚明文人的爱逃禅谈经，风习之形成，本有赶时髦的成份在，其"狂禅"一派，甚至"色空兼修"，好女色无忌。故百谷之"心持半偈，月在上方"，亦未必全然"心如槁木"，其不与妓家"连袂接枕"或许有之，倘才妓如薛素素，上门请教说文评艺,甚至谈佛论禅,则拒佳人才人于千里之外,大不合事理人情矣——且堂会樽前、花酒宴后,袅袅名妓,秀色可人,出其用砚,求曾经叱咤风月场中的老名士赐题,艺术交流,奖掖后学,更又有何怪哉?

况蕙风《续眉庐丛话》,记王百谷赠马湘兰一"星星砚"。云背有双眼,百谷题小篆"星星"二字。马湘兰自铭云:"百谷之品,天生妙质。伊以惠我,长居兰室。"百谷有赠湘兰砚事,有何不可有题马氏姊妹薛氏砚事?

事实上,薛、王原有文字因缘。近人胡文楷先生所撰《历代妇女著作考》,著录马湘兰《湘兰子集》,有万历十九年(1591年)王百谷序。同书著录薛素素《南游草》,谓亦有王百谷序。

轻狂才子时代之王百谷,好交娼女,修头陀行时代的王百谷,虽未必定有"感情戏",但也可捧才姬;而脂砚铭文其辞意,本紧扣薛氏字润娘又擅画兰而言,甚切题。故百谷此铭,似也并无明显破绽。

画姊写像犯难

更有以砚盒小像画者仇珠年龄过高为疑者。

倘仇氏小像不可靠,王百谷之题铭亦大可疑,因百谷铭真,不必仇氏伪像来画蛇添足。若仇、王所作像、铭仿冒,所谓"薛素素脂砚"必纯属骗局。

仇珠,号杜陵内史,太仓人。"吴门四家"之一仇十洲(英)女,随父寓居苏州,濡染家学,画绰有父风。最擅白衣大士像,得妙相庄严,与文俶齐名。王百谷《吴郡丹青志》对其评价极高:

明代文嘉《王百谷半偈庵图》。北京故宫博物院藏。图中之半偈庵,石砌土墙,墙内佛屋茅茨,竹柏梧石,门有野客山僧。前楹佛堂供奉观音,后楹榻上坐者,应是王氏本人。

> 粉黛钟灵,翱翔画苑,寥乎罕矣。仇媛慧心内朗,窈窕之杰哉,必也律之女行,厥亦牝鸡之晨也。

仇珠生卒年亦不详。《吴郡丹青志》成书于嘉靖四十二年(1563年)。仇珠当时画名已著,姑以三十岁计,则生于嘉靖十二年(1533年)。

以薛素素生于万历六年(1578年)计,与仇氏相差四十五岁。薛氏成年时,仇氏已六十开外。

脂砚"大才盈握,厚不及指",在此砚盒方寸之地,画薛素素袖手凭阑,立于窗前，作凝眸眺望之半身小像，且"笔极纤雅"，"刀痕细如游丝"。如此难度，对年过花甲的老画师而言，恐是有些难为了，略一眼花，"老母鸡变鸭"。

虽薛氏成名时，仇珠或许已年高，不轻为人作精工小像。但吴地画坛新秀，与画坛前辈有笔墨交流，未必没有可能。清人翁方纲六、七十岁时犹能不用眼镜于灯下作蝇头小楷，仇氏或亦有此天赋异秉也未可知。

朱竹垞记薛氏"手写水墨大士甚工"；仇珠以擅写观音大士名画史，此或可作薛氏曾请教仇氏画艺的推想。

退而言之，即便所谓薛素素遗砚必赝，也并不意味脂砚斋的藏款必伪，盖有脂砚斋铭前人伪品的可能性存在，类似情况司空见惯，屡见不鲜。

玩古"棒捶"

因端午桥玩古名高，自黄笑芸以降，认脂砚为真品者，其根据应有砚尝经端方鉴藏的因玩古"棒捶"

因端午桥玩古名声高，自黄笑芸以降，认脂砚为真品，其根据应有砚尝经端氏鉴藏的因素在内。实端氏虽藏古有名，其鉴古手段并不可持。南皮张香帅（之洞）尝有评曰：

> 至谓端（方）有学有术，则未免阿其所好，学问之道无穷，谈何容易，彼不过搜罗假碑版、假字画、假铜器，谬附风雅，此乌足于言学耶。（见近人铁岭高友唐《高高轩随笔》）

此评对端氏辑古事体不尽公允。但端氏眼力不高也是事实，其尝被人用烘饼刻字伪作瓦当拓本所骗，成古玩史一大笑柄（鉴古大家阮元、毕沅也曾中过此招，可见好事者常能"魔高一丈"）。

颇有讽刺意味的是，传云端氏被杀临刑前，竟自称是汉人陶渊明之后求活命。只是，此公虽被人以假古董所骗无数，自己欲以"假户口"蒙人一回却也未能得逞，四川革命党还是将欲作"汉奸"而竟不可得的端总督——砍头示众。

端氏自己眼光未必多高，端氏幕中高人济济，如为其鉴定金石书画的黄牧甫、况周颐、缪荃孙，皆一时名流。只是诸家难免"为尊者讳"，未必皆能知无不言、言无不尽。因之，端氏所藏珍品虽丰，赝品也不在少数，其藏另一薛素素手迹《吹箫小影图》即大可疑。此画长期以来被奉为薛氏传世名作，左上有小楷题落款为"薛氏素君戏笔。"下钤"沈氏薛"、"第五之名"二印。"第五"，为薛氏勾栏中姊妹行排行，故其又名薛五。但画中另一印"沈氏薛"，指画乃薛氏嫁入沈家为妾之后所作。已经从良，画款仍落北里艳名，则置丈夫沈虎臣脸面于何地？

所以，脂砚从"大收藏家"端氏匋斋散出，亦不能轻易目为真品。

红学"铁杆"

我所更疑者，砚出端午桥之手，其赝品之可能性反较出自他人之手更大。

据清季曾任度支员外郎之李放所撰《八旗画录》记载：

> 光绪初，京师士大夫尤喜读之（《红楼梦》），自相矜为"红学"云。

薛素素款《吹箫小影图》（局部）。画中人云即薛氏自写真身。画为端方旧藏，今在南京博物院。当伪。

《八旗画录》此书本是记录对于旗人书画家之评鉴，"京师士大夫"当多指旗人。看来，满人权贵及其八旗子弟们是颇喜读《红楼》的。嘉庆年间有竹枝词云："做阔全凭鸦片烟，何妨作鬼且神仙。开谈不说《红楼梦》，读尽诗书也枉然。"抽鸦片和读《红楼》已是当时两件时髦事。彼辈中人恐亦旗人之有闲阶级占多数。

曹雪芹高祖曹振彦，原是驻守辽东的明军下级军官，被胁裹也好，主动"顺应历史潮流"也罢，加入后金为满洲包衣，后从多尔衮入关共举兴清灭明"大业"。故祖先虽是汉人，却属"汉军八旗"。曹雪芹此种出身，恐亦《红楼梦》让八旗子弟感到亲近之一要因。

又，《红楼梦》不仅为"之乎者也"不多的"通俗小说"，且书中习俗、语言多与旗俗相近，想这点也是旗人"相矜为'红学'"的又一要因。——"佛学"其里，"旗风"其表，或许本是《红楼梦》一大特点。

实《红楼梦》得以行世（据云是已然篡改过了），还多有赖喜欢此书之满大臣和珅鼎力襄助。

端午桥乃晚清旗人中之才俊，所谓"旗下三才子"：大荣（荣庆）、小那（那桐）、端老四（端方）之一。更是一常携"丰润本"随时研究之早期"红学家"。好事者伪造出一方"脂砚"，以投嗜古如命的满人权贵"红学家"端午桥所好，算不得怪事。

《红楼》红而紫砚"紫"

行文至此，不得不说，脂砚之名重一时，似与其本身之价值不甚相衬。

"新红学"的开山祖胡适先生，早年颇迷《红楼梦》，其晚年对《红楼》之定位却有"酷评"曰：

> 我心平静气的看法是：在那些满洲新旧王孙与汉军纨裤子弟的文人中，曹雪芹要算是天才最高的了，可惜他虽有天才，而他的家庭环境及社会环境，以及当时整个的中国文学背景，都没有可以让他发展思想与修养文学的机会。在那一个浅陋而人人自命风流才士的背景里，《红楼梦》的见解与文学技术当然都不会高明到那儿去。"（胡先生1960年致苏雪林女士信中语）

胡适先生当年研《红楼》，实有为"新文化运功"推波助澜之心思；蔡元培先生之研《红楼》，亦附会排满为革命张目，但清季民国之"红学"，终是可争鸣之学术范畴（王国维先生之研《红楼》，就学术性而言，最纯粹）；结论不说；以诸人才情、学识、人格、襟怀之过人，读其文字，常能使人受益于"红学"之外。

后来之研"红学"，是要出人命的——作者绝想不到，其笔下"小资"林妹妹一句闲话"不是东风压到西风，就是西风压倒东风"，竟会被演绎成血淋淋的口号？近年之"红学"，大似"经济学"，几近成为"卖狗肉"们所挂的"羊头"幌子。

愚见：《红楼梦》纵被捧上天，也终不过是一小说。当然，就文学价值而言，《红楼梦》无疑是部"好经"，但其奈"歪嘴和尚"何？《红楼梦》是《红楼梦》，"红学"是"红学"；伪"红学"泛滥，《红楼梦》死矣！

故而，虽然脂砚之出世，动静甚大，但实在不过是砚史上之一另类个案。盖脂砚之价值，乃因附着于"红学"而致光彩炫目，而"红学"今日之炙手可热，原本即是一个被政治和从众心理人为抬高，且早已异化的"异数"而已。

赝品曹雪芹手书岳飞《满江红》句瓷对联。有论者持《红楼》"排满说"，但此联托名曹雪芹之可笑：清廷"和尚忌秃"，禁说"胡虏"，《四库全书》馆臣改传为岳武穆所作《满江红》此两句词为"壮志饥餐飞食肉，笑谈欲洒盈腔血"。曹氏写成此模样，岂非犯禁？

难煞"葫芦僧"

"假作真时真亦假，无为有处有还无"，此《红楼梦》中联语。以目前可考的文献资料看，脂砚真伪约有下述五种情况：

一、薛素素真品。砚为薛氏原物，其得吴万有制"旧砚"而请仇珠写像、王百谷题铭。

二、脂砚斋真品。砚上王百谷字、仇珠画皆伪造，脂砚斋以为真，镌藏款其上。

三、吴万有真品。盒（或砚）为吴万有所制，其余全为后人作伪。

四、诸铭皆真。脂砚斋得薛素素遗砚，用为斋号，并镌藏款其上。

五、诸铭尽伪。砚上各铭，尽为后人伪作。

如上文所析，薛素素遗砚所疑种种，细审之，并无绝对伪品铁证，难将其一棒打死。而"脂砚斋"藏款真伪，方为决定砚是否"红学名物"的价值所在，此亦难说必伪。关键在于，如前所考，即便"脂砚斋"款真，也难证明必是批点《红楼》之脂砚斋；且即使砚必是"脂批"作者脂砚斋所藏，只凭所镌寥寥数字藏款，对解开脂砚斋是为何人之谜，亦丝毫无补。王字、仇画之真伪或有辨明之日，"脂砚斋"藏款真伪，恐永远无解。

《红楼梦》有回目云"村姥姥是信口开河，情哥哥偏寻根究底。"或许惹得近代以众多好事者"情哥哥"们"寻根究底"者，不过当年某位佚名氏"脂砚斋"偶然镌一藏款于砚上之"信口开河"罢了。

《红楼梦》又有回目云"薄命女偏逢薄命郎，葫芦僧乱判葫芦案"，经上述钩沉索隐，脂砚真伪问题，个人意见，仍然是砚史一"葫芦案"。

对此种似真非真之物，若取"疑罪从无"法，则持黄笑芸先生此说："我愧无文，惟摩挲把玩，徒想象素心人于画图刻镂之中耳。"亦一赏心乐事。

如必欲分出雌雄，若用周汝昌氏"凭悟性"考据法，再参用葫芦僧"乱判法"判此砚，或可曰——斩立决！

笠谷缀语：

鲁迅先生如是说：

> 社会上崇敬名人，于是以为名人的话就是名言，却忘记了他之所以得名是哪一种学问或事业。名人被崇奉所诱惑，也忘记了自己之所以得名是哪一种学问或事业，渐以为一切无不胜人，无所不谈，于是乎就悖起来了。其实，专门家除了他的专长之外，许多见识是往往不及博识家或常识者的。（《且介亭杂文二集·名人和名言》）

经对脂砚之考索，我对今日所谓"红学"的成色感慨甚多，尤其对"红学家"们论脂砚"悖起来"的程度大感诧异。

下文附考的一方"曹雪芹砚"，更可见鲁迅眼光之"巨毒"。

附考一　曹雪芹千山老芹砚——越"破"越疑

三破疑

周汝昌氏《响晴轩砚渍》所记其目见的"真芹迹"：

> （北京）一位收藏家，给我看过一件雪芹遗砚。其尺寸，大约比我手掌稍宽，其色偏黑，石质倒并非十分细润，实在貌不惊人——谁知一掉转，背面却"语倒压众"：只见镌有三行小行楷字，正文两行，七言二句，道是："好将娲炼□□（二字周氏原注"记忆不清"，揣或为'补天'？）石，写出胸中块垒时"，一行下款，四个字是"千山老芹！"砚之风格，朴实厚重，略无雕琢之华，浮薄之气。藏者用一旧绸袋装之，绸色古黄。藏主很是谦虚——或者可谓之具有冷静客观的精神，对我说："此砚未必真，因有二疑：石是张坑，一也；铭词扣得太紧，二也。恐怕靠不住。希望你暂勿对人言讲，以免贻笑方家。"

这一席话，要言不烦，含意则丰，需待在下略为讲解。

所谓"张坑"，是指请末张之洞开采的砚石坑，时代最晚。如系张坑石，当然是假托乾隆时物，其伪可知。所说的"扣得太紧"是指词义一望到底，是字字切合《红楼梦》之写作，显系作伪者有意动人耳目，有此二疑，评价自不能很高了。

我对他说：不然，不然。观其石面，十分古旧，绝非近期"仿古"伎俩能造作。一也。铭词字口，与石一致，已很古旧，若后来剜刻，痕迹甚新，断难掩饰，二也。"千山"一词，只有曹寅康熙年间用过，指的是长白山，即"辽东"的一种代称。有涉于曹家的文献著录，都不曾引过，故世少知者；是拙著《新证》考明，才渐为人晓。若说在先造伪，就能考得"千山"这样的专用词，而加以配合，那是太难以置信了，三也。有此三破疑，这砚恐怕不假，当是"老芹"遗物。

反三破疑

周氏所谓"三破疑"，大可商榷。

其一与二：砚及铭古旧，只能证明非新伪，但不能排除旧赝。砚既是民国时所得，民国人用旧砚刻伪铭，在当时必已作做旧处理。数十年后周氏所见，砚本身即是古物，而铭文也不仅有"人工旧"，更已有"自然旧"，所谓——包浆。

其三：曹家自明末迁居辽东，曾藉辽阳，千山属辽阳所辖，故曹寅以"千山"代称辽阳。曹雪芹自署"千山老芹"亦不忘故籍之意。《栋亭诗钞》中曹寅即自署"千山曹寅子清撰"。《栋亭诗钞》不仅非"僻书"，更是清季"红学"肇起以来研《红楼》者必阅。"千山曹寅"，何僻之有？又者，早在上世纪三十年代初，辽阳人刘伟华所撰《千华山志》中，已记曹寅为"千山人"及自暑"千山"之事。周氏《红楼梦新证》1953年方出版，反在《千华山志》二十年后，故其自谓"是拙著《新证》考明，才渐为人晓"自许太过。既然"千山曹寅"并非僻词，由此衍生出"千山老芹"以托名曹雪芹，又有何"太难以置信了"？

更则，倘砚之藏家鉴石无误，则砚必伪无疑。盖正如砚主所疑，清中期人曹雪芹，何能在一百多年后张香帅所采"张坑"石上题铭？只此一桩"张坑曹铭罪"，此砚也必伪铭。

不可思议者，砚铭末句"写出胸中块垒时"，竟然照抄据云是曹雪芹好友敦敏为曹氏所题《题芹圃画石》诗中末句，原诗云：

> 傲骨如君世已奇，嶙峋更见此支离。醉馀奋扫如椽笔，写出胸中块垒时！

耐人寻味的是，"红学"界不作第二人想的周先生居然对此怪事不予置评。

此砚虽暂时尚为"秘藏"，恐一朝"出山"，因有"红学泰斗"之加持，难免又一"曹砚风波"。

附考二　薛素素小像砚——人面映桃花

首博藏一"素卿小照砚"，刊《北京文物精品大系·工艺品卷》。

砚端石淌池，长方。背未刊图，云刻有一手持桃花之士女，题款"素卿小照，薛五自题"。盖有嘉道名流张廷济铭，似为：

> 道光辛丑秋，得薛素素小照怀砚于郡城西埏里，叔未张廷济识。

铭题于道光二十一年辛丑，时张叔未七十三岁。张本嘉兴人，与曾纳薛素素为妾的沈德符同里（薛亦有"嘉兴妓"之说），铭字亦张氏本色，砚或有所出处。

薛素素小像砚

砚复有套匣，盖有"蛰云"氏行书一诗：

照影惊鸿正倚妆，绮罗香染研池香。不缘手记簪花字，谁识风流薛五娘。

曾美莼斋小印精，重教研史见倾城。会须十万桃花纸，偏写新诗记素卿。

铭者当为郭则沄（1882～1947年）。字蛰云，号啸麓、蛰园。福建侯官人。清末进士，曾任编修，留学日本。民初任国务院秘书长等职。北京沦陷后，拒任伪职。周作人请郭出任日伪"华北教育总署署长"，亦坚拒，并在《国学丛刊》上发表《致周启明（作人）却聘书》，以明心志。卒后葬香山。著述多种。亦好砚，见刊数方"蛰云"款砚。

附考三　薛素素秋叶端砚——秋叶一片那姓薛？

松江博物馆藏古砚甚多，达一百五十余方。所藏有一"薛素素秋叶端砚"，刊《南方文物》1996年第3期。

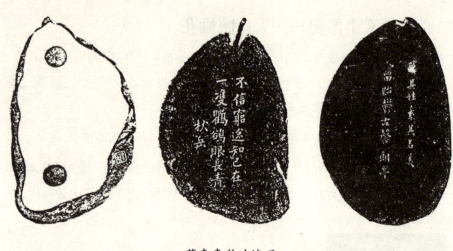

薛素素秋叶端砚

砚为叶形，云墨堂中有火捺纹及眼柱二，其一活眼。侧镌印"云兰"。砚背楷书铭：

不信穷途知己在，一双鹁鸪眼长青。秋岳。

砚配锡盒，盒底行书铭：

薛其姓，素素其名，美人留贻郁古馨。朗亭。

遍检诸书，薛素素曾用名及字、号，未见有"云兰"。清人王遥芬有此号，惜生平无考。

"秋岳"，即《贰臣传》中名人曹溶（1613～1685），字洗躬，一字秋岳，号倦圃，亦嘉兴人，崇祯进士，官御史。顺治初降清，授原官，累迁广东布政使。工诗，有《静惕堂集》传世。善识砚，著有《砚录》一卷。

"朗亭"，清画家张鋐有此斋号。张为苏州人，与传为薛素素另一籍里吴江甚近。

林在峨《砚史》记有曹溶"鸢形砚"：

> 南唐官务久凋零，海国重来倚玉屏。不信穷途知□□（当即"己在"），一双鸲鹆眼长青。秋岳。

后有跋：

> 此曹秋岳侍郎制砚诗也。砚归东隅大兄（沈云沧），授子椒园编修（沈廷芳），出示□索书是诗，亦不忘栲卷之意也夫。沈德潜识。

据林在峨此记，知曹溶原诗尚有前两句，且是题鸢形砚而非树叶形。

又，吴兰修《端溪砚史》引沈庭芳《隐拙斋集》，言沈氏所宝一"鹅子"砚：

> 康熙中，先大夫得之曹秋岳侍郎家，以遗廷芳者，石修四寸，广半之，青花隐隐，若细藻萦绕，顶有鸲鹆砚二，甚莹活。侍郎诗云"不信穷途知己在，一双鸲鹆眼长青"即此也。

曹氏原砚为鹅形（或云"鸢形"，即鹰形），故此"薛素素秋叶端砚"上之曹氏铭必伪。

玉人香砚的风月

——疏香阁眉子砚证闻

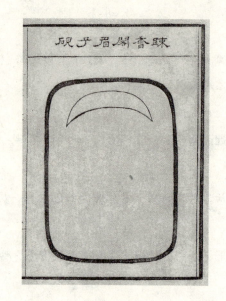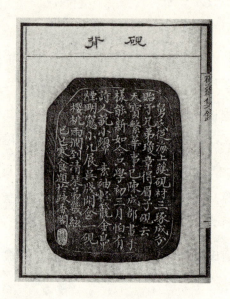

叶小鸾疏香阁眉子砚。《砚缘集录》刊正、背砚图。

意马心猿　遥想伊玉手当年

　　已故香河张中行先生，不仅文章大家，亦一赏砚高人。我虽生也晚，幸得先生教益不少，尤于"说玄宗"之类"胜国风雅"，颇多受用。

　　行公对"玉楼中人"的推崇，人所多知。所作《玉楼中砚》，记所藏清季蒙古才子三多妾玉并女史珊珊小像砚："砚乃玉楼中物，其上必有玉楼中人的手泽。男本位也好，不男本位也好，在我的一些长物中，它是应该另眼看待的。"另眼看待的程度是——人若用高南阜，甚至金冬心之砚交换，"必斩钉截铁答之，曰：'不换'"。

　　番禺叶遐庵（恭绰）尝得一黄莘田印，有莘田铭"摩挲每上葱尖手，丽泽更加一倍新"句。叶氏对印浮想联翩："不知所谓葱尖手，是指金樱否也？"

　　遥想玉手当年，难禁意马心猿，此后人之所以对香奁遗物趋之若鹜也。

　　同为女性才人，名妓与名媛同中有异：名妓迎来送往，属"大众情人"，其青楼艳迹，不碍随意"近玩"；名媛养在深闺，平常人无份，其闺房香奁，只可清心"远观"。故名妓砚较才媛砚有趣，有趣在色彩丰富，品玩无忌耳。

大约同我心肝者不少，所以砚史上著名的叶小鸾眉子砚，虽早有"砚传"行世，今却影响不彰，反使晚出世的"薛素素脂砚"、"柳如是蘼芜砚"后来居上。

分湖一水　多少才人骚雅窟

以"文化血统"论，叶小鸾身上流着"蓝色的血"。

吴江分（汾）湖流域，历来号称"文学渊薮"，自西晋张季鹰（翰）一曲"秋风起兮思鲈鱼"，创分湖流域千百年来绵绵不绝的骚雅流风。"松陵虞部矜风骨，分湖一水才人窟。"此南社名人柳亚子赞分湖午梦堂叶氏家族名句。

午梦堂主人叶绍袁（1589～1648年），字仲韶，别号天寥，南宋石林居士叶梦得后人，早负才名，诗文俱佳，天启进士。官工部主事，因恶阉党擅权，又倦于时政，以母老告归。自此萧然物外，"家居杜门，一榻书卷"而已。

天寥妻沈宜修（1590～1635年），字宛君，出生于与分湖叶氏齐名之文苑世家松陵沈氏，戏曲家沈宁庵（璟）侄女，聪颖好学，才智过人，工画山水，能诗善词，有林下之风，与天寥芝兰玉树，伉俪情笃，此唱彼和，为雅流所羡。

天寥夫妇共育五女八男（一子早夭），俱怀辞采，一时瑜亮。尤以长女纨纨（昭齐）、次女小纨（蕙绸）、三女小鸾（琼章）最有才名。四女小繁、三媳沈宪英亦工诗词。诸子中，成就最大者为诗论家叶燮（星期），沈归愚（德潜）出其门下。时人赞叶家："吴汾诸叶，叶叶交光。"

无奈春风方起，日色已暝。崇祯五年，小鸾、纨纨与母宛君先后病逝。天寥哀叹："一家之内有妇及子女如此，福固已难享矣。"与冒辟疆悼董姬语："余一生清福，九年占尽，九年折尽矣。"皆人琴俱亡之感。遂辑刻爱妻及诸子女文字成《午梦堂集》行于世。

天寥《午梦堂集》序文开篇语："丈夫有三不朽：立德、立功、立言；而妇人亦有三焉：德与才与色也，几昭昭乎鼎千古矣。"其"德与才与色"，三女叶小鸾最称当之。

叶天寥像。《国粹学报》第37期所刊。野逸高士形象。沈寐叟（曾植）诗《叶天寥像卷》："天寥淡荡人，道种观其悲。一朝谢绮语，木石甘寒饥。宿然灭尽定，身在明夷时。笠屐斜阳行，有思非有思。"

我见犹怜　奈何老天竟不怜

红颜命薄，才高福浅。叶小鸾（1616～1632年）譬如朝露一般之人生"简历表"可为此说作一绝佳注脚：其字琼章。四岁诵《楚辞》，十岁会妙对，十二已工诗，十四能弈棋，十六善弹琴。又擅丹青，摹山水，写花蝶，皆有韵致。书法王大令，亦秀劲。十七许字张家，嫁前五日忽卒。殁后其父绍袁刻所遗诗文名《返生香》。

叶小鸾之花容月貌："鬈发素额，修眉玉颊，丹唇皓齿，端鼻媚靥，明眸善睐，秀色可餐，无妖艳之态，无脂粉之气。比梅花，觉梅花太瘦；比海棠，觉海棠少清。故名为丰丽，实是逸韵风生。"天生一等绝尘脱俗美人坯子。

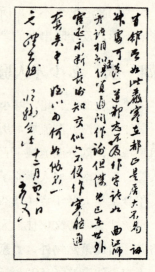

叶燮手札。《国粹学报》第所刊

叶小鸾之玉骨诗魂："性高旷，厌繁华，爱烟霞，通禅理"；"其爱清幽恬寂，有过人者。又最不喜拘检，能饮酒，善言笑，潇洒多致，高情旷达，夷然不屑也。"俨然一高人逸士。

叶小鸾的旷远才情：琴、棋、书、画、诗、酒、花皆能。其小品文《汾湖石记》，为晚明闺阁中人翘楚之作。其《南柯子·秋思》等词，清遥之思，不可言说。

叶小鸾之青娥薄命：惜其清才妍貌，慧业灵根，却偏天不假寿，只二八年华，竟奔众香国里去了！其花落魂归日，甲申国变在即，得以免罹惨祸，或老天亦不忍让如此绝尘玉人儿，受红尘浊世之污染，是天地又未尝不仁也！

天妒红颜，此叶小鸾之大不幸；然其早夭人生之"残缺美"，令人为之哀叹不已。此所以后人对疏香阁砚争相品题，借砚抒解哀悼红颜薄命之郁结也。

叶小鸾像。清人《百美新咏》所收。坐椅观书，姿态娴雅，与叶小鸾性情之旷远有几许相契；但亦难免有清代人物画之纤弱通病。

字瘦诗靓　都是可怜香闺泽

疏香阁眉子砚，今人《说砚》所辑旧抄本《天盖楼砚述》收入，所记与下文梁绍壬

《两般秋雨盦随笔·眉子砚》相同。如本书《右军遗砚传苏米》附考所述，《天盖楼砚述》是一后人托名吕氏之伪书，故据我阅读所及，最早记载此砚的应是梁氏《随笔》，其云：

> 陶绥之，会稽人，篁村先生之侄也。因其祖为广西司马，遂寄籍广东番禺县，补博士弟子员。人极淳朴，酷好风雅，尝得叶小鸾眉子砚一方，腰圆式，面有犀纹，形如半弯新月。背有跋云："舅氏从海上获砚材三，分致予兄弟。琼章得眉子砚，缀以二绝云：'天宝繁华事已陈，成都画手样能新。如今只学初三月，怕有诗人说小鬟'；'素袖轻笼金鸭烟，明窗小几展吴笺。开奁一砚樱桃雨，润到清琴第几弦'。"下署曰"己巳寒食题"，印章"小鸾"二字。按此诗《返生香集》中失载，惟近日陶凫乡太守《咏眉子砚》词，所记正与之相同。绥之得此，遍征题咏，裒然成册。余为填《摸鱼儿》词一阕归之。册中余最爱诵郎苏门太守葆辰三绝，云："仙迹留传未肯销，摩挲片石也琼瑶。不然铜雀台前瓦，谁更春深忆二乔。"；"一握端溪玉不如，再休想象画眉初。自传晚镜偷窥戒，不写黄庭即紫书。"；"尘愿都从佛法抛，更无恨上月痕梢。先生若为修眉史，竟与《心经》一例钞。"又吴石华学博兰修《疏影》词云："三生片石，有黛痕隐隐，依旧凝碧。字瘦如人，诗靓于春，都是可怜香泽。昙花悴后瑶琴怜，共一缕玉烟萧瑟。最伤心细雨樱桃，又过几回寒食。犹记疏香旧事，小鬟初画了，无限怜惜。彩鸾未许人间嫁，更莫问蓬莱消息。算只有眉目婵娟，曾照那时颜色。"

"字瘦如人"，可见砚铭书法较瘦削，此闺阁字的特点；"诗靓于春"，砚背两诗，辞句清新幽逸，亦合才女心性；故砚学名家吴兰修云"都是可怜香泽"，认砚是叶小鸾手泽真品。

疏香阁，为叶小鸾闺阁名。取梅花品性高洁之意，显然取意林和靖咏梅名句"疏影横斜水清浅，暗香浮动月黄昏"。小鸾爱梅，遗有《梅花诗》十首。阁前原有梅花多株，今疏香阁旧址尚遗才女当年手植古梅一株。

砚乃叶小鸾舅父沈自征所赠。

沈自征（1591～1641年），字君庸。

疏香阁古梅。"堪笑西园桃李花，强将脂粉媚春华"。此叶小鸾《梅花诗》中句，今日午梦堂陈迹只有一株古梅，依稀仿佛存续几许当年阁主风雅遗韵。

国子监生。少喜谈兵，天启末居北京十年。曾上书言边事。后归隐而卒。工诗文，尤长于戏曲，时人谓其辞"浏漓悲壮，其才不在徐文长（谓）之下"，推誉所著《渔阳三弄》为"明以来北曲第一"。

十载恩重　片石涵三春煦晖

沈宛君产后体虚，叶小鸾生才六月，即被寄养于舅父沈君庸家，十年后方接回。

沈君庸与妻张倩倩本姑表亲，张倩倩又为沈宛君表妹，故君庸夫妇视小鸾如亲生。后沈君庸仗剑北游，张倩倩空怀愁绪，忧郁而亡，年仅三十四岁。小鸾作《己巳春哭沈六舅母墓所》悼之。张倩倩亦一才女，所作诗文清丽脱俗。叶小鸾不凡才情之脱颖而出，沈君庸夫妇功莫大焉。

沈君庸与叶小鸾，名为舅甥，情过父女（有今人考证，小鸾本过寄沈家，因叶、沈两家起房产纠纷，被接回）。购得三砚分赠外甥，虽外甥人众，以"舐犊"之私心论，首选必小鸾莫属。

叶小鸾在世只十七载，却居舅家过半。在小鸾看来，眉子砚乃感念舅父、舅母亲情师恩之借代物，自是宝若球璧。

砚为沈君庸购自"海上"，当得于与吴江相邻的松江府（今属上海）。明《弘治县志》记："上海县称上洋、海上。"

铭砚之"己巳寒食"，为崇祯二年（1629年）寒食节，时叶小鸾十四岁。大约砚为沈君庸回乡扫墓祭祖之际，购得以赠外甥。

"鼙鼓辽东动地来，华夏从此无畦珍。"小鸾病逝不几年，大明失鹿，清兵铁骑挥刀南指，锦绣江南遂陷血雨腥风。叶天寥毅然撇下翰墨书香的午梦堂，遁入空门，携四子浪迹吴山越水之间，以全民族气节。骨肉凋零之痛，萃于天寥一身，其曾一度参与抗清起义，后郁郁而终。

自然，午梦堂名声在外，难免被清兵、贼盗颇颇光顾，眉子砚遂失于兵荒马乱之中。

仙迹留传　人鬼间情尤未了

苏葆辰题砚"仙迹留传未肯销"，"尘愿都从佛法抛"句；吴兰修"三生片石"，"更莫问蓬莱消息"句，皆言小鸾死后成仙奇事。

事实上，叶小鸾之为后世称道，除才华外，其"仙株"形象功居其半。

沈宛君《季女琼章传》记："后徐思之，儿岂凡骨，若非瑶岛玉女，必灵鹫之侍者，应是再来人，岂能久居尘世耶？"又忆小鸾生前种种"仙迹"，认为小鸾"夙慧异常，当果为仙都邀去耳"。沈宛君又反驳怀疑其说者曰："呜呼！爱女一死，痛肠难尽，泪眼追思，实实写出，岂效才人作小说欺世邪？"

叶天寥《续窈闻》，记其请吴门神尼渤庵大师降趺，为小鸾借乩招魂。得知小鸾本"月府侍书女"，名"寒簧"。天寥夫妇则为秦少游夫妇转世，与小鸾有夙缘，沈宛君与长女纨纨、三女小鸾死后皆已列仙班。天寥又撰成《琼花镜》。书中小鸾前身先后又为东汉才媛曹大家、五代绝美才女李珊蕊，其再生叶家，亦为了却俗缘。

文集之名世，名媛之挽歌，仙株之形象，天寥夫妇的渲染、造势，叶小鸾便成了叶家一大"文化产品"。

以"唯物主义"论，其残酷，亦无趣：小鸾"仙女下凡"之说不过"装神弄鬼"。以现代精神医学论，小鸾冰雪聪明，其早夭之事实，天寥夫妇难以接受，故因"走火入魔"而至产生幻境，暗合"自我暗示疗法"。

叶小鸾，烟霞心性，仙隐气息氤氲，早夭而归籍仙班的完美形象，倒更给人以无限遐想的空间。

天寥夫妇的"鬼话"——殊是不恶！

吴娥粤女　笑说袁公大诗老

眉子砚的得者陶绥之，生平待考。其叔陶篁村（元藻）工诗，筑泊鸥庄于西湖。曾游粤闽，与黄莘田有交往。

陶绥之虽不名于世，却也是一"酷好风雅"的秀才（补博士弟子员）。得砚后，视之如宝，遍征文人墨客题咏，蔚然成册。

谁知因陶绥之的好事，还累及大名士袁枚遭小鸾族人讥笑。《随园诗话》卷六云：

> 甬东（宁波）顾鉴沙，读书伴梅草堂，梦一严装女子来见，曰："妾月府侍书女，与生有缘。今奉敕赍书南海，生当偕行。"顾惊醒，不解所谓。后作官广东，于市上买得叶小鸾小照，宛如梦中人，为画《横影图》索题。钱相人方伯有句云："怪他才解吟诗句，便是江城笛里声。"余按：小鸾粤人，笄年入道，受戒于月朗大师。佛法：受戒者，必先自陈平生过恶，方许忏悔。师问："犯淫否？"曰："征歌爱唱《求凰曲》，展画羞看《出浴图》。""犯口过否？"曰："生怕泥污嗤燕子，为怜花谢骂东风。""犯杀否？"曰："曾呼小玉除花虱，偶挂轻纨坏蝶衣。"

显然袁子才"小鸾粤人"之说大谬，想其因顾鉴沙得叶小鸾小像画于广东，想当然以为像主叶小鸾亦是粤人。后叶小鸾五世从孙叶树枚（溉吟）有诗嘲之曰："一砚何时归粤海，致使诗老误流传"（《砚缘集录》前集）。

《随园诗话》笔法精粹，自是卓作，惟考订非袁氏所长，错讹甚多。伪品顾二娘

"一寸干将"铭砚即被收入集中。集中记其与陶篁村识于乾隆三十七年,《小仓山房文集·篁村题壁记》却又记识陶氏在乾隆三十四年,漫不经心如此。

好与名妓才媛交往之"风雅教主"袁大名士,却不知前朝著名才女叶小鸾,其"惜香怜玉"难免有叶公好龙之嫌。

冷肆拾宝　珍视胜过那琼瑶

疏香阁眉子砚,道咸年间,在王寿迈手上再谱新篇。

王寿迈(生卒年不详),字佛云,北京大兴人。咸丰五年举人,曾官吴江、嘉定知县。除此眉子砚情事以外,其生平事迹多不可考。王氏所撰《砚缘集录》有余曲园(樾)一序,曲园称王氏为"同年"。曲园中进士在道光三十年,故知王氏亦在此年登进士第。同书黄韵甫(燮清)序,称王氏为"司马",此明清州府同知别称,知王氏当又曾官州府同知。

王氏砚事之种种情状,皆载于其刊行之《砚缘集录》。书中《砚缘记》述得砚缘由:

> 道光己酉春,偶于袁浦肆中,见腰圆小砚。池如偃月,袤(长)三寸,广二寸许,厚半寸有奇。腹背为积墨所封,石之质色,初不可辨。扣之作木声,审为佳石。亟购归,磨砻洗涤,见背镌两绝句及所署款识,始知为叶小鸾故物,所谓眉子砚云……《秋雨庵随笔》谓此砚曾在番禺陶绥之家,征题成册。并载郎苏门三绝、吴石华《疏影》一词……

砚为王佛云于道光二十八年己酉(1849年)从袁浦(今淮安清江)古玩冷肆所获。原只见砚质甚佳,遂购下。买卖双方皆不知为名人物,故价必廉。谁知洗去墨垢,得见庐山真容,竟是赫赫名物疏香阁眉子砚,王氏当时之狂喜不难想见。

王氏认定砚即陶绥之藏品,感叹宝砚"历二百年,辗转流徙曾不能以磨灭,至今日而归于余,岂偶然哉!"于是,以"砚缘"名书斋,又觅读叶天寥《午梦堂集》,"悉小鸾诸种仙才灵迹",为午梦疏香广作宣扬。其南北宦游,皆携砚自随,"所遇贤士大夫,又无不乐观而歌之"。所得咏砚辞章"无美不收,洵大观也"。

所谓冥冥之中早有安排,曩所谓缘,后事乃验。六年后,王氏与叶小鸾又更有一段续缘。

仙魂招取　把亭亭倩影细描

王佛云《砚缘后记》载:

> 甲寅秋,由鸿城宰松陵,小鸾之故里也。先于邑人任雄卿同年廷旸处,借得

《天寥先生年谱》抄本，读之，悉其家事甚详。继又晤叶友山茂才淦成，述知小鸾为其六世祖姑，并携其从兄戟甫所藏遗像来示，且索题咏。画像无款识，而笔墨高简，神致若生。《年谱》载：崇祯十五年九月，有淮阴朱生希哲者，善李少君之术，招小鸾之魂，图之，宛如平昔。今日之像，是耶？非耶？余为书长句于上，并倩包君子梁对临一帧，与砚同藏……

咸丰四年甲寅（1854年）秋，王氏由苏州（别称鸿城）奉调叶小鸾乡里吴江（松陵）知县。任上，王氏致力研究叶家事迹，与叶氏后裔唔淡。从叶小鸾六世从孙叶乃溁（戟甫）处，得见所藏叶小鸾遗像，为之题诗，并请画师包栋（子梁）临摹一帧存念。《天寥先生年谱》记有"李少君之术"（李为汉武所宠方士，云有仙术）之画师朱希哲，招小鸾魂魄画成遗像。事自不可信。古人去世，家人多倩画手对遗容作写真像留存，称画"喜神"、"揭帛"。想朱希哲即是照小鸾入殓前遗容所画。

顾鉴沙远在广东市上，尚能购得一叶小鸾小像画，可知当时小鸾小像流传颇广。时文人之视小鸾，尤今日追星族之视当红明星也。

包栋摹本《疏香阁主遗像》，刊于王氏《砚缘集录》，所绘叶小鸾清秀优雅，有尘外之姿。与小鸾高旷的文学形象相契合，相信此像确是出于真本。

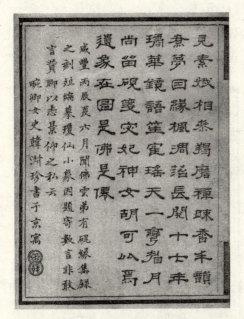

叶小鸾遗像。《砚缘集录》所刊。叶小鸾《题美人遗照》："微雨秋波溜浅春，粉香憔悴近天真。玉容最是难摹处，似喜还愁却是嗔。"其诗意仿佛正堪题自家此遗像。摹像者包栋，字子梁，山阴人。于改七芗、费晓楼两家外，别树一帜。苏浙诗笺，多其手绘。为像题赞者韩淑珍，汤阴才女。

掩玉埋骨　又兼护得孤坟好

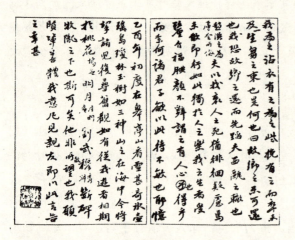

叶天寥手札。《国粹学报》所刊（六帧选二）。略有坡公笔意，作于天寥去世的顺治五年。时天寥为与青灯古佛相伴之遗民。札中流连故国，感慨身世，不胜麦秀黍离之悲。

当年午梦堂中，虽书香馥郁，翰墨迷人，但叶家并非富室，叶天寥辞官归隐后，经济更显拮据。才人夫妻常相对夜坐，共诵鲍照《愁苦行》以驱愁怀。故小鸾早夭，棺木只与弟世偁、世儴及姐纨纨棺木一起，权厝宝生庵。明清易鼎，天寥携四子亡迹于荒山古刹，更无法顾及小鸾兄妹棺衾。须待五十年后叶燮返乡，方将小鸾兄妹（叶纨纨之棺已由夫家迁走）落土封筑。

再后百多年，午梦堂已归外姓。小鸾姊弟三墓早已湮没荒野，人莫能知。道光间，经叶乃澡多方考勘，觅得三墓所在。然面对杂草丛生、坟砖半露之先人荒冢，一介寒士叶乃澡，无力修缮，唯对衰草叹息而已。

王佛云上任吴江，闻悉小鸾墓的颓败景况，为之捐俸修葺自是责无旁贷。惜其心愿未了，旋又别任嘉定，无奈抱憾起程。但人虽离吴江，心却牵挂分湖，数次寄俸叶家

王佛云汾干访墓图。《砚缘集录》所刊。画者秦炳文，字砚云，号谊亭，无锡人。道光举人，官吴江教谕。画擅山水。

为修墓之用。官嘉定之次年，王佛云公事余暇，返吴江，遂有"汾干访墓"之举。在叶乃溁引导下，面对神往已久之小鸾荒坟，王佛云焚香而拜，凭吊已结七年奇缘的前朝才女，徘徊良久，不忍离去。

谒坟之后，王佛云又游不远处的午梦疏香遗址。所见唯有断壁残垣、人去堂空之景象。

王氏《砚缘后记》记，叶小鸾墓旁隙地多为他姓所侵占，修坟须先清理被占之地，叶氏族人诉之公堂。官司自然一边倒，毫无悬念，于理，占人坟地非法；于情，堂上县太爷是一超级"叶粉"。即便判案时王氏已卸任，但前任县太爷之影响力不容低估。

也许，"苦主"叶氏族人之递状，主谋原是王佛云，王大令导演了一出"曲线修坟"的好戏。

断钗螭璧　更续曩日砚缘巧

王佛云汾干访墓时，又有奇遇再续前缘，复得小鸾陪葬物玉簪、玉佩，王氏有文记之。

玉簪，质地如肪脂，色泽红晕莹澈，"琼章殁时物也"。道光间，一庞姓村媪于小鸾墓旁草间拾得。初时玉簪尚完好，因表面风化腐蚀，难辩本来面目。庞媪磨刮不得法，不慎将簪折断。后断簪被叶乃溁以钱三百文易得。王佛云一见才女生前耳鬓厮磨的随身物，爱不释手，即解护身青玉珗，换得玉簪而归。

玉佩，色青有红晕，中含拱璧，两端环以雕螭，亦乡人于小鸾墓前拾得。王佛云访墓前，已被他人以三斗米换走，后被王氏追回。

修墓事持续四年之久，身在嘉定之王佛云，事无巨细，多有过问。最后，小鸾墓修葺一新，立"有明仙媛叶氏小鸾之墓"石碑于墓前，碑后镌刻六百余字之《重修有明仙媛叶琼章墓记》，由王佛云亲笔题写。同时，小鸾二弟世偁、世儀之墓亦立短碑以表之。

王佛云之宰吴江，修墓立碑，籍其义举，叶氏姊弟墓得以保存，不至湮没于乡民无休止之侵占中，此王氏于叶家最称功德者。

先得才女砚，复官才女乡，再修才女墓，

叶小鸾簪佩图。《砚缘集录》所刊。王佛云终只得一断簪。叶小鸾生前原已有一断簪凶谶异事。《天寥年谱别记》载：叶家将小鸾许字昆山张立平，婿家以枣茗为谢。沈宛君竟在枣茗中发现断玉搔头（簪）一支，大惊，密弃之，后小鸾未婚而夭折。天寥叹曰："冥冥之中固有谶焉？"

又获才女钗璧，王佛云与叶小鸾确有不解之缘。王氏在《砚缘后记》大发感慨：

> 异哉乎！砚可珍，得之非偶，固余向者作记之意也，抑岂知数年之后竟得亲至其乡，瞻其遗容，详其轶事，已非前此所能逆料，而荒茔之葺，片碣之修，二百年来，官斯土者众矣，岂留以待者，是岂区区之砚所能使然耶！然亦安得非砚之使然耶！石不能言，谁欤解此？

所谓"无巧不成书"，王氏所编《砚缘集录》，即因巧缘而成就。

遍辑诗篇　聊把幽恨来解消

《砚缘集录》刊行于咸丰六年夏。书分四集。首集刊王氏记砚二文、眉子砚图、前人题眉子砚诸作、时人题王佛云砚诸作及叶小鸾小像、王氏访墓图。后三集为辑录叶小鸾及父母二姊诸作。

首集分目：砚缘记、砚缘后记、眉子砚图、题砚丛钞（题砚作者八十九人）、徵仙汇录（引书三十种。皆天寥《年谱》等所记小鸾事迹及名流咏题叶家之诗文）、疏香遗题（题叶小鸾像。作者十二人）、汾干访墓。

次集分目：返生香（叶小鸾撰）。

三集分目：疏香阁附集（叶、沈二家祭悼小鸾诗文集）、彤奁续些选（叶家及时人纪念小鸾诗文集）。

四集分目：窃闻（叶天寥撰）、续窃闻（叶天寥撰）、琼花镜（叶天寥撰）、鹏吹选（沈宛君撰）、愁言选（叶纨纨撰）、鸳鸯梦（叶小纨撰）。

首集《题砚丛钞》收录陶绥之及王佛云等题砚者，达近百人，不可谓不势众，但除郭频迦、程庭鹭、俞曲圆、杨沂孙等数家较有名外，其他多属少为世知的文人、闺媛，此应与陶、王二人身份不高、才名不彰大有关系。

虽题砚少有名家，却也不乏佳作。山阳文人黄宰平（振均）曾题北曲一套，自谓压卷之作。后琴川吴逸香（淑仪）女史亦题一曲，宰平见之，自叹弗如，属海上画师清溪樵子钱吉生（惠安）作《听真图》以识向往。

才人惺惺相惜，女性心思相通，故吴女史哀感乃至于斯。

楼石俱焚　留传后世有迷踪

疏香阁眉子砚，虽在王佛云手中名传一时，但因大意，又在王佛云手中"香销玉殒"了。

民国名人陈去病在所撰《五石脂》中记砚去踪：

> 予别有《焚研记》一篇，述叶琼章眉子研事，昔已失之。姑再笔其事如下，以

弥余憾。初，王佛云在袁浦，得一研，背有楷书小诗一绝，知为琼章物，喜甚。已又调吴江令，遂修其墓，并得断钗、玉佩数事。因益绘图遍征诗文，刊其集为《研缘录》，亦百年来一段佳话也。嗣以受代，恐研或失，特托之吴门永昌徐氏。徐故与王有连，且甚富，而藏研至多，筑一楼贮之，故王以为可托，不疑其他也。然徐实妒此研甚，度而，乞终不获。乃自焚其楼，托言失火毁，匿之。王无如何，由是研遂入于徐。

其云王佛云调任嘉定，本欲携砚赴任，因砚名远播，树大招风，且从吴江带出邑人才女遗珍，多有不便，于是将砚寄托于好友苏州永昌徐氏。王官吴江之前曾任职苏州（职务不详），当在此时结识徐氏。徐亦砚迷，藏砚至多，专建一砚楼弄藏。却不料砚楼突起大火，眉子砚与楼中藏砚随楼一并被毁。对此结局，王佛云自然无可如何，唯有痛惜而已。

陈氏之说法：事实上，徐氏对眉子砚觊觎已久，数求王氏转让不果，遂起歹意，使苦肉计不惜自焚其楼，将眉子砚据为己有。

陈去病（1874～1933年），字巢南，号垂虹亭长，吴江人。原名庆林，幼读霍去病言"匈奴未灭，何以家为"，遂改名"去病"自励。同盟会元老，任《国粹学报》编辑，借说文史为反清作鼓呼。后任孙中山北伐大本营前敌宣传主任。

"永昌徐氏"，当即一度以"江南小天子"旗号独霸一方，后被太平军以"内奸"处死的风云人物徐少蘧。

陈去病对乡邦文献之搜罗与研究极重视，在所著《五石脂》、《松陵文集》等书中对叶氏史迹多有搜罗考证，柳亚子评为"考证语尤精"。其云徐氏瞒天过海之窃宝事，想必有据。

考之徐氏行迹，确有欺友盗砚之嫌。

机关算尽　　反误了徐卿性命

徐少蘧（1823～1863年），名佩瑗，字少蘧，以字行，苏州府长洲县城东永昌人。家饶有资财，良田达数千亩。颇好武，性豪放，喜大言，自视甚高，向以"当世大丈夫"自居。闻术士云永昌地有龙脉，遂萌九五之念。

咸丰三年，洪杨克南京，苏常惊恐。徐少蘧以"自卫"为名，组团练万余人，枪船五百条，俨然一方霸主，成"清妖"（清廷）、"粤匪"（太平军）角逐江南争锋中一举足轻重之力量。

王佛云官嘉定，在咸丰五年秋，时苏南地面豪强烽起，朝命已常不畅。据当时吴江文人万流所撰《枪船始末》记：王在吴江县令任上，太湖渔民聚众抗租、抗粮，王氏下乡晓谕，乡人聚众殴辱，竟杀王之护勇一人，可知当时治安之乱。王佛云身为县令，赴任履新，自身尚有一定危险，况携一誉满吴中之名砚？为免"怀璧其罪"所招横祸，存砚于一方豪强徐少遽处实为稳妥之计。因两人素有交情（以砚学论，王氏视徐，应在师友之间），王氏不疑有他，遂被徐所算计，吃一"哑巴亏"。

后太平军攻苏州，徐氏屡抗之，终因势孤，于咸丰十年接受李秀成招抚。并献粮献金，且特觅一美玉，刻九龙玉玺进献洪天王，被洪氏封为"开朝勋臣抚天侯"。自此徐氏更益坐大，长洲地面成其禁裔，日常起居皆效帝王排场。

徐氏心计颇深，与清廷方面暗通款曲，往来不断。清廷授徐记名道员，赏戴二品花翎，嘱其伺机反水为内应。后事败，于同治二年，被太平军慕王谭绍光诱捕，次年被谭氏亲手击毙。

徐少遽，这位被当代太平天国研究专家罗尔纲氏所撰《太平天国史》置于"奸宄传"中之"奸宄"，虽长袖善舞，用"自焚"计赚得眉子砚；也因使"火中取栗"计骑墙两端，终招"引火上身"送了自家性命。

天兵一炬　眉砚在劫终难逃

徐少遽曾受李鸿章命，劝降常熟太平军主将钱桂仁。此公竟以美貌寡姐及丰厚陪嫁作诱饵，计终得手。可知其为一生意高手，为达目的，不惜血本。用一楼之古砚换得一方极品眉子砚，亦一惊世骇俗的大"买卖"。从此事又可知，徐氏富抵半城，其求购王氏砚所出之价当亦令人咋舌。无奈王氏不为所动，徐氏狗急跳墙，无奈之下，遂行玉石俱焚之"釜底抽薪"计，让王佛云无话可说。

对眉子砚，王氏重金不易，徐氏虽焚楼而不可惜，可算砚史"两痴子"！以嗜砚论，徐氏也属一不多见的藏砚大家。

徐少遽本康熙朝重臣徐乾学之后。徐乾学人品亦为时人所鄙，但探花出身，有才名。韩氏《砚铭》刊一徐氏"传是楼砚"，有康熙朝大学士王顼龄为题八字铭（砚今藏苏州博物馆，我尝过目）。徐少遽之好砚，算续得家门书香遗风一缕。

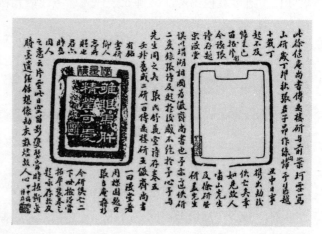

徐乾学"传是楼"砚。砚长方形。石渠式池。背迷挖覆手。上部镌篆书"传是楼"；下镌隶书"鸲眼马肝，精莹可爱"，款"瑁湖"，印"顼龄"。传是楼，徐乾学藏书楼名。

据载徐氏砚楼被焚于咸丰十一年，两年后，徐氏也随之丧命。若眉子砚确未被焚，被其秘藏只区区三年时光而已。

徐氏被杀，太平军乘势将永昌徐氏据点一举荡平，并将徐家屋宇千余间付之一炬，火燃数昼夜方熄。虽然"天兵"们放火之前，例必"打扫战场"，黄白之物自不遗漏，但笔砚文房，非彼等所欲；故而徐氏处心积虑所得之叶小鸾眉子砚，或许在"天兵"手上，方真正成了祝融氏的祭品。

徐氏焚楼夺砚，真事也好，冤案也罢；与徐氏当初归顺"天国"，或云投机，或云诈降，实皆难知何者为真相。

事实上，所谓疏香阁眉子砚徐氏死后并未匿迹；甚至陶氏之后王氏之前，更有一疏香阁眉子砚一直流传有序，直至清末。

阊门访艳　状元书寓抚奇珍

《孽海花》第三回，记主人公新科状元金雯青，慕名往访苏州名妓褚爱林。在褚氏书寓，见陈列众多古董：

> 雯青约略望了一望，嘴里说着："足见主人的法眼，也是我们的眼福。"一屁股就坐在厢房里靠窗一张影木书案前的大椅里，手里拿起一个香楠匣的叶小鸾眉纹小研在那里抚摩……

《孽海花》书中人物多有原型，金雯青即影射同治七年状元洪文卿（钧）；傅彩云（褚爱林）即影射清季"花科状元"赛金花。洪状元原籍吾歙桂林，其父迁居苏州，遂占籍吴县。赛姬原名赵彩云，后从鸨姓傅，晚又名曹梦兰，原籍吾徽黟县，父流寓苏州，娶苏女，遂生彩云。观赛姬旧影真容，并非天姿国色，以身世、才略傲人也。

赛金花嫁洪文卿为妾后，曾在光绪间，充公使夫人随文卿出使欧洲四国，得德国飞耐特皇后青睐。此为后来庚子事变时，"议和大臣赛二爷"之说埋下伏笔。

见刊一砚事野说：赛姬出生时，其父请一文人取名，文人受案头所用龙尾金花歙砚启发，遂取"金花"为名。金花后又携一家乡所产"黟县青"石砚往见八国联军统帅瓦德西，请瓦德西止杀。事当无稽，想始作俑者应为吾徽乡人，为龙尾砚、黟县青砚宣传而已。

倘云赛金花以叶小鸾眉子砚为礼贿瓦帅，或更迷人，盖《孽海花》所记傅彩云（褚爱林）有"叶小鸾眉纹小研"之事并非空穴来风。褚氏原为龚孝琪之妾，砚乃龚氏所赠。龚孝琪原型，为大名鼎鼎的龚自珍长子龚橙。

而龚自珍确也曾入藏一叶小鸾疏香阁眉子砚。

汉"婕妤妾娟"玉印。北京故宫博物院藏，即所谓"赵飞燕印"。实今人解此印文非"婕妤妾赵"，而为"婕妤妾娟"，与赵飞燕无关。北宋王驸马（诜）以降千余年，一千大名士皆闹了一场"读字读半边"的笑话。龚定庵得玉印时，喜极，自称"自夸奇福至，端不换公卿"，遂将印珍藏于"寰中一玉之斋"内。据《栖霞阁野乘》，定庵当年所得乃一赝品，故并非此印。

供奉山馆　中书拜倒汉宫春

　　龚定庵在吾国学术史上，实在算得是一划时代的人物。

　　龚自珍（1792～1841年），字璱人，号定庵，仁和人。出身书香世宦之家，外祖父为段玉裁。定庵二十七岁中举，三十八岁中进士。由内阁中书官至礼部主事。四十八岁辞官南归，五十岁暴卒于江苏丹阳云阳书院。

　　定庵为人恃才傲世，因其桀骜不驯，遂"一生困厄下僚"。其生平治学颇博杂，诗文彪悍伟丽，有睥睨天下之气概。梁任公《清代学术概论》评龚于吾国近代思想史的贡献："晚清思想之解放，自珍确与有功焉，光绪间所谓新学家者，大率人人皆经过崇拜龚氏之一时期。"

　　龚定庵与"无名文人"陶绥之、王佛云不同，陶、王一生的名山事业，不过为叶小鸾眉子砚"作传"；龚则除"军国大计"、"道德文章"之外，玩古只称余事，但也称得上一时人物，其昆山羽碌山馆所藏名物众多。

　　龚氏所藏名物，有所谓"三秘、十华、九十供奉"之说。"赵飞燕玉印"等三品为"三秘"。大圭等十品为"十华"。叶小鸾疏香阁砚与纳兰容若填词砚、叶小鸾写《金刚经》等九十品为"九十供奉"。

　　《定庵先生年谱·后记》记吴兰修一札，言其赠定庵一西洞极品，定庵不识佳处。吴也有趣，以另一砚换回。似乎定庵识端水平尔尔。定庵早年随官徽州知府的父亲龚丽正居徽四年，其妹龚自璋且嫁歙人朱祖振。有此渊源，定庵对歙砚比端砚或更感亲切。

　　与陶、王二人大异其趣者，在龚氏眼里，眉子砚虽不失一佳物，但还算不上稀世奇珍，故只列入其藏品三六九等中之最末——"供奉"。想定庵之藏古排名，以"高古"为取向，此占"三秘"、"十华"的绝对多数。故对近古才女叶小鸾之遗砚不甚重视。

唤使仙株　定庵呆词何凉薄

定庵虽未列眉子砚为绝品，倒也为赋《天仙子·自赋所藏眉纹诗砚》词一阕纪之。词云：

> 天仙偶厌住琼楼，乞人间一度游。被谁传下小银钩，烟淡淡，月柔柔，伴我薰香伴我修。

此词被邓之诚先生斥为"赋词极呆，有辱此砚"。将逸气馥人之仙株，拉来为其参禅修道服务，确实境界不高。定庵诗词有"剑气"，"琴心"非其所长。王静安先生云由龚词可见"其人凉薄无行"，此作可证一二。

定庵友人顾千里（广圻）有和定庵题砚词《浪淘沙》，序记云："为龚定庵赋叶小鸾眉子研，定庵时方谈佛也。己卯年作。"词云：

> 黛色割遥岚，墨渖微酣，是谁收拾小檀甬？留得寒篁天上影，长对初三。
>
> 居士借经龛，位置偏谙，偷窥晓镜语重参。不许花笺题煮梦，解脱春蚕。

顾氏此作上半阕写砚（眉子砚），下半阕写人（龚定庵）。较定庵词却少烟火气。

为定庵题砚之佳作，还属常熟才媛归懋仪（佩珊）所作《题女史叶小鸾眉子砚》三首，意味清婉绵丽，尤以次首为佳：

> 小躐青鸾证上仙，紫云一片未成烟。美人眉样才人笔，合缔三生翰墨缘。
>
> 螺子轻研玉样温，摩挲中有古吟魂。一泓暖泻桃花水，洗出当年旧黛痕。
>
> 绝代蛾眉绝代才，红丝携向镜查开。凭君第一生花笔，翻出新图十样来。

归懋仪为上海李学璜妻，袁枚女弟子，善画，工诗，与龚定庵多有唱和，人评"性多抑郁，兼之时值坎坷"，对小鸾感触应多。

以龚定庵在吾国文化史上的分量，远非才女叶小鸾可比，倘其效王佛云遍征题咏，刻书行世，则此砚之名气又远不止今日之影响。

小说家言　真身赛姬未获宝

《龚自珍集》卷8引《定庵集外未刻诗》所收定庵一汉瓦砚诗。序云："以汉瓦琢为砚赐橙儿，因集斋中汉瓦拓本字成一诗，并付之。"铭云："平生自熹，传世千秋，高官上第，甘与阿侯。"盖铭字集自"平乐宫"瓦、"长生未央"瓦、"仁义自成"瓦、"有万熹"瓦、"传"字瓦、"高安万世"瓦、"千秋万岁"瓦、"上林农官"瓦、"上林"瓦、"第二十五"瓦、"甘林"瓦、"宜侯王"砖。

定庵死后，所治藏古器多归于长子龚橙。疏香阁眉子砚也一并归于龚橙手。

龚橙（1817～？年），字孝棋，又字孝拱，晚号半伦。
与后来的"垂辫遗少"刘公鲁一样，龚氏留给世人的乃一
典型的"败家子"形象。较刘尤不堪者，龚更多顶一"汉
奸"帽子。《孽海花》中借褚爱林之口，云定庵因与满洲贵
嬬西林春（顾太清）偷情，被满人下毒（世称"丁香花公
案"），死前嘱子报仇，孝琪"从此就和满人结了不共戴天
的深仇"。故导洋兵烧圆明园（此事或云非事实）。

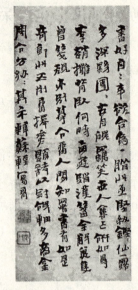

龚孝琪为人豪放，跌宕负奇气，但放荡不羁，戾气不
浅，"卒以狂死"。却并非不学无术之徒，少好学，天资绝
人。最精《公羊》学，著述甚多。晚年落魄，靠典当古器、
家私度日，叶小鸾眉子砚自然难保完璧。

《孽海花》记褚爱林言叶小鸾眉子砚之来历：

> 实在只为了孝琪穷得不得了，忍着痛打发我们出来
> 各逃性命。那些古董是他送给我们的纪念品……

龚橙书法屏条。时人有
"孝拱真书自一家"之誉，
确有自家面貌，不乏风骨，
但也难免乖戾之气。

按此说法，龚孝琪因生计困窘，不得已效白傅"放妓
卖马"故事，遣散侍妾。孝棋晚号半伦，自言无君臣、父子、夫妇、兄弟、朋友"五
伦"，而尚爱一妾，故曰"半伦"。《孽海花》中褚爱林自云即彼"半伦"爱妾。因对
褚姬感情甚深，孝棋便将叶小鸾眉子砚等古器作"遣散费"赠与褚姬。

《孽海花》第三回中褚爱林自道："褚是我的真姓，爱林是小名，真名实在叫做畹
香。"史实中之褚畹香，通书翰，乃龚孝棋逃妾。因见孝棋日益颓放落魄，乃携龚所藏
书稿古董而去。后至苏州，改名爱林，作卖笑生涯。

故《孽海花》中傅彩云（褚爱林）的原型乃是移花接木，将褚畹香与赛金花合二为
一者。

赛金花年方十五即嫁于洪状元为妾，与龚孝棋应无瓜葛，何来龚氏赠砚之事？

事实上，小说中褚爱林得砚也纯属"小说家言"，其真身褚畹香也并无得眉子砚之
事。

词人作证　替身褚媵也未得

清季吴昌绶所编《定庵先生年谱》，道光七年条"叶小鸾眉纹诗砚"句下原注：

> 郑文焯（字叔问，汉军正黄旗。官内阁中书。民国后，以遗老自居）曰："小
> 鸾眉子砚，余见之石埭徐子静案上，谓于海上得之先生冢子孝拱家。石已中断，别
> 有旧脱（拓）本，名流题咏殆编（遍）。

按郑文焯此说法,徐子静之叶小鸾眉子砚乃直接得于龚孝棋,并非从褚畹香手流出。

又,近人孙静安《栖霞阁野乘·半伦传》,记龚孝棋落魄之后:

> 威妥玛死,半伦益颓放不自振。居恒好谩骂人,视时流无所许可,人亦畏而恶之,目为怪物,往往避道行。旧所藏书画古玩,斥卖略尽。始纳一姬,宠之专房,继又购二姬,则其宠渐移,久之,二妾竟同遁去。

龚孝棋因不得志,遂愤世嫉俗,为士林侧目,被倾以诸种污水,生存也自不易,况龚本喜好浪荡声色,于是坐吃山空,将父定庵所遗古器变现度日。但龚纳三姬(褚畹香为后购二姬之一)之前,已将古器"斥卖略尽"。褚畹香与另一妾所卷逃者(《孽海花》云褚之古物乃龚所赠行,应是作书人出于维护主人公傅彩云的形象而虚构),不过买家挑剩之物。

故眉子砚在纳褚姬之前,应已被龚孝棋售于徐子静矣。

可与眉子砚互证者:《孽海花》第二回"陆孝廉访艳金阊门"一节中,记定庵"赵飞燕玉印"亦由孝棋赠于褚爱林,也非事实。《栖霞阁野乘》记定庵此印,实为赝物,乃赌友为抵定庵赌债所伪造,定庵后闻知,复作为赌资出之。

因之,叶小鸾眉子砚乃在龚孝棋手上已售徐子静,词人郑文焯不仅在徐家亲见实物,且亲闻徐氏言砚来历,事实无疑。

《孽海花》所云龚孝棋妾褚畹香曾藏此砚之事,乃作者出于小说情节需要所作演义而已。

半伦亲予　叹惜子静惟残璧

与郑文焯同时人,有一徐子静极有名,即援应康、梁推行维新变法,险被西太后处死的"第七君子"、礼部侍郎徐致靖(字子静)。然此徐侍郎乃宜兴人,并非郑氏所记购龚孝拱眉子砚者,购砚者乃皖人徐士恺。

徐士恺(生卒年不详),字子静,号观自得斋,皖南石埭(今石台)人。少经商读书,官浙江候补道。为人淡泊仕进,嗜藏书画、古物、金石,刻书亦有名于世。其清秘之藏,有古今彝器拓本千余种,古印二千余方。时人推其所藏足与时居吴门的歙人吴云两罍轩、归安沈秉成城曲草堂相抗。晚寓吴下,与诸名流考订金石,间亦娱情铁笔。

惜砚归徐氏观自得斋,不似陶、王、龚诸人,皆有诗词题咏,徐氏及同时人似皆无题。可考者,只存《定庵先生年谱》中所引郑文焯笔记一条。

或砚已折为两段,徐氏意兴阑珊,无意多费心思了。

晚清王继香《醉庵砚铭》收一《叶小鸾眉子砚》铭:

　　女郎之碧玉耶？织星之支机耶？一鉤月魄仙人遗耶？画眉深浅问淬妃耶？噫！斯时殆当日草《返生香》之诗者耶？

　　王继香此铭，纯是抒情，只字未言砚状本身，故砚为何样莫从知晓。

　　王继香（生卒年不详），字子献，一字止轩，号醉庵，绍兴人。光绪十五年进士，改庶吉士，授编修，河南候补知府。有《止轩诗集》。工篆、隶，精铁笔。又好藏砚，有《枕湖搂藏砚铭》、《醉庵砚铭》行世。

　　王氏注此铭"为女弟子沈惠昭铭"。沈惠昭，生平不详。晚清绍兴孙道乾所撰《小螺庵病榻忆语》，收有沈氏《金缕曲》一首，署名"钱塘沈惠昭季兰"。其所藏"叶小鸾眉子砚"是否即徐氏观自得斋原藏品，不得而知。

分堤吊梦　可怜文章才女坟

　　南社名人叶楚伧，早年亦于冷摊获一端砚，辨为"明末吴门叶小鸾"遗物（据今人吴江作家朱萸女士《一代文章才女坟》，出处俟考）。

　　叶楚伧（1887～1946年），同盟会元老，与陈去病行迹略似。原名单叶，以字行，笔名小凤。吴县人，祖籍周庄。身材魁梧，有幽燕之气。任《民国日报》总编辑时，即抨击袁氏称帝，又反对孙氏"联俄容共"。曾任江苏省政府主席。1946年病逝上海。

　　叶氏为官不失书生本色，时人誉有"清若雏凤"的君子之风。其文学成就被政迹所掩，不无遗憾。

　　一如王佛云故事，叶楚伧获砚后，不仅有谒墓之事，更有一番"寻根之旅"。

　　叶楚伧因得眉子砚而考之族谱，始知其家与午梦堂叶氏同出一支，其为叶小鸾九世从孙。于是赴分湖凭吊，惜时午梦、疏香早已荒颓，小鸾墓亦未寻见。后楚伧再赴分湖，"白首村姑知野史，临风遥指小池隈"，终于觅得"叶家小姐坟"，祭拜而归。叶诗《访得祖姑叶琼章墓址》，有"迷阳芳草旧灵芬，一代文章才女坟"云云。

　　叶楚伧之访墓，虽无王佛云钗、璧之得，却也因之获一丹青名作。

　　分湖祭墓事后，叶楚伧请挚友苏曼殊为作一画纪行。曼殊虽允为画，却迟迟未见动笔。叶遂

苏曼殊《分堤吊梦图》。一轮明月，一叶扁舟，几株疏柳，数椽茅屋，画面清越迷蒙，意境空灵而寂寥。苏曼殊画属"隶家"，并不"专业"，但此图堪称曼殊画中之佳构。

叶小鸾墓旧影。摄于1937年，墓今不存。

备齐笔墨纸砚及曼殊所嗜食品于另一同事挚友李叔同（即后来出家为僧的弘一法师）房间，将苏骗入，反锁于房内索画。懒散成性之苏曼殊无可奈何，遂挥毫成就一帧《分堤吊梦图》！

叶楚伧又欲筹划南社诗友雅集午梦遗址之会，惜因时局动荡而未果。为使才女香冢有人照应，叶楚伧与友人捐银三百五十余两，修葺小鸾墓所在地宝生庵。

叶楚伧之为叶小鸾张目，热情不减王佛云，惜其未能效王佛云将所得眉子砚制图刊行于世，后人无从得知其所藏眉子砚模样。

侧镌疏香　龚家款非王家样

前述诸家"叶小鸾疏香阁眉子砚"，看似流传有绪，事实并非皆出一枝。

邓之诚先生《古董琐记·眉子砚》考叶小鸾眉子砚：

> 此砚为番禺陶绥之物，复归何梦华，后归龚定庵……道光己酉，大兴王寿迈得之。

王佛云《砚缘记》云其所得眉子砚"曾在番禺陶绥之家"，所刊《砚缘集录》亦将题陶绥之砚诸诗及归佩珊题龚定庵砚词一并收入，似乎确如邓氏所言，砚乃由陶、何、龚、王依次递藏。实两砚全然两别。

据顾千里《浪淘沙》词序言，知至少嘉庆二十四年己卯（1819年）砚已在定庵斋中。定庵卒于道光二十一年（1841年），王佛云得砚虽在八年之后（道光二十八年，1849年），但龚家砚至龚孝拱晚年家道败落，始转让徐子静。且在徐家见过龚氏砚的郑文焯，出生已在咸丰六年（1856年）。故王佛云并无得龚氏砚之可能。

王佛云砚有图有记，一目了然。龚定庵砚，近代词人张祖廉所纂《定庵先生年谱外纪》卷上，亦有记砚文字可窥其貌：

> （定庵）先生所藏叶小鸾眉子砚，作长圆形，纵二寸七分，横一寸六分，厚四分。侧镌"疏香阁"三字。背镌真书云："舅氏从海上获砚材三，琢成分致予兄弟。琼章得眉子砚。"凡二十二字。系二诗曰："天宝繁华事已陈，成都画手样能新。如今只学初三月，怕有诗人说小颦"；"素袖轻笼金鸭烟，明窗小几展吴笺。开奁一砚樱桃雨，润到青琴第几弦。己巳寒食题。"末刻"小鸾"朱文小印。先生赋《天仙子》词宠之。

张祖廉（1873～？年），字彦云，号山荷，嘉善人，光绪举人，曾任职学部。著有《长水词》等。

龚定庵与钱塘陈宪曾为儿女亲家，陈之后人传定庵佚事于张祖廉，张撝所闻编为《定庵年谱外纪》。此外，张还辑有《定庵遗著》，是一研究定庵之专家，故其记定庵眉子砚的样貌必有可靠出处，且列详细尺寸，更必无讹。

将两砚对校，不合有二：龚砚长二寸七分，广一寸六分，厚四分；王砚长三寸，广二寸许，厚半寸有奇。王砚略大于龚砚。龚砚"己巳寒食题"，侧有"疏香阁"三字；王砚"己巳寒食题于疏香阁"，侧无铭字。

故龚定庵与王佛云所藏明显并非一物。

犀纹龙尾　陶家歙异王家端

龚、王二砚，谁者为陶绥之原物？

梁绍壬所记陶绥之砚背铭"分致予兄弟"，龚、王两砚皆作"琢成分致予兄弟"，多出"琢成"二字，似不相合。但若小鸾兄姊所获只是砚材，则还须请人琢制方可取用，故以"琢成"为合情理，此当梁氏漏记。

陶氏砚署款"己巳寒食题"，此龚氏砚同而王氏砚不符。

王佛云未确言砚之材质，只云："扣之，作木声。"端以木声为上，似言端。叶淦成云："紫云一片端溪石，钩出纤纤眉样窄。"淦成是王佛云吴江所交午梦堂后人，自是见过王氏砚实物，其云端溪当可无疑。

梁绍壬记陶氏砚："面有犀纹，形如半弯新月。"犀纹，当即犀角纹，歙石罗纹一种，又称古犀罗纹。"形如半弯新月"，承前句意，言其纹如新月状。犀纹远细于眉纹，揣是梁氏对犀纹、眉纹有所混淆，但辞不害义，只"面有犀纹"四字，足可定砚必是歙石。

然郎葆辰题陶氏砚："一握端溪玉不如。"此又言砚为一材质远胜美玉的端溪石。吴兰修则又云："黛痕隐隐，依旧凝碧。"应言苍碧色石上隐隐有青黛色之眉纹，应指歙石。

题砚三家，一人言端二人指歙，孰是孰非？

郎葆辰，安吉人。官御史。画蟹有名。吴兰修，撰有《端溪砚史》之鉴砚大家，倘将紫端形容为"依旧凝碧"，岂非荒唐之极？

以外行郎氏与专家吴氏较，自以吴氏言为权威，况更有梁绍壬"面有犀纹"的佐证，所以陶氏砚应是歙石。郎氏误歙为端，或未见实物只题拓本，因端石名盛，想当然以为端耳。

龚氏砚侧"疏香阁"三字，梁氏未记陶氏砚镌有。砚侧镌"疏香阁"，则名字、斋号齐全，更为完整。故疑是梁氏漏记。

《砚缘集录》所收嘉兴沈涛题砚《南楼令》词，有句云"问疏香，阁印谁钤？"此是否指陶氏砚镌有"疏香阁"名？

张祖廉未记定庵砚材质。定庵题砚句"烟淡淡，月柔柔"；顾千里题砚句"黛色割遥岚"，虽疑形容石色苍碧，但不能确指必歙。归懋仪题云"紫云一片未成烟"，反可作龚氏砚端石之证。

但"紫云"也常作砚的代称，未必专指端材；或归女史只题拓本，未亲见实物？

获砚猎色　袁浦龚王各奇遇

从得砚地利看，似乎龚定庵得陶氏原物的可能性略大。

陶绥之虽寄籍广东番禺，却是绍兴人。其叔陶篁村即居绍兴，晚年且筑庐西湖终老。想陶绥之居越地时日亦多，定庵杭人，得陶氏砚更合情理。

王佛云得砚之"袁浦"，在今苏北淮安（今有解作杭州袁浦镇者，讹），古称清江浦，又称袁浦，因三国时袁术踞此而得名。地滨淮黄，冲当水陆，乃南北咽喉要地，与扬、苏、杭并称大运河"四大都市"。因北方运河水量不足，清时规定旅客皆须在此作"南船北马"的变更。王佛云北人，南下北归，必在此地换船易马，砚当在此地勾留时所获。《砚缘集录》收英山人金泰为王氏题砚《唐多令》词，有注云："壬寅岁，订交淮浦，曾以《种蕉学书图》属题。"王佛云与金泰结识于道光二十二年壬寅。六年后，王氏获眉子砚于袁浦。

袁浦，固王佛云"砚遇"福地，亦龚定庵"艳遇"仙乡。

早在王佛云得砚九年前之道光十九年夏日，或因与西林春情事东窗事发，龚定庵仓皇辞官南归。在袁浦迷上淮上名妓灵箫，羁留袁浦十日，所谓"袁浦奇遇"。龚《己亥杂诗》中关涉灵箫诗作多达近四十首，可知龚之迷情未必逢场作戏。

只定庵终也没有替灵箫赎身，且此则情事有一个颇煞风景的结局：传灵箫因怨生恨，毒死定庵。

倘无郑文焯记龚定庵所藏叶小鸾眉子砚后归徐子静，则龚定庵袁浦艳事，倒可作王佛云获砚袁浦的伏笔看。

言石说形　眉子不作眉池解

当然，王佛云砚非陶绥之原物，不意味王氏砚必伪，盖亦难排除王氏砚真而陶氏砚伪的可能性。

吴江耆宿王稼冬先生撰有《叶小鸾眉子砚小考》一文，刊《朵云》第二十四期，略述陶绥之、王佛云砚事，未及龚定庵砚。文中考陶氏原藏：

　　据程庭鹭等人题砚诗，砚为端石上品，色红润（原注云"或为胭脂晕，火捺等石品"。应指程氏序中"犹带脂痕"语），琼章诗中"樱桃雨"，殆指此。所以有些记载因"眉子"两字认为是龙尾石犀文眉子者，非是。眉子，盖砚池形如"初三月"也。

　　就王佛云砚而言，铭中"樱桃雨"指紫端石色或胭脂火捺石品；"初三月"指墨池如初三日晚间之娥眉弯月，砚与铭完全相合。但陶绥之砚，若梁绍壬所记"面有犀文"确无误记，则彼为歙石，与砚铭不合，反必赝物矣。

　　然而，叶小鸾铭文未必定是写端。

　　"初三月"，可解为石材有眉纹，亦可解为墨池形如眉纹；但叶小鸾自铭"琼章得眉子砚"之"眉子"乃砚名，应是特指此砚是眉子纹石所制而称，而非因砚有眉形墨池而称，如南宋陈善《扪虱新话·论砚发墨》：

　　　　予闻之歙人曰："佳砚石如侧纹板旁有墙壁者，佳石也。"其人因出一眉子砚相示，四边若蜂窠然。

　　眉子（眉子纹、眉纹），纹理如纤眉，品种繁多。为歙石专用石品名，只用于特指眉纹类砚材，并不作通称砚刻纹饰解。

　　事实上，刻圆月、弯月形作墨池如王佛云砚者，为砚中常式，人皆称为"月池砚"，从未见有称作"眉子砚"、"眉纹砚"者。扫眉才子叶小鸾，当不致将一"月池砚"谬称"眉子砚"。

　　故王稼冬先生所解"眉子，盖砚池形如'初三月'"，应不确，叶小鸾之所以称"眉子砚"，正是因砚是眉子纹歙石所制而命名。

　　不仅叶小鸾"眉子砚"的砚名，为歙石所"专用"，叶小鸾铭砚二诗本身亦写歙石。

铭袭坡诗　小鬟可作小鸾看

　　叶小鸾题砚原诗前首：

　　　　天宝繁华事已陈，成都画手样能新。如今只学初三月，怕有诗人说小鬟。

　　唐明皇因安史之乱避居蜀中，见川女热衷画眉，心血来潮，令宫廷画师绘成眉式十种。其中"远山眉"（小山眉）晚唐五代最流行，有晚唐诗人韦庄《荷叶杯》词为印证："一双愁黛远山眉，不忍更思惟。"

　　王佛云砚，墨池如弯月，比之"远山眉"、"初三月"皆恰当；但叶小鸾此诗之"母本"东坡《眉子石砚歌赠胡誾》诗，却是以眉式比眉纹石而非月池砚。东坡原诗：

君不见成都画手开十眉，横云却月争新奇。游人指点小颦处，中有渔阳胡马嘶。

又不见王孙青琐横双碧，肠断浮空远山色。书生性命何足论，坐费千金买消渴。

尔来丧乱愁天公，谪向君家书砚中。小窗虚幌相妩媚，令君晓梦生春红。

毗耶居士谈空处，结习已空花不住。试教天女为磨铅，千偈澜翻无一语。

诗是坡公官杭州通判时，为下属南新县令胡阆所题。其中"小窗虚幌相妩媚，令君晓梦生春红"最称名句。

除首句袭用杨升庵诗《温泉》句"天宝繁华迹已陈"外，小鸾砚诗即从坡公诗之首四句所化出。前两句几照抄，第三句亦用前人成句（据《题砚丛抄》徐乔林诗注："元诗有'怕有诗人说小颦'之句"）。诗中"小颦"，应指杨妃，对应后句指安史叛军之"渔阳胡马"。坡公原句借眉论人，有责明皇重色误国之意。颦：皱眉。典出西施捧心。小颦，亦指以蛾眉代称美人（今人"小美眉"颇近其意）。小鸾诗中的"小颦"，为小鸾自称。"诗人"，指东坡。

故小鸾诗后二句之意：只画"初三月"眉一种，怕大诗人东坡责以"玩眉丧志"，才女趣笔耳。

润砚无声　江南三月樱桃雨

叶小鸾砚诗次首：

素袖轻笼金鸭烟，明窗小几展吴笺。开奁一砚樱桃雨，润到清琴第几弦。

"金鸭"：香熏。"清琴"：古琴。诗前两句云添香铺纸，后两句状沾墨挥毫。关键在第三句"开奁一砚樱桃雨"，王稼冬先生即因此句定诗咏端，其意当指樱桃色红；樱桃雨，红雨也，正言紫端。

所惑者，坡公原诗，全借唐明皇、卓文君等名人眉事以喻歙石眉子纹，小鸾前诗亦袭其意，何以后诗却又言端？

实则，"樱桃雨"当指砚铭于樱桃花开时节。

叶小鸾砚铭作于"寒食"，即寒食节（唐以后与清明节、踏青节合为一日），约在农历三月上旬。此节前后正是樱桃花盛开之时；且"清明时节雨纷纷"，雨打风吹，落英纷飞，宛如花雨。诗中"樱桃雨"，乃小鸾触景生情，融景入诗耳。

对于"樱桃雨"，清初山水画大家石涛上人早已作了一解人。其《题黄山》诗名句："漫将一砚梨花雨，泼湿黄山几段云。"此"一砚梨花雨"，指在梨花盛开之江南三月画黄山也，意与小鸾"一砚樱桃雨"正同。否则，若以红樱桃解"樱桃雨"为紫端，以白梨花解"梨花雨"，则石涛所用之砚岂不成一白端？

归佩珊《题女史叶小鸾眉子砚》诗云："一泓暖泻桃花水，洗出当年旧黛痕。"当亦泛言用砚在春水桃花时节。

　　江南三月，花季雨季，淫雨绵绵，"润物细无声"。因空气湿润，且佳石本呵气可研，小鸾此句"开奁一砚樱桃雨"，既言铭砚时之实景，亦言此砚材质之润泽。缀以后句"润到清琴第几弦"，潇洒脱俗，意境清雅，诚属一砚诗上上品。

　　如此说来，叶小鸾砚诗咏龙尾石眉子砚当可明了，也由此可反证，梁绍壬记陶氏砚"面有犀纹"必是实写。

　　因此，王佛云的端石"眉子砚"与陶绥之原藏不合，未必为伪；但与叶小鸾本身铭文意思相悖，则必一伪品无疑！

拓影征题　　获经堂中应过手

　　邓之诚先生云"砚为番禺陶绥之物，复归何梦华，后归龚定庵"。是否事实？

　　王氏《砚缘集录》所收题砚者，除为陶、王所题以外，可考定者，尚有为计曦伯题者三人，为何梦华题者六人。

　　计曦伯（1803～1860年），名光炘，号二田，秀水人。藏砚名家计楠侄，擅画，好藏书。

　　定庵得砚时计只虚岁十七，故计氏与龚氏砚当无关系。《砚缘集录》"凡例"中记："此砚自陶绥之收藏而后，间有得其拓本者，辗转征题。"计氏所得当只是一陶绥之砚拓。

　　另一征题者何梦华，则极可能是砚实物的过手者之一。

　　何梦华（1766～1829年），名元锡，字梦华，号蜨隐，杭州人。监生，屡试不第，以布衣终身。嗜古，精于簿录之学，所藏书、金石，多有条贯。其善本精抄之书，作"获经堂"藏之。晚游广东，客死粤地。

吴铁生为何梦华
刻"何元锡"名印

　　何梦华不仅鉴古、藏古，还兼做骨董生意。今传元刻本《阳春白雪》后有黄荛圃跋文，记书从何梦华处所购。

　　梁绍壬记陶绥之砚叶小鸾铭与陶凫乡为何梦华所题《咏眉子砚》词，"所记正与之相同"。倘陶凫乡所题是一陶绥之砚拓，则本是一砚，梁氏何以奇怪陶词所咏"正与之相同"？

　　合理的推测，何梦华亦曾藏一叶小鸾眉子砚。

　　邓之诚先生砚由陶而归何再归龚之说，虽不知出处，考之龚、何交情，龚砚直接得自何氏之手大有可能。

　　据《定庵先生年谱》，定庵二十五岁，即在上海其父官署结识何梦华，二人志趣相投，相与勘书赏古。定庵《己亥杂诗》有一诗吊赵魏、何梦华：

藏书藏帖两高人，目录流传四十年。师友凋徂心力倦，羽琤一记亦荆榛。

何梦华既藏古又鬻古，其得眉子砚而让于同乡好友龚定庵，事理有之。

侧镌疏香　居然真见有名阁

经以上考证，除未详砚为何样的沈惠昭与叶楚伧所藏者外，知至少早在道光间，已有两叶小鸾疏香阁眉子砚同时流传。砚一侧有"疏香阁"印者，传承顺序：陶绶之——何梦华——龚定庵父子——徐子静。砚一侧无"疏香阁"印者，王佛云所藏。

因叶小鸾铭文乃咏歙石，而真品必是一方歙石眉子砚。

幸者，近人真有一传世眉子砚，可为眉子是"眉子石砚"而非"眉形池砚"作一参考。砚实物今不知何在，郑逸梅先生藏有一旧拓。

郑先生在《珍闻与雅玩·集藏闲谈·砚与石》中记，砚拓是常熟铁琴铜剑楼后人瞿旭初所赠。瞿氏随拓还附有一纸手书说明："疏香阁砚，乃家寒先世所遗。先子授予，时在童年，即付装成册，但只拓片及郭麐一词云云。"

常熟铁琴铜剑楼，清时江南四大私家藏书楼之一，为瞿绍基始建于乾隆年间，其后子孙五代皆继其志。楼原名"恬裕斋"，绍基子瞿镛，宝藏铁琴、铜剑各一，遂以"铁琴铜剑"名楼。瞿氏藏书绵延二百余年，今书散而楼尚存。

瞿旭初，常熟铁琴铜剑楼第五代主人。家学渊源，精版本目录学。据其随砚拓附赠郑先生的说明书，知其父当年尚请徐虹隐、张蛮公等名流为砚拓题词。张蛮公曾官内阁中书，与曾朴为常熟同乡，且相交莫逆。或许曾氏撰《孽海花》，写及龚孝棋眉子砚一事，与好友张蛮公亦有商榷。

疏香阁眉子砚拓本。 郑逸梅先生所藏，砚为常熟铁琴铜剑楼原藏。

见刊之郑先生所藏眉子砚拓，砚作不规则椭圆形，略修长。砚面素池，与王佛云"月池砚"不同。背亦无王氏砚之挖有覆手，铭字书法与王氏砚图大略相类，铭文内容及款、印皆与张祖廉所记龚定庵砚同。"疏香阁"三字，阳文，字楷中兼有篆隶笔意，镌于砚侧左下角。

此瞿氏砚真品的可能性又如何？

造化弄人　王令砚缘竟虚话

王稼冬先生评王佛云砚与今传之郑氏拓："从鉴别比较看，似以郑藏本为佳。然则永昌徐氏以如此伎俩巧取所得之眉子砚，亦只是赝品而已。"此说有理。

瞿氏砚外形半取自然，素池，背无覆手，皆合明人简约风尚。单看王佛云砚，亦不俗，然与瞿氏砚比，则后者之雅趣立见。

瞿氏砚铭文与定庵砚全同，侧亦有"疏香阁"三字，故极可能为一物。倘砚长宽比例接近龚定庵所藏，又已断损而粘补，则更必龚氏原藏无疑。

瞿氏砚砚侧"疏香阁"三字，其字兼融篆隶的阳文刻法，看作斋号阳文印也无不可。此或可证沈涛为何梦华所题《南楼令》词中"问疏香，阁印谁钤？"正是实指。此砚陶绥之、何梦华、龚定庵父子、徐子静至常熟瞿氏极可能一脉相传。

但瞿氏砚若为端石，且已断损，则即定庵砚原物，亦可证明归佩珊题砚诗"紫云一片"非虚指，定庵所藏亦一伪品。倘瞿氏砚乃歙石眉子纹又已断损，则似可定砚是经陶绥之、何梦华、龚定庵父子、徐子静诸人传藏的叶小鸾疏香阁真品。

当然，瞿氏砚乃歙石眉子纹，却又并未断裂，虽必非定庵父子原藏，但不意味必是伪品疏香阁。

瞿氏砚原物，倘将来有显于世间之日，真伪不妨再验。

自嘉道以来，藏"疏香阁眉子砚"诸人中，以王佛云最称盛事，谁知所宝竟是一赝品，其津津乐道砚之"前缘"、"后缘"原皆虚话，让人为发一叹！

徐氏因砚而不惜殃及池鱼，以一楼名砚为殉，王氏砚之制赝者实乃祸根，彼无疑一砚史罪人！

视王佛云因砚缘而大修阴德于午梦堂叶氏，又有几方真品名人砚有此际遇？客观上王氏砚的制赝者又无意中种下一"善根"。

净土难觅　一泓清水掩风流

缘着一片盈握小石，陶绥之、何梦华、王曦伯遍征辞赋；王佛云、叶楚伧两番修坟，又各有摹像、求画之美事；诗老袁子才出被叶氏族人嗤笑"指越为粤"之丑，名士龚定庵列入"九十供奉"之榜，名妓赛金花被指有"窃宝潜逃"之嫌，豪强徐少遽更留下"焚楼盗砚"之骂名……叶小鸾眉子砚其戏剧性,其复杂性,其传奇色彩,就砚史而言,观止矣!

然王佛云、叶楚伧辈前贤修葺才人香冢的古风,今日已被画作一休止符。

20世纪五十年代末,因修公路采土,叶楚伧笔下的"一代文章才女坟"被铲平,檀香棺木被锯作船板,艳骨被弃之荒野。今日埋香葬玉处,更成一泓水塘。夕阳残照,余波凝咽。

叶天寥《续窃闻》,记小鸾魂魄对泐庵大师"十戒"中之"犯痴否"所云:"勉弃珠环收汉玉,戏捐粉盒葬花魂。"今人考"葬花魂"句为《红楼梦》中"黛玉葬花"的出处。黛玉之才情、薄命,与小鸾确也相近。

叶小鸾《莲花瓣》诗云,"一瓣红妆逐水流,不知香艳向谁收?"巧合耶?诗谶耶?

《红楼梦》中宝哥哥惊世骇俗语:"女儿是水做的骨肉。"黛玉《葬花吟》句:"未若锦囊收艳骨,一杯净土掩风流;质本洁来还洁去,强于污淖陷渠沟。"净土既无一抔,一泓清水亦掩得风流,才女香魂凌波洛浦——未必不是个好去处。

只是才女遗砚真品倘有出世之日,倘得砚者亦有王佛云、叶楚伧辈惜香怜玉情怀,借以寄怀红颜之香冢,却是永无觅处了!

笠谷缀语:

此篇为初稿交出版社后的补作。未曾想疏香阁砚的传承,扑溯迷离,故事多多,竟衍文成一长篇。索隐薄命才女的遗砚,赘笔缛墨,实在是被砚事本身之传奇所勾留,笔不由己,欲罢不能。之所以如此,要在文中涉砚诸人,于人(叶小鸾)于物(眉子砚),皆脱不了一个"情"字。前贤借赏砚寄情,我则借说砚抒怀,一洒同情之泪,和墨为志陶泓。所以刘德水兄评此篇为本书白眉,的是具眼。

写罢此文,对午梦堂叶氏的遭际,搁笔三叹,感慨颇多。吴江叶、沈二家族之文人逸士、才女名媛,因格局有囿,就国史而言,或许皆算不上第一流人物,然其骚雅传统,无疑是晚明江左风流的一个缩影。甲申国变,造化弄人,文学世家午梦堂叶氏之破灭,其风流云散,不仅是一家一族之劫难,亦可谓一个时代的挽歌;梦断午梦堂,香散疏香阁,种种风雅,俯仰之间,已为陈迹,疏香阁眉子砚,正可为彼日诗化之江南的遭受重创做一注脚!——叶小鸾题砚首句"天宝繁华事已陈",岂非亦一诗谶欤?

风流竟被雨打风吹去

——正说明季粤地抗清烈士遗民砚事琴事

粤士正气歌

清初遗民阎尔梅慨叹："嗟夫！士大夫居恒得志，人人以不朽自命。一旦露飞水脱，为疾风劲草几人乎？"明清易祚，死国之士大夫多矣，若豫东史可法，胶东左懋第，闽南黄道周，吴中陈子龙、夏氏父子、瞿式耜，皖南吴应箕，黔地杨文骢、何腾蛟……然我于浙东、广东之士人尤敬。浙东死难烈士：刘宗周、张煌言，失败为遗民的黄宗羲三兄弟、吕留良；广东殉国的"岭南三忠"：陈子壮、陈邦彦、张家玉；兵败为遗民的屈大均、陈恭尹、陈子升……

此似乎与当时浙、粤两地分别以王阳明、陈白沙开创的理学兴盛局面有关。

虽唐有张九龄、宋有余靖之一时人杰，甚至更有六祖惠能此等旷世哲人，但总体而论，明以前谓粤地为"文化沙漠"亦无不可。岭南之有学术，且称名于世，实始于明代，始于理学，始于陈白沙。黄梨洲《明儒学案》云："作圣之功，至先生（白沙）而始明，至文成（阳明）而始大。"

明季粤士受白沙理学影响，敦尚节义，多守民族气节的血性男子。明亡，惨被清兵肢解的粤士领袖陈子壮与弟子黎遂球、陈邦彦死事尤烈；余如邝露、屈大均、陈恭尹等，或殉国，或遗民，其浩然之气，民族精神表现之于艺文，自不能掩。清末东莞陈伯陶在所撰《胜朝粤东遗民录》序言中云："明季吾粤风俗，以殉死为荣，降附为耻，国亡之后，遂相率而不仕不试，以自全其大节……故《贰臣传》中，吾粤士大夫乃无一人！"

粤人抗清激烈，遭劫亦极惨重，广州城破，"居民几无噍类！"文脉似也被凿断，自屈翁山后梁任公前二百年，粤地可称道的学术人物乏善可陈。于砚学，则端砚"粤工"的负面影响至今犹显。

铭必大手笔

广东博物馆藏一砚（彩图6）。端石，长方素池，色青灰中带紫蓝。

此砚有两点让人印象深刻。一者，砚堂磨凹深陷，观之可生"铁砚磨穿"之想。再者，砚两侧及砚背洋洋洒洒满镌隶书铭，其字真力弥漫，颇见根柢。铭云：

> 海内皆慕端砚，不知端岩不一，莫妙于老坑，即宋水岩也。其深无底，土人縋千尺之下，仅至崖畔腰石。浮水百人牵而上，苏子瞻所谓"千夫挽绠，百夫运斤"是也。此皆宋室命工采凿所遗者。色玄微绛，中一二处带蕉叶白色，间染绿纹，水眼欲滅；又有带火熏文者，有此为老坑石。一种虫蛀文，俗人以辨真伪，不然也。其雏鸲眼各坑皆有之。此石为老坑所最难得者。阴天尝作微汗，即可试墨。性温如玉，廉刿能割，故识以传。崇祯庚辰，闲足道人书。

广东博物馆藏闲足道人砚（彩图6）

此铭解端溪老坑石特点一二，其驳以虫蛀为老坑独有之讹说，极是（实麻仔坑石虫蛀最多，只彼坑明末时或许尚未发现）。

从铭文可知，题铭者当是一位对端石较有认知之人。

此砚见刊《紫石凝英》等多种砚谱，较有影响。编者多题作"闲足道人长方砚"，然未见解读铭者"闲足道人"为何许人。遍检诸种古人名号辞典，亦皆不得。

视砚之石品、铭辞、书法皆大佳，显非凡品。甚至"闲足道人"之号也颇奇特，当非庸常之辈。

作铭此公究是何方神圣？

真堪羞死何太史？

我素留心明季文史，偶于图书馆翻阅新印《四库禁毁书丛刊》，其中收有黎美周（遂球）《莲须阁文集》，有一序文落款："崇祯戊寅秋日，闲足道人何吾骝撰"。至此始知闲足道人乃是何吾骝。

何吾驺（1581～1651年），字龙友，号象冈，晚号闲足道人，粤地香山（今中山）小榄人。万历四十七年进士，授庶吉士。崇祯元年，升左春坊充经筵讲官，后升少詹事兼侍读学士，提升正詹事。东林党人。崇祯五年擢礼部右侍郎，六年再升礼部尚书。时柄政首辅温体仁，图谋起用魏阉余党任事，吾驺意见与之相左，因被罢。弘光元年，唐王朱聿键在福州建号隆武，召用为首辅。曾督师赣地抗清。隆武败死，何跄跟返粤。此后何之行迹，史载不一，汉奸、烈士，两说皆有，颇受争议。

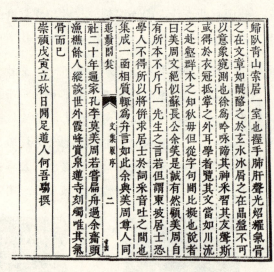

黎遂球《莲须阁文集》何吾驺序

或云顺治三年，李成栋（原从李闯起事，后随高杰降明，再降于清。"嘉定三屠"元凶之一）破广州，何被搜捕。将刑，李成栋释归香山。后策动李氏反正。

另一说，则云广州城陷，何不仅降清，且行迹大不堪：

> （何）剃发出降，与成栋相得甚欢。令修《粤东志》，阿谀新朝，为粤人所嗤。（时人桐城钱秉镫《所知录》卷中）

> （何）投诚乞修明史，门署"纂修明史"额。广东人有"吾驺修史，真堪羞死"之谣。（时人三山何是非《风倒梧桐记》卷二）

对钱、何等人笔下所记何象冈丑行，南明史名家顾城先生认为：鉴于南明党争极其复杂，这些记载未必可信（《南明史》第十六章）。

道人本烈士

李成栋反正后，何象冈又被永历诏任宰辅。任职方八月，复被罢。顺治七年，尚可喜攻粤，何督师三水，兵败。其死因，史载则有"卒于家"、"被执见杀"两说。因《明史》执前说，故"卒于家"多为后世史家所采用。

及至当代，何象冈慷慨殉国之壮举始大白于世。

1959年，中山小榄凤山何象冈墓被掘，出土何氏同僚顺德黄士俊（万历间状元）所撰墓志铭。墓志记广州城破日：

> 督公李（成栋），我朝宿将也，素仰重公，飞书约束，至有扶持语，公遂入五羊，密谋观变。引类触端，精诚布护，脉脉苦心，一时共事，莫测其故。一日，

督公引公偕余就议密室，公巫相率下拜，曰："公言及此，我太祖高皇帝之灵，宗庙社稷之福也。"于是督公下令归版籍，迎乘舆，以端州为行在所，复睹威仪，伊谁之赐乎？

显然，何象冈并未降清，而是以在野身份暗中策反李成栋。李最终反正，何起作用甚大（李反正之另一要因，据云是爱妾赵氏以死相激。诗人邝露有《赵夫人歌》记此事）。墓志又记三水兵败后，何象冈亡走家乡。不久，广州又陷，何被俘：

> 公自分以死报国，不肯一易颜色。至是锢之陋室中，备诸摧折，而公劲气直节，凛凛难犯。流离，作诗歌自遣，皆绝命殉国语。得疾……从容仙逝，一语不及家事，惟以大事未明为痛……享寿七十有一。

何象冈共育有四子九女，但其临死"一语不及家事"，惟以抗清"大事未明为痛"。闲足道人何吾骝，原是被埋没已久一慷慨悲歌的抗清烈士！

闲足何曾闲

何象冈诗文笃实渊雅，为时人所重。著有《元气堂诗集》、《元气堂文集》等多种。书法亦豪逸雄浑，时誉"树一帜于岭外"。草书学王而参苏，有章草韵味，小楷亦精，传世墨迹、碑刻有多种，未见有隶书，此砚铭证明何亦一隶书好手，堪补书史之不足。

更重要者，此砚因何象冈铭而成名人砚中上上品。试想，砚如只是一无名氏"道人"之物，其人文价值比之一个天崩地裂时代的三朝阁臣、抗清烈士的遗物，相去何啻天壤！

从砚铭看，能道出以虫蛀辨老坑之讹，何象冈是懂端石的，此应是粤地士大夫地利之便。

作砚铭之"崇祯庚辰"，为崇祯十三年（1640年）。何于崇祯八年罢官回乡，其时在籍闲居，倒有闲情逸致撰铭咏石。

何象冈曾勾留端州有日。隆武二年十月，广西巡抚瞿式耜等人拥立朱由榔称监国于肇庆，十一月宣布即皇帝位，改明年为永历元年。十二月底，永历朝廷离开肇庆再度撤入广西。何象冈曾任永历阁臣，自必伴驾于永历帝行在（陪都）肇庆。

何诗《端州文来阁偶笔》：

> 闲云野鹤自乘风，偶度瑶台感郁葱。四海一肩留着眼，五湖三亩乍飘蓬。
> 烦情不到无言处，高论应归有漏中。碧荇田田天点点，巢由还听济川功。

诗中何象冈自比闲云野鹤，与其号闲足道人同一意味。从诗中"四海一肩"看，诗当作于其居肇庆任辅臣之日。

只在清兵压境之际，此位识砚的重臣"闲足道人"，大概再无玩砚赏石那份闲心了。

何吾驺宦游南北，辗转三朝，其足又何曾闲过。

青史岂能灭！

然而，何以堂堂督师丞相，被俘不屈，殉国而死，居然落得"卒于家"的声名？而其常用斋号"闲足道人"，今日各种名人辞典竟多未收入？黎遂球《莲须阁集》等何氏抗清同志的文字被清廷禁毁，当是重要原因之一。

黎遂球（1602～1646年），字美周，番禺人，天启举人。清兵南下，美周毁家赴国难。隆武二年，率两广水师越梅岭北援赣州，城破，与其弟遂琪战死。隆武诏封其与同死赣州的杨廷麟等五烈士为"五忠"。

清廷所修《明史》，为达"灭人之国，必先去其史"之目的，大肆歪曲前朝，近人目为"秽史"。清廷又大兴"文字狱"，尤其乾隆借修《四库全书》之名，大肆禁毁明末死难烈士及反清遗民著作，正如鲁迅所说：

> 文字狱的血迹已经消失，满洲人的凶焰已经缓和，愚民政策早已集了大成，剩下的就只有"功德"了。那时的禁书，我想他都未必看见。现在不说别的，单看雍正、乾隆两朝的对于中国人著作的手段，就足够令人惊心动魄。全毁，抽毁，剜去之类也且不说，最阴险的是删改了古书的内容。乾隆朝的纂修《四库全书》，是许多人颂为一代之盛业的，但他们却不但搅乱了古书的格式，还修改了古人的文章；不但藏之内廷，还颁之文风较盛之处，使天下士子阅读，永不会觉得我们中国的作者里面，也曾经有过很有些骨气的人。（《且介亭杂文·病后杂谈之余》）

黎美周、何象冈正属"我们中国的作者里面，也曾经有过很有骨气的人"，故其文字难逃厄运。好在黎氏《莲须阁集》虽被禁，今日幸遗传本。何氏所著《元气堂诗集》、《元气堂文集》、《云芨轩稿》、《中麓阁集》诸种，则似皆已失传。记何氏事迹的时人文字当不少，因被禁毁，致出现死因歧说；其"闲足道人"之号亦使今人大感陌生。

后我又获阅1940年版《广东文物》，彼书借"研究乡邦文化，发扬民族精神"，旨在为抗日造势。以介绍明末清初岭南抗清烈士之文物、事迹为主。其中香山学者李履庵氏《关于何吾驺、伍瑞隆史迹之研究》一文中，已记何"晚号闲足道人"，并辨何氏"被执见杀"说之可取信。然彼书1949年后，非普遍人能见。

2007年出版的张淑芳女士所编《四宝全集·砚》一书中，已注明"闲足道人砚"铭者为何吾驺，可见何氏此号今已渐为世人所知。

诗夺状元黎牡丹

相比何象冈，黎美周官位不算高，但此位"五忠"中之先进，原来可是一风流才子。

黎美周入南园诗社，师从陈子壮，并在广州芳草东街筑莲须阁、晴眉阁，读书临帖、作画弹琴，过着优游惬意的名士生活。又与何象冈交厚，何为黎之父执。黎四十寿庆，何赠汉玉为贺。何所作《莲须阁集》序末云：

> 余与美周尊人同社二十年，通家孔李莫美周若。尝扁舟过余斋头，渔樵余人，纵谈世外烟霞峰，赏泉莲寺刻烛，唯其"气骨"而已。

天启间，美周上京会试，不第归粤，过扬州，正值扬州大盐商、歙人郑超宗于自家"影园"会四方名士开牡丹大会，赋诗志庆。美周即席赋《黄牡丹》七律十章，夺得魁首。郑超宗以黄金二觥并镌"黄牡丹状元"匾赠黎，又选女乐吹迎于红桥，一时传为盛事。美周返粤后，何吾驺手书致贺：

> 牡丹状元是千百年一状元，非比三年帖括。更以吴越才望同归，所谓人情贤于梦卜，更可觊元揆事业矣！（王昙《感遇堂诗集》卷五《莲须阁序》所引《元气堂集·贺黎遂球书》）

又誉黎氏之才可埒太白而胜江淹（文通），何氏对美周推重如此。

明末粤地文人，才名难越岭北，黎美周之享誉江南，实为粤士争得一殊荣焉。

名士自风流

黎美周生当明末，奢靡颓废之风弥漫，难免有《青楼曲》、《秦淮曲》等俗艳之作。又与出身烟花，却洁身自好、向慕爱国志士的粤地名妓张丽人交笃，且著有《花底拾遗》，此书小引云：

> 花者，美人之小影。美人者，花之真身。若无美人，则花徒虚设耳。然花则常有，而美人不常有，使既有花而复有美人，吾知美人之于花，必且

张丽人像。丽人名乔，字乔精，原籍苏州。体莹洁，性巧慧。善琴，工诗翰。才色倾动五羊城。富家子"辄以三斛珠挑之"，不为所动。其与黎美周应答诗甚多，情意款款。早卒，葬"百花冢"，黎为作墓志并题碑额。

休戚相关……

康熙年间吾歙张潮（山来）评曰：

> 岭南黎美周先生，著《花底拾遗》百五十余则，约束芬芳，平章佳丽；现美人身而说法，入名花队以藏身，真令人艳动心魂，香生齿颊。

黎美周为人及诗风皆有豪气，人称"粤中李白"。但其貌清秀儒雅，"双肩削耸，颀然玉立"，"状貌若妇人"。谁知一倾心于"香草美人"之"牡丹状元"，竟成了毅然死国的南明"五忠"之首？

崇祯甲申，北都陷敌，黎美周闻变，率士人千余痛哭于羊城光孝寺，决意献身。次年督粤兵赴援赣州，城破之日，奋呼巷战，身中三矢，临危之际击剑扣弦，高歌绝命辞：

> 壮士血如漆，气热吞九边。
> 大地吹黄沙，白骨为尘烟。
> 鬼伯舐复厌，心苦肉不甜。

其死悲壮如此！

所谓"是真名士自风流"，承平之日，美周不乏轻艳之词，然壮健之篇乃为主调；其超迈之性，自不泊没于绮语冶词者。

生为词伯，死作鬼雄，美周岂不伟哉！

黎遂球像。《莲须阁文集》卷首所刊。样貌清癯，却不掩眉宇间之英气。图后陈恭尹隶书录抗清粤僧天然和尚函昰赞辞，开篇即云："有美人兮名曰球"，或寓有屈骚之意味。

访石羚羊峡

端州为粤地名胜，粤地名士黎美周自然不可能不游。《莲须阁集》卷五收美周七律一首《过端州七星岩留题》；既到端州，自然不能不访砚。同集卷四又收美周一首七言古诗《端溪采砚歌。南园社集同陈秋涛、区启图诸公作》：

> 商云摇根走深谷，岩父冲冲凿瑶玉。移得良田白兔耕，笔花万丈栖鹓鸰。
> 娲天擦手湿云浓，秦皇鞭痕疑向东。硁然不数未央瓦，神仙都下狩龙宫。
> 探来片片皆奇宝，虫头蚀断红霞老。寒气呵蒸平涌泉，火痣如烘湿不燥。
> 羚羊峡口琢磨家，自言蕉叶胜梅花。千缗莫惜买归去，晴窗泼墨浮烟斜。

诗中之"羚羊峡口琢磨家"，即端州砚工。"自言蕉叶胜梅花，千缗莫惜买归去"为竞争计，砚工夸自家制品，劝访砚客勿吝金银购宝。

美周又有一首《自砚铭》诗甚有趣，云：

> 人耶、天耶？黑耶、玄耶？外可磨而中则坚耶！

还有一首五律，记其应邀在何吾驺别业之雅集：

> 别墅谈经暇，山楼染翰勤。上帘迟璧月，流砚涌香云……（《何象冈老师招过村居，同欧嘉可、谢伯子、陈中行家叔君选夜燕饮赋二首》之一）

彼次雅集时，诸人泼墨染翰所用之砚，或许即粤博今藏之"闲足道人砚"也未可知。

叹砚别怀抱

黎美周虽一代岭南名士，因明末战乱及清廷禁毁，今存遗迹不多。

传番禺板桥村黎氏宗祠，旧藏有黎美周塑像，毁于"文革"，现只遗画像一帧。

美周于诗文之外，兼擅绘画，史载其"工画山水、林木，苍老明秀"。作品传世甚罕，极为难得。近人顺德画家张虹跋一黎氏山水册页有云：

> 凭吊骚魂画里看，胡尘碧血染征鞍。牡丹诗好魁多士，终古南明半壁残。

近人徐康《前尘梦影录》卷上，记一黎美周款遗砚云：

> 莲须阁大砚，番禺黎美周递球故物。顶侧篆书"莲须阁"三字。石乃明宋之水坑，凡翡翠钉、白玉点、铁捺悉备，然石材太巨，故瑕瑜互见……

可惜，我与黎美周名款一砚竟失之交臂。

刚迷古砚时，于宣州见一黎美周砚拓本，实物在藏者老家，我未亲见。当时尚未知美周之名，因索价甚昂，遂索砚拓而归。后好南明史事，始知黎氏不仅一书画名家，且是一抗清烈士。迅即追砚，云已被粤人购走矣。诚一抱憾终生之痛心事。

砚归美周乡人，亦属"楚弓楚得"，唯愿得者善待之。

美周遗砚固已不可得，原来箧中尚有一砚拓可聊作安慰，恨今日砚拓竟也遍检不见。

记得砚为长方形，藏者云端石所制。砚一侧镌篆书十数字，字体甚古奥。另侧镌小楷一铭，字甚精。上款云赠"道翁"。

乘真畸人邝鹦鹉

黎美周从扬州牡丹大会夺魁返粤，何象冈门人、南海才子邝露亦赋《赤鹦鹉》七律十二章为贺，一时传为佳诵，时人以"黎牡丹"、"邝鹦鹉"并称。

邝露像。《广东文物》所刊，蒋光鼐所藏。邝手中所捧当即绿绮台琴。

邝露（1604～1650年），字湛若，号海雪。出身书香之家。工诗词，精骈文，与黎美周、陈邦彦合称"岭南前三家"，与稍后的"岭南三家"屈大均、陈恭尹、梁佩兰相互辉映。乾嘉间岭南名流冯敏昌评："吾粤诗人，曲江之后，当推海雪。"誉为张九龄后粤地诗人之冠。其又好击剑、骑射。擅各体书，复好鉴藏古物。秉性不羁，鄙视金钱，不慕科名，蔑视礼法。南明唐王时任中书舍人，永历时出使广州，清兵入粤，与诸将戮力死守，凡十余月，城陷，从容殉国。

邝海雪一生行迹颇多传奇。年十五应试，以五体书答卷，因"违制"而被斥为"五等"，邝狂笑拂袖而去。后数试皆不第。遂放诞纵酒，常散发徜徉于市中，傲然不屑，颇为礼法之士所仇。终因乘醉在上元节夜市走马观灯，冲撞南海县令车驾，且更赋诗讥讽之，被逼远走他乡避难。此后，度桂岭、泛洞庭、涉九江。东至会稽、金陵，北上京华、幽燕，历时五年之久。海雪浪迹广西时，不仅撰有广西风物文献《赤雅》，还与瑶族女土司云韂娘产生一段浪漫旖旎之恋情。

何吾驺乃士大夫正统派，黎遂球为名士派，而邝露则一浪漫诗人气质十足的傲世才子，可谓之狂士派。因性情之浪漫、遭际之传奇、殉国之忠贞，邝氏成为后来粤剧舞台上出镜率最高的热门历史人物之一。

抱琴且赴死

邝家藏有怀素真迹，何象冈见而爱之，海雪一时冲动，举帖赠之。事后大悔，赶至何家，以自尽相胁，何遂还帖。从此事可见，邝固是敬师重道，为心爱物，却也不拘礼法。而怀素字卷实

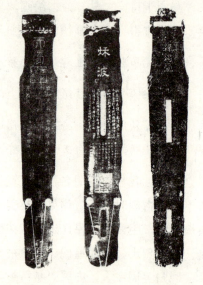

岭南"四大名琴"之三。《广东文物》所刊。自右至左依次为：绿绮台、秋波、天响。绿绮台，即邝海雪所藏。秋波琴，传为唐制，宋杨万里旧藏。民国时归香山李蟠所有，今无下落。天响琴，传唐名匠雷氏所制，韦应物所有。后归南明内府，民国归黄氏，土改时，琴被罚没，今在粤博（或云该琴系明人所制）。"四大名琴"另一春雷琴，传为唐制，曾藏宋徽宗、金章宗内府。民国时归张大千，张故后，后人捐与台北故宫。

还不属海雪堂中所藏最珍爱者，其藏最称至宝者为两张名琴：唐绿绮台琴、宋南风琴。

邝海雪善弹，出游必携二琴，有时穷困也将其暂质于当铺，故邝诗《后归兴诗》有"四壁无归尚典琴"句。待有钱时，将琴赎回为第一要事，故邝又有《前当票序》、《后当票序》。

顺治七年，尚可喜攻破广州日，邝返海雪堂中，穿着齐整，将二琴、宝剑及所藏怀素字卷诸宝物环列身畔，啸歌以待清兵，从容就戮殉国，年仅四十七岁。

嵇康"非汤武而薄周孔"，"越名教而任自然"，给司马氏宠臣钟会以"白眼"；邝露浪迹天涯，纵情山水，遇南海令不下马回避，两人皆非礼法所能羁绊之性情中人。其赴死亦略相似：嵇临刑，索琴弹一曲《广陵散》慷慨就死；邝临死，抱琴啸歌从容殉国，皆死得如此清旷，直将文人之傲岸风骨诠释到极致。

海雪从兄邝湛任袁崇焕帐下骠骑将军，战死辽东抗清战场。海雪子鸿，字剧孟，亦负不羁之才。年二十余，能诗及击剑。亦率义兵千余，战死于广州东郊。屈翁山叹曰：

> （邝氏）父子皆烈士也，而世徒以为风流旷达诗人也，噫！（《广东新语·邝湛若诗》）

法物不同沉

屈翁山《广东新语·艺语·鼓琴》记邝海雪二琴："南风"，为宋理宗遗物。"绿绮台"，为明武宗御琴，唐武德年所制者。邝既殉难，"绿绮台"为清兵所得，鬻于市。惠阳叶锦衣（万历朝兵部尚书叶梦龙子，荫袭锦衣卫指挥）见之，感叹明廷御琴沦落如此，解百金赎归。暇日泛舟丰湖，出以相示诸名流，翁山抚之流涕，因为长歌，有"城陷中书义不辱，抱琴西向苍梧哭"；"我友忠魂今有托，先朝法物不同沉"句，皆感怀昔日抗清同志邝海雪也。

传道光末年，叶氏家人因穷困质琴当铺，无力赎还，遂为东莞可园主人张敬修购得。张字德甫，明末抗清殉国忠烈张家玉之后。以破太平军之功擢广西按察使。因病回籍。善书画。张氏得琴后，于可园中辟"绿绮楼"宝藏之。

民国初，张家中落，将绿绮台琴售于同邑金石名家邓尔雅。邓氏所得已是朽琴一张，但尤视同性命。临终，命家人置琴于病榻畔，抚摩不舍以至最后一息。

邓尔雅身后，家人数度因经济拮据而欲售琴，因价未谐而未果。传琴现已归香江许礼平氏处。

今传绿绮台琴，仲尼式，通体牛毛纹。龙池上刻隶书三字"绿绮台"，龙池右镌"大唐武德二年制"楷书款。

邝海雪另一名物"南风琴"，邝身后下落不知。

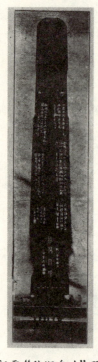

邝露"秋涧泉吟"琴

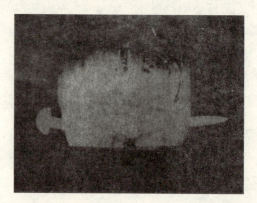

邝露玛瑙冠。冼玉清藏,《广东文物》所刊。

又《国粹学报》第四十二期刊一"明邝海雪琴"照片,上有题铭多则,有"雪海氏"篆书题"秋涧泉吟"四字。

邝海雪遗物尚有一"玛瑙冠",乃近人岭南名学者冼玉清女士所藏。

遗字有谁知?

何吾驺"闲足道人砚"少为人识,与清廷禁书不无干系;其学生邝露所题一碑,亦险被"文字狱"所没。

传唐相房融在广州光孝寺笔授《楞严经》时,常于寺内一水池洗砚 ,遂名"洗砚池"。据乾隆《光孝寺志》载,唐时洗砚池其时已废,尚存一碑,广一尺许,长三尺,镌"洗砚池"三大字,旁镌"广露"二小字。寺志记:"'广露'不知何人?"

此"广露",正是邝露邝海雪。

然者,碑字名款,何以从"邝露"变为"广露"?

原来,广州城破后,光孝寺成清军驻兵饲马之地。倘抗清志士邝海雪所题石碑暴露,必被毁坏。故有心者(或为寺僧)遂将邝字"阝"旁凿去。此举果然奏效,至乾隆年间,编《光孝寺志》者已经不识"广露"为何许人了。

乾隆间名诗人黄仲则有一诗,题甚长:《丙申冬于王述庵通政斋见邝湛若八分铭天风吹夜泉研为作歌,今覃溪先生复出邝书洗研池三字拓本与研铭合装属题,池在广州光孝寺，邝读书处也，先生视学广东曾访之》。可知乾嘉间考据大家翁覃溪（方纲）官粤时，还曾亲往访碑，拓石而归。至少在当时文人圈中，邝所题洗砚池碑还未被误读。

1941年印行之《光孝寺现存古迹志略》一书，刊有"洗砚池"照片，碑尚立于池中。

今日光孝寺洗砚池早已不存。但有报道云：近年，废弃于寺内角落之邝碑被一邝氏后人老者发现。碑上"广露"二字因长期日晒雨淋已漫漶不清，但"洗砚池"三字仍很清楚（去岁秋，我游光孝寺，往访此碑，无果）。

今洗砚池碑邝海雪落款"邝"字，虽已"无耳"，但老天终还"有眼"，使志士手泽不致湮没，幸哉！

片石留人寰？

《广东文物》所刊冼玉清氏文《广东之鉴赏家·邝露》条目，记邝除藏唐宋二琴及怀素真迹外，"复有文天祥砚，宝剑，古器图书等。"此"文天祥砚"尚未见有道及者，俟后考。

邝海雪曾藏一"天风吹夜泉砚"，则甚有名，后归王昶所藏。今在台北林氏兰千山馆（彩图7）。

兰千山馆所藏，长方门字端砚，浅刻夔纹边。砚侧刻隶书五字："天风吹夜泉"，楷书款："湛若。"印："明福洞主。"背覆手内刻隶书四字："履二斋藏。"印："述庵。"

罗浮山九天观，南汉时建，原有东坡所题观名（已佚）。邝露曾读书观中，故自号"明福洞主"。

邝露天风吹夜泉砚。《兰千山馆名砚目录》所刊。（彩图7）

王昶（1725～1806年），字德甫，号述庵、兰泉、履二斋等，上海青浦人。乾隆进士，学识广博，精经史考据。官至刑部右侍郎。生平宦游数千里，访求碑刻文字，兼收铜器、砖瓦铭文。辑编《金石萃编》一百六十卷刊行。终年八十三。

此砚乾隆以来，多有记载。如前述黄仲则题诗。翁覃溪友人吴锡麒（字圣徵，号谷人，钱塘人）亦为翁作有《题邝湛若砚铭并洗砚池题字拓本》诗，其序记"砚侧镌'天风吹夜泉'五字，下有'明福洞主'印，今藏王兰泉廷尉处。"似乎与兰千山馆砚皆相合。但吴氏诗中又有云："蓝胡二月歌群蛮，婵娘妙舞摇花鬘。鸲之鹆之双活眼，见君手画蛾眉弯"，数句寓邝海雪与瑶女婵娘情事，借砚言"闺房画眉"情趣。只"鸲之鹆之双活眼"，应言王氏砚上有二鸲鹆石眼，然兰千山馆今砚似无石眼。

抑今传之物并非王昶当年原藏？

忠肝扑贼陈先生

明季粤地"雅为风流所宗"之士人领袖陈子壮，"少尝声色自娱，晚际乱离，悉斥去不少顾。"黎美周之品性大似乃师；而陈氏另一亦徒亦友之抗清同志陈邦彦，则是一为人师表的模范学者。

陈邦彦（1603～1647年）字会份，号岩野。顺德人，教馆二十年，授徒逾千人，南粤一代硕儒名师。诗作意气豪迈，笔力老健。明亡，举兵抗清，永历帝授兵科给事中，转战广州各县，屡挫敌军。后守清远兵败被俘，拒降被杀，与南海陈子壮、东莞张家玉并称"明末岭南三忠"。著有《雪声堂集》十卷。其"师礼事子壮，其游若父子然，相得欢甚"，故岩野的爱国思想受陈子壮影响甚大。

陈邦彦像。今人《历代名人绣像选》所刊。

吴梅村评陈岩野："邦彦慷慨有大节，双目炯炯，视日不眩"，"为诸生，意气豪迈。"当清军入关，陈疾书《中兴政要》万言书，慨然北上南都，却被弘光帝斥为"褐衣徒步一迂儒"而弃用。

陈岩野被执清远，转押广州，坚拒不降，以文信国为榜样，写《狱中步文丞相韵》诗，谓"泉路若逢文相国，不知双眼可谁青？"绝食明志。被清廷广东总督佟养甲下令"寸磔于市"。临刑，陈作《狱中五日不食临命歌》云：

> 天造兮多艰，臣之江也浒。书生漫谈兵，时哉不我与。
> 我后兮何之？我躬兮独苦。崖山多忠魂，先后照千古！

歌罢，从容就义。烈士身死，而忠魂不散，杀敌之志尤笃，吴梅村记云：

> 陈岩野被磔时，监者取其肝，肝忽跃起扑面，惊而坠马；归病，请生治，自述其事，后竟不起。其精爽可畏如此。（《鹿樵纪闻·粤东三烈》）

陈岩野有一子一徒，皆岭南文化史上极重要之诗人：子即陈恭尹，徒即屈大均。

忠魂梦授宝

陈岩野刑时"忠肝扑贼"已是奇事，死后"忠魂授砚"事则更奇。

邓氏《骨董琐记·陈岩野遗砚》：

> 莫邵亭《梦砚斋歌》，为唐子方树义方伯作。其序曰：方伯乡举前，侍尊甫以平公源准，令南越省，市中得顺德陈忠烈公邦彦砚。时以平公方卸清远事，登舟隐几，梦忠烈来候，且曰："某有手物托君家，好藏之"，即得砚日也。方伯因以梦砚寓斋名出处。三十八年，恒与砚朝夕，而勋绩照寰宇，砚得之益重矣。砚左侧刻"雪声堂藏"四字，右侧分书"陈岩野先生遗砚"七字，署曰"佩兰"。背铭云："郁勃者何忠义气，黯黮者何家国泪，我为铭之永勿替。"署"东吴后学惠士奇"。邵亭考得岩野曾孙世和，当天目督学时，曾以优行荐，铭即其时所作。

雪声堂，陈岩野早年在故乡读书之处，陈诗文集因之名《雪声堂集》。

砚背题铭之惠士奇（1671～1741年），字天牧，晚号半农，人称红豆先生，吴县人。官编修、侍读学士，曾典试湖南，督学广东。传父周惕之学，撰《易说》等。子惠栋，承家学，亦以经学著称于世。

陈岩野曾孙世和，雍正时举优行。擅诗，入"南香诗社"。

莫邵亭，即晚清贵州名学者莫友芝（1811～1871年），其字之偲，别号紫泉、邵亭。出生遵义名门独山莫氏，二十一岁中解元，在诗词、目录校勘和声韵训诂方面均有较高建树，亦擅书法，好藏书。

砚藏者唐树义（1793～1854年），字子方，遵义人，嘉庆举人，道光六年大挑一等，历官至湖北布政使，为官清廉有才干。后称病回籍，闲居十余年。好文学，喜藏书画，襄助莫友芝辑录《黔诗纪略》。咸丰四年，任湖北按察使，与太平军战，兵败跳水自尽。树义父源准，字以平，嘉庆举人，以大挑知县分发广东，历署英德、清远知县，钦州知州等。

唐源准官清远知县，卸任别调，在舟中伏几而卧，梦中见陈岩野来见，云有物托藏。次日其子树义便在顺德市中得此陈岩野遗砚。唐树义遂颜其斋曰：梦砚斋。今传唐氏诗文集八卷亦名《梦砚斋遗稿》。

梦砚便得砚

　　唐氏"梦中受宝"之类似故事，史上不乏记载，如高南阜梦司马相如而得相如印事。即便"梦砚得砚"，亦有前例。

　　晚明陈眉公（继儒）《白石樵真稿·许方谷天然砚铭》：

　　　　会稽太守，夜梦坡仙。旦日镘土，有石出焉。洗而视之，不雕不琢，丘壑天然。文明□□开必先，太守得砚天司权。恨不持此挑米颠，豪夺诡取空流涎。

　　此夜梦坡仙，旦得坡砚之主人公许方谷，名如兰，字湘畹，号方谷，合肥人，万历进士，天启初官绍兴知府，历官至副都御史。

　　许方谷之孙、康熙时翰林许孙荃（字荪友）尤念念不忘祖父获砚奇事，尝请施愚山（闰章）为作一文纪之。施氏文中记许氏言其祖父得砚细节：

　　　　先大父中丞公（许方谷）天启间守绍兴，梦东坡先生手授一砚。翌日，使童子种竹卧龙山麓，掘地，果得一砚，玉质金声，背有东坡小像。先中丞摩挲拂拭宝之，数十年不离寝处。明末兵乱，失去。时先中丞既殁，家大人追念手泽，为之出涕，颜所居曰"思砚斋"……（施愚山《学余堂文集·思砚斋记》）

　　许方谷刊刻有《天然砚谱》传世，当是记述所藏"不雕不琢，丘壑天然"之"东坡像砚"。惜是谱与许氏《香雪斋集》皆被清廷禁毁，故今日当已失传。此砚谱与方以智《物理小识》一样，本与政治无涉，其被禁，"以人废言"罢了。当是为许氏题砚者中，有为清廷忌讳的人物。

　　施愚山对许方谷"梦砚得砚"奇事解释云：

　　　　士生百代之下，恨不得见古人，往往见之梦寐，坡公入梦于中丞，其精神感召，非偶然者。

　　此说无非归为"日有所思，夜有所梦"、"精诚所致，金石为开"。所谓"无巧不成书"，此种奇事、巧事，概率问题，偶合而已。

　　故许氏、唐氏梦砚之事，"唯心"、"唯物"，仁智互见。

黔中传百载

　　1932年出版之《河北第一博物院半月刊》第32期刊一砚拓，与莫友芝所记唐家藏砚正相合。云"乐采澄先生赠刊"。

　　砚长方，只刊砚背及两侧，砚面不详。砚上除莫氏所记砚侧两铭及砚背惠士奇一铭外，尚有两铭。一楷书观款云：

嘉善黄安涛、莆田郭尚先同观。

黄安涛（1777～1847年），字凝舆，号霁青，嘉善人。嘉庆进士，散馆授编修。历任贵州主考，广东潮州知府等。为官多惠政，工诗文。

陈邦彦雪声堂砚

郭尚先（1785～1832年），字元开，号兰石，莆田人。黄安涛同年，亦散馆授编修，任贵州主考，官终大理寺卿。精鉴赏，书法有名，墨迹流传朝鲜、日本。

另一隶书铭，正是唐源准自作：

嘉庆甲戌三月，清远受替。

登舟梦古衣冠人谒予，属宝所藏。其日，儿子树义□羊城得忠愍此砚。百七十年精魂犹未忘片石邪！异而弃之并识。遵义唐源准。

唐氏自跋与莫友芝所记，基本相合，只唐氏记砚得于广州（羊城），而莫氏则云得自顺德，当以唐氏自记为是。

陈岩野工书，近人李蟠所撰《岭南书风》评云："有刚健之气。"其被执，狱吏爱其字，争求之，岩野来者不拒，挥洒自如。砚侧"雪声堂藏"四字笔锋劲遒，或即岩野先生亲笔。

砚藏者乐嘉藻（1867～1944年），字彩澄，贵州黄平人。出身清末民初黔中四大富商之一乐家。光绪恩科举人，参予康有为"公车上书"。同盟会员，贵州辛亥革命元勋之一。著有《中国建筑史》。

砚之先得者唐氏父子，为贵州世家；砚上观款之黄安涛、郭尚先同任贵州主考；砚之后藏者乐嘉藻，亦贵州名门，乐氏所藏当即唐家当年所得原物。

唐氏得砚之"嘉庆甲戌"，为嘉庆十九年，传至乐氏，此砚百余年间未出黔人之手。

"嫁胡弃妾"梁翰林

乐氏砚上题隶书"陈岩野先生遗砚"七字之"佩兰"，即自称为陈岩野私淑弟子的梁佩兰。就本文主旨而言，此公实无资格与本文所述诸人并论，但既有题字在砚，不妨作一"反角"，略作赘评。

梁佩兰行书诗轴。广州博物馆所藏。

梁佩兰（1629～1705年），字芝五，号药亭，南海人。康熙二十七年进士，选授翰林院庶吉士，后因不识满文而罢。退居广州后，以诗酒自酬，康熙四十四年病逝。

梁氏诗歌名噪一时，与屈大均、陈恭尹并称"岭南三家"，实成就大不及屈、陈，民族气节更全然两别。清兵入粤，梁氏作壁上观，甚至嘲笑殉国的陈岩野"迂阔"，不识时务。出言不逊如此，浅薄可知。好在八旗入粤，梁氏不属显达明臣，否则令粤人自豪的《贰臣传》中无粤人之空白，必被梁氏改写。梁氏诗《王昭君》：

> 妾生在汉地，焉敢忘汉恩。当时不嫁胡，谁知绝世人。

借昭君言志，梁生热衷异族新朝富贵之心昭然若揭。可惜"汉妾"梁氏之热脸撞上"胡语"满文之南墙，投怀送抱"嫁胡"，却成失节"弃妇"，使人齿冷，何苦来哉！

梁氏能琴，曾参与《蓼怀堂琴谱》修订。其《六莹堂集》收有砚诗数首，《吾吾砚歌》以质朴不琢之砚自比，意甚佳。其书法略有可观。清人曾记屈、梁、陈三人相聚论书。梁以雅自诩，陈以学力称，翁以天趣胜。观梁佩兰传世手迹，跌宕姿媚，类王觉斯神气，但气格偏软。

题砚"陈岩野先生遗砚"七隶字，亦风骨有欠。所谓"字如其人"，就梁氏而言，信然。

曲尽其妙陈才人

史载陈子壮善鼓琴，却无好砚之说。其弟子升则于此二事皆擅胜场。

绿绮台原有二张，皆唐琴，另一"大历琴"即曾为陈子升所有。

陈子升（1614～1692年），字乔生，号中洲，南海人。幼有才名，人称"奇童"。诗奇丽有骨，与陈岩野、黎美周以声气遥应复社，尤与黎交最厚。美周殉国，陈先后作有数诗祭悼。五羊才妓张丽人曾从其学字。福王立，以明经举第一。桂王都闽，拜兵科给事中。桂王兵败，兄子壮被佟养甲命人锯开身躯殉国。乔生携母亡匿山泽。晚入庐山归宗寺受遗民粤僧天然函罡戒，法名今住。后回乡隐居至终，卒年六十二岁。陈氏其貌："高额广颡、清扬美髯，有晋人风致。"亦一潇洒才人。

陈乔生才情高，游艺广，善鼓琴，诗媲颜谢，画法董倪，篆刻余技亦追秦汉，被方密之（以智）誉为才子。但乔生成就最高者为琴学，南曲诸宫调皆"曲尽其妙"。今传岭南琴曲《水东游》即其作品。全曲主调慷慨激昂，沉郁苍凉，寓故国禾黍之悲。

乔生不仅善弹，又善斫琴，更好蓄琴，所藏二名琴：绿绮台与凤凰琴。据陈氏《大历琴并序》自记，绿绮台原是一蒙尘之明珠：

> 予蓄古琴十年，不知斫自唐代。近遇故人苏国兆为予言："此琴向于郭家，见有题刻'大历四年'四字。今底池旁惟新漆一方，盖旧漆剥去，字无存矣。"遂欣然知琴之岁……

陈乔生隐居生涯，生计无着。一如邝海雪故事，亦以"大历琴"典当换米，有《典琴》、《赎琴》诗道其无奈。亦如邝氏，一俟转缓，必先赎琴，又作《赎琴》诗抒发其完璧归赵的愉悦。读邝、陈二子典琴、赎琴文字，使人扼腕感叹。

永历帝西奔时，乔生奉命随行，"大历琴"不知所踪。

惟操匪石心

陈乔生诗《家无长物，琴砚特佳，聊为之咏》：

> 紫云鸲鹆砚，绿绮凤凰琴。静者亦何有，兹焉朋盍簪。
> 诗书敦宿好，山水有清音。欲解无弦趣，惟操匪石心。

陈乔生又是一砚学专家，不仅好藏佳砚，还撰有《砚书》一卷传世。书分四章：论质、论琢、论用、论藏。每章篇幅不多，但皆言简意赅（吴兰修《端溪砚史》引用数则）。其具眼笃论：

> 刻砚宜慎，必使砚与人并传，文与字并绝，加以刻工精妙，斯可以铭。若强作解事，蹈袭庸腐，混题姓氏，乖悖古法，殊汙此砚友也。砚无池，如人无目，既琢而复归於璞，斯为完器。惟琢成之式，方角宜钝，圆体宜浑，剜处宜无痕，起处宜不碍，开面宜相质，留眼宜得位。池阔则底须空，边大则池须狭，务置之几案而不厌，传之久远而无弊。

陈氏《中洲草堂集》卷一收一《小砚赋》：

> 片石如掌，出自端溪。温侔昆璧，润胜澄泥。水岩紫云，砚惟此珍。谁其琢之，专诸巷人。堂似坳而非坳，池既凿而未凿。底欲剜而不剜，边务扩而即扩。石丈之孙，墨卿之季。尝携远游，光我箧笥。必也奇文，庶几无愧。况以研机，载道之器。

所谓"堂似坳而非坳，池既凿而未凿。底欲剜而不剜，边务扩而即扩。"赞吴门砚工刻艺之高，对砚形制及线条处理的圆润、浑朴，道及中和之美。屈翁山对此评极为钦佩，推誉"四语尽砚式之妙"。

惜陈乔生之紫云鸲鹆砚以及绿绮台、凤凰二琴，恐已不存世间。但其所作《砚书》、《水东游》却为砚史、琴史书一重笔。

拜谒御琴屈翁山

岭南史上可称"文化巨人"者，六祖能禅师与陈白沙二大哲外，恐当数着诗人屈翁山了。

屈大均（1630～1696年），字翁山，号冷君，番禺人。永历时，从其师陈邦彦及陈子壮、张家玉起兵抗清，年方十八。兵败，冒险敛陈邦彦等烈士遗骸。一生奔走四方，积极反清。清廷底定粤境，遂身系永历钱一枚，以示永不臣服清廷之意。后入释还儒，终此一生，不蓄发、不结辫，盖拒剃发之辱也。至台湾郑氏降清，始灰心，归隐故里而卒。

屈大均像

翁山学杂而博，著述甚多。惜其去世只数年，康熙大兴"文字狱"，著作被列为"全毁书目"，多被销毁。乾隆间，又将其所有著述书版一概焚毁，屈目不识丁二孙被"从宽"：处斩。

顺治十五年春，屈翁山至北京谒崇祯"死社稷所在"后，在一明宫吴姓中官处，得知崇祯帝生前珍爱的一张"翔凤"琴，明亡后被济南李氏（李攀龙后人）购藏。翁山遂离京南奔，寻访至李家，得观御琴。琴饰以金玉象犀，背镌"广运之宝"及"大明崇祯皇帝御琴"，尾有"翔凤"二篆字。翁山捧之流涕，设玉座祭奠，并为御琴清理尘埃。先后作《御琴记》、《烈皇御琴歌》纪之。

在"草莽臣"屈翁山心目中，崇祯帝之遗琴，即是故国社稷的象征。康熙二年中秋，翁山与陈乔生、陈元孝、梁佩兰等人雅集于羊城西郊，以翁山在京、鲁有关"翔凤"琴之见闻为内容，缅怀崇祯帝。诸人各作诗文纪其事。

翁山似不善弹，其对琴学的理解："不学琴则无以志道，无以据德，无以依仁"（《翁山佚文·琴说赠詹丈大生》）。将心游于琴，视作纯粹"成教化，助人伦"的圣贤之道。实琴心，亦关禅意，此点恐其与邝海雪、陈乔生不同调之处，亦翁山稍嫌风致不足之处。

识砚端州婿

屈翁山善识砚。其不仅为粤人，且是一端州女婿。

翁山于六十岁时，娶高要陆氏女为妾。屈诗《赠墨西》序云："姬人姓陆，生于高

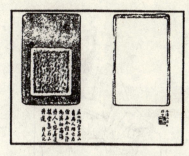

《砚铭》屈大均水肪砚

日本人所藏屈大均铭随形端砚

屈大均自书《翁山文外自序》

要之布水村，与端溪密迩，予得之。"大约陆姬为农家女，且原名俚俗，故翁山又为陆姬取字"墨西"，名有红袖添香、奉侍笔砚之意。屈诗《布水村》记其迎娶景况：

> 系艇依江岸，持觞坐草茵。
>
> 郎家人竞看，笑语满东邻。

翁山乃岭南文坛巨擘，又是端州女婿，所以朱竹垞、王渔洋客粤，其皆曾陪同访砚端溪。翁山在所著《广东新语·石语》中所收《端石》、《端溪砚石》两篇，述诸坑之分布、材质、采伐较详。尤其所记"白端"各品，极具史料价值。其诗文集中亦收有多首砚铭。显然，翁山此砚乡老女婿，鉴砚的修养非一般耳食者能比。

清人韩应阶《砚铭》刊一"清屈翁山水肪砚"，砚似淌池，背铭文甚多，惜拓不清。

日版《中国の名砚》刊一随形砚。端石，有火捺青花。背铭隶书：

> 景星灿兮，卿云烂兮。昭我文德，匪以为玩兮。大均铭。翁山（印）。

砚铭之"景星"，德星也。"卿云"，即"庆云"，指瑞气。景星庆云，指吉祥之兆，国泰民安，典出传为虞帝舜大宴群臣百工时所唱《卿云歌》，此歌首句便为"卿云灿兮"。端砚常以"景星庆云"为题，盖端以石眼名世，所刻多以眼喻"景星"，眼周镌以云纹喻"庆云"。

从铭文书法看，甚类翁山笔意。然此砚虽有火捺青花，却无石眼，何云"景星庆云"？抑指石面灰白点杂质（景星）及大片灰黄石色（庆云）？其色之暗淡，似称不上"灿兮"、"烂兮"。

错认侯门独漉子

陈恭尹（1631～1700年），字元孝，初号半峰。父邦彦兵败殉国，全家被害，元孝只身逃脱。后永历帝授以世袭锦衣卫指挥金事之职。其身负国破家亡的创痛，积极

从事反清活动。桂王败后，避迹隐居。晚号独漉子，取义
于古乐府《独漉篇》"父冤不报，欲活何为"之意。人美
髯，颇具名士风度。有《独漉堂集》。

陈氏早年诗作，自然满纸家国之痛，如其《崖门谒三
忠祠》，极尽亡国之悲：

> 山木萧萧风更吹，两崖波浪至今悲。
> 一声望帝啼荒殿，十载愁人来古祠。
> 海水有门分上下，江山无地限华夷。
> 停舟我亦艰难日，畏向苍苔读旧碑。

陈元孝晚年，壮志渐消，寄情诗酒，日夕与清廷
"贵人"唱酬往来，因被时人讥讽"可怜一代夷齐志，
错认侯门是首阳"。实元孝始终赖卖文鬻字为生，以遗
民身份终老。所交"贵人"，多不过是王渔洋、朱竹垞
等斯文人。况彼时记忆中之"胜国"，俯仰之间，已成陈
迹。责陈"损节"或过于严苛。

陈元孝善隶书，与郑谷口、
朱竹垞皆出《夏承碑》，然陈字洒
脱高迈，气概要在郑、朱之上。人
推为清初粤地隶书第一，诚非谬
誉。

陈元孝亦善弹琴，只其琴事
无陈乔生、邝海雪那般极富传奇
色彩。

陈恭尹像。刊《独洒堂诗
集》。长髯宽额，身材端厚，
神情俊朗，不怒而威，所谓
南人北相。如此美髯公，似
与陈子升相若，无怪乎陈元
孝能倾倒一干岭南才士。

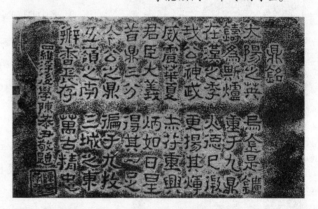

陈恭尹书《广州关庙鼎铭》。《国粹学报》第六十期刊拓。

石墨恋不舍

康熙二十四年，王渔洋以少詹事兼侍讲学士奉诏祭告南海，与陈元孝相识。见礼方
罢，陈氏"即出一端石小研相示"。砚侧有元孝自刻"独漉之贻，渔洋宝之"隶书八字
铭。原来元孝早已备好此水岩小品，本欲托梁佩兰进京赴考时转交，后闻王氏将至粤，
遂留待面献。王氏《香祖笔记》卷三记入此事。

今济南市博物馆藏一"独漉所贻端砚"。砚长方，石色青黑。砚池夔龙纹边，双龙
戏珠之"珠"为一活眼。砚侧刻隶书"独漉之贻，渔洋宝之。"云即元孝原物。但此砚
工艺近俗，且砚长近16.7厘米，应不合王渔洋自记之"端石小研"，当不真。《香祖笔

记》流传甚广，好事者据书作伪耳。

砚为已故鲁人姜氏捐赠。姜氏复藏一松皮砚。背有篆
书二十二字，行书款："翁山属，独漉山人元孝题。林佶
书。"后一印："佶"。字不高明。

陈元孝曾为藏砚名家高固斋（兆）所撰《端溪砚石
考》作有一跋，从中可见陈氏品砚的识见：

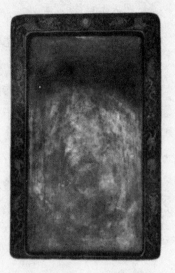

陈恭尹赠王士禛款端
砚。济南市博物馆藏。

> 砚之用，发墨、不损毫，二者尽之矣。不损毫，
> 常砚皆能之，惟发墨之妙，非亲试水岩不知也。他
> 砚，粗则锉，细则拒墨；水岩即不然，玉肌腻理，附
> 不留手，着水研墨，则油油然若与墨相恋不舍，墨愈
> 坚者，其恋石也弥甚。以他砚并之，水之分数同、墨
> 同、手同，而为研之数，水岩常少于他砚十之三四。
> 每春夏间积雨时，墨竟日用之，则棱角软腐反张，唯
> 水岩可免此病。骤以他砚易之，顷刻不胜其苦矣。砚
> 槽之水，隆冬极寒，他砚常
> 冰，而水岩独否。具此数妙，虽使椎朴无文，犹将拂拭用之，况其体质之美，千
> 奇百变，不可殚穷，岂南离文明之德，独萃于端溪耶！固斋所考，剖析辨证，已
> 无遗义。然近岁往往有一二所新出之石，气韵颜色，几足乱真，不深心识别，鲜
> 不为所眩惑。亦有出自水岩，如固斋所云，精华日见，不能一执成说者。

论端溪水岩发墨之佳，以石与墨"相恋不舍"比之，殊为妙喻。

陈跋复有云："予生长广州，相去不及三百里（指距端州），间数岁一至。"其鉴
石心得与翁山相似，多缘亲自目验也。

存金不昧何不偕

明季粤地"岭南三忠"、"岭南前三家"乃至"东莞五忠"（苏观生、张家玉、陈
象明、袁崇焕、陈策），皆壮烈死国（袁死于皇命），影响甚大，为后世熟知。又有
"北田五子"，虽亦与清兵苦战，只因失败后皆以遗民善终，且属在野文人，未能显
达，故除陈恭尹外，余者四人多影响不著，顺德羊额何衡兄弟即是。

何衡（1622～1686年），字左山。弟何绛（1627～1712年），字不偕。兄弟俱有才
学，与同邑陈恭尹、梁槤、陶璜以声应气求，相从讲学，有名于世。诸人以何家为联络
点，集结力量，密谋反清复明，故题何宅之额曰"不去庐"，寓矢志抗敌，誓死不去之
意，世称"北田五子"。陈元孝曾一度寄居何家，不偕常随元孝赴各地进行反清活动，
两人尝出新会崖门，渡铜鼓洋，欲结遗臣志士。左山则留家奉养双亲并为复明活动潜通

讯息。陶璜母染疾不治，左山生奉汤药，死主其丧。惜诸子数谋皆不成。后不偕隐居罗浮山中读书写作，以消其悲愤慷慨之气。

何不偕晚年回乡定居，以贤、智、信服于邑中。传有一段何氏诚信还金的故事：中年时，不偕与一来粤经商的闽人交厚。因动乱路途不便，闽商将三百金托寄何家。二十年后，闽商去世已久，其子寻至，不偕立将藏匿于古井中原封未动之三百金取出交闽商子。乡人感不偕高义，将藏金之井命名为"还金井"，何不偕诚信之名遂扬于天下。

清初秀水诗人周青士（筼），急公好义，有采石商寄存千金于周家，未几，商人不幸溺死。青士为之买棺成殓，并还千金于商人子，事与何不偕相似。

沉砚还金井

近人徐珂《清稗类钞·鉴赏类·魏叔子题不去庐砚》：

> 顺德羊额乡仁里坊有古屋，砌石为墙，夹木为柱，相传为明末义士故居，其额曰"不去庐"。盖明季大兵入粤，何不偕兄弟与屈大均、陈岩野诸人谋反抗，先后响应，誓死不去，以是颜其斋。及败，兄弟赴井死焉（此为讹说）。其后人某淘井，得古砚一方，石翠斑斓，古气盎然，背有文作汉隶，刻"天地之寿吾其并"七字，为魏叔子题。又得残碑半角，叙先烈死义甚详。

想何氏兄弟匿砚及记抗清烈士义事之碑于井，或效郑所南匿《心史》于井中，皆是在异族高压下，欲存真相于后人的良苦用心。藏砚、沉碑之井，想即何不偕曾经藏金之"还金井"。

题砚背汉隶七字者为清初遗民名士魏禧（1624～1680年），其字叔子，号裕斋，江西宁都人。与兄魏祥、弟魏礼皆有文名，时称"宁都三魏"，而叔子为最。魏叔子之身世大似陈元孝。明亡后，其父兆凤先生终日号哭不食，决然削发为僧，携全家隐于山中。叔子承父志，尤重气节，束身砥行，既不谋仕，亦不应考。康熙间征为博学鸿词，不就。隐居家乡翠微峰，讲学易堂，为"易堂九子"之首。为文有凌厉雄杰、刚劲慷慨之气。内容多表彰民族节义人事，叙事简洁。著述多种传世。

魏叔子四十岁后始游历大江南北，所至结交皆明遗民。砚当其旅粤时为何氏兄弟所题。

屈子《涉江》："与天地兮同寿，与日月兮同光。"魏氏题铭"天地之寿吾其并"，言贞石长寿之意。

笠谷缀语：

首任驻清国之英国特使马戛尔尼，在其所著《马嘎尔尼见闻录》中说：

那些在明朝末年反抗鞑靼人野蛮统治的中国人，不仅仅是为了一朝一代的存亡抛洒热血，他们更是人类文明的卫士，是人类反抗野蛮的斗士！他们的行为，值得所有文明进步的人去怀念和敬仰！

此"人类文明"之评，与顾炎武的"亡国"、"亡天下"之说略近。本文黎、邝、何、三陈（邦彦父子及陈子升）及屈翁山等人，其之死国、之反清，并非为朱氏一家一姓……世界虽未大同，但人类文明之价值观大同小异，而这，并不局限于民族、种族、国别。

洋人尚如此敬仰志士仁人，我辈国人更无理由遗忘。我写此文之初衷，与其说是为了说砚，不如说更多的也是——"为了忘却的纪念"！

附考一　陈献章琴、砚——茅笔大师真大雅

素琴本无弦

我对粤地士人之了解，始自陈白沙，源于爱其"茅笔字"之洒脱古拙；我之鉴砚汲古、读史味今，更视白沙之"学贵知疑"为"棒喝"语。

陈献章（1428～1500年），字公甫，号实斋，晚号石翁，新会白沙人，人称"白沙先生"。从临川吴与弼讲伊洛之学，人誉"活孟子"。成化时授翰林检讨，卒谥文恭。为学之道崇"以静为主"，创"江门学派"，享"岭南第一人"之盛誉。

白沙晚年山居，笔或不给，束茅以代笔用。其字奇气万丈，峭削槎牙，不可方物。其风度亦大异常人，风流潇洒，尝戴玉台巾，扶青玉杖，插花于帽檐，往来山水间，与后世不苟言笑的"道学家"全然异趣。宋明理学家多三教兼修，故不乏老、庄之洒脱。

陈献章像。刊《白沙子全集》。《广东新语·事语》记陈"为人身长八尺，面方而玉润，左脸有七黑子，如北斗状。耳长贴垂，两目炯然如星，望而知为非常人"。白沙高弟湛若水亦"面上亦有黑子，具日月南北斗之异。"此种"天之生有道君子，固皆有以异于人乎哉！"不知是天命还是附会？

儒家六艺，琴为"乐"中主器，故孔夫子以降善琴士人多矣。粤地琴学，始自南宋宫禁琴人随皇室南移新会。而白沙善琴，嘉道间创"岭南琴派"之新会黄景星，其琴艺

乃得益于白沙抄录宋室遗粤秘本《古冈遗谱》。

　　《广东新语·艺语》记白沙先生尝梦抚石琴，遂制一石琴，因自称石斋。屈翁山作有《石琴歌》，有"端州白石天下稀"，"斫就瑶琴长四尺"句，知白沙之石琴，乃端州白石所制。此石产七星岩，最白者碎作妇女敷面之"旱粉"；质理粗者为柱础之类石雕；取之制砚者，谓之"白端"。

　　白沙之"石琴"，亦可算一未开墨池的观赏性白端"琴砚"。石坚而寿，未知此"石琴"尚存世间否？

陈白沙"茅笔书"手迹《诗卷》。刊《国粹学报》三十三期。字奇倔纵逸，辞亦逸气横生，云：南山北山花笑人，有酒不肯延嘉宾。诸君试向西园看，又减黄鹏一半春。山前逢着抱琴人，君拜青山我拜宾。同醉杏花君莫去，山中只有一壶春。

砚里乾坤大

　　《骨董琐记·陈白沙砚》引清人倪鸿《桐阴清话》：

　　　　咸丰丁巳八月六日，予于羊城小市，购得古砚一方。修广六七寸许，沿左刻铭曰："玢幽净理，予怀清澄。古芬中发，造化多能。成化十五年春月白沙铭砚。"

　　铭合白沙先生"主静"理念，或为真铭。

　　又见一已残其半之圆砚拓本，甚有意思，覆手内铭刻隶书："旋以转，形象天；水四周，体象地。用为研，以发天地之秘。"落款字有缺损，云："治己酉秋白"，"为云谷"，印："白沙"。覆手右侧镌印："翁山"。隶书周围铭行书云：

　　　　此白沙先生为李孔修铭也。孔修顺德人，号抱香子，隐居西樵山云谷庄。白沙见赏之，曰：此非当世……葬之。是砚为其遗物，流落市井。予物色得之，仿铁崖作文山《玉带生》记之。霍字□□（渭涯？），正德甲戌□一人。

　　残铭略记李孔修与陈白沙及霍韬交往之事。

　　李孔修（1436～1526年），字子长，号抱真子，顺德人，侨居广州，好周易，善诗画。得白沙赏识，师事之，时人誉其与白沙"书画两绝，陈李二仙"，名由此著。敝庐疏食，未尝戚戚。年九十卒。南海尚书霍韬（字渭先，号兀崖。正德九年会元）葬之西樵山下。

李孔修有一则砚事，甚有名。其赴省试，因贡院搜身太严，深恶之，掷砚于地，拂袖而去。当事者高之，为建"掷砚亭"。事与徐文长因才气横溢，科考时作文太长"违制"被黜，遂改字"文长"自嘲之野说相似。孔氏笔墨确也颇类徐文长，今广州博物院藏一李氏名作《骡背吟诗图》。写贾岛故事，了了数笔，大似徐氏风神，确属大手笔。上有陈白沙题诗一首。

陈白沙为李孔修铭圆形砚。私家藏。

此残砚白沙铭，借砚之圆形论"天圆地方"，紧扣李孔修之好研周易，又经屈翁山收藏；若真品，虽残缺尤珍罕。

附考二　陈昙琴、砚——唐琴宋砚至秘珍

邝斋三邝琴

邝露"绿绮台琴"在流传过程中，尚有一超级邝氏拥趸亦曾入藏此名物，此"邝粉"便是番禺才子陈昙。陈氏虽非大名流，但其琴事砚事颇是出彩，堪值一赘。

陈昙（1784～1851年），字仲卿。天姿颖异，幼续经史。曾拜伊墨卿（秉绶）为师，人以"小凤凰"为喻。既登泰山观日出，又度太行、登嵩岳，于是诗骨益壮。晚岁署揭阳教谕。工诗及骈体文，亦工画，颇有风致。有《感遇堂文集》等传世。

陈氏性伉直，笃风仪，生平慕邝海雪为人，因颜所居曰"邝斋"。或所谓"冥冥中自有相助"，果获邝氏"绿绮台琴"。后陈氏又得"德音"、"连珠"二琴，遂撰《邝氏三琴歌》，并序云：

> 嘉庆丙子，余购得一琴，有"绿绮台"三字篆书。下有"唐武德二年制"六字，楷书。琴有蛇腹断纹，漆光尽退，如乌木。盖即湛若故物，出自叶锦衣家，百馀年而归于

李孔修《骡背吟诗图》。传为李氏存世唯一画迹。上有陈白沙所题七绝一首：贾岛当年遇文公，骑驴道士思未融。只因鸟宿池边句，推字无如敲字工。

余。余尝携之登岱焉。道光丙申，客持古琴二张求售，余以金一镒　得之。其一有"德音"二字，篆书。"音"字已剥落，尚可辨。下有"音和平兮□□□，世上琴声天上曲。分明千古圣贤心，付与梧桐三尺木。"二十八字，草书，笔势飞动，极类湛若。其一有"连珠"二字，分书。"连"字仅存"辵"字之迹而已。试之声清亮，迥异凡琴。客云："此二琴为涩湖邝氏所藏，相传七世。"按湛若家南海扶南村，此家由扶南徙涩湖。盖湛若群从，《峤雅》所称："尔玉尔瞻尔千诸人之故物欤？二十年喜得邝氏三琴，因作歌以记之。（诗略。《感遇堂诗集》）

陈氏所得"德音"、"连珠"二琴，并无邝海雪名款，应是其族人遗物，此亦可见"涩湖（在广州北郊）邝氏"之风雅门风。

但其记所得邝琴乃"唐武德二年制"六字款，与今传邓氏藏"大唐武德二年制"七字款者，有一字之差。陈氏记自家爱物，似当不讹。只今所传琴，上题"绿绮台"三字，酷似伊墨卿风格，疑三字琴名乃陈氏请老师伊墨卿所题。

若非陈氏误记琴上年款，则可能邝氏"绿绮台"琴，自叶龙文之后，世传有二。

今传"绿绮台"，琴两铭"大唐武德二年制"铭，款字与陈昙所记多出"大"字。"绿绮台"三字，字体颇似伊秉绶隶书。

伊秉绶隶书《虞仲翔祠碑》。曾宾谷撰文，嘉庆十六年建祠立碑，现皆毁。碑末署"陈昙察书"，当为陈氏监刻之意。因其主监摹勒上石事，故有机缘一并求得墨卿原作墨迹入藏。

双阙得双砚

陈昙又作有《四长物铭》，记其除"绿绮台琴"外所藏三宝：汉黄玉佩，为其父所贻，乃传家之宝；伊墨卿手书《虞翻祠碑》手迹，陈氏列墨卿门墙，乃座师所赐。此二物之贵，贵在亲情、师恩。另一宝是"宋方信孺双砚"。砚背铭"紫云一割"四篆书。下镌行书："开禧二十年，方信孺得自五羊之市，识于斋心味道斋。"陈氏《感遇堂诗集》卷五又有《紫云砚》咏砚：

> 想见方侯乘笔飞，当年吏隐概知希。
> 如今拂拭吟诗砚，不治官书朱墨围。

此砚开有双砚堂，故名"双砚"，又可称"双堂砚"、"双履砚"。陈氏《紫云砚》诗序有考："宋双砚多官物，盖即朱墨砚。"此种双池砚，一池研墨一池研硃，墨笔草告，硃笔点判，官衙所常用，所谓"官书朱墨围"。

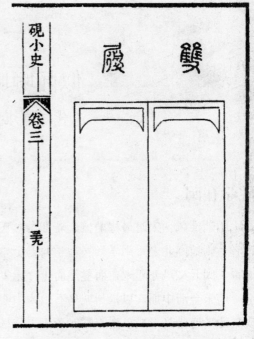

《砚小史》所刊"双履砚"图。陈昙所获方信孺砚当是此种形制。

今羊城北京路，乃始建广州城之所在。南汉时在此叠石建双阙，宋改为双门城楼。民居其下，今号曰双门底。陈氏"绿绮台琴"与方氏砚皆得于此地。琴得之"双阙之氓"，似得之骨董游估。砚得于书市，费钱一千。陈氏对"父师之所授受，贤哲所服御"的唐琴、伊字、汉佩、方砚四物，宝如球璧，珍秘三十年如一日，时日贫匮，宁可典衣鬻书也不以质钱充食；此与邝海雪、陈子升之饥则典琴，饱则赎琴有所不同，可谓癖之尤深矣！

方信孺（1177～1223年），字孚若，号好庵，莆田人。幼以才得周必大、杨万里赞誉。以荫补番禺尉，治盗有异绩。开禧三年假朝奉郎使金，以口舌折强敌。历淮东转运判官，知真州。后奉祠归，屏居岩穴，放浪诗酒以终。工诗词，著《南海百咏》等传于世。

陈仲卿所得方信孺砚，与方氏行迹相合，或为真物。

似闻唖唖评砚声

——清代中前期闽人玩砚圈考略

砚学在闽

闽地文风，宋时最称鼎盛，若仙游蔡氏之艺文、宦业领一时风骚；而闽文化最为傲世者，则数闽北之"闽学"（理学）乃至"建茶"、"建窑"、"建本"。仙游蔡氏不必说，闽北文风亦随宋亡而戛然而止，无复可道。

明末至清中期，以福州城乌石山为中心，出现一个以许、林、黄三家族为主轴的玩砚集团，连带又形成以谢士骥、董汉禹、杨洞一为主的刻砚群体。相对而言，诸人中，虽有才名，入仕者又多为官廉洁，却终无一人文成巨匠，仕达显宦；倒是玩砚一事，有数人堪称大家。总体而论，或可称为宦业三流，文学二流，砚学一流。

今人好说"圈子"，套之砚史，则北宋欧公、蔡君谟、唐彦猷一"圈"；坡公、黄山谷、米元章又一"圈"。明人屠赤水（隆）、高深甫（濂）、李竹懒（日华），虽同时人且皆好砚，但交往不密，未能成"圈"。清人砚"圈"，清初屈翁山、陈元孝虽善鉴石，但并不热衷藏砚，亦称不上玩砚之"圈"；乾嘉间，京中大僚纪晓岚、刘石庵、铁冶亭、金听涛诸人，自是一"圈"；阮芸台、翁覃溪、黄小松、张叔未，差可成"圈"；金冬心、高南阜虽砚史有名，又同卖画维扬，实二人交往不多；清末沈石友、周梦坡辈，各玩各砚，了不相干。当代康氏、田氏，"象牙塔"中之"圈"耳。

以玩砚之境界，姑且名之"砚格"论，自是欧、蔡、苏、米诸宋贤最高；以品石的专业性论，则林、黄诸闽人恐不甘人后，且闽人砚"圈"之集团优势，傲视砚史，非他者可比。

乾隆间杭人陈兆仑为黄任《秋江集》作序，开篇云："闽士多文，尤笃于朋友之谊。盖其俗厚而缙绅先生风使然也。"此或黄、林诸人玩砚蔚为大观的一个要因。

乌衣子弟伴水肪

林佶子正青在为其弟在峨《砚史》所撰小引中云：

> 维时，许丈月溪、余丈田生与先君子称石交。每得佳砚，互相铭刻以为宝。以

是予与雪村两家子弟各以文艺相琢磨。雪村，月溪丈叔子也。黄子莘田则许所自出。而陈子德泉、谢子古梅，又予中表兄弟行，少同学，长同好，临池之余，所收砚材亦略相敌……

林在峨《砚史》自序云：

> 维时，余丈田生以少京兆归老，每见（林所刻砚铭）必击赏，盖田生丈铭砚极浩博。而同里黄君莘田，有砚癖，亦时出其所蓄砚与所刻铭相质。自是里中以案头有无片石为雅俗，且以不得佳铭为憾事，亦一时风尚然也……

雍正间曾任福建学政的歙人黄之隽，为《林史》（林在峨《砚史》）所作序言云：

> 尊人（林佶）藏砚尤多，一一为之铭，其父友余京兆，其友许仪部、周京兆、黄大令；其中表兄弟陈京兆、谢阁学；其诸昆暨嗣君，咸喜藏砚，人人有铭……

黄任《凭居》诗言其晚年居处："乌衣巷口夕阳天，旧垒新巢两变迁。"福州光禄巷林、许、黄三家，连带姻亲，风雅门第，尤其林家，芝兰玉树，子弟门生皆有后继。诸人相与切磋鉴砚心得，互赠佳石，铭诗唱和，其砚事有各家诗文集及《林史》为证。其中尤以林佶、黄任二人有大名于砚史，而"黄任"，更几成藏砚家之代名词。

诸家玩砚源流虽可上溯晚明，但主要人物活动在康乾时期。其鉴石造诣，远在京中纪、刘诸人之上。且林佶父子及黄任，不仅自铭、自书且还亲操铁笔，本身即是书法篆刻家。又因与吴门制砚世家顾氏夙有交往，推誉顾氏极高，顾氏艺名之盛传四海，闽人功莫大焉！更因此藏砚群体人众，邑人以案头有无佳砚为雅俗，又带动里人刻印琢钮名家谢士骥、董汉禹、杨洞一等参与砚石刻制，成就一干闽人砚雕家。

虽然彼时闽人玩家，以林、许、黄三家为主，但此外高兆、余甸、李馥等亦藏砚有成，尤其高、余，砚学造诣不在黄任、林佶之下。甚至受诸人影响，官闽的客籍官员如赵国麟等，亦钟情于砚，故闽人玩砚圈还包括相关涉的客籍藏砚家。

清中前期闽人玩砚圈，可谓自北宋苏米诸贤以降砚学的又一次中兴；套用今人语境，实为砚文化之一朵奇葩。

洋洋乎砚人金榜

研究闽人玩砚诸家，林在峨所撰《砚史》是一部要典，此书可称是一部闽人玩砚家之专史（惜今可见之《说砚》所刊抄本，字不甚清晰）。

书共十卷，除第七卷为记录当时人所藏陆游、赵孟頫等人古砚及部分清人名流如王渔洋、沈廷芳等人铭砚外，其余九卷全为记录闽人诸家之藏砚、咏砚文字。其中卷九、卷十收入黄任《题陶舫砚铭册》36首并时人和诗及跋语。

一至六卷共记录闽人19家砚铭。目录如下：

卷一（同里）：余甸。

卷二（同里）：黄任。

卷三（同里）：陈治滋、许均、谢道承、周绍龙、游绍安。

卷四（家藏）：林逊、林佶。

卷五（家藏）：林在华、林正青。

卷六（家藏）：林在峨、林兆显、林擎天、林畅。

后三卷"家藏"，林氏家族基本收入，但并不完善。前三卷"同里"，许氏家族亦是黄氏家族的重要人物许遇、闽地玩砚先行者之一高兆、玩砚名家李馥亦未收入。高兆略前于林佶、黄任等人，未收入情有可原。许、李二人与林、黄约略同时，许为玩砚长辈，未收入集中，实为缺憾。

综合而言，明末至清中期闽人玩砚圈，包括闽人刻工及相关涉的客籍藏家、砚工，较完整的名单应如下：

许遇家族：许友、许遇、许均、许良臣。

黄任家族：黄文焕、黄任。

林佶家族：林逊、林侗、林佶、林在华、林正青、林在峨、林兆显、林擎天、林畅、陈治滋（林佶甥）、谢道承（林佶甥）。

其它闽籍藏家：高兆、余甸、李馥、周绍龙、游绍安、李云龙。

客籍相关藏家：赵国麟、陈兆仑、沈廷芳、余文仪、朱景英。

闽籍刻工：谢士骥、董汉禹、杨洞一。

异地相关刻工：顾二娘。

下文按此表顺序各作考辨。

许友——人中龙遗云龙砚

晚明侯官（今属福州）人许豸，字玉史，崇祯四年进士，官至浙江学政。在任不畏权珰，著有《介及堂集》。福州乌石山南石林为许豸别业。豸子友、宾，孙遇，曾孙鼎、均，玄孙良臣、荩臣、王臣，王臣子作屏，良臣子承烈、女琛，一门数代工诗善画，连闺阁亦娴熟翰墨。满门风流儒雅，多有遗稿存世，以诗书画"三绝"在闽中一时称盛。

许氏故宅在今福州光禄坊，因数代所居，俗称许厝里，今仅剩清初残构一进。

许豸长子许友，字有介，一字瓯香。生卒年均不详，约康熙十三年前后尚在世。明末诸生，入清不仕，遗民终老。少从倪元璐学。精草书，晚慕米芾为人，构米友堂祀之。据周亮工《印人传》描述，许氏大腹而无须，望之如乳媪，面横而肥，不似文

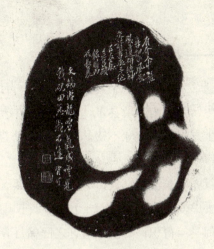

许友铭游龙砚。《兰千山馆名砚目录》刊。(彩图8)

人。但诗翰恒多逸致，善画枯木竹石。诗尤孤旷，王渔洋、朱竹垞亦称赏之。著有《米友堂诗集》。

许瓯香弟宾，入清举孝廉，官至御史。瓯香以弟应清试，耻之。宾亦内疚。同居出入，不敢过兄所居拜云楼，于楼下特凿便门以出入。可见许瓯香甚有民族气节。

黄莘田母即许瓯香女。故莘田幼时读书许家，后来又长期借住外祖家。

许瓯香并不能称一藏砚家，但见刊

许友铭抄手澄泥砚。《中国古砚谱》刊。

二方许氏遗砚。一为沈石友所藏随形端砚，刊入《沈氏砚林》，实物今藏台湾林氏。砚额刻饰云龙。背覆手左侧刻行书铭：

　　　天矫游龙，嘘气成云。见我砚田，恶岁不逢。有介。许友、米友堂（印）。

字纵横恣肆，与史载许氏学米字风格相符，只无米书之爽利。覆手上部刻吴昌硕为沈氏所题行书铭：

　　　有介人中龙，笔掣风云裂。遗砚结神交，诗书画三绝。

又津博藏一长方抄手澄泥砚。鳝雨黄间虾头红质。素池。木盒刻草书铭云：

　　　苏子尝谓："明窗净几，笔砚纸墨皆极精良，自是人生一乐。"许友。许友（印）。

砚铭所引为北宋苏子美（舜卿）语。

许遇——花农亦是一砚农

许遇，字不弃，一字真意，号花农、月溪，室名鸡黍山堂、薜萝书舫，许友子。顺治间贡生，知河南陈留县事，调长洲，并有惠政。少时，受诗于王渔洋，尤擅七绝。公余辄邀士友唱酬，吟咏不辍。年七十，以劳卒于官。亦工画松竹梅石。著有《紫藤花庵诗钞》。

据《乾隆长洲县志》，许月溪于康熙五十三年到任，五十八年（1719年）八月卒于官。减去虚岁一年，前推六十九年，许氏则应出生于顺治七年（1650年）。

余甸早年得识许月溪，对许之辞翰丹青极钦佩，其和黄莘田《题陶肪砚铭册后》中有二诗赞誉许氏。林佶有《送许月溪入都十五叠韵》，诗中赞许氏书画双绝、热情好客，嗜藏金石图书。许、林两家光禄坊居处本就相邻，许年长，爱护林氏有加，二人声气相通，一日不见如隔三秋。

黄莘田诗《别许贞翁舅氏明府》：

> 乌衣门巷感铜驼，衰薄其如酷似何。三世崔卢姻娅厚，两家钟李弟兄和。
> 山堂烛影围鸡黍，古巷书声出薜萝。今日风尘两行泪，魏舒恩受外家多。

许、黄两家皆官宦门第，诗书世家，又为世姻，莘田自幼受教舅家。其学有所成，外家许氏之恩多多。

许月溪文名画名皆称誉一时，但官只县令，黄莘田为舅氏大抱其屈，其《哭真意舅氏》诗有"少曾结客称名士，老尚为郎困盛才"云云。

过目及见刊许月溪铭款砚近十方，可知许月溪是一不折不扣的藏砚家。余甸、林佶、黄任的砚学成就，许氏之熏陶功不可没。

许遇铭钟形端砚。楼砚楼藏。
（彩图9）

许遇玉壶端砚。台湾林氏藏，刊
《兰千山馆名砚目录》。

下刊二例私家所藏许月溪铭砚。

其一钟形端砚（彩图9）。长方形，色紫，质细腻。有青花、火捺诸美品，也有翡翠斑、黄龙等石纹。面刻钟形图饰，刻镂工致。双璃纽中间留一象眼，寓意双龙戏珠。背覆手内隶书题："作金石声。"后跋云：

> 合金石于元音，移东序于文房之阴。无声之声，式玉式金。噌吰镗鞳，不为寸莛；起鸣而雅韵，叶乎虞廷。许遇。月、溪（印）

元音：天籁、元始之音。东序：宫廷藏图籍之所。镗鞳，金属声响。莛：草茎。虞廷，虞舜之朝。砚铭意指愿做黄钟大吕，以文章佐朝廷文治，拟人法。

台湾林氏藏一许遇铭"玉壶砚"。砚端石，椭圆形。砚面额部琢一阳文"玉"字，砚背琢阳文"壶"字为饰。楷书铭：

> 康熙丙戌。磨得端溪一砚新，临池滴露写黄庭。定知泼墨濡毫处，犹有潇潇雨可听。真意道人题。

此砚甚雅致，题铭之"康熙丙戌"为康熙四十五年，乃许氏晚年所铭。

许均——妙绝铭词盈砚底

许均，字叔调，一字雪村，许遇四子。康熙五十七年举进士，历官礼部郎中。性严正，勇于任事，冰心铁面，人不敢干以私。与人交，久而不忘。工诗善书画。著有《玉琴书屋诗钞》。

黄莘田《秋江集》卷五，收有贺许均妻廖淑筹六十寿一诗。诗有"而夫与我同生长，四十由余年内外兄"句，当指雪村与莘田同年（莘田出生于康熙二十二年，亦即1683年）。此诗作于乾隆八年癸亥（1743年），莘田云"时雪村殁十四年矣"，前推十四年，则雪村卒于雍正七年己酉（1729年），享寿只四十六岁。故莘田诗谓"四十余年内外兄"。

余甸与许雪村亦甚有交情，其和黄莘田《题陶肪砚铭册后》一诗云：

> 署门生死见交情，政事文章早擅名。妙绝铭词盈砚底，鼻酸终读不能成。

当然，与许雪村情交最厚者是中表兄弟黄莘田，两人即是同年，莘田早年又读书舅家，自然手足情笃。莘田诗集中道及雪村者甚多。雪村善于鉴石，莘田《题陶肪砚铭册后》一诗云：

> 岩分上下洞西东，丁卯词人鉴最工。苦忆清秋池馆静，银钩铁画对雕虫。

诗有注云："雪村砚铭，皆同予寓吴门三山会馆中所刻。"此诗后又一首云：

四十年来砚席情，相期砚背互题铭。木棉花下音尘绝，此意千秋竟不成。

诗亦注云：

> 予在岭南，寄雪村一砚。雪村书来，以予未镌铭为憾。因约他年当尽出两人所藏砚，互题铭词以志久要（旧约）。予未归，而雪村已逝。对此可胜人琴之感耶！

雪村与莘田，诚可谓：亲为中表，生又同年。昼同砚席，夜常共眠。心契同道，共游江湖。品石铭砚，互通有无。

许雪村是许、黄、林三家族纽带式人物。其妻寿竹夫人廖淑筹，本为林佶兄林侗之女，出继廖氏。廖淑筹亦工诗善绘，与雪村"闺房清课，妍词妙染流布人间，世人以赵、管目之。"可谓神仙伴侣。

《林史》收入许雪村铭砚六方。其中所题"翰墨砚"，可谓道出大朴不雕的"砚道"真谛：

> 亦雕亦琢，未离于璞；蕴翰墨之精华，还天地之□朴。

许雪村算得一藏砚家，惜遗砚难见。

《林史》卷七收入雪村侄许良臣一"临池砚"，铭云：

> 云根月窟此陶冶，一泓縠纹凝不泻。临池秋露日盈把，清且涟猗我心写。

许良臣（生卒年不详），字思夔，号石泉。雍正元年举人。历官澳门同知。卸任后回福州，生活贫困，70岁病逝。著有《梅岩集》。

黄文焕——十砚之中遗几许？

黄莘田《秋江集》所收《喜惠侄成进士归里》诗：

> 我家本儒术，名山开旧藏。力学如力穑，土物维心减。
>
> ……汝祖中允公，少壮能穿杨。捧檄三令尹，晚乃登岩廊。

莘田弟黄起凤子黄惠登科归乡，莘田作此诗为贺。诗中以诗书世家为骄傲，且对其曾祖父中允公黄文焕仰慕不已。

黄文焕（1595～1667年），字维章，号坤五，福州府永福县（今永泰县）白云乡人。天启五年进士。历任海阳、番禺、山阳县知县，颇有政绩。官至翰林院编修、左春坊左中允（故莘田称其为中允公）。在位耿直敢谏，崇祯中，因与黄道周等人登坛讲学，纵论当轴是非，被捕下狱，狱中著《陶诗析义》四卷。年余得释，乞归。卜居于南京钟山麓，筑草屋数间，纵情山林。入清为遗民，拒绝洪承畴举荐。流寓南都以终，终年69岁。

从莘田赠黄惠诗"汝祖中允公，少壮能穿杨"句看，黄文焕当是文武兼通之才。

黄许二家为世姻，许友为黄文焕女婿；文焕孙黄镳、黄绍洽，又各娶许友女为妻。黄绍洽即是黄莘田之父。莘田子黄度，亦为许门女婿。所以黄莘田诗《别许贞翁舅氏明府》云："三世崔卢姻娅厚，两家钟李弟兄和。"言许、黄两家，有如隋唐时之高门清河崔氏与范阳卢氏一样，世代联姻也。

谢古梅《小兰陔诗集》卷四《林洙云以唐〈琅琊王碑〉赠黄莘田且赋长篇索和》诗，其"坤五先生最博雅，大宝法物最燕诒"句后，有小注云："莘田大祖维章先生，著述收藏极富。"可见黄文焕博雅好古，庋古甚富。

未见刊有黄文焕砚事，但黄氏却是必须记入砚史之人。《林史》卷二莘田小传中记：

> 先生少时承大王父中允文焕所遗，并自购砚，凡十，筑"十砚轩"藏之。

从林在峨此记，知黄莘田所宝"十砚"之中，有曾祖遗物，故黄文焕极可能有藏砚嗜好。

黄任——诗人原是砚状元

黄莘田远祖黄定，为宋孝宗乾道间状元；莘田为清初至清中叶成就最高的闽籍诗人，可称闽人"诗学状元"；而莘田之砚史地位，亦可称为清代之"砚学状元"。

黄任（1683～1768年），字于莘，更字莘田，以字行，号冻井山房。幼承家学，年稍长，寄读福州光禄坊外祖家紫藤花庵。康熙

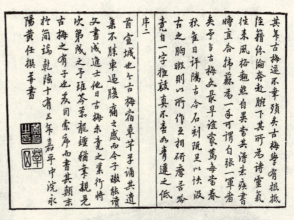

黄任为谢道承《小兰陔诗集》手书序言

四十一年举于乡，后屡试进士不第。曾任广东四会令，为小人所妒，被革职。退居光禄坊，闲散度日。诗集初名《十砚轩随笔》，既而有《秋江集》，最后曰《香草斋集》。善行书。癖砚，最宝者有十品，建十砚轩收贮，自号十砚老人。晚年贫困，"十砚"且散去。年八十三病故。

黄莘田其诗，秀韵独出，兼饶逸气；其人，诙嘲谈笑，口若悬河，常令一座尽倾。因莘田之通脱性情，且平生嗜砚，遂流传其有"千金卖砚、千金卖婢"等赏心事。

莘田幼年即与林家交往，又从林佶学书。康熙五十三年，莘田在北京时，曾随林佶在慈仁寺购砚数枚，莘田《题陶肪砚铭册》有诗忆之。莘田亦善铁笔，常自刻砚铭。

莘田官端州三年，去职后复寓端三年余，故辨端溪三洞的眼力在闽地诸人中当最高。林在峨和莘田《题陶肪砚铭册后》一诗可证：

> 由来嗜好始深知，耳食如何共赏奇。欲向端州评甲乙，好从仙令看题词。

里中另一玩砚名家余甸，是莘田亦师亦友的前辈，莘田之砚学当亦受余氏之影响。莘田官四会，尝寄赠一砚予余氏。余氏和莘田《陶肪砚铭册后》其一云：

> 四会先生生有癖，前时贮砚构新轩。只今乡井多奇石，大半从君好所敦。

闽地砚学之盛，许遇、余甸、林佶乃至高兆皆中坚人物，但黄莘田与众人的互动最有殊功，故为闽人玩砚圈之标志性人物。此所以许、余、林诸人只名传八闽，而莘田玩砚高名能盖过诸人，传扬四方也。

《林史》收莘田铭砚三十七方，又别收莘田砚诗共计三十六首之多，其中多言与余甸、林佶、许遇、许均、谢道承及顾二娘、董汉禹、杨洞一等人砚事。

莘田亦是一鉴赏田黄、芙蓉的行家，所作《寿山石》古风诗云"爱他冰雪聪明极，何止灵犀一点通"。

莘田玩砚名高，赝品屡见。下举一例"坠砚"，接近真品。

砚为长方高台抄手，端石，左上角损一缺口。砚冈左边有一石眼。砚左侧刻行书五言长诗一首（诗不赘录），款落铭诗右边，对应上角缺口。署："乾隆癸未三月。莘田黄任。"印"十砚"。

黄任坠砚。砚照见刊《文物》杂志，砚拓见刊《史树青金石拓本题跋选》。史氏释砚侧篆字"坠砚"为"地砚"，误。两篆字皆有缺笔画，应是喻意砚有残损之意。

此砚未见《砚史》，但黄氏《秋江集》卷五有载，题为《坠砚诗》，原诗尚有序：

> 斋头宝一砚，滑腻可爱。偶失手坠地，微有伤痕。磨以墨，了无挂碍，盖幸非瓦裂可比也，作《坠砚诗》。

从砚照看，砚堂中间确有一道斜痕通透，即裂伤。铭文书法潇洒自如，出自高手。但《林史》收一余甸"角折砚"，有余氏铭跋，云为莘田所赠。或莘田尚有另一"坠砚"？

砚先后曾归乾嘉间山东嘉祥画家曾衍东、近人藏砚家许修直所藏。有曾氏"七如居士之珍"款、许氏"百砚室"藏印。

林逊——取静享寿立轩翁

林逊，字敏子，号立轩，侯官人。顺治十一年举人。康熙间，历任陕西三原县令，四川达州、开州知州，为官有惠政。晚归福州乌石山西园，构荔水庄终老。

林在峨在《砚史》中自记："先世多遗砚，先君子续得者亦多。"但祖父林逊"自宦秦归，无长物，惟收藏金石拓本最富"。故林家"先世多遗砚"恐是林逊父祖辈所传，林逊应无藏砚嗜好，因此《林史》只收入林逊一"甘露砚"。砚上林逊铭：

> 静而寿，朴弥光。唯甘露之降祥，征永宝乎青箱。时康熙戊寅秋八月望前二日，甘露降于松、楸。八十老人立轩书砚后以勖子孙。

古人墓地常种松、楸两种树木，故"松楸"代称墓地。林氏家族墓地谓之北阡草庐，林佶有文记之。康熙三十七年，因为天降甘露于林家墓地松楸树上，林逊认为祥瑞之兆，取予儿孙辈品尝，又铭于砚上纪事，祈望借此端兆，勉励（勖）子孙。

今人相关文献皆言林逊"生卒年不详"。此砚林逊铭，题于康熙三十七年戊寅（1698年），林在峨在《砚史》中记林逊"寿九十一"，以此推算，林逊应出生于明万历四十六年（1618年），卒于康熙四十八年（1709年）。

林逊砚铭"静而寿，朴弥光"，应是其养生哲学、处世法则，故能得享高寿。其"以勖子孙"的愿望，确也得以实现，子孙皆为一时俊彦，尤其于砚学殊有功焉。

林佶——一方瓦砚动公卿

林佶（1627～1714年），字同人，林逊长子，贡生，博涉经史，弱冠食饩于庠，随父逊宦三秦，纵观三辅，历游边徼，走庄浪、凉州间，金石碑刻考订无遗。康熙中，署尤溪教谕。以二亲垂老，绝意功名，居荔水庄，老屋荒池，以著述自娱，所著有《来斋金石考》等。卒年八十九。

林同人之成就在金石考订，玩砚并非所长，倒是藏有一方汉瓦砚，轰动一时。弟吉人为撰《汉甘泉宫瓦记》一卷纪之。

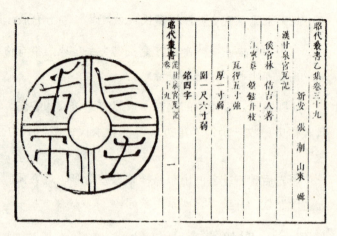

林侗藏汉甘泉宫瓦版刻图

《瓦记》刻有瓦图，瓦文四篆字，云"长生未央"，字古拙浑朴。图后吉人记得瓦始末：

> 右汉甘泉宫瓦，予家所藏也。甘泉宫址在今陕西淳化县治山中。康熙辛丑，予兄同人与视丈光远，自三原往游其地。见道旁耕夫锄田，积瓦砾如丘阜，皆隐隐有文，多刓缺不可识，因憩树下。见有小物坟起者，剔之，获此瓦。甚完好，字画独全，丞怀以归（一云瓦乃林侗次子在华所获，见林在华章节）……

此瓦后制成砚，林正青作有《甘泉宫瓦砚铭》：

> 甘泉宫瓦文"长生"，甘泉宫址纷春耕。琢之成砚怀西京，为此瓦庆有今名。

甘泉宫遗址，位于咸阳市淳化县城城北之甘泉山南麓。传是黄帝升仙处。汉起甘泉宫于此，地位仅次未央宫。清代以来，甘泉宫遗址时有出土"长乐未央"、"长生未央"、"长勿相忘"宫瓦。

"长乐未央"、"长生未央"之类出土汉瓦，今日三秦之地常见。但古人不易获得，故对林家此瓦颇感惊艳，题咏者众，朱竹垞、王渔洋等皆有诗，后又被张燕昌收入《金石契》。

林佶——"闽派砚学"半君功

林佶（1660年～），字吉人，号鹿原，林逊次子。受业于长洲汪琬，以拔贡入成均（太学）。康熙三十八年举于乡，以楷法精工，特旨入直武英殿抄写御集。五十一年，钦赐进士，官内阁中书，分纂《诗经》及《子史精华》。家多藏书，著有《朴学斋诗》等，卒约六十余岁。

林吉人虽曾拜重臣陈廷敬、诗宗王渔洋为师，宦业并无可道，内阁中书不过缮写文案等事的从七品小京官。其最为人称道者为书法，尤其小楷书，手书其师汪琬之《尧峰文钞》，陈廷敬之《午亭文编》，王士禛之《渔洋山人精华录》与《古夫于亭稿》，今人谓之"林佶四写"，声誉极高。陈、王二种，皆刻于二人名位显耀之时，而汪氏集，则缮写于汪氏身后，故林氏人品为人所重。

林氏祖辈虽或有藏砚者，至林吉人，林家的玩砚局面方真正兴盛。其予砚史之贡献，在于带动门生子弟皆成"砚迷"。

林在峨记其父闲暇日，将祖传及自己陆续所得之砚"各系以铭，镌砚背"。此与莘田同一手段。

就许、黄、林玩砚三世家而言，比之画史上"吴门派"——许月溪如沈石田，为奠基人；黄莘田为唐伯虎，名声最高，但后继乏人；林吉人则为文征明，根深叶茂矣！

林吉人《长物》诗有云："长物应知损道怀，闲心寄兴亦悠哉。"品味金石古器，潜心书法诗文，不玩物损道，此玩古之正道。

《林史》收吉人铭砚二十四方。诸人所藏，以端溪为主。吉人却有两歙石。其一得于京中，"温润苍璧，其歙溪之仅见者"。另一不知由来。吉人于康熙三十七年自闽地北上，尝取道游徽州，徽人曾求其题匾。

吉人款旧砚，不少见，但真品亦不多。嘉道间藏古大家张叔未（廷济）藏一林吉人"紫微内史凤池砚"，应为真品。砚长方。墨池刻一回首凤。背覆手内刻铭：

> 凤鸣高冈，亦集于池。梧桐之枝，鹓鸠之栖。池水练练咸凤饥，化为石兮文焉为（隶）。元釪铭，佶书（楷）。

林佶铭凤池砚。张廷济《清议阁所藏古器物文》所收。

撰铭之扬州诗人郭元釪，曾与林吉人同官内阁中书。“紫微内史”为内阁中书的别称。唐中书省又称“凤阁”，故砚作凤字形，刻凤凰纹饰皆取助开文运之意，此砚郭氏铭文亦言此。

从砚侧两铭及张叔未题拓三跋，知张氏此砚为词人吴衡照所赠。此前曾为诗人吴骞所得。砚侧两铭题者为学者陈鳣。三人皆为海宁人，又皆一时“英儒瞻闻之士，洪笔丽藻之客”，故张叔未题拓云：“一片石而传人五，余何幸而得附名其末哉！”

沈石友亦曾藏一林吉人铭“圭璋砚”，实物今在日本（彩图10）。砚天然外形略似圭璋，故名。背右行楷铭：

> 吾愿结屋南山巅，枕书不读眠看天。得尺䗍纸图云烟，千峰萝薜万壑泉。丁亥春林佶。林、佶（印）。

铭文表达向慕烟霞泉石之心，有陶诗意趣。铭字行笔出锋，与吉人书风相符。故此铭虽未见《林史》，也极可能是吉人真品。

砚面及背各刻吴昌硕与沈石友所题一铭。铭字书风与吉人原铭大有冲突，实煞风景。

林佶圭璋砚。见刊《古名砚》，《沈氏砚林》原物。(彩图10)

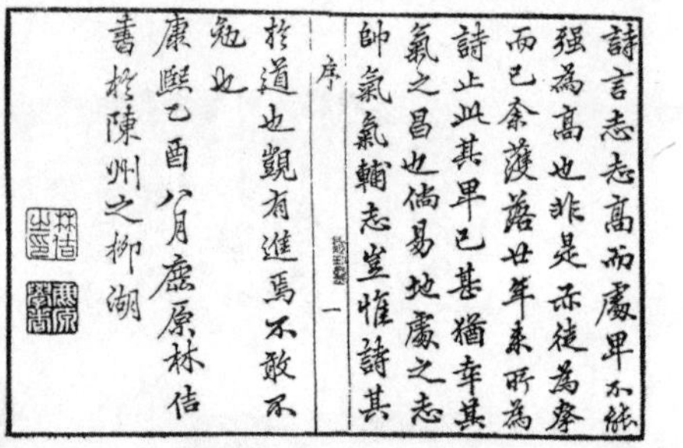

詩言志志高而處卑不能
強爲高也非是亦徒爲夸
而已余淹落廿年來所爲
詩止此其卑已甚猶幸其
氣之昌也倘易地處之志
帥氣氣輔志豈惟詩其
於道也覬有進焉不敢不
勉也
康熙乙酉八月鹿原林佶
書於陳州之柳湖

序 一

《朴学斋稿》林佶自书序言

林在华——萧疏兀傲一可人

林在华，字渭云，自号北陇，林侗次子。工诗律，分修省志，多所考订。著有《隋农遗稿》。林在峨在《林史》中记在华：

> 少随先大父（林逊）任游秦中最久。尝匹马入骊山，访汉甘泉宫址，得片瓦榛莽中，上有“长生未央”字，务为奇宝，题咏遍海内。又辨证古碑版，厘正昭陵陪葬位次。撰《金石考》，人服其精博。兄少承家学，被服淳古，诗以幽峭为宗。书

法别有逸致，萧疏兀傲，肖其为人，亦吾宗畸士也……。

当年林同人得甘泉宫瓦时，其子林在华亦同行。在华与乃父一样，志在考据，故《林史》只收入其一"锄砚"。铭云：

> 携之深山，一握为笑。松风□然，助我长啸。

铭有西山爽气，读之令人神清。

后有谢道承、余甸、林正青三跋。余跋较有意思：

> 渭云世好所书，气色甚旧而饶有逸致。光禄林氏以书法世其业，此独于家学中别开生面，可人、可人！

林正青——曾访黄令端州衙

林正青，字洙云，号苍岩居士，林佶长子。贡生，判刑部山西司，出理淮南小海场盐务。据游绍安《涵有堂稿·题林苍岩正青一砚归耕图》诗，云时黄莘田68岁，林正青71岁。莘田生于康熙二十二年（1683年），则正青生于康熙二十五年（1686年）。又同书《口号哭林苍岩正青》，知正青卒于乾隆二十一年丙子(1756年)，则终年亦为71岁。著有《榕海旧闻》、《盐法志》等。

林正青与黄莘田亦相交甚契，尝在雍正二年至端州访莘田于任上，其和莘田《题陶舫砚铭册后》有诗纪之：

> 忆旬端溪访故知，插天岩壑七星奇。十年聚散烟云态，万里诗筒认好词。

林吉人次子在衡、三子在峨、四子玉衡三兄弟，皆受长兄指授，盖正青学博而富，于取材识卓而精于辨古，又熟悉乡邦文献也。其为在峨题一砚铭，即寓勉励之意：

> 子不力田矜泼墨，几见成名钟鼎勒。只愁能事来相迫，费尽平生稽古力。

《林史》收正青铭砚二十九方，尚多过其父吉人，可见其赏砚造诣不低。

林正青和莘田《题陶舫砚铭册》一诗云：

> 石交有癖席早分，曲巷过从得五君。石欲成凹池欲墨，吟台真许与斯文。

次句注云："雪村、德泉、古梅、瑞峰、心水。"末句注云："予与诸君所居□光禄吟台。"林正青与许雪村、陈德泉、谢古梅、周瑞峰、游心水六人，常有雅集，品砚吟诗，诚斯文美事也。

故宫藏一林正青铭端砚。随形，池边琢成枯枝状。砚堂左下角篆书铭"长林山庄珍赏"，楷书款"正青"。印"洙云"。

传比干为纣王所戮，其子坚逃难长林之山，遂姓林氏。故林吉人墨迹常钤"长林"

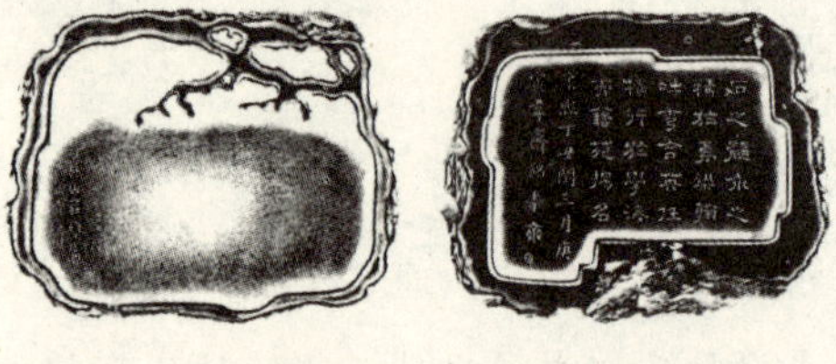

林正青铭枯枝端砚《故宫·纸砚》刊图。

印。“长林山庄”应为林氏家族园宅名。

背覆手内铭康熙三十六年丁丑韦斋氏所题一铭。题者俟考。铭亦托寿石而祈文字兆端之意。

林在峨——“一乡一家”著良史

林在峨，字涪云，号轮川、陶舫，林佶三子。染濡家学，诗文皆得家法，学述文钜。博雅好古，工词翰。弱冠与纂修钦定《古今图书集成》，肆力浩博，才名动公卿。被大学士赵国麟目为国士，将特荐之，未上，国麟被罢，遂归寓苏州，日与雅流文酒过从，或写意作花卉，尺楮寸缣，人争宝之。

林正青记在峨“运刀如棉，宛然铁画”，林氏家族及黄、余诸人砚铭多为在峨刊刻。其尝为余甸一青花端砚刻铭，余氏评云：“轮川铁笔精工，能掩余书之拙，乃其篆文坚老，亦非余原印所及。”赞誉如此。

林在峨性至孝。所藏一方吉人官内阁中书时当值所用凤砚，一日被窃，在峨竟至感伤过度，呼天号泣。幸砚旋为友人购得，完璧归赵。

林在峨于砚史之殊大功绩，自然是留下一部《林史》，其在此书自序中道作书缘起：

> 予既拥多砚，又自宝赏诸名家所储单词剩字，恒用寸笺拓出。岁月积久，楮墨迭多，乃装成八册，不欲私家笥也。复重加编次，并辑投赠诸作，付钞胥鳌为卷目，曰《砚史》，用公同好……

积少成多，集腋成裘，既重新芬，亦怀旧雨，在峨此书的撰成，先是将自己家族与余、黄等闽人藏砚及时人所藏古名人砚拓片，装帧成册，名曰《陶舫册》，编征题咏，又将砚拓和题跋编辑成书刊行于世，是为《林史》。为此书题跋者达八十余人之多，其中不乏钱大昕、钱载、方苞、金冬心、高南阜、沈德潜、袁枚等名流。

时人黄之隽评此书属“一乡一家之史也”。只是彼“一乡一家”砚学的规模与水准，几可敌国。而是书之优点更在于，各砚皆一一注明铭文、款识的字体及用印，为后人之考证留下一大便利。

林在峨铭砚，见刊及过目者亦有数方。其中台湾兰千山馆藏一砚。铭文见载《林史》，题作“鱼砚”。砚为端石，有青花、黄龙、翡翠斑等石品石纹。浅抄手，淌池夔纹边。背覆手内下部浅刻母子二鱼嬉戏碧波之间，幼鱼为巧用石上天然赭黄色斑纹刻成，甚别致。上部题篆书："静极而动，如春水鱼。"楷书跋：

> 端溪峡内十里，产嘉鱼，味丰而美。出峡即不可得，岂亦端峡余灵所钟耶？偶于砚背写两尾游泳其上，并录朱子《调息箴》二语。春波无际，正如三十六鳞变化时也。庚午三月既望，轮川。

林在峨铭春水鱼端砚。台湾兰千山馆藏。

嘉鱼，西江特产。《广东新语·鳞语·鱼》："嘉鱼以孟冬天大雾始出，出必于端溪高峡间。其性洁，不入浊流。尝居石岩，食苔饮乳以自养。霜寒江清，潮汐不至，乃出穴嘘吸雪水。"其习性确也契合"静极而动"之养生学。

私家藏一长方端砚（彩图11）。夔纹边，四侧满刻小楷《心经》，款"许遇"。背覆手内下部，线刻一梵僧样貌出家人，抱膝坐蒲团作参禅状。刀法遒劲，线条流畅。人物左上行书题：

> 片石孤云窥色相，清池皓月印禅心。轮川。

林在峨铭许遇《心经》端砚。（彩图11）

铭文就石说禅，与砚侧《心经》互为呼应，在砚铭中属别开生面。尤其铭文及人物为林氏亲刊，弥足珍贵。

林兆显、林擎天、林畅——克绍家风铭水肪

林兆显，字永谟，号心香，在峨子。《林史》收入一方"凤砚"。铭有"姿回翔"，"制自顾大家"，"吾欲扬先芬"云云。知此砚为一回头凤砚，出顾二娘之手琢成，其父祖的藏品，或即林家失而复得的那方凤砚？

林擎天，初名晥，字永奎，在峨子。府学增生，参与乾隆《福州府志》的分修校勘。曾随父在峨同往拜访余甸，时余已卧病在床，唯以笔书作手谈，且应在峨请为擎天一小夔龙砚作铭一首。未几，余即去世，夔龙砚铭即成余丈绝笔。此铭收入《林史》，余铭后有在峨题跋记其事。

谢道承和莘田《题陶肪砚铭册后》诗中有一首咏擎天：

　　斋仍朴学抱遗经，妙手挥毫有典型。更美童乌与□笔，云亭之后见林亭。

诗有跋云："三表侄晥，十岁夙慧。所题砚铭多老成语，洵异物也。"

《林史》共收入林擎天所作三铭，曰"青花砚"、"龙尾砚"、"锦囊砚"。"青花砚"铭云：

　　质之美矣，宁用追琢；文之粹矣，日彰不觉。慎尔出话，安此良璞。

家学渊源，眼界自高，故擎天有此"大朴不雕"之审美观。

林畅，字永修，在峨子。生平无考。《林史》收入一"鸳鸯砚"，铭云：

　　元涧之精，琳池之绪。细腻风光，金针度与。缅彼文鸯，蘋洲花屿。德则不孤，仙原同侣。我有永怀，寄诸窅语。□□芸晖，无间寒暑。热岂因人，墨将磨汝。于焉结邻，式敦古处。

林佶家族之玩砚传统，至在峨三子时，已属强弩之末，不过承袭余荫，尚能克绍家风而已。值得一提的是，或许是林氏爱砚名高，为世人所敬重，纪晓岚曾将一方南宋史学名家郑樵之遗砚，举赠在峨孙林乔荫。

陈治滋——顾砚一用二十年

林吉人两甥陈治滋、谢道承在林氏家族中，宦业较显，尤其谢氏，官至侍郎。

陈治滋，《林史》所载其小传：

　　字以树，别字德泉，侯官人。康熙癸巳进士，选庶吉士，授编修，改御史（江西道监察御史），累官奉天府丞。先生与谢阁学道承，均为先君子宅，文体诗律得

所指授，故蔚然成家。既入词馆，以养亲告归，里居筑学圃读书其中……

据游绍安《涵有堂稿·奉天府府丞陈德泉墓志铭》，知陈氏生于康熙二十二年癸亥（1683年），与莘田同年。卒于乾隆二十年乙亥(1755年)，享年73岁。

陈德泉虽从舅氏林吉人学诗文，但似不好赏砚，《林史》只收入一"井田砚"，其铭云：

> 产于粤，游于燕。吴顾氏，画井田。伴我芸阁归林泉，如影随形二十年。

砚为端石，吴门顾二娘所刻。陈氏曾携之入都，告归后又携之归里，随身取用二十年，为陈氏临池长物。《林史》亦收陈氏和莘田《题陶肪砚铭册后》十八首，纪咏余、黄、林氏父子、许雪村及顾二娘诸人。其咏顾二娘者即言"井田砚"：

> 吴趋女手夺天工，两洞精华半砥砻。我有井田方砚在，曾烦他石为吾攻。

《砚史》又收一余甸所铭"长宁砚"。铭有跋语：

> 此石出长宁虞公峡，而藏于前辈张半洲公木坊上。近日坊颓，乡人拾此售于德泉先生，制为砚以示余，予因纪其事而铭之。

川南长宁县武宁溪，有巨石横中流，南宋嘉定令、名相虞允文裔孙虞刚简，凿石通船，故名"虞公峡"。

明代抗倭名将张经，字廷彝，号半洲，福州人。为严嵩构陷，坐以失律被冤杀，后隆庆帝为平反，福州人将其寓宅所在之地改称"半洲街"。"木坊"，纪念张氏所立之牌坊。至康熙时，木坊塌颓，藏于木坊之"虞公峡石"，被陈德泉购得而琢为砚。

陈氏以抗倭名人的木坊遗石制砚，有寄托敬仰先贤之意在焉。

谢道承——癖梅爱石皆赏心

谢道承(1691～1741年)，字又绍，号古梅，闽县人。母林氏，林逊女，侗、佶姐也。幼孤力学，康熙末进士，乾隆间官至礼部侍郎。诗学白居易，字以褚体见长，古文词轶出流辈。肆力于收藏古名帖、金石，研摩不倦。梁章钜评谢氏："先生敦品励学，实为儒宗。"有《小兰陔诗集》等传世。

黄莘田为谢《小兰陔诗集》所作序文中，记其与谢之志趣相投，惺惺相惜：

> 予与古梅交最早，谊最笃。每当春秋佳日，评骘古今石刻，阮足以快汲古之胸。暇则以所作之相研摩，苦吟竟日，一字推敲，真不啻如青莲（李白）之低首宣城（谢朓）也……

莘田官四会时，曾寄赠谢一方"锄砚"。

古梅与表姐夫许均交亦笃，古梅有题雪村"月仪砚"一跋，忆其与雪村同宦都中围炉拥酒、联辔看花的交游时光，唏嘘不已。

谢古梅因嗜梅花，尝于屋后穿池，手种二梅于池上，题曰"二梅亭"。《光绪乌石山志》卷五所收许雪村为作《二梅亭记》云：

> 花时，余与林子苍岩、黄子莘田辄过访。亭前有石几，覆以毡，列金石古文其上，以秘本善榻为胜负，浮大白、落英满杯，咽之使清气沁心脾。有时相对忘言，手一编，倚树立，穷日夕不去，几忘主人之为梅，与梅之为主人也。

林、黄、谢诸人，当年坐花醉月，纵谈骚雅，实在羡煞后人。

我尝过目数方古梅铭旧砚，但《林史》只收入古梅一"飞虹饮涧砚为庄犀水铭"：

> 紫云起兮炉香浮，供侍犀翁兮清兴酬，嗟石田兮尚亦有秋。

北京故宫藏一端砚。长方形，池边半琢半磨，半留天然，甚古朴。背无覆手。上部镌隶书铭：

> 囊中胥句篋有吟，登山临水相以琴。水资石研为赏心，后世见之翰墨林。古梅道承。古、梅（印）。

下部镌行楷铭：

> 有尽石，无已求。生阴壑，阅重湫。得之难，岂轻受。传千年，畀长寿。张甄陶。惕、庵（印）。

张甄陶字希周，号惕庵，闽县人，乾隆十年进士，任广东高要知县，有廉名。后主讲福州鳌峰书院，倡汉学，是将汉学引入闽中之第一人。

砚当张氏所藏，古梅为题铭文者。

北京故宫博物院藏谢道承铭长方端砚

高兆——观石考砚高固斋

许、黄、林三家外，明末清初至乾隆间闽地之藏砚家尚有多人，如高兆、余甸、李馥、周绍龙、游绍安、林云龙。其中后五人皆与黄莘田、林吉人父子交厚，只高兆略早于诸人。

高兆（生卒年待考），字固斋，号云客，闽县人。明末诸生，游幕江浙。明亡，回乡为遗民。与朱彝尊友善。工文翰，尤工小楷。诗有名。虽穷困潦倒，仍著书不辍。著有《端溪砚石考》、《观石录》等。

高固斋大约与黄文焕、许友、林逊同时。待莘田、吉人等名世，固斋应已去世，故莘田与吉人一门皆无文字道及。

高固斋亦懂寿山石，撰有寿山石名篇《观石录》。与黄莘田一样，高所藏最富者还属佳砚。其于康熙二十六年冬，曾客端溪。因亲履端坑，与粤地名士梁佩兰、屈翁山、陈元孝论石，求教于刻砚老匠人，故固斋所撰《端溪砚石考》，所述诸坑异同，多能发前人所未言者，为后来吴兰修等论端所袭用。又，固斋此考不仅砚史名篇，实更开清代闽人玩砚风气之先，予后来之吉人、莘田诸人的客观影响，在所难免。

固斋传世遗砚偶能见之。故宫藏一夔纹端砚。砚就自然边，略作修饰呈凤字形，夔纹边。背左右两铭：

> 大中丞吴公由闽抚粤，兆以布衣充揖客，因得寓目三洞，亲核石品，撰记一篇。公子琰青出斯砚相示，温润缜密，藻彩缤纷，真塔坑异产也。爰书数语且以证前记之匪谬云。三山高兆题于文来阁下。固、斋（印）。

> 璞玉浑金，质粹锋坚。带经而锄，佃圣王田。礼耕义种，积庆丰年。资学耨而仁获，弗凿方而枘圆。康熙壬辰，山阴吴琰青铭。琰、青（印）。

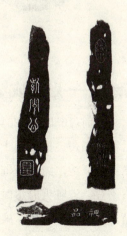

高兆铭夔纹端砚。《故宫·纸砚》所刊。

高固斋铭所云"大中丞吴公"，即吴兴祚，字伯成，号留邨，原籍山阴，汉军正红旗。康熙间曾官两广总督。子秉钧，字琰青。工词律。不屑科举业，学者称贞隐先生。

吴兴祚官粤之前曾官福建按察使，高固斋当识吴氏于官闽之时，后以宾客身份访吴粤督任上。两广总督，驻节肇庆，故固斋云"因得寓目三洞，亲核石品，撰记一篇"。所撰即《端溪砚石考》也。

砚侧镌印"曾在李鹿山处"，为固斋乡人后辈李馥藏款。

另一吴氏所藏固斋铭砚，即"赤壁端砚"。砚为徐氏旧藏，今在津博，屡屡见刊。随形，水岩上品。砚就自然石璞，琢成东坡夜游赤壁图景。背镌楷书铭：

个是苏公赤壁，千古英雄陈迹。聊供几案卧游，珍重端溪片石。固斋高兆。

铭文有咫尺江山，凭我卧游之气概。

背复刻有吴秉钧所题隶书一铭及"庚申季冬，归于退耕堂"藏款一行，字在篆隶之间。盖砚为民国总统徐世昌于民国九年庚申所获。

此砚琢刻手法极高明，当出良工之手。又尺寸较大，纵达二十七点二厘米。为明清砚上品佳构。

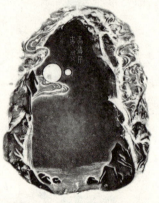

高兆铭赤壁端砚。《中国古砚谱》刊图。

余甸——题石成金余京兆

余甸（1655～1726年），原名祖训，字仲敏，号田生，晚字修吾，号芳初，福清人，后移居福州，康熙四十五年进士。为人励名节，官四川江津知县，曾因拒绝大将军年羹尧额外征饷，缚年氏催征使者将杖之，丞簿力请方释。后升吏部主事。权要富人请托多格不行。官顺天府丞时，因属官贪污案发，以失察罪被免职。事白旋卒，年七十二。既逝，闻者争相哭奠，廉名如此。

余田生少颖悟，无书不读。尝游学京都，历吴下，遍交知名士，书法冠绝一时。被免职回福州后，筑"葭湄草堂"，著书其中，有《千卷楼集》传世。

余田生题一"青花砚"有云："问大夫之富？数砚以对。"可知其专以藏砚为乐。其不仅自藏砚必有自铭，他人持砚求题亦来者不拒，如人之愿。莘田《题陶肪砚铭册》第一首即咏余田生：

> 片石争求月旦知，不经品题不称奇。何人得似余京兆，叶叶芭蕉幼妇词。

经余田生绝妙好辞之品题，寻常片石皆成奇珍，身价百倍。

《林史》共收余氏铭砚达81方，数量占书中各家首位，比其次之黄莘田多出一倍有奇。据书中林正青题余田生"相随砚"跋语云，书中所收余氏诸砚皆"归田后所作"，知田生所铭、所藏之砚不止百方之数，确是一砚田大富豪矣！

余田生藏有顾二娘所制二砚。曰"蕉白砚"、"水月镜花砚"。前者为田生于康熙四十八年冬客吴门时，请顾氏刻成，复请当时名流何焯（屺瞻）书铭，尤为难得。

余田生长林吉人6岁，长黄莘田29岁，为闽人玩砚圈之长者。

田生所铭、所藏之砚既多，传世真品尚可见。见刊一端石留耕砚。井田式，砚背楷书铭曰："雍正二年闰四月初八日，召见养心殿，赐臣余甸之砚。恭纪圣恩，子孙永宝。"应为雍正所赐宫廷砚制品。

北京故宫博物院藏一夔纹端砚。砚堂无边，略凹为池。方形墨池刻夔文边。背覆手楷书铭云：

> 娲补之馀，昆剑所切。彩翰摇风，翠烟澄澈。若决江河，莫之或掣。壬子莫春余甸书铭。

此砚铭文见载《林史》，应是真品。

余甸铭夔纹端砚。《故宫·纸砚》刊图。

《中华古砚一百讲》刊一"水天一色端砚"。椭圆形，刻海天旭日题材。背无覆手，镌行书铭云：

> 茫乎无垠，水天一色。波澜文情，烟云笔墨。有精采之在中，无埃尘之可拭。
>
> 宜其登于金马玉堂之上，陈于左图右书之侧；而与圭璧同珍，君子比德。余甸。

此砚铭文，状砚刻内容之壮阔，喻意文采之波澜；又从石材之精美，比喻如美玉一般具君子之德。铭虽未见《林史》，从铭文看，近真。

余甸铭海天旭日砚

李馥——书砚为侣李鹿山

李馥（1666～1749年），字汝嘉，号鹿山，福清人，幼失怙，康熙二十三年举人。五十五年迁河东运使。时逢亢旱，李勤政恤民，请截漕二十万，民不知饥。康熙六十一年升任浙江巡抚。雍正二年以失纠属员被谤罢官，削迹入狱。次年在监中写《狱中》诸诗，道尽罹难之苦。后被释，遂蜗居苏、杭，十余年未能回乡。晚年孤苦伶仃，苦度残生，卒年八十四。

李鹿山，官至封疆大吏，在闽人藏砚家中，宦业最显赫，作为举人出身的汉臣，非逢迎而得上位，更为不易。李家本饶有资产，但鹿山乐善好施，为官又以廉慎称，家遂中落。归田二十年，借屋以栖。其本藏书有名，所藏多钤一印："曾在李鹿山处。"晚年因生计所迫，无奈典琴鬻书，藏书皆散佚。

李鹿山藏砚亦一名家，与藏书相似，其砚亦常镌一"曾在李鹿山处"藏印，如上文吴秉钧藏高固斋铭夔纹端砚。

陈勾山《紫竹山房诗文集》所收《题林涪云砚铭拓本册子十首次莘田大令任韵》之一云：

> 昌谷新词雅树标，吴门妙手善开雕。多情才子时留佩，细意佳人解剥蕉。

此诗《林史》首句不同，为"大雅吴趋颇建标"，注为"谓顾大家"。陈氏诗文集则复有注："李鹿山先生馥好研，家蓄名款多出吴门顾二娘手。"可知李鹿山佳石，多倩顾二娘琢就。

因长期宦游外乡，李鹿山虽与同里名士黄莘田、余田生等人有交往，但似不甚密切，故《林史》只收入鹿山和黄莘田《题陶肪砚铭册》诗六首。其中一诗言余田生为撰佳铭，常构思至半夜，所谓苦心绝诣。莘田亦有《寄李鹿山观察》诗，言鹿山有藏书癖。鹿山和莘田《题陶肪砚铭册》一诗注文，自言曾藏一明末吴门名书家赵凡夫（宦光）手制"合砚"。其砚当即石函砚，一石所剖，有底有盖，故名。《西清砚谱》与韩氏《砚铭》各收入一例，形制略同，侧皆有赵凡夫篆书铭。此种石函砚应是灵岩山麓村石所制。

津博藏两方李鹿山砚，皆精品。一为"老子清静经端砚"。夔纹池边。两侧刻李馥所录蝇头小楷《清静经》。背刻老子小像，抬手作论说状。像侧隶书跋云：

> 余持节闽中时得此，为李鹿山中丞枕秘。老坑，质朴，静寿比贞。旁系《清静经》，可知衣钵瓣香，不遗祖训。珍诵之余，真令人追慕道踪于函谷间耳。敬镌像于砚阴，并记其缘起。乾隆戊午，跛道人麟。国、麟（印）。

《清静经》，传为太上李老君作，故鹿山署名"后人馥"，实此种"认祖归宗"，与李唐皇室托名李耳之后一样，当不得真。后砚被闽抚赵国麟所获，赵请人刻老子小像于砚背并题识纪事。砚有漆盒，盒有嘉道间画家秦文植题铭。或秦氏亦曾入藏。

一为鹿山所藏"曹学佺竹节砚"。背刻曹学佺楷书引论白乐天《养竹记》诸语。侧有李鹿山行草铭及"曾在李鹿山处"印。

曹学佺字能始，号石仓，侯官人。万历进士，历官至南明隆武朝礼部尚书。清兵陷

李馥铭《清静经》砚。《中国古砚谱》刊图。

福州，自缢殉难。曹氏好石，传为收藏田黄石之第一人。

《兰千山馆名砚目录》收一李鹿山铭端石。门字池，云纹边。背挖双覆手，内刻行书：

私家所藏李馥瓶形池端砚（彩图12）

> 金之方浑玉在璞，却羡良工巧返琢。风云从此起龙津，满案毫光在斑驳。甲午花朝。鹿山。

又，私家藏一抄手端砚（彩图12）。长方形，瓶形池。有青花火捺之美，背左上角有绿豆眼二。右侧刻行楷铭一行："康熙三十六年鹿山李馥藏。"

康熙三十六年，时李鹿山方三十一岁，尚未出仕。故此砚应为李氏斋中较早的藏品之一。

周绍龙——题铭潇洒人出尘

周绍龙（生卒年俟考），字允干，号瑞峰，福清人。少颖敏，以文学名。《福建通志》记其"风度清整，潇洒出尘。"林在峨亦记其"长身玉立，仪表秀挺"。雍正元年进士，五年以荐授庶吉士，出使四川。旋馆授编修，改御史，晋顺天府丞，卒于官。书法出入欧、苏，人得其尺幅皆庋藏之。有砚癖，与许均、林正青同时交好。子君履，官翰林院编修。

周端峰玩砚有成，《林史》共收入其所铭砚十一方。其中"兰台侍直之砚"、"螭头侍直之砚"、"銮坡侍直之砚"，皆只题砚名，为馆阁当直所用，无甚意味。"紫云堆砚"之铭较佳：

> 端溪初割紫云堆，望里森森玉笋开。恰似江郎山下过，三峰我竟入袖来。

此铭"三峰我竟入袖来"，颇有气势，诗与瑞峰之潇洒风度倒相契。

《林史》记瑞峰："爱蓄砚。最宝者'扪参历井'一枚，盖使蜀囊中物也。"太白《蜀道难》诗："扪参历井仰胁息，以手抚膺坐长叹。""井"与"参"皆为星宿名，分别为蜀秦分野。铭以"扪参历井"形容蜀道山势高峻，道路险阻。

此砚后归纪氏阅微草堂，收入《阅微草堂砚谱》。砚为风字形。井字墨池，墨池右侧镌篆书四字："扪参历井"。印"瑞峰"。背镌行书铭：

余为香亭侍郎作集序，香亭以此砚润笔。有小印曰"瑞峰"，知为周公绍龙故物。又小篆"扪参历井"字，盖其官翰林时，尝以丈量四川，因池作井栏，故借以纪行云（如上文所考，纪氏此解"扪参历井"有误）。乾隆乙卯七月，晓岚题。

周绍龙扪参历井砚。《阅微草堂砚谱》刊。

纪晓岚曾为端州知府、撰有《端溪砚谱记》的袁枚堂弟袁树（香亭）诗文集作序，袁便以此砚作为润笔奉赠。

《林史》所记此砚，原物"扪参历井"篆书四字及"瑞峰"印外，还有二印："绍龙"、"□□使星"。纪、袁虽去周瑞峰时不远，但当时即有人伪造黄莘田伪铭砚，故纪氏此砚瑞峰铭是否必真，尚待后考。

台版《历代砚台展》刊一周瑞峰所铭"云起砚"。砚不大，纵只11.7厘米。端石水岩，有鸲鹆砚、青花、火捺等美品。面刻流云纹，墨池雕作虫蛀状。侧刻"汝奇作"三字行草款。背无覆手，左边浅刻悬崖峭壁，右刻云头升起状，有王摩诘"行到水穷处，坐看云起时"意境。石壁上刻隶书铭：

攻玉他山，云起水涌；钟两闲之灵秀，漱六艺之芳润。绍龙。瑞峰（印）

背右边刻长方印"曾在李鹿山处"。盖砚为谢汝奇所刻，曾归李鹿山所藏者。

周绍龙铭云起砚。《历代砚台展》刊。

游绍安——以砚明志心如水

　　游绍安，字鹤洲，号心水，福清人，据游氏《题林苍岩正青一砚归耕图》诗注，云其时已69岁，长莘田一岁，则出生于康熙二十三年（1684年）。卒年待考。雍正元年进士，由刑部郎中出任闽南南安知府，在任二十年。工诗文，其文务为奇崛语，诗亦欲以生僻见长，曾协助黄莘田修《鼓山志》。著有《涵有堂诗文集》四卷。

　　游氏文集有诗《已亥春妻弟庶常许雪村均》，而《赋送崖州牧许石泉良臣入觐》更注云：“婿于许，石泉为妻侄。莘田，许甥也。”则游绍安乃许遇女婿，许均姊夫，许良臣姑父，黄莘田之中表姊（或妹）夫矣。

　　《林史》游绍安小传：“先生风格伟岸，殚力希古，豪于为文。领郡逾十稔，号梅花郡长，其标致可想也。”大约游氏也是一个风雅人物。其与陈治滋同学，交最厚，“弱冠时结为性命交，以经济学术相切磋”（《涵有堂稿·奉天府府丞陈德泉墓志铭》）。

　　《林史》记游氏一段砚事：

　　　　忆先生戊戌试礼闱，不得志。先君子题囊砚慰之，有“长安米，终须乞”之句，迨后官秋曹五年，恒津津向人述其事，亦砚铭中一则新语也。

　　游绍安在康熙五十七年戊戌，科举失意，林吉人举白乐天早年“长安米贵”故事题于囊砚举赠游氏，意在勉励游氏不必气馁，终有登第显达之日，后果然。

　　《林史》所记吉人原铭与小传中所记略异，云：“囊盛为佳耳，顾安所得长安米。”盖在峨所记其大略耳。

　　《林史》收入游氏两铭，为“箕砚”、“心水砚”（两砚之石乃游氏访莘田于端州时，一为莘田所赠，一为端州旧令余氏转让，游将两石请杨洞一琢成）。“心水砚”云：

　　　　动与君行，静与君止；适性陶情，一泓心水。

　　游氏之心志尚淡泊，不在仕进，故官南安知府，一任二十年未得升迁。此铭用其号“心水”作文章，可谓以铭言志。

李云龙——瓜蝶遗砚顾氏琢？

　　《林史》卷八记李云龙，甚简略：

　　　　字玉和，号霖村，侯官人，官州牧。

　　朱景英《畲经堂文集·李州牧墓志铭》，记李霖村出生于康熙四十九年庚寅（1710

年），祖籍福清，曾祖时迁家闽县。霖村生而颖异，幼孤力学，但屡不得志于科举，以祖父命，援例就选通判苏州府权督粮同知，理漕政有声。乾隆十九年(1754年)，授贵州平远州州牧。李氏在黔，严猾吏，慎刑狱，兴学校，七年后迁独山州牧。乾隆二十六年辛巳（1761年），以劳卒于由黔之蜀的公干途次，时年52岁。

李霖村渊雅善文，工汉隶，藏书极富，又好玩古，"客至辄出以资其辨识，雅不欲谈鄙事"。清雅如此。其长女名李锦，适林畅，故李霖村与林在峨为儿女亲家。

黄莘田修辑之《鼓山志·艺文》，记福清人叶观国一诗，序言记李霖村曾与莘田等人同游福州鼓山涌泉寺。又《林史》收有李氏三砚，二方皆莘田所赠，可知两人交情不薄。莘田题赠李氏"秋水砚"之铭云：

秋水冷冷浸一泓，下岩西洞第三层。与君细腻风光写，丽泽如斯得未曾。

铭后跋云：

余自岭南归，以兹石赠玉和他山之助，知不忘琢磨鄙意耳。乾隆四年八月。黄任。

《林史》收李氏铭砚二方。一"天然砚"云：

水崖之精工所度，美石天然无戌削。十砚轩中贻，摩挲亲矩蒦。采将岳渎游，兹焉宝行囊；朝斯夕斯应离索。

此砚原为莘田十砚轩中所藏，莘田以之举赠李氏。

另一"芝砚"铭云：

精于美璞滑于脂，出水青花墨满池。知有珊瑚人住近，随身终日见琉璃。

铭有跋云：

辛酉客京师，古肆见兹石，窥心赏之。他日轮川适以相贻，携归制就……

所谓物归有缘人，大概李氏当初见石心喜，或苦于阮囊羞涩，无奈袖手。后石为林在峨购得，知为李氏心仪之物，遂慷慨相赠。

李霖村遗砚亦不多见，首博藏一其铭款之"端石瓜瓞砚"，甚有名。砚呈扁圆状。琢成瓜形。蝶翅为双砚堂，蝶眼巧用石眼。砚背刻有"曾在李鹿山处"、"曾在吟香别馆"、"北阡"、"梅溪家藏"诸印。篆题"绵绵瓜瓞"，跋：

砚为吴门顾女史所制，经三阅月始成，感其功之精而心之苦也，因书以识。李云龙。

铭云砚为顾二娘所制，真伪与否，暂难遽断。

赵国麟——泰山相国癖砚同

赵国麟（1673～1750年），字仁圃，号拙庵、跛道人，泰安人。原籍浙江上虞，先世儒家。康熙四十五年进士，历官福建、安徽巡抚，刑部、礼部尚书。乾隆四年拜文渊阁大学士。一生潜心治学，尤喜启迪后学。文章不求时趣，有订正文体之志。著有《拙庵近稿》等多种。86岁病逝，后人奉为"泰山五贤"之一。

赵国麟清廉有官声，其出任福建布政使时，因闽俗"尚贞烈"，女子多有殉夫之举，赵上疏严禁之（游绍安官南安，亦有类似举措）。其虽"理学名儒"，却并非腐儒。

赵氏两度官闽，前后达七年之久，与闽地文人士大夫尤其省城福州名流交往甚多，林、黄、余诸人与赵即颇有交情。余田生的冤狱即在赵主闽政时平反。林在峨早年在京师，被赵目为国士。据考赵即《儒林外史》中举荐杜少卿（原型为作者吴敬梓）的安徽"李巡抚"原型。史实中赵为吴敬梓叔祖门生，确也曾举荐过吴氏，可知赵好奖掖后进。

黄莘田曾赠赵国麟一"云月砚"，又转让其子赵震一"十二星砚"。

《林史》收入赵国麟铭砚十方（包括赵震所藏一"双凤砚"）。其中有一"壶卢砚"，为林在峨赠赵氏者。其铭款云：

> 虚而圆，德不孤。壶中人，壶中人，其墨卿乎？拙庵铭涪云赠砚，乾隆癸亥季春归岱日记，青处隶书，轮川镌字。

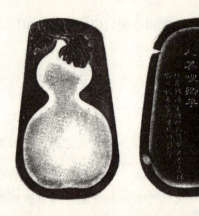

故宫博物院藏一"葫芦砚"。端石，有火捺纹。葫芦形池。背刻铭文与《林史》所记相符（《林史》"墨卿"作"嘿卿"），刻工不高明。

赵国麟铭端石葫芦砚。《故宫·纸砚》刊图。

津博藏一赵国麟所铭"蟾窟砚"，端石，面刻海天初月景象，以圆日为砚堂，背作云锁幽谷状，题隶书"蟾窟"二字，馆阁楷体铭：

> 厚重浑朴，是攻是错，若起泰山之云；流行触发，如引江汉之波；朝宗瀚渤，涌皓魄以升

赵国麟所铭"蟾窟砚"。《津博藏砚》刊图。

恒。恍金蟾之沐浴，一规内涵方外，包括三华凝聚，虚中活泼，照千古其长在，耿海天之初月。拙庵赵国麟铭。跛、翁（印）。

所谓"蟾窟"，当就砚正面月池而言。蟾窟即蟾宫，指月亮。砚琢蟾蜍、月池，常寓"蟾宫折桂"美意。赵氏砚铭亦由海天云月而生发。

陈兆仑——载墨一舟羡遨游

陈兆仑（1700~1771年），字星斋，号勾山（亦作句山），浙江钱塘人。幼聪慧，年十五毕十三经。雍正八年成进士，以知县分发福建，领《通志》局事，官终太仆寺卿。精六书之学，尤长经义。其诗文醇古淡泊，清远简放，士大夫奉为"文章宗匠"。尝自云："我书第一，文章次之。"卒年72岁。著有《紫竹山房诗文集》等。其孙女即著《再生缘》的陈端生。

陈勾山在闽，与黄莘田为诗社同仁，与谢古梅为志局同事，与光禄坊诸人交极笃。陈氏和莘田《题陶肪砚铭册》诗，次韵、叠韵达三十六首，诗言其与林在峨、黄莘田、余田生、谢古梅等交往情事及诸人砚事交流。但《林史》并未收有陈氏一砚，似乎陈氏之角色，只是闽地诸人砚事之一记录者、见证人，实则不然。陈氏次韵莘田《题陶肪砚铭册》之一云：

> 光禄坊前镇往回，家珍历落数玫瑰。巧偷豪夺吾何敢，运至还能一傥来。

此诗末有注，《林史》为："'傥来之运'，用《南史》。"典出《晋书·王坦之传》，指意外所得（实《庄子·缮性》已云："物之傥来，寄者也"）。《紫竹山房诗文集》则为："承诸君颇惠佳石，过岭（指仙霞岭），为偷儿所疑，窃去殆尽。"原来，林在峨诸人曾馈赠勾山佳砚若干，惜北归途中被偷儿窃走。据《林史》陈氏叠韵莘田《题陶肪砚铭册》"神物销沉强自裁"诗后之注文，知彼次被窃砚中，有一方背有"奎章阁图书"款，最为陈氏痛惜。奎章阁，元廷宫殿名，后改为学士院。有此阁款，当是一古物。或许陈氏亦甚留意古砚，曾为查礼所得"谢枋得桥亭卜卦砚"作有长歌，只其考证不甚合理（详见《赝砚考》中卜砚相关文章）。

闽、越以仙霞岭为分野，我尝走闽浙古道越彼岭。岭上危崖密布，古木参天，层林接岫，确是个犯科作奸者的上选之地。陈勾山装砚之沉重行囊，被窃贼误以为黄白物，自然不能怀璧全身而退。

传世一陈勾山"舟形端砚"，堪称逸品。砚藏津博，徐氏旧物。其石外形天然，两头尖尖。遂就形削裁，略作磨砻，琢成一舟。背行楷铭：

> 载墨一舟，图写瀛洲。玉阶绮柱，与尔遨游。勾山陈兆仑题并书。勾山（印）。

陈兆仑铭舟形端砚。《中华古砚一百讲》所刊。

此砚铭文，不过以笔墨取富贵之意，倒是书法颇有骨气，与赵国麟等之馆阁体迥然有别。陈氏以书法自诩似也有理。

砚有匣，亦琢成舟形。铭隶书二字"刀砚"，款"楚江俞瀚题"。"刀"，通"舠"，小船意。

俞瀚，字楚江，山阴布衣，乾隆时人，卖茶虎丘而亡。能诗，喜治印。俞氏史上名气不大，但与大吏尹继善有交往。尹氏遗一题俞氏小像册页，被今人伪造成"题曹雪芹小像"，轰动一时。

沈廷芳——隐拙斋中洗云根

沈廷芳（1692～1762年），字畹叔，一字萩林，号椒园，斋室曰砚林，浙江仁和人。初以国子生为《大清一统志》校录。乾隆元年与陈兆仑同举博学鸿词科，选为翰林院庶吉士，授编修，出任山东道监察御史。在任七年，以古代谏臣自勉，官至山东按察使。廷芳外祖为名士查声山（升），父元沧亦有文名。故从小笃志于学，以经学自任。嗜藏书，建有藏书楼名隐拙斋，以"古柱下史"自称。晚年曾掌教于粤秀、敬敷等书院。著有《隐拙斋诗集》、《读经义考》等。

沈廷芳与陈勾山行迹颇相似，不仅杭城同乡，博鸿词科同年，又同与闽地有缘，陈氏在福州修《福建通志》；沈氏曾任福州鳌峰书院山长，亦于乾隆三十三年主撰《福建续志》，该志乃谢道承主纂之《福建通志》的补编。

因掌教福州鳌峰书院山长和修《福建续志》之职，沈氏与黄莘田、谢古梅多有交往。《林史》记有沈氏所藏一"双芝砚"，铭、跋云：

　　狩双芝，竞三秀。苗墨池，曜文圃。端琼之德永宜寿。乾隆甲申元日，□（赵？）十研轩，黄大莘田手赠此砚。厥质温润，厥池琢双芝形，妙极自然，因以为名焉。之江廷芳。

赠砚之乾隆二十九年，莘田已是八十二岁老诗翁（四年后即病逝），椒园小莘田九岁。元日，农历正月初一。此砚当是椒园元日赴光禄坊黄宅拜年，得诗翁举赠之物。

《林史》还收有沈氏一"隐拙斋勘经砚"，上有林吉人所题隶书四字"三洞精英"及沈氏自题"官同禹贡"云云一铭。

又沈氏曾得一新城王渔洋家族所藏传家宝物"结绿砚"，记入沈氏《隐拙斋集》（沈氏所藏应为复制品，《赝砚考》中有辨）。据《林史》记曹溶有一"鸢形砚"，有"不信穷途知己在，一双鸲鹆眼长青"云云四句诗，后有沈德潜题识，云砚归沈元沧，元沧授子椒园。

而沈氏斋中最名贵之砚，当属"赵南星东方未明砚"，砚背有晚明反阉清流名臣赵南星"残月荧荧"云云铭文（此砚亦有多种版本，见《赝砚考》）。此砚被纪晓岚记入《阅微草堂笔记》，言是砚见于沈氏为鳌峰书院山长之时。

沈氏为吴绳年《端溪砚志》作序开篇即云："余有砚癖，藏端溪石甚伙，因名书舍曰'砚林'。"除上述诸砚外，沈氏还藏有砚多方，据《隐拙斋集》所刊，大略为：注经砚、钟砚、四水归源砚、七星砚、井田砚、凤字砚、映碧砚、行笈砚、壶中日月砚、归田着书砚、双鸳砚。

袁枚《子不语》卷十七，记一"沈椒园为东岳部司"故事。云沈椒园殁后数年，其弟子嘉兴秀才盛百二，梦游东岳府，得知其师官府中部曹。盛氏求见，椒园竟因公事烦忙，无暇招见。史实中盛百二其人，是一砚学史上之重要人物，其所撰《淄砚录》对鲁地诸砚之考述，详尽严谨，堪称经典。《隐拙斋集》收有沈氏为盛氏《淄砚录》所作一序。

或许，由黄、谢诸闽人而沈椒园再到盛百二，有一条赏砚脉络在焉。

余文仪——诗翁怂恿石琢砚

余文仪（1687～1782年），字叔子，号宝岗，浙江诸暨人。乾隆二年进士，授刑部主事。历福宁、漳州、台湾知府，福建按察使，福建巡抚，刑部尚书。以老病乞休，加太子少傅。余氏仕宦四十余年，行事方正，杜绝私谒，于刑名尤所慎重。归里后，闭门不出，不预外事，自奉甚薄，与兄白首无间言。所著有《嘉树堂集》，宦台时，主持续修《台湾府志》。

余氏数度官闽，与黄莘田交甚早，其为莘田《消夏录》所作序言云："予出守长溪时，即访先生于香草斋中，衿契若平生交。迨宦闽既久，益复密迩，每自公休暇，必郑重式庐，第见夫舜鼎斑斓与三洞精英。"

《林史》卷七收入余氏二砚，及附其子余延良（字松山）一紫云砚。其一生云砚，

余氏铭云:

> 嘘气生云，触手成雾。助我文明，与造化互。

另一为霖砚。余氏铭:

> 裁旧白云，成青花砚。肤寸为霖，春生铁面。

跋云:

> 余自比部（刑部）出守福宁，携一石自随，青花烂然，盖端州水岩物也。莘田翁怂恿成砚，余维来闽经年，既鲜膏泽，亦乏风雅，正恐砚石笑人，因勒砚阴，以代石言。古越余文仪。

余氏应是本有玩砚之好，否则不致从京师携一水岩端石之闽任上。

宋晁以道论砚，"砚石无池受墨，但可作枕耳"（谢肇淛《五杂俎》卷十二"物部四"）；清初陈子升云，"砚无池，如人无目，既琢而复归于璞，斯为完器"（《砚书》）。约是黄莘田以种种"玉不琢不成器"之理由规劝，余氏遂将彼石琢成。

朱景英——砚翁赠砚勉稽古

朱景英（生卒年待考），字幼芝，一字梅冶，号研北，湖南武陵人。乾隆十五年解元。十九年知福建宁德县。三十四年任台湾海防同知，司海口商船出入，兼管四县。三十九年迁台湾府北路理番同知，后署汀州邵武府。告归，除图书外，别无余蓄。其为政行所无事，而以文学饬吏治，公馀流览图籍，博雅自喜。工书法，能诗文，著有《畲经堂诗文集》23卷。又《海东札记》4卷，专记其宦台时之见闻，为治台史者所取资。

朱景英宦闽期间，与黄莘田过从甚密（或许是因为对诗翁持礼甚恭，后人竟有朱氏为莘田亡儿转世之说），每有公事至福州，常就宿于香草斋。因之，亦与莘田子黄度、孙黄秉元及林正青、陈治滋、游绍安、李云龙、林擎天、许王臣（字思恭，许均子）交厚。又曾为谢古梅《小兰陔诗集》作序。

朱氏次韵莘田《题陶舫砚铭册后》第一首，状当年光禄坊中莘田诸人赏砚景况云:

> 结邻几席乐相知，兰话堂中臭味奇。照眼芭蕉三百叶，晴窗一叶一通词。

《林史》卷八，记入朱氏藏砚三方：圭砚、石客砚、水月砚。朱氏铭圭砚云:

> 稽古之力吾何有？圭田于此终其亩。

据注文可知砚盖莘田所举赠，勉励朱氏稽古研学也。

谢士骥——制钮琢砚有神伎

因林、黄诸人玩砚风盛，但闽南不产砚，吴人名工又远水不解近火，本土砚工便应运而生。其中谢士骥及董汉禹、杨洞一诸人，原为刻治寿山石印钮的高手。所谓触类旁通，砚印一理，诸人所琢之砚，其艺品之高非专业俗匠所能望其项背。

闽籍琢砚诸家成就之高，影响之深远，完全应称为"闽派砚刻"。

谢士骥生卒年不详，乾隆十二年尚在世。其事迹，以清中期海盐人黄锡蕃所撰《闽中书画录》引用二种所记为详细：

> 谢士骥，字宏卿，一字汝奇，闽县人。幼颖异，嗜学工诗。性故萧疏，诗境如其为人。善草书，波折清道，得涪翁（黄庭坚）法，与同里周太史绍龙交好，切靡既久，书名遂相伯仲。好蓄端溪砚材。又择寿山石之精者，随意琢镂，动合古制。黄大令任尝曰："嵇康好锻、阮孚蜡屐，谢君之癖将毋同。"其为名流赏誉如此。雅不乐仕进，构逸斋居之。几榻间，图史纵横，客至清谭竟日，樵苏不爨，泊如也。卒栖隐以老。所著有《青草集》十卷。（引《经畲集》）

> 汝奇前辈善书法，工怀素，大者尤苍劲。篆图章得斜蝙法，镌虫鱼兽钮，须鳞欲动，不愧周、杨二公妙手。至端溪砚石，一经磨琢，即成佳制，鉴赏家珍如圭璧。（引乾隆间侯官秀才郑杰所撰《注韩居诗话》）

谢士骥制黄任藏云月砚。《中华古砚一百讲》刊拓。

谢汝奇最擅刻琢印钮，造诣不在当时名工漳州人周彬、漳浦人杨璇之下。因其能诗善书，以之发为刻艺，自然刻龙龙灵，琢鱼鱼活，且必不作徒有形似之末伎，求内在之精神也。又为人潇洒，被黄莘田誉为嵇康、阮孚一类人物，与客清淡竟日，其乐融融，不顾无米为炊，其淡泊洒脱确然近乎"魏晋风度"。以此心境为艺，自然又境界高远，真气弥漫。故为"文人砚"之一大代表刻家也。

　　谢汝奇砚，以津博所藏"林佶铭海天旭日砚"与"黄任云月砚"最著名。前者明显伪品，下面另辨。后者，砚琢圆月为砚堂，周圈饰以流云，砚额处云头有一石眼。砚侧镌"汝奇作"款，背有"环翠楼"（莘田斋号）藏印及铭：

　　　　曾浸银河湿不干，支机泻涤澈宵寒。谁将砍桂吴刚斧，琢出文窗七宝团。贯虹美璞育蟾蜍，长养珠胎满又虚。怪底津津流欲滴，的应此水是方诸。（隶书）
　　　　辛未花朝，黄任题（楷书）。黄任、莘田真赏（印）。

　　此铭确为莘田所撰，《林史》记作题"月砚"。但林氏未记莘田年款及名、印，更无"汝奇作"款。铭无莘田款，不合常理。《林史》所记诸砚，除顾氏外皆不记刻者名款，如董汉禹、杨洞一曾在莘田四会衙署刻砚三年，但在峨未记莘田有一砚为董、杨所刻。疑林氏对琢砚者名款不甚在意。此砚汝奇与莘田名款是否漏记，俟考。

　　又私家藏一谢汝奇琢"云窟探螭砚"（彩图13）。端石水岩，有鱼脑、青花、火捺、金线诸美。随形，墨池刻作一缕祥云，宛如云窟。云中探出一半身螭龙，尾部隐约现于云层之上。琢工颇圆浑。砚侧刻行草书四字"谢汝奇作"，字流美。

　　砚上琢刻之螭龙，为"龙九子"中"负屃"，性好文。琢之于砚及其他文房什物之上，祈佐文运讨个"彩头"耳。

　　此砚螭龙深雕饰以浮雕云纹之手法，与寿山印钮工艺如出一辙，正是谢氏拿手本事。

谢士骥制云螭砚（彩图13）

董汉禹——董杨曾如顾氏工

　　董汉禹与杨洞一，皆为侯官人，生卒年均不详。二人刻艺相埒，齐名于时，故时人多将二人相提并论。莘田《题陶肪册》有一诗为董、杨而作：

　　　　三载衙斋丽泽工，枞榔树下看磨砻。董先老病杨生殁，谁复他山我错攻。

　　诗有注曰：

余友董沧门、杨洞一，皆精于制砚，兼工篆刻，客予衙斋三年。今沧门病且老，而洞一宿草芊芊矣。

董汉禹制寿山石笔架。琢成重峦叠嶂状，颇具古味。

莘田官四会在任上只三年，董、杨亦客县衙作莘田"房客"三载，与莘田任职共始终。二人之客端，其觅石制砚，当是自藏、出售兼有之。客砚乡日久，二人对端人砚艺的体察必多心得。

莘田此诗，余田生有和作二首。其一云：

董杨曾如顾氏工，步趋名款细磨砻。

由来丘壑胸中有，得有真同鬼斧工。

田生认为董、杨砚艺，可与顾二娘相埒——纯以传统刻砚技巧言，董、杨当不及专诸巷顾家深厚，但以文气及襟怀论，足不出户的女流顾氏应有所短。

另一诗云：

最是文人运斧工，董杨雅制善磨砻。

开池深浅凭心曲，错识吴趋女手攻。

董、杨砚艺应该是受顾氏砚的启发，所以二人所制以致被人误为是顾二娘制品。

李鹿山有《题董沧门行乐图》诗。其笔下之董氏，是一性情刚烈、重友情、轻钱财、精刻艺的大丈夫。林吉人亦有《题董沧门移家图》诗，诗中言董氏因轻财重义，导致生活窘迫，须借屋安身，但其贫也不改其乐。董沧门，真一通达人也！

陈勾山《题林涪云砚铭拓本册子十首次莘田大令任韵》之一云：

漫兴诗篇嫩未裁，风云休妬孟郊才。兹乡旗鼓峰峰好，一揽都教入袖来。

（《紫竹山房诗文集》）

诗后注云："董二沧门工铁笔，小篆为涪云所服。"

林在峨之铁笔为余田心所心折，而董沧门之铁笔又为林在峨所佩服，可见董沧门之铁笔功夫的是上上乘。

民国福州张幼珊所撰《寿山石考》记："沧门，曾见其兽钮一，款八分。颇合古制，书亦工整。"尝见刊一董氏所制寿石笔架，有"沧门"隶书款，文玩上品。

董沧门遗砚罕少，见一私家藏品（彩图14）。端石良材，有青花、火捺、金线诸美品。砚长方，略凹为砚堂。夔纹边墨池，古朴雅致。砚两侧刻隶书"金薤琳琅"；篆书"他山"，印"水肪"、"丽以则"。明人都穆有金石专著名《金薤琳琅》，此砚铭"金薤琳琅"，指砚材华美，色品养眼。"他山"，石也。"水肪"，指石材细腻如脂

私家所藏董汉禹制夔文端砚 (彩图14)

肪。"丽以则",典出西汉扬雄论赋句"诗
人之赋丽以则",谓作诗以发情止义为美,
此言石品及刻工含蓄典雅也。

砚背浅覆手内刻楷书铭:

> 切之琢之,温而且栗。笃实辉光,
> 君子之德。沧门禹铭。

铭之用意,言石之温润缜密、色之光
洁,如美玉有君子之德。《林史》记黄莘

私家所藏董汉禹制端石凤字砚。(彩图15)

田"方砚为李霖村铭"即有"温而栗,丽
以则"句;乾隆内府藏莘田端石玉堂砚铭云:"简而文,丽以则。含章可贞,君子之
德。"意与沧门此砚之铭、印正相仿佛。

此砚之夔纹墨池刻法,是清前期时风格,尚有明末遗风,或是借鉴吴门砚人如顾家
的手法。但铭文及闲章则纯是文人砚典型特色,可谓是董沧门乃至杨洞一制品的代表性
作品。

又一私家藏品(彩图15),端溪水岩,青花、鱼脑冻、胭脂晕、金钱皆具。砚为凤
字,背平无覆手。左侧刻隶书三字"沧门作",字温文而用刀遒劲。

杨洞一——谁料天工最忌名

杨洞一,生平可考者不多。应与董汉禹年龄相仿,似皆比黄莘田略年长,故莘田
《题陶肪册》云董病且老,而杨更已墓草芊芊了。

杨洞一遗砚,虽已绝难一见,但其砚艺当年却曾在端州盛行一时,且被作伪者所借
用。据游绍安《涵有堂稿》所收游氏《跋陶肪砚史》诗序言(皆未载《林史》)及《二
砚记》,云游氏曾于雍正三年乙巳(1725年)夏,访莘田于端州任上。莘田先以一石相

赠，但"窥余（游氏）意未厌，言诸旧令尹余君"，余县令遂转让一方得自故家子的上上品端石予游氏。杨洞一得见二石，云均宜有池有堂，琢成方妙，并欣然允诺而为刊成，一为箕砚，一即心水砚，皆见载《林史》。

游氏《二砚记》末云：

> 洞一凤擅李少微艺，别未数年，竟卒于粤东。粤工犹有师其法，制石赝莘田鉴识，匣以紫檀，漆里嵌玉，号"四会款"。珍重炫肆，索价无量，见者咸朵颐含呀焉。莘田故四会令，是年兼绾高要也。

林在峨和莘田《题陶肪册》中，有"谓杨二洞一"一诗：

> 中坑远赠见交情，谁料天工最忌名。一去罗浮同□梦，惟留遗制类天成。

林在峨诗中言其所获杨洞一之赠砚，亦杨氏客粤时所寄赠。所谓"天工最忌名"，应是杨氏中年即故去，未能享高寿。罗浮，指粤省博罗境之罗浮山。"罗浮梦"，典出柳宗元《龙城录》，言隋人赵师雄在罗浮山中遇一美人，遂与饮酒交谈。赵醉卧醒来，睡于梅花树下事，比喻好景不常，人生如梦（亦可代指梅花）。"一去罗浮同□梦"，亦言杨洞一之客粤地，竟与林氏成决别也。

据《道光广东通志》、《光绪肇庆府志》等，黄莘田官四会在雍正二年（1724）。此后游氏与杨洞一别未数年，杨即客卒于粤东（当即卒于端州）。以此推算，杨洞一之卒年，当不会晚于乾隆改元之雍正最后一年（雍正十三年，1735年）。

因天不假其年，所以杨氏遗砚绝少见，我至今尚未见一款杨氏制品。其砚艺风格，只有从粤工"四会款"之类去揣度一二矣！

顾二娘——大匠要数顾大家

顾二娘（生卒年不详，约康熙、雍正间人），本吴门邹氏女，因嫁予专诸巷制砚世家顾氏，人称顾二娘。公爹（亦是邹氏舅父）顾圣之，读书未就，工琢砚。丈夫顾启明继其艺，惜启明早逝，邹氏遂传其伎。所作古雅之中兼能华美，名称更甚，时无匹俦，人称顾大家。邹氏无子，螟岭二人，皆得真传，惜夭其一。存者名公望，字仲吕，实为邹氏侄，曾以砚艺供奉康熙内廷。公望亦无子，顾氏艺遂绝。

《林史》所收时人赞誉顾二娘文字甚多。陈勾山和莘田《题陶肪册》诗中，有一首"谓顾大家"，诗有云"多情才子时留佩，细意佳人解剥蕉"。多情墨客，爱砚才子，赠字贻画，输金解佩，换取砚林佳人巧手所琢一石。陈氏诗虽说李鹿山，想此种风雅事亦当常发生在林、黄诸人身上。不仅李鹿山所藏砚，多出顾二娘手，莘田著名之"十砚"亦经顾氏所琢磨。

后人对黄莘田与顾氏砚事交往津津乐道，莘田诗文赞誉顾氏者原也不少，以《赠顾二娘》一首最有名：

　　　　一寸干将切紫泥，专诸门巷日初西。如何轧轧鸣机手，割遍端州十里溪。

　　黄莘田携石吴门访顾，顾二娘见而悦之，为制成一"青花砚"。莘田喜其艺之精，感其意之笃，赋此诗以赠，并勒于砚阴，遂成砚史绝唱之一。

　　除黄莘田外，林、余等人与顾氏交往亦多。余田生不仅藏顾二娘所制"蕉白砚"、"水月镜花砚"，还藏有一方顾德邻制"云锦砚"，可知田生与吴门顾家交往较早。

　　林吉人早年学文于苏州汪琬，其间应极有可能访砚于专诸巷顾家。吉人所藏一"奎砚"，为其"购于慈仁寺集。磨砻于吴门女史顾氏"。吉人亦有一《赠顾二娘》诗（见《朴学斋稿》）：

　　　　分来天上支机石，占取
　　人间玉斧仙。传与金门待诏
　　客，好将玄象动星躔。

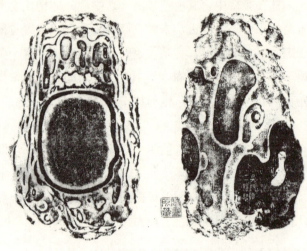

顾二娘制松皮砚

　　除上述诸砚外，只《林史》所记，顾氏尚为闽人诸家琢有多方，计有：林在峨"宋坑砚"和"杏花春燕砚"、林兆显"凤砚"、陈德泉"井田砚"。

　　顾二娘对于闽地砚学之贡献，不止直接为诸人制砚，更重要者是闽地本土名工董沧门、杨洞一乃至谢汝奇诸人，皆从林、黄、余诸人所携归的"顾砚"上，揣摩得吴派砚艺门径，得以取法乎上，直入堂奥。从此意义而言，董、杨诸人实属顾氏之私淑弟子。

　　因之，清中期兴盛一时之"闽派砚刻"，就工艺而言，可算与"吴派砚刻"渊源一脉。

　　传世旧款顾二娘古砚不少见，多刻工繁琐，诸如笘笋砚、

顾二娘制蕉叶砚

蘑菇砚之类，多伪，非鉴赏家宜取。

《广仓砚录》刊一松皮砚。自然形，正背通体镂刻层叠松皮状。墨池琢成蛀洞样。背铭篆书六字"吴门顾二娘制"。

又，《兰千山馆名砚目录》收一"顾二娘制蕉叶砚"。端砚。随形，砚池边刻饰一株芭蕉，芭蕉干上刻篆书"顾二娘制"四字。砚背右侧靠边只浮雕一芭蕉茎干，镌一印"于田"（其人不详）。

此"松皮"、"芭蕉"二砚，刻工不俗；尤其后者，蕉叶之正背转折，自然圆活，线条单纯中内涵丰富，耐人寻味，或是顾氏真品。

笠谷缀语：

北宋时，闽士游定夫（酢）、杨龟山（时）负笈北上，"程门立雪"投入洛阳"二程"（程颢、程颐）门下。学成南归日，明道先生程颢望二子背影曰："吾道南矣！"后游、杨果开理学"闽派"一叶。

清中前期"闽派"砚学，经上文梳理，仍难确定一开山人物。然而，可确定者，谢汝奇、董汉禹、杨洞一诸人之"闽派"砚刻，吴门顾家乃其源头。所以，客观上，林、黄诸人皆为"吴派"砚艺得以"吾道南矣"之传道人。

附考一　林在峨《砚史》所载伪铭古砚——林黄鉴古非当行

悉今疏古　闽中砚脉叹未深

客观而言，清中前期许、林、黄闽人玩砚圈诸人，固然为吾国砚文化史添上浓重一笔，但囿于地理环境、人文传统，其局限性亦颇有之。

闽地砚文化及砚雕工艺，唐季五代两宋时，一度可略称发达，但亦仅限于产建州石之闽北建州一带。此林、黄诸闽人之赏砚，底蕴有所不足也。又，诸人多擅书翰，许友家族还被时人誉为诗、书、画"三绝"，但也只是称誉闽中而已；林吉人、黄莘田、谢古梅亦有书名，以吉人之小楷名声最隆，然置之书史，亦不过称名家而已，尚不能跻身大家之列；诗则以莘田为最，人推八闽巨擘，置之全国，亦在一二流之间耳。此林、黄诸闽人之赏砚，气局似未够浑厚也。

要之，诸闽人之砚学，其长处在于"专"，至于"精"，倘就砚铭之文学性、哲理性而论，除黄莘田不乏上乘之作外，诸人脍炙人口之名篇佳作不多；砚史巨子苏、米不说，相对而言，较朱竹垞、金冬心、高南阜、纪晓岚诸人皆有不逮。此亦是后人对除莘田以外其他闽人包括余田生、林吉人等玩砚名家，不够重视之要因之一。

玩赏新砚，在于寄情，在于赏心，不须鉴古能力；但收藏古砚，则须过眼古砚无数，方可明真伪于胸。林吉人虽久宦帝京，曾拜数位显宦称弟子，但官位卑小，其交游高门世家亦难免要受影响。黄莘田家传古物颇多，早年漫迹齐梁等地时也曾留心收藏古砚，但其自端州罢归后，闲居闽乡以终。此因素，决定林、黄二人可经眼之古名贤巨迹难称丰富。在闽中林、黄应可称博雅淹通，严格而言，于鉴砚尤其鉴赏古砚，其识见之广与博，大有缺陷。《林史》卷十所收录之数方林、黄等人所藏古名贤名款赝品砚，可为明证。下文各作例说。

诗人眼拙　十砚轩藏赝鼎

《林史》收入莘田所藏元代山水画大家吴镇名款两砚。其一"橡林精舍砚"。大尺余，有青花环匝，鸲鹆眼二。上有一"梅道人"题于"至正庚寅"（至正十年）之铭文。据谢古梅跋，砚为莘田得于都下，本为天然巨璞，后经顾二娘重制成凤形，两月始成，"此十砚至宝也。"真伪莫知。

另一"梅道人砚"，则必伪品。上有草书铭：

> 余游霅上（湖州别名，地有霅溪），是日，子久先生遗余佳石，质妍而润，如新泉欲流，不能去手。归而北窗高卧风前时，竹逗雨迴，新凉可爱，因试貂毫笔、潘衡旧墨，书此以识其美也。至正二十一年夏四月梅花道人戏墨。

时人邵泰跋此砚：

> 庚午花朝，予过访莘田先生寓斋，登环翠楼，鉴赏□岩神品。主人蓄名砚甚夥，恒不轻示人。此为梅花道人题识，气体瑰伟，宝光参错，把玩真不忍释手，宜其珍逾球璧。而余获见所未见，尤为厚幸也。北崖弟邵泰。

题者邵泰，字北崖，康熙六十年辛丑进士，工诗文。曾掌泰州安定书院。

邵氏题此跋语时，为乾隆十五年庚午（1750年）。环翠楼在莘田家乡永福白云乡之幽胜处，黄文焕曾读书于此，莘田题镌"环翠环"三字。

黄公望字子久，号一峰、大痴道人等，常熟人。曾为小吏，因受累入狱，出狱后隐居江湖为道士。工书，善诗，山水画简远逸迈，"元四家"之首。

吴镇字仲圭，号梅花道人、梅沙弥，自题其墓为"梅花和尚之塔"，嘉兴人。画山水师法巨然，墨竹宗文同。善用墨，淋漓雄厚，"元四家"之一。

检索诸书，皆云黄大痴出生于南宋度宗咸淳五年（1269年），卒于元惠宗至正十四年（1354年），终年八十六岁。吴仲圭出生于元世祖至元十七年（1280年），亦卒于元惠宗至正十四年（1354年），终年七十五岁。

砚铭所记大痴赠砚、仲圭书铭之至正二十一年（1361年），二人已故去七年，墓草芊芊矣。砚铭之伪可知。

林君过吴　喜得松雪珍璧

《林史》亦收入元代大画家赵孟頫名款两砚。其一为林吉人所藏"独孤砚"。有铭跋三则：

> 余将北行，独孤长老携此石见惠。感其情契，俟他日□归，与结山林缘，畅叙幽情，以娱暮景，信可乐也。至大二年三月十八日孟頫识于清河舟中。行书。长印：子昂。

> 嘉靖己亥十月五日，忽有人持此石来观。把玩恍然若失者累日，因倾赏购得之，真希世宝也。楷书。印：征明。

> 庚辰秋杪，归自京师，过吴下，停舟阊门，得于桃花坞之汤氏。爱其石质温腻，歙之上品。松雪翁跋语，笔法生气奕奕，珍同和璞。微嫌开池小而墨堂狭，因付顾大家廓而大之，顿改旧观。鹿原佶藏。楷书。

康熙四十八年秋末，林吉人从京师回闽，过吴门，从桃花坞汤氏手中购得此砚。砚为歙石所制，上镌松雪翁赵孟頫铭文。吉人爱如珍璧，但嫌砚池略小，遂请顾二娘将砚池改扩。改制完工，吉人甚为满意，镌铭纪之。

赵宋王孙赵子昂（孟頫）之大名不须赘说。独孤长老，俗姓杨氏，临海人，杭州灵隐寺僧，释名独孤淳朋。出生于宋理宗开庆元年（1259年），元惠宗至元二年（1336年）圆寂，终年78岁。吾国正史中，对独孤淳朋记载不多，但其在日韩却享有盛名，被日韩人尊为弘扬佛法之一代高僧上师，且精于书法。甚至成韩人当今多部武侠小说中一"侠之大者"。

独孤淳朋因与"天下第一行书"《兰亭序》有关，在书史上也算得是一人物。《兰亭序》最佳本为《宋拓定武兰亭序》，即"定武本"、"定本"，因北宋时发现于定武（今河北真定县），故名。传是唐欧阳询据右军真迹临摹上石。《兰亭》刻本甚多，此刻浑朴、敦厚，为诸刻之冠。赵子昂曾得一宋本原拓，转让者即独孤长老。赵氏为之题跋十三通，后世称为《兰亭帖十三跋》。

所谓"独孤砚"赵氏铭，正是从《兰亭帖十三跋》中拼凑而成。

大家巧手　所改谁知赝品

《兰亭帖十三跋》三则：

> 《兰亭帖》自定武石刻既亡……其本尤难得。此盖已损者，独孤长老送余北行，携以自随。至南浔北，出以见示。因从独孤乞得，携入都。他日来归，与独孤结一重翰墨缘也。至大三年九月五日，跋于舟中。独孤名淳朋，天台人。（第一

赵孟頫藏"独孤本"《宋拓定武兰亭序》及《十三跋》残本（选页）。嘉庆间，此本及诸家题跋遭火毁，残卷改装成册，近代流入日本，现藏东京国立博物馆。

跋）

　　《兰亭》诚不可忽。世间墨本日亡日少，而识真者盖难。其人既识而藏之，可不宝诸。十八日清河舟中。（第三跋）

　　余北行三十二日，秋冬之间而多南风，船窗晴暖，时对《兰亭》，信可乐也。七日书。（第十二跋）

　　显然，好事者不过将赵氏受独孤长老转让"独孤本"之事，略变语气，改为"独孤砚"而已。赵氏题"十三跋"事在至大三年，伪铭则云题砚在至大二年，事隔一年，但题铭之时间、地点"十八日清河舟中"竟然全同，可笑之极。

　　林吉人云砚上"松雪翁跋语，笔法生气奕奕"，盖"余将北行"等句，作伪者参摹自《兰亭序十三跋》；"畅叙幽情，以娱暮景"则应摹刻自《兰亭序》正文。另一"征明"款，亦必是托名文征明，疑是仿自某处文氏题刻。

　　约明末崇祯时，涿州冯铨将赵氏《兰亭序十三跋》刻入《快雪堂帖》。此砚伪铭当是此帖行世后，好事者照帖摹刻，疑清初人所为。

　　《兰亭序十三跋》，书法精妙，为赵体代表作之一。林吉人以精于小楷书为世所重，但也兼及篆隶及行书。张叔未（廷济）云林吉人"曾重摹《玉枕兰亭》"（见《清仪阁题跋》）。已故之小莽苍苍斋田氏藏有一轴《兰亭序》，为林吉人五十二岁时所写，跋语有云："雨窗无事，翻《禊序》（《兰亭序》）。"可见吉人亦颇倾心于《兰亭序》，想必对赵氏《兰亭序十三跋》亦不陌生，其无视赵铭之明显伪迹，抑"文人例有嗜奇癖，心知其妄姑自欺"心理作祟？

　　既是认定砚为赵王孙真物，"珍同和璞（和氏璧）"，却又因为嫌墨池略小，便随意请顾二娘改刻，其行为与黄莘田请顾二娘改刻吴镇款"橡林精舍砚"一样，实有破坏文物之嫌。顾氏砚艺固然超群，但鉴赏前贤名物，其价值在古心古貌，不在是否适用或外观华褥与否。对前人砚处理轻率，此亦可见闽人玩砚圈诸人有所不够厚重之处也。

《林史》所收赵子昂款另一"松雪斋砚"。未标何人所藏。铭云：

> 此石王子处所藏，昔乞□借观不可。一旦得此，喜不自胜，翰墨之缘，岂有数存乎其间耶？行书方印：赵子昂。

且看《兰亭序十三跋》第五跋：

> 顷闻吴中北禅主，僧名正吾，号东屏。有定武兰亭，是其师晦岩照法师所藏。从其借观不可。一旦得此，喜不自胜。独孤之与东屏，贤不肖何如也。

不须赘言，伪铭亦当是仿刻自赵子昂跋语。

王婆卖瓜　顾娘自称大家？

《林史》所记王渔洋所藏一"星月砚"，砚上刻有篆书铭（原文有损字，以省略号代替）：

> 月之从星，时则风雨。汪洋翰墨，将此似是。墨云……不见天。风起云□，星月皎然。

跋：

> 庚辰秋日，一亩居良集。渔洋夫子出……朱竹垞，旁观者汪东山（绎）、潘稼堂（耒）……后之揽（览）者得毋哂其生涯……

"月之从星"铭，原作者为东坡，乃题一从星砚。原铭后十六字与此"星月砚"有两字不同，为："黑云浮空，漫不见天。风起云彩，星月凛然。"

此砚篆书铭，若王渔洋或朱竹垞所书（从跋语看，似言竹垞书篆），以二人各执南北诗坛牛耳之身份，必不致掠前贤之美。但书中所录铭文有缺字，毕竟不能坐实何人所篆，亦有前人无名氏书录东坡铭之可能。

此砚伪品之关键在于，林在峨还记此砚："旁镌'吴门顾大家制'，隶书。"顾大家，乃他人如林吉人父子与黄莘田等人对顾二娘之尊称，并非名字。顾氏自称"大家"，王娘卖瓜如此，岂不贻笑大方？故此砚顾氏款必伪无疑。

林在峨既博学又嗜砚，想必读过东坡诗文集。且对"顾大家"此名之不宜顾氏自称，似也不能不知，对此明显伪品，竟至不审如此，让人大跌眼镜。

王渔洋本为林吉人之师，但《林史》定稿于乾隆十一年丙寅（1746年），其时吉人已故去二十六年，在峨箧中所收渔洋款"星月砚"拓本，其父极可能并未见过。

学士多才　何屑抄袭之事

《林史》所收"高士奇兰斋
藏砚"，隶书铭云：

> 不能锐，因以钝为体；
> 不能动，因以静为用。惟其
> 然，是以能永年。高澹人。

高士奇（1645～1703年），
字澹人，号江村。占籍浙江平
湖，祖居余姚。初以国学生就试
京师，不利，卖文自给。新岁为
人作春帖子，自为句书之，偶为

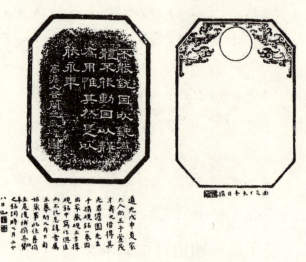

韩氏《砚铭》所刊"高士奇谷兰斋藏砚"

清圣祖玄烨所见，旬日中二试皆第一。命供奉内廷，官至礼部侍郎。谥文恪，精鉴赏，
收藏极丰。工小楷书，亦能画。有《清吟堂集》。卒年六十。

高氏以词翰受康熙恩遇，而以植党营私、贪污纳贿被罢官，人劾其"以觅馆糊口之
穷儒，而今忽为数百万之富翁"，想必贪赃之事并非空穴来风，但其败，南北党争因素
亦有之。

清初藏家，有"三家村"之说，指高氏与棠村梁清标、麓村安岐，高氏尤以鉴赏水
平高超而闻名。康熙待高氏之恩宠，史所罕见，然高氏竟以赝画伪字进献。其身后，进
贡伪品之秘账被人发现，遂遗身后污名。

"不能锐"云云之铭，乃是抄录自北宋诗坛"小东坡"眉山唐子西（庚）之砚史名
篇《古砚铭》。习见之康熙御铭所谓"以静为用，是以永年"，亦化用自唐子西此铭。

高某其人，长袖善舞，文学弄臣，固为士林齿冷，但才学实也真有，自然不屑行此
抄袭之事。

晚清藏砚家娄县人韩应陛所撰《砚铭》，亦收一近代松江印人王子萱所仿"高江村
砚"。砚八棱，池额刻饰双螭纹。背覆手内所刻隶书铭，正是"不能锐"云云者，款
"高澹人谷兰斋藏砚"。

谷兰斋，为高江村长子高舆之斋号（康熙尝书"谷兰斋"赐高舆）。《林史》记为
"兰斋"，倘非书稿有脱漏，则砚铭更多一伪证矣。

所谓尺有所长，寸有所短。鉴藏古砚，之所以成为木桶中之彼块短板，应是除李鹿
山官居大僚且长期宦游各地有所便利外；闽地玩砚圈诸人，较吴越及京中藏砚家有地缘
劣势所致。

附考二 铭抄林在峨《砚史》的数品赝砚——古贤岂作"铭抄公"

黄莘田《题陶舫册》有一诗，自注云："余尚有数砚铭未附，当补入之。"又莘田、田生、吉人等人乃至在峨自己为他人所铭者，《林史》未必全收入。所以，鉴别闽人诸家砚，《林史》之重要性自不待言，但不能全然以砚铭见载《林史》与否定真伪，盖林、黄等题铭砚，未载《林史》而流传后世之"漏网"真品也有一定数量。

传世林、黄、余、许诸人旧款铭文砚，相对有量，但常见有一铭二用者，即同一铭词，分署不同二人之铭。以理度之，至少必有一伪，此类物见刊多方。如《兰千山馆名砚目录》各收入黄莘田款"蕉月砚"与许月溪款"云月砚"，背刻一老僧坐禅与铭文"危坐觉蒲团"云云诗皆全同。舅、甥二人自然不会互抄。即便其中有一真品，铭文不见《秋江集》与《林史》，何人原创也无从考辨。

《林史》中收载铭文者，则易辨真伪，撮举数例：

《紫石凝英》收一"云海日出砚"。端溪坑仔岩石。有翡翠纹。刻海天旭日题材，云头处有一石眼。背镌一隶一行两铭：

林佶款云海日出砚。《紫石凝英》刊。

傍龙沼，挥凤翰。华日卿云光纠缦。鹿原。

沧海日兮巫峡云，广陵潮也洞庭月。合将宇宙大奇观，壮我临池诗思勃。古梅道承。谢、又绍（印）。

此砚吉人铭，抄自《砚史》卷七所收乾隆间礼部侍郎齐召南所题"龙池浴日砚"。津博所藏"汝奇作"端石砚，亦刻海天旭日，砚额云纹衬托一碧眼，工艺与上刊津博汝奇所刻"黄任藏云月砚"相似，甚精致。砚侧有"汝奇作"款识。砚背刻铭云：

林佶款海天旭日砚。天津艺术博物馆藏。

星精水英，地灵天成。林佶。

此铭见载《砚史》卷七，乃赵国麟所题。原题黄莘田"十砚"之一"十二星砚"。

故宫博物院所藏著名之"顾二娘洞天一品砚"，砚背"鹿原"铭铭文抄自赵国麟题"崇德砚"。

日本人藏一"端石水岩匏瓠砚"。随形，正背刻匏瓠茎蔓甚细。砚身以一大匏为之。砚背刻"长林山庄"印及隶、楷两铭：

林在峨款端石匏瓠砚。宇野雪村氏所编《文房清玩》上《砚·墨》所刊。

　　虚而圆，德不孤。壶中人，壶中人，其墨卿乎？轮川。在、峨（印）。

　　美比玉英，温润而能贞。以为鸥夷之瓠壶，则滑稽其腹；以为东海之三壶，则日月长明。惟垒垒焉为系，匏固吾耐久之朋，是曰陶泓。鹿原。林、佶（印）。

吉人铭未载《林史》，在峨铭见刊《林史》，却是赵国麟题在峨所赠一葫芦砚上（参考上文所刊今藏北京故宫赵国麟款葫芦砚）。

《智龛品砚录》刊一"谢道承壶形砚"，砚背楷书铭亦"虚而圆"云云者，款则又为谢古梅。

谢道承壶形砚

林吉人、谢古梅掠美齐召南、赵国麟，林在峨出丑乃父，皆荒谬不经之事，故上述此四砚，虽工、材不乏上佳者，却必赝无疑。

见刊一"高凤翰铭井田端砚"。方形，井字池，砚背及四侧均刻铭文。背一董汉禹款隶书铭："云气蒸，苗勃兴，苗则稿，石田宝。"铭乃抄自《林史》余田生所铭"云蒸砚"。砚侧一林在峨款篆书铭："井尔井，田而田，宜丰年。"铭乃抄自朱竹垞一著名的《井田砚铭》。两铭之必伪可知。砚侧一高凤翰款隶书铭："侯汝即墨，封汝万石。以汝为田，可以逢年。"《沈氏砚林》收一抄手砚，背镌此隶书铭，款为高士奇，疑为此铭出处。

高凤翰等五人款井田端砚

雪村款端石夔纹砚。北京故宫博物院藏。

砚侧尚有陈奕禧款"亦有村庄"云云、林正青款《好事近》词两铭，辞颇可人，疑皆有所本，待考。

又，故宫博物院藏一椭圆形端砚。砚附漆盒，盖有吴宽款铭文。墨池边及砚冈处刻饰夔纹。背覆手内满刻行书"羚羊峡暗秋月高"云云长诗，款"雪村"。铭者应指许均许雪村。

此砚背铭极有名，原作为黄莘田，铭载《秋江集》、《林史》，《林史》题为"蕉白砚"。许雪村自无掠中表黄莘田砚诗之理，故铭必伪。

《兰千山馆名砚目录》收一长方淌池端砚，背铭亦满刻行书"羚羊峡暗秋月高"云云长诗，款为黄莘田。题款与印与《林史》有小异，亦疑之。

是否有因铭文文采出众、寓意可取，砚友之间相互抄用？

今人书家录唐诗宋词示众，不具出处见怪不怪；然在古人看来，此种掠美大不妥当，故砚友互抄之事必无可能。

上举数方今存冒名赝品，从风格揣度，疑是乾嘉时高手批量炮制出品。此种赝品其工艺与真品相近，不失为"下真迹一等"。

洗去诗翁脸上的铅华与污垢

——十砚轩"十砚"及黄任诸砚事、艳事考实

芬芳悱恻 美人本是花真身

"梅花如雪人如玉"也好,"人面桃花相映红"也罢,终究要归于"如花美眷,似水流年"的宿命;此所以悲秋伤春,见花落泪的"伤时"情愫,并非佳人专利,亦是才子性情。——黄任黄莘田,一个天生不可救药的骚客,自然也有此种"香草美人"情怀。

就文化意义而言,"兰意象"之所谓"香草美人",习说,特指屈骚之爱国精神:香草喻贤王,美人比良臣。屈子,被佞臣忌,放逐荒泽,许兰知己,"余既滋兰之九畹兮,又树蕙之百亩";黄子,被谗罢归,负冤未究,以兰为友,"斋前环植兰蕙"。两人之"兰草情结"、济世精神天然契合。

官端三年,被小人所忌而去职。卸任后,黄莘田复羁留端州三载有余。寓端如此之久,诗人自然不是志在访砚品砚,而应是期望冤屈得固然伸,仕途再续,"庙堂之志"似乎是相当执着的。其间作有《弃妇辞》,借咏弃妇,实以自况宦途遭际,与曹子建之《美女篇》,杜少陵之《佳人》,同一机抒。这一点也颇类三闾大夫。可见莘田之面对仕途失意,心态未能持"小舟从此去,江海寄余生"之旷达,故其归田后掩关息影,寄托冲远的"江湖之心",实也情非得已。或许可以说,黄莘田固然是一个不羁之才人,亦是一未能"破执"的"原儒"。

因仕途夭折,忠而见弃,于是爱惜羽毛,孤芳自赏。陈勾山的是莘田解人,言黄诗"多托于美人香草,缭悷抑塞之音"(《秋江集序》)。此莘田之所以以"香草"名其斋室,以"香草"名其诗笺也。

然则,莘田之"香草美人",其"名士风流"中"醇酒妇人"的成分颇有之,此或与屈子有所大不同者。只是,"美人是花真身",黄莘田的"寡人之疾",或许,亦算得屈骚精神之一种"变相"?

雅人深致 诗妻砚妾闲生涯

所谓"君子固穷",屈子云:"吾不能变心而从俗兮,因将愁苦而终穷!"此语正

可谓黄莘田后半生之写照。时人沈大成概括诗人一生："少为才人，壮则为循吏，今为名宿"（《学福斋集·香草斋诗集序》）。诗翁晚年落拓，贫病交加，但光禄巷香草斋，仍是里中后学、过往名士向慕之地，问学求教者屡满户外。且看几位时人名流眼中之香草斋及斋主黄二丈其人：

> 怪石欹蹲，老藤蟠荫，乌几尊敦，斑斑然蕉叶之砚，墨气未干。君古须眉，啜苦茗，吟其中，兀然山泽之臞也。（桑调元《弢甫集·香草斋诗集序》）。

> 矮屋三楹，花竹秀野，图史纵横。饮馔裙屐间，具有雅人深致。（郑方坤《香草斋诗注·黄莘田诗钞小传》）。

> 夫彝鼎斑斓，与三洞精英错引几案；而湘青竹素，更狼藉床榻间。（余文仪《消夏录·序》）

遥想曩日香草斋（十砚轩）中，兰馨馥馥，墨香袭人，黄二丈居此芝兰之室，坐拥左图右书，水肪紫璧，有才妻庄氏、才姬金缨相伴，昼则铺楮侍酒，夜则红袖添香；抚无语之"美人肤"（佳砚），对多才之解语花（妻妾），其乐融融，其乐融融哉！

香草斋，在榕城光禄坊早题巷（与林吉人朴学斋隔巷为邻），为莘田自端罢归后，于外祖许友之墨庵、舅父许遇之紫藤花庵旧居所辟，后改十砚轩，以为庋砚所在。诗翁故去近一个半世纪，黄花岗起义事败，林觉民夫人陈意映曾避居此宅，林志士绝笔《与妻书》，即被人秘密塞入此宅门缝中。两年后，陈夫人亦郁郁而终于此屋——热爱生话者，方有为捍卫自由而献身之心志，故林烈士之"血荐轩辕"，窃以为，正是"香草美人"屈骚精神其"正相"的极阳一面！

己丑年秋，我游闽粤，过榕城，往谒香草斋——既为黄二丈——也为林烈士。所见旧构，为独进院落，面阔三间，格局别致，惜已破败不堪。时遇"三坊七巷"拆旧翻新，"黄任故居"闭门挂锁，无奈绕屋三匝而返。怅怅。

黄任小像（局部）。清人绘，图有"十砚轩图书"等黄莘田自用印，为莘田晚年写真像。案上置一长方、一椭圆两砚，点明十砚翁生平所好。时人记黄莘田丰髯秀目，诙嘲谈笑。但清代文人服饰"行头"与衣冠楚楚、风流偶傥之类美辞差之甚远。故有趣如黄莘田，观其写真图，亦不免生此一叹！

视今日黄诗人、林烈士辈之被视若无物，宅内旧迹不容乐观。或许，未能登堂入室未必憾事，留一美好念想亦殊不恶。

盛名之下　赝黄伪任知多少

游绍安《二砚记》，记杨洞一随莘田官四会，卒于端州。当时即有粤工砚匠之师杨氏工艺者，制砚伪托莘田鉴识，配以紫檀匣，匣上嵌玉镶翠，以重价炫世欺人，号"四会款"。可见莘田生前，"赝黄"砚已大行于世。

清季徐子晋（康）《前尘梦影录》卷上：

> 十砚斋主人黄莘田，藏砚最多，余四十年前游云间，曾得其一。背有记六行，为十砚之一。后于吴门得一小方砚，中起一圆台，台下环绕波涛文突起，背刻黄莘田铭，下方印日"黄任"。咸丰己未冬，得大砚，方而四角模棱，天然形，面刻"美无度"三字。厚一寸，四方八寸。面微洼，以受墨渖，旁镌"非君美无度，何以□琼琚"十字，此十砚之甲品，靡颜腻理，扪不留手，令人意消。劫后复得云月砚，背傅玉露题，画《赤壁图》，阳文。云月在面上左首，山石崎嵚，水波微云，各极其妙。两侧图章三，下刻"吴门顾二娘制"，篆书。此砚为潘椒坡携至楚北武穴，遇大灾，仅剩半截。莘田曾任高要、四会，正开坑采石，故所购独多。罢官后，携至吴门，佳石多付顾二娘手琢，而自为铭，题品其甲乙。其友刘慈赠顾诗云："一寸干将切紫泥，专诸门巷日初西；如何轧轧鸣机手，割遍端州十里溪？"亦见《随园诗话》。同时浙江陈星门兆仑亦有诗见贻，诗见陈诗集。莘田善诗工书，其诗注中引顾二娘逸事，云能以纤足端机轴之绳，即知石之美恶……（莘田）不屑媚上官，因之被劾。归舟渡江，以巨幅书大字日："饮酒赋诗，不理民事，奉旨革职。"悬之樯干，风趣不恶也……

徐氏此书，耳食臆测之说不少，只上引此则，即多处谬讹。

首先，徐氏三方"黄任砚"，至少"美无度"必伪，不仅"何以□琼琚"与原铭有异，"一寸干将"诗亦非刘慈而是莘田名作；又者，居然将陈兆仑之号星斋错作星门；更者，其所引顾二娘"踹绳识石"之说，似不见今传数种莘田诗注，疑乃"鞋尖识石"之讹。而所谓莘田官端购石独多，劾归舟悬"饮酒赋诗"云云，皆未必史实。

种种讹说，又不自徐氏始。

有模有样　所谓十砚之其一

砚史名人，除米颠外，当数黄莘田之砚事最为传奇。米颠玩砚得名，在于其"颠"；莘田玩砚得名，则在于"香艳"，所以，种种有关莘田之煽情砚事，更为后人津津然道之。

因证其砚而推及其人，检读一干前人文献，发现莘田之被后世误读，远不仅止于砚，更有乃父乃祖以及乃妻乃妾乃子的诸种讹说，错综复杂，脉络难理。而凡此种种，此前皆未见有考及者。在此，先以津博所藏一方"赝黄"为楔子，以十砚斋"十砚"为主轴，抽丝剥茧，展开辨析，力求还原一个接近诗人本来面貌的"真身"。

砚为徐氏旧藏（彩图16），刊者甚多。砚面有黑纹如雨点，故名"墨雨"。随形，井田池。砚额镌楷书铭：

> 莘田二丈令四会时，搜三洞石，制砚不下数十方。拔其尤者有十，号"十砚翁"，此其一也。镌形于阴，书铭其右，有取乎砚耕之意也。后之贤者，犹可想其丰采云，瑞峰题。绍龙（印）。

铭云莘田同乡砚友周瑞峰所题。

砚池左镌印"困学"、"冻井房山"。"困学"，《林史》所记莘田"青花砚"亦刻有此二字，当为莘田闲章名。"冻井山房"，莘田曾用斋号。

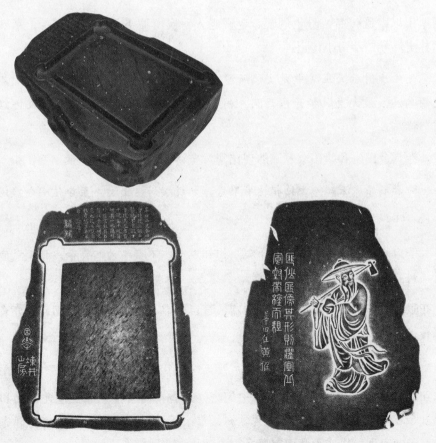

天津博物馆所藏"黄任墨雨砚"（彩图16）

背浮雕一戴笠文士，一手荷锄，一手执砚。旁铭：

> 匪仙匪儒，其形则癯。宜丘宜壑，带经而粗（篆书）。莘田任（楷书）。黄、任（印）。

《林史》记有莘田"小影砚"，铭曰：

> 匪仙匪儒，其形则癯。宜丘壑居，带经而锄。莘田。

将两铭比对，"锄"、"粗"（同"耡"）不同，只是异体字之别，无关痛痒。但名款亦有异，且"宜丘壑居"易为"宜丘宜壑"，意思大变。砚友百几砚斋王青路君《雕虫小记》中已指出此点，判其赝品。

实此砚不仅赝铭讹作"宜丘宜壑"荒谬乖张，赝品周瑞峰铭本身亦大有毛病，且正因此一段铭文谬种流传，致有今人误读，视其为黄莘田乃贪官污吏的证据之一，让诗人遭受不白之冤。

构轩贮砚　榕城初颜十砚轩

黄莘田以藏砚传名，号十砚轩、十砚老人。实所藏不止十数，十者，举殊优之品也。《林史》卷二莘田小传记：

> 先生少时承大王父中允文焕所遗，并自购砚，凡十，筑"十砚轩"藏之。至是领端溪，值大吏驰禁开东西洞，稍有获者，然品价无逾十砚，故人仍以"十砚翁"称焉。

又，卷八余田生和莘田《题陶舫砚铭册》一诗云：

> 两岩石品夙深知，大匠相逢事果奇。见说端州诸士女，至今传唱令君词。

诗后有注：

> 莘田好砚，辨之甚精，得十砚，构轩以贮。不数年为四会令，携砚之官。未几署端州事，声名籍籍。

林在峨、余田生皆为黄莘田至交砚友，言自不虚。而对此事，莘田自己亦有文字言及，《林史》莘田《题陶舫册后》其一：

> 唯君知我此缘奇，得砚先于作令时。终始有神交有道，琅琅金石话心期。

次句后有注："先生《十砚歌》中句。"《香草斋诗注》卷四注此诗乃和余田生者，是知余田生曾为莘田作过《十砚歌》，惜余氏诗文集遍觅不得。"得砚先于作令时"，亦云"十砚"集成于莘田官粤之前也。

可见，莘田"十砚"，为继承其曾祖父（大王父）黄文焕所遗一部分，莘田自购一部分，然皆在官端溪之前已备，且曾携十砚赴四会任。莘田在端州任上，虽也获砚若干，但品质尚不及原先之十砚。

此"墨雨砚"伪铭，却云"十砚"为莘田官四会时所得。作为莘田挚友的周瑞峰自然不会大谬如斯。故即便砚上黄莘田铭无讹，凭托名周氏此铭，砚也必伪。

莘田《秋江集》所收陈勾山序言则有云，莘田官四会，遭人进谗，被上官"以懒嫚不亲政罢去"后：

> 莘田既废，而嗜砚益笃，家居构精舍，榜曰十砚轩，招三数密友歌啸其中……

陈勾山之意，似乎十砚轩乃莘田罢官之后，回福州所构。

乾隆十四年刊本《福州府志》卷八《人物》，更是明确记为：

> 黄任，字莘田，康熙壬举人，知四会县，有廉声。解组以归后，囊无长物，得端砚十以归，摩挲不释手，自号十砚居士，杜门却扫，诗酒自娱，著作甚富。

《乾隆福州府志》且不论，林在峨、余田生与陈勾山皆莘田挚友，何以所记相悖？何者所言更可采信？

携砚之任　端城再辟十砚轩

再看莘田另一挚友林正青所撰《十砚轩记》，所记莘田十砚轩之由来：

> 十砚轩者，黄子莘田旧名其读书处也。莘田去端州三千数百里，而精神嗜好独与上下岩片石梦寐，固结不可解。尝游吴、粤、燕、梁，访故家所珍藏，倒箧以求之，甚至典衣而不惜，其好癖类如此。既得十砚，乃就吴门顾大家琢磨之，式必入古，装以异木，钤以玉石，铭刻其背"莘田半亩在"是矣。尝云："人生能着几两屐？砚固不必若是之多也。"意盖自嘲，实自誉也。
>
> 甲辰春，莘田谒选，得粤东之四会令，去端溪数十里。予简以诗曰："早知天与使君便，合在人前说砚邻。"莘田舟过端溪，抚十砚而笑语曰："今日送若归宁也。"其冬遂有高要之摄篆，则诸坑在其辖内，余意陶泓公之群从，皆入幕之宾矣。适余客东莞，因访莘田于署中，则故砚之外无所新得焉。是何笃好于昔而薄于今？求之异地而失之当前？将莘田之嗜好，少壮易趣，抑精神梦寐之所结固自有在，而不仅一砚之轻重也，则莘田之为政可知矣！昔包孝肃公莅端州，去日，不携一砚，至今以为美谈。余谓包公素不好砚，即不一砚，何难？今莘田之爱砚，如襄阳之爱石，形影相随廿载不去身，而一旦入砚乡，却之不一盼，此其识力尤有难者。余久与莘田同砚癖，至今不衰，对莘田有余愧焉。然易地以处，使莘田非官守

扁舟入端峡，安知不故态复萌耶。

　　莘田于暑斋西室仍以十砚轩书其额，命予记其后，余曰："事固有相反而皆可传者，包公不持一砚，子囊中偏有十砚，而于端州誓不取一砚，皆可为陶泓公添一佳话也。"遂记之，时乙巳（雍正三年，1725年）仲春三日。（《赌棋山庄集·稗贩杂录》所引）

林氏言莘田"十砚"，为莘田出仕之前，游历吴、粤、燕、梁时所求购于故家。遇索价不菲者，不惜典衣倾囊，志在必得。所得十品，皆请吴门顾二娘琢成。后莘田官四会，携"十砚"赴任。在粤任上，莘田不取一砚。于是，林氏大发感慨，赞叹嗜砚如莘田之不取一砚，远较不爱砚的包公之不取一砚为尤难。

因携"十砚"之端，故莘田亦颜其官著西室为"十砚轩"，题字悬额，并请林正青为作一记。可见十砚轩，莘田官端之前已构于福州，端州任上辟官廨西室，复移用其斋号。陈勾山云莘田辞官归里，"家居构精舍，榜曰十砚轩"，想是莘田将十砚轩原构，或是迁址，或是重建罢了。

故《乾隆福州府志》所记莘田罢官归后，"得端砚十以归"，"自号十砚居士"，显然有讹误。

访求故家　十砚备齐康熙年

实者黄莘田自己亦有文字，明确记有"十砚"收得之时间下限。

《林史》所收莘田自题"十砚轩砚"铭，记其"十砚"及"十砚轩"由来：

　　己亥过吴，余有诗云："箧装谀墓千秋纸，囊贮蛮溪十片岩。"或有嗤予者："人生能著几两屐？砚固不必如是之多也。东坡云'墨将磨人'，况于砚乎？"余笑而谢之："彼世之役，役于宝珠玉者亦不一而足也！"遂构十砚轩以贮。十石，非质之美兼制之善者不德与焉。兹亦其一云。康熙庚子上巳任。

"箧装谀墓千秋纸，囊贮蛮溪十片岩"。言行箧中携有诗稿（谀墓纸）及佳砚（或石）十品也。可见莘田爱"十砚"入骨，外出常随携共游（无怪乎其官端亦携之赴任）。有人以人生苦短，用砚不多讥笑之，莘田以爱珠玉者搜罗不止为比，言收藏在于怡情，不在纯粹功用，故多多益善。又，从"蛮溪十片岩"句，可知"十砚"全为端石所制。盖古人常以"蛮溪石"代指端石。

莘田作此诗时为康熙五十八年己亥（1719年），铭跋作于康熙五十九年庚子（1720年）春三月三日上巳节。

要之，砚史名珍莘田"十砚"，至迟莘田在康熙末年已集成，全数为端石上品。

"十砚轩砚"铭之重要价值，在于可确定四点：

其一，莘田"十砚"全为端石制品，且材、工俱佳。

其二，莘田"十砚"康熙五十八年己亥已收齐。

其三，福州"十砚轩"建成于康熙五十九年春天三月三日上已节以前。

其四，他材不必论，凡莘田题铭之端砚，若年款为康熙五十八年以前落"十砚轩"款者，皆必伪。

燕诒子孙　坤五先生最博雅

综上林氏昆仲、余田生、陈勾山及莘田自己文字，"十砚"备齐之时间，基本可作定论。但"十砚"之来历，林氏兄弟却又有悖说，乃弟在峨云十砚中有莘田曾祖父黄文焕所遗者；乃兄正青却云十砚皆为莘田自己所访购，且全为顾氏所琢成。孰是孰非？

"十砚"是否皆为顾氏制品，先不表。考之黄文焕行迹，则林在峨所谓莘田"十砚"，部分为黄文焕所遗之说更可采信。

津博"墨雨砚"、张伯驹先生"柳如是蘼芜砚"（砚亦伪，见《赝砚考》），及《林史》所记莘田"汲古"、"云月"、"十二星"等数砚，亦皆镌有"冻井"、"冻井山房"字样或印章。

冻井，为永福白云乡黄氏宋代先祖所造，井阑有铭文数十字，黄莘田有《井阑歌（并序）》纪之。先是黄文焕筑室于家乡白云左巷，名曰冻井山房。莘田《题陶舫砚铭册》有一注云"冻井山房、十砚轩，皆余藏砚斋名"。后山房塌圮。文焕堂弟文辉五世孙黄虞世，修葺小斋于白云右巷，仍额冻井山房旧名。

黄虞世，号韶庭，少师事堂叔黄莘田及谢古梅、游心水诸人。家有凌沧楼，藏书万卷，多曹学佺、谢肇制及李鹿山等家藏秘本，遂弃举子业，日枕藉其中。有《冻井山房诗集》行世。

可见，因冻井为黄氏一族祖迹，故黄文焕、黄莘田、黄虞世皆先后以之名斋号。然则，如何判别《林史》或传世"黄任砚"上所镌"冻井山房"，是黄家三人中何人所铭？

《林史》定稿于乾隆十一年，想黄虞世时尚年幼，是书所载砚上之"冻井山房"，应与其无关。《林史》莘田"十二星砚"，落款"题于冻井山房"，故至少此砚上之号必是莘田自铭。但这并不能排除书中其它砚上之"冻井山房"，有黄文焕所遗留之可能性。

谢古梅《小兰陔诗集》卷四《林洙云以〈唐琅琊王碑〉赠黄莘田且赋长篇索和》诗，有"坤五先生最博雅，大宝法物最燕诒。曩从高斋阅古今，唐铭宋刻何纷披"句。"大宝法物最燕诒"句后注云："莘田大祖维章先生，著述收藏极富。"盖言黄文焕好庋古器，所遗古物惠及子孙，莘田所继承的唐铭宋刻之类甚多，谢氏曾在香草斋中亲眼见过。

既是坤五先生素来博雅好古又富收藏，所遗之古物莘田继承甚多，则林在峨所言莘田"十砚"中有坤五先生遗砚，必是事实。

伯冠侄戴　风雅汉奸是亲叔

今人因引用文献未审，不仅有将明遗民人物黄文焕斥为"汉奸"者，亦有将真汉奸文焕子黄璟张冠李戴，指称是莘田之父者。事关莘田家世，且黄璟曾官砚乡，在此亦为作辨析。

今人《闽画史稿》"许友家族"一节有云："黄任之父黄湛，系许友女婿，亦工诗书画。"今人《福建省志·人物志》"黄任"条："祖父黄文焕，曾任明翰林院编修；父黄湛，官广东肇罗金事，工书画和诗。"前者所引未指明出处，疑是采用后者之说。

查黄惠、黄虞世所修乾隆版《麟峰黄氏家谱》，黄莘田上溯三代之家世为：父绍洽，字汝虔，号虔斋，邑庠生（秀才）。以孙黄惠获赠文林郎高安知县；祖父黄琠，字典玉，顺治间岁贡生，大田学训导，未任。有诗集。曾祖父黄文焕。

所谓《家谱》，冒托名人为先祖者有之，为先人讳且溢美者有之，但绝无将先人名讳错写者，况《麟峰黄氏家谱》两位修撰者黄惠、黄虞世，一为黄绍洽亲孙，一为黄绍洽族侄孙，故所谓莘田之父名黄湛，必讹说无疑。而将黄文焕讹为莘田祖父，亦差一辈。

所谓莘田"父黄湛，官广东肇罗金事，工书画和诗。"显然又是将黄绍洽与其伯父黄璟讹作一人。《乾隆福州府志·人物·文苑》：

> 黄璟，字基玉，文焕子，喜任侠，倜傥不羁。国初，历官广东肇罗金事，一载，乞归养。居金陵。性爱佳山水，以吟咏自豪，为诗纵横有法度，与许友齐名。兼工画，喜作幽兰奇石，皆有生气。著有《姬山集》、《岱游草》、《西江日谱》。

黄文焕"少壮能穿杨"，黄璟"喜任侠"，可见莘田家族虽是书香门第，却也有尚武传统。

可惜，正是此位黄璟"黄大侠"，因有卖身投敌行径，不仅使永福黄氏书香名门青史留污，也使其父黄文焕被后人误解。

西江会许　砚乡官廨堪论砚

福建社科院历史所所长徐晓望先生《清军入闽与郑芝龙降清事考》（《福建论坛·人文社会科学版》2007年第7期 ）一文，云顺治三年：

清军进入福州，得到永福县黄氏大家族的接应。《思文大纪》记载，永福县乡绅黄文焕父子起兵接应清兵，逐县官，"伐山开道，亲至延平。朝贝勒（博洛）。"由于黄文焕父子的引导，"大清兵别由山径竟达省城，遂克之"。

黄文焕是闽中理学名家，入世以身许国，出世以渊明自况，素以气节名世，顺治二年，不应洪承畴荐，实为明遗民。何以数月之后，即成一投靠异族的"顺应历史潮流"之人？

检之今传明遗民福州人陈燕翼所撰《思文大纪》原文：

> 永福降□乡绅黄文焕男璋，驱逐县官，起兵接□，伐山开道，亲至延平，朝贝勒。闽人以此为罪魁云。

此处之"□"，是后人为避清廷文字狱由"虏"（清兵）字删改。故黄璋降清，起兵接应清兵，确凿无疑（此事清初人《东南纪事》等亦记之）。

因投诚之功，清廷授黄璋广东为官。"父文焕时已老，在南畿，封刀以寄。璋到官未数月，即辞归去"（《民国永泰县志·丛谈》）。黄文焕在南京，封一刀寄予远宦广东之黄璋，显然有劝子止杀，勿再为异族作伥之意，其政治立场可知。事实上，黄璋投清时，其父文焕时在南京，也无参与起兵接应清师之可能。故《思文大纪》原意，"降虏"者只是"乡绅黄文焕男璋"，而非"乡绅黄文焕与男璋"，"降虏乡绅"与"黄文焕男"为并列关系。

《黄氏家谱》等对黄璋投清之事，讳莫如深，只言其曾以军功官粤，对"军功"本身之来历难以启齿（黄璋外，清初闽中许、黄、林三家族中，热衷投效新朝者实颇不少，许友弟许宾、林佶父林逊甚至余甸父余光辰，皆在顺治年间应试中举）。

黄璋所官广东肇罗佥事，驻地肇庆。《民国永泰县志》卷三附录黄璋一诗，其引语云："余丁酉年寓居西江（肇庆），与陈星彦、许介寿（友）语及故乡灰烬，园林榛莽之惨。"黄许二家为世姻，许友为黄文焕女婿，黄璋子鑅、黄瑛子绍洽，皆娶许友女为妻。故许友与黄璋，既是郎舅又是亲家。而两人又以文名并称，自然交情非同一般。

见刊许友遗砚两方，一藏天津博物馆；一在日人手（《沈林砚林》中物）。许友子许月溪，本是清中前期闽人玩砚圈的先趋人物之一，月溪子许雪村及外甥黄莘田的玩砚之好当受月溪熏陶。

黄璋本擅书画，其官粤东，署衙在端州，应会留心端砚。或许，黄文焕所遗莘田"十砚"中物，便有当年黄璋从端州购得而奉呈父亲者。而许友之访黄璋于端州，想必亦有佳石入箧。

或琢或改　十砚顾娘半磨砻

按常理，莘田"十砚"部分为黄文焕所遗，则黄文焕与顾二娘并非同时代人，文焕应无得顾氏砚之机缘，但此与林正青所谓"十砚"皆为顾二娘所琢磨并不矛盾，莘田十砚轩中，顾二娘制品本有一定数量。林正青除在《十砚轩记》中言莘田"十砚"为顾氏制品，其次韵莘田《题陶舫砚铭册后》之一亦云：

曾纪高轩十砚文，磨砻大半付钗裙。那知十丈红尘里，为报青箱割紫云。

首句后有注："予为莘田作《十砚轩记》。"谢古梅外甥候官郑念荣和莘田《题陶舫砚铭册后》一诗：

十砚轩中染翰香，琢磨半是女郎将。只今梨雨应重滴，并洒珠娘与顾娘。

诗中"顾娘"，自然是顾二娘。"珠娘"，指妇人。周亮工《闽小记》："福州呼妇人曰'珠娘'。"莘田《题陶舫砚铭册后》一诗，回忆在端州时寄赠余田生一砚，有句云"五色炼来供绚烂，掺掺磨遍越珠娘"，自注"黄冈制砚数十家，多出女手"。

从林、郑二诗，可知十砚轩中之砚，有不少出自端州珠娘及吴门顾二娘之手。

林正青《瓣香堂诗集》所收《粤游集》，所作全为游粤时之记游诗，其中有《舟中口占简四会莘田明府》六首，其一又云：

凤眼龙文十砚陈，大家琢就品题新。早知天与使君便，合在人前说研邻。

"大家琢就品题新"，指"十砚"皆为顾大家所刻成而莘田题铭镌其上顾。

林正青一再指明莘田"十砚"，是"就吴门顾大家琢磨之"、"大家琢就"，言之凿凿，显然必有其事。然则，何以解释顾二娘为黄文焕制砚此"关公战秦琼"之矛盾？

此事并不复杂，盖莘田所藏曾祖遗砚，有两种可能皆可请顾氏琢磨，即旧石新刻与旧砚改制。

旧石新刻，常有之事。旧砚改刻，亦有例可循，莘田所藏"元吴镇橡林精舍砚"，谢古梅跋是"经吴门顾大家重制"。而林吉人亦曾请顾二娘改制过一方赝品"赵孟頫藏独孤砚"。可见林、黄二人有擅改古现之习惯。

康熙五十八年己亥，莘田携"十砚"过吴地，作"箧装诶墓千秋纸，囊贮蛮溪十片岩"云云诗，被人讥笑。或许携"十砚"（有石璞、有成砚）请顾二娘为其磨砻，正是彼次过吴之目的？

林郎有记　十砚绝真有三品

"十砚"名垂砚史，但具体为哪十品，却云山雾罩。考之《林史》，以下所收三方应是"十砚"中物。

其一十砚轩砚，黄莘田跋："兹亦（十石）其一云"。

其二十二星砚，赵国麟跋："此莘田十砚之一"。

其三元吴镇橡林精舍砚，谢道承跋："此十砚至宝也。"

古人鉴藏，有借用印章来区别藏品品级者，各有深意，多秘而不宣。如米颠上品书画用"审定真迹"印，次之用"米姓清玩"印。

莘田"十砚"是否有特殊标记？

林正青《十砚轩记》记莘田"十砚"，皆镌有"莘田半亩在"印，但证之《林史》，并不确然。上述《林史》所收"十砚"三品之用印：十砚轩砚只镌一印：黄任；十二星及吴镇橡林精舍砚，更是皆未记有印识。可见"十砚"并无特殊用印标志能与"十砚轩"中其他砚相区别。

此三品之年款：十砚轩砚，康熙五十九年春（康熙庚子上已）；十二星砚，康熙五十九年秋（康熙庚子初秋十有三日）；吴镇橡林精舍砚，未见记有莘田年款。

如前所考，据十砚轩砚铭，至少康熙五十九年春莘田十砚轩已筑成。十二星砚，则铭于康熙五十九年秋，原因在于"十砚"琢成于十砚轩之前，但题铭亦有略在此之后者。只是时间不至太过于后，盖砚早已琢就，铭文却付之阙如达数年以上，爱砚又善题之莘田不为也。

故合理之推断，莘田"十砚"中的其它数砚，其题铭时间亦当在康熙五十八年（1719年）与五十九年（1720年）左右。此点虽未必是判定莘田"十砚"之绝对标准，但应算重要因素之一。

论质论名　十砚应列此四品

《林史》所收莘田砚，又有并无文字明指，但从其砚之征象看，应属"十砚"之列者有四品。

其一蕉白砚，此砚背题莘田"羚羊峡暗秋月高"云云一诗，甚有名。行书落款：康熙五十八年六月既望题，莘田黄任。

谢古梅跋诗有句："牂牁一叶下闽江，十砚潇然钻夜窗。"此处之"十砚"虽不能专指此砚必是"十砚"之一，但此砚莘田铭于康熙五十八年六月，正合莘田"十砚"集成年份，故此砚当为"十砚"之一。

其二青花砚，此砚铭诗即莘田砚铭中最著名之"一寸干将"云云者。诗后莘田跋云：

> 余此石出入怀袖将十年。今春携入吴门，顾二娘见而悦之，为制斯砚。余喜其艺之精，而感其意之笃，为诗以赠，并勒于砚阴，俾后之传者有所考焉。顾家于专

诸旧里。

能随身携带把玩十年之久，其石之美可想而知。余田生有和莘田"一寸干将"之作。田生卒于雍正四年（1726年），前推十年为康熙五十五年（1716年），可知至少"十砚"备齐之三年前，此石已为莘田袖中娇客。从跋语看，此石亦当为莘田初访顾氏时请顾氏所琢，因被顾氏其人其艺所感动，遂作诗为顾氏扬誉。

如此尤物，莘田岂能将其摈于"十砚"之外？

其三美无度，余田生铭跋只言"十砚轩之一"，并未确指"十砚之一"。其砚名，典出《诗经·汾沮洳》："彼其之子，美无度。"度：衡量。美无度，其美无比也。又，此砚莘田题铭在康熙五十八年夏，与"十砚"集成时间相合。

试想，一如青花砚，美无度砚如此大佳（近人夏莲居即有诗推重此砚为"十砚斋之冠"），莘田推誉无以复加，亦绝无将其摒绝"十砚"以外之理。

其四"梅道人砚"，砚虽伪品，但被莘田"珍逾球璧"，视为真品，藏于其曾祖黄文焕之读书楼"环翠楼"。虽然题跋此砚之邵泰，记其见此砚时已在乾隆十五年庚午，但莘田"十砚"，除黄文焕所遗者外，余者皆为莘田早年访求于各地故家，故家所藏自然以祖传古砚为主。莘田罢官后，后半生再未离乡，且生计困顿，如此元代大画家"遗砚"，必索价极昂，非莘田可伸手也。故"梅道人砚"与"橡林精舍砚"一样，倘非黄文焕所遗，也必为莘田早年所购。

以梅道人之鼎鼎大名论，以黄莘田之视若球璧论，"梅道人砚"皆应与"橡林精舍砚"一样，"双璧"并美，同属"十砚"之列。

认名不差　四美人毂乾隆夸

莘田"十砚"，不仅誉满砚林，甚至名震禁苑。乾隆即以内府收有"十砚"四品而得意。四砚为：石田砚、方池砚与两方玉堂砚。皆端石。弘历四砚题铭皆载《乾隆御制诗》，但只一"石田砚"收入《西清砚谱》。其他三砚应是谱成后所收，故谱中阙如。

石田砚。夔纹池边。砚一侧镌印："莘田十亩之间"。砚背上部铭篆书二字："石田"。另有二铭：

> 象其体，以守墨；象其用，以畜德。譬农井之力穑，戒将落于不殖。甲午花朝铭（楷书）。鹿、原（印）。

> 剖来青紫玉如泥，几度经营日驭西。一自神君拂袖去，至今魂梦绕端溪。右请莘田先生鉴考。甸（行书）。田生、青玉山房（印）。

此砚林吉人铭及款、印，与《林史》所记吉人"畜德"砚相同。余甸铭未见《林史》。馆臣云："是砚或系黄任十砚之一，而经林佶、余甸所题识者。"弘历题铭砚侧一诗，不赘录。

此砚所镌印"莘田十亩之间"，与林正青《十砚轩记》记莘田"十砚"，皆镌有"莘田半亩在"印相近。又，此砚吉人铭，题于康熙五十三年甲午(1714年)，时在"十砚"集成之前。故此砚亦极可能乃"十砚"之一。

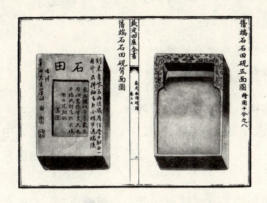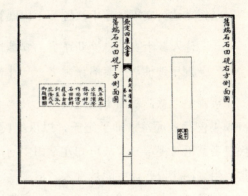

黄任端石石田砚。《西清砚谱》卷十七所刊，原题"旧端石石田砚"。

《麟峰黄氏家谱》抄录《西清砚谱》此砚文字置于谱首，可见黄氏家族以兹为旷世殊荣。

《乾隆御制诗》载弘历所题其他三砚铭文：

《题旧端石方池砚》："书窗恒是伴人南，活眼一如月沼涵。十砚轩珍得其二，半欣聚古半怀惭。"注云：砚覆手铭词后署款为"莘田任"，下有"黄"、"任"二小印。砚侧有"莘田自赏"、"十砚轩图书"二印。

《黄任端石玉堂砚》："义取坤三铭语镌，古端曾是庋莘田。旧藏十砚轩之一，得此欣他珠有联。"注云：砚上有隶书铭"简而文，丽以则。含章可贞，君子之德。"款"莘田"。砚右侧镌二印"莘田自赏"、"十砚轩图书"。弘历云此砚与《西清砚谱》所收"石田砚"正好珠联璧合。

《题旧端石玉堂砚》："淬妃蓋久别龙宾，呵出瀺濛吐玉津。十砚轩珍今萃四，复宜四美具其邻"。注云：砚为"闽人黄任十砚斋中所珍"。并云此砚与其他内府三砚："兹黄任所藏十砚中，已得其四，亦可谓'四美'具云。"

此三砚莘田原铭不详。砚上应无莘田自言砚属"十砚"的确切文字，否则弘历不致略而不录。想弘历乃据"十砚轩图书"之类而定砚属"十砚"之列。但"十砚轩"当泛指莘田藏品，并不专指"十砚"。

相对而言，以尚方内府之富，拥有几方黄莘田"十砚轩"藏品不算稀奇，但欲得一方"十砚"真品，却也当属可遇不可求！

殷勤远寄　名物欲归有缘人

综上所考，莘田"十砚"约可确定者八品：十轩砚、十二星砚、蕉白砚、青花砚、美无度、石田砚、元吴镇款橡林精舍砚、元吴镇款梅道人砚。

而纪晓岚亦曾获藏黄莘田"十砚"其一，只是此砚颇为复杂。

《纪文达公文集》卷十《题黄莘田砚》诗：

> 诗人藏十砚，憔悴卧蓬庐。零落惟馀此，殷勤远寄予。
>
> 槐厅供视草，黎阁伴雠书。一片韩陵石，相看未忍疏。

按诗中之意，莘田寄赠纪氏者，乃"十砚"之一。莘田因贫病，其他九方已散去，将硕果仅存者远寄京师予纪氏，以供纪氏天禄阁（黎阁）中校书、学士院（槐厅）中代皇帝草诏（视草）。故可知在莘田生前，"十砚"已散去，最后一方归于纪氏阅微草堂。当然，此说亦极可能是诗人之浪漫笔法而已。

乾隆二十七年（1762年）五月，纪晓岚年界不惑，任提督学政，视学福建。在闽三年，因父病故，北归服丧守孝。乾隆三十二年（1767年），纪氏服丧期满，任三通馆提调兼管纂修，奉诏续修《通典》、《通志》，改订《文献通考》。同一年，莘田卒。学政职掌一省文教，莘田为闽省骚坛耄宿，纪氏在闽，自然与莘田多有交往。故闻纪氏新任修书之职，莘田遂寄宝砚为贺。

常理，能将"十砚"精品中之精品，慷慨举赠，交情自是厚于常友，但《秋江集》中竟无一字道及纪氏，而集中所收莘田与宦闽、游闽之外省文友唱和者多矣。何以如此？

野说纪晓岚视学闽省，因其北人，遭闽地才子们轻视，于是显才写诗压服之，诗云："一爬爬上最高楼，十二栏杆撞斗牛，纪昀不愿留名姓，恐压八闽十二州。"事固无稽，但属事或无而理应有。

《隋书·儒林传》："南人约简，得其英华；北学深芜，穷其枝叶。"倘云文人相轻，是缘于"同行是冤家"，南北文人相轻，则是因了地域文化有所不同（实远不仅于此）。北地"经生"常被南国"才子"鄙薄，更是北宋以降之大势——以资质论，纪大学士实一饱学通儒，与黄莘田才子型诗人迥然异趣。或因不入诗翁法眼，所以其诗笔也无心费辞于纪氏。

莘田对纪氏之才虽未必高看，但纪氏之对砚，却可称笃好，感于此，诗翁便将一"十砚"上品寄赠；其意无他——"宝剑赠烈士，红粉赠佳人耳"。

进献天览　君臣鱼水有深情？

莘田赠纪之砚不载《纪谱》，未详何状，既可能在上述考定之"十轩砚"等八方以外，亦可能是八方中之一品。然而，细审之，纪氏所得颇疑即是《西清砚谱》所收，馆臣所云"是砚或系黄任十砚之一，而经林佶、余甸所题识者"之"石田砚"。

千穿万穿，马屁不穿，专制体制下，众臣工多是揣度上心、投其所好之好手。有清一代，臣下常以珍玩进献内廷，狡狯如高江村，甚至自匿真品，而以伪品古书画名迹献予康熙邀宠。弘历甫登大宝，曾大做姿态，下旨禁贡珍玩。中年后，则大收特收，因广州将军李侍尧进贡之西洋钟表大悦龙心（今人忌讳"送钟（终）"，弘历倒可取意"送钟（忠）"），指示李将军多多益善，于是大僚跟风，竟使"广州钟贵"。弘历内府之所以富盈，许多藏品亦皆来自臣仆之贡献。其数次南巡，接驾之盐商及地方官，无不费尽心思，搜罗古玩奇珍以逢迎弘历嗜古之好。

弘历好砚，纪氏知之（《西清砚谱》即纪氏予编之"四库全书"一种）；纪氏有砚癖，弘历亦当知之，基于"君臣鱼水情"，纪氏于情于理，皆当以佳砚进献。弘历向以"鉴赏家"自许，纪氏当然不敢效法高江村以赝欺君，故欲收投其所好之效，必舍得上品方可，尤物石田砚便成不二之选。于是，在乾隆三十二年归入纪氏斋中后，石田砚又被纪氏借花献佛，进献弘历，收入成书于乾隆四十三年的《西清砚谱》之中。

石田砚之被纪晓岚进献入宫，得龙目御览，客观上给莘田家族带来莫大之荣耀，故翻刻《西清砚谱》砚图、砚文，置于《麟峰黄氏家谱》之首，以示荣光焉。

纪晓岚亦有赠砚佳话，堪值大书一笔，不妨一并赘表。

与莘田赠砚同一年，裘日修亦赠纪氏一方南宋史学名家莆田郑樵所用"夹漈草堂砚"。砚为裘氏江西新建乡人掘得，上镌郑樵斋号"夹漈草堂"四字。后纪氏楚弓楚得，将砚转赠闽地学者林乔荫。

林乔荫字育万，又字樾亭，侯官人，父林其茂，官山阴县令。晚清学者长乐谢章铤《赌棋山庄词话》云乔荫为林侗、林佶后人，林正青为其伯祖，林氏《樾亭杂纂》称林心香（擎天）为"家叔"。育万姿禀疑异，博通经史，著有《三礼陈数求义》等多种。想因其既是闽人，又是博洽学者，更出身于藏砚世家，故纪氏举郑樵砚赠之。——所谓物归识者，所谓物归有缘人；黄莘田、纪晓岚乃至周七峰嘱子寄卜砚与查氏（见《赝砚考》此种物赠笃好之高义，乃玩古之最高境界，近乎道矣，足资我人之敬仰。

无度美品　至宝原待至人用？

按以上石田砚之索隐法推理，似乎"十砚"另一名品美无度砚，亦可找到莘田以后之"下家"线索。

《秋江集》卷五收有二诗，曰《送宫保西昌公总制南河》、《赠砚行寄呈西昌公》。此处之"宫保西昌公"即曾任闽抚之赣人周学健。

周学健（？～1748年），字勿逸，号力堂，南昌府新建县人（新建古时曾称西昌，故莘田称其"西昌公"），雍正元年进士，历官至福建巡抚，浙闽总督加太子少保（宫保）。乾隆十二年任江南河道总督（总制南河），在任仅十月，便被乾隆下旨赐死。

要说此周大人之死因，实在可算"轻如鸿毛"。清代龚自珍云："灭人之国，必先去其史。"传统服饰乃至"发型"，亦属"国史"、"民族史"——这便是清初八旗挥刀入关，推行"留头不留发，留发不留头"血腥政策之真相。只是，谁知大清国人留发要掉头，其命官乱剃发也有可能掉头，周氏即是因为在乾隆皇后富察氏病薨之"国丧"期间，犯百日不准剃头之禁，被弘历下令逮京"咔嚓"，丢了彼卿卿一品大员性命。

在乾隆八年四月至十二年九月官闽抚、闽浙总督其间，周新建与黄莘田有交住，所以在其调任江南河道总督日，莘田赠诗为周送行。《送宫保西昌公总制南河》，篇幅甚长，内容无非"明公有才，明公有德"之类应景文字。《赠砚行寄呈西昌公》亦长诗，则言砚事，其云：

> 鸲睛最上一种比玄玉，其神穆穆其质莹。拊不留手稍用腕，已有腻泍淋漓倾。
> 是其利用在潜德，发硎都不大色声。兹石百不一到手，无有福慧无由擎。
> 我昔命工凿两洞，斧斤竟日空丁了。捧持一片天所与，褐夫怀璧恒恐惊。
> 西昌制府癖爱研，勤买惨淡千经营。公有燕许大述作，要选好砚资歌赓。
> 至宝原待至人用，苟非其人天不生。其人求之而不得，必有感召先将迎。
> 公诗远道辱寄我，百四十字铺瑶琼。山水元音公所写，已与抱璞通其诚。
> 笑我茅斋枉位置，终岁但伴秋虫鸣。不如相需庆相遇，锦绨什袭异之行。
> 非我爱好失本性，一旦弃汝鸿毛轻。是中趋舍有至理，岩穴要附青云荣。
> 有材在楚实用晋，得迁于谷还迁莺。南河万鼋胥托命，公之大智参生成。
> 安澜砥柱本无事，咸若鱼鳖逃鲵鲸。铃阁风微昼日永，琉璃匣底鸣琮琤。
> 吮毫泼墨颂明德，捧砚歌与宣房争。请公一日三拂拭，毋嗤处士虚声名。

从诗中可知，周新建亦有砚癖，到处搜求不遗馀力，在河督任上，又写一百四十字七言长诗远寄莘田，云欲撰鸿篇巨制（"燕许大述作"），需要佳石良砚以佐文房、助文思。莘田在诗中，先言端石上品之美，但不易得。复言自己一贫微之人，而藏有一佳石，实是拜天所赐，很是惶恐，怕无福消受。周氏是能为天下苍生谋福祉，胸怀大抱负之人，佳砚归其所用，较之在十砚轩中"碌碌无为"，是一更好的归宿。于是，莘田便毅然绝然将砚割爱，寄予周氏。

"山水元音公所写，已与抱璞通其诚"句后有自注："公来诗有'携将碧玉美无度，静写山水归元音'之句。美无度，余研名。"显然，周氏诗中点名求要美无度，而莘田诗"已与抱璞通其诚"，也认可周氏对美无度已然有足够之诚意——所以，莘田寄赠周氏之砚，必是美无度也明矣。

莘田之赠美无度予周学健，看似与赠石田砚予纪晓岚一样，皆是"物尽其才"、物归所好之意；实大不然，莘田有难言之隐在焉。个中曲直，留待下文再表。

见款心喜　十美恐多水中花

今人有一种说法，莘田"十砚"为：美无度、古砚轩（当为十砚轩）、十二星、天然、生春红、著述、风月、写裙、青花、蕉石（当为蕉白）者十砚（《福州晚报》2002年5月21日《黄任和福州"十砚轩"》），但言者并未道及，何以此十砚即是莘田"十砚"，且云风月、写裙二砚，曾各为莘田后人黄懋和（民国少将）、黄大煊收存；生春红，为莘田后人林白水所购得；美无度，为晚清徐子晋所得。

黄懋和、黄大煊收存之风月、写裙两砚，其状不详。林白水之生春红砚，本文"附考"中再论。徐子晋之美无度砚，本文次节已辨其伪品。

永泰县委宣传部编辑之《永泰历史名人——黄任》，篇幅不多，却错讹百出。此书补充《福州晚报》所列其他六砚下落：

其一，白云家山所藏。指即《麟峰黄氏家谱》所刊。但此砚藏乾隆内府，《家谱》只是抄录《西清砚谱》，并非黄氏家族所藏。

其二，郭沫若所藏。云1974年黄大煊所告知，郭氏建国初得于福州。砚况不详。

其三，郑庭椿教授所藏。砚况不详。郑庭椿，1910年出生于永泰，现为福建师大教授。

其四，霞浦彭氏所藏。云据《霞浦县志》，"邑彭氏家存一砚，为永福黄莘田十砚之一"，"水注中刻一小蟹。"背铭云："横行学海，一甲名扬。神工鬼斧，追琢精良。匪惟把玩，立艺漱芳。"印三：黄、任、莘田氏。从铭文看，此砚即便真品，也无必是"十砚"之一的证据。

其五，闽清宏琳厝黄氏宗亲藏。云为"美无度"。砚况不详。

其六，吴文娟女士藏。据吴女士《宝砚录》，砚背三铭，行书："妙质深藏古洞东，应知人巧夺天工。锁窗书画浑无事，墨沛香浓纯鞠通。"款"沧门"；一隶书铭，款为"康熙庚子黄任莘田铭"；一篆书铭，真书款"赵文倩"。此砚莘田铭文不详，无从研判。但铭文题于康熙五十九年庚子，正是"十砚轩"建成之年，铭若真，又为董沧门所琢，应有"十砚"中物之可能。吴文娟，1940年出生于福建连江。作家、剪纸艺术家。

以上一报一书，只列出九砚下落。或云另余一砚，即莘田赠李霖村之"天然砚"。《林史》记此砚李氏铭"十砚轩中贻，摩挲亲矩蔓"。想今人应是因铭中"十砚轩中贻"，而定其为"十砚"之一。实此句只言砚为十砚轩原藏，并未言即"十砚"之一。

十砚轩藏砚，既质精且名隆，自为后人好古者梦寐以求之物。《光绪侯官县乡土志

·耆旧录·学业》记莘田曾侄孙黄拱，肆力搜求莘田故砚，亦仅得二枚，遂以二砚轩名其集。

　　真伪不论，至少上述今人所辑传世"十砚"，恐与弘历所题"四美"相似，多将莘田名款他砚皆视为"十砚"名品。

后生也晚　十美榜无生春红

　　而将"生春红"归为"十砚"中物（如今人"补白大王"郑逸梅先生《艺林散叶》第3090条即云："黄（莘田）蓄名砚凡十，因号十砚老人，生春（红）砚，十砚之一也。"），更属大谬之极！

　　莘田题于"生春红"砚背之铭：

　　　　余在端州日，室人蓄此砚，戏名生春红，盖取东坡"小窗书幌相妩媚，令君晓梦生春红"，室人摩挲不去手。迩来砚匣尘封，启砚尚墨渖津津欲滴也。而人逝已兼旬矣，悲何可言！因镌以诗云：端江共汝买归舟，翠羽明珠汝不收。只裹生春红一片，至今墨渖泪交流。

　　"春红"，本指春花或落花；如李后主《相见欢》名句"林花谢了春红"。东坡"生春红"句，原意应指明窗净几之间研墨之趣，与李长吉《杨生青花紫石砚歌》诗句"纱帷昼暖墨花春，轻沤漂沫松麝薰"相仿佛。坡公原句蕴籍风流，莘田将之用作砚名亦"活色生香"，清雅别致之极。

　　有趣的是，莘田砚铭所引有一字之差，坡公原句为"小窗虚幌相妩媚"，而莘田误为"小窗书幌相妩媚"。我乡方言"虚"、"书"同音，想闽方言亦如此，致莘田有此误笔。只作"书幌"亦不失雅致。

　　如上文所考，莘田"十砚"康熙末年已齐备，生春红砚既是雍正初年莘田官四会任上所得，自不属"十砚"之列。

　　虽然林在峨记莘田官端溪，遇大吏开东西洞，稍有收获，但品价并无超过原有"十砚"者，但由生春红砚可知，林氏之言未必尽是，至少，生春红砚其品质应不在"十砚"之下。

　　此砚后来又经民国名人林白水广为延誉，倘以名气论，"生春红"砚实数"十砚轩"中第一名品。

　　乾嘉名宦蒙古旗人法式善《梧门诗话》卷十二：

　　　　黄莘田有砚癖……张子白云：生春红砚，后归华亭沈大成学子，学子归于翁布衣石瓠，少年时犹及见之。

　　沈大成（1700～1771年）字学子，号沃田，华亭人。诸生。博闻强识，以诗古文屡就幕府征，由粤而闽而浙而皖，前后四十余年。晚游维扬，为客运使卢见曾所赏识。有《十三经注疏》、《学福斋集》等传于世。

沈氏在闽时，与林正青交好，《林史》卷九收有其题跋一则。

翁春（生卒年不详），字曙鸠，一字辨堂，号澹生，别号石瓠，华亭人。家庭贫苦，自学成才，诗宗元人，书好孙过庭。著有《赏雨茆屋诗》、《钓诗》。

三年廉吏　端溪名物不曾贪

"墨雨砚"周瑞峰伪铭之副作用，还在于有今人，因一知半解的误读，据伪铭"搜三洞石"，指为莘田官粤时搜刮名砚的证据。致使颠倒黑白，棍棒乱飞，辱及莘田官德。实此"搜三洞石"之"搜"，非搜刮，乃寻找之意。

莘田《秋江集》记一砚诗：

> 他山半亩佃秋烟，琢得方形井地连。自笑不曾持一砚，留他片石当公田。

诗有跋：

> 余在端州十月（《林史》作"八阅月"），未尝得一砚。其冬，端之人伐东西岩，群采取焉，馈予片石，予制井田砚，并系以诗。雍正三年十二月八日。

莘田官四会令兼署高要，上任砚乡已有十月，嗜砚入迷之父母官尚未得获一砚。后来也不过收受端人所赠一石，黄大令岂是"搜刮"之人？倘是贪官，恐甫一上任，必"一朝权在手，便把砚来夺"，在任十月，足以掠得三洞神品满几架了。

阮元所编《广东通志》云：

> 黄任，雍正二年官四会令。天才敏捷，判决如流，日不移晷而案牍已空。因复延接俊彦谈诗、角艺，日以为常，坐是颇为上官所不善。县有龙腹堤、大沙堤，皆捍田千数百顷。大水陡发，堤溃，田因湮。任捐资修筑，未及竣事，以纵情诗酒被劾。任既去官，仍典卖衣物以葳厥事。百姓德之，各烬金钱以偿，任一无所受。
>
> 归日，惟端州坑石数枚，诗束两牛腰而已。至"贪泉"曰："吾无愧此君"，掬一勺饮之；至"掷砚沙"曰："人生不可有嗜好，吾有砚癖，惭见此君矣！"命榜人停舟从他路去。

不仅无以权搜砚之事，相反，莘田为官清正，深得民心。在任赈济灾民，活人无数。感慨之馀，莘田作《赈粥行》诗纪之。又因洪水毁堤，莘田捐资修堤，未及竣工，被上官以"纵情诗酒"弹劾。去官之日，且典卖衣物以付清修堤之款。四会百姓感其德，集资以偿，但莘田分文不受，清廉悯民，官德如此！

名播八闽　骚坛巨手非黑手

更见今人有文云，黄莘田因"掠夺砚石"而被人讽为"八闽巨手"。此说辱莘田更甚。

"八闽巨手"，当是典出乾隆间阮葵生所撰《茶余客话》，是书卷二十一云：

> 侯官（应为永福）黄莘田任，诗才淹雅，为八闽巨手。

东坡哲理诗《琴诗》："若言琴上有琴声，放在匣中何不鸣？若言声在指头上，何不于君指上听？"坡公自答曰："虽有妙音，若无妙指，终不能发。"同理，胸中锦绣，须假手写出，故"巨手"，意"巨才"耳。四库馆臣评《南村诗集》："实虞、杨、范、揭之后劲。非元末靡靡之音。其在明初。固屹然一巨手矣。"以"巨手"誉陶宗仪（号南村）之诗才也。又若唐玄宗时，名臣燕国公张说、许国公苏颋，皆以文章显世，时号"燕许大手笔"。此处之"大手笔"，亦"巨手"之意。

黄莘田乃后世公认之清中前期成就最高的福建诗人。《秋江集》中许子逊所作序言，评莘田诗才及当时诗坛声望：

> 闽中故多诗人，作者代出。至今日而论诗则舍吾莘田谁归哉？莘田弱冠登贤书，高步翰墨场……遇四方之才俊，为声势气力者所激赏，一时名籍甚，更或挟一家言，岸然负重望，当世靡不翕然推服……

因诗才淹博敏捷，名扬八闽之地，所以阮葵生以"巨手"誉之。巨手，乃褒词，何关砚事？竟曲解成掠砚"黑手"？

晚唐"浪荡词客"温飞卿（庭筠），文思敏捷不输曹子建，叉手八次可得诗八韵，时称"温八叉"。倘以"阶级斗争为纲"解"八叉"，不知又有何等奇说？

莘田从端州罢官归乡，有家书自白其为官心迹：

> 弟归来如水，此亦本分内事，但求不坠清白家声，便完初愿，并无怨尤也。
>
> （《麟峰黄氏家谱》卷十《与逸斋四兄书》）

砚，我所欲也；官德，亦我所欲也，二者不可得兼，舍砚而取官德者也——此黄大令之官箴。

噫，莘田掠砚之说大可恶也！

客端七年　三洞也曾觅精华

莘田官端，未曾以权谋砚必是事实，但觅得若干三洞精髓入箧，亦必是事实。即如其自白"在端州十月，未尝得一砚"，亦只是虚词。

《林史》卷二所收莘田毓凤、石鼓二砚，一款云："雍正乙巳六月铭于端州署斋付岱儿。"一款云："雍正三年乙巳六月永阳黄任书于端州厅事。"两铭皆题于雍正三年乙巳（1725年）六月，距莘田所谓首次得端人片石之雍正三年十二月，尚早半年。游绍安《二砚记》，亦云其于雍正三年夏，访莘田于端州时，莘田以一石相赠。此三砚应该不属从家乡携带赴上任的"十砚之一"。可见，莘田早在官端州半年之内，至少已有三砚入手。

或许，莘田所谓"在端州十月，末尝得一砚"，只是指彼井田砚材质大佳，此前所得毓凤、石鼓之类可以忽略不计耳。此点雍正三年夏游端州的游绍安可为证，游氏得莘田所赠一石，"意未厌"，显然并非上品。

《林史》记莘田嘉鱼砚，有印"端溪长吏"，款为"雍正七年舟过端溪书。莘田"。其《别梅花二首》小序有云："余手植湘梅一株于静镜堂西，既罢职，仍居此堂三载……"其《与逸斋四兄书》亦云："岭外劳人，七经寒暑。"盖莘田官端，虽只三年即被罢，但去职后仍滞留端州衙署三年有余。

据《林史》所载，即有莘田自端州寄赠许雪村、余田生、谢古梅各一砚。加上游绍安所获一石，莘田官粤时，至少馈赠友人三砚一石。又，董沧门、杨洞一客莘田官署三年，是否是应莘田专聘为之制砚，尚待考证，但两琢砚高手居县衙前后三年，即便并非专为"房东"黄县令一人制砚，三年之久，二人也当为砚癖挚友黄大令琢砚若干数。

正是因为莘田官端，虽未仗势夺砚，但终也"晚节未保"，并未如林正青写《十砚轩记》时所誉"于端州誓不取一砚"，加之嗜砚名声在外，遂有因玩砚被罢之说。阮葵生《茶余客话》卷21云："黄莘田任，诗才淹雅，为八闽巨手。仕广东令，以耽砚劾归。"——细究之，阮氏此"耽砚劾归"说，实也并非全无来由。

清才傲上　因砚劾归本真相？

陈兆仑为莘田《秋江集》作有序文，但其自己之《紫竹山房诗文集》所收《黄莘田诗集序》，多处与《秋江集》所收陈序有差异。《秋江集》陈序云莘田罢官之因：

> （莘田）踰年宰粤东四会，兼领高要。高要故领端溪三洞，而莘田有砚癖，喜过其望，又长于吏干，为上官所器。高要本剧邑（大县），迎办以解四会，恢恢耳。风叶雅措，誉闻日隆，遂有忌之者，谮于当轴，以懒嫚不亲政罢去。

《紫竹山房诗文集》陈序却云：

> （莘田）后谒选得粤东四会。四会故领端溪两洞，而莘田有砚癖，喜过其望，又长于吏干，为上官所器。同辈忌之，或谮于某公：四会匿善石不以献，谓此辈碌碌，得麤（粗）恶者足矣。闻者大恚（恨），寻署其考曰：饮酒赋诗，不理民事，

罢去。

此则明确言莘田同僚中宵小之人进谗言于某公之理由，口语化是为："黄县令隐藏上品端石，不进献与明公，说象明公这种庸庸碌碌，不解风雅的俗人，也就配玩玩劣石。"伤人自尊如此，难怪听者大恨，在考评书上找借口给黄令"穿小鞋"矣！

清制，外官三年一考评，县、府、州、道、司考核下属，造册报督抚复核，写出考评语，送吏部复核。莘田被罢职在雍正五年，时任两广总督为曲阜人孔毓珣，孔圣六十七世孙，难免过于正经。是年先后出任广东巡抚者，则为常赉、阿克敦、石礼哈，全为粗鄙少文之旗人。莘田才高傲人，内心对"腐儒"圣裔及诸位"满大人"难免轻视，酒后私下对上官"出言不逊"理或有之。故同僚宵小之谗言，未必定是捏造。

实则，莘田虽因有吏才，理政之余，"因复延接俊彦谈诗、角艺，日以为常，坐是颇为上官所不善"，终"以纵情诗酒被劾"。想谈诗、角艺时，亦免不了品砚一事。故阮氏"耽砚劾归"之说，与事实也无大悖。其被以"懒嫚不亲政"去职也好，被以"饮酒赋诗，不理民事"罢官也罢，总之，祸从口出，以评砚获罪柄权者，或许正是真相。此种罢官真相，在莘田或者订校文稿者看来，有所未妥，遂被删去。

只是，我更怀疑莘田之被罢职，"纵情诗酒"只是托词，而"匿石不献"也未必是主因，主因应是另一种"祸从口出"，即写诗被罪。其《筑基行》云："筑基本护田，卖田为筑基。哀此眼前疮，却剜心肉医……上官有严限，羽檄催纷驰。劳汝乃活汝，未可生怒咨……岂知一丸泥，千万人膏脂。筑基复筑基，筑完亦伤悲。"如此书生意气，挥斥方遒，针贬时弊，讥讽"豆腐渣形象工程"，让上官们情何以堪？——"无俗吏态"如此，黄大令之被找借口去职，势所必然也！

两宝被夺　黄丈居然真苦主

质而言之，黄大令不仅不是掠宝之人，自家反是失宝之一"苦主"！

莘田《题陶舫砚铭册》其中一诗云：

> 巧取豪夺恨何如，无器存辞誉亦虚。我与南宫同一厄，可怜滴泪玉蟾蜍。

诗后莘田自注："予失去二砚，其铭尚在册中。"自言其恨与米元章相同。米南宫失去所藏南唐砚山，惋惜异常，曾赋诗哀鸣：

> 砚山不可见，哦诗徒叹息。唯有玉蟾蜍，向予频泪滴。

可见，莘田自己甚至有宝砚被有权势者夺爱的痛心事。而掠宝之人，时任福建巡抚赵国麟之子赵震大有可疑。

莘田"十二星砚"铭云：

踏得穷渊割紫英，濡毫犹听溜冷冷。夜光一□西岩□，斜浸秋天十二星。康熙庚子初秋十有三日题于冻井山房。莘田。

因砚有十二石眼，故名"十二星"。此砚后归赵国麟子赵震。《林史》录赵国麟题识，记得砚原委：

> 此莘田十砚之一。雍正癸丑，儿子震倩友人借观，爱不忍释，因奉朱提为寿。莘田觉之，割以相赠。乾隆戊午，予自上江膺内召，震儿请以砚随余，拟以"星精水英，地灵天成"八字铭之。次日，遇涪云于京师，晚作小篆镌焉。今识宝人亡，为题截句，爰识哀思：渊口深藏端水灵，探珠人去泪零零。云轩夜半寒光炯，古砚分来十二星。云月砚予游翰海所获者，癖与莘田同，因以名轩。

此记言十二星砚，为"十砚"之一。国麟子赵震请友人借砚一观，爱不释手，随即奉上银子为寿礼。莘田知其心思，慷慨举以相赠。莘田赠砚，似乎是因为其与赵国麟交情之甚笃，非动心于其子之朱提（银之别称）。

但事实应该并非如此。

借砚不还　赵少恐是彼豪强

《林史》复记赵氏所藏一"云月砚"，亦莘田所赠，《秋江集》卷五亦有诗纪之。赵国麟题"云月砚"有"铭以志焉，示我后人"云云，当亦与赵震有关。

三年清知县的经历，证明莘田并非趋炎附势之人，必不致以美砚巴结一方诸侯赵国麟。莘田铭"云月砚"诗末四句云"岩穴何缘到玉阶，十年曾北伴穷居。但将肤寸供霖雨，不上昌黎宰相书"。言其虽穷居，却不屑学韩昌黎（愈）早年为求援引，连上宰相三书之行径。

莘田割让"十二星砚"予赵震，必非情愿，理由：赵震与莘田交浅，否则赵不必请友人借砚。赵借砚后未与莘田商价，即奉上银子为寿礼，莘田心知肚明其志在砚，无奈忍痛割爱。所谓"莘田觉之，割以相赠"，在即成事实面前，莘田无能为力耳！再者，能"巧取豪夺"者，须具极大权势之人，赵家正是如此。赵震"买砚"的雍正十一年癸丑，恰是赵国麟抚闽离任前一年。

《秋江集》卷四《赁居》诗末二句："传语丹阳诸好事，研山不作买庵钱。"莘田晚年，垂老诗翁，赁居陋室。好事者劝其鬻砚换钱，莘田不为所动，称言不耻于学米元章以研山换晋唐大宅。虽《林史》记有莘田赠友人佳砚多方，但其无奈大肆散砚乃在晚年。赵公子"买砚"之雍正十一年，莘田五十岁，离去世尚有三十五年，故若非赵公子"强买"，莘田岂能割爱至宝！

闽人玩砚圈诸人中，林在峨最被赵国麟所赏识，赵目在峨为国士，曾欲特荐在峨入仕。而在峨又与莘田为莫逆交，故疑赵公子欲借莘田砚"一观"，在峨自应是不二人选。所以，赵相国笔下之"倩友人借观"之"友人"，极可能是林在峨。倘如此，则"我不杀伯仁，伯仁因我而死"，林在峨在赵公子"借砚"事件中，亦被赵公子所"挟持"，想必愧对莘田。

莘田赠赵氏之十二星、云月两砚，皆见载《林史》，与莘田记"予失去二砚，其铭尚在册（《林史》）中"相符。是否云月砚正是莘田所失去二砚"之一？换言之，云月砚是否亦是赵家所强索？

否定云月砚非莘田被夺二砚之理由有二：

其一，云月砚并非十砚轩中极品，不值莘田痛惜。莘田铭此砚云："岩穴何缘到玉阶，十年曾北伴穷居。"言砚在赠赵国麟之前，在莘田斋中已有十年。赵国麟题此砚之铭在乾隆辛酉（乾隆六年，1741年），前推十年为雍正九年（1731年）。可知云月砚不属"十砚"之列。

其二，砚乃莘田主动寄赠，并非应赵氏所求。莘田铭云月砚，其自注有云："公（赵国麟）斋名云月砚轩，余寄公砚，适相符合。"显然，是因为赵氏斋名云月砚轩，砚与斋合，莘田便以云月砚举赠。

故赵氏既无索砚动机，也无索砚行动，莘田亦不必为一方"普品"（相对"十砚"而言）之失去而哀鸣。

细审之，另一夺砚之"豪强"，并非赵巡抚赵国麟或其公子赵震，而是上文提及的周巡抚周学健，被夺者正是"美无度砚"。

索砚花言　周督巧取更仗势

断周学健之寄诗求美无度砚乃是强索，基于以下三点，皆就莘田应对周氏求砚时之心态所作剖析：

一、莘田是心甘情愿赠砚乎？曰：不是！

莘田赠纪晓岚石田砚时，己是八十六老翁，行将就木。而周氏求砚时，莘田时年六十五岁，其后尚享寿二十年，尚未到必须"散砚"之时，况美无度砚乃"十砚"中之翘楚，必不轻易让人。

二、莘田可用他砚搪塞周氏乎？曰：不可！

周诗"携将碧玉美无度，静写山水归元音"，明确指定索要美无度砚。且周氏"癖爱研，勤买惨淡千经营"，亦是一赏砚行家。况以其权势，自然斋中充盈水肪佳品，不缺良砚可供研用，所谓"有燕许大述作，要选好砚资歌赓"，无非"醉翁之意不在酒"，为强买所找之托词而已。

三、莘田可以"抗命"留砚不给吗？曰：不能！

同为督抚大僚，与赵国麟之忠厚不同，周学健其人，才固有之，其悯世之心及为官之德皆不足道。为禁锢民智，满清禁结社、禁毁书，其禁"洋教"亦近一理，故有清一代，"教案"频乃。周学健在闽抚任上，即上奏清廷杀灭各国传教士，弘历准奏，于是全国教难大作。可见，识见不论，周氏乃一嗜血之铁腕人物无疑。又，周氏之违禁剃头，固是获罪主因，其被杀还有一桩罪证，是为"营私婪贿属实"。此公原本即一贪官。

于是，鉴于周总督索砚之日，距其血雨腥风大杀传教士之时未远，莘田为生存计，无耐忍痛割爱宝砚，且还必须在回信（诗）中违心称言砚之归周乃"有德者居之"云云——"褐夫怀璧恒恐惊"，想诗翁作此诗时，心在滴血矣！

按周氏之藏砚，"勤买惨淡千经营"，其求莘田美无度砚，想必也应随信（诗）奉上些许黄白物以为砚资，尚不至于白抢。当然其性质与赵公子一样，属强买强卖。又，周氏在闽时，当已垂涎美无度久矣，至其离任方张口索砚，应是周氏碍于情面，不便当面见夺。

十二星、美无度，十砚轩之华，"十砚"中之精，被赵公子、周总督所夺爱，难怪莘田如此"如丧考妣"，心甚忿忿，直书"恨何如"，虽不便点明掠砚黑手之名，腹诽自然难免，于是，借诗笔将"巧取豪夺恨何如"之不满发泄出来。

周学健亦为《林史》作有跋诗数首，倘非应景虚题而是阅书稿后而题，则不知读至莘田"恨何如"语时，脸红与否？

谋食无计　十砚卖完缘易米

莘田"十砚"，在其生前即已散尽。除十二星、美无度较早即先后被赵震、周学健所巧取豪夺外，余者全在莘田晚年散出，其中"石田砚"寄赠纪晓岚，其他七品，多半皆被莘田售出以换米。

"聪明福不归，名士天所贱"（《泊鸥山房集·闻黄莘田讣》），陶篁村此言道尽莘田一生沧桑。许子逊《秋江集序》记莘田，"罢官归，贫不能自存"；桑调元《秋江集序》记莘田，"既归田，贫且老，生事益微"。因仕途夭折而又不善营生，莘田后半生尤其晚年甚落迫，两女嫁人，两子及孙先后病亡（陶篁村《闻黄莘田讣》，云莘田"兀坐咽黎苋，凋尽子若孙"），乃至家居食贫，僦屋委巷。游心水《留别四会黄莘田任明府》诗有云：

> 屈指过从廿五年，居贫生计总相怜。浇胸块垒赊来酒，作嫁衣裳换得钱。
> 惯向晓窗临乞米，便于花下耸吟肩。年年风月都无价，已卖南阳负郭田。

虽到卖田（"负郭田"指近郊良田）、卖屋（十砚轩）而赁居安身的窘境，莘田

"传语丹阳诸好事，研山不作买庵钱"，对好事者劝其鬻砚换钱，莘田仍不为所动。但陈句山《秋江集序》记："每从南人讯莘田近状，辄云黄二丈颇健在，善饮犹昔，贫则有加焉，十砚斋已别售他主，度斋中所贮亦随以行。"陶箓村《吊黄莘田明府》诗亦云：

> 空庭鸟满绿苔滋，无复茶烟上麝丝。十砚卖完缘易米，一官罢去为吟诗。
>
> 闭门每叹文穷甚，垂死尤怜鬼馁而。白发涪翁今不见，闽南风雅有谁知。

陈句山推测，因为贫困，老友十砚轩中藏品必已随房子别售而被卖无几，陶箓村更明指"十砚卖完缘易米"，因为生计所迫，莘田不得不将"十砚"卖掉以买米度日。

游心水又有《莘田病中寄讯》诗，诗中有注云："人参价至四十换，莘田老年盗汗，非参不克。"诗未慨叹老友："造化奈何苦此翁！"——所谓"和尚无钱金也卖"，贫病交加之诗翁无钱，加之子孙皆已亡故，砚也无人可传，莘田只好卖砚买药（人参）以续残生。

一代才人，晚景如此，良可悲也。

眼见一方方朝夕摩挲，陪伴自已大半生的心爱长物，琵琶别抱，归于他人，其心中之冷暖，莘田知之，我亦可想见！

的是孟浪　袁公乱点鸳鸯谱

黄莘田有才有趣，自然免不了有趣有味的逸事，而流传的莘田逸事，多有演义成份，且讹说不少。

袁子才（枚）《随园诗话》卷四：

> 黄莘田妻月鹿夫人，与莘田同有砚癖。先生罢官时，囊余二千金：以千金市十砚，以千金购侍儿金樱以归。有二女：长曰淑宛，字姒洲；次曰淑婉，字纫佩。
> 《题(杏花双燕图)》云："艳阳天气试轻衫，媚紫娇红正斗酣。记得春明池馆静，落花风里话呢喃。""夕阳亭院曲栏东，语燕时飞扇底风。不管春来与春去，双双长在杏花中。"金樱明艳，能诗。许子逊酒间举其《夜来香》绝句云："知隔绛纱帷暗坐，谢娘头上过来风。"

《随园诗话》，固是诗学经典，但因取材"宁滥毋遗"，致内容芜杂，又因袁氏晚年多凭记忆，且偏于爱色而产生煽情作用，而使征引谈论有不少舛误之处，被后人有所诟病。就涉砚者而言，亦有误引莘田"一寸干将"诗为刘慈所作等。而上引此则诗话，更有张冠李戴、捕风捉影之言。因袁子才及此《随园诗话》影响巨大，使误采其讹说者众多。

此则诗话中所谓"以千金市十砚"之"十砚"，必指莘田名世的"十砚"。但彼

"十砚"，莘田官粤之前已备齐。而其首句之大谬——竟将朱家才妻乱点成莘田仙侣。

先是读《秋江集》，卷六有《题月鹿夫人蛱蝶图》、《题月鹿夫人藕花图》二诗，咏赞月鹿夫人花鸟画艺之高超。看诗题，即大有疑，盖月鹿夫人既是妻子，莘田何不称内子、室人之类妻子惯称？

后读嘉道间福州名士梁芷林（章钜）所撰《闽川闺秀诗话》，方解心头之惑。

戚称中表　楚雨含情皆有托？

《闽川闺秀诗话》卷二：

> 闽县张宛玉，能诗，尤工绘事。《题画蝶诗》云："蘧蘧飞过宋东家，春去何心恋落花。当得滕王新粉本，小窗只当写南华。"题画不即不离，出之闺媛，尤为难得。宛玉归金陵朱豹章参军文炳，自号月鹿侍史，吾乡人所熟闻。而《随园诗话》以为黄莘田妻，与莘田同有研癖，捕风捉影之谈。随园老人往往孟浪如此。

又据《乾隆福州府志·外纪二》，云张宛玉名季琬，字宛玉，父为新安县河厅张洪。

许友玄孙女、许良臣之女许琛（字德瑗，号素心）《疏影楼稿》所收《贺太舅氏黄十砚翁八十重宴》，诗末两句"鹿张有孙女，来拜大罗天"有注："余外祖母月鹿夫人与君为中表。"朱景英《畲经堂诗集》有《月鹿夫人花卉草虫二首》，其一末两句"解得维摩天女意，散来春雨小楼空"后有注："春雨，许氏楼名，夫人在日尝居此楼作画。"故月鹿夫人母亲，当亦是许友之女或侄女，与莘田母亲为姊妹行，月鹿夫人称许遇为舅父，与许鼎、许均为姑表兄妹，与莘田为姨表兄妹。

《秋江集》卷二收有一《避暑七松草庐赠朱蓼汀姨丈》诗。据《香草斋诗注》所引《江南通志》："七松草庐，张氏别墅，在松江府娄县西，水木清关，老松七株尤奇，故名。"月鹿夫人姓张，嫁予金陵朱豹章，而莘田此姨丈朱蓼汀，亦当是月鹿夫人张宛玉之姨丈。测朱蓼汀与朱豹章有血缘关系，张宛玉与朱豹章或为姑舅亲。

莘田《香草笺》集，其诗全为"美人香草"、"风花雪月"，论者谓其本实有所指，拟诸李商隐之赋《锦瑟》、元稹之忆"双文"（《莺莺传》中之崔莺莺）。

朱景英《月鹿夫人花卉草虫又题二首》其一，末两句"今日归来成记忆，夕阳粉本洞庭心"，后有注："夫人生于岳州官署。"而《香草笺》中，涉"湘"之句甚多，除却以"香草"（兰花）自况，抒发其怀才不遇之屈骚精神外，是否亦有与才媛表妹（姊）月鹿夫人有某些关涉？

清风两袖　何来囊余二千金？

而《随园诗话》所谓，莘田罢归日，"囊余二千金：以千金市十砚，以千金购侍儿金樱以归"。更属孟浪之极！

"千金卖姬"历来多有：吕不韦之千金买姬，待珠胎暗结后，赠予笨瓜秦襄王，生出嬴政，是谋天下的生意；西晋石季伦以千金（真珠十斗）购得绿珠，后因"怀珠其罪"落得身首异处；明抗倭名将戚继光为"将相和"计，尝购"千金姬"与"房中药"送给权相张居正；明末龚鼎孳，千金购得大名鼎鼎之横波夫人。崇祯朝首相周延儒，千金购一丽人名"抱小姐"，因其脚小之至，每行必须人抱，故名。

袁氏笔下之黄县令，虽远无上述名公巨卿之富，其"千金市砚"、"千金买姬"故事，却丝毫不输彼辈豪情。然而，如前文所引《广东通志》，莘田在端州任上，捐资赈灾民、修筑堤，罢官日，且需典卖衣物以付齐修堤之资，何来囊余二千金购砚买姬？

以常识论，袁子才之说也必非事实。清代县令岁俸银四十五两、禄米四十五斗，须任职四百余年方能赚够二千金（二万两银）。换言之，即便莘田三百余年如一日，兢兢业业当差领俸至今日，也不够二千金。况古时师爷是私人雇员，东翁黄大令之官俸尚须分其一杯羹。

因此，倘莘田罢归之日，确有购姬金樱之事，金樱恐不过一"插标"百八十两银之识字"柴禾姬"。

故所谓黄莘田罢归日，千金买砚、千金买姬之事纯属乌有。于砚史的价值，或可增谈资；但有伤莘田廉名——检莘田《秋江集》、林在峨《砚史》及林吉人、林正青、谢古梅、李鹿山、游心水、许子逊、陈勾山、朱景英等三数十人诗文集，甚至通检记有莘田事迹之闽士著作：梁章钜的《闽川闺秀诗话》、丁芸的《闽川闺秀诗话》、谢章铤的《赌棋山庄笔记》，以及《福建通志》、《福州府志》、《永福县志》、《麟峰黄氏家谱》等相关志乘及莘田家族谱牒，未见有言及莘田罢归日有此香艳二事。可知二事之虚构必矣！

寡人有疾　千金购砚理有之

细考之，所谓莘田千金购砚、千金买姬之事，也并非全然空穴来风，尤其后者，只是并非发生在罢归日，而是莘田官端以前之事。

林正青《十砚轩记》，记莘田为购"十砚"时，常"倒箧以求之，甚至典衣而不惜"。时人吴中林作有《十砚先生歌》，诗中十砚先生之形象，极尽清高、淡泊、潇洒、通达之能事，不妨赘录：

　　　　十砚先生淡无欲，作官不恋五斗粟。归来傲杀黄菊花，俗尘不敢闲相触。

叩门惟有陈赵予，城北徐公交倍笃。室中更喜吟伴多，饥来顿顿餐珠玉。
砚癖不顾千金雠，诗成自谓万事足。今春见我绝粮诗，大笑谓我未免俗。
相别先生二十日，近状直登高士录。闻有阳翟大贾人，推毂先生造门数。
先生坚卧竟不起，谓此衡茅不足辱。贾人归望长者车，寄声无事苦踡跼。
囊中自有千黄金，可为先生具醽醁。先生笑谓我不贫，明月清风皆我属。
田荒偏喜令威瘦，水清且给陶泓浴。三山作邻不待买，倚阁年年眉黛绿。
此身一落阿堵中，入山恐愧红踯躅。春风春雨日杜门，把笔自谱游仙曲。

诗亦云“砚癖不顾千金雠（给价）”。因之，以莘田癖砚之深，视钱财如粪土之秉性度之，为购十砚一掷千金之豪情绝对有之，只是具体所费购砚之资，未必真达千金之数罢了。

莘田晚年落迫，但其早年，虽已家道中落，毕竟出身官宦门第，从其继承颇多曾祖黄文焕之家传古物，可知家境当较饶裕。

吴中林名廷华，杭州人，康熙进士，雍正年间官福建海防同知。吴氏官闽时，黄莘田刚罢归不久，凭祖上余荫，尚能维持家业，故拒绝“阳翟大贾人”之造门“献金”（想必是欲购“十砚”），取笑吴氏写《绝粮诗》之不够达观。

解语绿衣　香草斋中散花姬

正因出身官门，早年之黄莘田，亦难脱许多世家子弟之痼疾：纵情声色——“千金市姬”，便是其“名士风流”之明证之一。

既是《随园诗话》取材杂芜，不可尽信，然袁氏所谓莘田千金买侍儿金樱之事，倒非捕风捉影来的虚话，而是“批发”自他人。

可查之黄、许、林闽人玩砚圈诸人文集中，并无言及金樱者，但知莘田有一能歌之妾，如谢古梅有《七日罗山堂雅集六首》，记与黄莘田、陈勾山、林在华诸人雅集事，其第三首云：

月帐云笙寂寞过，笛声能和郑樱桃。当筵莫唱长生曲，钿合前盟已不牢。

次句后有注云：“莘田出歌儿侑酒。”末句后有注云：“莘田数夸奇遇，故云。”

郑樱桃乃后赵武帝石虎之皇后，优伶出身。唐人李颀曾作《郑樱桃歌》，写郑樱桃以美艳而擅宠后宫故事，流传千古。“长生曲”，指唐玄宗与杨贵妃于七夕“夜半无人私语时”盟誓于长生殿事。

从此诗可知，莘田此歌儿，应是如郑樱桃一样，出身于优伶。其与莘田之间，还有一段缠绵悱恻之传奇情事。

游绍安有《莘田丧妾诗以吟之并慰》，诗中有云：“春风吹草六如亭，妾纵能歌可耐听？犹胜桥头白居士，更嗤风柳不长青。"言东坡、白傅侍妾事。东坡侍妾王朝云，随东坡贬居惠州，卒葬惠州西湖，墓有亭覆盖，名"六如亭"（我游惠州，曾往谒）。白傅诗中，常以嫩柳喻侍妾樊素、小蛮，又以衰柳喻己之年迈，如《杨柳枝》"两枝杨柳小楼中，袅娜多年伴醉翁"；《小桥柳》："细水涓涓似泪流，日西惆怅小桥头。衰杨叶尽空枝在，犹被霜风吹不休。"

诗末四句云："一榻维摩十五年，不看经典诵商笺。天花散漫空诸色，共作支头潦倒眠。"维摩诘为早期佛教著名居士，随侍有一天女，见诸大人，闻所说法，便现身以天花散诸菩萨大弟子身上，而为供养。东坡《殢人娇·赠朝云》有云："白发苍颜，正是维摩境界。空方丈、散花何碍。"自比维摩诘，称朝云作天女。

皓首衰翁爱如霞红颜，此文人的"寡人之疾"。有时非关情色，关乎心理需求。

诗中"鹦哥犹自唤金陵"，后有注云："莘田称姬为金陵从所产也。"知姬为金陵人，姓从。

此姬姓从，而彼姬名金樱，是否一人？

添香红袖　原是秦淮从家女

文献中关于金樱之原始出处，应为杭堇浦（世骏）之《榕城诗话》，其卷中有论莘田其人其诗一则，堪称经典，后人多所引用：

> 莘田丰髯秀目，工书法，好宾客，诙嘲谈笑，一座尽倾。罢官归里，压装惟端坑石数枚，诗束两牛腰而已。侍儿金樱，明艳绝世，妙解文翰，兼工丝竹，是其千金所购。席间，子逊举其《夜来香》绝句云："知隔绛纱帷暗坐，谢娘头上过来香。"风致固自不浅。莘田二女皆擅诗名，长曰淑宛，字姒洲；次曰淑婉，字纫佩。纫佩有《题(杏花双燕图)》云："艳阳天气试轻衫，媚紫娇红正斗酣。记得春明池馆静，落花风里话呢喃。""夕阳亭院曲栏东，语燕时飞扇底风。不管春来与春去，双双长在杏花中。"时人皆称之。

此则文字中之金樱事与《随园诗话》全同。《随园诗话》成书于乾隆五十五年，而《榕城诗话》则是雍正十年杭堇浦入闽分校乡试时所辑。名满天下之袁大名士，居然照抄杭氏文字，而不注明出处，真可鄙也。

在杭氏席间，背诵金樱诗之许子逊，名廷鑅，字子逊，杭州人，王渔洋门人。康熙时，由进士官福建知县。其虽文士，却擅拳勇。妻女皆才媛。许氏《秋江集序》云，其于雍正七年至福州，一见莘田而定交，"相得欢甚无间，盖相感在风尘外，为世俗交者弗识也"。与莘田交笃如此，其言金樱事，必是史实。

又，《麟峰黄氏家谱》录入《榕荫（城）诗话》记莘田此则，金樱文字照录，亦可证许氏言之不虚。

如上节所考，莘田有歌儿从姬"笛声能和郑樱桃"，莘田有侍儿金樱"妙解文翰，兼工丝竹"，疑从姬应即金樱。盖其本姓从，名金樱，杭董浦只是未记其全名罢了。如论东坡妾王朝云，人多只言朝云而略其姓。

金樱之简历似乎应是：姓从，名金樱，金陵人，优伶出身，明艳过人，能诗善歌。莘田早年以重金所购（疑购自江南）。两人曾经发生过某些颇为传奇的遇合。当然亦有一种可能，即金樱与从姬皆为莘田早年所买侍妾，并非一人。

莘田自粤回闽，作有《归舟杂诗》二十六首，其一云：

> 糇粮囊橐供三宿，妻女琴书共一船。便作浮家老渔翁，的应拔宅小游仙。

舟中"妻女"之妻中，自然，既有诗人之结发妻庄夫人，亦必有诗人之解语花金樱。

故莘田"千金市姬"，有之；金樱从端州伴莘田同归，亦有之，只是金樱乃莘田自福州携之赴任，而非自端州购归者。

夫人宝砚　不关尹如夫人事

常见今人之解"生春红"砚，多云是金樱所藏，亦讹。甚至连莘田后人，也取此"香艳"之说法。

旧俗男主外，女主内，称妻子为内人、室人，故莘田砚铭所记"室人蓄此砚"，明确"生春红"砚乃夫人所藏。《林史》卷八所收朱景英和莘田《题陶舫砚铭册》一诗跋语，已有确解：

> 莘田丈庄夫人砚，名"生春红"。夫人殁后，丈赋《悼亡》诗中一绝："端江共汝买归舟，翠羽明珠汝不收。只裹生春红一片，至今墨渖泪交流。"取镌砚背。

莘田妻庄氏，工诗，亦好赏砚，与莘田花下论诗，几间品砚，大有赵德甫与李易安之意趣。夫妇所育两女淑宛、淑畹，及外孙女林琼玉亦善诗文、解音律，可见一门风雅。莘田新婚不久，秋闱下第，飘零汴中三年。除夕日庄氏写闺怨诗寄夫婿："万里寒更三逐客，七年除夕五离家。"莘田被劾丢官，谋生无术，更赖妻子勤俭持家。庄氏不幸病故，莘田写有《悼亡》诗二十八首，哀婉真切，读之能移我情。诗有云"黾勉可怜登记在，去时遗墨满窗间"，所谓遗墨，即是才女所记欠账单！

因"生春红"是庄氏宝爱之物。庄氏逝后，睹物伤情，莘田无限感伤，遂在砚上镌刻题记一段寄托哀思。"端江共汝买归舟"云云四句，为莘田书录《悼亡》诗中一首。砚盖莘田官端时所购。

后人论莘田砚事，金樱常成"调料"，似此砚之"反婢为主"，庄夫人岂不冤哉！

甚至连莘田后人林慰君女士，在介绍此砚时亦云：

> 十砚老人曾在以出砚闻名的广东端州为官，在还乡前，得到这块细腻而精美无比的宝砚。他的如夫人爱之不忍释手。给它命名为"生春红"，是根据苏东坡的诗："小窗书幌相妩媚，今君晓梦生春红"之句。他们夫妻回福州时，她对金银珠宝都不重视，手中却紧紧抱着这块名砚……（《纪念林白水文集·我的父亲林白水》）

林慰君祖母黄夫人为莘田之后，对先人史实的考证，似不应有此种疏失。

蟾宫失意　阊门买醉登徒子

莘田早年之"名士风流"，有一段风流公案，关涉《秋江集》陈勾山序之"文字官司"，亦颇值一说。

《秋江集》所收陈氏序文记：

> 莘田以康熙壬午举于乡，屡摈礼部。中间流寓姑苏，颇事声色，不自顾籍，大病而归。逾年宰粤东四会，兼摄高要……

康熙四十一年壬午，莘田二十岁即中举，后屡考进士不第。因不得志，遂浪迹江湖，其间曾寓居苏州。苏州本江南膏腴之地，秦楼楚馆众多，失意才子借声色消愁，寻欢买醉。但香巢不仅消金，亦会消骨，吴姬越娃，夜夜笙歌的"不自顾籍"，终致大病而归。

陈勾山《紫竹山房诗文集》所收《黄莘田诗集序》，其"颇事声色"则直言"颇好色"。可知莘田在姑苏风月场中，迷恋"醇酒妇人"之浪荡生涯。"颇好色"与"颇事声色"，一"声"之差，实有偏"雅"偏"俗"之别。

然则，陈兆仑云莘田因"颇好色"而致"大病而归"之说，可信否？

陈勾山与莘田相识于雍正八年，时陈氏以新进士任职闽中志局。陈氏序中记两人初次见面一幕，颇传神，不妨赘录：

> 赤脚婢应门曰："官人且坚坐，主方沐未竟也。"少选，曳革履而出，则见其须眉如戟，瞳子如点漆。面白皙，口若悬河，适称向者壁间所见，意中所拟之人，遂与定交。自是莘田数见过志局，余亦数至其家，历二三年。每诵其诗，觉胸中辄有长进，盖余书因谢以变；而余诗因黄以力，朋友之益也。

陈氏与莘田之交情亦师亦友，若"颇好色"并非事实，岂会如此泼污？

因有风月经历，莘田对"青楼薄幸"、"楚雨含情"之"艳体尤擅场"。《秋江集》卷二收《吴门感旧》诗：

旗亭不复见名流，河市萧条又十秋。瑟二部头零落尽，青衫无泪湿伊州。

钿蝉金雁过溪居，旧是侯门小校书。谁识宣城张好好，司勋吟断十三余。

诗借唐人王昌龄、高适、王之涣潜听歌妓评诗之"旗亭画壁"故事，叹己怀才不遇。"瑟二"，乐坊《瑟二调歌》。"伊州"，指唐乐舞套曲《伊州》。后两句举杜牧与歌妓张好好不果之情事。诗意情韵摇曳，诚所谓郎醉如醇，妾歌似水矣。

抑或莘田当年勾留吴门，也曾有过一段与红尘知己之留情艳事？

羁旅有幸　专诸古巷访砚人

莘田《吴门感旧》诗后一首，即著名的"一寸干将切紫泥"《赠顾二娘》。盖莘田因失意公车，为消愁而"访艳"吴门时之"余事"，便是与顾氏有砚事交流。

莘田多次客次吴门。陈勾山所记莘田"颇好色"得病而回者，只是其中一次。游绍安有《送黄莘田任北上过其舅氏真意先生官舍》诗，记莘田某次赴京应考时，曾转道探望时任苏州府长洲县令之舅父许遇。其有"花县重来旧酒徒"句，概言昔日曾在此买醉的莘田，今又故地重游。

莘田《陶肪砚铭册后》有一诗为忆掉许雪村之作，诗注云："雪村砚铭，皆同予寓吴门三山会馆中所刻。"苏州三山会馆，在胥门外万年桥，明时闽商公建，为苏州最早的会馆。康熙间浙江巡抚李鹿山曾拓地重建。因福州城内于山、乌石山、屏山三山鼎立，福州又别名"三山"，故会馆亦以此命名。

从莘田此诗注可知，至少其彼次寓苏时，除放情声色外，并不曾耽误玩砚嗜好，自然更不可能错过专诸巷中访砚之事。

唐伯虎《阊门即事》诗云："世间乐土是吴中，中有阊门更擅雄。翠袖三千楼上下，黄金百万水西东。"阊门一带古来繁华，亦是旧日吴门烟花胜地，街旁酒馆妓院林立，自阊门、山塘至虎丘，一路香巢十里，歌台舞榭相望。莘田亦有《虎丘竹枝》十首，其一云：湘帘画楫趁新凉，衣带盈盈隔水香。好是一行乌柏

虎丘山塘图。清《虎阜志》刊图。旧时苏州阊门、山塘一带，人称"红尘中一二等富贵风流之地"。图中山塘河两侧，朱栏层楼，柳絮笙歌，画舫款款而过。传当年袁子才常乘舟从南京至阊门品花买姬。

树，惯遮珠舫坐秋娘。

"颇好色"如莘田，寓苏期间，自然是团艳为魂，碾香作骨的阊门北里之常客；嗜砚如莘田，寄情声色之馀，亦必会访砚于阊门附近专诸巷中之顾家。其与许雪村在三山会馆所铭之砚，当多有顾氏制品。

买醉、访砚，想当年失意才子之羁旅姑苏，"痛并快乐着"，也颇写意逍遥。

蓄尼养砚　十砚轩是十砚庵？

与"千金买砚"、"千金买婢"相似，莘田为后人所津津乐道之砚史名案，尚有"蓄尼养砚"、"买婢拥砚"。

传莘田之藏砚、养砚，有独家心得。嘉庆间署名酿花使者撰《花间笑语》卷五：

> 莆田黄莘田先生令粤中。被劾解组，即以劾语："饮酒赋诗，不理民事，奉旨革职。"白旌其舟而归，益放情诗酒。性嗜砚，又喜与雏尼狎，所居有十砚斋，蓄雏尼十人，使各怀一砚，夜即抱砚而寝，谓砚袭阴气，故常温润如玉也。

莘田罢官，归舟张帜"饮酒赋诗，不理民事，奉旨革职"而归，显是演义，盖莘田被罢之后，尚居端州三年有余。所谓时过境迁，罢官已三年之久，尚一路招摇，高调如此，不合情理。此说显然借用北宋柳耆卿"奉旨填词柳三变"故事。

而"蓄尼养砚"之独门养砚密法，或可称"采阴补砚"？所谓"可人如玉"，雏尼、美婢所养之砚自是温润如玉。只此种"养砚房中术"，是"术"？是"道"？

清风明月，本两相宜。雏尼，人中美璞也；佳砚，物中美璞也；蓄雏尼而养名砚，事固美而艳，然如上文所考，至少莘田罢官后，即便有此奇思，亦未必有此财力行此等奢靡事。实难想像，一边贤妻每日记账度日，一边十尼每日吃闲饭"养砚"——倘如此，莘田岂非毫无心肝，荒唐透顶？且比丘尼乃方外之人，养空门中人于浊世家中，即便不羁如莘田，恐也怕招致物议哗然——显然，所谓"蓄雏尼十人"，对应莘田"十砚"之臆造耳。

谢章铤《赌棋山庄集·稗贩杂录》，指斥阮葵生《茶余客话》莘田"以嗜砚被劾"及此《花间笑语》"悬旌归乡"、"蓄尼养砚"诸说"未审也"，却又缀一奇说：

> （莘田）买婢数人，夜则分挟其砚而拥之。

谢章铤（1820～1903年），字枚如，号江田生，福建长乐人，晚清闽地著名学者，著述极丰。治学亦甚严谨。其云莘田买婢养砚事，未必尽虚，想是莘田早年之事。

而反观酿花使者，其孟浪之治学作风，丝毫不让袁子才，阅彼《花间笑语》，多辑荒谬离奇野说，且不仅只"悬旌归乡"、"蓄尼养砚"，更有一莘田亡子转世认父奇闻。

麟儿后身　君家黄郎今又来

《花间笑语》卷五：

（莘田）年将古稀，家渐中落，每鬻田以自养，殆将尽矣。一日，有莆田新令朱进士景英至，以先生为邑之先达，投刺请谒。既登其堂，谓先生曰："堂之右偏有轩乎？"曰："有。"曰："'无可奈何花落去，似曾相识燕归来'为轩中联乎？"先生愕然曰："是为亡儿所书，令曷知之？"曰："惝怳若有所识，亦不知其故，请入其轩。"先生泫然流涕曰："此轩为亡儿一郎读书处，扃户已十九年，尘积殆不可纳履矣，亟请扫除之。"既入，启笥出其遗稿，凡令自入学及科第文字皆在焉，始信令为一郎后生。令由是以父事先生，为复其田畴，立其后，使侍奉之至。今莆之耆旧尚能详述其事。

故事梗概：莆田新任知县朱景英，慕名往谒黄诗翁。至黄家，不仅对室中布置似曾相识，连主人亡儿黄一郎书斋中所挂联语亦能说出。翻阅一郎遗稿，居然亦与朱令所作相同。于是，朱令相信自己是一郎转世，以父事莘田，侍奉之至。

故事最后，作者更言之凿凿，煞有介事曰："今莆之耆旧尚能详述其事。"

诚所谓没有最荒唐，只有更荒唐，此种"子不语"之类鬼话，自然不值一哂。连基本信息皆属讹说，如莘田非莆田人，朱景英不曾官莆田，所谓故事来源之"莆之耆旧"当然不过杜撰之"托"儿。

谢古梅亦有"鬼话"一则，事见林乔荫《樾亭杂纂》。云谢早年请乩，有女仙媚兰与谢唱和、冥合，欢好数十年。绘声绘色，香艳离奇。林正青亦有文记其事。

莘田有子黄度，字成波，号千波，太学生。娶许氏、郑氏。善画花卉。曾随侍莘田官四会。检《麟峰黄氏家谱》，莘田只此一子。

但《林史》卷二所收莘田毓凤砚，款云"雍正乙巳六月铭于端州署斋付岱儿"。此"岱儿"当即莘田另一子黄岱。应是此子早夭，故无事迹传世，也未见载家谱。

桑调元《弢甫集》收一《莘田失子叠韵奉唁》云：

君思浙水我思闽，旧恨还教触拨新。才子嶙峋偏短命，老翁骯脏兀长身。

可能地底回明月，从此人间失好春。光焰幸看腾万丈，一开诗卷涤心神。

"才子嶙峋偏短命"，指莘田之子有才，惜天不假年。从此子死时莘田已是一"骯脏老翁"看，应是黄度而非黄岱。

有趣的是，朱景英"前世今生"故事，法式善《梧门诗话》卷12复有另一版本——许门认旧。在此版本中，朱县令又为莘田外家许氏之子转世。故事情节与《花间笑语》相似，只是主人公之一黄莘田变为许夫人。

朱氏集中收有题月鹿夫人画两诗及赠许王臣（字思恭，许均子）、许承烈（字子扬，许鼎孙、许良臣子）诗作，可见其与许氏家族交甚厚。

转世之说，在今人看来，自是荒唐，莘田有儿聪颖早亡，则实有之（是否名一郎，则不得而知）；而县令朱景英，与莘田情同父子乃是史实。

情同螟蛉　清泪蟾蜍滴未干

朱景英（生卒年待考），字幼芝，号研北，湖南武陵人。乾隆十五年解元。历任福建宁德知县，台湾海防同知，汀州、邵武知府。为官清廉，工书，能诗，著有《畲经堂诗文集》。又撰有《海东札记》，为治台湾史者所取资。亦擅戏曲，撰有《桃花缘》传奇。

朱景英《畲经堂诗集·榕城叩钵吟自叙》，记其于乾隆十八年春末入闽，未逾月得晤黄莘田，二人一见如故。此后朱氏先后官连城、宁德，中问以公事至榕城，每就香草斋借宿。与林在峨子擎天、莘田子黄度甚交好，诸人时相倡和。亦为月鹿夫人画作题咏。莘田、许良臣、林擎天皆为朱氏《桃花缘》作有序文。

《秋江集》卷六收赠朱景英二诗：

> 大雅为邦好，劳歌亦性灵。君诗道州派，一字一华星。
> 易俗桃源美，相思澧水馨。几时飞鸟便，来款我柴扃？（《寄朱幼芝明府》）

> 何处可为别，秋云黯不开。期君似潮水，早晚在还来。
> 岭树慈乌叫，湘篁孝笋哀。衡阳有归雁，一纸越王台。（《送朱幼芝奉讳归里》）

诗中可见莘田对朱景英其才之青眼有加，与其人的苔岑之契。

朱氏对莘田亦念兹在兹，《畲经堂诗集》卷二有《怀黄十砚任先生三首》，云"别后竟如何？空中少报书"，时时记挂诗翁。莘田卒，朱氏作《哭黄莘田二丈二首》悼之，情真意切：

> 香草今消歇，骚人竟寂寥。闽风犹可续，楚些不堪招。
> 贞曜名从易，冰霜节后凋。遗文更谁索，咫尺孟亭遥。

> 海内推耆旧，三山十研翁。击撞金石古，鼓吹瑟笙同。
> 残梦羚羊峡，安身磨蝎宫。白头吟载诵，想像坐书空。

又，《汉铜砚滴是莘田二丈遗物》诗，有"青山知己今埋骨，清泪蟾蜍滴未干"句。汉铜砚滴乃莘田所举赠，朱氏睹物思人，为平生知己之离世伤感不已。

以问学论，后进朱景英与前辈黄莘田，本在亦师亦友之间；以知遇之恩论，则莘田本也视朱氏如同己出。

《梧门诗话》不论，《花间笑语》之作者酿花使者，连真名亦不署，所辑莘田几种野说，原是游戏笔墨（颇疑其"黄一郎"故事，乃由"许门认旧"故事滥觞而来）。"花间笑语"——无非聊博闲人看客们一笑之"小说家言"耳！

笠谷缀语：

享诗婢红袖添香之艳福，香草斋中，无疑是香艳的；贮端溪三洞水盻以清供，十砚轩中，自然又是雅致的。但所谓红颜薄命、才子多舛，如皋冒公子曾感叹自己一生清福，都在与董小宛相守之九年中折尽。细考之，砚史中不世出之要角十砚翁黄莘田，原来也有如画史上的"江南第一才子"——六如居士唐伯虎，种种让后人称羡之风流韵事，多半只不过是时人的误传和后人的臆说。其早年不得志，因颓唐消沉，于是挥霍"清福"，"欢场买笑"有之，"千金购姬"有之，"千金买砚"想亦有之；"买婢养砚"则未必真有，"蓄尼养砚"当必是虚话。让人唏嘘者，史实中之黄举人、黄大令、黄诗人、黄二丈，既是一个恪守官德之循吏，也是一个洒脱不羁之才人，更是一个仕途失意甚至晚景落魄的伤心人——一生中的知己，恐便是香草斋前那些抱幽独之兰客，与十砚轩中不能言的石友了。

洗去"铅华"之黄任黄莘田，骨气洞达，更有光彩。

附考一　林白水与"生春红"砚——楚人得者非原弓？

剩看秋碧照春红

黄莘田"生春红"砚在民国年间，又轰动一时，盖此砚与一代报人林白水结下一段良缘。

林白水（1874～1926年），字少泉，号退室学者，闽侯人。报界先驱。早年留学日本，加入同盟会。曾任北洋政府众议员等职。素以才名，创办《公言报》等报纸多种。1926年，因在报上大肆评击张宗昌亲信潘复贪污，被张宗昌以"通敌"罪名杀害（野传林与邵飘萍罹祸之因，则甚不堪），时年54岁。著有《生春红室金石述记》等。

林白水遇难，名流悼之者众。章士钊所作一诗尾联云："谁知黄垆在宏庙，剩看秋碧照春红。"上句系指林北京西斜街宏庙故宅，下句指林生前酷爱的古砚"生春红"。

林白水小像

"生春红"砚之归林白水，诚所谓"楚弓楚得"，盖白水正为黄莘田之玄外孙。

莘田后人、白水表兄黄翼云所撰《闽县林白水先生传略》一文记白水："尝以千金，购得其舅家黄莘田'十砚公'遗砚'生春红'一方，曰：'此吾舅家之遗也，当为谨藏之。'"砚购自北京琉璃厂古肆。

林白水有金石癖，庋藏甚富，尤以藏砚最有名。除"生春红"外，知名者尚有数砚：宋端石双龙砚，以千金购于前清翰林袁珏生家；大青花荷叶砚，亦得自袁氏：西洞大鱼脑砚、鱼子队青花砚，原皆浙人藏砚家张耕汲物；西洞小鱼脑砚，浙人藏砚家杨雪渔故物；刷丝歙砚，为白水所藏四方歙砚之一。民国十四年，在京之中日藏砚家开名砚展览会。白水携六砚往，出品惊艳，众为逊色。

虽然林氏斋中佳砚不少，但"生春红"既是砚史名物又为先人遗泽，意义非别砚可比，自然格外受礼遇。获砚后，白水遂颜书斋曰"生春红室"，又将在北京所办之《社会日报》增辟"生春红"副刊，专刊金石字画、文房四宝之类文章。其宝"生春红砚"如此。

外家名珍竟赝鼎

白水被害，"生春红"砚下落有数说：黄翼云记砚归白水中表李率阁，马叙伦则云"生春红"砚归吴兴胡馨。

实砚仍在林家，归白水之女林慰君所有，少为人知而已。1948年，林慰君携"生春红砚"等十余件其父生前藏品移居美国，后又将砚捐赠台北历史博物馆。据林慰君所记，砚只纵十四点二、横九点四、厚一点七（厘米）：砚面刻有精细云纹。

见刊台北历博之端石"生春红砚"（彩图17），长方形。砚池素边，砚冈处浅刻夔龙纹。砚背覆手内刻小楷莘田题"生春红"砚铭全诗，款"乾隆甲子二月。十研老人"。印："香草斋诗史"。

台北历史博物馆今藏之"生春红砚"（彩图17）

《兰千山馆名砚目录》所收"黄任生春红砚"

《林史》所记"生春红"原砚落款为："乾隆甲子二月，莘田。"印二：黄绢幼妇、香草斋侍史。且砚侧尚有篆书"生春红"三字（居林慰君所记，白水所藏砚侧有篆书"生春红"三字），印三：神品、莘田真赏、十砚轩图书。

显然，刊出之砚若即林家原物，则此方白水宝若球璧之先祖"遗物"、当年在京沪浙文玩圈内所谓"奇珍"无疑是一赝品！

《兰千山馆名砚目录》亦收一"黄任生春红砚"。端石，椭圆形，夔纹边。侧刻隶书题"净香斋日课研"。印"刘氏米舫珍藏"（藏者待考）。背平无覆手，刻小楷莘田题"生春红"砚铭全诗，款"乾隆甲子二月。莘田黄任"。二印：十砚老人、莘田黄任。此砚名款及用印亦不符林在峨所记，非真璧。

王青路君《雕虫小记》记其曾过目一许修直所藏"生春红"砚拓本。云砚为长方形，池为螭纹边。砚侧及背之铭文、印款皆与《林史》所记全同。或许氏当年所藏乃真品？只此砚今不知何在。

又有传云"生春红砚"真品实在日本，详情有待后考。

附考二　十砚轩风字砚——砚乡大令"游"端州？

与津博"墨雨砚"相似，还有二砚，亦可从铭文所记与黄莘田在砚乡行迹不合，定砚伪品。

其一见刊《广仓砚录》。外形略呈风字，池饰夔纹边。背平无覆手，镌隶书"十研轩妙品"，篆书"君子比德"。跋：

> 雍正三年冬，游端州，值开老坑采中洞，从而得之因制。黄氏莘田、太平农（印）。

此铭之伪在于，其云石乃"游端州"而得。但莘田此时是兼署高要的"父母官"，在自己辖区内,何云"游"字?莘田"井田砚"铭所云"余在端州",方是合理。

　　此砚设计不俗,或是杨洞一端州之徒子徒孙所制"四会款"?

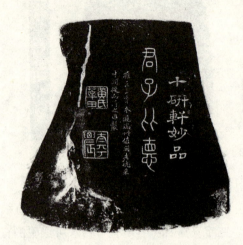

《广仓砚录》"黄任风字砚"

附考三　黄任端石云形砚——是年诗人未游端

　　另一为北京故宫博物院所藏。砚较大,纵达21.5厘米。随形,砚面琢成云朵状,有一高眼。背有覆手,亦有一石眼凸出。周圈隶书铭,楷书款刊于中间,其云:

> 月受日光,当心而出。前揆长庚,遥联太乙。露滴方诸,花生不律。琼瑛兆贵,兹实无匹。辛卯夏五月得于羚羊峡。莘田宝用。任(印)。

　　以黄莘田行迹推之,铭砚之"辛卯"当为康熙五十年辛卯(1711年),比莘田始官四会之雍正二年(1724年)尚早十三年。林正青所撰《十砚轩记》记莘田早年"尝游吴粤燕梁",但沈大成《香草斋诗集序》则云莘田"遍游四方,之齐之鲁之梁宋,而于吴

北京故宫博物院藏"黄任端石云形砚"

最久，中宦粤东"，并无"之粤"；检《秋江集》、《林史》及谢古梅、游心水诸人文字，亦全无莘田官四会之前曾到过端州之说。故《十砚轩记》云莘田早年曾到过粤地之说，颇疑有误。

查康熙五十年冬，莘田抱病自开封回闽，此前一直寓居开封达三年之久。可见此铭亦不可靠。

黄莘田玩砚名高，今日存世伪品莘田砚，只少于伪品东坡砚，而与伪品竹垞砚相当。不过"赝坡"、"赝朱"砚鱼龙混杂，"赝黄"则不乏良工，附考此两砚及津博所藏"墨雨砚"等皆是。

炫人目的翔凤与迷人眼的乱花

——吴门顾氏制砚世家初考及顾二娘"一寸干将"砚探赜

石瘦砚欲肥　个中真三昧

　　明清两代，吴门邹氏一族颇出女性名匠。明宣德时，城北邹家以造促织盆名世，大秀、小秀二女所制尤妙。清康熙间，专诸巷顾氏三世以斫砚名，顾二娘其称最。二娘本姓邹也。

　　民国人费只园认为，布衣、方外、闺秀三者最易传名，其解闺秀容易传名之因：

　　　　"闺秀"二字，是香艳的，屏除豪华，解脱寒俭，或半联嘉耦，或得事才人，这不令人可羡吗？……那闺秀是门深似海，便有一二技艺，也不轻易示人，什么守礼教呢，避嫌疑呢，便算辗转得来，不过几句诗，几笔画，还不知道真的假的。
　　　　（《清朝三百年艳史演义》第五十八回）

　　虽未必出身大家闺秀，但终归是闺门中人，邹氏二秀与顾二娘之俱享高名，恐亦有此因素。其陶艺、砚艺，之所以为人啧啧称道，未必尽是因其技艺之超然独绝，亦有出于女子纤纤素手，因其少见，因有香泽，遂被世人青眼独加——"玉指金莲为底忙，墨花犹带粉花香"。闺门香泽，原已足以让人遐思无限，况怀神伎在身？

　　然而，即凭顾氏"砚系一石，琢成必欲圆活而肥润，方见镌琢之妙，若呆板瘦硬，乃石之本来面目，琢磨何为"之说，诚庸工不能梦到之棒喝语，便知顾氏深得砚艺三昧，其得名全然不虚！

　　张中行先生《诗词读写丛话·咏砚十绝句并序》其八：

　　　　宝璞良材压几箱，雕龙妙手玉簪长。斜风弱柳专诸巷，永忆吴门顾二娘。
　　　　砚工高手多不知名。康熙间苏州顾二娘，住阊门内专诸巷，琢砚名震海内，传世真品稀如星凤。

　　不仅传世顾氏真品罕见，因可考之文献资料甚少，顾二娘其人其艺，便扑朔迷离。其人约生于何时？卒于何时？何时名世？砚作有何风格？砚艺于后世之影响如何？

谁知阿家翁　本是亲娘舅

顾二娘一介砚工，虽以神伎名垂砚史，囿于"女流之辈"的交际局限，行迹简单。又因在士大夫看来，砚伎，小道耳，顾二娘终属工匠者流，不屑为之树碑立传，故顾氏信息，只见诸于时人文章中之只言片语。即便与顾氏交厚之黄莘田、林吉人父子诸人，也只言及顾氏砚艺之神乎其伎，对其生平亦少有涉及，可资考辨者不多。关涉顾二娘及吴门专诸巷顾氏制砚世家较原始之文献，有以下数种：

> 吾乡顾德林善制砚，他人虽抚而仿之，终莫能及。尝为许子允文制"索砚"一，余甚爱之，因亦以端溪石二方授之，石固不佳，而式亦迥异，弗之慊也。方欲觅一佳石令之重制，而德林死矣，石亦了不可得，积十余年，始以三金易片石，时德林嗣子启明亦死，其孙公望又以善制砚召入内廷，吴中绝无能手。闻启明之妻实得家传，而未之察，已而其名日益著。壬辰仲秋，乃令随意制之，不拘何式，而彼竟为制索砚。细玩之，惟索纽过于工巧，似不若德林古朴，其他则温纯古雅余韵也。廿年素愿一日得偿，喜而为之铭。铭曰："是名索砚，顾家妇制。质美共良，宝之勿替。"又："不圆不方，依质成章。似为予戒，言括其囊。"（黄中坚《砚铭并序》）

黄中坚字震生，吴县人，岁贡生，著有《蓄斋集》，成书于康熙五十三年。《砚铭并序》所载之《蓄斋二集》，成书于乾隆三十年。序中所说之"启明之妻"即顾二娘。

> 国初，吴郡有顾德麟，号顾道人者，读书未就，工琢砚。凡出其手，无论端溪、龙尾之精工镌凿者，即朣村常石，随意镂刻，亦必有致，自然古雅，名重于世。德麟死，艺传于子。子不寿，媳邹氏袭其业，俗称顾亲娘者也，常与人讲论曰："砚系一石，琢成必圆活肥润，方见镌琢之妙，若呆板瘦硬，乃石之本来面目，琢磨何为？"其意，乃效宣德年铸造香炉之意也。其所作，古雅之中兼能华美。名称更甚，当时实无其匹。顾氏无子，蜈蛉二人，俱得真传，惜天其一。邹死，仅存一人，名顾公望，号仲吕，此人实邹女之侄而冒姓顾者。公望无子，即蜈蛉未有相得之一，将来不知何所传也。（朱象贤《闻见偶录》）

朱象贤字行先，号清溪子，吴县人。生卒、生平不详。撰有《印典》一部，成书于康熙六十一年。《闻见偶录》一书，所记自康熙五十二年迄于乾隆二十二年事。

> 顾圣之字德邻，吴县人。父顾道人，工于制砚，人称之为小道人，所制砚皆仿古式，朴雅可玩。子死，媳独擅其艺者二十余年。（《乾隆江南通志》）

《乾隆江南通志》，成书于乾隆元年。成书于乾隆十三年之《乾隆苏州府志》，除引用此条外，又补充云："（顾圣之）尝曰：刀法于整齐处易，于不整齐处理难明也。"

       吴门顾青娘、王幼君治砚，名闻朝野，信今传后无疑。（阮葵生《茶余客话》）

阮氏《茶余客活》，约写成于乾隆三十六年（1771年）。

又，林吉人《朴学斋稿》卷九，收咏顾氏砚艺之"分来天上支机石"云云诗，题目为《吴门顾氏以斫砚名，且三世矣。大家上承其舅，下教其子，所制尤古雅浑成，因赠以诗》，知顾二娘乃顾德林之外甥女，其与顾启明实为姑表兄妹而结连理。

顾娘传家学　半老始成名

按上节诸则所记，大略可推算出吴门顾家诸人行迹。

张中行先生在《顾二娘》一文中云，据记载和推测，顾二娘比黄莘田大二十岁左右。行公对顾氏年龄之推断，准确性如何？

据黄中坚《研铭并序》，顾二娘为黄氏制索砚，事在康熙五十三年壬辰（1714年）。此前若干年，其公爹顾德林与丈夫顾启明皆已去世，子顾公望供奉内廷。"吴中绝无能手。闻启明之妻实得家传，而未之察"，说明顾二娘此时之砚艺，尚少为世人所知，连素来留意"顾砚"之里人黄中坚亦未闻知。《林史》收一余田生蕉白砚，田生跋云砚乃康熙四十八年己丑（1709年）请顾氏所制。故至少康熙四十八年，顾二娘已小有名气，康熙五十年（1711年）左右，必已名声大著矣。又据《乾隆江南通志》，顾二娘"独擅其艺者二十余年"。以康熙五十年计，后推二十年为雍正九年（1731）。故顾二娘应卒于雍正年间。其名声大著之康熙五十年左右，其子公望已因善制砚被召入内廷，公望由学艺到成名入宫时，至少应有三十岁。想是启明去世，顾氏方收公望为子以承门户，故顾氏又当比公望大二十岁以上。以此推算，则顾氏应出生于顺治末康熙初（1664年左右），卒于雍正末年（1734年左右），享寿七十岁左右。公望应出生于康熙三十年（1694年）左右，朱象贤著《闻见偶录》时，公望尚在世，此书所记迄于乾隆二十二年（1757年），则公望至少乾隆二十二年尚在世，亦当享寿六十岁以上。

按顾氏出生于顺治末康熙初（1664年左右）算，黄莘田出生于康熙二十二年（1683年），则顾氏约大莘田二十岁左右，与行公之推断大致相符。康熙四十五年以后，其艺渐为人知时，顾娘早已半老矣。莘田三十六岁于康熙五十八年（1719年）携"十砚"（石）过吴时，顾氏已是五十余岁一媪矣。

顾二娘为黄中坚制索砚，在康熙五十三年，时顾德林已死二十年，则德林卒于康熙三十三年（1694年）左右。顾启明较其父后死十年左右，应是卒于康熙四十三年（1704

年）左右。按常理，顾启明应长其妻顾二娘数岁，故应出生于顺治后期（1660年左右），享年不到30岁。按顾德林比其子启明大二十岁计，则德林应出生于明崇祯后期（1640年左右），享寿五十以上。又，余田生有诗称顾德林为"德邻顾老翁"，五十岁显然不够称老翁，故顾德林当享寿六十以上，应出生于崇祯中期（1634）以前。

老道是德邻　小道是启明

从黄中坚、朱象贤及《乾隆江南通志》所记看，已互相矛盾：顾氏翁媳之名字，即有德林、德麟、德邻与青娘、亲娘、二娘、大家诸种之别，而《乾隆江南通志》更云顾德邻乃顾道人之子，人称小道人，与朱象贤之顾德麟即顾道人不同，孰是孰非？

古人取名字，多有寓意，"德邻"之词义较德林、德麟为深，出自名典《论语·里仁》："子曰：德不孤，必有邻。"指有德之人不会孤独，定有志同道合者与之相伴。东坡谪居惠州，取孔子意，颜其居曰"德有邻堂"。所以，以辞义解，余田生所记"德邻"或更可采信。

至于"顾道人"，按《乾隆江南通志》说法，顾道人为顾德邻之父，则吴门顾氏制砚世家，其世次应为顾道人—顾圣之—顾启明（顾二娘）—顾公望祖孙四代。

但顾道人乃顾圣之父之说，不仅与和顾圣之见过面的黄中坚所记不合，亦与和顾家交厚的林吉人父子所记相悖。林吉人所谓"吴门顾氏以斫砚名，且三世矣。大家上承其舅，下教其子，所制尤古雅浑成，因赠以诗"，意指吴门顾氏三世以斫砚名世，顾二娘上承其公爹顾圣之，下教其养子顾公望，所制尤出色。此处所谓"三世"，显然是指顾圣之—顾启明（顾二娘）—顾公望祖孙三代，其中顾二娘不仅成就最高，且是一承前启后之标志性人物。林在峨亦尝引用乃父之言云："吴门顾氏，三世以斫砚名。大家所制尤古雅浑成"（《林史》载林在峨"杏花春燕砚"跋语）。又据黄中坚记载，顾二娘名声尚未大噪时，顾公望已因砚技高超被召入宫，可见公望出名甚早。正因其不在苏州，故林吉人父子及余田生、黄莘田诸人文字，未见言及与公望有交往。所以，林氏父子所言顾家"三世以斫砚名"，其第三代必指顾公望矣。

倘顾圣之真有其父名顾道人，必是顾道人之艺名甚大，人方以"小道人"称圣之。如此名手，林氏父子岂能忽略不计，不算为"以斫砚名"之"一世"？

故朱象贤《闻见偶录》所记顾道人即顾德邻为实，《乾隆江南通志》记为德邻父必讹。德邻其号"道人"之由来，想是其或有过学道经历，或向以羽流自许，故取此号。人因德邻号道人，遂延称其子启明为小道人。

黄中坚云顾德邻"读书未就，工琢砚"。今人更有一说法，云顾圣之好吟诗，有诗稿藏于家。顾圣之本生于明末，而晚明时，苏州确实又有一文人名顾圣之，有诗文集传世。明季清初黄虞稷所撰《千顷堂书目》，记有《顾圣之诗集》五卷，作者顾圣之：

字圣少，一字季狂，吴县人，万历初布衣。

是否有《乾隆江南通志》将顾德邻，与其父顾道人之角色混淆，即顾圣之并非顾德邻本人，而是德邻之父，其号顾道人，德邻因号小道人之可能？

晚明苏州人顾圣之，是一奇人，与其字"季狂"甚相符，为人狂豪。王世贞《艺苑卮言》卷七记顾氏诘难时人名流之种种高论，读之令人解颐。

但查此顾季狂出生之年，与顾德邻之卒年相差竟有一百七十年之多。故同为苏州人，同为读书人出身之布身，晚明顾季狂之与清初顾德邻两顾圣之，定无成为父子关系的可能。

这娘复那娘 无非顾家娘

顾二娘之名，按古人前冠夫姓的习称，应称顾邹氏。黄莘田等称之"二娘"，疑是据顾启明在其本家兄弟中排行第二所称。林吉人父子所称邹氏的"大家"，则是古代对才德女子之一种尊称。《后汉书·列女传·班昭》："帝数召入宫，令皇后诸贵人师事焉，号曰'大家'。"但黄、林所称"顾二娘"、"顾大家"，皆非邹氏正名，而朱象贤记邹氏名"顾亲娘"，阮吾山又云邹氏名"顾青娘"，"亲娘"与"青娘"同音，何者为是？

今人之解"顾亲娘"，《苏州杂志》某期刊《专诸巷里老亲娘》一文，言邹氏之所以人称"顾亲娘"，是因为其视养子顾公望如己出，对人诚挚，故邻人皆呢称其为"老亲娘"，所制砚亦因之称"老亲娘砚"。

"老亲娘"，南方方言对老年妇人之称呼，亦为母亲、祖母、岳母之俗称，鄂地亦有称岳母为"老亲娘"者。但以"老亲娘"解"顾二娘"恐不确切，盖"亲娘"，本为吴越人对妇人之一种市井俗称，如晚明杭人陆人龙编撰之《三刻拍案惊奇》第四回"设计去姑易，买舟送父难"：

> 掌珠便只就自己门前与这些邻人相见：一个是惯忤逆公婆的李二娘；一个是惯走街做媒做保的徐亲娘；一个是惯打骂家公的杨三嫂，都不是好人！故此盛氏不与往来。那李二娘一见便道："向日杨亲娘说周亲娘标致，果然标致得势！哪不肯走出来白话一白话？"

短短百十字，邻里之间，竟出现徐、杨、周三位"亲娘"，可见"亲娘"不过江南妇人习称而已。所以朱象贤云邹氏乃"俗称顾亲娘者也"，"俗称"，市井约定俗成之习称也。《林史》所收林玉衡和黄莘田《题陶肪砚铭册后》有句云："磨穴一床精制作，大家要数顾家娘。"此"顾家娘"与"顾亲娘"意思一样，意为顾家妇人、顾家娘子。

阮吾山所记"顾青娘",有今人解为姓顾名青。但顾二娘本姓邹,若其名青,也应叫邹青而非顾青。阮氏所记"王幼君",自是指清初砚雕名手王岫君,但今存世之王氏砚有多方,皆落"岫君"或"岫筠"款,似无"幼君"款者。又以辞义论,"岫君"或"岫筠",均有幽情雅致。"幼君",幼小之君主?以之为名似不甚佳。故颇疑阮吾山所记"顾青娘"、"王幼君",实皆出自"顾亲娘"、"王岫君"口口相传之讹,

关于顾二娘,还有一奇说:

> 顾仲吕,长洲人,善琢砚,古雅绝伦。其母袁氏,俗称顾三娘子,制砚为近代第一。(钱思元《吴门补乘·艺术补》)

钱思元为乾嘉间苏州人,沈德潜门人。《吴门补乘》是书刻成于嘉庆间。其所谓顾公望母姓袁,人称顾三娘子,明显是邹氏、顾二娘之误。

启明巧手妇 大名顾秋霞?

经以上考索,顾二娘的大名(本名)依然云山雾罩,尘埃未能落定。但山穷水复无路之际,清代藏砚名家计楠的《墨余赘稿》,似乎为后人指点出了柳岸花明的"那一村"。

《墨余赘稿》中《叶补岩小传》一则:

> 补岩名铿,字浩章,年三十四岁,世居鸳湖(今浙江嘉兴南湖)之旁,无父母、妻子、兄弟,孑然一身。幼从梅曹学博、春疆戴秀才二君子游,曾读书学画,弃而工篆刻、图章、兽钮。复弃之,而专精制砚,凡人物、花草、虫鱼、鸟兽,仿古生新,一扫俗工习气,天然入妙,虽吴之顾秋霞无以过也。其制砚也,磋之磨之,必极其纯而后已。亦不肯苟作,石不美不琢,臭味不投不琢,地不幽静不琢。性恬澹,不放荡,得钱辄沽酒自饮,饮则醉,醉则笑,殆入乎机出乎机也,庚午(嘉庆十五年、1810年)冬始订交焉。今年夏,招之来一隅草堂,为余治研若干方,作小传以贻之。

计氏笔下两百年前的这位砚雕高手叶补岩,实在是个很有个性之人,擅琢砚而耽于酒,飘然尘外,制砚恪守"三不"原则:石非美材不雕,求砚者非知己不雕,地非幽静不雕。之所以如此傲世,确实有可持之才具,所琢之砚,无论仿古或者自出机杼,都能一扫俗工习气,天然入妙,其砚艺之妙,计氏举另一砚雕名家作为参照,那就是"吴之顾秋霞",而此顾氏,颇疑即是顾二娘。

理由有三:

其一,女性。秋霞,一般情况下,显然这不应该是一个男人的名字。

其二,苏州人。吴,应指吴门;"吴之顾秋霞",即指吴门的顾秋霞。

其三，砚雕名家。叶补岩已是一个砚雕高手，但计楠需要抬出顾秋霞来为叶氏当"绿叶"，可见顾秋霞的砚艺和名望之高。

一个女人——一个苏州女人——一个苏州刻砚的名女人，不让人联想到顾二娘，实在也难！

但问题也存在：

计楠出生于乾隆二十五年（1760年），卒于道光十四年（1834年），与顾二娘不同时，此条信息之权威性、准确性有所减弱。因而，"吴之顾秋霞"是否必定就是吴门顾二娘，尚待有后续的旁证出现，俾资互为参证，方可论定。

谁能奏此技，德邻顾老翁

吴门顾家之所以名垂砚史，尤其顾二娘，更是大名籍籍，自然有其赖以称独步之理由，然顾家之砚艺独诣，究竟有何高明？——此问题不仅关乎对顾家砚艺之欣赏，关乎对顾家砚真伪之鉴别，亦关乎传统砚艺之继承发扬，是个大题目，惜遗世真品"顾砚"廖若晨星，伪者比比皆是，因而只能从古人文字中，从存世较可靠之顾家款遗砚中，窥其一鳞半爪。

黄中坚之推崇顾德邻砚艺，是因为欣赏德邻为许允文所制一索砚。但德邻后来为黄氏所制二砚，黄氏并不满意，此固然有石材不佳之因素，但按朱象贤所言，德邻制品，即便是腾村常石，随意镂刻，亦必有致，可见为黄氏所制二砚，恐是未出采。

顾德邻砚艺特点，黄氏言古朴、温纯古雅；朱氏言自然古雅；《乾隆江南通志》云所制砚皆仿古式，朴雅可玩。可见其所制以仿古式为主，简约古雅是其风格。

《乾隆苏州府志》言德邻制砚心得："刀法于整齐处易，于不整齐处理难明也。"此言琢砚刀法，砚之大块面、大开合，线条之横平竖直，较易处理，只关乎刀法基本功深厚与否。而对砚面砚背之阴阳凹凸，砚缘外廓之天成随形，图饰线条之转折圆锐，种种变化，比单纯之规矩砚要难以处理。我的理解，正因"不整齐处理难明也"，可化用自然，也因之更有艺术意蕴。个中意趣，能随类赋其形，因材施其艺，做到"齐而不齐"，亦雕亦璞，天然之趣与人工之妙各臻其妙，方称得好手。

余田生有诗形容德邻砚艺：

> 切玉如截筒，云锦夺天工。谁能奏此技，德邻顾老翁。（《林史》卷一余氏"云锦砚"铭）

云锦砚，想必是浅刻云锦纹饰于砚，仍是以刀工取胜，此或许可说明顾德邻砚艺，以取形规矩简约为主，图饰则不乏细繁精工。总之，虽与王岫君大略同时，但顾德邻之砚艺风格却甚不同，其文人气应不逮王氏，故其刀法擅于处理"整齐处"，对"不整齐处"之把握似非其所长。

顾德邻制品，传世物绝少见，见刊一其款澄泥砚，或可为顾氏以工见长之说作一物证。

拓刊民国《艺林旬刊》刊第83期。砚四足方形，长四寸余（合今12余厘米）。面、侧及背俱浮雕马、鱼等图饰，镂刻精工，有"圣之刻"篆书三字。砚配紫铜匣，上嵌玛瑙，底有阳文篆书曰"忠臣孝子世家"。

此砚材质，《艺林旬刊》编者云"黄色，极坚细"，疑即是吴县灵岩山之膡村石制品，定为澄泥，误矣。所刻题材与纹饰，应与余田生所藏"云锦砚"相类：雕镂精工，颇具工艺性。

砚匣有"忠臣孝子世家"字样，想砚乃是应高门世家所制。

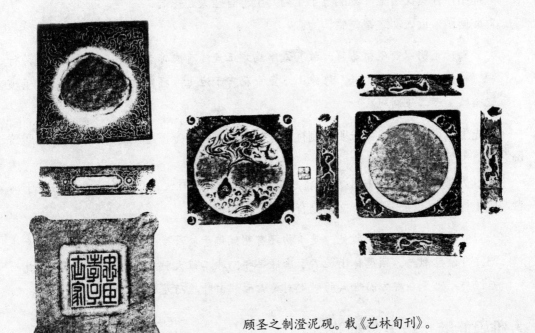

顾圣之制澄泥砚。载《艺林旬刊》。

夺得天工巧　唯有顾二娘

林吉人评顾家三世砚艺，以顾二娘为最，此不仅应是当时闽人林、黄诸贤之共识，亦是砚史三百年来之定评。但顾二娘名款制品，所见刊的公私藏品及过目之传世旧物不少，尚不敢遽断何方必为真品。对实物技穷的办法，还是从古纸堆中找线索。

林、黄诸闽人对顾二娘，推崇备至，咏之赞之，然多只是抒情文字，对其砚艺究是何种面貌，着墨不多，唯有余田生云"大朴不雕含奇芬"，林吉人、在峨父子云"所制尤古雅浑成"，算是略有涉及。朱象贤云顾氏砚"乃效宣德年铸造香炉之意也"，但"宣炉"真品难觅，已成当代考古学的"悬案"之一，参考明代工艺之特点，其造型应以古雅浑厚为主。

而黄中坚对顾家翁媳二人所制三砚，皆有褒有贬。其将两人所制索砚比较，认为顾二娘所制"似不若德邻古朴"。所谓"索砚"，实即常见之古砚砚式：括囊砚，亦有俗称布袋砚者。索，系袋口之绳也。故铭括囊砚者，多从其"口"（袋口）上作文章，以慎言、守默为戒，无非自醒"祸从口出"，故须"守口如瓶"云云，黄中坚铭"似为予戒，言括其囊"，亦未脱此窠臼。黄中坚因欣赏顾德邻所制一括囊砚，对顾家砚艺念念不忘，而顾二娘又为其制一括囊砚，可见括囊砚乃顾家一"保留砚式"、拿手砚式。黄氏认为顾二娘所制括囊砚"似不若德邻古朴"之理由，乃是"索纽过于工巧"，即扎束袋口之绳结，在黄氏看来，刻的过于工巧乃至于有些失之花俏。

对此问题，近人邓之诚先生认为：

> 大约是明以前砚材易得，故其式率端方正直，有文饰者至罕。后始以片石为行砚（行箧砚），各式竞兴，修镌山水鱼虫花卉于池上，顾制其著者也。（《骨董琐记全编·顾二娘制砚》）

邓先生此说未必然，盖宋明人制行箧砚亦颇多，皆端方正直，简练古雅。故砚雕纹饰之繁简于否，不关砚材。

我以为顾二娘制品古朴不及乃翁，在于两个因素：时代背景与个人心性。关于前者，张中行先生《顾二娘》一文中已有剖析，不妨引用：

> 雕琢的花样，据我所见，是清初还有明代偏于质朴多风流余韵，后来就争奇斗巧，愈演愈烈……顾德林小驰名于康熙早年，顾二娘大驰名于康熙晚年，先古朴而后工巧，可见在砚方面世风的变化同是索形，由朴趋巧是小变。

古雅媳能继　华美翁难兼

诸艺百工，就整体时代风尚而言，明人洗炼，清人繁琐，其雅俗分野，极端者如家具，更有方枘、圆凿之别。顾二娘琢砚之"过于工巧"，"似不若德邻古朴"，在于艺术时代风尚之嬗变。盖顾德邻制砚于清初，受明人崇尚器具浑朴厚重之风影响，其所作尤有明人古朴之气；而顾二娘成名之康熙后期，其时百工诸艺已日渐趋于繁工缛刻，顾二娘鬻砚为业，因市场需求故，难免受时风影响，并非顾二娘技艺不及乃翁。

为黄中坚所制括囊砚外，《林史》所记顾二娘制品计有十方（赝品王渔洋星月砚除外），其所琢题材明确者六方：余田生水月镜花砚，刻"水中月，镜中花"；黄莘田藏吴镇款橡林精舍砚，改制为威凤；陈德泉井田砚，井田式；林吉人奎砚，"曜合纬联天降符，撰赋纪瑞帝曰都"。奎，星宿名，二十八宿之一，有星十六颗，是砚当有石眼十二颗，故名；林在峨杏花春燕砚，"背制杏花春燕"；林兆显凤砚，"共丹穴，姿回翔"，凤形。所琢题材未详者四方：余田生蕉白砚、黄莘田青花砚、林吉人宋坑砚、林吉人藏伪品赵孟頫独孤砚。

可见，从砚刻题材看，除括囊砚、井田砚、奎砚之类传统砚式外，顾二娘刀下显然以闲花逸鸟等为主，此正是适合女性艺人发挥之主题。女性本心思缜密，纤纤细手所琢，自然以灵巧秀美有文娟气见长。故顾二娘之砚艺，除承续有其公爹顾公望（或者还有其夫顾启明）温纯古雅之余韵外，其相质造形之能力，别有天然之奇趣，构思之巧乃致刀法之巧，更在顾德邻之上。黄中坚云"古雅之中兼能华美"，其华美，正是顾德邻所不能"兼能"者。所以，黄中坚所谓顾二娘制砚"过于工巧"，其"工巧"之处，或正是乃翁所不及之处。

又，顾德邻论艺："刀法于整齐处易，于不整齐处处理难明也。"言琢砚刀法而已，言"工"，犹在技术层面，而顾二娘之："砚系一石，琢成必圆活肥润，方见镌琢之妙，若呆板瘦硬，乃石之本来面目，琢磨何为？"则言琢砚理念，言"艺"，乃属艺术层面，冰寒于水，境界高于乃翁一个台阶。愚见，此"石瘦砚肥"之说可简略归为八字——石本刚性，化之以柔。质方气圆，阴阳调和。

故而，顾二娘制品之天然意趣，其砚艺之理论基础，皆在乃翁之上，有出蓝之誉，良有以也。

御匠惟精工　屈哉公望才

顾公望其人其艺，见诸文献者更少，想是因其早年即应召入宫，又长期供奉内廷，与文人交往较少的缘故。其砚艺风格，应该只是因袭及母乃祖之伎而已。鉴于清廷官造砚注重精工之特点，其祖顾德邻之砚艺而非其母顾二娘之风格，或更有用武之地。

顾公望制磲砢端砚。北京故宫博物院藏。见刊《紫禁城》杂志1982年06期《琢砚能手顾二娘》一文。

清制，分属养心殿造办处和内务府造办处之百工艺人，虽贵为"御用"，但在皇帝眼里，乃不过一匠人耳，故不得随便署名，所制多无款识。所以，虽然顾公望任供奉内廷有年，所制宫廷砚亦必不少；惜皆湮没于传世有一定量的无款宫廷砚之中，无从分辨矣。

顾公望遗砚，亦不多见。曾见私家所藏一端，长方素池，背覆手内浅刻背身骏马一，刀法娴熟，砚刻镌二篆字"仲吕"，亦精到。

北京故宫藏一顾公望所制"磥砢"砚。端石随形，近于风字。长十八厘米。略事琢磨，砚上池额处，刻有"磥砢"二字。池周琢成似众石屹立于激流之中，作魁垒状。"磥砢"二字下方为漩涡纹，利用其涡心处，作为墨池。砚背琢成溪流圈晕状，右上方刻篆书"大兴梁氏敬宇宝藏"八字，右下方有隶书"仲吕"二字。

磥砢，亦作磊砢，众石委积貌。司马相如《上林赋》》："蜀石黄碝，水玉磊砢。"郭璞注："磊砢，魁礨貌也。"郦道元《水经注·淇水》："巨石磥砢，交积隍涧。"

此砚质不甚佳，材亦不甚大，但作者利用石形之不规则，石纹之多皱折，半施琢磨，半留本色，用刀不多而"磥砢"气象颇状，咫尺之间，有空谷湍流急，怪石蹲熊罴之势。观之不禁想起杨诚斋名篇《桂源铺》：万山不许一溪奔，拦得溪声日夜喧。到得前头山脚尽，堂堂溪水出前村。

清室宫廷砚中，其工艺之弊在板，从此砚之野逸风格看，有别于清宫风格，当是顾公望为私人所琢，疑即应砚上藏款之大兴人梁敬宇（其人无考）所请而特制。

此砚琢艺，非劣工所能梦到，询为高手所制，信是顾公望真迹，亦可作吴门顾氏砚艺之代表作看。

磨砻三世名　砚史第一家

综上所考，可理出吴门顾氏制砚世家之脉络，其三代人物之传略约为：

顾圣之，字德邻（或又称德林、德麟），号顾道人，家住吴门专诸巷，约出生于明末崇祯年中前期（1634年以前）。早年攻读儒家经典，但未能得志功名。其以琢砚名世，始自顺治年间。因砚技高超，好事者竭力仿冒，皆莫能及。琢砚题材以仿古式为主，风格端方正直。凡出其手者，端溪、龙尾等名坑佳石自不待言，即便本乡灵岩山土产之膝村常石，随意镂刻，亦必有致，自然古雅。其尝论琢砚云："刀法于整齐处易，于不整齐处理难明也。"卒于清康熙33年（1694年）左右，享年六十岁以上。

顾启明，德邻子，约出生于顺治后期（1660年左右）。从父业，亦以琢砚名，人称小道人。惜不寿，约卒于康熙四十三年（1704年）左右，享年不到三十岁。

顾二娘，德邻外甥女，约出生于顺治末康熙初（1664年左右）。本姓邹，原名未详。既长，嫁予中表顾启明为妻，随夫姓，或因夫启明在本族中行二，故人称顾二娘；吴地旧俗以亲娘称妇人，故又称顾亲娘；以砚艺出名后，人复尊称其为顾大家。婚后，亦曾留心夫家之琢砚技艺，公爹与丈夫先后去世，顾二娘承续琢砚家业。善制家传仿古式如括囊、井田等外，尤擅琢凤砚。其作既能继承顾家传统砚艺温纯古雅的风格，又因女性心思缜密敏感，使作品古雅浑成中，更复融入一份华美典雅之特质，成就更在公爹顾德邻之上，享盛誉之隆，当世无其匹者。砚史名流余田生、林吉人父子、黄莘田、陈德泉诸闽士，皆以获顾二娘所琢一砚为荣，尤其黄莘田，其十砚轩中所庋，多有出自顾氏之手者。其论琢砚曰："砚系一石，琢成必圆活肥润，方见镌琢之妙，若呆板瘦硬，乃石之本来面目，琢磨何为？"道尽化板为活的砚艺真谛。康熙后期，顾氏即以砚艺为世所重，享名20余年。约卒于雍正末年（1734年左右），享寿70左右。

顾公望，号仲吕（疑字仲吕，而非号），约出生于康熙30年（1694年）左右。其本邹氏子，顾二娘侄。顾二娘无子，遂收公望为养子。其砚艺承袭顾氏衣钵，康熙后期被召入内廷。因长期以砚艺供奉内廷，与民间藏砚家交往不多，而宫廷砚又不许署工匠名，故传世带款之公望制品较少。北京故宫所藏随形端石"磲砢"砚，因材施艺，亦雕亦璞，当是顾公望所琢上品。

顾公望亦无子，其死后，吴门顾氏砚艺之直系传人亦随之人琴俱亡，无以为继矣。

晚明"嘉定三朱"（松龄、小松、三松）祖孙三代，以精竹刻蜚声江南，为史上之竹刻第一世家。从顾德林之顺治年间始，至顾公望之乾隆年间止，顾氏家族之享名砚林，几达近百年之久，亦可谓史上之第一制砚世家。

香火虽已绝　砚艺有余绪

随着顾公望之去世，吴门顾氏制砚世家已然断绝香火，但顾家砚艺并未成"广陵绝响"，尚有余续，且影响弥远。

可以说，以董汉禹、杨洞一及谢汝奇为代表之闽派砚雕，其所以能横空出世，崛起于甚少砚刻渊源之闽中地区（狭义指福州十邑），其起步应是以许、余、林、黄诸人斋中所藏砚为标本，尤其以步趋吴门顾氏之麟趾为主。故云董、杨乃至谢汝奇属吴门顾氏之私淑弟子，亦无不可。换言之，闽派砚刻，实瓣香于吴门顾氏。

顾家砚艺间接之影响，更有端州砚人。

董汉禹、杨洞一随黄莘田赴端州任，客寓莘田衙署有三载之久。在此期间，自然多有端州砚工受二人点拔，或直接从学其技者。后来有学得杨氏砚艺之屑小狡匠，便伪造黄莘田名款砚欺世。从传世伪款莘田砚看，不乏刻工精到、匣椟装饰华美者，其中相当部分测即是学董、杨砚雕风格的端州好事者所伪作的"四会款"（此种伪品，质量上乘，亦颇有收藏价值）。

地域文化之主要特点，便是同地域人文烙印之相似性。吴门顾氏之砚艺，以吴中地区为主之江南琢砚艺人，自然也应受到一定影响，只是江南地区尤其吴中，砚文化原就兴盛，加之公望后顾氏并无传人，故顾氏砚艺之影响便远不如闽中那样明显。

综言之，以风格论，吴门顾家砚艺，犹属"吴派"一脉，顾德邻以仿古式见长，精在刀法纯厚，算为"正统派"或曰"保守派"，可称一名匠；顾二娘则兼能华美，其趣味性、艺术性别辟蹊径，近乎"野逸派"，堪称匠之大者；顾公望自然也能巧用自然，但囿于宫廷砚师之身份，其成就有所局限，属正宗"宫廷派"。

以格调论，阮葵生虽将顾二娘与王岫君并誉，顾氏砚作应胜在情趣，王氏砚作则胜在山林气。董汉禹、杨洞一等闽地名手，虽受顾氏影响，终属"半路出家"，刀法或不及顾氏深厚，但因胸有丘壑，腹有诗书，其作品之书卷气，又非足不出户之女流顾氏所能及。

至于照董、杨之"葫芦"而画"四会款"之"瓢"以谋食之端工，以胸次修养故，决定彼辈只能摹其皮毛之形，而不可能悟得精髓之神。

在峨疏未录　大作应有款？

顾二娘生平虽乏善可陈，后人借以"艺术加工"之成分不多，却也有数事为后人误解。

邓之诚先生《骨董琐记全编·顾二娘制砚》有云：

> （顾二娘砚）特无款识，不易辨别；凡细书八分款"吴门顾二娘制"六字者，大抵皆伪。

此顾砚"无款论"之说几成近世定论，是否可信？

除赝品王渔洋星月砚外，《林史》所收顾二娘砚十方，皆未明确记录有顾氏名款。然书中所收余田生铭顾氏所制水月镜花砚，有"征雅款，顾大家"；和黄莘田《题陶肪砚铭册》，有"董杨曾如顾氏工，步趋名款细磨砻"。此"雅款"、"名款"，是否指砚上有顾二娘名款且字体甚雅致？

款，可指款识、名字款，亦可指款式、式样。显然，田生铭诗中之"雅款"、"名款"，皆言砚之款式，而非砚有名字款。此陈勾山诗文集和莘田《题陶时肪砚铭册》一诗注文亦可证，其云："李鹿山先生馥好研，家蓄名款多出吴门顾二娘手。"

因之，至少从《林史》字面看，所谓顾氏砚"无款说"，似乎并无证据可以推翻。细度之，实又未必然。

不唯顾氏砚，董汉禹、杨洞一两人，与余、林、黄及游心水诸人，不仅同乡且皆交厚，更曾同客黄莘田端州官署三年，林、黄诸人斋中之砚，出自董、杨二人之手者必不在少数，但《林史》所记诸人藏品，亦无一方指是董、杨所制。更则，书中收录达三百余砚，除赝品王渔洋星月砚外，余皆未录琢者名款。显然，不可能如此众多之砚，皆为无名氏所琢。测是因为林在峨撰是书，以记录藏者、铭者及题拓者文字为主，所以略去琢砚者名款不录。

黄莘田《题陶舫砚铭册后》及诸人唱和之作,占《林史》一卷有余。陶舫为林在峨斋号。诗云题"砚铭册",可见林氏《砚史》实际乃是一砚铭集。故是书以录砚铭为主要目的,至于砚雕纹饰,雕工何人,便摈之主题以外矣。

倘顾氏砚概不镌名款,则阮葵生所谓镌"吴门顾二娘制"六字隶书款必伪之说自非虚言。但若"有款论"可证实,则其款真草隶篆皆有可能,难说隶书六字款定伪。只以个案论,王渔洋款星月砚上所镌隶书"吴门顾二娘制"六字款,确系冒托。

民女多无名　琢砚何所署?

个人揣度,按常理,顾二娘砚作,应当留有款识。

盖艺人之镌名款于作品,作用有二层,一者,作者之自我标榜,所谓雁过留声,人过留名:二者,收藏者或砚贾须借名家名款自高。试想,如果顾氏制品皆不镌名款,砚贾们从顾家贩得真品,据何以证明其是顾氏奇货而向购者索求高价?

林在峨在题乃父林吉人"奎砚"跋语中,称顾二娘为"吴门女史顾氏"。所谓女史,本为古代女官名。以知书妇女充任,后泛指通悉文墨的闺阁才媛、青楼才妓(此词今日日本国仍用之,作知识妇女解)。但在峨之称顾氏为"女史"应是誉称而已,并非顾氏真有词翰之才。顾氏当非出身书香之家,未习文墨,否则,应象名媛、名妓们题诗留辞于书画一样,题铭跋于所制砚上。只是,即便目不识丁,请里中文人墨客写就三数字名款,摹刻于砚上专作"商标"所用,有何难哉?

自己欲借留名"不朽"也好,藏家、砚贾须借名款炫世也罢,总之,顾氏砚至少应有部分,尤其精品,当镌有名款方合情理——名声大著之后所刻,更应如是。

或云,顾二娘因自已属一介女流之辈,故不便镌名款于砚。此说适用寻常女艺人,于砚雕大家顾氏则未必尽然。

黄中坚虽肯定顾二娘砚艺,文中却只称"启明之妻"而不称其本名,此固古人轻视女性,但亦可能顾氏原本即无正名,因古人"男本位",男尊女卑,寒门女子多有姓无名,即有闺名小名,亦只家人知道。嫁后,外人亦不能再称之(大家闺秀则有名有字,如蔡琰字文姬,苏蕙字若兰)。

倘顾二娘本无大名,则确实不便镌款于砚。镌"顾二娘"、"顾亲娘"?前者因丈夫之排行称(当然顾二娘也可能是本名),后者乃邻里妇人之泛称,皆属俚称,不够正式:镌"顾大家"?此乃他人所尊称,更不可用。南宋时有姜娘子,善铸古铜器,载入《建炎以来朝野杂记》。曲阜孔尚任家藏一炉,小篆铭云:"绍兴二年大宁厂臣苏汉臣监督,姜氏铸,至德坛用。"王渔洋尝见之,载于《居易录》中,以为姜氏即姜娘子。此姜娘子当是娘家姓姜,遂落款"姜氏"。故镌砚上镌"邹氏"、"顾邹氏"款,似合于体例，但传世"顾砚"，无论真假，尚未见有落"邹氏"、"顾邹氏"名款者。

要之，以情理论，顾二娘制品应有名款，但此"有款论"及款作何名，尚有待古文献及标准器物之可靠证据以作支持。

其艺虽未化　其款或许真

在一时难有决定性证据可考定顾氏砚有款、无款之前，以砚艺本身之优劣来判别其"真顾"、"赝顾"与否，似乎是一比较可行的办法。以下就相对而言近于真品者，有款、无款各举一例。

日本文房杂志《墨》所刊"端溪老坑龙虎争珠砚"。砚硕大，砚堂琢为一圆月，四周刻饰云水悬崖。崖边一虎，回首望天，空中云层间探出一龙，深爪欲摄一珠，珠借石眼巧作。

背覆手内右侧刻篆书六字款"吴门顾二娘制"。印"含章可贞"。又刻行书铭数行，细辨之似为：

蛮烟燎绕西崖侧，崿□深沉潭水黑。木石体贞自坚守，斧斤丁丁资人力。
岩分上下洞东西，西洞三层不易得。吴趋意匠顾家娘，女手□□精琢刻。
天工人巧势危然，际会风云不可测。学将书法媲钟王，薤□侧垂□针直。
纱帷昼永展□笺，漫润轻磨松麝墨。龙光虎□发□文，壮我挥毫丽以则。

顾二娘制款龙虎争珠砚。砚藏日本。

款为"丙戌仲春，月溪许遇"。印二，一不明，一为"月溪"。砚有盒，琢饰荷叶。

许月溪于康熙五十三年至五十八年任苏州府长洲县县令，卒于官。官苏五年之久，嗜砚之许大令自然必与顾二娘有交往。但铭款之"丙戌"年，应为康熙四十五年。此时顾氏名声虽应未大著，或已渐露头角，月溪宦游过吴，请顾氏制成此砚也有可能。

此砚铭诗，与所刻内容相合，似乎是专为此砚所题。

从工艺看，砚面构图较饱满，覆手轮廓线之变化，有匠心在。但云水山崖及龙虎之处理，尚嫌刻板，刀法转折过渡之处，亦略显生硬，不够浑厚。此或许可说明：顾氏接近成熟期之作品，尚有乃翁顾德邻较为规矩的仿古砚模式之影响。

艺人作品皆有阶段性，此砚构思及刻艺，皆未臻上乘，倘云是顾氏晚年已入化境时之作，则反疑必不真矣。

至少，此砚若伪，从许月溪铭诗看，必有真本出处。

有伎能如此　庸手难梦见

北京首都博物馆所藏"端石瓜瓞砚"（彩图18）。砚随形近于扁，琢成两展翅蝴蝶落于瓜地，两蝶之翅作双砚堂，蝶眼巧用石眼为之。砚背琢作瓜形，上部叶蔓攀绕瓜体。背刻藏印四方：曾在李鹿山处、曾在吟香别馆、北阡、梅溪家藏。篆书题"绵绵瓜瓞"，跋文：

> 砚为吴门顾女史所制，经三阅月始成，感其功之精而心之苦也，因书以识。李云龙。

砚有楼，亦刻成瓜瓞状。

"曾在李鹿山处"，指砚曾归李馥李鹿山所藏。鹿山亦有此语之藏书印。"北阡"，为林吉人家族墓地所在，吉人有《北阡》一文纪之。"吟香别馆"，待考。"梅溪"，清人取此为号者多人，有乾嘉间精于铁笔之名流钱泳钱梅溪。

李霖村此铭之重要意义在于：指明砚乃顾二娘所琢，可与顾氏砚"无款说"相印证。

然李氏铭"感其功之精而心之苦也，因书以识"，亦出现于下文将要考述的北京故宫凤形砚等几方伪品顾二娘砚上。此固然有故宫凤砚等以李氏铭为母本之可能，但也不能排除皆属同一"窑"出品之可能，只是，凭此点远不足以否定此砚——小疑者，此铭与下文将重点考析的黄莘田题顾二娘"一寸干将"名诗之青花砚，其跋文"喜其艺之精而感其意之笃，为诗以赠"，辞意又太靠。

从工艺看，此砚比日人所藏"龙虎争珠砚"远要高明，其半雕半璞，层次分明，瓜

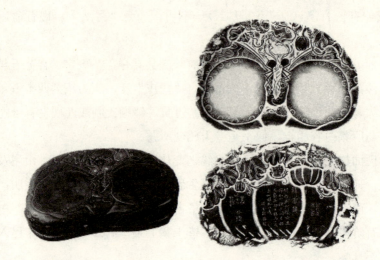

顾二娘款端石瓜瓞砚。《首都博物馆藏名砚》所刊。(彩图18)

肥硕而蝶灵动，极富情趣，整体风格古雅之中兼能华美，与顾氏砚必圆活肥润之砚学主张相合，其匠心非寻常庸手所能梦见。

故尔，此砚虽难定必真，但不妨作一准标本看——鉴赏顾氏砚，有款无款先不论，其工艺至少须有此砚这等手段，方可言真伪。

金莲易鉴石　杂坑也曾雕

顾二娘砚艺最为后人称道者，又有"金莲可鉴石"之神奇、"非老坑不雕"的清傲。

袁枚《随园诗话》卷下第三十四条记：

> 后晤顾竹亭，云：顾二娘制砚，能以鞋尖试石之好丑，人故以"顾小足"称之。

《清稗类钞·工艺类·顾二娘制砚》记顾氏：

> 生平所制砚不及百方，非端溪老坑佳石不奏刀，相传以鞋尖点石，即能辨别瑕瑜，亦奇技也。

石质坚密、细润，则材重、声脆；反之材轻、声哑，此有经验的刻砚工、采石工皆可略知大概。所以，以鞋尖点石，能辨石之瑕瑜，并不神秘。古代妇人裹足者甚多，因顾氏鞋尖能试石，即呼为"小足"，亦颇不称。

"鞋尖试石"之说复有别种，是为"踹绳知石"，即顾氏踹织布机机轴之绳能识石，见徐康《前尘梦影录》卷上：

莘田善诗工书，其诗注中引顾二娘逸事，云能以纤足踹机轴之绳，即知石之美恶，古人有履豨之伎，同于庖丁解牛，真神乎技矣。

而所谓顾氏非老坑佳石不刻，则应为谬传，此《林史》所记林吉人一宋坑砚可证，林正青跋云：

此石乃宋坑，温而粟，经顾氏磨砻墨积，如数百年物，尤可玩。

此处"宋坑"，可两说。其一年份，指宋代所遗之石；其二坑口，指宋坑所采之石。但清时去宋已远，云以宋代遗石所制似不若以宋坑石所制更合理。

实则，"非老坑不雕"此类标榜口气本极可笑，必赏砚外行人语，盖他坑可取之石亦多，一代名匠顾氏必无此陋见。黄中坚云顾德邻"即腠村常石，随意镂刻，亦必有致"，可见顾家应有取腠村常石制砚之传统。"常石"如此，其他可知。

又近人《罗窗小牍》记：

卢栋，扬州人，善髹漆，顾二娘之砚匣，多其手制。

此说亦必不实，盖顾氏康熙时已成名，卢葵生（名栋，？～1850年）则成名在嘉道时，顾氏去世，卢氏应尚未出生，二人并不同时。嘉道时人得一失楼顾砚，请卢为配漆盒，或为事实，但只是个案而已，不可能"多其手制"。事实上今日也未见有顾砚配卢匣之实物。

顾砚配卢盒之说，与顾氏非老坑不琢一样，皆是后人出于"好马配好鞍"心理之想当然耳！

韩印与顾砚　费氏推双绝

因顾二娘琢砚名高，连小说家也借其说事。民国费只园在《清朝三百年艳史演义》卷五十八回"韩约素剥章工品石，顾二娘制砚小题铭"中写道：

乾嘉的老辈，有了韩钿阁（名约素，梁千秋妾，善制印）的章，还要有顾二娘的砚，才称双绝。顾二娘住在苏州专诸巷里，他的祖父顾子昂，虽则是个古董家，生平却有砚癖，家里大小的砚，藏着不少。二娘只有十余岁，便喜欢摹拓砚铭，拣选砚材。那几块最古的元砚、明砚，算是二娘一种范本。究是哪几块呢？

书中所列顾家所藏古砚八方：元武宗皇后（真哥）砚、明宋学士（濂）澄泥砚、明衡山（文徵明）砚、明白石翁（沈周）砚、明（项子京）梅花砚、明（邢侗）白石砚、明（冒辟疆）水绘园砚。

此八砚拓片全载《广仓砚录》。"元武宗皇后砚"、"明衡山砚"两砚明显伪品，"明宋学士澄泥砚"今在日本。费氏所谓顾二娘祖父名顾子昂，是一癖砚古骨家，藏有

顾二娘款太师少师砚拓。原砚当即锡山秦氏真赏斋所曾入藏者。砚随形，夔纹边，甚别致。覆手内左侧浅刻大小二狮（寓意太师少师）。右侧有万斯同款行书铭，署康熙庚申（康熙二十九年）。拓右下缺损，篆书"吴门"下"顾"字缺其半，全款应是"吴门顾二娘制"。此砚刻工甚佳，半雕半璞，或近顾氏风格。惜亦伪。

一干古名砚，自是因书中情节需要所演义出之角色，不必赘说。但其所言一砚则诬罔砚史视听，贻误后生。其云高江村藏有一顾二娘砚，上镌铭云：

丁巳己巳，凡十三年，夙夜内直，与尔周旋。润色诏敕，诠注简编，行踪聚散。岁月五迁，直庐再入，仍列案前。请养柘上，携旧林泉，勚华丹房，劳勤细旃，惟尔之功，勒铭永传。

铭言高氏曾携此砚当值宫中南书房，从康熙十六年至二十八年达十三年之久。但此时期顾二娘尚未出道，砚铭自然是伪托。

此铭见刊《骨董琐记·高江村砚》，但并未言砚有顾氏款，为顾氏制品。

顾二娘款洞天一品砚。北京故宫博物院藏。今人所定"洞天一品"砚名，大不妥，即便不知《林史》所记原名"美无度"，就纹饰而言，亦应定名为随形夔纹砚之类。（彩图19）

费只园乃小说家，自然无妨信口开河。今人竟有据费只园此说，论证顾二娘在康熙前期即已出名，是颇荒谬。

近人由云龙所著《定庵诗话续编》，记锡山秦氏真赏斋藏有顾二娘制一太师少师砚，上有万季野（斯同）题诗，署年款为康熙庚申（康熙二十九年）。此"顾砚"及万氏铭亦必伪，原因同上砚。

虽是小说家言，且韩细阁乃明末清初人，与顾二娘并不同时，将韩氏章与顾氏砚并称双绝，到颇有创意，也合于事理。只是此说法，并非乾嘉人之言，似是费氏自创。

名赝称一品　真顾何处寻？

乾隆间福建总督伍拉纳之子舒仲山，所撰《批本随园诗话·补遗》卷3第34条：

> 乾隆（五十一年）丙午，余在福州，画师姚根云赠砚一方，刻七绝一首，云："绣出端州石一方，纤纤玉指耐春凉。摩娑细腻玲珑处，多谢吴门顾二娘。"余所藏（顾二娘）制砚，尚有六方；其托名顾制者，有二十一方。

可知乾隆时赝品顾二娘砚已屡见不鲜。舒氏一人所藏即有二十一方之多，而其自认为真品之六方顾砚，亦未必定真。

顾砚，固"江湖上流传很久"矣，但"只闻楼梯响，不见人下来"，见刊或过目今人公私所藏顾二娘名款砚，恕我陋见，至今似尚无一方可笃信必真的"顾家样"标本。

不仅乾隆后期，实在乾隆前期或更早，赝品顾二娘砚即大行其道，甚至连"顾砚专家"林在峨亦被蒙蔽，如《林史》所收伪款顾二娘制"王渔洋星月砚"即是。

顾氏乃制砚大家，琢砚为业，其作有一定量，故今日存世真品必有。但鉴别顾氏砚，较鉴别高南阜、董汉禹等文人砚颇有不便，盖顾氏虽艺名极高，终一砚工，其所琢有款无款且不论；因拙于书翰，不能题铭却可肯定，因之，辨"顾砚"真伪，便只好借助砚上他人之题铭。

当今最著名之所谓"顾砚"，无疑首推北京故宫所藏"洞天一品砚"（彩图19）。砚上黄莘田铭"非君美无度，孰为劳寸心"，即《林史》所记莘田题"美无度砚"者。原砚未言顾氏所制，莘田款后亦无今砚"黄"、"任"二印，砚背"鹿原"（林佶）之铭则抄同书赵国麟所题一"崇德砚"铭文。故砚为伪作无疑（砚友王青路君《雕虫小记》已辨此砚之伪）。

实则，即便砚上铭文合于《林史》，砚也必伪，盖美无度砚并非顾二娘制品。

名品珠娘制　并非顾娘琢

余田生亦为黄莘田美无度砚题有一铭，《林史》记是：

　　　不方不圆，不雕不琢。略事磨砻，德修冈觉。如金在冶，如玉离璞。端州多才
　　此超卓，晤言一室君子乐。旬铭。此十砚轩之一也，莘田所谓"劳寸心"者。

　　据田生所记，知美无度应是一方随形砚，因材施艺，略有雕琢。"端州多才此超
卓"，言砚乃端工良匠所琢。据莘田铭款，此砚康熙五十八年已制成，其时莘田尚未官
粤，故田生所谓砚为端工所琢，难说必是，但并非顾二娘制品则可确信，否则砚上有顾
二娘款，或莘田告知乃顾二娘所琢，田生岂能出"端州多才此超卓"之语？

　　今传《说砚》本《林史》，为手抄本，偶有脱漏，"端州多才此超卓"之"多
才"，是否为"多材"之误？倘如是，则是指石为端岩上品，而非砚为端人所制。但从
铭语看，纯言砚艺，故必指"端工"无疑。所以，美无度砚乃是粤工某位珠娘所制，并
非吴门顾娘所琢。

　　张中行先生在《朴学集·砚田漫步》中，记其在清末藏家费念慈赠给端方之一册砚
拓上，见有一长方水池砚。砚面题刻行书"非君美无度，孰为劳寸心"，小字款"康熙
己亥六月，任"，印"黄任"、"莘田真赏"、"十砚轩图书"。背有余甸一铭及黄莘
田于戊辰（乾隆十三年）秋八月之"再题"一铭。右侧刻篆书"吴门顾二娘造"，左侧
刻篆书"神品"。

　　此砚款识，不仅比《林史》所记多出"黄任"二字印，且砚为长方，又有托名顾二
娘款识，亦必是伪品无疑。

　　行公对此砚之疑是："只是我所知，竟出现两个李逵。"所举其一即上述故宫"洞
天一品砚"。另一见近人夏莲居长诗《说砚》："十砚斋之冠，东瀛归长尾。过海两
见之，平正仅无疵。谬名美无度，诞语夸陋士。"按夏居士所言，则美无度砚早在晚清
民国时，已为日本人购走。得砚者"长尾"氏，当是长尾甲，即长尾雨山，明治时期著
名之日本汉学家、书画篆刻家，第一批西泠印社社员。清末民初居华十余年，吴昌硕之
享誉东瀛，长尾氏有首功。长尾氏嗜好中国文物，龟阜斋主人山田奂与其既是四国高松
同乡，又系远亲，受其影响，亦雅好中国文化，尤钟情于中国古砚之收藏，辑所藏刊为
《龟阜斋藏砚录》。

　　长尾氏所得，是否十砚轩原物，期有后考。

巧手顾家妇　仿就南唐样

　　传世托名黄莘田、林吉人所藏顾二娘赝品砚多多。自然是因为黄、林所藏顾氏砚本
就丰盈，故好事者借其说事。这点，时人陶元藻曾有眼福得见之，并将其闻见记入所撰
《泊鸥山房集》。

　　陶元藻（1716～1801年），字龙溪，号篁村，又号凫亭，山阴人。乾隆贡生，九试
棘闱，屡荐不得上。历游四方。诗文均负盛誉，为袁枚所赏，时称"会稽才子"。著有

《泊鸥庄文集》等。

陶篁村游粤闽，过端州，作有《过端溪观采砚》诸诗。在广州，曾于番禺丞何迪亭处见过数方顾二娘所制砚，有《过何迪亭书斋观顾二娘所制各种小砚》诗纪之：

> 墓草春萦蛱蝶裙，广陵音绝许谁闻。可怜深浅蛾眉影，照入残山几片云。

陶氏此次游粤在乾隆二十一年丙子（1756），时顾氏当已去世二十余年，故云"墓草春云"、"广陵音绝"。从诗题看，何县丞所藏顾氏数砚皆为小品。陶氏《与黄莘田书》记在何氏斋中所见者共有端砚七方，皆细润可爱，其中林吉人所题一风字砚，石尤美。又有《题林吉人先生〈砚史〉后》长诗，诗有"以辞纪实详且析，编成在笥迁固职。谁其创此风雅格，侯官老儒紫薇客。麝煤鱼纸搨未干，使我开卷开心颜"云云，似此吉人《砚史》即其子林在峨《林史》之误，但诗又云"物留人往生嗟吁，大书姓字五十八"，与《林史》所收入之藏砚家人数不合。真相如何，尚须后考。诗中状拓谱所收诸砚云："或圆而规方而矩，或作兔缺留弯环。大者离离广盈尺，小者参错裁零纨。"而此种种名款，皆"强半工成顾家妇"，盖砚出自顾二娘之手者甚多。

陶氏在《与黄莘田书》中云："仆一过仙霞（岭），即闻足下有砚癖，赏鉴倍恒流。"至榕城，访谒十砚轩，有《石州慢·过黄莘田斋头，纵观所蓄端石诸砚，其为吴门顾二娘制造数枚特胜》纪之：

> 五岭蛮烟，何幸端溪，恰逢仙吏。可怜解组归桄，几片羚羊石髓。清眸䴔䴖，盼他叶白花青，磨刀羞割春云紫。暮夜本无金，应宦囊只此。　温润。无瑕曾经，小巷专诸，吴娘手制。仿就南唐宫样，摩挲审视。蛾眉工巧，赏音只有涪翁，临池稳称簪花字。恨无墨东斋，少薛涛笺纸。

"南唐宫样"，即南唐官砚式样。欧公《南唐砚》一文记："其砚四方而平浅者，南唐官砚也。其石尤精，制作亦不类今工之侈窳。"善制仿古砚式，本是吴门顾氏传统。

砚林风雅客　名篇颂红妆

显然，顾二娘之砚艺，倘无闽人诸藏家之推毂，尤其黄莘田之为大力延誉，其影响恐要大打折扣。事实上，除林、黄诸闽人外，江南士林中之藏砚名流道及顾氏者并不多，黄中坚评顾氏翁媳砚艺，虽赞誉有加，但也不乏有微词。这或许是因为相对历来人文荟萃，文物渊薮的吴越文人，八闽文人之眼界确也有所局限之故。

反之，黄莘田藏砚高名，如无顾二娘砚艺为衬托，其影响亦必逊色多多。顾、黄之砚史地位，有一加一大于二之效应。后人说黄必举顾，赞顾必及黄，诚属"顾不离黄，黄不离顾"，也算砚史一景。

而顾、黄砚事所为人津津乐道，多半又应归功于黄为顾所题此《赠顾二娘》诗：

> 一寸干将切紫泥，专诸门巷日初西。如何轧轧鸣机手，割遍端州十里溪。

干将与妻子莫邪皆春秋铸剑名匠，为吴王阖闾炼成干将、莫邪阴阳二剑。专诸，史上"四大刺客"之一。为吴公子光（即后来的吴王阖闾）效命，藏匕首于鱼腹中进献，刺死吴王僚。顾二娘夫家所居专诸巷，传是当年专诸所葬之地，故名。其巷明时已成琢玉中心，名玉工陆子冈即居于此。

莘田诗中的"一寸干将"，自是指刻刀。用"善做刀"的女流干将与"善用刀"的专诸典故，比喻顾氏制砚刀工之良，实是贴切不过。

诗后二句言纺线织布乃女流本色，但顾二娘穿梭引线之纤手，胜场却是琢砚磨石。亦有奇思。

莘田《题陶舫砚铭册》，又有一诗题顾氏之作，云：

> 古款遗凹积墨香，纤纤女手带干将，谁倾几滴梨花雨，一洒泉台顾二娘。

此诗为纪念时已故去的顾氏所作，虽情感哀婉，但影响远不及前首。

也正因前首诗的出色、出名，流传甚广，几成顾二娘砚艺之"广告语"。故作伪者便也常用此诗作"托"，以欺世人。

冤哉刘康成　子才也昏昏

袁枚《随园诗话》卷下第三十四条：

> 何春巢在金陵得端砚，背有刘慈绝句云："一寸干将切紫泥，专诸门巷日初西。如何轧轧鸣机手，割遍端州十里溪？"跋云："吴门顾二娘为制斯砚，赠之以诗。顾家于专诸旧里。时康熙戊戌秋日。"

何春巢所得此砚上刘慈绝句之伪，显而易见。邓氏《古董琐记·顾二娘制砚》已有辩说："然则非刘慈窃取黄诗，即作伪者托名无疑矣。独怪子才与莘田相去不远，何以未及详考。"

刘慈（生卒年不详），字康成，号鹭溪，渝州巴县人，康熙间举人，官福建将乐知县。有《鹭溪集》。

《林史》收有刘慈《染翰砚铭》及题《林史》诗三首，其一云：

> 一编朴学几人知，文献犹存在此时。记得洙云乌石畔，高楼杯酒共论诗。

从诗中可知，刘氏曾与林正青在福州乌石山把酒论诗。或许彼此乌石雅聚，座上亦有黄二丈在焉。故何春巢砚上之伪铭自然是好事者托名刘慈，与刘慈本人无关。

说起来，袁子才虽与黄莘田应无交往，但袁氏读诗识人，对莘田别有会心者在，《随园诗话》卷9推誉黄诗极高："诗有音节清脆，如雪竹冰丝，非人间凡响，皆由天性使然，非关学问。在唐则青莲一人，而温飞卿继之。宋有杨诚斋，元有萨天锡，明有高青邱，本朝继之者，其惟黄莘田乎？"视莘田为唐以后"天性使然"的诸大家之后继。

袁子才亦为《林史》作有跋文。但《随园诗话》成书远在《林史》之后，且或许当年袁子才题《林史》时并未见到书稿，只是受托捧场，应景为文，致有此误（以袁氏下笔之"孟浪"风格，恐也无心考证"一寸干将"诗之出处）。

实际上，即使读过莘田此诗，事过多年也未必能记起，此到不应苛求于袁子才。

陶醉何情郎　春巢已梦梦

何春巢（生卒年不详），名琪，字东甫，号春巢（一作春渚），又号小山居士，一称南湾渔叟。杭州布衣。与丁敬善，刻印类之。行书学董其昌，尤工八分，不轻作，故世人鲜知，亦一清高之士。其雅好花竹，尤爱梅，其庭院中，凡梅之种种色色几备。尝倩人写一小影，箬笠短衣，席地坐，旁置梅花一担，自题云："卖花叟，担花走。卖得铜钱复沽酒，花儿卖罢担儿丢，卖赋还如卖花否？卖花叟，担花走。"甚有趣。

何春巢得此伪品顾氏砚，甚以为宝，填《一剪梅》词抒情：

> 玉指金莲为底忙？昔赠刘郎，今遇何郎。墨花犹带粉花香，制自兰房，佐我文房。
>
> 片石摩挲古色苍，顾也茫茫，刘也茫茫。何时携取过吴阊？唤起情郎，吊尔秋娘。

此词被邓之诚先生讥为"更属梦梦"，与其自题《卖花图》辞一般，风雅有之，酸味亦扑鼻。

何氏尚藏有一秦淮名妓马湘兰之遗砚，故又号湘砚生、湘砚主人（见《皇清书史》卷12引《杭郡诗续辑》）。以此公鉴砚手段看，想马氏砚亦未必定真。

何春巢未识砚伪，袁枚又以讹传讹，遂使谬种流传甚广。

从何氏伪砚，可见刻莘田此"一寸干将"诗作"托"伪冒顾氏砚，由来已久。

寸刀切紫泥　细心勤磨砻

北京故宫博物院今藏一凤形砚，亦见刊民国《湖社月刊》，原为曾任民初财政总长的萧山人张弧所藏。

此砚随形。池边琢一凤飞翔云端，巧借石眼饰作凤眼。砚侧篆书款"吴门顾二娘造"。砚背刻两印"莘田真赏"、"十砚轩图书"及两铭。一云：

　　夺彼凤池，挥尔凤藻。入席之间，兹焉是宝（篆书）。鹿原林佶篆为莘田研铭
（楷书）。林、佶、佶人之辞（印）。

另一隶书铭，即莘田《赠顾二娘》"一寸干将切紫泥"诗。后有跋：

　　吴门顾二娘，家专诸旧里。善制砚，一出其手人争重之。兹石是其所制，经三
阅月始成。感其工之精而心之苦也，因勒廿八字以识之。辛丑小春，莘田黄任（行
书）。黄、任（印）。

顾二娘款凤砚。北京故宫博物院藏。

　　"凤池"，即凤凰池，禁苑中池沼，唐时中书省之所在。后以"凤池"代指中书省
或宰相，以"凤穴"喻文才荟萃之地。"凤藻"，华美之文辞。凤凰羽毛绚丽多彩，可
借以赞美人之文采（纹彩）风雅。故砚以凤凰为题，寓意科考瑞兆。

　　从莘田砚铭看，砚因是顾二娘费时三月精心所制，深受感动，遂作一诗赠予顾氏并
镌于砚上，且更作跋语纪事，合情合理。此砚刻工繁而不乱，手法圆润，信是好手所
作。虽未必如砚铭所说，须费时三月始琢成，但也绝非耗时十天半月所能毕其功者。

　　惜亦赝。

片石大如许　　随携何堪玩？

　　莘田《秋江集》所收"一寸干将"诗无跋。《林史》记题于"青花砚"，诗后莘田
有跋：

　　余此石，出入怀袖将十年。今春携入吴门，顾二娘见而悦之，为制斯砚。余喜
其艺之精，而感其意之笃，为诗以赠，并勒于砚阴，俾后之传者有所考焉。顾家于
专诸旧里。莘田。

余甸、陈兆仑各有和莘田此诗一首（两诗应为题拓，而非镌在原砚上）：

割来青紫玉如泥，几度经营日驭西。一自神君拂袖去，至今魂梦绕端溪。（余）

淡淡梨花点点香，芳名谁遣勒词场。明珠七字端溪吏，乐府千秋顾二娘。（陈）

以故宫所藏凤砚莘田跋与莘田原跋对照，故宫砚伪铭无疑。

即便跋语无错，故宫凤砚也大可疑，盖真品为一"出入怀袖将十年"之佳石所制，故宫凤砚长达二十一公分余，这等笨重之物，何宜"出入怀袖"，随携把玩？

凤砚上林吉人铭，不见《林史》。其铭年款康熙六十三年辛丑（1721年）。早于乾隆十一年（1747年）丙寅始定稿的《林史》二十六年。何以在峨能记下莘田之铭却反漏记其父之铭？故吉人之铭显然亦赝无疑。

林、黄之铭既伪，"吴门顾二娘造"亦必是托名。

似此砚工艺之精美，虽冒名，倒也不致太过辱没顾二娘之名誉。

伪款虽比比　真凤当有之

与北京故宫博物院凤砚同一题材，也落顾二娘款者尚有数例。

其一，韩氏《砚铭》所收。背刻铭字甚多，刊拓难辨。右边篆书为"质润而坚"云云；左边行书中有"吴趋顾二娘所制，经三月工始成"字样，款"良常王澍题"。左下角楷书刻"吴门顾二娘造"。

王澍（1668～1743年），字箬林，号虚舟、良常，江苏金坛人。康熙五十一年进士，官吏部员外郎。篆书法李斯，为一代作手。著《竹云题跋》、《虚舟题跋》。

其二，《湖社月刊》第四十七册所刊。云为湖社画家金开藩（潜庵）所藏。砚侧镌篆书款"顾二娘制"。背周瑞峰楷书铭：

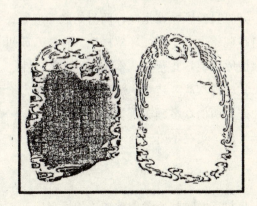

晚清韩应阶藏顾二娘款凤砚。
刊韩氏《砚铭》。

《湖社月刊》刊民国金开藩藏
顾二娘款凤砚。

静而寿，润且刚。浴凤毛于池上，微永宝乎青箱。余得斯砚，如获至宝。玩赏之馀，觉有□□□翔之势，□□于□□间耳。瑞峰。绍龙（印）。

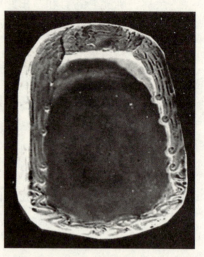

今人藏顾二娘款凤翔九天砚。

其三，见载周汝昌氏《北斗京华——北京生活五十年漫忆》第二部分"物劫"一文。周氏记砚在成都古物店买得。端石，有冰裂纹、青花。砚面雕一凤头，凤眼乃石眼巧作（或云眼为镶嵌）。凤两翼围抱砚池，凤身直连砚背。砚背有隶书铭，言砚乃顾二娘所制，落款"真意道人"，印"月溪"。

周氏查得，"康熙时福建世家许遇的别号正是月溪与真意道人"。此砚未见刊出砚照，真伪莫知。

其四，某报刊一"顾二娘凤翔九天砚"。云是康熙水坑端石。雕刻以石就形，正面雕一飞凤，两翅包住砚堂，凤头微低，下作砚池。砚背覆手有铭文二则。一云："承蒙翰墨，报国文章，振凤毛于池上，俾沐浴乎古香。"隶书。一云："感其工之精，思之深，挥洒之下，宛如凤舞鸾翔于毫楮朗月。杰人识。"小楷。左下角刻一小印"二娘制"，细朱文小篆。

文章作者解云，"杰人"即林佶林吉人。砚之真伪不说，从未见林氏有"杰人"此字或号。

张中行先生《顾二娘》文中语："平生所见，边款为'吴门顾二娘造'的端砚，其中绝大多数花样为凤，我看都是伪品。"可见伪品"顾凤"之多。

《林史》卷六收入林在峨子兆显所藏一方"凤砚"。铭云"制自顾大家"。卷七所收黄莘田"十砚"之一"吴镇椽林精舍砚"，亦"吴门顾大家重制，两月始成。形如威凤。"另书中所收林在峨一"凤砚"，林氏自跋砚铭"书于胥江环翠楼"。胥江乃苏州之别称，此凤砚亦疑出顾氏之手。可知顾二娘擅琢凤砚。此题材，本合女姓缜密心性。

或许清代某个时期曾批量伪造过一批顾氏款凤砚。从工艺看，疑为吴人所为。

以品味论，伪品顾氏凤砚远在近代苏、沪砚人所伪众多顾氏笔筒砚、蘑菇砚之上；后者一味精工仿真，已少明清吴派砚刻的文雅气息。实在不值一哂，有辱顾氏艺名。

有款署容若　无款顾家凤？

又民国《艺林月刊》第六十九期刊一砚，与故宫博物院所藏伪款顾二娘凤形砚刻工更极类似，只非单凤而是双凤。所刊之拓不甚精晰。编者云："石长约九寸，质细润，色淡紫。刀工精妙，有清朱彝尊、成德两铭，周笭题记，可称尤物。二十年前见诸厂

三六桥藏纳兰性德款双凤砚。刊《艺林月刊》。

肆，旋为三六桥所得。"

此砚铭者，除清初大名士朱彝尊外，周篁、纳兰性德亦一时人物，尤其纳兰，才名不在竹垞下。二人皆为竹垞好友。

周篁（1623～1687年），字青士，号筜谷，嘉兴人。明末兵乱，弃举子业，经营米店。好学，诸子百家无不博览通晓。以诗闻名于当时。为人不趋附权贵，坦荡不羁，交游广泛。

纳兰性德（1655～1685年），原名成德，字容若，号楞伽山人，满洲正黄旗，大学士明珠长子。康熙进士，官一等侍卫。善骑射，好读书。词以小令见长，多感伤情调，集名《纳兰词》。

王孙公子，衣食无虞，因"无欲无求"，反有率直心性，此王静安先生论词所以极力推崇李后主与纳兰容若也。其评纳兰氏之词"北宋以来，一人而已"，固有过誉，但纳兰氏之"以自然之眼观物，以自然之舌言情"，确有朱竹垞、陈迦陵（维崧）辈有所不及之处。其文才可谓满洲八旗第一人。

藏砚者三六桥，即清末官库伦办事大臣的蒙古人三多，姓钟木依氏，汉姓张，自号六桥。三六桥曾藏百十回本《红楼梦》，称"三多本"，传今在日本。

三六桥《粉云庵词》卷五《风流子》词自题："同社约用此调咏余所藏成容若双凤砚"。近人况周颐《蕙风词话》卷五记："双凤砚，为容若故物。朱竹垞镌跋，为某旗人（即三多，其为蒙八旗）藏，今以数百金质于日本某氏，有拓片。"或砚今尚在日本？

此砚似无顾二娘款，《艺林月刊》编者亦未言有刻者款，但有一纳兰容若名款对联，初看此物似乎可为顾二娘砚"特无款识"之说作一旁证。

公子生也早　无缘娘子砚

一拍品七言联，署当代名书家泸州吴丈蜀先生名款，曰："墨磨顾二娘子砚，茶沏时大老官壶"。款识云是"书纳兰容若句"。巧的是，另一拍品对联："墨磨顾二娘子砚，茶品李四老官壶。"署名正为"成德"，钤印"德道人"。

纳兰性德款七言联

两联中之器物、动作、人物、身份、称呼、性别诸义项，皆对仗工整，的是巧对、妙对。但两幅联作，上联一致："顾二娘子"自然是指顾二娘。下联却有"李四老官"与"时大老官"之别。"老官"，即老倌，市井中对老年男性之通俗尊敬语。"时大老官"，指明末清初制壶巨匠时大彬。"李四老官"，指明代嘉、隆间制壶名匠李茂林，因排行第四，又以"李四老官"得名。

两副联语，就本文而言，彻茶是用"李四"壶还是用"时大"壶无关紧要，关键在于纳兰公子当年磨墨曾经用过"顾二娘子砚"。合理之推测：纳兰既是用过顾氏砚，而凤砚式本顾氏所擅长之题材，且又有顾氏砚无款之说，则三六桥所藏纳兰氏双凤砚，自然极有可能为顾氏制品——惜者，天赐公子以禄，却不假才子以寿，纳兰容若并无用顾氏砚之机缘。

纳兰容若年方31岁即病逝，时在康熙二十四年，如前所考，顾二娘大约出生于顺治末康熙初。纳兰在世时，顾氏已成年且应已入嫁顾家，其时顾氏之公爹顾德邻与丈夫顾启明虽尚在世。但顾氏之砚艺，不可能在公爹与丈夫死后一蹴而就，必然在公爹和丈夫在世时，就有一定基础，很可能常常做一些为公爹和丈夫打下手之事。故而纳兰斋中所用砚为一顾二娘制品，似也并非绝无可能。

然问题在于，以纳兰容若贵公子大名士的身份，以其在士林之影响，倘顾二娘砚入其法眼而为之撰联咏赞，其广告效应，岂是林吉人、黄莘田等人可比？恐在当世必早已是"顾门砚贵"了，何必待纳兰去世二十余年后，顾氏砚方渐为人知，连同里文人黄中坚始闻其名？

纳兰容若其人，亦好手工艺，其业师徐乾学在《纳兰君墓志铭》中，即称纳兰"间以意制器，多巧倕所不能"。纳兰氏所撰《渌水亭杂识》记有诸多民间技艺，包括文房用具，如桐油墨、蕉叶白砚等。倘纳兰既用顾二娘之砚，且将其写进联语，似应将顾氏砚艺记入是书。然则——没有。

满洲八旗文人，其书画有一特点，是为恪守所谓"正统派"，画多崇"四王"，字则步趋赵、董，排斥北碑。此联行笔结体，皆有碑板笔意，故就书法而言，亦大可疑。

三六桥氏所藏双凤砚，从图饰刻工看，极可能与北京故宫所藏伪款顾二娘凤砚系出一门。

红杏花片春意闹

过目"一寸干将"之劣品砚且不论，刻工、意境具佳者也不乏有。

津博所藏一砚，见刊《中华古砚一百讲》。长方老坑端。卷草纹饰池边。侧隶书铭"一寸干将"四句诗，行楷款"康熙己亥六月，莘田题。"印"黄任"。背浅刻风舞落花，上下两燕，衔花嬉戏，顾盼昵喃，恰似一幅《衔花嬉燕图》。右上角题篆书"只衔花片与多情"。左下角楷书铭"吴门顾二娘制",下铃葫芦印"得趣"。

津博此砚当非真品,其伪品之因与故宫凤砚一样:莘田铭伪。

与津博此砚相似者还有日人所藏一砚,刊日人《文房四宝》杂志。端石,长方,素池抄手。抄手内刻"双燕衔花图",篆书题、印及砚侧隶书"一寸干将"诗皆与津博相同。砚背

津博藏双燕衔花端砚拓片

有虫蛀数点,色如黄花,刻者巧用为落英,构思甚妙,然古气甚薄,必伪无疑。

台北林氏更藏二"杏花春燕砚",刊《兰千山馆藏砚录》。皆端石。

林氏藏双燕衔花端砚其一。(彩图20)

其一(彩图20)、砚甚小巧,纵只六点七公分、横七点二公分。巧用石皮、虫蛀而刻饰。砚背抄手内,浅刻"双燕衔花图",行书题"杏林春燕",款篆书"吴门顾二娘制"。

其二、形长方,砚边浅琢卷草纹,墨池内浅刻双凫戏水。背平无覆手,刻"双燕衔花图"。左上题篆"只衔花片与多情",下印"莘田"。右下葫芦印"得趣"。

林氏藏双燕衔花端砚其二

林氏此两砚,并无"一寸干将"诗,其真伪又如何?

顾家堂前燕　飞如林生家

《林史》卷八收在峨和黄莘田《题陶舫砚册》一诗:

> 忆过胥江(苏州)菡萏香,专诸巷内意相将。要他圭角磨砻好,惟有聪明顾二娘。

《林史》记有"杏花春燕砚",砚为林在峨自藏。在峨记:

> (砚)旁镌"只衔花片与多情"七字。篆书。

> 吴门顾氏,三世以斫砚名。大家所制尤古雅浑成,先君子旧有"分来天上支机石,占取人间玉斧仙"赠句。今春偶得中洞石,访顾于专诸旧里。因出片笺乞余书之,随于砚背制"杏花春燕图"酬余。细腻风光得未曾有,所谓玉斧仙不其然手?轮川、峨。楷书。印二:得趣、暖风来燕子。

林在峨携石至吴门,请顾二娘为制砚。顾氏爱在峨书法,请为留墨。在峨遂为挥毫,而顾氏琢石酬谢,以艺会友耳。砚必顾氏经心之作。轮川所题七字,意尤绝美。

兰千山馆二"杏花春燕砚",不合在峨所记,皆非林氏物。

两砚题材相同,细观双燕动态又略有区别,非可简单归于摹写。尤有顾二娘名款者,半琢半璞,非俗手能出,颇疑顾氏真品。艺人对于拿手题材,一题多刻,事常有之。

以工艺看,两砚即便不真,其品却也不低。

附考一　脱十娘、顾二娘——拉娘配

梁绍壬《两般秋雨庵随笔》:

> 王阮亭先生诗云:"樽前白发谈天宝,零落人间脱十娘。"注:金陵旧院有顿、脱诸姓,皆元人,后没入教坊者。江宁脱十娘者,年八十余尚在。万历中,北里之尤也。陈句山先生诗云:"谁将几滴梨花水,一洒泉台顾二娘?"注:顾二娘,吴门人,善制砚,住专诸巷。(《脱十娘、顾二娘》)

王阮亭原诗本伤今吊古之作,其云:

> 旧院风流数顿杨,梨园往事泪沾裳,樽前白发谈天宝,零落人间脱十娘。(《秦淮杂诗》)

梁氏所引陈句山(兆仑)诗有讹,诗为黄莘田《题陶舫砚铭册杂诗》其中一首。陈氏有和作，即上文所录"明珠七字端溪吏，乐府千秋顾二娘"者。

梁氏此诗之误，与袁子才讹"一寸干将切紫泥"如出一辙，其出处亦不排除抄自某一陈句山款伪砚。

朱洪武"驱除胡虏，恢复中华"，摒"三胡"（胡服、胡姓、胡俗）。凡蒙古部落子孙流寓内地者，诏令所在编入乐户、丐户。阮亭诗中之脱十娘即一乐籍蒙女。脱姓，皆元顺帝丞相脱脱后裔。

唐宋人好以行第相称，若秦七（秦观）、柳八（柳宗元）、元九（元稹）。顾二娘，当是其夫顾启明在叔伯兄弟中行二，故人称其二娘。

伎，既指技巧、才能，又代称歌舞妓，故顾二娘与脱十娘皆属名伎。梁氏对以行第称名之女名流感到猎奇，便将脱、顾二人并举。实将砚艺大师与一教坊胡妓相提并论，顾氏未必乐见。

附考二 吴六娘、丁六娘——借六娘

又有一香奁砚亦关涉以行第称名之女名流，《艺林月刊》第五期刊一"清金农葛姬谱曲砚"拓本。砚长方，池边浅饰水波纹。一侧镌铭：

> 研有奁，笔有床。谱罗裙，吴六娘（隶书）。双文鸳阁铭（行楷）。

另侧镌一"鸳鸯"二字朱文圆印，"鸯"字倒刻，两"鸟"字连体。编者解砚：

> 砚端溪老坑石。长四寸余，宽半之，底有插手。琢工精雅，疑出宋制。铭见《冬心集》，当是先生手隶而自镌也。印文乃颠到"鸳鸯"二字，此老风情，真不浅哉！

此砚小巧精致，"鸳鸯"两字之设计，显匠心意趣。金冬心（农）其人天性散淡，其艺古拙清雅，脱尽恒蹊，此砚之风情，到也合乎此老浪漫情怀。

检《冬心先生集》所附《冬心斋砚铭》，确收有此铭，题名"郭姬谱曲砚"而非"葛姬谱曲砚"，原铭作"丁六娘"而非"吴六娘"。是否《冬心斋砚铭》传刻所讹误？

吴六娘、丁六娘，名同姓不同。前者遍考无可与铭文相近者；后者则为隋代名妓，作有《乐府》十首，每诗末句皆有"从郎索"云云，故称"十索"、"丁娘十索"，后世用以指妓女的需索。"十索"第一首

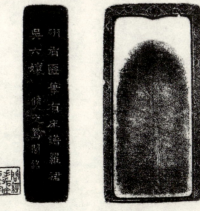

吴六娘谱曲砚

首句"裙裁孔雀罗"，正是冬心砚铭"谱罗裙"的典源，因之冬心笔下"谱罗裙"者必指"丁六娘"。

　　砚铭落款"双文鸳阁"，冬心斋号虽多，查无此名。铭字隶书亦与冬心"漆书"不相类。故可定砚必非冬心手迹。冬心原铭，以丁六娘作比，又云"谱曲砚"，当为一郭姓才妓所题。

　　此砚疑一号"双文鸳阁"者，录冬心铭改"丁六娘"之姓题赠一吴姓才妓或闺媛。故砚铭未必伪，只是借用冬心铭文而已。

"砚革"的"斗批改"

——纪晓岚"绿红端"辩诬

纪晓岚款绿端砚。首都博物馆藏。康生曾藏。（彩图21）

许看不许摸

　　纪晓岚"阅微草堂"故居残构，在虎坊桥，我曾与之对街相忘而住凡四年。1958年，此宅改为"晋阳饭庄"，专营晋菜，成京中名字号。张中行先生生前颇喜此馆菜肴，曾在寒寓观砚后，于馆中小酌。席间与行公畅论纪晓岚其人其砚，赏心乐事也。然而有煞风景的是，因是官办，当年此馆真可谓应着一句俗语——菜好吃，脸难看。

　　此后，因为"清宫剧"中纪氏之走红，或许饭庄当事者亦闻得纪氏爱砚有名，于是饭庄大厅便陈列有一方巨形端砚，砚上镶眼累累，俗工琐刻耳。某日，与三五朋好聚饮彼馆，饭后出于职业习惯，我下意识伸手抚摩砚石，那曾想，迅即招来一声京腔断喝：别

桂馥为纪晓岚所题"阅微草堂"匾。今藏中国书店。

摸，碰坏你赔不起！——呜呼！孰知在藏砚大家纪氏古宅中，竟遇"砚不能摸"之奇说，倘起纪学士于地下诘之，想必学士也会掩面"泪奔"矣。

再后来，纪氏声名更籍籍，饭庄便专辟一室，挂起"纪晓岚故居"匾额。自然，室内所陈列的诸种"纪晓岚遗物"道具中，免不了所谓的"纪大烟袋"的大烟锅与"古砚"。

今之故居，其建筑是否还是当年纪氏"阅微"时旧构，恐难定论，但前院一架浓荫密盖的古藤，据传确系纪学士当年亲手所植。在旧城改建运动中，因要拓宽道路，纪氏故居前院被拆，但古藤得以保全，这一切，不得不说，并非纪氏之才学有何旷世，事功有何过人（纪宅前主人雍正朝大将军岳钟琪，即比纪氏在史册中之份量要重得多），主要还是有赖近年来"清宫剧"泛滥之功。

纪明星的前世今生

时下"清宫剧"中，清朝诸帝尤其乾隆风光无限不说，连带臣下刘墉、纪昀也分得一杯"反腐明星"之羹。诚"大清爱好者"们的盛世良辰……

史实中之刘、纪，为官较清廉实有之，但刘氏被乾隆斥为"遇事模棱"，更有为虎作伥迎合乾隆兴"文字狱"而获高升的恶行；纪氏亦行事圆滑，善揣上意，"以逢迎得跻九列"，被人讥称"世故老人"。时人满洲大僚公子舒仲山笔下之纪氏尤为不堪：

> 少年纨绔，无恶不作，尝考四等，为乃父所逐出。中年狡猾，为和坤文字走狗。所著《阅微草堂》诸种，大抵忏悔平生，惧有报应。（《批本随园诗话·补遗》卷二）

舒氏之言，似是诛心之说。纪氏曾以劳民伤财进谏弘历南游（巡），惹得弘历龙颜大怒，直斥曰："朕以汝文学尚优，故使领四库书馆，实不过倡优蓄之，汝何敢妄谈国事！"——只能说些今天天气哈哈哈，吾皇万岁万万岁，此纪氏作为一个御用文人兼宫廷弄臣，其尴尬角色之悲剧所在——这也正是有清一代汉臣们在"满本位"满汉二元化体制中之真实定位。

纪学士不仅貌陋身矮，且今人生花妙笔下的"铁嘴铜齿纪晓岚"，事实上还是一结巴。不过，以巧言滑稽侍上，嘴拙未必是短处，有时反更易收

张赐宁绘纪晓岚小像。纪氏门生伊秉绶题，民国时河间纪氏家藏。

喜剧之效。

"四库出，古书无"！纪氏一生功业，无非帮乾隆借修书之名行毁书之实，编成"形象工程"《四库全书》。戏诌"打油体"《纪裁缝》一首云：

> 饱学通儒勤问学，为谁辛苦为谁忙？欲遮光头头上虱，青史须改改真章。
>
> 李代桃僵为诛心，暗度陈仓灭谁家？可怜巧手纪裁缝，善做不过纸嫁妆！

相对而言，纪氏所遗《阅微草堂砚谱》（以下简称《纪谱》），可谓于砚史之功，善莫大焉！

纪昀（1724～1805年），字晓岚，一字春帆，号观弈道人，直隶献县人。乾隆进士，官至礼部尚书、协办大学士。卒谥文达。学问长于考证训诂。《四库全书》总纂官之一。诗文多应制奉和、歌功颂德之作，读之令人翻胃。少数述怀、纪行诗歌尚清新可诵。

康氏：炮打纪晓岚——我的一张"砚革"大字报

今日最著名之"纪晓岚砚"，首推首博所藏"绿端砚"（彩图21）。

砚色碧绿。长方形，一字墨池。四侧及背覆手内浅刻云水蛟龙。砚额刻"端溪绿石上品，晓岚"。背挖斜抄深覆手，圈边右刻"嘉庆壬戌长至日记"，左刻"观弈道人审定宋砚"。字俱隶书。

此砚之所以大名鼎鼎，屡屡见刊，论者纷说，除沾清代名流纪晓岚之光外，还因与康生关涉甚大有关。

砚曾归康氏所藏，康氏且用"一张大字报"式笔法，墨书雄铭一则题于砚堂内。铭云：

> 纪晓岚自名为识砚者，还刊行《归云砚谱》，其实他对砚，连基本常识也没有。他把洮河石当作绿端，把青州红丝叫做红端，他不知端石为何物，更不必说识别古砚了。康生。一九七零年二月。

此砚于1991年"首届名砚博览会"上展出，始为世人悉知，与同次展出的首博另一藏品"林彪砚"，因"来历特殊"，同成焦点。又因"清宫戏热"、"纪晓岚热"及纪、康皆玩砚名人的身份，更因"洮、端之争"、"纪、康之争"的缘故，就玩砚人中之影响论，前者的风头更盖过后者。

近年先后出版《首都博物馆藏名砚》等砚谱及论砚杂说，皆莫不将此砚作"纪晓岚真品"刊介。

《首博藏砚》只刊出此砚背面，了无一丝康氏痕迹。但编者云砚"为洮河石上品"，"曾为纪晓岚所得"，似乎对康生的见识，是从其言而擯其人，意在砚外。

是端非洮

康生"高屋建瓴"，用"大批判"式笔法将纪氏痛斥一气，奈何纪氏是一已故达半世纪的"死老虎"，有口难自辩。

对康氏"批纪"之说，今人各说各话，指端说洮，莫衷一是。

只从砚照看，此砚绿洮、绿端皆有可能，难以定夺。但细审，则不乏可作比较之处。

洮河石多有水波纹等石品，且石筋等杂质亦不少，纯净无疵者少之又少。此砚有一定体积，何以未见一丝石纹石筋？而绿端本以纯净少杂纹杂质见长。绿端色近草绿，偶见绿底间杂少许黄色，类似紫端之杂质"黄龙"，此种黄纹斑其状正与砚背右上部的小块黄色相似。

又，洮石产西北甘南僻乡，交通不便，今日流通且有局限，古人更不易得；而端州开化较快，绿端贮量又甚丰富，得之不难。而砚铭本身即云"端溪绿石"，虽有可能铭者误识，但更可能是铭者知石之来历而题。

从上述几点看，砚应该偏于绿端。

为解开此砚材质之谜，我尝专程去首博看过此砚实物，结果可说一目了然。以我多年来藏砚、制砚过程中过目、"过刀"不少端、洮绿石所获心得看，可确定：无论色、质，此砚属"一眼货"的绿端无疑！

而康氏本人及今日"倒康派"或"倒纪派"，多各执一词斤斤于砚材是洮是端，对砚本身"真纪""赝纪"却疑之者少。

实此砚更大的问题，是砚上"纪铭"本身全然不干纪晓岚丝毫闲事。

且看纪尚书的"识别古砚"

康氏自己误识绿端为绿洮，反斥纪晓岚"不知端石为何物，更不必说识别古砚了"，所谓倒打一耙，却也歪打正着，话虽难听；抛开此绿端砚不论，质之史实，却近于真相。

纪晓岚《阅微草堂笔记·如是我闻四》：

> 西子、东家（东施），实为一姓；盗跖柳下，乃是同胞。岂能美则俱美，贤则俱贤耶？赏鉴家得一宋砚，虽滑不受墨，亦宝若球图；得一汉印，虽谬不成文，亦珍逾珠璧。问何所取，曰：取其古耳。东坡诗曰："嗜好与俗殊酸咸"（此实韩退之句）。斯之谓欤？

此文可为纪氏"文人例有嗜奇癖，心知其妄姑自欺"的玩古主张作一诠释，纪氏"疑古"貌似客观，实失明智。其文中所举西子、东施与盗跖、柳下惠虽为同姓、同胞，美丑、奸贤两别，但"龙生九子，九子不同"，以个体的异同，概言时代之风尚，无疑概念混淆。宋砚虽材或不美，亦可取赏者，时代大气象耳。

纪氏"疑古"观体现于藏砚，是曾先后磨去一铜雀瓦砚上"坡谷诸铭词"及一七星砚上北宋诗人唐庚（子西）旧款。《纪谱》所收古名人砚只南宋诗人家之巽、晚明书家黄贞父、清初词人陈维崧三方及一方纪氏存疑的魏了翁"鹤山"款砚。

清人昭梿《啸亭杂录》云："北方之士，罕以博雅见称于世者"，惟纪氏无书不读，"修词典而雅"，视《如是我闻》此则论古，嘉庆所评："纪昀读书多，不明理。"似也有些道理。

再看纪尚书的"基本常识"

《纪谱》收有一自然形砚，为纪氏同乡画家张桂岩（赐宁）所赠。张氏记石为绿端，纪氏则认为"疑为歙产"。结果经老砚工马生识别，砚却是"松花江新坑石也"。

谱中又收一绿端砚。长方门字式，砚侧及匣共有纪氏三铭。铭亦见载纪氏文集，题作《绿琼砚铭》。铭云：

> 端石之支，同宗异族。命曰"绿琼"，用媲紫玉。

> 端溪绿石，砚谱不以为上品，此自宋代之论耳。若此砚者，岂新坑紫石所及耶？

> 欧公《庐陵集》，有《端溪绿石枕诗》。然则北宋时竟不以为砚材矣！昆玉抵鹊不信然欤。石庵相国谓绿石即鸲鹆眼之最巨者，是殆不然，鸲鹆眼纹必旋螺，今所见绿石皆直纹也。

从以上两砚铭文看，纪氏确实不甚了解绿端等绿色砚材。前砚将绿松花认作绿歙石，后砚云"今所见绿石皆直纹也"，疑纪氏又将绿松花误为绿端，盖绿地黄丝等直纹正是松花石的特点，绿端何来此品？

刘石庵所谓绿端为大石眼之说更荒谬，以此类推，产绿端之北岭岂非一"大鸲鹆眼"石山？

今人常以纪氏此《绿琼砚铭》为绿端争誉。实绿端色、质，皆少有可玩味者，聊备一别品而已。纪氏将其与"新坑紫石"比，或有可取处。只上品新坑不乏佳石，此说亦未必尽然。

故尔，纪晓岚自作砚铭，多上乘佳作。所评砚艺"刻鸟镂花，弥工弥俗"等，堪称卓见；对时人"坚老"、"柔腻"两派石质之争，持论亦算公允。但其品赏古砚、鉴别石材确是手段平常。

只纪晓岚虽对绿端不甚谙悉，但康氏以首博绿端为活靶，却是实实在在"搭错了脉"。

谱中字影

"天下文章一大抄"，赝铭亦常用此法。

纪氏遗砚多已入谱，部分未收入者，除为友人题砚之作外，砚铭亦载《纪晓岚文集》（以下简称《纪集》）。故托名纪氏之赝品砚，较其他名人砚易辨识，按《纪谱》、《纪集》之图文"索骥"即可。

首博绿端砚不见《纪谱》，虽不能作为赝品之绝对证据，却也少一作为真品的铁证。

检《纪谱》比对，砚铭却有出处。

砚额所题"端溪绿石上品"，当是择用谱中"绿琼砚"铭文首句"端溪绿石，砚谱不以为上品"而成。其字书法，疑从同砚另侧隶书铭文中"绿石之支"云云者拼凑而成。

更致命者，砚背铭题，竟然恰好与谱中一缺角长方素池小砚背铭相同，只异最末一字：原铭作"识"，绿端为"记"。

《纪谱》缺角小砚

绿端铭字书法，初看似纪铭风格，但将其与谱中缺角小砚比勘，即现原形：谱中砚隶书，宽博厚重；绿端砚铭字，纤弱拘谨，有其形而无其神。

一铭两刻之情况偶亦有之，甚至还有乾隆"仿古六砚"的一铭多砚。纪晓岚亦有一铭刻于两砚者，如谱中《井阑砚铭》、《竹节砚铭》，因原铭之砚被人持去，纪氏后又复刻同铭于别砚（匣）。但首博绿端砚，简单重复题铭于同一天，书法优劣又如此明显，伪品可知。

纪大学士不懂落款格式？

再者，首博绿端砚背铭文，日期与名款顺序相悖，属故意所作的错位"移植"，亦一伪品证据。

落款行文，先署年月日，后署字号姓名乃常式。砚背两铭，从格式看，上款为"嘉庆壬戌长至日记"，下款为"观奕道人审定宋砚"。上款末字之"记"，通常用于下款作结尾。古人有自左向右作书者，如文人题摩崖刻石等，偶有之；民间野刻亦有此种形式，如宋元民间砚，记事类铭文偶有此种，但皆属极少见之特例，非常格。

《纪谱》所收诸砚，无一例自左向右书者，知纪氏无此标新立异的习惯；且也断无同日所题，铭文又全同的两砚，题款格式却又全然相反之理！

砚背纪年款"嘉庆"句抬头略高，名款"观奕"句位置偏下以作呼应，显然是又遵古人上款高下款低的惯例，并非有意"别出心裁"。

之所以如此有违题款规矩，不过作伪者为与真铭有所区别，刻意抹去仿刻痕迹所致。只是如此欲盖弥彰、弄巧成拙，反成伪铭一大硬伤。

连题款格式皆不懂，作伪者显然文墨无多。

正是当年一庸手劣作，骗倒眼高过顶的"鉴砚家"康生，从而使纪晓岚无端遭受一通康某人恶损，引发一桩砚史大冤案，亦乱世一奇观。

"康阿瞒"：我得意地笑！

康生斥纪晓岚"不识砚"之又一条曰："把青州红丝叫做红端。"

检《纪谱》与《纪集》，皆未见纪氏有此说法。但康氏却也并非无的放矢，其证据有一"纪晓岚朱端著书砚"，此又"绿端砚"一"案中案"。

康氏铭"朱端砚"（彩图22），私家所藏，来历俟考。从砚铭、题匣的口气和字体看，应为康氏手迹。

纪晓岚朱端著书砚（彩图 22）

砚椭圆，卵石状。一面略凹，当为砚堂。砚侧有隶书铭"阅微草堂著书砚"。大约铭者以为背覆手为砚池，故砚侧隶书铭文便成倒刻。康氏又将错就错，将铭文题于"砚堂"（覆手）。其"康体"墨书云：

> 纪晓岚把青州红丝石叫做朱端，把洮河石叫作绿端，他无研石知识，却自以为识砚者，还出过《砚谱》。旧社会所谓学者大□（都？）如此。康生。

砚有外匣，匣面小篆"阅微草堂砵端砚"，行书款"晓岚自铭"。后镌一印，字不清晰。下"康体"铭：

> 纪昀假充识研专家，把青州红丝石叫作朱端，令人可笑。康生笑题。

此砚康氏两铭，腔调一如其题首博绿端砚，只是把"批纪"之车轱辘话又倒了一遍。

其他另论，纵使康某人自负过人，乃党内的"大秀才"，视其题绿端、"砵端"之两砚三铭，此公文采却是大逊被其嘲笑的"旧社会学者"如纪晓岚辈的。

真是只要康某人"笑一笑"，纪氏便要"跳一跳"！康氏又一次得意的笑了。不过康氏又一次笑得太早了，使得其"笑"，到好似《捉放曹》中之曹阿瞒——每一笑便会招致一通乱箭。

"康老"，这位善摇羽毛扇之"大内高手"，铁血的另外一面，其玩砚实在是还极富"娱乐精神"。

黑锅再次背

"朱端砚"的"康、纪之争"，较绿端砚易辩。

此砚石色朱红，艳如朱砂，故砚匣题作"砵端"。石上有数处黄斑，似是青州红丝石，只红地黄丝不甚明显。从此砚康铭可知，康氏铭首博绿端所谓"把青州红丝叫做红端"，当就此砚而言。因之康氏铭此砚在绿端之前。

康氏鲁人，对家乡名物红丝石应较熟悉，红丝石相对也容易见到，故此次康氏"批纪"所谓"把青州红丝石叫作朱端"，就石材而言，康氏似不谬（具体是否必是红丝，尚待后考）。

但康氏这次也不过说对一半。

《纪谱》与《纪集》共只收载一方红丝砚。砚长方，夔纹边。覆手内行书铭：

> 此在旧坑，亦平平耳。新石累累，乃不复有此。长沙、北地之文章，可从此悟矣。

"长沙、北地之文章"，前者指西汉贾谊，曾被贬为长沙王太博；后者指北朝时"北地三才"温子升、邢邵、魏收。纪氏此铭之意，似是言石虽旧坑，并非上品，但与众多新坑红丝比，又算难得。比如贾谊、"北地三才"之文章，与屈、宋比，自有逊色；与明清人比，又高明很多。

纪氏此铭作于嘉庆八年癸亥，时纪已八十岁。后一年，时官山东巡抚的砚友铁保寄赠纪氏三方淄石砚。《纪谱》收入其一"月池砚"。纪题此砚开头即感叹："青州红丝砚，今久绝矣！"可知其时得红丝甚不易。铭此砚后不到半年，纪氏便病故。

由此推断，纪氏极可能一生只获一方红丝，至少晚年如此。因石"今久绝"，纪氏确有"把青州红丝石叫作朱端"之可能。但问题是，康生据以认定纪氏"把青州红丝石叫作朱端"之证据：此方"硃端砚"，也并非"真纪"！所谓纪晓岚"把青州红丝石叫作朱端"之论，不过如"把洮河石当作绿端"一样，让纪晓岚再背一次"黑锅"！

四库馆中只校书

首先，此"朱端"题名"阅微草堂著书砚"，即大有可疑。

著书砚，顾名思义，为著书立说时案头临池所用砚。然检《纪谱》、《纪集》所收砚，无一题名"著书"者。实用之砚倒有多方，分列如下：

一、合浦还珠砚：纪氏失而复得之"少年所用砚"。

二、壬午顺天乡试分校砚：纪氏任顺天（北京）主考时所用砚。

三、闽中校士砚：纪氏督学福建时曾用之砚。

四、乌鲁木齐归橐砚：纪氏被谪新疆三年时所用之"文墨宾"。

五、玉井砚：纪氏自新疆回京，"再入翰林"时所用。

六、校勘四库全书砚：纪氏四库校书所用砚，故背铭"检校牙签十万余，濡毫滴渴玉蟾蜍"。

七、郑夹郑修史砚：南宋名史家郑樵遗砚，裘日修所赠。纪后转赠闽士林育万。

八、刘文正公砚：明书家黄贞父遗砚，为其师刘墉"晚付门人，石渠校定"，以修四库所用。

九、阿文成公瓦砚：满洲权臣阿桂所"归以赠予，用编《四库》"。

十、黄任十砚其一：砚为莘田晚年所寄赠，贻予纪氏"槐厅供视草，黎阁伴雠书"。

十砚中，早年所用合浦还珠砚，在纪氏二十五岁时即失去，自然谈不上"著书"之用；刘、裘、阿、黄四人赠纪氏"用编《四库》"等云云之砚，不过客套语，未必真用（莘田所赠应即石田砚，后被纪氏进献内廷，编入《西清砚谱》）。

只有纪氏任考官时用过的两方"校士砚"，及贬新疆所用归橐砚、还京后所用玉井砚，可算"著书"所用。校勘四库全书砚，为纪在四库馆校勘"牙签十万余"时所用。然纪在四库馆，只校勘古书，或曰删改篡修古书，称不上"著书"。

何以数方实用砚，纪氏竟无一题作"著书砚"者？

阅微草堂不著书

著书砚，本文人砚中常题，但于纪晓岚却有别样意味。

晚清鄞县陈康祺，在其所著《郎潜纪闻二笔》卷六《纪文达不轻著书之原因》中云：

> 纪文达平生未尝著书，间为人作序记碑表之属，亦随即弃掷，未尝存稿。或以为言，公曰："吾自校理秘书，纵观古今著述，知作者固大备，后之人竭其心思才力，要不出古人之范围，其自谓过之者，皆不知量之甚者也。"

似乎纪氏因知古人不可超越，遂不作"作家"想，其"不轻著书"是有自知之明。此当纪氏托词，实情是纪非不欲，实不敢也。

终乾隆一朝，兴"文字狱"达一百多起，比弘历乃父乃祖尤为严酷，是清朝近300余年间，文网最密、文祸最多的时期。其时文人皆噤若寒蝉，纪氏"四库"馆中同僚，因校书讹误而罹祸者也有多位。纪氏本人亦因未对《杨继盛集》中"夷"、"狄"二字改过，而被乾隆斥责并罚停一年薪俸！此是纪氏号"世故老人"，成一"观棋不语"之"道人"的时代背景。

不过纪氏还是遗下一部《阅微草堂笔记》，此部"强说鬼"的闲书，无非重复一些"因果报应"老调（按舒仲山的说法，乃是纪氏因"无恶不作"，"惧有报应"而作之

纪晓岚"吟诗墨"、"钞书墨"。明清文人自制墨，与自用砚名"书画砚"、"著书砚"相同，多标"书画墨"、"著书墨"；书画非纪氏所长，著书为纪氏所避，故其墨以"吟诗"、"钞（抄）书"名之。两墨旧藏寿石工、尹润生，见刊《蓄墨小言》、《尹润生墨苑鉴藏录》。

忏悔），算不上有多高文学价值，纪氏本人也自称属"聊以遣日"之作。在纪氏看来：稗官原不入"儒家"，写此种遣兴文字算不上"著书"。只有撰写创立学说思想之"立说"经典，方能称得"著书"。

所以，纪氏被誉"通儒"，非无著书之才，其自嘲"只应说鬼似东坡"，避文字祸计耳；故对前举数方纪氏用砚，皆只题"校书砚"（分校砚、校士砚、校勘砚），而无一方题作"著书砚"，便不难理解了。

观奕道人字潦"草"？

又疑者，砚铭隶字不够"真纪"水平。

纪晓岚垂老之年有自嘲云：

> 虽云老眼尚无花，其奈疏懒日有加。寄语清河张彦远，此翁原不入书家。

（《题砚籖》其一）

纪氏此诗非自谦语、作态语，《纪谱》中所收砚之铭文，多纪氏请友朋中善书者代笔，其中隶书又多为门生伊墨卿代为捉刀。

纪氏虽拙于书法，但毕竟解元出身，自言"不能书"，乃相对于载入唐人张彦远《法书要录》之类书谱中之"书家"而言。正如纪氏在《自题校勘四库书砚》诗中所云："检校牙签十万余，濡毫滴渴玉蟾蜍。"久在四库馆中校书，不会写字也会描。纪又有诗云：

《纪谱》坦腹砚。"草"字作"艸"，与谱中其他六砚镌"阅微草堂"者相同。"朱端"则作"草"。

> 笔札匆匆总似忙，晦翁原自笑钟王。
>
> 老夫今已头如雪，恕我涂鸦亦未妨。
>
> （《题砚籖》其二）

故《纪谱》中之砚铭，少数部分亦为纪氏亲笔。只纪氏自书之字，结体松散，用笔拖遝，少见提按，较好辨认。

《纪谱》所收隶书砚铭中，镌"阅微草堂"四字者，计有：聚星砚、墨注砚、淄水石砚、好春轩砚、石函砚、坦腹砚六方。以六砚铭文隶字与"朱端"较，后者书法全无前者之俊朗，优劣立见。

更者，"朱端"铭"阅微草堂"之"草"字，为常用写法，而谱中六砚全作变体写法"艸"。题匣篆书，虽算规矩，亦较刻板，显然皆非纪氏"家法"。

纪大烟袋：为何受伤的总是我？

更疑者，砚之形制不附"著书"之用。

所谓"著书砚"，临池之物，应是形制适合研磨的实用砚。

前举纪氏"校书"等实用诸砚中，《纪谱》收入者计有四方：合浦还珠砚、乌鲁木齐归囊砚、校勘四库全书砚、刘文正公砚。四砚皆开有实用墨池，适合研墨作字之用。

而此"朱端"卵样砚，观赏、把玩自无不可；以其微凹而不起边之墨池（如前所述，康氏题铭之背池应为覆手），研朱勘书恐也只能差强人意，其池所能盛下的有限墨量，远不够"著书"之用。倘是题作"点易砚"则似无问题，因点易不费朱墨。

再者，以题砚常情及纪氏习惯，视"著书砚"此等"重要题材"，何以竟然留下覆手及砚侧大片空白而不置一辞一跋？纪氏可是"阅微"名手，《记谱》所收诸铭可证之。

从砚之包浆看，皮壳不厚、古气不足，虽非新品，也不过民国年间之物。

"朱端砚"与绿端砚两"赝纪"，皆被当作"真纪"而遭康生鞭挞，堪称"难兄难弟"。只"朱端砚"秘藏私家，露出面貌乃近年之事，故影响远不及首博的绿端砚。

所谓"绿端"、"朱端"之连环错案，纪晓岚诚冤过窦娥！倘"纪大烟袋"地下有知，一定哀叹：我何世不慎踩着康某人"尾巴"，被其必欲"批倒批臭"，且"打翻在地再踏上一万只脚"而后快？

且看康氏的"识别古砚"

康氏将绿端反讹为洮河，实已可窥此公识砚水平之一斑，且再看这位"蒙古医生"，对其他几例古砚"把脉"的"医案"。

数砚皆藏北京故宫博物院，见刊《故宫纸砚》，应皆康氏原藏物。

其一，著名之十二峰陶砚：砚有残，左边三峰乃今人所修复。叠石纹三足，箕形池，池沿三面环抱十二峰。内山峰三组，中峰一龙首，通峰后水盂，左、右两峰各一力士背负。背康氏题曰："汉陶砚。□□□（康生存？），洛阳出土。"此十二峰砚（实山峰不止此数），其砚面箕形池乃典型唐砚。据云此砚征集自洛阳，但出土地已无可考，今人定为"汉砚"乃据"专家"之言，而此"专家"疑即康生之砚上墨书题铭。故此砚"汉砚说"谬种流传，始作俑者应为康氏。

其二，两龟形陶砚：一单龟，一双龟（身联而头相交），背皆有康生朱书铭："汉陶研，康生存。"此种唐龟砚，淌池斜下，与砚面平整之汉龟形研墨器大有区别，类似之出土物今日不难见，属"唐家"遗物无疑。野说康氏1956年于故宫太和殿观展时，钟情一龟砚，以编《砚史》为名久借不还，或此两砚中之其中一方？

　　此三砚误唐为汉或情有可原，原因与乾隆因少见真物，将不少宋后制品附会为汉唐砚相似，当年康氏可参考的出土标准器也不多见（《故宫·纸砚》即纠正龟砚为唐砚）。

　　然康氏尚有将明清风字砚误识为传世唐砚之事，则应可说明其鉴砚"基本常识"亦甚有限。

再看康氏的"基本常识"

　　故宫所藏"唐澄泥天策府制风字砚"，双足风字式，硕大，达33.5厘米。砚背镌行书铭："唐天策府。"左侧有康生墨书篆字题："唐代文物，其永宝之。康生。"

　　天策府，为唐高祖武德四年，秦王李世民受封"天策上将"后所建。明代权相严嵩当轴时，天下珍秘尽归其听雨楼，后皆籍入内府，抄家物品中有名砚多方，其中即有一"唐天策府砚"。

　　故宫此砚，虽双足风字形，但砚池之坡度、砚足之高低，皆非唐人风字砚规格，从出土物看，此种风字砚式应不早于北宋。而款冠以"唐"字，更显是"此地无银三百两"伎俩。视砚包浆，当为传世明清人所为。或云此砚质为"澄泥砚"，从石色偏紫且似有胭脂晕看，砚应为端。我曾于津沽见一与此式相同者，端石旧赝，亦硕大，背也镌有"唐某某府"款。应属同时人作伪，与此砚可为互证。

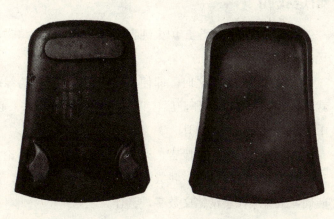

康生原藏"澄沉（端石？）双足风字砚"。今藏故宫博物院。

康生原藏"唐歙石双足风字砚"。今藏首博。此砚曾归名学者邓之诚先生所藏，砚匣有邓先生题于1959年（己巳年）一铭。

　　又首都博物馆藏一风字砚，歙石罗纹，长有27厘米，亦为康生原藏，背刊"康体"章草六字："唐歙石砚，康生。"此砚款式与上述故宫砚相似，只略显修长，无疑也是宋以后物。

将此两砚定作"唐砚"，康氏恐属犯了鉴砚中望形生义，"风字必唐、抄手皆宋"之大忌。此砚曾归名学者邓之诚先生，砚匣镌有邓先生铭文，题名为"古凤池丝石研"，只定"古砚"而非确指"唐砚"，可见邓先生下笔之谨严。

更让人怀疑康氏识砚"基本常识"者：此两风字砚从包浆看，应是传世品，并非出土物，康氏为何不思量：如此硕大两砚，何以递传千余年却如此完好？

又从康氏将徐世昌《归云楼砚谱》张冠李戴为纪氏《阅微草堂砚谱》看，疑此公连《纪谱》也未读过，更遑论《纪集》了！

所谓"五十步笑百步"，从辨石水平看，纪氏固非大行家，但康氏识见也不过尔尔，其讥笑纪氏，真可谓"百步笑五十步"。

如是我闻

康氏之"登龙术"，炉火纯青。视其批纪氏之口吻，当年挥斥方遒的"气势"，从玩古态度中不难想见。

人皆有问学不尽之时。即便纪氏确实误识绿洮为绿端，误识红丝为"红端"，未必就"令人可笑"。同理，康氏误识绿端为洮河，也未必就是丑闻。唯此"批纪"砚事中，康氏语气似少厚道耳。

治学之道，不以人废言，亦不以言废人。客观而论，康氏鉴砚水平难称高明，书法却大有根基，颇具风骨。我尝于漫画家华君武先生宅，过目一方当年康氏赠华先生的汉砖砚，上有康氏手镌铭文数字，甚佳。

康氏之"国学"，在侪辈中称"大佬"；但其尝痛斥陈老莲《水浒》人物画水平不高，见识如此，可窥其余。

康氏好砚，此"文物大盗"罪证之一，某位过气政治红人为康氏辩白：康氏在去见马克思之前，曾自刻"交公"字样印章一枚，盖于藏品上，将其所藏悉数捐公，"一分钱没要"！

又据一知情者云，康氏之搜罗古砚，意在撰一《砚史》，惜其作史目的终未实现。倘"康史"成稿，倒可让我辈见识一下此位"新社会学者"，比纪晓岚等"旧社会学者"，究竟有何"先进性"。

康氏题铭两"赝纪"时，"文革"正酣，多少旧家，多少名物灰飞烟灭，此公却有闲情逸致补写善本、镌铭评砚，无疑是砚史上的一个"异数"。但其"独乐乐"之结果，便似那砚史上"夜郎国"的国王，难免因自高自大而钻牛角尖。

所谓时代局限，就鉴砚而言，康氏实亦一"受害者"。——细一思索，若无康氏此位"识研专家"，共和国前三十年的砚史如何着墨？

笠谷缀语:

"清宫反腐剧"中,纪大烟袋之使命是与和中堂和珅杠上——一个半世纪以后,纪学士也被一更厉害的角色康氏杠上——又过三十余年,我也横插一杠,颇有趣。

附考一　萧军藏纪晓岚古端砚——"了翁"没了?

此一"赝纪"端砚,作伪手段与"纪晓岚绿端砚"如出一辙,皆"铭抄公"所为,只水平更不足观。

砚为长方形。硕大,长约30厘米余。砚面浮雕"降龙罗汉图",砚背浮雕应为"羲之观鹅图"。左上角铭:"元丰壬戌清明前三日,仿唐人画法。友石老人。"右上刻小印"臣大昕"。左、右侧镌行书铭:

> 石庵以此砚见赠,左侧有"友石"字,是宋人故物矣。然余颇疑其依托。石庵曰:专诸巷所依托不过苏、黄、米、蔡数家耳,彼乌知宋有魏了翁哉?是或一说欤。偶与门生话及,因再为之铭曰:厚重少文,无落我绛侯如惊蛱蝶也。晓岚。纪(印)。

砚匣盖镌:

> 组织仁义,琢磨道德,启发篇章,校理秘文。甲寅秋七月钱大昕。臣大昕、辛楣(印)。

纪晓岚款魏了翁砚。见刊《文物天地》1983年第1期萧军氏《清代学者使用过的宋砚》一文。

砚为当代名作家萧军先生20世纪五、六十年代,购自北京德胜门外古玩"鬼市"。"文革"被抄,后发还。萧氏刻"厚重少文"云云一铭其上。萧故后,其家属捐予中国现代文学馆，今在该馆长期陈列。

萧先生解此砚是北宋时物，南宋魏了翁所用，清时刘石庵赠予纪晓岚，钱大昕又为纪氏题铭。然萧氏虽认砚真铭，却又有疑惑："砚上并无魏了翁留题，不知石庵所指，出于何处？"

查此砚"纪晓岚"铭出处，翻《纪谱》即可。前半段抄自谱中一抄手砚。原砚因侧有"鹤山"两篆字，所以纪铭次句记"左侧有'鹤山'字"，萧先生砚当是因原砚旧刻有"友石老人"款，作伪者遂改为"左侧有'友石'字"，如此便将萧氏绕进去了！

"偶与门生话及"以下其余部分，则择抄自《纪谱》另一"宋太史砚"（《纪集》题名）后半 段。

钱大昕铭，书法尚可观，但钱与纪氏同年进士，交情不薄，无不识砚为赝品的道理，故铭亦必伪。

从刻工看，图案繁琐，更是纪晓岚所斥"弥工弥俗"的劣工。

此砚作伪手段实不高明，其有"出头"之日，无非因着萧先生之"名人效应"。

《纪谱》抄手砚和宋太史砚背拓

附考二　康生题纪晓岚砚拓片五种——亦为康氏"鼓与呼"

所谓名人效应，流芳者、遗臭者，既属名人，皆有社会效应，也皆可转化为经济效应；缘于此，近年康生手迹自然也大有市场。关涉古砚者，见刊有题拓五开。

其一题于1954年。云跋"文达君题汉五铢砚"，有"经文达公之巨眼，当有品味之故物矣"之句。纪晓岚卒谥文达，故后人常称其"纪文达公"；《纪谱》又确收有一五铢砚，康氏此跋当为此砚拓本所题。

康氏"文革"间批纪氏绿端、"红端"，口水乱飞，进京初却一口一个"文达君"、"文达公"，且赞其鉴砚有"巨眼"，反差如此之大，前恭而后倨何至如此？

20世纪五十年代始，官方对内称同志，对民主人士或称先生；对古人，无论"儒家"、"法家"，皆直接称名道姓。又，"某某君"乃称同时人。康氏终是富家学馆出身，断不至出此种称古人"文达君"之丑。

其他四拓，题于1964年，出同一册。砚皆见刊《纪谱》，题拓铭文更是谬误百出，略辨如下：

    其一,题"石函砚"。题拓竟云:"查书未知'观奕道人'为何朝代之人物。"查古代人名字号之类资料书,民国时即有多种,皆收入纪氏"观奕道人"此号。

    其二,题"家之巽歊石砚"。题拓"当年东阁"云云四句诗,乃抄乾隆题《西清砚谱》中"宋徽宗睿思东阁砚"。

    其三,题"乌鲁木齐归砚"。题拓"书滴曾闻"云云四句诗,亦抄乾隆题《西清砚谱》中"哥窑蟾蜍砚"。

    其四,题"松花石砚"。题拓有"当属如获宝物之情"云云,文理不通。

    此题砚五开,文辞极鄙陋,康氏"旧学"虽难称有多精研,但总有根底,焉能落得如此下乘?其中两诗纯粹抄袭弘历,以康氏心气,当不屑于干此剽窃勾当。再者,康氏字一如其心迹:笔裹锋芒,斩钉截铁,用笔如用刀。而数开砚拓题字,笔弱墨滞,只以字论,亦已足能气活"康老"了!

    "文革"中,康氏以"赝纪"恶批纪晓岚,使纪氏大受其

伪品康生题纪晓岚
汉五铢砚拓

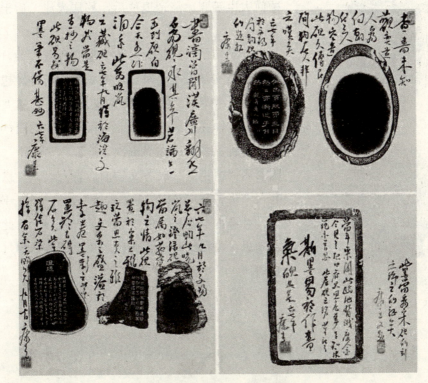

伪品康生题纪晓岚砚拓册页四开

辱；其后，人以拙劣至此的"赝康"攀附真纪，为后来者批康埋下伏笔，康氏亦冤莫大焉！

诚所谓白云苍狗，世事无常。

附考三　康生题古钟砚拓——跋发古之幽思

拓为两开。古钟形砚，刻镂精工。题拓三则：

古钟风韵，康生记。

此古钟乃清宣统大学士那桐家所藏之古器，此先前拓本，六七年于孔庙查抄物品中见此物真容。古钟摹□之品，宛如见古人心，康生。

此拓得于中国书店，拓制亦精。

因是旧拓，原钤有印多方，康氏所钤者有"学书"、"康生"等。

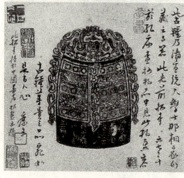

康生题古钟砚拓

那桐（1856～1925年）字琴轩，叶赫那拉氏，满洲镶黄旗，晚清"旗下三才子"之一。光绪十一年举人，历任内阁大学士、户部尚书、军机大臣、弼德院顾问大臣等职。清帝退位后，移居天津。后于天津病卒。

按题拓之意，此砚乃仿刻那府所藏古钟。惜砚拓之古钟金文部份不易辨识，难知是为所钟。想是康氏某次去"捡漏"（从某种意义上讲，实算"抢救文物"）时，在孔庙（应是北京国子监）的查抄物中，得见此钟原器。而在另一次"捡漏"活动中，又从中国书店"内柜"（时各文物商店皆有设，专供高干及名人"购买"）里花若干"大钱"，淘得此一砚拓。

对摹古一砚拓，能"宛如见古人心"，此种发古之幽思，与批纪晓岚款伪砚之"文革体"口气，大是别调。

与前考五品砚拓不同，从此砚拓题字看，有"康体"风貌，或为真题。

下编　杂俎编

争座多少事，都付笑谈中
——四大名砚评传

古无四大名砚之说

　　春秋时，齐国名臣晏子（婴），用区区两枚桃子，顷刻间使三位桀骜不驯的悍将流血五步，毙命脚下，所谓"二桃杀三士"，所利用的便是三位莽夫争功排名的心理。所以，世有排名，便有座次之争，非"排排坐，吃果果"般简单，古今中外莫不如此。梁山泊忠义堂中，都是"好汉"字辈，一时瑜亮，幸赖"石碣天书"方排定交椅。只彼天书——想必是被宋大哥伙同吴军师做过手脚的。

　　名砚之排名，滥觞自柳少师（公权）《论砚》。但后人对柳文诠释误解甚多，简直将柳少师目为"送子观音"，实砚史一大乱象。

　　《旧唐书·柳公权传》所记柳氏《论砚》原文：

　　　　（柳）所宝唯笔砚图画，自扃镭之。常评砚，以青州石末为第一，言墨易冷，绛州黑砚次之。

　　此处只言青州石末（澄泥一种）、绛州黑砚（当即绛州澄泥。另文别述），全未提及端、歙、红丝、临洮。

　　今人"四大名砚"排位，前三无疑义：端一、歙二、洮三。有争议者乃第四，澄泥、红丝各有说辞，共识是两者同占一席。共占一席之排序又有两说，且相悖，一云宋时红丝列第四，后因断采，被澄泥所替；另云澄泥失传，红丝补之。实两说以及"四大名砚"排名本身皆非古人所定。

　　宋人之疑似排名：

　　　　凡自红丝以下可为砚者共十五品，而石之品十有一：青州红丝石一，端州斧柯石二，歙州婺源石三。（《唐录》）

　　　　（《苏谱》）中载四十余品，青州红丝石一，斧柯山第二，龙尾石第三。馀皆在中下。（《李谱》）

《砚谱》（指《苏谱》）：天下之砚四十余品，以青州红丝石砚为第一，端州斧柯山为第二，歙州龙尾石为第三。（《续博物志》）

虽然南宋赵希鹄推誉"惟洮河绿石，北方最贵重"，至少有宋一朝，还无人将洮河石与端、歙、澄泥、红丝相提并论。

今人好"大"风气之产物

逮及明人王世贞，总算凑齐"四大名砚"：

柳公权蓄砚以青州石末为第一，绛州者次之。后始重端、歙、临洮。（《弇州四部稿·宛委余编》）

王氏此说应是今日"端、歙、洮河、红丝、澄泥"，所谓"四大名砚"（实为"五大名砚"，只王氏所言是青州石末，并非青州红丝）的原始出处。

所谓唐、宋已有"四大名砚"谬说，正是今人误读王氏跋言，将王氏所缀"端、歙、临洮"一并归为柳少师原文之故。实柳氏不仅未言"后始重端、歙、临洮"，甚至还极推重端砚。南宋初朱翌《猗觉寮杂记》卷上云："唐人重端溪砚……柳公权论砚云：端溪石为砚至妙，益墨。"与朱翌同时之吴曾《能改斋漫录》卷一"端溪石"亦云："端州石，唐世已知名……柳公权论砚亦云：端溪石为砚至妙。"朱、吴两说，虽出处不详，但应有所本。

"四大名砚"称法的始作俑者，一时难考，至少以我阅读所及，未见民国以前人有此成说。

古人并称合誉之风尚，早已有之，"商山四皓"、"竹林七贤"、"大历十才子"、"饮中八仙"、"苏门四学士"、"吴中四子"、"秦淮八艳"、"扬州八怪"等等，不胜枚举，但鲜见古人有以"大"誉称者，盖古人尚"中庸"，不轻易妄自称"大"。

沧海桑田，世易时移；所谓传统，原本是新生事物所沉淀传续而成，一如"四大名著"、"四大美女"、宋瓷"五大名窑"、古文"唐宋八大家"等现代人所产生的称法，今人在前人论砚基础上总结出一"四大名砚"排名，亦无不可。

客观而论，"四大名砚"之因缘际会不同，影响各有消长，但皆属砚史上公认的著名砚种，排为前四也属实至名归。但谬托柳公权、误解王世贞，将此排名攀附为"古已有之"，则实在是属于"以六经注我"了。

忆昔开元全盛日——澄泥

澄泥砚今日早已成为"昨日黄花"，在当年却是最早称雄砚林者。汉魏、南北朝所

铜雀台砖砚。唐人以北朝重修曹魏邺城铜雀台古砖所制。同类器物尚见背有"千秋"、"万岁"等吉祥语及"天保八年造"等年号款者，皆唐宋人以东魏、北齐邺城古砖所刻。此砚砚背有模印花纹及"铜雀台"三字，为带"铜雀台"字样之邺城古砖砚仅见品。五绝砚斋藏品。(彩图23)

唐虢州澄泥凫形砚。色泽华美，泥质坚细。造型生动夸张，尤其装饰性极强。砚盖翅膀羽毛，线条洗练果决，凫尾凸出，上翘回转。气象高迈，诚可谓大唐雄风。五绝砚斋藏品。(彩图24)

制宫室台阁砖瓦，所谓"铜雀台瓦"、"邺城砖"之类(彩图23)，以其制法之考究，无疑已可算的是上品澄泥，只当时尚无澄泥之名。

　　唐时，诸砚当以澄泥最为著名，其中尤以虢州澄泥为代表(彩图24)。中唐杜佑《通典》及欧公《唐书·地理志》皆有虢州澄泥为贡品之记载，为最早的贡砚（《苏谱》记有西晋时于阗国所贡铁砚，应非定制）。欧公且云："虢州澄泥，唐人品砚以为第一。"柳少师《论砚》亦评澄泥别种"青州石末"为第一，绛州澄泥"黑砚次之"。

　　唐澄泥制品，最为今人所知者为"十二峰澄泥砚"(彩图25)，但其是否虢州制品，尚俟考。

　　宋代，澄泥砚产地甚多，除虢州外，绛州、泽州、相州、保州、柘沟等地皆产

唐十二峰澄泥砚。砚为叠石纹三足，箕形池，池沿三面环抱十二峰。内山峰三组为一力士相负。故宫亦藏一例，多出两力士各负左、右两峰。故宫砚极有名，长期以来皆误定为汉砚。实此种砚从澄泥之细腻程度、墨池之箕形造形，皆为典型唐澄泥砚。此砚两足及几座山峰略有残，故宫砚亦有三峰乃今人所修复。故宫砚征集自洛阳，此砚亦出豫地。五绝砚斋藏品。(彩图25)

之。其中绛州澄泥声誉渐起，影响似乎很大，惜至今可信之"绛州澄泥砚"实物标准器罕有。宋时澄泥砚工艺的代表人物为泽州吕道人，但其艺只昙花一现，艺随人亡。宋人又兴取汉魏古瓦制砚，欧、苏、黄、米、蔡诸贤皆喜之，寄托好古之情罢了。著名之虢州澄泥，时人已罕用，可见其时澄泥砚之地位已不可与唐代相比。

宋泽州路家澄泥砚。此砚泥色较正,背摸印阳文清晰,为同类砚品中上品。盛源斋藏品。

明时,澄泥更不为雅流所重。实从传世物看,澄泥名品如鳝鱼黄、虾头红、朱砂红、绿豆沙、蟹壳青等,至明时方大备,质、色且胜唐宋澄泥。尤"黑包红"一种,为上上品,或为绛人制品。其时陕州人卢敬(一作娄敬)所制澄泥动物砚,妙趣横生,只不为士大夫所知。

清末"陕州工艺局"之类澄泥砚制品,多敷冬烘、蒙童所用,佳者不失民俗味。

本为如花美眷,奈何似水流年!澄泥砚从唐时"品砚以为第一",宋以降日渐式微,虽有所谓"古法失传"因素,实其致命处乃如坡公所言:砚当用石,镜当用铜,此真材本性。以瓦为砚,如以铁为镜耳!

人人争识紫君面——端溪

有唐一代,基本以用澄泥砚为主流,只端、歙先后问世,渐有后来居上之势。

端砚自唐高祖武德年间始采,逮至中唐时,已较有名。李肇《国史补》记当时"端溪紫石砚,天下无贵贱通用之";柳公权云"端溪石为砚至妙,益墨"。唐诗中咏端石者亦不少,如刘禹锡诗"端州石砚人间重"、"寻常濡翰次,恨不到端溪";李贺诗"端州石工巧如神,踏天磨刀割紫云",更是咏端名句;晚唐皮日休赞端石"微润将融紫玉英";许浑状端石"洞丁多斫石";唐末徐夤云:"远向端溪得,皆因郢匠成";李琪云:"远来柯岭外,近到玉堂前。"更有文嵩效韩愈《毛颖传》体例作《即墨侯石虚中传》,以拟人手法为端砚作传。其时端砚虽地僻岭外,已渐成中原文人士大夫争求之物了。

唐箕形端砚。刊《中华古砚》。1965年广州动物园工地出土,现藏广州市文物管理委员会。从形制看,当为晚唐物。

然唐时端砚虽已渐为人识,产量应有限。南宋初叶樾《端溪砚谱》有云"龙岩盖唐取砚之所",是古人所记众多端坑中之唯一唐坑。今日出土唐端真品罕少，亦可证唐时端坑未能大规模量产。

五代时，群雄割据，端溪虽仍采石，然因端州地属南汉，经济文化本极落后，又与中原隔绝于岭外，端石遂难有作为，时人鲜有文字提及，只释齐己"端人凿断碧溪浔，善价争教惜万金"等数语，遂使南唐境内的歙石"为天下冠"。

宋代，前期因国家初定，文化粗兴，端砚复为名物，太宗时已有贡端记载。其时除唐坑龙岩外，下岩等名坑相继开采，于是端砚渐成文房用砚、赏砚之主流。

明清时，水岩系列的熊坑、大西洞、张坑及麻仔坑等佳石迭出，人争宝之，端砚更是傲视于砚林，独步天下矣！

五代天福年款端砚。刊《紫石凝英》。商承祚先生原藏。风字抄手。背刻款："天福五年五月一日，买此端州彦（砚）瓦。计价钱五拾千文。释□□□□耳。"天福为后晋高祖石敬塘年号，五年为公元940年。

太平有象端砚。日版《古名砚》所刊。计楠次子计芬（儋石）藏，铭为钱塘印人、赵之琛从子赵懿（号懿子）所刻。此砚刻工凡常，石眼甚佳。

最是江南好光景——龙尾

　　歙石因猎人叶氏偶然发现于唐玄宗开元年间。五季宋初名士陶谷所撰《清异录》记唐开元二十三年进士萧颖士，曾在仓曹李韶家见一上品歙石，可知盛唐开元、天宝间士大夫对歙砚已不陌生。1976年合肥唐墓出土的开成五年歙砚，造型规矩，工艺精

皖博藏开成五年歙砚 。见刊
《文房珍品》、《中华古砚》等。

到，说明晚唐时歙砚工艺已相当成熟。晚唐咸通间诗人李山甫《古石砚》诗有云："波浪因纹起，尘埃为废侵。凭君更研究，何啻值千金。"当题一水波纹歙砚。从此诗可知，晚唐时歙砚已甚名贵，致李氏有"值千金"之誉。

　　《清异录》又记后梁太祖朱温即位之初，曾赐宰相张文蔚、杨涉、薛贻歙产龙鳞月砚各一，此数砚当是唐内府原藏，或可证唐末歙石已为内府所珍。

　　五代杨吴时，歙石尚采，有东坡所得汪少微制于杨吴顺义元年之"吴砚"为证。南唐代吴，歙砚称极盛，不仅有南唐宫廷大力支持；还有一代砚雕巨匠李（汪）少微主持砚务，使歙砚工艺更臻完善。其时，除唐代已开采之眉子坑外，又新开里山坑、罗纹坑等，使歙砚品种及产量皆大有增加。故南唐时，歙砚材质工艺皆胜于他砚，博得"为天下冠"声誉为极自然之事，乃歙砚的"黄金时代"！

　　南唐国破，歙砚采石一度中断。北宋仁宗景祐、嘉祐间复采，又相继发现水舷、水蕨、驴坑等名坑。故北宋时歙石质量不输南唐，只名气已不似旧日"冠天下"之风光，但仍是士大夫斋中至宝，欧、苏诸贤诗文可证。南宋理宗时，尚采旧坑龙尾石为贡，只声势不若北宋。

　　元时，龙尾歙石曾因石尽山颓，死伤数人，石坑荒废一时。土人遂取邻县他石冒名牟利。

宋枣心眉纹歙砚。1953年歙县小北门宋代
窖藏出土歙砚十七方，此其一。

　　明代，歙石曾产一批大材，今日传世者尚不少，为古歙中的代表砚品。

　　清时，歙坑采石时断时续，可道者不多，但也偶有精品。

明罗汉入洞砚。日人相浦紫端氏《歙州砚》所刊。砚面、砚背金、银晕灿烂之极。(彩图26)

青州使君是知已——红丝

红丝石，据唐彦猷所记黑山旧坑："洞口绝壁有镌字，唐中和年采石所记"（《高笈》所引《唐录》）。"中和"为唐僖宗年号，故至少红丝之采石始于晚唐。但唐人所采红丝是否作砚用，尚难确定。

唐末至宋初，红丝石默默无闻，至唐彦猷于仁宗嘉祐间官青州时方再为人知。

唐氏青州任上，闻红丝石佳，以为适合制砚，遂遣人至红丝旧坑，采大小石材数十枚，甚爱之，对其赞不绝口："文华致，声清越，黑膏浮，蒸濡如霞，异于他石。"又撰《砚录》，列红丝为诸砚之首，端、歙尚排在其后。

红丝虽石纹较华美，其材质之瑕疵亦甚明显：渴燥。此山坑石缺乏润泽的通病，所以红丝石被米颠直斥"非品之善"，时人对唐氏"红丝石天下第一"之说亦多持非议。

因唐彦猷的大力鼓吹，夺得千年来名砚一席之红丝砚，宋以降，便风光不再了。

唐彦猷所誉之益都黑山唐坑红丝石，宋时已废。后以临朐老崖崮所采为贵，今老崖崮老坑也已废采，新品材质明显逊于端、歙乃至洮河，致有今人称红丝石浪得虚名。

或许唐彦猷当年所采，为红丝之最佳坑脉，所谓"石髓"，故被其目为极品，但从唐氏友朋如蔡、欧诸人的评品看，与后世所出者差别应不致太多。事实上，传世之上品红丝也不多见。近来又出一种黑山红丝石，材较临朐红丝纯净，但华美则有逊色。材质是否接近唐彦猷所采，则不得而知。

红丝古砚，一种紫地黄丝者颇佳，色华美沉稳，非今所采新坑石色之轻浮可比（彩图27）。

日人《古名砚》所刊素池红丝砚。(彩图27)

元祐君子入眼花——洮河

最早记洮河砚者为蔡君谟（襄）所作之"洮河石砚铭"，蔡氏卒于治平四年，故洮砚至少在北宋英宗治平间已面世。

宋神宗熙宁时，名将王韶收复羌人所据洮河流域，批量采洮石为砚。从此，"千年虏地困沙砾，一日见宝来中州"，洮石从"戎人"磨刀之砺石成宋人磨墨之文房嘉宾。

洮河石，质色粹美，宋人誉之甚高，东坡："琢而泓，坚密泽"；山谷："赠君洮州绿石含风漪，能淬笔锋利如锥"；晁补之："洮河石贵双赵璧，汉水鸭头如此色"、"洮鸭绿石如坚铜"；张耒："明窗试墨吐秀润，端溪歙州无此色。"无疑，洮河石乃北宋末士大夫书斋中的新宠。

南宋陈槱《负暄野录》记："砚以端溪为最，次则洮河，又次则歙……洮石今亦少。"南宋赵希鹄《洞天清禄集》论洮砚名言："除端、歙二石外，唯洮河绿石，北方最贵重。绿如蓝，润如玉，发墨不减端溪下岩。然石在大河深水之底，非人力所致，得之为无价之宝。耆旧相传，虽知有洮砚，然目所未睹。"因彼时洮石产金国敌境，南宋人不易得，因之连宋室贵胄赵希鹄亦难得一见此"无价之宝"。而北地得端歙亦不易，故洮砚为北方金人所推崇。金朝诗人冯延登《洮石砚》云："鹦鹉洲前抱石归，琢来犹自带清辉。"知金时采洮石制砚并未中断。

洮石质润色雅，可惜方名于世却又遭靖康国破，遂与当时汉文化的中心南宋隔绝，以致一蹶不振。其际遇正与歙石相反：歙以南唐兴而盛；洮因北宋亡而衰。

元以降，或因地处边鄙"不毛"，或因远离主流文脉，总之，洮河砚长期处于被砚林边缘化的状态。

洮砚，当属诸名砚中最生不逢时之砚种。一叹！

近代戏剧人物洮河石砚 。日人楠文夫氏　　　近代洮石带盖花鸟砚。刻工匠味颇重。清代、
《砚台》所刊。　　　　　　　　　　　　　　民国旧洮多如此。私家所藏。

四大名砚影响之消长

唐代：中前期，澄泥为主导，尤其虢州澄泥，朝贡天阙，名重朝野。中晚唐，端砚已"天下无贵贱通用之"；歙石则在晚唐亦"值千金"。故至少唐晚期，端歙已后来居上，与澄泥呈分庭抗礼之势。红丝唐末已采，然是否用作制砚，难做定论。

五代：中原失鹿，诸侯纷争。南唐因有经济文化盛于诸国的优势，三代国主又重翰墨；加之名工李少微的横空出世，于是龙尾歙石"为天下之冠"。时端砚因地僻南汉，国主荒淫少文，致其名不达中原。北方则仍以澄泥为主，声势不逮歙矣。

北宋：南北复通，初期端砚即被定为贡品，名声复起。其时端歙佳坑迭出，并盛于时。虢州澄泥无复往日辉煌，绛州制品或更为世人所赏。吕道人所制虽称极品，只属个案，非澄泥主流。北宋中叶，唐彦猷采旧坑红丝石制砚，誉为极品。北宋后期，王韶开边，取洮石制砚，洮石遂为轰动一时之砚林新贵，声誉在红丝上。

南宋：金瓯又缺，金人除推重洮河绿石外，端歙不易获见，故澄泥应成为主流。今日北方出土归为宋澄泥砚者，相当数量当为金人制品。南宋人则以端歙为尊。

元：文化大倒退，诸砚皆无亮点，乏善可陈。管中窥豹，视晋地传世大量高浮雕"双狮戏球"之类元明"民俗砚"，即可证金元以来，北方砚文化随汉文化的衰退而日趋没落之一斑。

明：歙石仍出大材，然其名气已渐为端溪湮没。澄泥工艺不乏胜过唐宋制品者，终因非砚"真材本性"，已少为时人所重。

清：歙石时采时断，出品有限。红丝、洮河早已湮名多时，尤其澄泥制品，几沦为"学生砚"。端石遂一统砚林。

民国至今：端为尊、歙其亚的格局略同清代。临洮、红丝尚能"苟安"，澄泥已有名无实，聊充砚林一品罢了。

四大名砚之地域文化因素

人生遭际，或怀才不遇，或抱负得展，常赖"时也、运也、命也"。诸砚的名世，材质优劣之外，地域文化的兴衰亦别一要素。

华夏文明发轫于晋豫陕甘，虢州地处唐东西两京之通衢，所谓近水楼台，大得文明风气之先，有名传公卿等诸般便利，此虢州澄泥砚乃至虢州紫石砚称誉唐代的主因。不过虢州澄泥，虽占尽天时、地利、人和，其先天不足也明显：材质并无珍罕性，陶土何处无有？此致命弱点决定澄泥不能长久延续其"贵族化"，故虢州澄泥虽曾被誉第一，却未能延续辉煌。待砚中"黄钟"端、歙、洮河乃至红丝出世，轰鸣一时之"瓦缶"澄泥，逐渐退出历史舞台的宿命必不可免。

端、歙两地，古时皆属百越"南蛮"，歙州文脉肇起南宋而盛极于明清；粤地文运则生发于明中期而盛于近代，具体到端州本地，则并非文风浓郁之邑。又，虽歙州地僻万山之中，究属江南，南唐经济文化之盛又冠于天下，歙石遂得享"冠天下"之美誉。以地域文化论，古时歙略居先。宋后，端州砚以量大、质美，补其地域之短。

天下混一之时，砚之扬誉，材质为第一要素。今日端溪成砚林魁首，与和田玉虽产边陲却名重天下，同一道理。

红丝石，虽产自孔孟之乡，鲁人素好教化，但唐宋以降之齐鲁，其文雅与先秦不可同日而语。又其石材上品少见，故名声一直游离在一二流之间。

最受制于地域文化者为洮石，产地地处古人眼中之边鄙，文化贫瘠，只在北宋末昙花一现，随即便被边缘化。以洮石材质之佳，倘其产于中原，必不致落寞若斯。

要之，虢州澄泥之兴于唐，最得地域文化之惠；歙石盛于五代，地域文化与石材之良兼有之；端溪宋以来称尊，赖石质之美补地域文化之短；红丝有名于宋，与地域关涉不多而在于唐彦猷之力推；洮河扬名北宋，全因材美而最受制于地域文化的劣势。

地域文化于各地砚雕工艺的影响：虢州唐澄泥，乃体现汉文化之最强音，惜无后继，早已弦断；粤地得西洋风气之先，故粤工"洋气"，多"花活"，工七、艺三；歙工崇内美，尚简雅，文气；红丝工艺，一如鲁人，虽摛花俏，然多刻扳；洮人工艺，远离主流文化，以民俗为风尚，"书卷气"最少。

评说四大名砚

以"各花入各眼"论，实难说诸砚孰好孰坏。但各砚差别亦客观存在，不乏可比较者，兹以材（材质功用）、品（石色石品）、工（题材工艺）三者略作评说。

材：

端、歙上品，皆出水坑。端温润，歙坚润；端宜赏玩，歙宜功用。各有千秋，两者并美。纯以功用论，歙略优于端。洮石，坑在洮河之崖，近似水坑（所谓产"深水中"乃讹说），质亦较润泽，研用亦颇佳，然细腻略逊端歙。以材质平均值论，洮河应在端歙之上，因端、歙老坑固佳，杂坑次者数量更多，洮石质量较均衡，极劣者甚少。故以功用论，洮河石实是"屈才"。红丝，质"渴燥"，不适用，又次之。澄泥，非"真材本性"，更次之。

品：

端、歙石品，皆多彩多姿，他砚远不能比拟，此端、歙傲视他砚之根本。相对而言，端之品色更丰富美艳，歙略次之。洮河、红丝，品色不多，两者相较，洮石略丰富。尤其洮河绿石，色纯净，较红丝更显优雅，此洮河优于红丝。澄泥，虽有各色品名，终少天然真趣，与石质美品无法相提并论。

工：

端工，分两说，以顾二娘、王岫君等为代表的江南"苏工"，圆浑文雅，可称精美；端州土工，雕龙镂凤，俗多于雅，说苏、粤端工有文、野之别亦不为过。歙砚工艺因材质的局限，简练文气，格调较高，可称粹美。唐人澄泥，融大唐气象于器，佳作如"十二峰澄泥砚"等，真气弥漫，可称壮美。故端石"苏工"、歙工与唐澄泥工艺同属一流。红丝石材质硬朗，鲁人耿直，艺如其人，质朴无华，然少韵，次之。洮工：民俗题材为主，更次之。

品题四大名砚

古人以神、逸、妙、能四品论画，或以"神品"为第一，或以"逸品"为至尊，孰高孰低，见仁见智。假其形式而略作变通，聊以神、逸、妙、名、绝五品品第诸砚材质特点。

神品端石——

神在于"品"：胭脂晕、鸲鹆眼种种，皆有非凡神采。铭云：

　　　　山阴古道，相望玉人。我为卿狂，欲罢不能。风骚之姿，澡雪之魂。

逸品歙石——

逸在于"质"：璞坚润而纹高华，了无一点尘俗之气。铭云：

　　神蕴古淡，意象苍苍。乱山斜照，月映雪江。荒寒奇境，逸笔文章。

妙品洮石——
妙在于"韵"：色幽静而质温良，堪是耐人寻味。铭云：

　　春潭翠影，澹澹漪涟。雪中参禅，醉里梦蝶。此中真意，妙语难言。

名品红丝——
名在于"人"：材质中上，多赖唐大尹推誉扬名。铭云：

　　黑山不高，红丝有名。材不尽善，登龙则灵。一时上璧，世多中评。

绝品澄泥——
绝在于"艺"：工良，称绝技；古法已失，亦技之"绝"。铭云：

　　虢绛炼泥，烧陶吕法。超心绝诣，挂角羚羊。云烟过眼，四顾茫茫。

砚溪众笑

　　意犹未尽，再戏撰数辞，取思绪所至，亦不拘韵，概括诸砚史话。
　　澄泥：昔日"独上高楼，望尽天涯路"，今朝"曲终人不见，江上数峰青"，"唐人品砚以为第一"。笑得最早！
　　赞曰：

　　抟土为人，墦坯佐文。弘农陶泓，原是高门。
　　青潍石末，柳誉一等。汾水绛泥，五色纷呈。
　　奇峰异制，凤凰飞腾。丹霞欲燃，玫瑰柔痕。
　　此道妙手，若个称能？卢敬得意，吕老最神。

　　端溪："六王毕，四海一"，"蓦然回首，那人却在，灯火阑珊处"，诚属实至名归之"天下第一"，笑得最好！
　　赞曰：

　　西洞尤物，北岭宋材。珍之东壁，紫气南来。
　　朱颜酡兮，二八春怀。青眸盼兮，情深似海。
　　包公却珍，本色岂改？米老夺御，巧卖颠才。
　　意态风流，谁比风采？浴罢太真，飞觞太白。

　　歙溪：李家开文运，"挟"江南国主以令诸侯，遂享誉"为天下冠"，因缘际会所获之"天下第一"，笑得最灿！

赞曰：

> 何物玄璧，若斯瑰玮？守真抱朴，山精石髓。
>
> 龙身锦鳞，龟背经纬。黛描远山，风皱秋水。
>
> 云蒸霞蔚，雨霁虹随。江南文运，谁功厥伟？
>
> 匠之大者，乡贤少微。书府宝者，邑郡龙尾。

红丝：身后是非谁管得？满世争夸缘唐郎。几唐府尹以一己之力，"舌战群儒"争来"天下第一"，笑得最巧！

赞曰：

> 蕴璞黑山，丝分红黄。日出灼灼，煜金芒芒。
>
> 色斯美焉，红颜貂蝉。质略倔矣，鲠武二郎。
>
> 名附石末，攀缘公权。第一称尊，或一言堂。
>
> 知音者谁？圣宋周郎。好事者谁？贤使君唐。

洮河：虽"绝代佳人"，奈"幽居在空谷"，冷眼红尘；赖"北方最贵重"，聊得半个"天下第一"，笑得最淡！

赞曰：

> 倾倒苏门，梦幻开场。中国方识，文脉渡南。
>
> 其命何舛，其生也晚。如雨后霓，如花中昙。
>
> 曼妙风姿，空谷幽兰。玉门笛怨，长门不弹。
>
> 广陵曲在，世少中散。可怜见今，清音谁赏？

附考 四大名砚材质之易讹者——珍璧或是他山石

1. 端石。端以色紫为主，以其砚坑之多、石品之丰，为端石之主流，俗称紫端。但因紫色石材到处有之，如与其色相近而被誉称"南端北易"的河北易水石、宁夏贺兰石、山西五台石，甚至以眼多而被冒充端石的四川苴却石、以眼大而被冒充端石的河南方城石，皆常被不悉端石者误为紫端。更有出土之唐宋紫色箕形、抄手杂石砚，亦常被某些玩家一概归为唐宋端砚。

因端石名贵，故取他山之石以冒端者由来已久：

> 建州石产土中，其质坚而稍润，色极深紫，叩之有声，间有豆斑点，不甚圆，亦有三两重石晕，琢为砚，颇发墨，往以石点作鸲鹆眼，充端石以求售。
>
> （《云林石谱》）

端色除最习见之紫、绿外，又有所谓黑端之说，见诸宋人记载，因其材稀缺而显珍贵，于是出现假冒品：

> 有种湖广沅州出石，深黑，亦有小眼，广人取归作砚，名曰黑端。（明高濂《遵生八笺》）

此种伪"黑端"乃湘西芷江所产黎溪石一种（彩图28），又称沅州石、明山石。此石以青紫为主，常为表淡青，内深紫而带红，或有金线及黄脉相间者，号为紫袍金带。其石之纯紫者，人又常误为紫端。

更有白端之说。一云紫端色灰白地或大片蕉白者乃为白端。而今人将研砾之白大理石砚误称"白端"者最多。今端人所采"白端"，其质滑而色单，与绿端一样皆非砚石上材。

黎溪石云月砚。藏日本国，见刊日版《古名砚》，曾收入《和汉砚谱》。（彩图28）

2. 歙石。歙亦因其名高而多有将杂石混珠者，其石品如水波、罗纹等皆它石所常见，故极易混淆。尤其赣、闽出土之杂石宋砚，其量甚大，色多为青灰而有罗纹，今人辄以为歙。盖古时端、歙非寻常人所易得，土人遂就近取材，取杂石细者制砚，以供寒门子弟所用。

与歙最难辨之石，乃赣地之星子石、玉山罗纹石等，其金星、金晕、刷丝等石品与歙极相似，区别在于无歙石坚润耳。

歙砚，原专指婺源所产之龙尾石。然后来徽州诸属县亦产砚，以山系、石脉之故，亦有色纹相近者，只其色质华美不逮龙尾。故今日歙砚与龙尾砚非全同一概念，此亦好歙石者不可不辨者。

胶东驼矶石，灰黑地水波纹，间有白纹且散布金星，所谓"雪浪金星"。北方玩家不悉歙石者，南方玩家少见驼矶者，皆常误认为歙。实驼矶石色纹虽极类歙石，但其质略粗，星暗黄不规则，未若歙石金星之饱满

清兽面纹驼矶石砚。天津博物馆藏，徐氏旧物。见刊《中国名砚鉴赏》。

灿烂。

有意思者，某些藏家，辄将一些出土唐宋甚至汉晋红、绿色杂石砚归为"歙红"、"歙青"，实古时并无"歙红"、"歙青"之说，今日吾邑所出"歙青"、"歙红"乃新坑所采，质非上乘，别品而已。将红、绿杂石古砚彼"旧瓶"附会"歙青"、"歙红"此"新酒"，大谬。

3.洮河。宋代陈槱《负暄野录》有云：

> 砚以端溪为最，次则洮河，又次则歙……洮石今亦少。歙之祁门有一种淡绿色石，而理细，土人以之为假洮石。但性极躁，故为贱耳。

陈氏此洮石胜歙之说，自非公论。但从其记可知，歙州古人尝用本地一种色淡绿石材冒充洮石牟利。

清琴式砚。见刊日版《砚台》，注为"重庆石"，似是易水绿石。

河北易县所产易水砚，有一种绿地黑纹者，极以洮河水波纹石。只此种石之水波纹较地子为硬，观赏尚可，雕刻、研墨皆有大碍。此类石所制之清代民国砚，华北多有之，不识者多归为洮河。

日人所藏数量甚丰之所谓古"洮河石兰亭砚"、"洮河石蓬莱砚"，真洮石砚几不可得，绝大多数皆绿端制品，彼国爱砚家们以此类俗品为洮砚样本而论洮石，诚"洮砚"伪史矣！

古洮砚产地，地僻羌乡，故洮石古砚遗于中原者绝少，此人多以他种绿石误为洮河之因也。

4.澄泥。纪晓岚《膰村石砚铭》句："绛州澄泥天不推，遂有赝者欺书痴。"清人唐秉钧《文房肆考图说》论澄泥有云：

> 尝见每年三月，狼山香信；山下赶集，市肆纷陈，俱号澄泥砚以欺人。过客无不货之，岂知此乃苏州灵岩山膰村石以伪之也。

宋膰村石凤池砚。清宫旧物，刊《西清砚谱古砚特展》。

狼山，在南通之南十八里，有诸多名胜。"香信"，大约为庙会赶集之谓，是时砚商遂在是处以膰村石冒充澄泥以牟利。

唐秉钧所言被冒充之澄泥，非虢非绛，乃专指通州（南通）宋代古城砖所制澄泥砚，即高南阜常用以制砚之"通（州）、泰（州）澄泥"。

苏州灵岩山所产腾村石，亦有称"澄泥石"者。有虾头红，绿豆砂，玫瑰紫等品，其石少杂质而细润不够，非砚材上品，今日土人多取其制作石壶、茶海之类以售。因其色质与澄泥颇相类，而清人之澄泥制品已失唐宋古法，所以便有人将腾村石冒充澄泥。

曲阜所出尼山石，其色质皆与澄泥鳝鱼黄有几分相类，亦易与澄泥相讹。

5. 红丝。我藏砚之初，曾于豫、陕等地见有一种色土黄地而夹暗红丝者，色纹皆极像红丝而质较红丝为软，色亦不若红丝之艳，初亦以为即红丝。后询之豫地砚友，始知乃产自豫西灵宝之虢石也。

虢石，色紫，故又称虢州紫石，唐时已采，出土之唐虢石所制砚偶有之。其色，紫地间有粉绿或灰褐夹层，不识者常误以为红丝石。

又，明清泽州澄泥有一种黑包红、黑包黄，其红、黄地间有褐、红色丝纹，亦易被人误为红丝。

松花石中，有一种黄松花，常为黄地红丝，色、纹亦与红丝石相近。

唐虢州石箕斗砚。开悟堂藏。

王谢风流各自夸

——端歙争魁

争魁古已有之

世人论诸砚短长，之所以有所偏颇，多因"田忌赛马"之失。

所谓"萝卜白菜，各有所爱"，如柳公权论砚："以青州石末为第一"；唐彦猷排名："以红丝石为天下第一"；东坡誉凤咮："坐使龙尾羞牛后"；米颠所谓："紫金石与右军砚无异，端、歙出其下"之类，常被后人引作争胜的资本，实有些只不过前贤之渲染文字罢了，不必太过较真。

"宋四家"中，苏、米兼美端、歙，是"中间派"；黄山谷《砚山行》云"碧云色夺端州紫"，可拉入"拥歙派"；蔡君谟虽曾誉歙石"肯要秦人十五城"，却又有"龙尾至精者，可次端石"语，亦差可归入"拥端派"。客观而言，史上"拥端派"名人举不胜举，远多于"拥歙派"。端砚专著也远多于歙，首部论砚专著《苏谱》评歙州龙尾石"亦亚于端"。"拥歙派"则以欧公为旗帜，《欧谱》名言：

> 端溪以北岩为上，龙尾以深溪为上。较其优劣，龙尾远出端溪上，而端溪以后出见贵尔。

后人多据欧公此说证明歙胜于端，实此一时彼一时，以宋时端石下岩，与歙水舷坑石相较，或为实情，若以清时歙老坑比之端西洞，则绝不至于"龙尾远在端溪之上"。南宋叶梦得云：

> 歙砚久无良材，罗纹、眉子不复见。龙尾石拒墨（此实是外行语）。欧阳公推歙石在端石上，世不然之。（《高笈》引《石林避暑录》）

北宗仁宗年间，钱仙芝尝复开南唐歙石老坑，欧公所见当为彼次所开佳石。南宋时南唐老坑或早断采，故叶梦得等所见或非歙溪上品，无怪乎时人对欧公所评不以为然了。

"从来端歙难优劣"！引叶梦得此论之高似孙，在其所作《宋江都砚》诗中下此断语（见高氏《疏寮集》），持论颇公允，或许可代表南宋初时人对端歙的"专业评判"。

骨肉相争

严格意义上之"端歙之争"，起自清乾嘉年间。

纪晓岚三则砚铭，对时人"拥端"、"拥歙"两派观点有记载：

> 《丽人行》有"肌理细腻骨肉匀"句，余谓可移以品砚。石庵论砚专尚骨，听涛、冶亭专尚肉，余皆谓然，亦皆不谓然。（题随形砚）

> 冶亭尝言："石庵论砚贵坚老，殆为子孙数百年计。余则谓：嫩石细润用之最适，钝则别换，有何不可乎？"此语亦殊有理。（题长方砚）

> 石庵论砚贵坚老，听涛论砚贵柔腻。两派交争，各立门户。余则谓其互有得失，均未可全。然此砚即听涛之所取，亦乌可竟斥耶！（题绿端砚）

坚老、柔腻之争，各立门户，两派观点争锋相对，各执一词，高下难决，可见清中期"端、歙之争"的激烈程度。

纪、刘、铁、金诸京中玩砚大佬，鉴石水平一般。铁冶亭、金听涛（名士松，号听涛。乾隆时官兵部尚书）推崇"柔腻"与刘石庵取石"坚老"之争，正是端石柔嫩、歙石坚润的特性之争；虽两人并未明言端、歙，但无疑可作"端歙之争"看。

"世故老人"纪晓岚的评砚也甚圆滑，虽一把"余皆谓然，亦皆不谓然"之"稀泥"和的不错，终也未道出"然"与"不然"之自家见解。视同意铁冶亭"嫩石细润用之最适，钝则别换"之说，又以绿端"坚老"反驳金听涛"柔腻"之论，对端、歙材质认知泛泛，未必得其要领。

端、歙特点不同，各有千秋，各擅胜场。两石色品之微妙变化，石质之微弱差异，工艺之显著差别，乃至各自于砚史上影响力的消长，皆极不易辨白者。

《纪谱》绿端砚

端坑先出

砚史成说：端砚始自唐高祖武德时(619～626年)；歙石始自唐玄宗开元时（713～741年），相差百年左右。

所谓"端出武德"，乃清人黄钦阿《端溪砚史汇参》及计楠《石隐砚谈》所引自"东坡云"。其结论应是从坡公言所藏许敬宗端砚"真四百年物也"所推断。实许敬宗唐高宗时方去世，故许氏砚未必够武德时物。又，南宋叶梦得《避暑录话》中，据北宋李士衡所藏一方"天宝八年"伪铭唐端砚，质疑许敬宗砚"真赝亦未可知"，但许氏砚早已不传，无从考辨，故叶氏之疑当永远无解。

今有少量唐端出土，尚无可证为初唐端砚的实物。

"歙出开元"说，北宋《唐谱》（唐积《歙州砚谱》）记之，陶谷《清异录》亦记开元时萧颖士已评说歙砚，晚唐咸通间诗人李山甫《古石砚》诗赞歙砚云"何啻值千金"，可知晚唐时歙砚已甚名贵。今合肥唐墓出土的"开成五年（840年）箕形歙砚"，为可定年份最早的歙砚标准器。

中晚唐诗人刘禹锡《唐秀才赠端州紫砚以诗答之》云："端州石砚人间重"；李肇《国史补》云"端溪紫石砚，天下无贵贱通用之"；显然当时端砚已相当有名。以古代岭南交通中原的不便，能取得"人间重"、"天下无贵贱通用之"的影响，须经相当长时日之传播方可。

从可信度说，端应先于歙。刘禹锡等人乃当时人说当时事，直接证据；而陶谷乃五代宋初人说唐人事，间接证据。

今人有举明人李竹懒所言"端溪末行，婺石为首"为歙先于端的根据，然竹懒明时人，去唐已远，臆断罢了。

亦有据《西清砚谱》"王廙壁水暖砚"馆臣解文"质理紫润，绝类端石"及"晋玉兰堂砚"馆臣云"似端石"，而证明端石始于晋时。且不论两砚确否端材，只砚本身即是赝品，遑论其他。

故而，虽然"端出武德"之说尚属东坡一家"孤证"，但从唐人说端诗文看，端比歙略早当合情理。因此也可认定，在可信服的考古新证出现以前，端先出于歙的成说尚不可动摇。

端溪势众

若以门阀比之端、歙，堪为魏晋南北朝之"王、谢"两族，端为"王"，歙为"谢"。

同为当年世族高门，王氏历代人丁兴旺，人才辈出，今竟成中华一大姓；而谢氏则自东晋以后，日渐式微。王、谢之消长，与端、歙的盛衰轨迹颇为相类。

端石于中晚唐已"人间重"，歙石唐末亦"值千金"，声誉相近。但至南唐，歙石独步天下，其享盛誉称尊却比端石还早。何以宋以后端石声名大盛，砚林成其"一统天下"？此自然有歙石产量少，采石时断时续，而端溪名坑众多，采伐不绝之原因。此由乾隆内府所藏端、歙古砚，两者数量的不成比例，可见一斑。

今日端人辄称其乡为"砚都"，此固有端材名高的原因，相对歙砚而言，难免也有

"砚多势众"的客观因素。

蔡襄《砚记》记端州崔之才："家蓄石工百人，岁入砚千数。"可见北宋时端砚产量之可观。屈翁山在《广东新语·石语》中，记清初端州砚坊盛况：

> 羚羊峡西北岸，有村曰黄冈，居民五百余家，以石为生，其琢紫石者半，白石、锦石者半。紫石以制砚，白石、锦石以作屏风、几、案、盘、盂诸物，岁售天下逾万金……黄冈衣食于石，自宋至今，享山岩之利数百年矣。予有黄冈诗云："村小当高峡，家家拥石林。琢磨儿女力，挥洒圣贤心。"又云："此地耕桑少，人人割紫云。双缣天际至，一片水坑分。"

曾主讲端溪书院的名学者全祖望，亦有《黄岗石户》诗记乾隆时端州制砚业：

> 端州白石净于玉，端州锦石烂如云。黄岗十里皆石户，女郎亦参追琢勋。

端溪坑口多，品种全，产量大，因之用端者、识端者、誉端者也多。自宋叶樾《端溪砚谱》以降，朱竹垞、高固斋、吴兰修等论端专著达数十种之多；论歙者，只唐积、洪景伯、徐毅等寥寥数家。故歙砚从实物的流传至文献之传播，其影响皆不能与端砚争锋。

若连石之真面貌也无缘得见，自然莫名其石之妙处所在，此歙石受委屈之难免也。

端品美艳

当然，如果端石只倚仗量大也并不能压过歙石；尤重要者，更在于端石石品的丰富美艳略胜于歙。

歙石以灰黑基调为主，色斯朴素。石品有金星金晕、银星银晕、罗纹眉子、彩带玉带、鱼子鳝黄等；虽从中又可细分出若干种，实不过罗纹、眉子、金星几大类而已。鳝黄鱼子，色较华美，用则软糯不下墨。罗纹系列，研用效果较佳，又不耐观赏。色、质最佳者，当推"庙前青"，为歙石逸品。

端石以紫色为主，紫本华丽之色，所谓"紫气东来"。石品有青花、蕉叶白、天青、鱼脑冻、冰纹、石眼、火捺（胭脂晕）、金银线等；从中亦可细分若干品种。其中端"眼"之奇，为人津津乐道；娇艳欲滴之胭脂晕与清高飘逸的冰纹冻，尤称逸品。

端石温润，名品如青花、胭脂晕等，多须细细品赏方能领略其微妙之美。质细软，所谓"孩儿面"、"美人肤"，宜于时常把玩，与之"肌肤相亲"；而歙石坚润，名品如眉纹、金星等，多"大块文章"、"泼墨写意"，宜陈之几案，览其律动，味其韵致，"可远观而不可亵玩焉"。以人比砚：端如风流浪漫之文学家，可爱；歙如淡定玄远的哲学家，可敬。

《高笈》所引北宋直臣陈了翁（陈瓘，字莹中，号了斋）《歙砚诗》诗云：

> 歙溪澄湛千寻碧，中有崎嵚万年石。腰粗入水始能凿，一砚价直千金璧。
>
> 轻丝腻色恍莫分，熟视微见青罗纹。乃知金线鸲鹆眼，如玉有瑕安足论。

金线不论，言歙石罗纹胜过端石鸲鹆眼，恐认同此说者寡矣。

民国时粤人学者邓实先生，在所辑《美术丛书》中云：

> 砚无美恶，发墨者佳。所贵乎端溪者，以其能受墨也。若徒有端溪之名而无发墨之质，实是西子而石女，潘安而寺人矣！名虽美而将安用之？（《谈艺录·李笠农与颛硕甫论砚》）

此观点不无道理，即便同出一坑之石，质量亦有天壤之别，况异坑者。然所论又有失之偏颇，"石女"（闭阴）西子、"寺人"（太监）潘安，"实用性"虽失，"观赏性"尚有；若东施、武大郎，"实用性"不缺，何人欣赏？

歙石宜用

南宋初学者、徽州休宁人吴儆《竹洲集》收一《砚铭》云：

> 歙穴端岩孰鲁孰卫？远不必疏，近不必比；惟适用之为贵，亦何分乎彼是。

此论无偏向，但以"适用之为贵"为标准，则歙石略占优，盖端虽更好看，歙则更好用。

以地质年代论，端石形成于四亿年前的泥盆纪，泥质结构；歙石为距今十亿年的震旦纪，岩质结构。端石硬度在莫氏三至三点五度左右。抚之柔嫩，吴兰修所谓"以木声为上"；歙石硬度在莫氏四度左右，扣之清越，东坡所赞"玉德金声"。两者之别：端多"泥性"，偏软；歙多"石性"，偏硬。端、歙上品发墨皆细，歙因含"锋芒"（石英）较多，下墨更快（驼基石下墨快而发墨粗；松花石发墨细而下墨慢；洮河石下墨、发墨皆远在诸石之上，只细润稍逊端歙）。欧公"拥歙"一重要前提："手摩之索索有锋铓者尤佳，在端溪上。"言歙之胜端正是"下墨快"、"发墨好"。

或云：歙虽下墨，然出墨较端为粗，因歙细腻不及端。此实外行语，盖歙顶级佳石，其细腻恐比端老坑还有过之而无不及。

坚润则不留墨垢，易洗濯，此又歙胜端之处。宋人《邵氏闻见后录》卷二十八："又涤端石，竟日屡易水，其渍卒不尽除；歙石一濯即莹彻无留墨，亦一快耳。"徐毅《歙砚辑考》所述尤称详备：

> 石何为贵？发墨为贵；发墨何为贵？以细润发墨而不燥不滞为尤贵……凡石质坚者必不嫩，润者必有滑，惟歙砚则嫩而坚，润而不滑，扣之有声，抚之若肤，磨之如锋；兼以纹理灿烂，色拟碧天，虽用积久，涤之略无墨渍，此其所以远过端溪

也。

徐氏为歙石张目，乃亲取端、歙研用以做实验所得的结论：

> 端之坚老者如马肝、虫蛀、火烙文等，易发墨而粗。细嫩者如蕉叶白、青花、凤眼等，发墨细而稍缓，久用则退锋，且墨滞于石，滞之不去。唯歙之眉子、罗纹各种，愈嫩愈发墨，有细润如玉者，发墨如泛油，并无声，久用不退锋，墨亦不滞于石，虽积数十年，一旦涤之，其质立见。欲辨高下，唯将端歙并置案上，以一器注水，研之，记其数孰少孰多，则发墨之利钝可见，研毕以盒覆之，阅时日，启之，验其墨孰干孰湿，则石之润燥自明。

米颠评砚："器以用为功"——单以此论，歙在端上。

歙雕工良

以工艺论，相对端歙两地本土砚艺而言，歙应胜于端。

清初施闰章《砚林拾遗》评端工：

> 石产端，而工不善凿，近日官吏饷贵人，命工镂琢有"星宿海"、"珊瑚岛"、"龙虎风云"、"赤云捧日"、"三台独柱"、"人物山水"等名状，愈工愈俗，是为石灾。吴人仿宋式，故为划损，蒙以墨沈，便成古物；别有一种不尽琢磨，半留本色，谓之天然砚，殊有风韵。

此所以古时砚艺诸家黄宗炎、王岫君、吴门顾氏、吴育乃至陈端友，以吴越人为

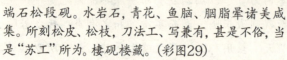

端石松段砚。水岩石，青花、鱼脑、胭脂晕诸美咸集。所刻松皮、松枝，刀法工、写兼有，甚是不俗，当是"苏工"所为。楼砚楼藏。（彩图29）

多，端州史上竟难觅一本土名工。今日传世相当部分良工古端，多是取石岭南而成砚于江南者（彩图29），如朱竹垞即"购水岩石百余"运归江南，后请人琢制成砚。甚至粤地士人取砚也以苏工为重，如著有《砚书》一卷的清初南海名士陈子升，即对所得两方专诸巷"苏作"端砚推誉极高。

清佛山书画家谢兰生（里甫）所制，文人砚中上上品，无疑是粤人砚艺之奇峰，然谢氏亦只算一粤工"票友"。

端石名高，却无良工名世，原因在于古时粤地学术文化相对落后，诸艺皆少根柢。粤工的格调，可从"广式家具"、"岭南画派"味之。

歙地自宋以来文风鼎盛，称"东南邹鲁"、"文物之邦"，诗人画家辈出。"徽州三雕"及"徽派版画"等有名于世，种种文艺皆影响砚艺，所以歙工以尚雅为宗。又因歙石为板岩，不宜镂空圆雕，宜以简朴取胜。歙工的品味，在于"徽雕"与"新安画派"之间。因之，史上歙砚名手，自李少微及弟子周全以降，尚有汪复庆、叶瓖、葛启森等名传于世。

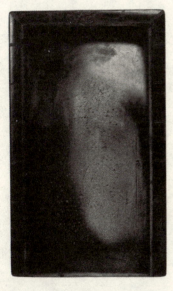 

明歙石竹节抄手砚。此砚竹节池边之清雅，与砚上大片银晕之飘逸相得益彰，逸品之谓也。《龟阜斋藏砚录》所刊。

明歙石蝉样砚。此种砚式，造型写意，线条简练，搁笔、蓄墨皆极便利，为歙工之代表性样式。所见有大材，今人多定为"宋歙"，实以明代所制为多。又此种蝉形歙砚以鱼子、眉纹较常见，此砚墨堂金晕灿烂生辉，甚为难得。《古名砚》所刊。

今日诸砚工艺皆割裂传统，多成"石雕"，歙工亦难免俗，只主流尚以简约为宗且日益回归传统，粤工之"弥工弥俗"有愈演愈烈之势。多少端材尤物，在今人刀下"香销玉殒"！

古歙大佳

凡古物之美，沉着之美也，浑朴之美也，沧桑之美也，是为"内美"。其包浆中岁月之遗痕，尤为迷人。

歙砚石品，大率皆"粗线条"，如金晕、金星、眉纹、玉带等。故歙石古砚，虽墨锈斑斑，土沁驳蚀，亦不掩其品色的轮廓清晰。尤其金晕，经长期氧化，其晕不仅日辉灿灿不减，且更加浑厚，宛如舞动之金箔。又古歙，表面多生成一种氧化形成的"银星"、"银晕"，更添异趣（此为古歙特点，它砚少见。松花偶有之，甚少）。

古端则不然，端之石品本以细艳胜，新品气足神完，美不胜收。然端材松软，易被墨锈土沁侵蚀，传世古砚，多因石色变深而趋于晦暗；出土之物，石色又趋于灰白而失精神，石品因之"黯然失色"。即便当初炯炯有神之鸲鹆佳眼，也难免"老眼昏花"。极品如微尘青花之类，新石且须沉水方显，旧石更是"雾里看花"。

再者，歙石因坚润易洗涤，古砚皮壳不易剥蚀，对石品之观赏性破坏不多。古端因细软，磕损也常较古歙为多，对石品的观赏性大有破坏。尤其年份较高、品相较差之出土古物，观之无复当初之美妙可言。

歙石又有一种与古砚性质相近的水冲卵石。因岁月之冲刷，溪水的侵蚀，致使石形圆浑、石色厚重，非它种可及。此种卵石，即有古砚之古雅，又无古砚的尘垢，兼具古今之美，乃歙石上上妙品，此更端溪等他砚所少有。

所以，端溪新砚，美艳妙不可言，但古端，有夺色之短；而古歙，则有增彩之妙。

古歙又多有名坑大材，如明代蝉形砚之类。端也偶有大砚，多杂坑凡品。

歙石坚老，古歙尤体现此"贞石"特质，诚"老当益壮"，老树开花，愈古愈坚，愈古愈美！

南唐端之冤

从中晚唐刘禹锡、李肇等人诗文中，知当时端砚已名重于世；然则，何以五代时反沉寂无闻，使歙石独家名噪天下？

南宋赵希鹄所撰《洞天清禄》云：

> 世之论砚者，皆曰多用歙石，盖未知有端溪。殊不知历代以来皆采端溪，至南唐李主时，端溪旧坑竭，故不得已而取其次。歙乃端之次。

赵氏此"端石断采"致歙独贵之说，被后人普遍采用，实此说当非要因，歙石"冠天下"乃占尽"天时、地利、人和"之故。

南唐时，歙石名坑如眉子坑、罗纹坑已面世。端石下岩至北宋时始采，至清时大西洞、张坑所出方为极品。又，歙州与国都金陵不远（明时徽州乃属南直隶）。端州地属南汉，南唐欲取敌国南汉之端石，鞭长莫及。且史称南唐文艺之盛，为五代诸国之冠，南唐乃"上国"，歙砚名声宜于扬誉四方。南汉只一"蕞尔小国"，历代国主又尽是荒淫残暴之君，端砚自然难免埋没一时。

所谓"上有所好，下必甚焉"。南唐李家与南汉刘家的文艺修养，本也不在同一层次；占得种种先机，歙砚不"冠天下"也难！

事实上，五代时端石上品未出，歙石则诸品多已大备，只以此论，彼时端处下风算不得多冤枉。

常见一谬说：因南唐李家喜歙，故端石被冷落。此纯属不悉五代史之想当然。如前所述，端石对于南唐而言，乃敌国南汉所出，李主鞭长莫及。此讹连明代号称"博物君子"的李竹懒亦未识破，其《味水轩日记》记：

> 出观南唐贡砚二，其一莹润，呵之汁流。其一燥甚，上岩石耳。

显然，竹懒所见必伪，盖南汉端人与江南李家"八竿子打不着"，恐不必纳贡上岩端砚与李国主。

端溪难为兄　歙溪难为弟

以感性论端歙，从来不乏经典妙语：

> 龙尾如清寒道人，时见机颖；端石如风流学士，竟体润朗。

此施闰章《砚林拾遗》中名言，后人论端歙所必举。施氏以砚石之品色比拟人之形象也。风流学士，自然风度翩翩，潇洒自如，神清气朗；清寒道士，则仙风道骨中蕴涵出尘之姿，洞达爽发，非俗世浊夫所易亲近。

> 端石如德人，每过于为厚，或廉于才，不能无底滞；歙石如俊人，于人辄倾倒，类失之轻，而遇事风生，无一不厌足人意。

此宋人邵伯温《邵氏闻见后录》中评端歙心得语。德人，以德服人，温和敦厚；俊人，俊迈洒脱，顾盼炜如。邵氏以砚石材质比拟人之秉性也。

或又有"端石如艳妇，千娇百媚；歙石如寒士，聪俊清癯"的比喻。艳妇，喻端溪石质温软、品色绝艳；寒士，喻歙溪石质坚贞、品色素雅。"艳妇"以色质胜，"寒士"以气格胜。此正与铁冶亭所推誉石色之"肉"，刘石庵所崇尚石质之"骨"相对应。

我以为用"环肥燕瘦"评端歙，也极恰当：杨妃丰腴，以性感风韵胜；飞燕苗条，以秀骨风致胜。虽是"各花入各眼"，以大众影响论，杨贵妃则远比赵飞燕更为家喻户晓，亦正如今日端、歙之名气排位。

若更以性情论：相对而言，端砚色暖质糯，偏于阴柔之美；歙砚色寒质坚，更具阳刚之气。

要之：端石以产量之多、石品之丰、历史之承续、著述之丰富占优，今日"夺魁"，确是名至实归。反之歙石犹如遗世独立的高士，固有一种朴素清傲之姿，其内敛默然不及端的潇脱可人，故今日名声让端一头，也极自然。

以歙之"上驷"对端的"上驷"，可谓端溪"难为兄"，歙溪"难为弟"，但端有"三大名坑"之众，歙之孤单落寞，势所必然。

吾品端而用歙

通观砚史，歙石除南唐时曾一度"为天下冠"外，砚林长期皆以端石为首"论贵贱"。以各时期之影响论：

唐代：端始于初唐而中唐时已为"人间重"；歙始自盛唐而晚唐时"值千金"，虽各有千秋，端略为优。

五代：端因战乱隔阂，南汉割据一隅，少为中原所闻；歙得地利，因唱"独角戏"而得一枝独秀。

两宋：端宋初成贡品，影响恢复；歙北宋时佳坑复采，尚可与端相抗垺。南宋时，则似端已略占上峰。

元代：端歙皆平平无可说。元初歙有婺源令发夫采石，因坑塌人亡而断采事；端或采石未断。

明代：端已占得前位；歙尚有批量大材出世，虽名气已难与端比，以质论，歙似并不输端。

清代：端之"张坑"等名坑大出；歙则时采时断，日渐式微。端终稳坐"头牌"，独领砚林风骚矣。

现代：端之名在歙前早成定局，且此排名恐长时期内为一"终极"排名。

南唐以降，歙石"以寡敌众"与端石相颉颃千余年，自有不输端溪、傲视砚林之独特之处在。

我乡清人胡瓶庵（字太舒，名宝璙，号瓶庵。雍正举人，官至河南巡抚。善词翰）有诗评端歙：

> 歙人胡宝璙，歙石端溪亚。歙人爱歙石，不在端溪下。
>
> 端溪假乱真，歙石真难假。岂必私其乡，莹洁星光射。
>
> 澄心纸为田，廷珪墨可稼。曾闻李后主，三者名齐驾。（《林史》卷九）

若定要排个"座次"，我虽歙人，与乡人胡瓶庵观点相同，且作个客观的"投降派"：拥端！——只端歙之差异，不过如田黄与鸡血之别。虽端总体上略呈"上位"，个人却更钟情于歙。此或歙石对我而言，故乡情愫外，更缘对歙石那种清高气质的偏爱。

故我对"端歙之争"的基本态度——新石喜端，古砚爱歙；玩赏采端，研用取歙。

歙砚产地之争

——有砚无"歙"之困局

搬是非·拉郎配

一庙，并祀释道，左佛陀。右老君。

古人以右为尊，故右指上位。一日，一云游僧入庙，见佛祖像在左，大忿：我佛佛法无边，岂可屈居"牛鼻子老道"之下？将佛祖像搬至右边，将老君像搬至左边。后一个游方道士亦进此庙，见老君像被置左边，怒不可遏：我教太上至尊，岂可屈居人下？又将两尊塑像位置互易。僧搬过去，道换回来，如此者三，不慎将两座泥胎皆搬碎了。老君不禁对如来苦笑：吾辈本无事，却被这班无知的徒子徒孙搬弄坏了！佛祖说：岂止我二人被搬弄坏？世上万事，统是被无事生非之好事小人搬弄坏矣！

此古寓言颇富哲理。两个泥胎被搬弄坏了，不食人间烟火的佛祖、道宗不屑计较，大可一笑了之。但行政区划，若随意搬弄，则常有后遗症，如元廷横割宋之川地汉中归陕西，清廷竖切明南直隶置苏、皖二省。汉中与三秦、苏南与苏北、皖南与皖北，地域文化譬如泾渭，元、清统治者如此处置，目的在使各地相互掣肘，分而制之。此类"拉郎配"的结果，或多或少改变了当地之文化传承，甚至影响到民生发展的轨迹。当代某些行政区划之变更失当，则是今日种种名人故里之争的乱源之一。

而今日古徽州之被"搬弄"来"搬弄"去，不仅使"徽文化"支离破碎，也使邑中之方物——歙砚，也因之无端地生出许多是非。

人文失忆的徽州

早前，已故与黄宾虹先生相稔的里中耆宿郑初民先生（许承尧太史高弟）尝对我言：宾虹老人晚客西泠，时将仙去，托人带信歙县当轴，愿捐平生所藏及自作予故里，盼派人接洽，竟不应。宾虹老所藏金石书画及大量自作遂归浙博。吾徽有"前世不修，生在徽州。十三四岁，往外一丢"之乡谚，如宾虹老那样，徽州游子血液中那份恋乡情结，那份文化乡愁，似较他乡之人更浓更深。

若干年前，我往访名书家沈鹏先生。恰遇政协会前夕，有人建议沈先生在会上提案恢复黄山市为徽州市，因我为徽人，沈先生询问以为然否。我答曰："诚善事也！"惜不见下文。据云近年"改回徽州"提案原也不少。

"徽"者，美也；徽州，美名也；"徽学"，与"敦煌学"、"藏学"并称吾国三大地方学。自徽州定称八百余年以来，徽州文化自成一格，徽商、徽墨、徽雕、徽剧、徽派版画、徽州理学等，蔚为大观。记得我初访张中行先生时，行公尝感叹："徽州可是个有文化的好地方啊！"今遇不悉文史者，多云："黄山风景美，好地方啊！"

今日黄山市（市治屯溪）、黄山区（区治太平）、黄山风景区（黄山山中），此"三黄演义"不知让多少慕名而至之外乡人受尽"寻驴得马"之苦。

倒处是"黄山"，几人知徽州？旅游业表面风光的背后，古徽州之形与神或许皆已渐行渐远。

地缘破碎的徽州

我徽地处吴头楚尾，山高水长，里人聚族而居，先民多为避"五胡乱华"、"黄巢之乱"南迁的中原世族，故是一迥异于周边地区相对独立的地理及民俗单元，当年取安庆、徽州两府府名作皖省之名，可见徽州的影响。

北宋徽宗宣和三年，改歙州为徽州，辖一府六县：歙县、绩溪、休宁、黟县、祁门、婺源，州城与首县歙县县城同在一地，此后格局大略不变。八百年间，徽州一直保持着行政建制的完整和稳定，实为史上罕见。

1934年，因"剿匪"需要，婺源一度被划归江西。此事颇遭各界非议，婺源士绅认为实"婺民一页痛史也"。遂发起"返皖运动"，最终得力于徽州绩溪人胡适先生向老蒋陈情，改隶三年后，婺源复归徽州建制。

胡适先生《四十自述》，以"我是安徽徽州人"作开篇，不仅以"徽州人"为荣，还为前贤争过"徽州户口"。先生晚年回忆"婺源回皖运动"时云：

> 这是帝国主义的做法，徽州人岂肯把朱夫子的出生地划归江西？……（见台版《胡适之先生晚年谈话录》。朱子出生于福建尤溪，婺源是其祖籍地。此点胡先生记忆有误）

造化弄人，把朱夫子故乡划归江西，当然不一定必然与"帝国主义"有关。1949年，因当时攻入徽州婺源与江西的解放军同属一部，为便于军管，婺源又划入江西，至今仍然。"新安（徽州古称）朱熹"，便再一次成了"上饶朱熹"。

更有讽刺意味者，胡适先生绝料不到，今日自家"户口"也成"泥菩萨过河"——若干年前，绩溪亦被划属宣州。"安徽徽州人"胡适先生，也成一"安徽宣州人"了。

"无徽不成镇"、"无绩不成徽"。绩溪有"徽商"代表人物胡雪岩、"徽墨"代表之一胡开文、"徽菜"之代表绩溪菜等等；而今何以称之？"宣商"胡雪岩？"宣墨"胡开文？

角色尴尬的婺源

　　徽商萌生于东晋，成长于唐宋，盛于明及清中期，"太平天国"时受重创（绩溪人胡雪岩的发迹纯属个案），至1956年"公私合营"及实行户籍大法，徽商彻底灰飞烟灭，徽州本土遂成无源之水……

　　但徽州古时最为傲世者，并非称雄数百年商界之"新安商人"（徽商）及"新安大好河山"，乃"东南邹鲁"、"程朱阙里"之美名，盖徽人以乡梓儒家礼教之盛为荣光。

　　所谓"程朱阙里"，理学奠基人程颢、程颐及集大成者朱熹之祖籍均在徽州，故称。二程只远祖是徽人，本人与徽州实少关联。朱子则不然，虽出生闽北，对徽州乡情甚浓。其文亦常署"新安朱熹"、"紫阳朱熹"，以志不忘父母乡梓。尝二度回徽，徽人从其说者甚众，称"徽州理学"，是

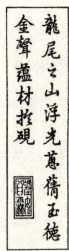

歙城南郊紫阳山和婺源东乡龙尾山。清代徽州墨人所制《新安大好山水套墨》（30锭）之二。前者赞词"蕴材于砚"，言婺源所产龙尾歙石；后者赞语"道脉薪传"，言朱子父朱韦斋（松）曾读书歙城紫阳山。韦斋教子而成大儒，故朱子以"紫阳"为号。两墨取材正是徽州自然、人文之代表。

"理学正宗"。此古徽州人素以研义理、尚气节为风尚之由来。

　　一个朱夫子，让徽州人为之骄傲了八百年！

　　当年婺源人"返皖运动"宣言，即以捍卫"程朱之阙里"为号召，甚至有"驱逐老俵（指江西人），恢复河山"之激愤语。

　　朱子被改"户口"，两败俱伤，徽州之"朱子阙里"名存实亡，婺源又非"二程阙里"，徽、婺两地称"程朱阙里"皆已名不副实。

　　婺源近年旅游业甚热。推广品牌为"中国最美的乡村"，说景可不关"徽州"，但若说人文渊源，便无论如何绕不开一个死结：徽州。"上饶婺源"不过半世纪，能派生出一"婺源文化"否？

"欲说新词"，却又有从根本上离不开徽文化窠臼之"愁"，"赣地徽乡"，是婺源今日风光背后尴尬的另一面。

有口难辩的砚人

或许，为朱文公、胡适之先生担心被"开除徽籍"是"替古人担忧"；但龙尾石之被"开除徽籍"，确实实在在使今日徽、婺两地砚人皆陷入"名不正言不顺"之窘境。

《旧唐书·地理志·江南道》"歙州"条：

> 歙，汉县，属丹阳郡。县南有歙浦，因为名。隋于县置新安郡。武德改为歙州……婺源，开元二十八年正月九日置。

婺源在唐玄宗开元间已从休宁折出单置为县，是真正的"老徽州"。划赣后的"历史遗留问题"，便是"歙砚产地之争"！

今日歙县等地除婺源外其他原徽州之他县砚人，常遇不悉歙砚源流者诘难：歙石产江西，何称尔乡方物？被问者每每心虚，有被人误以为欺世之耻感，情何以堪！而婺源砚人尴尬亦同：歙砚产自歙县，何出自江西婺源？事颇荒唐，亦很无奈。

歙砚本古徽州名牌，与徽墨并称。今婺源离徽，此份徽文化遗产的归属关乎品牌利益，"正宗"之争在所难免。

一般大众的看法，似乎歙砚出歙县为正宗，因砚以县名，然此说对婺源人显失公平。歙、婺之争，双方各执一词，其观点大约可归纳为：

"产歙说"三要点：龙尾石只是歙石一种，婺源产石而成砚在歙，有历史渊源。

"产婺说"三段论：歙砚即龙尾石，龙尾石出自婺源，所以歙砚产地是婺源。

两说皆有一定道理，又皆有偏颇之处。从历史渊源及现状分析，应争无可争，两地是相辅相成的共生关系。所谓"本是同根生，相煎何太急"！

龙尾名石出婺源

《歙州砚谱》所记唐开元中，猎人叶氏发现龙尾石的过程，是龙尾砚之起源，亦是歙砚之起源，其开头即云"婺源砚"。其他如《杜谱》（南宋杜绾《云林石谱》）："徽州婺源石"；《米史》："歙砚婺源石"，今人据之证明歙砚原指"婺源砚"，因之推论出"歙石即龙尾石"，歙砚产自婺源。此本唐五代时歙砚实情。清代歙人吴梅颠《徽城竹枝词》一首更有说服力：

> 砚名以歙歙无之，龙尾山原在武溪。溪在婺源州统歙，砚仍名歙名歙迷。

《杜谱》记：

徽州婺源石。产水中者皆为砚材，品色颇多……又有祁门县文溪所产，色青紫，石理温润发墨，颇与后历石差等，近时出处价倍于常。土人各以石材厚大者为贵，理微粗。又徽州歙县地名小清，出石亦清润，可作砚，但石理颇坚，不堪锉墨。其纹亦有刷丝者，土人不知贵也。

可知宋时祁门、歙县两地已出"文溪石"、"小清石"，与"龙尾石"为并列关系。今存世有一方"新安医学"代表人物、明代祁门人汪机所铭紫石砚，背铭有"产自邑中"句，正是祁门"文溪紫石"所制。又据元代婺源人江光启《送侄济舟售砚序》记载，当时冒充龙尾牟利者，有祁门"南路丝石"，歙县"棉潭丝石"，绩溪"甲路丝石"，皆出徽州各县。又黟县"黟县青"石，古人也常取作砚材。今日歙县又有新出"龙头石"及所谓"歙红"、"歙青"等。

新坑不论，古时徽州各县产石不少，非只龙尾。只龙尾开歙石先河，歙石赖之"冠天下"，他县之石不过借以沾光而已。

所以，歙石，狭义而言，专指龙尾石，持"歙石即龙尾石"说大致不谬；广义上说，乃包括龙尾在内的古徽州所出诸石共称。同理，狭义"歙砚"，专指龙尾砚，否则原本"吃大户"出身的邻县"他山之石"剥夺龙尾石所赢荣誉，实属"鹊巢鸠占"，非是公理；广义"歙砚"，则包括龙尾砚在内的古徽州所产诸砚共称。否则旁县甚至歙县本地所出石材何以称之？

从来方物以州名

"产婺说"或云：歙砚原称"婺源砚"，后简称"歙砚"。其实歙砚第一次亮相即名"歙砚"，称"婺源砚"反倒是后来者。

最早记歙砚文字者为五代陶谷《清异录》，其记萧颖士在仓曹李韶家，"见歙砚颇良。"又记后梁太祖朱温曾赐宰相张文蔚等龙鳞月砚，砚"歙产也"。此两则所说之"歙砚"、"歙产"，显然应为龙尾石。

婺源从休宁分出单置为县，在唐玄宗开元二十八年，而歙砚为猎人叶氏发现于"唐开元中"。唐开元年号共只用二十九年，所以歙砚"年龄"恐还大婺源县名若干年。既是先有龙尾石，后有婺源县，则当时若以县名砚，倒应称作"歙州休宁石"或"歙州休宁砚"了。

陶谷之所以称龙尾石为"歙砚"，理甚浅显，各地方物多以州郡命名，如"苏绣"、"杭绸"等，盖古时信息闭塞，以州郡名称方物易于传布。端砚，产端州高要县，与"歙砚"得名皆同一理。故清人徐毅《歙砚辑考》序言中云：

砚出婺源龙尾山，盖新安称古歙州，婺隶于歙，不曰龙尾而曰歙者，统于同也。

所以，"歙砚"与"徽墨"一样，不过以当时州府名称之而已。否则，唐时万山之中不甚开化的歙州，知之者且不多，更遑论其辖境内一属县婺源了。

歙州州城（今歙县徽城镇），交通便利，沿新安江下行可达杭州，州城中商贾聚集，贸易繁荣，是一府六县山货土产的集散中心。据云太平天国战乱前，歙城内书肆、墨肆、砚坊等商铺延绵数里。

古时交通不便，婺源虽有佳石，而囿于地处僻乡，须假州城以售。故歙砚的美名远播，府治所在地歙城当为起点。

琢砚工艺称徽雕

嘉靖《徽州府志》记"时人有刻，必求歙工"。此歙工，指以歙县虬村黄氏为代表之"徽派版画"。刻书外，歙人刻工也是诸种"徽雕"的代表。

古时歙县，土地人口远较同州他县为多，几占三成以上，为上县，史上徽州名人，歙以一县占州半数，类似吴县之于苏州府。歙州城即为歙砚集散地，砚肆集中。古时砚肆多为前店后坊，前堂售砚后室雕刻，所以州城又为砚工集中之地，而砚工基本以歙县人为主。此所谓"歙砚石出婺源而成砚在歙县"说之由来。

因歙城为制售歙砚重镇，故砚学发达。歙人砚学名家：清初汪扶晨撰有《龙尾石辨》；乾隆间程瑶田撰有《纪砚》、汪启淑刊《飞鸿堂砚谱》行世；嘉道间程庭鹭所著《小松园书画跋》附有砚铭多达50余则。余如清代"歙派篆刻"名家巴慰祖，诗人吴建周皆好砚，各有砚事逸闻传世。而我撰《赝砚考》，在辨诸砚过程中，涉及古歙名流亦多，影响如此。

今日歙、婺两地砚工，仍是歙人占多数，技术亦为主流。歙砚集散地也仍在黄山市市府所在地屯溪。

歙砚工艺，其艺术风格、审美取向皆与砖、木、石徽州三雕、徽州版刻、徽州墨模、新安画派、徽派篆刻等同出一脉。所以"歙砚"之称，又不仅以"歙州砚石"得名，亦包含"歙州工艺"因素，否则同为木雕，何必分徽州木雕、东阳木雕、潮州木雕？"龙尾石"与"龙尾砚"，"歙石"与"歙砚"之区别在于，前者只为材料，后者还附加砚工里籍和雕刻风格。

龙尾砚石虽产婺源，"成砚"却多在歙城；砚工也以歙县人为主，砚雕工艺更是纯粹"徽派"。故以州名砚外，仅以刻艺论，其名"歙砚"也属实至名归。

砚山岂只采石匠

虽然史上石出婺源而成砚于歙城之大概格局乃是不争事实，但"拥歙派"有所谓婺源只出石，不产砚之说；此说大失偏颇，盖婺源自来即有制砚业存在。

严格而言，发现龙尾石的猎人叶氏当是歙砚砚雕第一人，其制品即那方"刊粗成砚"之半成品"龙尾祖石"。《唐谱》"匠手"所记李少微弟子周全即是地道婺源人，其与本家兄弟数人皆居县城以制砚为业。黄山谷《砚山行》诗中亦云："居民山下百余家，鲍戴与王相邻里。凿砺磨形如日生，刻骨镂金寻石髓。"北宋时砚山土人以制砚为业者有鲍、戴、王等数姓。又，明代歙砚名家叶攘，世居龙尾山。可见古时婺源亦有本土砚工，不仅出龙尾石亦产龙尾砚。只相对歙城砚工而言，规模较小。

史上婺源藏砚家罕少，砚学专著亦不多见，此亦大不及歙人者。唯元人江光启撰有《送侄济舟售砚序》一篇，记当时采石状况，砚史价值极高。

所谓"靠山吃山"，今日婺源砚工因产石便利，日见兴盛。以数量论，与歙县、屯溪渐成鼎足之势，虽歙工仍为主流，但婺源砚雕界亦时出新人，成绩斐然。

今日婺源砚人为消除"歙砚产自歙县"的尴尬，刻意强调"龙尾砚"牌，龙尾砚为"歙砚"主体固为事实，但要替代"歙砚"成世人共识恐非易事。

婺源划出徽州区区数十年，与歙砚千余年之历史相比，实微不足道，此婺源砚人之有委屈也。

似曾相识燕归来？

歙砚本无事，歙（徽）州无有了，便有了事——历史遗留问题。

吾国历史悠久，改朝换代频仍，政区革延及名称变易频繁，当代尤甚。虽属"新社会、新气象"，但与历史脱节，遂使不悉历史者无所适从。

除歙砚外，他砚亦受地名变更的困扰。如虢州澄泥，虢州故地约同于今日三门峡市，但今人或知三门峡水库，谁知其与古虢州有何关联？即便此前曾用之地名陕州，恐也比三门峡市更显历史底蕴。另一古澄泥产地绛州更尴尬，其地今名新绛，名冠以"新"，有何历史？况边上又有一绛县，不知者以为今之绛县必是古之绛州，我当初就因望文生义被其误导。

可以想见者，所谓"歙砚产地之争"一时恐难消停，消弭争议的权宜之计，是既要考虑歙县历史上作为制砚、售砚中心，且此传统今日仍在的渊源；也须承认婺源为歙石主产地，且随着旅游业之开发当地制砚业日趋兴盛之事实。故以歙石论，婺源为正宗产地；以歙砚论，则歙县、婺源同属正宗产地。

虽然今日婺源之于徽州，乃是"无可奈何花落去"，能否"似曾相识燕归来"？解决"歙砚产地之争"的根本，或许是正本清源，再一次"婺源回徽"。如此，歙县、婺源又同属一"歙"（徽），则"歙砚"之正统自然争无可争。

近年来，传歙县或划归浙江，若事果成，所谓"歙砚产地之争"势必又成皖、赣、浙"三国志"了！

笠谷缀语：

江湖归心、家山情怀，乃诗人之永恒话题。晋人张翰云"三千里兮家未归，恨难得兮仰天悲"；南宋姜白石云"平生最识江湖味，听得秋声忆故乡"；文信国云："江湖行客梦，风雨故乡情"。屈翁山在所辑《广东文选》自序中云："嗟乎！广东者，吾之乡也。不能述吾之乡，不可以述天下。文在吾之乡，斯在于天下矣……吾所以为父母之邦尽心者，唯此一书。"牵涉故乡的物与事总是让人伤感的，况是令人深感痛惜之事——此文，聊算是我为乡邦，包括婺源在内的古徽州砚人同道作一呼吁！

广陵竞绝唱

——虢绛澄泥砚源流考

"汉唐斗"

相声名段：民国年间，盘踞鲁省之军阀韩复榘的老爹某次开堂会，因不忿《千里走单骑》中关老爷的英武，叫板："俺们山东也有好汉么！"于是，韩老太爷，这位"爱省主义者"，强要三国山西豪杰"关二哥"关云长与唐朝山东好汉"秦二哥"秦叔宝见个高低，结果，便上演一出"关公战秦琼"的闹剧。

当然，韩大帅其实是河北霸州人氏，且与野史之"文盲加流氓"形象不同，乃是一个颇有文化的"丘八"。"关公战秦琼"故事自然也于史实无关。但故事虽荒唐，却颇有现实意义，属事虽无而理必有之一例。

近年有一桩砚林公案，倒也有些类似"关公战秦琼"——即晋、豫两地所谓绛州澄泥砚（下文称"绛泥"）与虢州澄泥砚（下文称"虢泥"）的名牌之争。

绛泥，虽是至少中晚唐已有，且有一定范围之影响，但出名乃在五代宋初以后，只可算是宋后的"好汉"；虢泥，唐中前期已名天下，且为禁苑贡品，故乃唐家之"英雄"。然则，如相声段子中秦叔宝之纳闷："我本唐朝一名将，不知何事打汉朝？"无他——只为着"四大名砚澄泥砚代表"此官颁"尚方宝剑"，或曰"鸡毛令箭"名份的归属，绛、虢两家"泥工"及相关人士，为了捍卫本地方物之荣誉或曰品牌利益，便只好各操家伙，乒乒乓乓比划一番去者！

澄泥难澄

在论绛、虢澄泥是非之前，先且为"澄泥"之念法正名。

澄泥之澄，今人多念chéng（音承），误，应念dèng（音凳），盖前者指水之宁静清澈；后者指让水中之物沉淀，使之清澈透明。顾名思义，澄泥砚乃筛土经水过滤或取河中沉淀之泥所烧制，故念澄（dèng）泥砚，而非澄（chéng）泥砚。

今日北方豫、晋、陕、鲁、冀诸省，皆有烧澄泥砚者，以我所见所闻，其材其艺，与唐、宋、明人制品相比，丝毫未见有何高明，徒占"澄泥砚"招牌而已。但"品牌"

之争，却不曾少歇。

今人所谓"四大名砚"，唯澄泥砚不以产地名，盖其陶制，何处无泥？何地无窑？何地无陶工？所以澄泥各地皆产之。虢州澄泥、绛州澄泥之争"正宗"，确使人难辨曲直，因两家皆为砚史上正牌澄泥名品。

近人赵汝珍氏《古玩指南》云："澄泥砚，以山西新绛县（古绛州州治所在）所制者最为著名。"赵氏之言，倘指明清以来的说法乃是事实；倘以之概指澄泥砚史则大不然，明显不知唐时虢州出品之名尊一时。

又，今人《中国工艺美术大辞典》"四大名砚"条："澄泥砚最早产于山西绛州。"此说更是大谬，信口开河，误人不浅。

说部"隋唐"中有"十三条好汉"之说，第十三条好汉之名誉乃由二"门神"共享：秦叔宝为前半杰，尉迟恭为后半杰。质之史实，辨析源流，我以为，以此排行榜比之虢、绛两地澄泥砚亦甚妥帖，可谓——虢泥乃前半杰秦叔宝，绛泥乃后半杰尉迟恭，两者应共享"四大名砚"中澄泥砚代表之名誉权。

虢泥唐家尊

中唐杜佑所著《通典》云：

> 弘农郡贡麝香十颗；砚瓦十具（杜原注：今虢州）。

《新唐书·地理二·河南道》：

> 虢州弘农郡……土贡：絁、瓦砚、麝、地骨皮、梨。

《周书》："神农作瓦器"；《说文》："瓦，土器已烧之总名。"所以《通典》、《新唐书》所云"砚瓦"、"瓦砚"皆指陶砚，亦即澄泥砚。

《欧谱》云：

> 虢州澄泥，唐人品砚以为第一。

《李谱》亦引此说。可见，唐时虢州所制澄泥砚，不仅作为贡品进献长安且被时人评为砚中第一，是唐代最著名的砚品。

北宋时，虢州澄泥已渐式微，故欧公又云其砚"今人罕用矣"。

南宋时，虢州被金占。因金人得端歙不易，洮石虽亦被金占，但洮地交通不便，故虢州澄泥在北国或许较北宋时更为受宠。

尚明清时，古虢州地尚产澄泥，如隐士卢敬所制各类动物象形砚。清末，陕县人马寨产"陕州工艺局"款制品，但其影响已不足道，后者的品质与唐人制品更有文野之分。

一部虢州澄泥砚发展史，俨然一部贵族名门沦落为破落户的演变史！

虢泥遗珍多

今日以灵宝为中心的古虢州地，时有唐宋虢州澄泥砚出土，于虢州澄泥砚的研究颇多便利。

其中所出虢泥唐砚，多为双足箕形，质细密而坚；色以灰黄为主，较华美。非他地澄泥可及，唐人评为第一，的非谬许。更者，彼种唐人气象更非他砚可比，尤使人倾心。

"唐虢"中偶有带名款者，如"李灏"、"李谅"等，想是砚工名款。有款者所制皆精美，或许唐代有一李氏家族，以制澄泥砚名于世。

所出"宋虢"，色多灰褐，逊于"唐虢"之华美。带地名、人名款者所见多

唐李谅款虢州澄泥砚。瓦缶堂藏。

宋虢州张文信造澄泥砚，私家所藏。

种，如"虢州澄泥砚"、"虢州魏家澄泥砚"、"虢州裴氏澄泥砚"、"虢州法造闰金砚子"、"虢州张文信造"等等。一种"三堂"款者甚常见。"三堂"为唐虢州官署园林名迹，白乐天、韩退之、贾岛等名流皆有诗道及。以"三堂"为商标，目的在宣示制品为虢泥正宗。另一种"荆山公度记"款，性质与"三堂"略同。

"公度"为老子弟子尹喜弟尹轨表字，传其曾在灵宝境内黄帝铸鼎的荆山修道，炼成烧银术。砚托尹氏名款，借尹"炼银"神术为烧砚技术做广告耳。

明清"陕州澄泥"传世物有量,其与唐宋"虢州澄泥"虽有渊源,但此种"陕泥"之民俗味与"虢泥"之庙堂气,殊大别调(彩图30)。

值得一提者,明代陕州人卢敬所制澄泥砚,造型生动,生活气息浓郁又妙趣横生,亦一砚匠大家(彩图31)。

近年来,我因醉心古砚,常赴晋、陕、豫诸澄泥产地访砚,所见各品出土澄泥甚多,故略知其源流。

近代陕州王玉瑞所制带盖蟾形澄泥砚。王玉瑞为人马寨王氏家族制砚代表人物,制品今日流传尚多。(彩图30)

卢敬制骆驼砚。瓦缶堂藏。造型拙而有味,以双峰骆驼入砚,其题材甚少见;砚侧一排山峰为池边,令人有西域天山之想。背款楷书显见一定根基,可知卢敬有相当学养,故有"隐士"之称。(彩图31)

黑砚乃绛泥

王静安(国维)先生治古史,首创"二重证据法",即地下出土文物与既有文字材料互为印证,以求真相。与虢州澄泥砚史料、出土实物多可互想印证不同,绛州澄泥砚不仅可考的古文献只有一鳞半爪,可信之标准器更是闻所未闻、见所难见,盛名之下,真貌莫知。

因绛泥之肇源不甚清晰。今日誉绛泥者，常云"柳公权评为名砚"，却多只"知其然，而不知其所以然"。柳少师《论砚》原文乃"以青州石末为第一，言墨易冷，绛州黑砚次之"。只言"绛州黑砚"，而绛州亦产角石砚，"黑砚"何以必指绛州澄泥而非绛州角石？此关键问题尚未见有论及者。

《龟阜斋藏砚录》所刊绛州角石砚

角石，底色灰黑，上有化石，色白若牛角状，海洋无脊椎动物化石一种。北方传世物甚多，"顽滑不发墨，世人但以研丹尔"（《欧谱》），观赏砚一品而已。

细揣柳氏语，所指当是绛州澄泥而非绛州角石，理由：

一、唐无角石。最早记角石砚者应为北宋《欧谱》、《蔡帖》，未见唐人言及。遗物也多明清砚，宋元已鲜见，遑论唐角石。

二、柳言功用。柳语青州石末"墨易冷"，似指以烂石碾碎和泥烧制成的石末砚，虽下墨快却发墨粗。绛泥用汾水河泥所澄制，较石末质细。论下墨快，首石末、次绛泥（论发墨细，正相反，绛泥在石末上）。角石顽滑不发墨，少实用性，与"墨易冷"无关。

三、柳言陶砚。柳文首列石末，次"黑砚"。石末，澄泥别种，故并举之"黑砚"当亦为澄泥。清人盛百二《淄砚录》云："按石末固未佳，公权以比绛州澄泥为第一耳"，当就此而说。绛地近虢，中晚唐时绛人工艺较虢人或更有改进，故亦跻身名品之列。文中未举"虢泥"，或晚唐时"虢泥"名气已不复前时。

宋任道人制澄泥砚。私家所藏。砚背有"任道人"葫芦印，制砚者当如吕道人一样乃方外之人。砚外表通体皆敷墨蜡，观之正如"黑砚"。此种澄泥多出晋地。

四、绛有黑泥。"黑砚"，砚色黑也。唐宋"虢泥"，以灰黄为主调。而晋地所出澄泥，唐物绝少，宋、明砚有之，常为外敷一层墨蜡，外观呈黑色，疑即所谓"黑砚"。此种多有泽州砚人名款，抑为"绛州黑砚"工艺之分支？

从上述四点看，柳公权"绛州黑砚"所指，当是绛州澄泥而非绛州角石。

此外另有一种可能，"黑砚"如"瓦砚"、"砚瓦"一样，为陶砚一种代称。盖陶质品，本色以灰黑为主，故有是称。宁夏曾出土西夏宁武窑所烧圆瓷砚台，砚底色灰褐，边施黄釉，背刻"黑砚台"三字（"台"字只上半部）。此西夏"黑砚"，或可证"黑砚"因陶质而得名。

西夏宁武窑澄泥"黑砚台"。见刊《宁夏宁武窑》

绛泥宋明崇

除柳少师略嫌概念模糊的"绛州黑砚"外，遍检古人说砚文字，可资研考的早期绛泥文献资料极少。

五代宋初名流张洎（南唐时官至知制诰。归宋，官至参知政事）与吴淑（宋初官至职方员外郎），应为最早明确记载绛泥名称及烧制工艺者。张洎所撰《贾氏谈录》云：

> 绛人（或作绛县人）善制澄泥，缝绢袋至汾水中，逾年而取之，陶之为砚，水不涸。

此则所记绛人制砚工艺，极有名，是单论绛泥乃至泛论澄泥工艺的经典文献，《高笺》等即引用张氏此说。

吴淑《砚赋》有云："汾水精奇，墐泥妙绝"，亦指绛泥。

显然，不仅如柳少师所记，中晚唐时绛泥已有出产，五代宋初时，绛泥更已名世，且算得上品，否则张、吴二人不至轻许"善制"、"精奇"、"绝妙"。只宋代烧制澄泥之最高水平乃是"吕砚"，故苏彦猷、欧公及苏、黄、米、蔡等赏砚大家皆未言及绛泥。

明清时，绛泥之名甚高，乾隆曾命人取绛泥烧砚，纪晓岚亦称"绛州澄泥天下推"（《朡村石砚铭》）。但明清人言绛泥之文字并无新料，多引张洎旧说，且讹误不少，如朱栋《砚小史》将张文误为《米史》；《谢氏砚考》、《砚林胜录》又将之误为《文房四谱》。

元明以降，澄泥已被边缘化；至清时绛泥少有人重，势所必然。

乾隆御铭海天初月澄泥砚。《西清砚谱古砚特展所刊》，乾隆"仿古六砚"一种，砚藏台北故宫。此为乾隆命人取绛州汾河泥运至苏州，命苏州陶工烧成。此种澄泥，质尚细腻，然色极单调，且烧造工艺并非绛泥传统，故称不得正宗绛州澄泥砚。

绛泥何样泥？

绛州澄泥更为尴尬的问题是，至今并无一方可信之标准器为证。

唐宋澄泥砚出土物，虢州魏家、泽州路家、济州和家、濠州刘家、拓沟徐家、保州张家等等，今皆有标准器可证。唯有绛泥，未见带"绛州"字样地名款之实物，其砚何等样式，了无可以参照者。

古之名产，遗于产地者相对为多。虢泥产地豫西灵宝一带，今日时出虢泥唐宋砚。而晋南绛地，我前往访砚不下数十次，过目的古澄泥上品鲜见。

何以同为澄泥产地，虢、绛所遗古澄泥砚的规模差别如此之大？我的揣度，应是绛州砚人无落铭款的习惯所致。

直接物证不足，间接物证有之。一私家所藏出土宋抄手澄泥砚（彩图32），色灰白，质细密，扣之铿然，澄泥上品也。背款"合津张家砚瓦记"，后一押记。"合津"，当即晋南河津，民间砚工刻别字、错字常见。河津其地：汾水穿境西流汇入黄河；东隔稷山即新绛地，古时曾为绛州所辖。此砚当即河津所产的"绛州澄泥"，诚一极具砚史价值之宋绛州澄泥标本。

以实物推断，明之澄泥，其质之坚密、色之艳丽皆唐宋人所不能及，故明澄泥方称澄泥烧制工艺之最高峰（塑造工艺则推唐虢州澄泥）。各色名品亦至明人方齐备，尤其一种"黑包红"者，以"童子牧牛"、"蟾蜍砚"（彩图33）为代表，其朱砂之美，绚烂至极。此种品色传世砚以三晋所出为多，与虢泥特点有别，疑出绛人之手。

又有一种虾头红澄泥砚，色不若"黑包红"明艳，形以随形及三足八棱为主，亦晋地所出为多，疑亦绛泥制品。

因绛泥囿于标准器缺乏之局限，使今人对此砚史名品的研究不易得要领，颇令人引以为憾。

宋合津张家澄泥砚（彩图32）

明澄泥卧牛砚。北京大兴育采公社出土，首都博物馆藏，刊《北京文物大系工艺品卷》。

明朱砂红澄泥蟾形砚。私家所藏，同样形制之物不少见。（彩图33）

风骚各先后

要之，从文献及出土实物看，虢泥，被唐人评为第一，列为宫廷文房御用品；绛泥，晚唐必已生产，被柳少师评为青州石末澄泥之亚。绛泥后来居上，名超虢泥，应始自五代宋初，时虢泥已趋式微。明清时，绛泥名气完全压过虢泥。

愚见，虢之胜于绛者：塑刻工艺也。

虢泥全盛在李唐，因时代风尚之影响，唐虢泥之造型有天马行空、睥睨天下之势，可作独立之雕塑品看。彼种强势之艺术性，远非明代或为绛人所制"牧牛童子"、"蟾蜍砚"之秀气可比拟。但明人"牧牛童子"做工之雅趣，色彩之艳厚，又或许与虢州澄泥有一定渊源的近代陕州澄泥"蛤蟆砚"之类可以道里计，此时代大风尚使然。

而绛之胜于虢者：取材更精也。

绛泥取汾河泥澄淀于水，质较虢人取干土筛取者更细，其烧制技术亦应有所改进，此明人"黑包红"等品可为旁证。

因之，倘以澄泥砚比之石质砚，则似乎虢泥为所谓"山坑"，绛泥可谓"水坑"。

以名气论，早期澄泥以虢泥为代表，其最盛时为砚林第一；而绛泥最高荣誉也只算是"第二"（柳公权评）。待绛泥名声渐起时，砚林已完全是端、歙的天下。但绛泥虽从未称尊，却享名时间更长，是宋以后澄泥的代表。又因明清以来绛泥名高，到今人排所谓"四大名砚"时，便误以为绛泥是澄泥砚的唯一代表了。

虢泥今日之受屈，是其出名"来得早"，却不如绛泥之出名"来得巧"。

以为砚史博得名誉的功绩而言，虢、绛无疑皆应作"四大名砚"中澄泥的代表。尤其虢州澄泥，在泥陶砚被历史无情淘汰的今日，唐代虢州澄泥砚的历史价值、美学价值，称空前绝后也不为过！

有鉴于此，绛州澄泥独享"四大名砚"殊荣之说，如非对砚史之曲解，则必是对澄泥砚的寡识。

笠谷缀语：

除绛、虢争"泥"的"公斗"外，今日晋、豫两地砚人又各有私争，可谓"一地鸡毛"。

先有绛人为"绛州澄泥砚"商标对簿公堂，继有虢人对"虢州澄泥砚"商标被外乡人所夺的无可奈何；更有豫省所评"非物质文化遗产"中的"澄泥砚"竟是一今人新出品牌的奇闻。

已故山西省博物馆徐文达先生所制澄泥砚，色质较佳，高出今日各路澄泥砚新品多多，鹤立鸡群，洵为正派。尤其徐先生作品只印"徐氏澄泥砚"款，更是不欺古人不压今人之正道。

人心不古，世相如此，我向来对今人砚事兴意阑珊，因今日事物，多不关事理本身而在于"人情"。

唐公眼里美西施
——红丝石传讹种种

天下第一峰

昔明人唐伯虎，自称"江南第一风流才子"，人不以为过虚。清人杨继振，也曾自诩"江南第一风流公子"；然，今有几人知汉军八旗子弟杨公子有何"风流"可说？可知"第一"名号，"水货"历来有之。

而今人辄称之"天下第一"，更多属以势凌人之井底蛙语，其心态及动机，皆合于俚语所说：老子天下第一。

某次，我访砚秦晋，过河东，登中条山余脉五老峰。山不高而耸秀，主峰突起，鹤立群岫，颇有气势。大煞风景者，主峰正面石壁上，赫然凿有今人题刻五字："天下第一峰。"字大如屋，红漆炫目，突兀强暴，山色为之夺气。游罢下山，在山脚一山味馆小斟，偶遇鲜衣怒马一干人众，其中众"星"所捧之"月"问我观感，答：景色可人，题刻可恶。彼众大不乐，必欲屈我志，惜强词半天，未能摆出此峰"第一"的理由。后获饭馆老板告知：彼"月"者，河东分管宣传口之大尹级人物也——难怪，"谁不说俺家乡好"？

宇内"天下第一峰"有数处，多为古人所誉，各有各的说辞。河东五老峰，名不出晋省，大刺刺为之加冕"第一"，非为旅游造势，必是狂人欺世。后闻知题字者，乃晋省一厅座，此公企图"把名字刻在石头上想不朽"之胆之识，令人瞠目。

与河东"天下第一峰"，出自某厅座之推手相似，红丝砚之"天下第一"，亦成就于青州唐大尹之大力推誉。当然，"第一"之成色，两者明显不同：河东"第一峰"，纯属题者夜郎自大；红丝石"第一"，虽向来颇受非议，却并非全然浪得虚名，其得以忝列"四大名砚"，确也是实力使然。

只是，红丝石"天下第一"之说种种，历来附会者多，此不得不辨者。

晋张华未言第一

今人论红丝常举此说：西晋张华《博物志》载天下名砚四十一种，以青州红丝石为第一。

早在西晋时即有名砚四十一种？且其时红丝不仅已采更排名第一？所以如此荒谬，原是将载此段砚论出处之《续博物志》讹作《博物志》。

《博物志》，融神话、古史、博物、杂说于一书之志怪小说名著。魏晋之际大名士张华所撰（今传者为后人篡改增删本）；而《续博物志》，乃仿张华《博物志》体例所作（明人又有《博物志补》），撰者为南宋人李石。

《续博物志》原文：

> 《砚谱》：天下之砚四十余品，以青州红丝石砚为第一，端州斧柯山为第二，歙州龙尾石为第三。

李石所引之《砚谱》，即其同时人李之彦所撰之《砚谱》。《李谱》原文：

> 苏易简作《文房四谱》……谱中载四十余品，青州红丝石一，斧柯山第二，龙尾石第三。

最离谱者当属清人谢慎修之《谢氏砚考》，其云：

> 唐李石《续博物志》：《砚谱》载，天下之砚四十余品，以青州红丝石砚为第一，端州斧柯山为第二，歙州龙尾石为第三。（按谱即《文房四谱》）

谢氏不仅将《李谱》以讹传讹，还将李石归作唐时人，其或被旧本《续博物志》题"唐李石撰"所误导。

将《续博物志》附会成《博物志》，虽只少一"续"字，却将"红丝石为第一"之历史足足提前一千年！

又今人有将李石原文"天下之砚四十余品"，讹作"天下名砚四十余品"。如此，在一千七百年前，红丝石更成名砚中的名砚了。

苏易简未言第一

《续博物志》作者李石，字知几，四川资阳人。绍兴末以荐任太学博士。官终成都转运判官。好学能文，少从东坡孙苏符游，故其学出于东坡一门。传世除《续博物志》外，尚撰有《方舟易学》。

四库馆臣评李石《续博物志》为"剽掇说部以为之"，此书本辑汇他人旧说，多有附会舛误。今人误将李石《续博物志》讹为张华《博物志》，而李石所引李之彦《砚谱》原文已误，盖李之彦谓苏易简言"青州红丝石一"有讹。

检《苏谱》原文，有两处言及柳少师论砚：

> 柳公权尝宝惜笔砚并图画，自扃鐍之。常云："青州石末为第一，今磨讫墨易

冷，绛州之砚次之。"（《叙事》）

柳公权尝论砚，言青州石末为第一，绛州者次之。殊不言端溪石砚。（《之造》）

苏易简原书只引用柳氏论青州石末砚，只字未提青州红丝砚。

李之彦之错，当是将《苏谱》与唐彦猷《砚录》相混淆。《唐录》原文：

自红丝已（以）下，可为砚者共十五品。而石之品十有一：青州红丝石一，端州斧柯石二，歙州婺源石三。

清人盛百二《淄砚录》云：

苏易简《文房四谱》载：天下之砚四十余品，以青州红丝石为第一，端州斧柯山石为第二，歙州龙尾石为第三。按此条一作唐李石《续博物志》。

显然，盛氏与其同时人谢慎修同犯一错。

柳公权未言第一

今人论红丝又有所谓："唐柳公权《论砚》以青州红丝石为第一。"此为"红丝第一"说最为著名者，今人赞红丝所必用。

如《苏谱》所引，柳原文实只言"青州石末为第一"。

所谓"青州石末砚"，宋贤诸家多有记载：

潍州北海县山所出烂石，土人研澄其末，烧之为砚，即柳公权所云青州石末砚。（《唐录》）

青州、潍州石末砚，皆瓦砚也。其善发墨，非石砚之比。然稍粗者，损笔锋。石末本用潍水石，前世已记之。故唐人惟称潍州（石）。今二州所作皆佳，而青州尤擅名于世矣。（《欧谱》）

青、潍州石末砚，皆瓦砚也。柳公权以为第一。当时未见歙石，以为上品耳。（《李谱》）

所以，柳少师所称"青州石末"，乃当时青州所产一种石末所制陶砚。虽同产青州，一陶一石，与红丝何干？

实石末砚，虽下墨快，却墨渣多，必损笔，非砚中上品，故被东坡评为"凡物耳，无足珍者"。

"柳公权喜用红丝砚"较早讹误者，似为明人。晚明谢肇淛《五杂俎》卷十二《物部四》：

> 柳公权论砚，以青州为第一，绛州次之，殊不及端。今青州所出石即红丝砚也。

明季余淡心（怀）所辑《砚林》更明确云："柳公权亦喜用红丝砚"；明季方密之（以智）所著《物理小识·砚辨》开篇亦云：

> 《砚谱》：青州红丝第一，柳公权用之。其实端第一，次歙，次临洮。驼矶、庐山、常山不及也。

方密之此处所言柳公权"用红丝"，显然亦被前人所误。但其"端第一，次歙，次临洮"之评，确是甚有见地。

余、方乃是博洽大名士，亦有未察，是知"柳公权评红丝石第一"由来已久。

蔡君谟未言第一

今人论红丝更有云：蔡襄评红丝石为天下第一。

蔡《文房四说》（亦名《文房杂评》）原文：

> 砚，端溪无星石；龙尾水心，绿绀如玉石，二物入用，余不足道也……唐彦猷作红丝石砚，自第为天下第一，黜端岩而下之。论者深爱端岩，莫肯从其说。予尝求其所以胜之理。曰："墨，黑物也，施于紫石则昧暧不明，在红黄自现其色，一也；研墨如漆，石有脂脉，助墨光，二也；砚必用水，虽先饮之，何研之差？故为天下第一。"

蔡君谟所言，乃引唐彦猷评红丝"自第为天下第一"。《高笺》引用蔡说，更言之明了：

> 唐彦猷以红丝石为天下第一。石有脂脉，助墨光。（原注：蔡君谟）

实蔡君谟属意端溪无星石、龙尾水心石等端歙上品，红丝及他品在蔡眼中且被贬为"余不足道也"，更遑论"第一"。

今台北故宫所藏蔡君谟致唐彦猷手札《大研帖》：

> 襄启：大研盈尺，风韵异常，斋中之华，粲是而至。花盆亦佳品，感荷厚意。以珪易邽，若用商于六里则可。真则赵璧难舍，尚未决之，更须面议也。襄上，彦猷足下。廿一日，甲辰闰月。

此札作于宋英宗治平元年甲辰闰五月，同年九月唐彦猷即去世，此前一年唐氏从青州御任归朝，故帖中之盈尺大砚及花盆当皆为红丝石制品。

唐、蔡二人皆好畜墨，"以珪易邽"，指唐氏欲以"李庭珪"墨交换蔡氏"李庭邦"（李庭珪晚年制墨名款）墨，君谟不愿割爱。唐氏奉上红丝石砚与花盆，君谟犹未动心，可见其对红丝评价并不甚高，"风韵异常"云云，客套语耳。

欧阳修未言第一

又姚令威《西溪丛话》云："欧公《砚谱》以青州红丝石为第一。"亦误。欧公《砚谱》论红丝石原文：

> 红丝砚者，君谟赠余。云此青州石也，得之唐彦猷。云须饮以水使足，乃可用。不然渴燥。彦猷甚奇此砚，以为发墨不减端石。

欧公又有《与蔡忠惠公》一札云：

> 某启。前夕承惠红丝砚，诚发墨，若谓胜端石，则恐过论。然其制作甚精，真为几格间佳物也。

欧公评红丝仅此两则而已，不仅无"青州红丝石为第一"之言，且认为唐氏评红丝第一为过誉。

蔡君谟赠欧公此砚，当即蔡帖《大研帖》中唐彦猷赠蔡之盈尺红丝大砚，必是唐氏采得之上品，但欧公试用后，却得出不及端石之结论，唐氏之过誉必矣。

欧公于熙宁元年官青州知州，在青三年，足以求证红丝石的优劣；然遍查无只语誉红丝，可知欧公对此石也并不高看。

今人赵朴初氏《题赞红丝砚》，亦常为论红丝砚者引用。诗云：

> 昔者柳公权，论砚推青州。青州红丝石，奇异盖其尤。
> 云水行赤天，墨海翻洪流。临观动豪兴，挥笔势难收。
> 品评宜第一，吾服唐与欧。

此诗首四句，言柳少师论砚推青州产为第一，而红丝石又为青州砚之尤，似有柳所推者即红丝之意，此已讹；末两句更赞唐、欧红丝第一之说。显然，其言欧公评红丝第一亦讹；而唐（彦猷）言红丝第一则是事实。

唐彦猷以为第一尔

如前文蔡君谟所记，所谓红丝石第一之封誉，始自唐彦猷；唐公绣口一吐，红丝便是"天下第一"。

唐询（1005～1064年），字彦猷，钱塘人，仁宗天圣中进士，知长兴县，历归、庐、 湖诸州，迁江西、福建、江东等路转运使，入为知制诰，又出知苏、杭、青等州。英宗治平元年卒，年六十。有文集，已佚，今存《杏花村集》残本一卷。

唐彦猷在仁宗嘉祐间官青州，任上觅得红丝旧坑，复采之。今人《说砚》所收《唐录》刻本，附有宋人佚名抄者跋语，其记唐氏采砚始末：

> 询尝自遣青州益都县石工苏怀玉者，求石于黑山之巅，怀玉以为洞穴深险，相传云红丝石去洞口□□有刻字，乃中和年采石者所记，竟不知取之何用。迄今二百余年，人不复有至者。怀玉独与询所遣白真往六七日，得石广四五寸者二，镱以为砚。自嘉祐六年辛丑夏四月至癸卯春三月，历二年，凡工人数十往，得砚大小五十余。工人告以洞门巨石摧掩，不可复入，石遂绝……

唐彦猷在《唐录》中自评：

> 青州黑山红丝石为砚，人罕有识者。此石至灵，非他石可与较议，故列首焉……凡自红丝已（以）下可为砚者共十五品，而石之品十有一：青州红丝石一，端州斧柯石二，歙州婺源石三……

唐氏所定红丝石砚"天下第一"有两点理由：

> 墨，黑物也，施于紫石则昧暧不明，在红黄自现其色，一也；研墨如漆，石有脂脉，助墨光，二也；砚必用水，虽先饮之，何研之差？故为天下第一。（《蔡说》引唐氏语）

概言之，此两优点，一为色：墨黑、石红，对比分明；二为质：细密坚硬，磨出之墨如膏液，墨色华美。

然红丝石之短处也明显：质虽细密却润泽不足。故欧公云"须饮以水使足，乃可用，不然渴燥"。红丝石山坑所出，质稍渴燥，须勤于用水滋养。此山坑石通病，亦端歙水坑名品润泽，非他石可及之处。

唐氏所谓"砚必用水，虽先饮之，何研之差"？显然是为红丝石材质渴燥所作护短语。

众不然之

对唐氏红丝石"第一"之评，宋贤诸家中，欧贬渴燥；蔡虽未必以为然，尚不至过贬；东坡先否定而后持谨慎肯定：

> 唐彦猷以青州红丝石为甲，或云惟堪作骰盆（掷骰子之盘），盖亦不见佳者。今观雪庵所藏，乃知前人（彦猷）不妄许尔。

坡公认可唐氏对红丝之赞誉有一定道理，认为斥红丝"惟堪作骰盆"贬之太过，但并不意味对"红丝石为甲"完全认同。事实上，蔡、苏无一诗赞红丝，此足以表明两公对红丝的态度。到刻薄之后辈米颠口中，红丝被贬得一文不值：

> 红丝石，作器甚佳，大抵色白而纹红者，慢发墨，亦渍墨，不可洗，必磨治之。纹理斑石，赤者，不渍墨，发墨有光，而纹大不入看；慢者，经晴则色损，冻则裂，干则不可磨墨，浸经日方可用，一用又可涤，非品之善。（《米史·青州蕴玉石、红丝石、青石》）

米氏所云红丝"作器甚佳"，指作骰盆之类工艺雕品尚可，作砚则"非品之善"，算不得上品。

故虽唐彦猷对红丝青眼有加，极力延誉，时人并不买账，"论者深爱端岩，莫肯从其说"。颇遭爱端者之痛诋。

南宋胡仔《苕溪渔隐》评：

> 彦猷知青社日，首发其秘，故著《砚录》，品题为第一，盖自奇其事也。

《唐录》宋人抄者跋语：

> 询自以红丝石发之自我，又人不能遍见品第之，故以其私意置之第一……询以世所罕见者为录，以欺后人哉！

唐彦猷为人，"清简寡欲，不以世务为意"。云其"欺后人"当未必然，但其对红丝石此自家"亲生子"有偏心，"私意置之第一"当有之，人之常情。

从《说砚》所收残本《唐录》排座次所列十四砚品看，除"第一"之红丝外，另有四砚：

> 淄州金雀山石五，淄州青金石六，青州紫金石九，登州驼基岛石十一，潍州石末十三。

共收砚十四种，仅唐氏所官之青州及其近邻所产之砚竟占三成以上，"天下名砚排行榜"几成"鲁砚排行榜"。如此偏袒鲁石，遑论端石拥趸不服，恐鲁砚拥趸亦会有所不好意思了。

鱼龙变化

经上文之考辨，可理出"红丝石天下第一"之说其演变脉络。一、"青州石末为第一"之变异：始自《旧唐书·柳公权传》，柳原为："以青州石末为第一。"北宋初苏易简引用入《苏谱》后加一跋语："殊不言端溪石砚。"后人一并归苏氏此自家语为柳少师原话，遂误以为柳言端不及红丝。明人王世贞作《弇州四部稿·宛委馀编》，亦引用柳语，其又于柳氏语后加一跋："后始重端、歙、临洮。"于是端、歙、洮"三大名砚"，一起被今人讹为是被柳公权排于红丝石、绛州澄泥之后，实唐时洮砚似尚未出世。

二、"青州红丝石第一"之变异：始自《唐录》，原文"而石之品十有一，青州红丝石一"；至南宋李石《续博物志》讹为："天下之砚四十余品，以青州红丝石砚为第一。"《李谱》又因袭《续博物志》之误。

三、"青州石为第一"之变异：始自《李谱》，原文："苏公易简云：'柳公权论砚：青州石为第一'。"李氏此引文脱一"末"字，意思大变，砚由陶变石，从柳原话"为第一"之"青州石末"一变而成"青州石"。

四、"柳公权用红丝"之变异：似始自谢肇淛《五杂俎》所云："柳公权论砚，以青州为第一……今青州所出石即红丝砚也"，但谢氏尚只是猜测。稍后之余淡心《砚林》所云"柳公权亦喜用红丝砚"，及方密之《物理小识·砚辨》所云"《砚谱》：青州红丝第一。柳公权用之"，则为确指。

故尔，柳公权说过"青州石末为第一"，唐彦猷说过"青州红丝石为天下第一"，宋人说砚虽各有引用，尚未见有人将两者混为一谈。至余、方二人云"柳公权喜用红丝砚"、"柳公权用之"，且《李谱》又记柳又有"青州石为第一"之评，则"柳公权评红丝石为第一"之"三段论"已隐约成形。于是，今人为红丝张目者，眉毛胡子一把抓，将柳公权"石末第一"与唐彦猷"红丝第一"两种青州砚李代桃僵，嫁接成谬说"柳公权定红丝石为天下第一"。

由柳少师"青州石末为第一"，到"柳公权定红丝石为天下第一"，实是宋以降多个环节以讹传讹所致。当然，因不检出处，出现极其荒唐的"西晋张华时已定红丝石为天下第一"，则全是今人"不读书"之过。

亦足傲视砚林

且看两位清代鲁地名人对红丝的评价。《高史》（高凤翰《砚史》）收一"芙蓉井"红丝砚。南阜题拓云：

> 青州红丝石砚，旧入《砚谱》（当指《唐录》），列为上品，当在端歙之右。

古人以右为贵，南阜言红丝在端歙之上，当是袭用唐彦猷"青州红丝石第一"之说。

砚背南阜所镌一铭则云：

> 美不美，乡中水，何必乎歙之黟、端之紫。

此铭乃言：无论此红丝石美丑与否，因为家乡方物，自然可爱，不必在乎其非名品歙、端。此铭吐露南阜对故乡风物的无限深情，然却也正可反证，红丝之"美"不逮歙、端。至少，以此砚个案论，在南阜眼里，端、歙应在红丝之上。

南阜题拓语以"端歙"并举，此循唐彦猷原评"端州斧柯石二，歙州婺源石三"之排名顺序；而砚背之铭，云"歙之黟、端之紫"，置歙于端前，想因其曾官歙丞，对歙石亦别有一份"美不美，乡中水"之情怀。此与唐彦猷之捧红丝，意味相同。

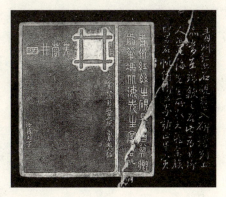

高凤翰红丝石芙蓉井砚

大名士王渔洋对唐氏所谓"红丝石第一"之说，则大不以为然，其云：

> 唐彦猷询《砚谱》以青州黑山红丝砚为第一，且云："资质润美，发墨久，为水所浸渍，即有膏液出焉。此石之至灵者，非他石可与较，故列之于首。"按：黑山在益都西乡颜神镇，友人赵子和（作羹）采黑山石琢砚二枚相寄，虽发墨而甚损笔，且石理粗硬，非端溪比也。彦猷所云，不知何据。昔人品果，以绿李为第一，居荔枝之上，亦此类也。（《分甘余话·黑山红丝砚》）

益都西乡颜神镇（在今山东省淄博市博山区），所产乃淄石而非红丝，此点盛百二在《淄砚录》中已证王氏此谬。且不论王氏所得是红丝是淄石，王氏借评水果，质疑唐氏"红丝石第一"之说，则的是——端石可称荔枝，红丝则为绿李。虽有偏嗜绿李口味之人，然必欲捧苦涩之绿李为果中第一，置于甘嫩而有"果王"美称的荔枝之上，岂是服众之论？

《唐录》砚林"排行榜"之偏，在于唐大尹情人眼里出西施，将中上人之姿的红丝石，看成绝代佳人。

方密之所评：端一、歙二、洮三，此前"三甲"甚符合宋以来砚林实情。红丝排第四也属名实相符，其石质或未够上上乘，然色品之华美，除端、歙、临洮外，确也足以傲视诸砚。

唐公砚？

传青金砚始自宋范仲淹早年读书淄川时，拾山中石制为砚，故后人又称青金砚为"范公砚"，此说自然有攀附名人之嫌。但红丝砚却极有可能可称为"唐公砚"，盖不仅红丝为名砚第一之始作俑者为唐彦猷，甚至以红丝石制砚的首创者亦可能是唐使君。

红丝砚始自晚唐中和年间，此说几乎是今人共识。其根据，一有今传本《唐录》中宋人跋语：黑山红丝石旧坑洞口所遗唐人采石者所刻"中和"年款字样（此刻字今已不可辨）；二有鲁博所藏一方双足箕形红丝石砚。有文献有物证，红丝砚始自晚唐似可无疑，实未必确然。

鲁博箕形砚，出土唐砚无疑，但其虽色红却似无红丝之类石品，倒与虢石更相近（彩图34），待后考。而黑山红丝石洞口唐人石工所刻"中和"年款，虽可证明红丝石晚唐时已采，却又未必指晚唐人所采之石一定是作砚材，盖红丝石除制砚外，亦常作骰盆等雕件之用。《唐录》宋人跋语"竟不知取之何用"，应是指时人已不知唐人所取之石作何用途。

山东博物馆所藏唐红丝石（传）箕形砚。或云是虢石砚。待后考（彩图34）。

蔡、欧、苏诸公皆未言红丝制砚始自唐氏，北宋王辟之《渑水燕谈录》："唐彦猷嘉祐中守青社，得红丝石于黑山，琢为砚"，亦难确定是唐氏首采红丝制砚。但《唐录》宋人跋语："询自以红丝石发之自我"；南宋胡仔《苕溪渔隐》评："彦猷知青社日，首发其秘"，似可解作唐氏首采红丝制砚。而唐氏前辈苏易简所撰《文房四谱》并无红丝砚记载，可知北宋前期红丝砚尚不为人所知。

红丝石制砚，是否始自唐氏，当事人唐彦猷最有发言权。《说砚》所辑《唐录》论红丝只此一则："青州黑山红丝石为砚，人罕有识者。此石至灵，非他石可与较议，故列首焉"，此语似可作两解：世人不识红丝砚材质之佳；世人不识红丝石所制之砚，并未明言采红丝制砚乃其创举。

因此，从今传宋人文献看，唐彦猷是否必为取红丝制砚之第一人，似难遽断。

然清人盛百二所撰《淄砚录》，则有唐氏始采红丝制砚的证据。

取石制砚始自唐守？

今人《说砚》所辑《唐录》篇幅甚短，并非全本，倘非抄录者节选，必是母本已残缺，此给后人对《唐录》的研究带来不便。

盛百二《淄砚录》引用《唐录》论红丝石文字二则，极详尽，达一千三百余字。唐彦猷自记嘉祐六年，方到青州知府任，先后访得临朐紫金石、淄川青金石、金雀山石、登州驼基岛石，其记采红丝石过程云：

> 其后得青州益都县石工苏怀玉言："州之西四十里有墨山，山高四十余丈，西连兖州，凡三百里。山顶出泉，悬流至山下，清甘芬香，与诸泉特异。传谓有灵草生于上，泉出于其间，故渍染而香山。山之南，盘折而上五百余步，乃有洞穴，深约六七尺，高至数丈，其狭止能容一人，洞之前复有大石，欹悬欲坠者。石皆生于洞之西壁，不知重数，如积垒而成，大率上下皆青或赤石数重。其中乃有红黄而其文如丝者一，相传曰红丝石。去洞口绝壁，有镌刻文字，乃唐中和年采石者所记，竟不知取之何用。迄今经二百余年（实只一百八十余年）不复有人至其上者，独山下之民时往观之，莫不指以为奇宝。"余既闻其说，意谓可以取为砚，亟遣白直（小吏别称）偕苏氏而往。初颇辞以高险不可得入，因厚给其资，勉之使行。既往六七日，仅得方四五寸者二……自辛丑夏四月至癸卯春三月，经二年，凡工人数十往，所得可为砚者，大小共五十余。一日，洞门为巨石摧掩，而人不可复入，其石遂绝。今有得之者，皆洞外黄赤石，尚假此名，殊非真也。

唐彦猷之知有红丝石，乃从石工苏怀玉处听来，而苏氏亦只言黑山石坑洞口有唐人石工所留石刻年款，但并不知唐人采石"取之何用"。唐氏闻说，以为此石可以制砚，遂以重资赏苏氏为向导，费尽时日，至石掩洞闭为止，终只获五十余石。

倘盛氏所录为《唐录》原本，则唐彦猷所记"余既闻其说，意谓可以取为砚"，对其始采红丝石制砚言之凿凿，复有何疑？

然问题在于，盛氏所录此则不见宋人文献，而盛氏乃清中期人，其所见者是否必是《唐录》原文？

引自真《唐录》

《说砚》本《唐录》中，论红丝石只寥寥数语：

> 青州黑山红丝石为砚，人罕有识者。此石至灵，非他石可与较议，故列首焉。

此盛氏所录结尾：

> 此石之至灵者，非他石可与较，故列之于首云。

《高笈》所录《唐录》一则及南宋胡仔《苕溪渔隐》所录《砚录》一则，其对采石过程及石品的描述，皆可从盛氏所录中找到出处以资印证，只是高、胡二家皆无盛氏所录详备，想高、胡只是录其概要，并非全文照抄。但《高笺》所录《唐录》共有二则，另一则云：

> 红丝宜银匣，气泽蒸湿，墨色不干，冬易冻。

此数语不见盛氏所录，盛氏所录有云：

> 此覆之以匣，数日墨色不干，经夜即其气上下蒸濡，着于匣中，有如雨露。

或高氏乃参考此段母本而出以己意略写？

又据盛氏所录，唐彦猷在未见红丝之前，本是将端歙评为诸砚中并列第一，其云：

> 余往令端人崔之才、歙人汪琼购求得二州之石，品第一者，爱而用之，平居未尝须臾去也。自得兹石，而端歙皆置于衍中，不复视矣。

崔之才乃当时端州本地一砚商，"家蓄石工百人，岁入砚千数"，曾托人转赠蔡君谟一端石绝品"紫龙卵"，蔡为作《砚记》纪事。歙人汪琼则无考，应与崔氏身份略似，乃一砚商。想唐彦猷从崔、汪二人处所得之端歙砚，未必上乘，故置于红丝之后。

显然，能录唐彦猷自述采石过程、誉石缘由如此详细，结论应只有一种，盛二百所录母本确为《唐录》传世真本。

从盛百二的行迹看，其所录《唐录》当有可靠出处。

唐砚无红丝？

盛百二字秦川，号柚堂，浙江秀水人，生卒年均不详，乾隆二十一年举人，读书颖悟，精天算。官淄川知县，在官一年，以忧去，遂不仕。晚居齐鲁间，主书院十数年，多所成就。著有《柚堂文存》等多种传于世。

因曾为淄川令，故盛氏所著《淄砚录》，乃是对淄川及周边所出诸砚的历史、现状及石质进行实地考察研究之结果，学术价值甚高。

秀水历来文风鼎盛，藏书家辈出。盛百二亦好藏书，其藏书印曰"秀水盛氏柚堂图书"、"秦川藏本"等。有此渊源，盛氏能从书友处抄得，甚至自家即藏有《唐录》较全传本，毫无可怪。

故唐彦猷因红丝石石质华美，取作砚材，应是事实。如此，《唐录》宋人跋语："询自以红丝石发之自我"；胡仔《苕溪渔隐》评："彦猷知青社日，首发其秘"，便可为此说的旁证。

但即便如此，也并不意味此前从未有人以此石作砚。

据盛氏所引《唐录》，晚唐中和年间采红丝石之后，断采近二百年，至北宋嘉祐时，连山下村民也只知此石是奇物，却早已不知当年唐人采此石作何用场。

　　从洞口刻有年款看，唐时人当已极重此石，否则只是采石刻作骰盆之类寻常雕品，何必登山履险，且刻字纪事？合理的解释：当年唐人采石即是用作制砚，因矿脉薄，随即断采，坑随废，至二百年后，土人亦不知前人采石用处。

　　盛氏所录《唐录》记产红丝石之黑山作"墨山"，盛氏解云："《砚录》黑作墨，或以名不雅改为墨山耳"。今日闽赣尚有客家方言称砚为"墨瓦"，而客家先人本中原遗民，或唐时人因取黑山红丝石制砚，因称"砚山"（墨山）？

　　虽然个人情感上倾向于晚唐已有红丝砚，但遗憾的是，迄今为止，唐红丝砚可信物难见（红丝宋砚亦极难得）。今日鲁豫等地古肆，多有红丝石"唐砚"甚至"汉晋砚"，实皆是劣等赝品而已，不足道。

　　因之，以现有文献看，以红丝石制砚，似只可暂定始自唐彦猷。是否晚唐人所采红丝已用作制砚，则有待无可争议的考古器物为证。

附考　唐宫红砚非红丝——疑是紫袍钟馗石

　　南宋初人姚令威（宽）《西溪丛活》：

> 王建《宫词》："延英引对碧衣郎，红砚宣毫各别床。天子下帘亲自问，宫人手里过茶汤。"恐是用红丝研，江南李氏时犹重之。

　　诗中之"红砚"，"恐是用红丝研，江南李氏时犹重之"之说必有误。

　　王建字仲初，颍川人，享年约67岁。乐府诗与张籍齐名。又作有《宫词》百首，在传统宫怨之外，描绘宫中风物尤广泛，是研究唐代宫廷生活的重要文献。王建乃中唐诗人，约出生于唐代宗大历二年（767年），约卒于唐文宗大和四年（830年），其去世早于唐僖宗中和年间（881～885年）半个世纪，故王氏诗中之"红砚"，若为红丝砚，则不仅红丝砚曾为唐代宫廷用砚，更将红丝砚的历史前推至中唐文宗年间。但姚氏此猜测应不确，所谓"红砚"，疑是虔州紫石砚。

　　虔州紫石砚，采石制砚始自唐代，为元和初年唐宗室李氏在虔州朱阳令任上发现，又名稠桑砚、钟馗砚。《苏谱》记北宋时此石曾为贡品。虔石呈赤色，符合"红砚"之色，今日唐虔石砚出土物不少见，可见当时产品有量，极可能与虔州澄泥砚一样，唐时亦为宫廷取用。

　　而南唐李氏最宝龙尾歙石，且红丝产于北地，五代时先后属于后汉、后周及北宋，并非南唐所辖，故姚氏此南唐朝廷重红丝之说亦不可信。

　　实者，倘中唐、南唐宫廷有一者取用红丝砚，则红丝砚必然早已名扬天下，何须待唐彦猷来"首发其秘"？由此可知姚氏测想之不合情理。

洮砚起始数则略析

——多少他山绿石假洮河之名行之？

洮石青碧原是洮？

洮石实在是被冷落的太久，也被误解的太深了！

洮石被宋人取用不久，产地洮州复失羌人，再陷女真，故洮石之风光只是昙化一现；因之其早期历史混沌不清，多有讹说，北宋米元章所记已误。

《米史·通远军洮石砚》条：

> 通远军洮石砚，石理涩，可砺刃。绿色如朝衣，深者亦可爱。又则水波纹间有黑小点，土人谓之湔墨点，有紧甚奇妙。而硬者，与墨斗。而慢甚者，渗墨无光。其中者甚佳，在洮河绿石上。自朝廷开熙河，始为中国有。亦有赤紫石，色斑，为砚，发墨过于绿者，而不匀净。又有黑者，戎人以砺刃，而铁色光肥，亦可做砚，而坚不发墨。

通远军，北宋神宗熙宁五年（1072年）置，在今甘肃省陇西县，唐时为渭州治所。

洮石与洮石皆出甘肃，原皆戎人用于磨刀，石又皆有绿色、紫色（洮石以绿为主，亦有别品紫洮、黄洮。或云亦有黑洮，尚未见），连湔墨点石品皆相同，巧合如此。颇疑米氏此说，是将洮石与洮石混为一谈。

从字面看，米氏明言是"在洮河绿石上"之"通远军洮石砚"；且元章别有一则单论洮砚：

> 洮河绿石，性腝（软），不起墨，不耐久磨。（《高笺》卷三引《米帖》语）

何以在米元章眼中，洮石如此不堪：质软，不发墨，不耐久磨？洮石乃砚林良材，细腻润朗，研用上佳。米氏此评，可谓与洮石真性相去甚远！

洮石砚，却被米氏推崇至"在洮河绿石上"如此高度，是否只是此老又一臧否物事所惯作之英雄欺人语？

《米史》为砚史要典，洮石是砚林贵族，米氏《通远军洮石砚》此条所记，事关洮石身世，更与洮砚起源大有干系，故下文详作辨析。

巩石洮石石脉通？

杜绾《云林石谱》有两则可为老米作解，其云：

> 通远石：通远军，即古渭州。水中有虫类鱼，鸣或作觅觅之声，土人见之，以
> 梃刃或坚物击之，多化为石。色青黑温润，堪为砺，目之为觅石。或长尺余，价直
> 数千。凡兵刃用此磨治者，青光不镦。

> 巩石：巩州，旧名通远军西门寨，石产深土中，一种色绿而有纹，目为水波，
> 斫为研，颇温润，发墨宜笔。其穴岁久颓塞，无复可采。先子顷有大圆研赠东坡
> 公，目之为天波。

渭州，北魏置，治襄武(今甘肃陇西县东北)。唐渭州，为防御吐蕃之前线，安史之
乱后陷吐蕃。宋仁宗皇祐间，将渭州移置平凉（今甘肃平凉），遂称原陇西旧渭州为
"古渭州"。神宗熙宁时，收复陇西，升为通远军。

巩州，治今陇西县巩昌镇，宋徽宗崇宁三年以陇西通远军置，金正大中升为巩昌
府。

产洮石之洮州（今临潭、卓尼等地），秦汉属陇西郡，隋唐隶陇右道，明清又隶巩
昌府，治所皆在陇西，故后人据此有"洮砚出陇西"之说。

虽然洮石、巩石产地，史上同归陇西郡、巩昌府所辖，但有二点可证明二者并非一
石。

其一材质：洮石老坑取之洮河崖边，近水，故润。而滟石砚"产深土中"，性当渴
燥。

其二产地：杜绾乃北宋末人，《杜谱》所记巩州乃当时建制。而当时巩州虽治所在
陇西，但辖地比此前隋唐陇右道，此后明清巩昌府要小，并不包括洮州。

故而，洮石产甘南洮河，巩石产陇西巩昌。《杜谱》所记"巩石"，虽产地相接，
地脉相近，色品近似，但显然必非洮石。

通远石产通远军，巩石产地巩州亦旧名通远军，是否两者异名同石？

琴瑟合鸣双鱼砚

据《杜谱》记载可知，谱中通远军所产"通远石"、"觅石"当即《米史》所记
"通远军滟石"。此石乃因当地水中有一种"虫类鱼"，鸣声似"觅觅（滟滟）"而获
名。其特征为"石鱼"，以此为贵，"或长尺余，价直数千"。米元章笔下此石，详记
石色"绿色如朝衣"，石品"滟墨点"之类，却只字未及有"鱼"，何以如此异趣？

以细节论，杜绾所记淯石，具体到石名之来历，显然比米氏所言更具可信度。

自米、杜以降近千年，似再无淯石砚新说传世。

好在百余年前之一则砚林盛事，为破释湮没千年之淯石砚产地之谜，留下一丝草蛇灰线。

吴昌硕《石交集·沈秉成传略》：

> 沈仲复中丞……夫人严氏，名咏华，工诗画，琴瑟甚笃。中丞为筑耦园。又曾得石，剖之有鱼形，制砚二，名之曰"鲽砚"。署其居为鲽砚庐。

沈秉成（1823～1895年），字仲复，号耦园主人，浙江归安人，晚居吴门。咸丰进士，历官至安徽巡抚，署两江总督。夫人严咏华，亦工诗善画。

沈氏工诗翰，精鉴赏，收藏金石鼎彝、法书名画美富一时。亦喜藏砚，佳者皆镌以斋馆印，其斋中最宝者即"鲽砚"。今沪上藏一巨型端砚，犹如方桌，上镌印："鲽砚庐藏"，亦沈氏旧物。

"鲽砚"之石乃沈氏在京师所得，剖开后内有鱼形纹理，于是制成两砚，与夫人严永华各执其一，名为鲽砚。又以此颜其斋（今苏州沈氏旧居耦园中鲽砚庐尚在）。鲽：比目鱼一种，以两眼皆在右侧得名。沈氏以"鲽砚"命名，有夫妇阴阳和合寓意。俞曲园对此曾赋诗一章："何年东海鱼，化作一拳石。天为贤梁孟，产此双合璧。"

此"鲽砚"，不仅是文房一段佳话，更是砚史谜案"淯石砚"之一重要物证。

淯石原出石鱼沟

近代名流吴愙斋（大徵）《鲽砚庐图·为沈仲复太老师题》诗：

> 前年渡陇右，道出汧水阳。有沟名石鱼，产石文吉祥。
> 父老告余曰：此石匪恒常。剖之获寸鳞，鬐鬣分毫芒。
> 见者诧未睹，闻者求莫遑。或终年不得，得之宜富昌。
> 今公示兹砚，披图述其详。璇闺文字福，金石传铿锵。
> 双声协鸾凤，比翼同鸳鸯……（《愙斋诗存·西輶集》）

"陇右"，即陇西。"汧水阳"，《水经注》："汧水，出汧县之蒲谷乡弦中谷。"古汧阳县，即今陕西宝鸡市千阳县。其地西接今甘肃陇县，西南与今甘肃陇西县相隔二百余公里，古时曾为"古渭州"所辖。

吴氏诗中云，汧阳县石鱼沟出一种奇石。据土人父老言：剖开此石有小鱼（寸鳞），脊鳍分明。见者莫不惊奇，以为见所未见。因物稀奇且鱼纹本属祥瑞，故求之者众，但不易得，或终年难获一石。

吴愙斋乃晚清名宦，更是一金石大家，鉴古有大名。其在同治时任陕甘学政；后又在光绪初赴山陕襄办赈务，亲赴灾区察勘。愙斋当是在陕甘公干，路过汧阳县石鱼沟时，获悉当地所产"石鱼"情况。故一见沈氏"鲽砚"，即断定是汧阳县石鱼沟之石所制。

近人徐珂《清稗类钞·矿物·鱼石》：

> 汧阳县有鱼石，状如馒头，破之即成两石，各有一鱼形，鳞鬣宛然，以手摩之，作鱼腥。溪中所产之石皆然。

今千阳县石鱼沟，因地质构造特殊，出土过大量鱼化石，故名。可见所谓"鲽砚"石材之"鱼石"，即石鱼沟所出鱼化石。

因此，既然滆石产地可确定为陕西汧阳县石鱼沟，而巩石则产于今甘肃陇西县巩昌镇，虽古时同属古渭州之通远军，但地隔数百里，别是两石无疑。与产自甘南古洮州之洮石距离更远，更无渊源。

砚痴米公不解洮

经以上考索，所谓滆石中之虫类鱼，即是夹在沉积岩中之鱼化石，人取其作砚，重石鱼寓意有余之祥瑞耳。今日鱼化石，人不以为怪，古人不知由来，惊为天物，遂有《杜谱》所记土人以物击鱼"多化为石"之奇说。

至此，《米史·通远军滆石砚》之错误应可了然，明显混淆洮石、滆石、巩石三者。其讹大略如下：

洮石，原为砺石，色绿、紫，有"湔墨点"石品。熙宁间王韶收复熙河临洮地，采石制砚。《米史》记："可砺刃。绿色如朝衣"；"水波纹间有黑小点，土人谓之"湔墨点"；"自朝庭开熙河，始为中国有"；"赤紫石，色斑"。

滆石，《杜谱》云："色青黑温润，堪为砺……凡兵刃用此磨治者，青光不镦。"《米史》记："又有黑者，戎人以砺刃，而铁色光肥。亦可做砚，而坚不发墨。"

巩石，今似已不传，无从比勘。《杜谱》云："一种色绿而有纹。"《米史》记："绿色如朝衣。"

坡公及其门下黄、晁、张等皆有诗文咏洮石，其时洮石名动公卿，何以米元章只在《米史》"通远军滆石砚"条中，以一句滆石砚"在洮河绿石上"语焉不详地一笔带过？而《高笺》引"米帖"所谓"洮河绿石，性腻，不起墨，不耐久磨"，更是完全属于不着调之谬说。

显然，米氏对洮石了解不多。

苏米生活之北宋末造时代，洮河石为中原士大夫所知不久。东坡、山谷诸贤之咏洮石诗文，只是文学描绘；《米史》之记洮石，则为作传，信息匮乏，故力有不逮，遂有耳食之误。

但米元章也有冤屈。有今人指其"湔墨点"误用自洮石，此说则未必确。盖"湔墨点"今日虽为洮河名品，但定名历史似不长，至少南宋赵希鹄《洞天清禄集》等较早论及洮石之古人文献并无言及。故疑洮石"湔墨点"品名，反是后人借用自米氏之论"滠石砚"者。

叠石唐砚产叠州？

砚学大家米元章说洮砚，已然谬矣，后来者更是讹说不绝。

《西北第二民族学院学报》（1999年第3期）刊其院中文系教授吴建伟先生《洮砚丛说补遗——黄宗羲诗〈史滨若惠洮石砚〉论释》一文，解黄梨洲（宗羲）《史滨若惠洮石砚》诗甚详。

黄梨州受赠曾任狄道（临洮）知县之同乡史尚辙（滨若）一洮河砚，遂作诗赞之。原诗云：

> 古来砚材取不一，海外羌中恣求索。今人唯知端歙耳，闻见无奈太迫窄。
> 水岩活眼既难逢，龙尾罗纹亦间出。遂使顽石堆几案，仅与阶砌相甲乙。
> 犹之取士止科举，号嗄雷同染万笔。鸡舞瓮中九万里，鼠穴乘车夸逐日。
> 吾家诗祖黄鲁直，好奇亟称洮河石。既以上之苏子瞻，复与晁张同拂拭。
> 欲使苏门之文章，大声挟洮争气力。吾友临洮旧使君，赠我一片寒山云。
> 金星雪浪魂暗惊，恍惚喷沫声相闻。欲书元祐开皇极，愧我健笔非苏门。

吴先生解诗中首句"羌中取砚"，举唐人二诗为证。

其一，庄南杰《寄郑碏叠石砚歌》：

> 娲皇补天残锦片，飞落人间为石砚。孤峰削叠一尺云，虎干熊跪势皆偏。
> 半掬春泉澄浅清，洞天彻底寒泓泓。笔头抢起松烟轻，龙蛇怒斗秋云生。

　　　　　　　　　　　　　　（后尚有四句，吴先生未引）

其二，刘禹锡《柳子厚寄叠石砚诗》：

> 清越敲寒玉，差参叠碧云。烟岚馀斐叠，水墨两氤氲。

　　　　　　　　　　　　　　（后亦尚有四句，吴先生未引）

吴先生结论云："叠石砚，当为叠州出产的砚台，古代叠州大致相当今甘肃省迭部县境，地处白龙江上游，因群山重叠而得名。此地正是汉魏六朝羌族腹地。"

今之甘南州迭部县，西与出洮砚之卓尼接邻。吴先生虽未言叠石砚既洮河砚，然难免使人联想。

庄、刘两诗中未言"叠石砚"产于何处，但庄诗"半掬春泉澄浅清"，刘诗"差参叠碧云"，知砚当是绿石所制。

是否即言叠州所产一种绿石，甚至就是洮河绿石？

龙壁秀石出柳州

又有今人从叠石砚之声、色上，怀疑为绿端；并认为米元章《砚史·样品》所记一紫色四叠砚，可能产自端州。

《米史·样品》原文：

> 吾收一青翠叠石，坚响，三层，傍一嵌磨墨，上出一峰，高尺余，顶复平，嵌岩如乱云，四垂以覆砚。以水泽顶，则随叶垂珠滴砚心，上有铭识，事见唐庄南杰赋，乃历代所宝也。又收一正紫石，四叠，下有坐有足，巧于瘿盂。足上起一枝，细狭。枝上盘两叠，长七寸馀，阔四寸馀，如灵芝，首锐下阔，天然凤池之象。中微凹，点水磨墨，可书十幅纸，石理在方城之右。此非人力所成，信天下之瑰宝也。

此两方叠石砚，显然是由一种石色青或紫，石质坚密，有多层皱叠之天然随形石材制成，与灵璧砚山相类，属观赏性石砚。因其叠纹本为天然，故"非人力所成"。庄南杰所谓"孤峰削叠一尺云"、刘梦得所谓"差参叠碧云"，正是言石之自然叠纹。

又检柳子厚（宗元）文字，始知其赠刘梦得之砚是柳州龙壁叠石所制。

龙壁叠石，产柳州柳江下游龙壁山下，其地为柳州八景之一"龙壁回澜"。叠石，俗称叠层石、千层石，层理有序而自然，若山川、若平远、若蓬莱仙境。唐元和间，子厚任柳州刺史，游龙壁山，作《柳州山水近治可游者记》。其记龙壁山："其下多秀石，可砚。""可砚"者，即龙壁叠石。

柳子厚将从龙壁山采回之叠石一方制成砚，寄赠时官粤地连州之刘梦得，梦得作《柳子厚寄叠石砚诗》记之。子厚又将另一叠石制成一"叠石琴荐"（座），寄赠淮南节度使卫次公（从周）。

故而，唐宋人笔下之叠石砚，乃柳州龙壁叠石所制，并非产自叠州之砚，与洮石、端石皆无涉。

神宗熙宁开洮河

又米元章所谓"滗石"是"自朝庭开熙河，始为中国有"，正是洮石采石时间之习说。

金代名诗人元遗山（好问）《赋泽人郭唐臣所藏山谷洮石研》诗：

> 旧闻鸚鹉曾化石，不数鸊鹈能莹刀。县官岁费六百万，才得此研来临洮。
> 玄云肤寸天下遍，壁水直上文星高。辞翰今谁江夏笔？三钱无用试鸡毛。

遗山所咏，为黄山谷原藏之一方洮河砚。此砚之重要价值，在于元氏此诗序言所录砚上山谷原铭：

> 王将军为国开临洮，有司岁馈可会者六百巨万，其中于中国得用者，此研材也！

所谓"王将军为国开临洮"，指王韶主持之"熙河之役"。

王韶（1031～1081），字子纯，江西江州德安人，嘉祐进士。富于韬略，官至枢密副使。

"王韶开边"过程：宋神宗熙宁元年，王上《平戎策》，议收复河湟，孤立西夏之方略，为神宗采纳，委王以恢复事。经数年苦心经营，王先后收复武胜（临洮）、河州（临夏）、宕（宕昌）、岷（岷县）、叠（迭部）、洮（临潭）等地，断羌人与西夏通路，至此宋人获得对西夏之战略主动权。

王韶收复临洮，在熙宁五年。山谷砚铭所言正是此事，亦洮砚始于北宋神宗时之出处。

明人王世贞《张幼于惠临洮赐砚歌》有云：

> 蒙将军扫中山敌，归向临洮砑地脉。刓出坚珉三尺碧，祖龙爪端五花黑。

此诗以秦名将蒙恬喻王韶，亦指"王韶开边"而始采洮石之事。蒙恬受秦始皇（祖龙）督修之秦长城西段起点也正在临洮。

因王安石"变法"，始有"王韶开边"，以此意义论，王荆公也有功于洮砚。然因"开边"费资巨大，悯惜民生之"元祐党人"并不赞成（事实上在不久后之徽宗朝，王韶收复之地旋失），故山谷此砚铭实借洮砚讥讽荆公之穷兵黩武也。

陇右贡砺唐洮石

洮河砚之为宋人称誉，黄山谷贡献最大。其不仅遗有咏洮砚三诗一铭，且除自留一洮砚外，复有赠师友东坡、晁无咎（补之）、张文潜（耒）洮砚各一。诸人各有诗文唱和，其中尤以坡公之作最为著名：

> 洗之砺、发金铁。琢而泓，坚密泽。郡洮岷，至中国。弃矛剑，参笔墨。岁丙寅，斗南北。归予者，黄鲁直。（《鲁直所惠洮河石砚铭》）

东坡得砚之哲宗元祐元年丙寅夏（斗南北），为王韶收复洮州十四年后。

"洗之砺、发金铁"；"弃矛剑，参笔墨"，皆言洮河石原只是当地羌人作"砺石"（磨刀石）之用，宋人复洮河地，取作砚材。此苏门中人诗中亦多言之，张文潜："洮河之石利剑矛，磨刀日解十二牛。千年边地困沙砾，一日见宾来中州。"（《鲁直惠洮河绿石研冰壶次韵》）；黄山谷："久闻岷右鸭头绿，可磨桂溪龙文刀"（《刘晦叔许洮河绿石砚》）、"赠君洮州绿石含风漪，能淬笔锋利如锥"（《以团茶洮州绿石砚赠无咎文潜》）、"洮砺发剑虹贯日"（《谢王仲至惠洮州砺石黄玉印材》）。

洮州土人取洮石制作"砺石"，唐时已有之：

> 其大川：河、洮、弱、羌、休屠之泽。厥赋：布、麻。厥贡：金屑、砺石、鸟兽、革角。（《新唐书·地理志·陇右道》）

从州名对应贡品的排序看，首位河州所贡金屑之后，为洮州所贡砺石。故此唐时陇右道所贡砺石，当即临洮所产洮河绿石。然当时只是以砺石进贡朝廷，并非砚材。从坡公诸人砚诗中亦可知，诸人所得之砚皆只取石临洮，成砚还在中原。

蔡公遗帖已论洮

苏、黄诸贤文字，似足以证明洮河石易武（磨刀剑）从文（佐文房）始自"王韶开边"，但清中期人胡敬《西清札记》卷一，收有一蔡帖《洮河石砚铭》，却可颠覆此成说，其云：

> 蔡襄《洮河石砚铭》墨迹卷。纸本，行书：七月二十八日，瑞卿老友以洮河石惠予。甚可爱，兼能下墨。隔宿洗之，不留墨痕。其肌理细腻莹润，不在端溪中洞石下。色微白，有红丝，俗传为红丝砚者，殆是耶？尝考前人论砚之优劣详矣；不费笔，即退墨，二德难兼，世人每爱鸲鹆眼，第未（原注："损一字"。疑为"知"）眼为石病。然有眼亦未始不可，总以活眼为上乘，质之粗者，概勿论矣。至于雕文刻理，花藻缤纷，以俗手出之，纵有良材，乃遭其厄，予所弗取。明窗净几，无尘事相接，磨墨伸（原注："损一字"。疑为"纸"），随意作大小数十字，此时如无良砚，则兴趣索然矣！予因瑞卿之惠，而书其大略如此。蔡襄书于瑞谷山房。印一：君谟之章。

蔡君谟此帖，论俗工之伤石，极有见地。只从蔡帖所记此洮河石砚"色微白，有红丝"看，似确有如君谟所疑：砚为红丝而非洮河。故此帖明人文嘉题签，对此也有质疑：

> 谨案：高似孙《砚笺》谓：洮石砚出临洮，洮河绿石性软，不起墨，不耐久

磨。朱子文集载《答李季章书》谓：洮砚发墨，锋铓可畏，此所难得，足为佳玩。
二说互异，犹端砚有润燥之别。襄所得乃佳者。至襄谓砚有红丝，考红丝石产青
州，其理红黄相参，见王辟之《渑水燕谈录》，岂洮河亦有此石质欤？

洮河石偶有红黄色别品，称红洮、黄洮，抑蔡君谟所见为早已失传之又一种洮石罕
有别品：白洮？

英宗治平砚已有？

蔡帖《洮河石砚铭》之重要价值，不在于砚是否确为洮河，而在于帖中既已记有洮
河砚，便可证明当时已有洮河砚行世。

蔡君谟去世于宋英宗治平四年（1067），比王韶收复临洮之宋神宗熙宁五年（1072）尚
早五年，故蔡铭中之"洮砚"自非"王韶开边"时所取之洮石所制。

蔡君谟之前辈苏易简所撰《苏谱》，成书于宋仁宗雍熙三年丙戌（986年），书中
未记洮砚。君谟好友唐彦猷官青州采红丝制砚，在仁宗嘉祐六年辛丑（1061年）至八年
癸卯（1063年）间，其作《砚录》当亦在其时，是书也只字未提洮砚。由是知君谟作
"洮河石砚铭"时，洮河砚应尚刚刚面世，人多不知，故君谟连洮石以绿色为主之特点
尚不知悉。

黄山谷砚铭所谓耗巨额军费之"王韶开边"所获不过洮河砚材云云，本有讽刺王安
石"变法成果"的意味在，未必此前便绝无以洮河石制砚之事。或此前已偶有少量洮石
流入中原，被人取作砚材，只影响不大，人多不知。

《洮河石砚铭》帖有元初开封人王芝题跋，赞此帖书法"笔力疏纵，自为一体。"
然者此蔡帖之可信度如何？

帖后又有元以降邓文原、杨维桢、文嘉、王稚登、高士奇、梁清标等名流十五人题
跋，其中多鉴古大家，倘诸人跋文不伪，则帖为真迹当较可信。而帖之原藏者张斯立
（字可与，号绣江，章丘人。官至中书参政），为元初著名收藏家，尤以藏古法书为世
所重，所藏与赵子昂等人雁行。今传世颜鲁公《刘中使帖》、徐浩《朱巨川告身》即曾
归张氏所藏。蔡帖《洮河石砚铭》既是经过张氏法眼，其真迹之可信度甚高。

只是，此蔡帖虽为清内府所藏，见载《西清札记》，但明以前人是否记有此帖，尚
待后考。

因此，在无蔡帖《洮河石砚铭》为赝品之确凿证据出现前，似可推定：洮砚至少在
宋英宗治平时（1064～1067年）已有少量面世；数年后，宋神宗熙宁间王韶复洮，大量
取石制砚，遂著称于世。

云是北宋洮河产

洮石早期文献可考者不丰,而洮石早期实物更是罕少。

今人论洮河,津博所藏一北宋洮河砚多所必举(彩图35)。

其砚抄手式,四侧内敛,典型宋式。砚长33厘米余。石质细润,呈黄绿色,砚面隐含圈形木纹。砚一侧郑孝胥款隶书题:"北宋洮河产砚。"背抄手内镌行楷铭,字亦郑氏笔迹,铭云:

> 黄河溢,巨鹿没;八百年,井中出。汝之心,坚且洁;照古今,若碧月。阏逢困敦之秋。养庵铭。

郑孝胥(1860～1938年),字太夷,号苏戡,又称海藏,闽县人。光绪解元,官至湖南布政使,为晚清改革派。入民国,居上海鬻书自给。九一八事变后,任伪满总理。后因不满日人压制,遂失势。1938年死于长春,传被毒杀。郑氏工诗,有《海藏楼诗集》。又精行楷,其书开张遒劲,堪称风骨嶙峋,大手笔也。郑氏一生行迹,诚可谓——铁杆汉奸,满洲忠臣;书法大家,做贼佳人!

此砚郑氏题隶,纵逸朴茂,古味甚足,正堪与此砚相契,令人百看不厌。

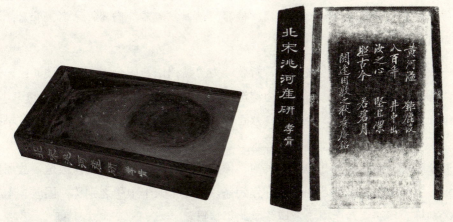

北宋洮河抄手砚。《四宝全集·砚》刊砚照、《中华古砚一百讲》刊砚拓。(彩图35)

砚背撰铭者周肇祥(1880～1954年),字嵩灵,号养庵,绍兴人。清末举人,民初曾任湖南省长。后任北平古物陈列所所长,与金北楼共创中国画学研究会及"湖社画会"。曾数渡日本交流艺事。抗战初期,日军迫近北京,国民政府计划运故宫古物南迁,周氏多次公开表示欲以武力阻之,似有不智。

周氏能画,好古,勤于冷摊觅古,乐此不疲,尝刻一藏印曰:"周肇祥小市得。"撰有古玩随笔《琉璃厂杂记》,从书中所记搜古意趣看,此公颇好古瓦。

周氏又好砚,喜撰铭砚,传有《鹿岩精舍藏砚拓本集》二册,收周氏藏砚拓本五十余，此"宋洮"或为其藏一品。

八百年物井中出

据巨鹿《三明妙严殿记》碑文载：

巨鹿出土宋瓷器文字。《巨鹿宋器丛录》刊，瓷器有"大观二年"字样。

> 大观二年秋，河决旧堤，流行邑中。寺之所存，塔与罗汉阁尔。水既东下，退淤之地高二丈……

北宋徽宗大观二年（1180年），河北古被漳河洪水所吞没，巨鹿古城从此神秘消失。

1920年，巨鹿大旱，县人掘井自救，淹埋地下800余年之宋巨鹿古城始重见天日。土人掘得精美陶瓷器甚丰，尤大量磁枕之发现，令人瞠目，轰动一时。时人李详耆、张厚璜撰有《巨鹿宋器丛录》，记当年巨鹿出土宋器之情况甚详。书中云：

> 民国九年春，直隶巨鹿城内，土人筑室。掘地丈许，得宋瓷数事，为骨董商购去。土人利其赏，易地掘之，复得若干器。于是掘者日众，全城几至掘编（遍），故得物日益多，器不仅瓷，若漆器、铜器、铁器、石器、陶器、木器、骨器，均源源而出焉。

书中收有当时出土之澄泥砚二方，背款一为"虔州法造闰金砚子"（残）；一即常见刊之"滹阳刘万功夫法砚"。巨鹿为滹沱河南岸，砚称"滹阳"，为当地土产。

周肇祥砚铭云"黄河溢，巨鹿没；八百年，井中出"。砚正是当年巨鹿人抗旱掘出之物。

巨鹿今距黄河尚远，然其地处古黄河、漳河冲积平原，黄河已数次改道，故周氏铭"黄河溢，巨鹿没"并不误。阏逢，亦作阏蓬，纪年十天干中甲之别称。困敦，十二地支中子之别称。1924年乃逢甲子，砚铭于此年秋日。

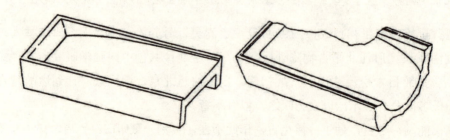

巨鹿出土澄泥砚二方。《巨鹿宋器录》所刊虔州法造闰金砚子、滹阳刘万功夫法砚线描图。

　　津博此砚之石色石纹，以砚照视之，是否必是洮石所制稍有疑。期来日有缘目验，当可解惑。

砚款南宋淳祐年

　　今人论"宋洮"，另一常举之标准器，为今藏日本永青文库之"南宋淳祐五年兰亭洮河砚"（彩图36）。

　　砚为习见椭圆形"兰亭"式，色草绿。纵达33厘米。此砚之贵，在于砚一侧镌有阳文南宋理宗时"皇宋淳祐五年"纪年款。砚另一侧篆书铭："任堂藏宝砚。其万年子子孙孙永保用。"

　　此砚曾被收入《广仓砚录》，编者邹安（适庐）题拓跋语云：

　　　　此洮河绿石研，上刻兰亭。为王氏话雨楼旧物，今在仲氏。与敝藏刻观音罗汉

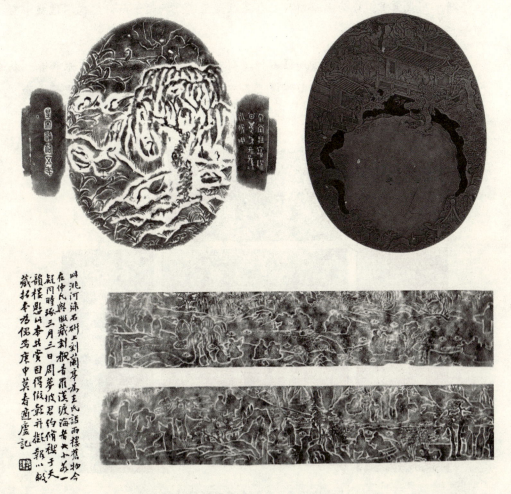

　　"淳祐五年"兰亭洮河砚。《古名砚》刊（邹安题拓为《广仓砚录》刊）。（彩图36）

渡海者大小若一，疑同时琢。三月三日，周梦坡君约修禊于天韵楼，悬此本共赏，因得假影并拟报以敝藏拓本为偶焉。庚申莫春适庐记。

砚有匣，上镌四家各体题铭：

宋刻兰亭洮研。碌斋蓄研甚富，此其最也。乙丑孟春。青山农宝戊（葆钺）客海上。黄十（印）。

移山阴道假谁手？画武梁祠间苦心。跛足几时游得到，缅怀往哲一长吟。茂林修竹乐婆娑，心太平还记永和。老我无能图不得，人磨墨更墨人磨。宋人画兰亭风景于研之四周，水石人物靡不精妙。研大如盂，刻画尤称古雅。曾藏吴江王氏话雨楼中，今归磊斋先生。赋二绝句。甲子冬仲。吴昌硕年八十。岳（印）。

洮河绿石，号为难得。王介甫为石元珍赋诗，所谓"玉堂新样"者是也。宋制兰亭研，历代宝重，今为磊斋所得。磊斋收藏至富，物聚于所好，岂不信哉！宣统甲子。孝胥。太夷（印）。

神龙片玉久成尘，不琢方知匠石神。割取洮河鸭头绿，一泓中有永和春。磊斋仁兄以宋琢兰亭研属题。鲍氏旧跋谓"石质豆绿色，殆洮河产也。"甲子小除夕。孝藏。疆村（印）。

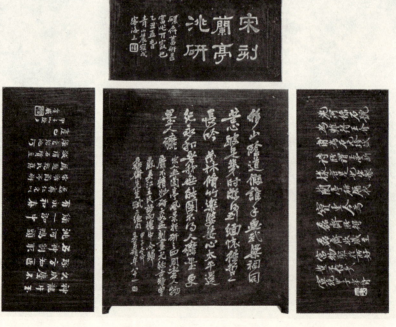

"淳祐五年"兰亭洮河砚题匣诸铭

砚原藏者王楠，字任堂，号勺山，乾隆时吴江盛泽巨富，博学嗜古。"话雨楼"系其父王濂始创，为江南藏书名楼之一。王氏父子费巨资罗致金石古器至数千种藏之楼中，名传一时。《盛湖志》记金冬心曾偕画家鲍楷（字端人，号棠村，歙县人，侨扬州）、镌铜印名手诸葛祚（字永年，芜湖人）登楼，与王楠结文字交。朱孝臧所谓旧跋定砚为洮河石之题者鲍氏，当指鲍楷（此砚上无鲍氏跋，出处俟考）。

除郑孝胥、吴昌硕外，题匣之词人朱孝臧（字古微，号疆村，湖州人。清末官礼部侍郎）、书家黄葆钺（字蔼农，号青山农，长乐人。尝任上海美专教授）亦民国间名流。

民初，砚归林熊光（1898～1974年）。林氏字朗庵，号磊斋、碌斋、朗翁。出身"台湾林"世家。早年留学日本，与后为天皇之裕仁同学。台湾光复后回台。平生酷爱古董，为收藏名家。其堂叔林伯寿亦以藏古名世，藏砚尤精，所藏刊有《兰千山馆名砚目录》行世。黄葆钺云林熊光"藏砚甚丰"，知其亦甚嗜砚。

凡品非洮亦非宋？

林熊光为《兰千山馆名砚目录》所作序言有云：

> 因忆曩客上海，获王氏话语楼旧藏之淳祐五年洮河兰亭椭圆砚，又于东瀛获景定三年洮河兰亭长方砚；前者见于《广仓砚录》，后者则《西清砚谱》中物也。时称双璧。游乱相乘，均已易米。

林氏1930年定居日本，砚当此后归于东瀛人士之手。

此砚因有南宋年款，被奉为"宋洮"名品。实不仅石非洮河，砚更疑非宋物。

洮石色多翠绿、墨绿，所谓鸭头绿、鹦哥绿，且或多或少必有"水波纹"、"湔墨点"、"石膘"等石品或杂质石纹，纯净无纹无瑕者，盈握小石或有，似此30余厘米厚重大材，绝不可得。此砚石色草绿，且无杂疵，从色质看，明显为绿端。

宋理宗淳祐五年时，洮州已被蒙古人所占。想南宋人欲得一洮石，并非易事。

《西清砚谱》收有多方兰亭砚、蓬莱砚，乾隆及馆臣皆定为"宋砚"，著名者有米芾、薛绍彭款及林熊光曾入藏之南宋"景定五年"款者。米芾款端砚今在台北故宫，"景定五年"砚今在日本，从砚照看，皆疑非宋砚。"景定五年"砚明显亦是绿端，而非洮石。

"景定五年"兰亭绿端砚。《古名砚》所刊，与《西清砚谱》者相符，当是乾隆内府旧物。曾归林熊光氏所藏，后转售他人（日人？）。此砚刻工尚属同类题材中之略佳者。

宋时砚式，《高笺·砚图》列二十四种，《叶谱·砚之形制》列四十九种。《高

"景定五年"兰亭绿端砚。《古名砚》所刊,与《西清砚谱》者相
符,当是乾隆内府旧物。曾归林熊光氏所藏。

《笺》记有"曲水"一种,疑指
"兰亭"砚。《叶谱》记有"蓬
莱"砚,惜考古出土可供参考之
"兰亭"(曲水?)、"蓬莱"
宋砚标准器罕见(彩图37)。

《古名砚》所收一方与"淳
祐五年"、"景定五年"工艺类
似之兰亭砚,曾任日本砚友会会
长的犬养毅氏题跋甚有见地:

宋～元端石蓬莱砚。盛源斋藏品。椭圆形。砚池嵌
薄片端石。面刻蓬莱仙山图景,墨池上方楼阁处刻
四楷字:"蓬莱道山"。砚额镶石眼六,四眼脱佚。
背覆手内刻:"祖孔宅记。"字率意。"宅"字后刻一
花押。押字,源自南北朝之"花书",盛行于宋元,明
清人罕用。故此砚应为明以前物。(彩图37)

　　此种琢法,既定为宋
砚,而予以为明代之物。

　　以刻工之时代气息论,此类
"兰亭"绝大多数当皆清人俗
工,尤其是《西清砚谱》行世后
所仿刻,够明代者恐尚不多,遑
论宋代。

多少绿漪错看端

　　"淳祐五年"砚被误断绿端为绿洮,不足奇,盖众多此类绿端所制"兰亭"、"蓬
莱"旧砚皆被误为洮河,此现象清人已极常见,近代以来东洋藏砚界更为普遍。

日本二玄社所出《古名砚》，煌煌五巨册。端二册、歙一册，澄泥及红丝等诸种只共列《澄泥诸砚》一册，《洮河绿石》却得以独列一册。是册共收"洮砚"四十六品，其中"兰亭砚"二十二方，"蓬莱砚"七方，两者占去全册三分之二。可见彼邦爱砚家对此类砚品之高看。

册中所收"洮砚"，除色绿外，多无石品。愚见，属于"真洮"者难觅一品！所收他砚或有别种绿石所误，册中"兰亭"、"蓬莱"砚，当全为俗称"绿豆端"之绿端石所制。以此类物为洮砚样本论洮石，无疑误人不浅。

《古名砚》所收"兰亭"、"蓬莱"之类砚，国内、东瀛所存传世物皆有量。其式或长方、或椭圆，规格相似，原是俗工行话，只以题材迷人。疑为明清以来粤人砚坊批量所产，盖绿端之材丰富易得。

日人爱砚家，多尚雅洁，此砚文化正脉；尤彼人喜好砚砖，今日许多端溪上品美材，客观上或可赖日人留存后人。反观今日国人藏家，多好繁工琐刻，令人无语。然日人又甚钟情"兰亭"、"蓬莱"此类俗品，诚让人费解。想其因，乃因彼邦书道兴盛，因崇敬"书圣"王右军而爱屋及乌兼及"兰亭"砚之故。

古之"兰亭"、"蓬莱"，已非鉴赏家所宜取。今人仿者，常取价廉质软之腾村石"澄泥"粗制滥造，较绿端旧砚又更不入品。

因宋代洮砚"北方最贵重"、"得入入之为无价之宝"，后世多少绿端等他山绿石假洮河之名行之！

玉堂新样非咏洮

郑孝胥非藏砚家，故其所题"淳祐五年"兰亭砚，不辨端洮之讹，无可怪者。但郑氏乃名诗人，晚清诗坛"同光体"领袖之一。"同光体"之特点是力主学宋，兼学中唐，而郑氏更以柳宗元、王安石等为宗。正是此位学王介甫（安石）诗专家，却犯了一不应有之错误，其题铭"王介甫为石元珍赋诗，所谓'玉堂新样'者是也"一句，完全误解王诗原意，连犯两错。

王氏《元珍以诗送绿石砚所谓玉堂新样者》原诗：

> 玉堂新样世争传，况以蛮溪绿石镌。嗟我长来无异物，愧君持赠有佳篇。
> 久埋瘴雾看犹湿，一取春波洗更鲜。还与故人袍色似，论心于此亦同坚。

按周人东夷、南蛮、西戎、北狄说，洮河地属西戎。端州地属南蛮，王氏诗中之"蛮溪绿石"，正指绿端。诗中所谓"久埋瘴雾"，指岭南多瘴雾之气候特点也。

王荆公别有《复至曹娥堰寄剡县丁元珍》诗，此诗题明确记"元珍"姓丁，故郑孝胥所谓石元珍乃丁元珍之误。

丁元珍（1010～1067年），名宝臣，字符珍，晋陵（今常州）人，善诗，仁宗景祐进士。皇祐初，知端州，以侬智高陷城坐贬。后历官秘阁校理等。

王氏二诗，皆以"故人"称丁氏，当与丁氏交好甚早。故丁氏于官端州任上，寄赠绿端予好友王氏。

以"蛮溪石"言端砚，非王氏始，唐许浑《岁暮自广江至新兴》诗："洞丁多斫石，蛮女半淘金"，句后自注云："端州斫石。"

实王诗之蛮溪绿石，前人已有考辨。明人曹昭撰、王佐增补之《新增格古要论·古砚论》云：

> 宋丁宝臣知端州，以端溪绿石砚送王荆公，谓之玉堂新样。

郑孝胥淹通博洽，却疏于"蛮"、"戎"之辨乃至"华夷之辨"，故为外敌张目。

术业有专攻，观此砚题匣诸名流之见识，可谓不可盲从名人之又一例证。

梦中情人宋绿漪

南宋陈槱《负暄野录》记：

> 砚以端溪为最，次则洮河，又次则歙……洮石今亦少。歙之祁门有一种淡绿色石，而理细，土人以之为假洮石。但性极躁，故为贱耳。

陈氏此洮石胜歙之说，自非公论。但从其记可知，南宋时洮石已极少见，歙人遂用一种淡绿色砚石（非龙尾）冒充洮石牟利。

名砚之中，古洮最罕少，但绿石砚甚多，故将他山绿石误为洮河者屡见不鲜，见怪不怪。

河北易水砚，有一种绿地黑纹者，极似洮河水波纹石。只此种石之水波纹底材较硬，观赏尚可，雕刻、研墨皆有大碍。此类易石所制清代、民国砚，华北多有之。诸种绿石中，以此种最近洮石，故不识者多归为洮河。

洮石因地僻"化外"，受制地理劣势，长期远离中原汉文化中心，古砚遗世者绝少，此人多以他种绿石误识为洮河之要因。

细数今日中日存世所谓"古洮"名物：除津博"北宋洮"近真外，永青文库所藏"南宋洮"、康生所批赝品纪晓岚"绿洮"、沈石友原藏"洮河石阿翠像砚"、北京故宫博物院所藏"宋蓬莱洮砚"、"宋兰亭洮砚"、"宋十八罗汉渡海洮砚"等及《古名砚·洮河绿石》所收，皆是明清人尤其主要为清人绿端制品。

宋洮且为稀罕物，今传又有私家收藏一箕形"唐洮"。从刊出砚照看，砚为晚唐五代物。色以紫为主，间杂绿色，云有专家定为"唐洮河"，因之"洮河石的历史要改写"云云。类似实物，目验有三数方，皆出土物，多出南方湘闽等地，粗看似洮，细察与洮石之色、质差别明显。

我过目古砚有量，所见真洮皆不过清末民国制品，可信之元明真洮尚未有缘得见，遑论宋洮，诚憾事也！

歙溪曼妙绿精灵

——解密庙前青、庙前红

歙溪之石精

歙石名品中，庙前青因其品名出现较晚，前人文字又未言及确切坑口，故被蒙上一层神秘色彩，也使后人对其产地归属产生争议。

今人论"庙前青"，皖博所藏一长方砚必所列举。砚不大，约只长12厘米。背刻"醉酒图"，一文士抱酒瓮酣睡，一文士背靠另一酒瓮憩息，旁陈文房四宝，似乎"斗酒诗百篇"之立意。刻工细致，必出良匠之手。据云石色"黑中泛青"、"通体色青无纹理"（见刊此砚几种砚照，石色或偏绿，或偏黑，真相难辨）。已故供职皖博之李明回先生，精心砚史，其在所撰《中

皖博所藏"庙前青"。刊《文房珍品》、《中国安徽文房四宝》。

国安徽文房四宝》中，认为此石即"庙前青"孤品标本，论者多袭此说。

而论"庙前青"之文献依据，又莫不并举以下二例为证。

其一，南宋《歙砚说》：

> 唐公《砚录》称：尝过金陵，于翰林叶道卿处见一砚，方四五寸许，其色淡青，如秋雨新霁，远望暮天；表里莹洁，都无纹理，盖所谓砚之美者也。云得于歙，不知出于甚坑，今不复有。

藏砚者叶道卿（1000～1049年），名清臣，湖州人。好学善文，宋仁宗天圣二年榜眼。历官两浙转运副使、翰林学士、权三司使等。其任建康（金陵）知府在庆历初年。

其二，为清初汪士铉《龙尾石辨》：

予尝于丰溪吴太史家，得一黻字砚，乃歙石之佳者，相传为米元章所宝。石色淡青，亦如秋雨新霁，表里莹洁，宝之十余年。予友闵君宾连酷爱之，每过必摩挲珍重。后以疾需参苓，归于家砚村叔，甚惋情。乃知龙尾之精，以色青肌腻为贵，不在金星与刷丝罗纹也。

汪士铉（1632～1706年），原名徽，字扶晨，一字粟亭，号退谷，歙西潜口人。善诗文，著有《四顾山房集》，与黄宗羲、屈大均、浙江上人善。《黄宾虹年谱》记有一沈周书画砚，唐寅刻铭，又有垢道人程邃为汪扶晨所补一铭。

黻字砚原藏者吴苑，字楞香，号麟潭，歙西丰溪人，康熙二十年进士，改翰林院庶吉士，所谓"太史"（翰林），授检讨，后超擢国子祭酒。

汪扶晨与吴苑乡居只距数里，曾同修《康熙歙县志》，交往甚厚，故得在吴家见此奇品佳砚。

闵宾连（1628～1704年），名麟嗣，号橄庵，歙西岩镇人。喜游历吟咏，行迹遍中夏，编撰有《黄山志定本》、《庐山集》等多种。

"家砚村叔"，汪砚村，汪扶晨之叔父或族叔，生平待考。

此砚汪扶晨得之吴太史，藏之十余年，扶晨友闵宾连极爱之，常往借观。后因贪病，吴太史无奈将砚割爱于汪砚村。

此"黻字砚"，只以"黻"字而定为米颠遗物，证据不足；可无疑者，必一上品歙砚。

《歙砚说》与《龙尾石辨》所载此两"庙前青"极著名，然青碧色歙石，古人记载并不少见。

龙尾有绿漪

《唐录》所记叶道卿之绿歙，《高笺》亦曾引用。文后还录东坡《龙尾砚歌》句："碧天照水风吹云，明窗大几清无尘。"徽宗朝兵部待郎邹道乡诗："我有歙州韫玉石，琢成高秋远天碧。"两诗亦言青碧色歙石。

歙石虽以黑为特征，但实黑中带青，以青灰为基调。亦有底色偏青绿者，故宋人《歙砚说》云歙石"色多苍黑，亦有青碧者"。此类青碧歙石，只《歙砚说》所记，除叶道卿砚外，尚有碧里坑"色理青莹"、里山坑"石青细"、驴坑"青绿晕"、枣心"青润可爱"。其他宋人所载："龙尾水心，绿绀如玉石"（《蔡说》）；"色绿如公裳，而点如紫金，斑斑匀布"（《米史》）；"细罗纹如罗谷，色青"（《高笺》）。

虽然宋人记青绿色歙石甚多，然庙前青之名称，始见，则为近代吾歙许疑庵太史。

许承尧（1874～1946年），字际唐，号疑庵、苊叟等，歙西唐模人，光绪末进士，入翰林院为庶吉士，授编修。曾与同盟会志士陈去病及邑人汪律本、黄宾虹等组"黄

社”，以研究学问为名，暗行反
清活动。辛亥革命后，任皖省铁
路督办、甘肃省府秘书长等职。
后辞官返歙，以著述终老，撰有
《歙县志》、《歙故》等多种。

许疑庵善诗，精碑板，尤以
汉隶为妙。又嗜古，所庋名人字
画、旧版书逾万，鉴别之精连罗
振玉也自叹弗如。亦藏砚，其撰
《歙事闲谈》有云：

许承尧藏长方抄手歙砚。砚为龙尾歙石粗罗纹，间有
眉纹。盖镌许疑庵唐碑体楷书云："坚朴浑古，歙州石
祖"，款"芃叟"。此砚今藏皖博，见刊《文房珍品》。编
者定为宋砚。实此种高台抄手，多为明以降制品。

　　　　余得庙前青、竹叶青各
一，石皆青色，肌腻无纹，
其一间有金星耳。

两砚之称庙前青、竹叶青，显然是因石材青绿而得名。

然许疑庵只言及“庙前青”之名，却未道出“庙前青”乃何地、何坑所出（“竹叶
青”亦然，此石应与“庙前青”同类异品）。所以使今日歙县、婺源两地，因“庙前
青”产地归属又各有争锋。

是村？是坑？

今人庙前青“产歙说”之根据，概言之有三：

其一，古人记载：《砚录》所记叶道卿“庙前青”，“云得于歙”，即砚得于歙
县，故砚当歙县本地所产。此说不尽准确，盖唐彦猷所作《砚录》，约成书于北宋仁宗
年间，时歙州尚未改为徽州，此“歙”可指包括婺源在内之一府六县，并非专指歙县。
故叶即可能得砚于歙县，也可能得砚于婺源等歙州他县。且砚得于歙县未必石材必是歙
县自产，叶氏完全可以得一歙城砚工用婺源龙尾石所制之歙砚。同理，歙县人吴苑所得
另一“庙前青”，也并不意味砚必歙县当地石材制品。

其二，今日实物：今日歙南庙前村出一种砚石，色青绿，多白线纹。传当地古时原
有古庙两座，故彼种石材即古时之“庙前青”。但此种石材，色虽青绿，却质燥色浮，
并非砚石上材，且彼石贮量不少，人不以为珍稀，恐难当歙石极品“庙前青”高名。

其三，古砚标本：1980年，歙县博物馆征得一唐代风字歙砚。砚出土物，色青灰。
云经对比，与今歙南庙前村所产“庙前青”石质相似，因此断定“庙前青”唐代已有。
实此风字唐砚，色只青灰，近似龙尾苍灰常色，并非典型青碧色，举其为“庙前青”之

标本，其说服力远嫌不足。

"产婺说"的理由：今日婺源砚山"玉带坑"所出一种绿石，材质甚佳，色品与古人所记"庙前青"特征基本相符。

是非曲直，各有一本，论者似多偏向"产婺说"为是。

庙前青之"庙"

"庙前青"之得名，缘坑前有庙，今日龙尾山"玉带坑"与歙南"庙前村"皆已无庙可证。

据龙尾山下砚山村砚人言：村老有言，芙蓉溪南岸，水舷坑对面原有一庙，民国时尚存。但此庙已无迹可觅，且彼处周围今只遗一水蕨坑，并无"庙前青"之类石材踪影。

歙南庙前村，村名由庙而得，其地古时曾有古庙可无疑。但庙前村之庙，并不能证明必是"庙前青"砚坑之庙。盖古人信仰颇杂，城乡各地庙宇普遍有之；尤其徽州地处万山之中，古时交通不便，大道、小径常有小型观音庙、药王庙、山神庙之设，虽只一亭一龛之陋构，倒也不误乡人敬神灵而兼歇脚之功能，故山口、岭巅，何处无庙？

唐积《歙州砚谱·攻取第三》：

> 凡取石，先具牲醪祝版，择日斋戒，至山下设神位十馀于坛墠之上，祝讫发之。若稍亵慢，必有蜂虿虫蟒，毒物伤人之患立出。盖山川神物所拥护秘惜，尤不欲广传人间，所得不过百十枚即竭矣。又当再祝之，前后被啮死者十馀人，今皆预祝飨也，冀其阴助，不得不爱重之。

从此记可知，古时砚山土人采龙尾石，必在开采前举行一"与神谋石"之祭祀山神仪式，此黄山谷《砚山行》诗"时陈三日洒倾醇，被祝山神口莫鄙"亦可证。

所谓"至山下设神位十余于坛墠之上"，坛墠，筑土曰坛，除地曰墠。砚山石工所设有十余山神神位，当是有庙无疑。且其庙所在之"山下"，必在砚坑附近。今日婺源砚山山口之"玉带坑"正处多坑交汇之地，兼之山口本设庙之风水佳处，故砚山石工祭祀山神之庙，当即砚山"玉带坑"前之庙。

事实上，清人徐毅已记龙尾山原有古庙。

庙前坑之"坑"

徐毅，生平多不可考。雍正恩科解元，曾"奉命出守新安卫"，亲自参与协助徽州知府办理为乾隆内廷搜罗歙砚之事。其在所著《歙砚辑考》中称：

> 庙前坑在罗纹山（龙尾山）古庙前，石如紫玉色，间以金星，景祐时取石数

块，即迷其处，至今失传。

李明回先生云："徽州藏砚家多认为'庙前青'乃'庙前坑'之讹。"此说不确，盖"庙前坑"与"庙前青"为因果关系，并非今人概念混淆所讹传。

"庙前坑"显然是破译"庙前青"之关键密码。歙人名学者程让堂所撰《纪砚》亦为"庙前坑"作一旁证，其云：

> 乾隆丁酉（乾隆四十三年）夏五月，余从京师归于歙。时方采龙尾石琢砚，以供方物之贡。其石之不中绳度者，砚工自琢之以售于人。吴建周得庙前洪小石，广一寸，长不及四寸……石质似玉而有金星也。庙前洪石，龙尾上品也。所谓庙前者，今失其处。古老口授言：质坚似玉而细润若端溪水岩石者，是故世俗语亦呼曰"端色"。有紫者、有葱绿带白色者。余得一砚，时著《九谷考》用之。铭曰："庙前洪，在何许？产此石，谁适主？有美如斯，勿用何居。"一日，建周怀一小子石砚与余曰："幸勿以小轻之。"余曰："诺。"为制铭自刻之，铭曰："石一卷，安天全。色如绿玉星烂然，谁与遗我吴梅颠。"……鲍政和者，砚工之良也。为余制风字砚，庙前洪石，微紫色者。建周见而铭之曰："龙尾之麓，庙前之洪。美玉之德，君子之风。"余无德以承之，然不敢不勉也，因依声而和之曰："守黑生白，守约用洪。谦谦君子，敢在下风。"

徐毅记"至今失传"；程让堂云"今失其处"，乾隆时"庙前坑"已是"神龙见首不见尾"。

坑出青红石

程让堂《纪砚》所记"庙前洪"，石质坚润似玉，间有金星，色紫如端。紫近红，"庙前洪"当即"庙前红"别称。

虽乾嘉时"庙前坑"已失坑址，但让堂言其坑所产"庙前洪"石属"龙尾上品"，其所录友人吴建周砚铭亦云"龙尾之麓"，显然指石材产自婺源龙尾山，故此坑亦即徐毅所记"庙前坑"可无疑。

程让堂又描述"庙前坑"石："有紫者、有葱绿带白色者。"可知其坑出紫、绿两种石，紫者即为"庙前红"，绿者自是"庙前青"。让堂铭吴建周所赠一枚小子石砚云"色如绿玉星烂然"，石应是青绿地间金星，当即"庙前坑"所出之"庙前青"。或此坑当年所出以紫红色"庙前红"为主，绿色"庙前青"因出石少而名声不彰，被人忽略，致尚无"庙前青"之专名。

故而，因石出"庙前坑"，而以红、绿色品分为"庙前红"、"庙前青"，其理必矣！

　　程瑶田（1725～1813年），字易田，又字易畴，号让堂，与"吴太史"吴苑同里，歙西丰溪人。乾隆恩科举人，选授太仓学正。与休宁隆阜戴东原（震）同就学于婺源江永，平生著述长于解释经义。训诂学之外，尤精数算、音律。著作多种，其撰《纪砚》为研究歙砚之经典之一。

　　见刊传世程让堂铭砚二，皆歙石上品。一藏津博之日月砚，有银星、眉纹。正背各有一题铭，砚为让堂赠与同邑族中前辈、制墨家程国光。另一，藏歙县博物馆。高台抄手，有绉纱罗纹。右侧刊让堂行书铭，甚精妙。

　　吴建周（生卒年不详），名熊，号梅颠，歙县人。让堂好友。擅诗，隐于医。生平事迹待考。今歙县博物馆藏有其铭一砚。

　　程让堂、吴梅颠皆歙人名流，倘"庙前青"产自本县南乡庙前村，岂有称其为产自婺源"龙尾之麓"之"龙尾上品"之理？

　　"庙前青"之"歙产说"可以休矣！

程瑶田铭歙石绉纱罗纹抄手砚。《中华古砚》刊图。砚当明代物。侧有程让堂题于嘉庆六年一行书铭，云砚为"龙尾老坑石，俗呼皱纱罗纹是也。子陶（其人待考）得之圣僧庵"。圣僧庵在歙城西郊七里头，始建唐初武德，明重修。旧构今存。庵隔丰溪即黄宾虹先生乡里潭渡。

是红？是泓？

　　乾隆间，"庙前青"、"庙前红"出自龙尾山"庙前坑"已无可疑，但其坑址仍未解谜。

　　吴梅颠得一"庙前洪小石"自用，得一"色如绿玉星烂然"之"庙前青"赠程让堂。后程又获一"微紫色"之"庙前红"石，制成风字砚。似乎当时"庙前坑"石虽珍罕，却也并非绝世稀品。但当时坑已不明，石从何来？

李明回先生评"庙前坑"又有解：

> 到了清代，这个"庙前坑"，又被称为"庙前洪"。程瑶田《纪砚》一文谈到"庙前洪"石，认为即产于古庙前之水中者。洪者：泓也。程的好友武建周（当为吴建周）赠送他一方"庙前洪"，色微红，接近端色，故此又称"庙前红"……

李先生之意，"庙前洪"为"庙前坑"的别称，以石产古庙前溪流中得名。因色微红，又名"庙前红"。

程让堂解"庙前洪"石："古老口授言：质坚似玉而细润若端溪水岩石者，是故世俗语亦呼曰'端色'。""端色"，紫色也，紫近红，显然"庙前洪"因色红紫而得名无疑。

程让堂和吴梅颠砚铭云"守黑生白，守约用洪"，此处之"洪"有"大"之意味，与"泓"无关。吴梅颠铭让堂风字砚云："龙尾之麓，庙前之洪。"此处之"洪"，对应"麓"字看，倒可解为洪水。

按程让堂为徽州考据学代表人物之一，撰有《解字小记》，文字学功底深厚。"洪"、"红"不能通假，若时人称石"庙前红"，程何以却记为"庙前洪"？"洪"、"泓"同音，虽有因此石少有人知，故被程讹记之可能；然是否亦有李明回先生所解，"庙前红"是因石产庙前水中而名"庙前洪（红）"的可能？

虽洪水冲刷所出

龙尾山芙蓉溪两岸，近水有数处砚坑，水舷坑且在水中。故当黄梅雨季，洪水过后，溪中常有砚石被水冲刷而出，所谓"鹅卵石"，多有大佳之品。传为范成大所作《婺源砚谱》云：

> 龙尾砚石，秀润玉质，天下砚石第一。今其穴塞已数年，大木生之不复可取。或因洪水漂薄砂砺间，得异时斧凿之余，至琐碎者亦制为砚，纵横不过二三寸。稍大者即是故家所藏旧物……（见清人《砚山斋杂记》卷三《砚说》）

元人江光启《送侄济舟售砚序》记：

> 至元十四年辛巳，达官属婺源县令汪月山求砚，发数都夫力，石尽山颏，压死数人，乃已。今之所得皆异时椎凿之余，随湍流出数里之外者。每梅潦初退，工人沿流掇拾，残珪断璧，能满五寸者盖寡……

因歙石采伐时断时续，故废采之时，砚工便取芙蓉溪中被洪水冲刷出"椎凿之余"之石（此"拣石"之趣，我尝多次至砚山亲历过）。

又，徐毅《歙砚辑考》序言记：

（乾隆）登极之初，以文明经理天下。诸臣工仰体上意，构求精砚，以备文房。先是大中丞孙（皖抚孙国玺）委其事于前太守杨，以余协理；继则大中丞陈（接孙国玺任之皖抚陈大受）既臬宪刘，皆檄余专办，前后数役，凡绅士家藏古式，与砚山居民所存之老坑旧石，悉用重价征取，搜罗几遍。

乾隆初年此次官方搜石，兴师动众，规模甚大，然并非开坑采石，而是将砚山百姓所存老坑旧石，乃至州中绅士家藏的歙石古砚皆征作"贡品"，且前后有数次之多（此于吾徽砚乡而言，或可称一场浩劫。只乾隆所得亦甚有限，视其收入《西清砚谱》中歙砚之寥寥可知），想必砚山土人为应付官差，难免将溪中所拾佳石以充贡品之数。

以之类推，程让堂、吴梅颠所得"庙前坑"石，也极可能为"产于古庙前之水中者"。

却前人椎凿遗材

以程让堂、吴梅颠所得三"庙前坑"石之尺寸揣度，似可定其出于溪中所遗旧石。

梅颠自藏"庙前洪小石"，只"广一寸，长不及四寸"，不及成人一掌之大；其赠让堂"庙前青"，为"一小子石砚"，当是一卵石小璞。让堂另一"庙前红"风字砚，未言大小，参考前两石，想必也非大材。江光启云溪中所拾旧石皆"残珪断璧，能满五寸者盖寡"，其石材之小正合程、吴所得。

又程让堂云所得"庙前坑"石，是正逢乾隆四十二年采石作贡砚之时，因"其石之不中绳度者，砚工自琢之以售于人"者。此次采石为贡，除开坑采新石外，亦难免如乾隆初年之"征石"一样，大肆搜罗旧石，土人沿溪流拾旧石充贡亦当有之，让堂、梅颠所得，或备选贡品中因"率求端方中尺度，非是不取"而所落选者。

故就程、吴所藏"庙前坑"三石而论，李明回先生所解程让堂"认为即产于古庙前之水中者。洪者：泓也"属似是而非，并不尽确；盖程、吴所得，只是土人于梅季洪水过后，拾得芙蓉溪中冲刷出之"庙前坑"旧石，而非砚坑本身在溪流中。故石得自水中不差，只非"产于古庙前之水中"，而是"出于古庙前之水中"；"洪者：泓也"，应为"洪者：洪水也"。

李明回先生当年之误解可以理解，其时"庙前坑"尚未被重新发现。但徐毅虽未言"庙前红"品名，却早已记有"庙前坑"坑名，石出有坑，何来出洪水中之说？

也有坑在溪中者，如水舷坑。但水舷坑采石，须待冬日水涸时方可取，与洪水后拾石正好季节相悖。

故以字面解，"庙前红"是因庙前洪水所出石得名也能通，但真相应是因石材色红而得名。或程让堂记为"庙前洪"，笔误而已？否则，芙蓉溪洪水冲出之石，不止青、绿二色，当以黑色为主，何以无"庙前黑"之称？

石合庙前旧色

事实上，从今日"庙前青"、"庙前洪"得以重现之机缘看，倒可证程、吴所获是前人"椎凿之余"的"遗石"。

上世纪八十年代末，徽州砚商偶于砚山村民翻拆之旧宅墙基中，发现红、青双色石料，村民称为"彩带"，色质颇佳。当地人先前只知黑、青相间之"玉带石"，不识红、青相间之"彩带石"，故此类石料或弃之田野，或用于叠桥砌屋。再后，有心人照石觅坑，在龙尾山芙蓉溪畔觅得一久已湮没的废坑，所出青紫石与旧宅墙基"彩带"相同。当地人因其坑同出金星、玉带，故称为"金星坑"或"玉带坑"。

"金星坑"从上而下坑脉结构大致为：最上层为"龙眼石"，依次为眉纹金星、彩带、玉带、粗麻石（质粗劣，不取作砚石用）、罗纹。"彩带"石上红下青，五六层相间，今人称紫红色者为"庙前红"，青碧色者为"庙前青"。实者，所谓"彩带"、"庙前青"、"庙前红"，乃因切割石材的剖面不同，而使石品纹理各异：横切，为"彩带"；纵切，为"庙前青"、"庙前红"兼呈一石。单色石层较厚者，可分取为"庙前青"、"庙前红"。"庙前青"皆细腻坚密，少有粗者；"庙前红"则有粗有细，且多硬顽，不宜走刀。故只以材质论，今日"金星坑"所出上品，坚润粹美，尤其"庙前青"石通体青绿者，在龙尾他坑之上，为无上妙品，只绝少。

龙尾歙石，南唐时有"冠天下"之誉，而"庙前青"、"庙前红"尤其"庙前青"无疑可称"冠龙尾"。

虽今日所出"庙前红"、"庙前青"，与程让堂所记"质坚似玉而细润若端溪水岩石者"、"有紫者、有葱绿带白色者"正相符。然同一石品可出自不同坑峒，如金星、眉纹。此"金星坑"是否必是古人笔下产"庙前青"、"庙前红"的"庙前坑"？

坑必庙前遗迹？

"金星坑"地处龙尾山南坡、芙蓉溪北岸，周边有数砚坑相邻。其坑址下距芙蓉溪约四、五十米许，其上有眉纹上坑、鱼子眉坑及稍远处的古罗纹坑；其下有眉子中坑、眉子下坑、罗纹坑、水舷坑；南面与水蕨坑（当地人称黄皮坑）隔溪相望。

既是"金星坑"与多坑相邻，并非独立一处，倘即古之"庙前坑"，何以唯独此坑专名"庙前"？又其坑址地处斜坡，周边并非开阔之地，似不宜建庙。但以下数种因素或可证明此坑即古"庙前坑"：

一、山神，只一山野小神，同药王之类，待遇尚不如土地公土地婆。砚工祭祀山神之庙无非简陋小构，占地不多，只是垒石数尺，上覆以瓦，内供山神牌位而已。此等山野小庙，古时常见，丝毫不足为奇。

二、砚工建庙祭祀山神，原为开坑采石，立庙于砚坑集汇之处，理所当然。

三、建庙既非难事，而"金星坑"虽与多坑杂处，想必是离山神庙最近者，故古代砚山土人以"庙前"命名此坑，应是顺理成章之事。

四、因多坑采石，废材堆存，加之山洪冲刷，道路变易，溪流侵蚀坡岸，故古时"金星坑"周边之地未必如今日狭窄，建一小庙绰绰有余。

五、今日"金星坑"之"庙前青"矿脉，离今日溪边村路约有20米，但矿脉斜直走向无定势，因道路有走移，极有可能古时其矿脉正在路边庙前。

六、古"庙前坑"出石罕少，故致日久坑址失传。今"金星坑"所出"庙前红"、"庙前青"亦不多，甫采即断，两者状况相似。

虽然，如此推理，遽定今之"金星坑"即古时"庙前坑"，尚嫌说服力不足；但此坑所出"庙前青"、"庙前红"应与古"庙前青"、"庙前红"材质极为相似，同属一矿脉岩层当无可疑。

更有"庙前青"古砚实物可证明，今日新出"庙前青"、"庙前红"，确实古已有之。

绿璧俨然清旱中

综前所考，"庙前坑"及"庙前青"的历史脉络应为：坑为宋景祐时所开，因出石极少而随即失其坑址。到乾隆五年徐毅撰成《歙砚辑考》，早已不知其坑所在。须待乾隆四十二年，因征石为贡，砚山土人从屋基、溪滩搜得少量"庙前坑"石，程让堂与吴梅颠各得一二。然时人仍不知其坑峒所在。

程让堂记乾隆四十二年之采歙石，为清人记载最后一次官方采石。此后只有清廷行将就木的宣统二年，驻皖省之北洋军阀马联甲令婺源驻军为其采石，但除掘得一些残石外，并未正规开采。然官方未开采，未必民间不取。大约嘉道时，砚乡土人当有过短暂复采"庙前坑"之事。后因太平天国祸及徽州甚烈，歙砚产售遂断。砚乡人因砚石颇贱，用之砌屋铺路，"庙前坑"遂因废采而再次湮没。此便是今日仍偶有清代"庙前坑"石古砚及旧屋基石之由来。因其坑古时所出之石，以紫红色为主，青碧色较少，故"庙前青"之名一直不称于世，直到民国时方见许疑庵文中提及。而疑庵所得，想是太平天国以前遗砚。

"庙前青"之所以神秘诱人，一者因材质之美，再者因传世物罕有，所谓"物以稀为贵"。古之"庙前坑"石虽极罕少，幸不致是广陵绝响，除皖博藏有一品外，今日私家所藏尚有二三珍品，诚砚史难得之证物。

私家所藏一长方形"庙前坑夔纹砚"（彩图38），出徽州旧家。长21厘米、宽14厘米、厚3厘米。质润坚密,抚之腻若儿肤。砚面青碧,有"银星"、"银晕",有石材原有者,也有因岁久氧化而成者。绿地间有银丝线眉,韵若冰纹,甚雅致。背面大部为紫地,点缀金星。从侧面看,以青紫相间分层。正与程让堂所谓"石质似玉而有金星也";"有紫者、有葱绿带白色者"相符,乃萃"庙前红"、"庙前青"于一石之"庙前坑"上品。砚素边,砚冈处琢饰双螭捧寿纹。此种砚式,亦康乾时风,故砚当为康乾时遗物。

此砚之价值在于:不仅可为程让堂所记"庙前坑"作一物证,亦可证今日"金星坑"极可能是古时"庙前坑"。

清庙前坑歙石夔纹砚。私家所藏,集庙前红、庙前青于一石。(彩图38)

更有绝色宋家样

上刊"庙前坑夔纹砚"与徐毅、程让堂所记已然相符,可证乾隆时"庙前坑"石之品样;更可喜者,尚有实物标本,使北宋"庙前青"石真相,今日得以大白于天下。

寒斋所藏一"庙前青"宋砚(彩图39)。长达28.5厘米、宽20.5厘米、高4.3厘米。长方抄手,面宽硕、池边较窄,四侧内敛,为典型北宋抄手砚式。砚为出土物,砚池额及左侧有铁锈斑痕,乃入土后与铁器相邻所粘染。右上角池边略损,入土时有意为之,丧葬风俗所致。

此砚砚池,墨锈斑斑,为实用之物。出土于豫省北宋京畿之地。砚宽硕堂皇,如此尤物,生前所用者,非名公巨卿不易拥有。砚背覆手顶端有手指宽铲痕一条,入土前已有,疑为铭款,不知何故被铲去。此石通体色青,翠若碧玉,隐约有水波纹,正所谓"秋雨新霁,表里莹洁"、"绿绀如玉石"。砚背右上侧有一片银晕,甚有逸致。石质细润坚密,扣之声铿然,抚之石生津,诚为"玉德金声"之典型。其色、质之特征皆与今人所采龙尾山口"庙前坑"上品相合。

砚上"银星"点点，多数非石原有，乃年代久远而石表有所氧化所成，此歙石古砚重要特征之一，别石罕有。

观此砚石质之良、石色之美，"乃知龙尾之精，以色青肌腻为贵，不在金星与刷丝罗纹"，乡前贤汪扶晨诚不我欺也！

北宋庙前青歙石抄手砚。五绝砚斋藏品。（彩图39）

此砚之难得，不仅砚品绝美，还因其形制硕大。近年"金星坑"所出，除去"彩带"、"玉带"、"庙前红"及红、青双色者外，纯色之"庙前青"不多见，而通体青碧的大材更为罕有，况宋时古砚？

孤品上溯景祐年

"庙前青抄手宋砚"的价值，又不仅是古"庙前青"之重要标本，且极可能乃遗世"庙前青"之宋歙孤品。

《歙砚辑考》称北宋仁宗景祐间采"庙前坑"："取石数块，即迷其处，至今失传。"可知其次采石数量极少，想是尚未掘及石材正脉。

史载景祐间采龙尾石至少有两次。王辟之《渑水燕谈录》所记：

> （南唐）自李氏之亡，龙尾石不复出。景祐中，校理钱仙芝知歙州，访得其所，乃大溪也。李氏尝患溪不可入，断其流，使由他道。李氏亡，居民苦其溪之回远，导之如昔，石乃绝。仙芝移溪还故道，石乃复出。

此位歙州大尹钱使君，不负其姓，史载其乃一贪官污吏，其不惜劳民伤财改回溪流故道取石，想难免有以权掠石之想。然因此公的好事，使歙石得以复采，钱氏又是砚史一大功臣。其所复采，似为水舷坑。

又，《歙州砚谱·石坑第二》所记：

> 水蕨坑：在罗纹山西北，地属王十五。景祐中发，今废四十年……驴坑：在县之西北七十里，属詹观。景祐中曹平为令时取之，后王君玉为守又取之，近嘉祐中刁璆为尉又取之。其石有青绿晕也。

虽然驴坑石，"有青绿晕"者，但既名驴坑自然必非"庙前坑"。且驴坑石其色虽与"庙前坑"石近似，但婺源县令曹平之后，歙州太守王君玉、婺源县尉刁璆皆开采不断，并未"即迷其处"。

可知"庙前坑"为钱仙芝时所开可能性较大，《高笈》所引《唐录》一则亦可作佐证，其云"校理钱仙芝二砚，一中有金月，下有云翼之；一有金斗星二，云左右之，色颇青"。石应为青碧底色，而上有金星、金晕纹理，色与"庙前青"接近。疑钱氏采"庙前坑"，因出石极少遂失其坑址。故三十年后唐积作《歙州砚谱》时，其坑已少有人知，因之《唐谱》未记入有"庙前坑"。

虽然北宋景祐时采"庙前坑"，不至如《歙砚辑考》"只取石数块"之少，数量有限应是事实。否则，倘大规模取石，必有明显坑址可寻。又，此次短暂所采，以"石如紫玉色，间以金星"之"庙前红"为主，"庙前青"石属"采石数块"中的凤毛麟角。

此"庙前青抄手宋砚"，极有可能是景祐时所采"庙前坑"其中"数块"之一。故而，不仅属龙尾极品、宋砚名珍，更于砚史有非凡意义。

石应是而坑存疑

显然，有北宋"庙前青抄手砚"为证，"庙前青"石北宋已采必是信史。然而，是否可以石证坑，证明今日之"金星坑"（玉带坑）即北宋景祐时的"庙前"旧坑？

前述今人"庙前坑夔纹砚"，材质品色与今日"金星坑"所出"庙前青"、"庙前红"石基本相同，其砚上之冰纹状线眉亦偶见于今日"金星坑"所出石上，显然一脉相承，定有渊源关系。寒斋所藏北宋"庙前青抄手砚"，通体青碧，隐约有水波纹，今日所出"庙前青"却罕见。只以色品论，北宋"庙前青抄手砚"与今"金星坑"所出"庙前青"，略有细微差异，似乎难以证明必是一坑所产。但石本天成，其质参差，即便咫尺之隔，亦有优劣之分。因岩层结构不同，矿脉走向有异，同一坑峒所出，色品互有异同，略有偏差，常有之。故宋时"金星坑"石与今日此坑新石，同质中略有异品，亦属正常。歙石他坑莫不如此。

其实，今日"金星坑"是否北宋"庙前坑"，无非二种可能：

一、"庙前青"、"庙前红"只产于单一坑峒（如"玉带"，只出"金星坑"，

当代金星坑所采"庙前青"石。面上部一片紫红，即"庙前红"。此种石，其矿脉接近眉子下坑（传此坑唐时已采石），紫红色部分亦细润不拒刀，质、色皆较一般今日金星坑所出青、红两色相间的彩带石为佳。

别峒绝无），则今"金星坑"必是北宋"庙前坑"旧峒。

二、"庙前青"、"庙前红"所出不止一个坑口（如"金星"、"金晕"、"眉纹"、"罗纹"，多坑皆有），则今"金星坑"未必即北宋"庙前坑"旧峒。甚至宋、清及现在"金星坑"所出"庙前青"、"庙前红"石原是各坑各出，色品相同、坑脉相近而已。

当然，还有一种可能：北宋"庙前坑"贮量罕少，"只取石数块"即石尽坑亡。而清早中期"金星坑"一度采出一批"庙前青"、"庙前红"石，与北宋"庙前坑"同一矿脉，只并非旧坑所采，而是不同坑口所出。后"金星坑"又废，至今日再次复采。以清人"庙前坑夔纹砚"与今出"庙前青"看，似可支持今日"金星坑"即是古"庙前坑"。

要之，以目前可考知之信息看，暂定今"金星坑"即古"庙前坑"亦无不可。

笠谷缀语：

李明回先生生前尝慨叹"庙前红"：

> 今各博物馆中，未见有色红之歙石；而歙婺诸坑中，近年来所产，亦无此品，殊令人叹惋。或世间流传，尚有存者，亦未可知。附此一笔，望有心人注意及之，勿使此异品沦没也。

惜"庙前红"、"庙前青"重显砚林时，李先生已故去多年，终无缘亲见名品。

今"金星坑"中"庙前红"、"庙前青"矿面甚薄，亦出石不多，现已开掘殆遍，几石尽脉断。百十年后，"庙前坑"石又将"只在此山中，云深不知处"了。

"庙前青"，宛如一闲云野鹤之隐士，一萧散悠闲之游仙，独来独往，遗世伫立。显现在世人面前者，只有些许雪泥鸿爪，但此既是"庙前青"之诡异处，又正是"庙前青"之诱人处、傲人处。

附考　绿歙未必"庙前青"——歙溪水碧歙石青

"庙前青"，名因色取，以青碧色为特征，然有一紧要问题："绿歙"并非尽是庙前青。

如前所述，偏绿歙材，龙尾各坑自来多有，墨绿、淡绿、青灰等等，绿之深浅程度不同耳，故未必绿歙皆为"庙前坑"所出"庙前青"。被今人作为"庙前青"古砚"标本"的金陵叶道卿、丰溪吴太史所藏两例，也不能排除是别坑绿歙。

因此，"庙前青"只是绿歙一种，材质多上品。绿歙则良莠不齐，未必尽佳。常有以别坑绿歙冒充"庙前青"牟利者，此爱歙石者不可不察。

尝见今人某砚书，动辄将材质平平唐宋青紫色出土砚，定为"庙前红"、"庙前青"，实皆南方闽赣等地杂石制品。

近年，又有主张称龙尾石诸坑所出色青莹者，可统称"龙尾青"，此固一说，可与歙县所出"歙青"相区别，但似难成定说。如同属龙尾石绿石系列，砚山芙蓉溪所出与大畈、济溪所出，石色差异颇大，后者人称"济溪绿石"，自成一格，其色青碧纯净者，大佳。

更有称绿歙为"青琅玕"者。青琅玕，本意指青玉。因此，绿端、绿洮等以青绿色为基调之他种砚材，细润如玉者皆可泛称"青琅玕"。故指"青琅玕"作歙石名品专称，亦似谬矣。

歙县博物馆藏一长方砚，色紫黄略带微红，质坚润。砚上镌"歙派篆刻"主将巴隽堂（慰祖）三铭及巴氏小像。砚为乾隆间，巴氏拾郡北山涧中石所制。砚上又有吴梅颠一跋，有"惟歙自有材，而人不之知"语。此成"歙红"古已有之的物证。今日歙北所出"歙红"、"歙青"石，据云即循巴氏此砚信息所开发。

"歙红"、"歙青"，以别品论，固"歙石新花"；以色、质论，未为上材，虽同产古"歙州"，色与"庙前青"、"庙前红"亦近似，实有异其趣。此鉴赏歙石者尤不可不辨者。

砚必宋唐

——高古名人砚辑逸

赫赫唐风　温文宋韵

文人之有砚，犹美人之有镜也。一生之中最相亲傍，故镜须秦汉，砚必宋唐。

此晚明雅流陈眉公（继儒）《泥古录》中名言。以器用论，此说未必尽然，唐镜铸造工艺胜过秦汉，清代端溪大西洞非唐宋端岩能及。但以艺术论，以气质论，秦汉镜之浪漫，唐镜之瑰丽，非宋以后镜可比。汉砚，气势浑厚，宛然大汉雄风，但时端、歙、红丝、临洮诸佳石尚未出世，实际上明时人所能见之唐宋砚出土真品，也应少之又少，故陈眉公未列汉砚为爱砚家所必取，只推唐宋砚为尊。

华夏文明，至两宋称登峰造极，蒙元为转折点，朱明拨乱反正，满清又复沉沦。文以载道，艺可兴事，一代有一代的学术，一时有一时之艺文，此所谓时代气象。唐砚虽材质未必尽美，但其气势之开张，非后世所能规模。宋代砚文化称极盛，砚谱迭出，文人士大夫积极参与砚学，故宋砚线条之洗练典雅，真文明之光华。明砚工艺尚重简约，然格局不及唐，文气不如宋。清早中期，以苏州为中心之江南砚工，如王岫君、顾二娘及闽地谢汝奇、董汉禹等制品，不失文雅，亦堪玩味，只并非主流。总体而言，唐宋砚之气质，非清以来主流之俗工所能梦见。砚艺属"道"；石材为"器"，以"重器轻道"论，此所以明清砚大逊于唐宋砚也。况物以稀为贵，唐宋佳砚遗世甚少，故眉公"砚必宋唐"之说并不偏颇，的是具眼笃论。

实则，就端石而言，清坑最佳，称"石或明清"乃是事实；就歙石、洮河、红丝而论，则明清所出之石，未必胜过唐宋。故即便"石或明清"，相对砚林诸石，也不具有普遍性。

因之，唐宋名人砚，其人文价值一如唐宋名人书画，非明清人作品可比（今人画作贵过唐宋古迹，非常态，原因复杂，此不赘论）。

唐宋砚，相对明清砚，泛称"高古砚"。与历史学所谓"远古"、"上古"、"中古"之分期不同。所谓"黄帝砚"、"孔子砚"，自不可信。汉魏名人遗砚虽未必尽虚，但今日真品绝无，说无可说。唐宋砚，文献所记、公私所藏，幸尚有之。

文房高品　　可遇难求

大浪淘沙，岁月留痕，唐宋砚之能传今世，皆缘石坚能寿，瘗地下千年亦不朽的特性。但所见唐宋砚多无铭款，名人砚更属凤毛麟角，难求一见。

检点今日存世唐代名人砚，如我别文所考，原乾隆内府所藏，砚今尚存台北故宫之"晋玉兰堂砚"、"唐元结唐亭砚"，全不可信；湘地胡先生所藏"香山居士砚"，应是明清人产品；洛阳履道里白氏故居出土多足辟雍瓷砚，亦未必定是白傅所遗。聊可算作唐代名人砚之实物，恐只有一方盛唐名相张九龄墓出土的张拯砚，但张拯只是沾了其父张九龄之光，本身算不上名人，否则不至于史书将其名误"拯"为"极"。严格而论，唐代名人砚今日存世物当是尽墨。

相对唐代，宋辽金距今稍近，今日存世之可信物尚有数品。宋代名人砚，有铭文者：日人所藏欧公南唐官砚、仪征博物馆所藏许元端砚、宁化文化馆所藏东坡德有邻堂端砚、首都博物馆所藏米芾紫金石风字砚、台北故宫所藏（乾隆内府原藏）宋徽宗赐杨时金星歙砚等。无铭文者：江西博物馆所藏曾巩端砚（曾巩墓出土。彩图40）、泰州博物馆所藏北宋名道士徐守信圆形眉纹歙砚（徐氏墓出土）等。辽代名人砚，只一品：内蒙古文物考古研究所所藏耶律羽之"万岁台"金龙银盒石砚（耶律羽之墓出土。应为耶律德光所赐）。金代带铭款之砚尚且难得一见，名人所铭更勿论矣！

曾巩墓出土端砚。（彩图40）

就私人藏砚家而言，唐砚不论，宋名人砚已属可遇不可求之物，所谓得之，我幸；不得，我命。

古人文字中宋代名人砚之资料常见，如东坡、山谷等诗文，不赘列。古文献中唐及唐以前的名人砚偶有之，下文就我阅读所及辑出，略作"纸上谈兵"之考辨（孔子砚、王羲之紫石砚、房融笔受砚，前有专文考述，此不赘）。因砚皆已不传，扬雪鸿旧迹之意耳。

扬雄砚

清人所辑《字学典·砚部汇·砚部纪事》载：

《澄怀录》：扬雄草元砚，如今制，去其圭角。

扬（一作杨）雄（公元前53～公元18年），字子云，蜀郡成都人，西汉辞赋大家。少好学，博览群书，口吃，不善言谈，好深思，虽家贫而不慕富贵，年四十余，始游京师，以文见召，奏《甘泉》、《河东》等赋，成帝时任给事黄门郎。后仕于王莽，为大夫。校书天禄阁，著有《太玄》、《法言》等多种。

《澄怀录》为南宋遗民词人周密（1232～1298年）所著，距西汉人扬雄已去一千三百年。西汉人所用之砚当为研磨器一类，何能似宋砚形制（"如今制"）？"去其圭角"，较圆浑而不露圭角之意，然再圆浑，也当与宋代砚式差别明显，故疑此砚是后人伪托品。

葛洪砚

陆放翁《剑南诗稿·洪雅葛仙砚》：

> 异砚出汉嘉，温润苍玉质。因形作兽背，得墨如点漆。
> 才高德亦全，终月不更笔。蛮溪大沱辈，乌敢相甲乙。
> 从我归吴中，略计将万日。摩拂不去手，有若琴在膝。
> 名晦知者稀，体重盗计室。惟当草太玄，不污管商术。

余淡心《砚林》录此诗，作"稚川葛仙砚"。"稚川葛仙"，即葛洪（284～364年）。其字稚川，自号抱朴子，东晋丹阳句容人，少好神仙导养之法，从其从祖葛玄高徒郑隐受炼丹术。曾官参军等职，赐爵关内侯。闻交趾出丹砂，求为勾漏令。止于罗浮山，居山炼丹而卒。著有《抱朴子》内外篇。其旨以神仙养生为内，儒术应世为外。又著有《金匮药方》、《神仙传》等。

葛玄、葛洪祖孙两"仙翁"（后世亦称葛玄为葛仙翁）皆曾在浙东修道炼丹，故今绍兴、余姚、天台、嵊县等地传为两葛炼丹之遗迹有多处。宋《宝庆四明志》，记乾道间，有耕者于定海翁山下得一铜鼎，时人认作葛仙翁当年炼丹所遗物。又，米颠《宝章待访录》，记台州遗有葛玄飞白题字。

葛玄曾隐居会稽若耶溪，炼丹剡县白石山，并于若耶山升仙。葛洪亦曾栖于上虞兰芎山，炼丹于会稽宛委山。故放翁有《故山葛仙翁丹井有偃松覆其上夭矫可爱寄题》诗，咏其家乡会稽宛委山葛洪所遗丹井。越中二葛修道遗迹虽多，但砚并非放翁得于家乡。

诗云"异砚出汉嘉"，汉嘉为汉置之县，在今重庆彭水东。放翁诗题《洪雅葛仙砚》，洪雅在川西南，距成都不远，地有玉屏山，崖壁有抱朴洞。《舆地纪胜》载："葛洪尝隐此，溪南岸崖洞即丹灶之所，有仙人像。"可知葛洪有可能到过蜀地。

《陆游集·蛮溪砚铭》：

斯石也，出于汉嘉之蛮溪，盖夷人佩刀之砺也。琢于山阴之钱湖，则放笔墨之瑞也。质如玉，文如縠，则伙龙尾之群从，而溜韫玉之仲季也。

彭水县，今全称"彭水苗族土家族自治县"，故放翁铭有所谓"蛮溪"、"夷人"。可见放翁不仅到过彭水，还曾取一当地所出砺石作为砚材。"洪雅葛仙砚"，当指砚为葛洪在洪雅修道时所用，遗落彭水，被放翁所得。

放翁于乾道六年入川，任夔州通判。二年后，任职四川宣抚使王炎幕府。八年后东归，葛仙砚当放翁官蜀中时所得。诗中云"从我归吴中，略计将万日。"万日为三十年左右，知放翁作此诗时已七十余岁。"摩拂不去手，有若琴在膝。"对此砚之珍爱三十年如一日。

"因形作兽背"、"体重盗计室"，放翁所得，乃一兽形砚且甚硕大笨重，形制或与今日出土之汉瑞兽嵌石铜盒砚类似？

王献之砚

《高笺》卷一《古砚·王献之砚》记：

山阴人辟土得断砖、一砚于黄閤。砖乃王献之保母墓志，云："殉以曲水小砚。"砚大如掌，池如曲水，黑而润。底刻"晋献之"，旁刻"永和"。

王献之（344～386年），字子敬，祖籍山东琅琊，生于会稽，王右军第七子。官至中书令，人称王大令，书法与其父并称为"二王"。

王献之保母墓志之出上，为南宋宁宗嘉泰二年事。墓志一出，名传天下，砚亦为世人所重。

今遗姜白石《跋王大令保母帖》墨迹，誉墨志有"七美"，且记砚甚详：

嘉泰壬戌六月六日，□□钱清三槐王畿字千里，得晋大令《保母志》并小砚于稽山樵人周，二物予皆亲见之。志以砖刻，砖四垂，其三为钱文，皆隐起，已断为四。归王氏，又断为五。凡十行。末行缺二字，不可知。第六行缺十二字，犹可考，曰："中冬既望，葬会稽山阴之黄閤。"砚背刻"晋献之"，字上近右复有"永和"字，乃划成，甚浅瘦。"永"字亡其磔，"和"字亡其口。砚石绝类灵璧，又似凤咮，甚细而宜墨，微洼其中。或以为王氏旧物，用故洼，非也。按米氏《书史》，晋、唐砚制皆如此，点笔易圆也。自兴宁距今八百三十载八（"八载"倒写），异哉！物之隐显，抑有定数，而古之贤达，皆前能□知之欤？又按《画记》，大令以晋孝武太元十一年，年四十三乃终，上推至乙丑岁，年廿二，其神悟已如此，言语翰墨之妙，固不论也。此字与《兰亭序》不少异，真大令之名迹。不经重摹，笔意具在，犹胜定武刻也。梁虞和云："羲之为会稽，献之为吴郡。故三吴之地，偏多遗迹。"盖右军自去官后，便家山阴，今藏山戒珠寺乃其故宅，而云门寺乃大令故宅，去黄閟皆不远，宜有是物也。

姜白石云此砚石材类似灵璧、凤咮，两者皆色苍黑，与《高笺》所谓"黑而润"者相符。

姜白石外，周必大、周密、项子京、董思翁、高江村等皆以碑志为真，称大令"其以书名世，非必传本家学矣"；"是献之在怀抱中已习闻保母之教"；"此砖亦恐是大令自刻，不然，何其妙也？"云云。

清末李文田却疑墓志之伪，言志文多从《兰亭序》、《曹娥碑》、《瘗鹤铭》拼凑而成，志中所谓"殉以曲水小砚，交螭云壶"当为两宋时人语。倘墓志为宋人好事者所为，则砚亦必伪。

我所疑者，款"献之"前冠以"晋"字，非常见格式，为后人题前代人习惯。且大令生于晋康帝建元二年（344年）甲辰，后一年即穆帝永和年号之始（345年），至永和十二年止（356年），大令亦不过年只十二（白石跋所计算，讹误十岁），铭砚之说似不可信。

从碑志与小砚亲见者姜白石的描述看，又不似作伪，否则两物何以如此残损？

真相如何，亦难知晓。

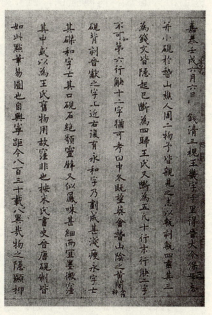

故宫博物院所藏姜白石
《跋王大令保母帖》

陶弘景二砚

清人《古今图书集成·字学典·砚部汇》引《江宁府志》云：

> 茅山华阳宫有陶隐居井，岁久湮没。政和初，道士庄慎修索得之。初去三尺许，得瓦井兰（栏），虽破，合之尚全。又穿数丈，获一圆石砚，径九寸许，列十一趾，涤之朱色灿烂，今藏宫中。

李竹懒《六研斋笔记》亦记此砚，事略同，两者出处大约皆引前人著作。

陶弘景（456～536年），丹阳秣陵（今南京）人，隐居茅山修道，自号华阳陶隐居。梁武帝早年即与之游，即位后，每以军国事咨询，时人谓之"山中宰相"。卒谥贞白先生。今镇江焦山摩崖名迹《瘗鹤铭》，传即出其手笔。

此砚宋徽宗政和时出自陶弘景旧居古井废墟。后入藏宋内府。从形制看，符合南北朝时多足辟雍砚式,疑陶隐居画符研丹所用,故云"朱色灿烂"。

林在峨《砚史》记吴县文人王孝咏(约康熙时人)云,当时有三方名砚,为米海岳砚山、文信国玉带生砚、陶贞白赉砚。前二者分藏朱竹垞、宋漫堂,陶贞白赉砚则为诗人何义门所藏,此又别一"陶弘景砚"。

何焯(1661~1722年),字屺瞻,号茶仙,学者称义门先生。长洲人,康熙间赐进士,官编修。博闻强识,孤介好学,长于考订。书法称帖学名家。著有《义门读书记》。何氏身材矮小而连髯,人称"袖珍曹操"。

《清稗类钞·何义门藏文徵明砚》记此砚略详:

> 何义门尝筑三间小屋,时适获文徵明所用圆砚,殊不下墨,底有八分"赉尔敬游,翰墨之用,华阳隐居"十二字。相传陶贞白《十赉文》中第九,是砚为其故物也,因名之曰"赉砚斋"。

何焯《何义门先生集》亦收有《赉砚斋歌》,诗有"八分十二铭其背,岁夕大半缺且刓"云云。

赉:赐也。十赉:道教指便于修炼之十种赏赐。陶弘景撰有《十赉文》,记其授弟子陆敬游"十赉":一邑于长阿北坂积金山连石之乡、二号为栖静处士、三四溜飞轩,厢廊侧屋、四苍头一人、五钢铁如意、六筇竹锡杖、七香炉一枚,熏陆副之、八杯盘一具、九大砚一面,笔纸副之、十鍮石澡罐,手巾为副。

何氏此砚铭云"赉尔敬游,翰墨之用",显然指砚即陶氏《十赉文》中所记赠弟子陆敬游者。

此砚若非出土而是传世物,必伪可知。又似不见文徵明诗文集及同时人所遗文字,恐作伪者据陶贞白《十赉文》冒托。

王通砚

《字学典·砚部汇·砚部纪事》引周密《澄怀录》所载:

> 汾水王通庙中,有通隋时续《六经》所磨砚。

王通(584~617年),隋绛州龙门(今河津)人,字仲淹。出生官宦世家,文帝时至长安献策,不用,归河汾间以教授为业,受业者以千计,时称"河汾门下"。薛收、李靖、魏征等唐名臣皆从通受王佐之道,著有《续六经》等。其学说,对宋人理学影响深远。"初唐四杰"之一王勃,为通之孙。

今日各地诸多所谓古代名人故居、纪念馆中,其书斋多陈放文房四宝,无非"新古董"、"假文物"。若干年后,此类仿品后人亦一时难辨。故此"王通砚"疑与"孔子砚"性质类似，为后人放置王通庙中作"纪念品"之可能性较大。

但古人厚道，此砚也未必定是赝品。

释智永砚

米芾记智永砚两则：

> （今人）有收得智永研，头微圆，又类箕像，中亦成臼矣。（《砚史·样品》）

> 余收晋砚一，智永砚一。心如臼，天章寺僧所献也。（《书史》）

智永（生卒年不详），南朝陈、隋间僧人，名法极，会稽人。王右军七世孙，右军五子徽之之后。书宗右军，妙传家法，尤工行草。为山阴永欣寺僧，人称"永禅师"。闭门习书三十年，废笔埋之成冢，谓"退笔冢"。年百岁乃终。智果、辨才、虞世南均其门下高足，为书法史上承前启后的重要人物。

米氏两则所言，原是一砚，前则记未得砚时。砚为凤字（箕形），唐时箕形盛行，南朝、隋或已有雏形。此砚与王右军凤池紫石砚一样，有真品的可能性。

虞世南砚

民国总统徐世昌编选之《晚晴簃诗汇》，卷五十九收有清人李茹旻一首《汉元砚歌》。诗有长序：

> 康熙二十九年庚午春，余得此砚，石色深黑，长尺许，广五寸，厚可三寸，坚润无两，光可鉴物，著手即汗。上一池，一龙蟠之，足皆三爪。中受墨处稍注，环晕，微有墨渍，小孔，四隅舭棱渐没，两墙款识皆小楷。右偏序云："武德四年，上开弘文馆，臣在陪从，上命写《列女传》于屏。上嘉赏，旋赐汉元砚，受以归，遂铭焉。"铭曰："不磨者神，可传者形。形神并妙，天地长贞。君恩申锡，有永其珍。虞世南识。"下有私印。砚阴中虚，四围轮郭肉好，上镌"汉元"二字，体系小篆。下雕一象凸出，制亦浑朴。按谷永《讼陈汤疏》有"汉元以来，征伐方外之将未尝有"之语，则此汉元当系制作年代。盖汉初无年号，《史记》："高祖入关，立为汉王，称汉元年。"意即此时所造。萧何经纪周到，百物具备，悉极精良，故能有此。又小篆始于李斯，汉初六书尚仍秦旧，亦其证也。至虞永兴楷书，历取数帖较之，笔法略同，觉此丰神更胜，当非赝质。又其石最重，体段无多，重至十有二斤，亦所稀觏。因珍藏之，为作此歌。或疑大内之物，何以龙非五爪？客有曰："龙五爪，大内通用物也。上所亲御者特用三爪，取通三才之义，亦以少为贵者耳。"又曰："上用五爪，太上用三爪。"二说未知孰是，并附记之。

虞世南（558～638年），字伯施，余姚人。沉静寡欲，精思读书，至累旬不盥栉。在隋官秘书郎，十年不徙，入唐为秦府记室参军，迁太子中舍人。太宗践祚，历弘文馆学士、秘书监，卒谥文懿。书学智永，称"虞体"。

藏砚者李茹旻（生卒不详），字覆如，号鹭洲，临川人。康熙进士，官内阁中书。雍正时举博学鸿词，未试，卒。有《二水楼集》。

按李茹旻诗序描述，砚色深黑，材质不明（若汉时物，自然杂石所制）。硕大，长达30余厘米（尺许），宽16厘米余（五寸），厚10厘米（三寸）。砚面刻一三爪蟠龙，砚堂稍洼，墨池为一小孔。砚面四边棱角过度圆浑（四隅觚棱渐没）。砚背内凹，上部刻小篆"汉元"二字，字下浮雕一象。砚两侧刻虞永兴小楷铭，记砚为武德四年，唐高祖开弘文馆，虞陪侍并受帝命书《列女传》于屏，高祖赐以此砚。

李氏考证，认为砚背"汉元"为汉高祖称汉王之元年（公元前206年）。又因砚上所刻之龙为三爪，定为（汉高祖？）御用砚。

以砚形制论，带盖汉砚确有刻蟠龙者，西汉初年应尚是研磨器，所谓"研"，砚面皆平整；至东汉时，因制墨法的改进，方出现挖砚池之砚。故此砚应非西汉物。

《新唐书·志第三十七·百官二》：

> 武德四年，置修文馆于门下省；九年，改曰弘文馆。

唐高祖武德四年只有修文馆，尚无弘文馆。其时虞永兴只是秦王天策府记室，为秦王府十八学士之一，应无侍从高祖资格。又，修文馆掌管校勘图籍、参议朝制礼仪等事，成立之日，书《列女传》何干？此虞氏伪铭，疑是仿米芾受徽宗御命书屏，而求得御砚故事所编。

高士廉砚

宣统《高要县志·金石篇》：

> 唐高士廉砚。贞观十二年癸未褚遂良书。
>
> 案右高士廉砚，在新江莲塘赵氏家。砚形方长，纵七寸余，衡五寸余，厚积七分余。砚面池上有篆书横额，背楷书《兰亭序》全文，砚左侧棱题："《兰亭序》正本第十九。洛阳宫赐高士廉"……（贞观）十二年，帝幸洛阳宫，命（高士廉）摄少师，佐太子监国，据此则洛阳宫赐士廉砚，当在此时。

高士廉（575～647年），渤海蓚县（今河北景县）人，名俭，以字行。隋末因故谪交州，唐初北归。太宗玄武门之变，曾预其谋。贞观元年升任侍中，转任益州大都督府长史，为政颇为蜀人所称。迁吏部尚书，封许国公。士廉乃长孙皇后之舅父，其人品为时人所诟。

涿州人冯铨，明末官至文渊阁大学士。甚贪贿，阿附
魏阉。降清，献媚邀宠，亦官户部尚书。好古玩，工书，
辑刻有《快雪法书帖》（此刻帖后入乾隆内府，又称《快
雪堂帖》）行世，帖中收有《褚摹兰亭》一种，前题有
云：

> 《兰亭序》正本第十九。洛阳宫赐高士廉，贞观
> 十二年闰二月癸未书。

帖后有董思翁跋语：

> 唐太宗得辨才所藏《兰亭序》，命冯承素摹赐亲
> 王大臣，已有肥瘦同中之异。至于临写，褚中令（遂
> 良）特多。此卷为第十九本，赐高士廉，曾入元文宗
> 御府，柯九思鉴定，上海顾中舍从义家第一本，为海
> 内冠，董其昌题。

显然，《高要县志》所载此砚褚氏铭，必是摹《快雪
法书帖》褚帖之伪品。

《快雪堂帖》褚遂良摹《兰
亭序》拓本

房玄龄砚

王觉斯（铎）《拟山园选集》记：

> 千秋馆藏房玄龄砚，篆体苍厚，勒曰："寿古凝正，质润洁清。"又曰："起
> 墨益毫，故其宝也。贞观三年仲夏五日。房玄龄识。"

房玄龄（579～648年），名乔，字玄龄，临淄人。幼善属文，书兼隶草，有倚马立
成之才。年十八举进士，隋末任隰城尉。唐兵入关中，归秦王李世民，为秦王府"十八
学士"之一。居相位十五年，乃史上名相之一，卒谥文昭。

"千秋馆"，为王觉斯斋号。砚为王氏自藏，其形制、材质皆不可考，真伪无从说
起。

康熙御铭："寿古质润，色绿而声清，起墨益毫，故其宝也。"与此房氏款砚铭相
类，可知康熙之铭并非原创，出处俟考。

许敬宗砚

苏东坡所藏许敬宗砚，甚有名，坡公有《书许敬宗砚》二则记之：

> 都官郎中杜叔元君懿，有古风字砚，工与石皆出妙美。相传是许敬宗砚，初不

甚信。其后杭人有网得一铜匣于浙江中者，有"铸成许敬宗"字，与砚适相宜，有容两足处，无毫发差，乃知真敬宗物也。君懿尝语余："吾家无一物，死，当以此砚作润笔，求君志吾墓也。"君懿死，其子沂归砚请志，而余不作墓志久矣，辞之。沂乃以砚求之于余友人孙莘老，莘老笑曰："敬宗在，正堪斫以饲狗耳，何以其砚为。"余哀此砚之不幸，一为敬宗所辱，四百馀年矣，而垢秽不磨。方敬宗为奸时，砚岂知之也哉，以为非其罪，故乞之于孙莘老，为一洗之。匣今在唐氏，唐氏甚惜之，求之不可得。砚之美既不在匣，而上有敬宗姓名，盖不必蓄也。

杜叔元字君懿，为人文雅，学李建中书，作诗亦有可观。蓄一砚，云："家世相传，是许敬宗砚。"始亦不甚信之。其后官于杭州，渔人于浙江中网得一铜匣，其中有"铸成许敬宗"字。砚有两足，正方，而匣亦有容足处，不差毫毛，始知真敬宗物。君懿与吾先君善，先君欲求其砚而不可。君懿既死，其子沂以砚遗余，求作墓铭。余平生不作此文，乃归其砚，不为作。沂乃以遗孙觉莘老，而得志文。余过高邮，莘老出砚示余曰："敬宗在，正好棒杀，何以其砚为。"余以谓憎而知其善，虽其人且不可废，况其砚，乃问莘老求而得。砚，端溪紫石也，而滑润如玉，杀墨如风，其磨墨处微洼，真四百馀年物也。匣今在唐谭（元丰初曾任汀州知州）处，终当合之。

许敬宗（592～672年），杭州新城人，字延族。唐高宗时官至右相。许氏以其才忝列秦府"十八学士"。但其修史，虚美隐恶、曲事删改，又助武后为恶，人品为人不耻。古人以"十八学士"为题材之绘画、雕刻，多作十七人而摒弃许氏，谓"学士只有十七名，不画佞臣许敬宗。"

许敬宗曾孙许远，安史之乱时，与张巡死守睢阳，死于国难，可为敬宗洗污。许远曾官高要尉，于端砚应是识家。

此砚本为东坡好友孙莘老（觉）为人撰墓志所获笔资。莘老少从儒学大家安定先生胡瑗学，精研《春秋》，撰有《春秋经解》，自然崇尚"春秋大义"。其鄙许氏人品，故不重其砚。东坡认为不必以人废砚，求得之。

此砚于砚史之重要性在于：由坡公语"真四百馀年物也"，而上推端砚始自武德年间。

然亦有疑东坡所藏伪品者。南宋叶梦得举北宋李士衡所藏"天宝八年"伪品唐砚为证：

近世有言许敬宗砚者，亦或以其人弃之。若论李氏砚，则许敬宗真赝，亦未可知……（《避暑录话》）

东坡所述砚状，一则云"古风字砚"，另则云"砚有两足，正方"。倘为风字则必非正方，两文互相矛盾，必有一误。或版本传刻所讹。从"风字"、"两足"来看，与唐砚式相符，应是许氏真物。

李白砚

清人曾兴仁所撰《砚考·虢州澄泥考》，记有当时两方名砚：李白砚与李泌砚。

其一：

> 青莲砚，四周雕琢极精，国初会稽金晴村得于青莲墓下，事详陈沧洲先生《近诗集》中。

获砚之金晴村（生卒年不详），名璧，字敬仰，号铜鹤山人、晴村。山阴（一云青浦）人，能画。

题砚诗之陈沧洲，即康熙朝名臣陈鹏年（1663～1723），其字北溟，号沧洲，湘潭人，官至漕运总督。为官清廉，时人誉为陈青天。谥恪勤。

陈鹏年《沧洲近诗集》载有《晴村草堂双砚歌》，序云：

> 李青莲墓下砚，得之当涂青山松根下，质似五色澄泥。面上四周皆海水波纹，波中出没虾、蟹、鱼、鳖，跃跃欲动，水旋一大涡为墨池，二海兽旋绕之。磨墨处凹且成洼矣，有丹砂一二粒馉钉其间，不可磨灭云。

李太白醉酒，溺死当涂采石，所谓"李白捉月"，土人建衣冠冢于采石古神霄宫。唐元和时，宣歙池观察使范传正据太白生前"志在青山"之遗愿，将其墓迁县东青山。青山，亦名青林山、翠螺山。白乐天诗《李白墓》有"采石江边李白坟，绕田无限草连云"句。其地今有"李白纪念馆"。

此"青莲砚"之刻饰，与盛唐时流行的"海兽葡萄镜"略相似，今陕博所藏大明宫麟德殿遗址出土方砖亦有此纹者。然此种砚式，迄今尚未见有类似出土物可证。

又陈氏序言，云砚"得之当涂青山松根下"，诗亦只云"更道青莲墓前得"，并非出自李白墓内，砚又无铭款，未必定是太白遗砚。

李泌"端居室"印。明代人所辑《集古印谱》中刊。原注曰："玉印，鼻钮，唐李泌端居室，斋堂馆阁印始于此。"几经翻版，篆风不类唐人。

李泌砚

曾兴仁所记另一砚：

> 邺侯砚，则家君补之公于乾隆庚寅冬月得于湘人淘井所也。背有古篆云："永泰元年三月上巳，南岳山人李泌

勘书砚"十七字。字分二行，质多剥落，而制形凤字。面背青黑相间，紫气盘绕，中有红丝白点，乃黄斑炳炳、五色具备。浸置水中，四周珠绕，极细润。光如镜面，而发墨甚速，较端歙迥异……

中唐名臣李泌（722～789年），字长源，斋名端居室，又称明道山房。辽东襄平人，徙居长安。善文工诗，好道术。玄宗时任翰林待诏，复为肃宗谋主，后又辅政代宗、德宗。为权幸所疾，常以智免。卒封邺侯。

李泌砚为曾兴仁之父曾补之"得于湘人淘井所也"。李泌曾因被李辅国排挤，隐居湘地南岳衡山。砚"质多剥落而制形凤字"，与唐砚箕形（凤字）相符，且又为出土物，更有名款为证，有真品的可能。永泰元年，时李泌四十三岁。

曾氏原不识此砚为何种材质，经友人杨笠湖（名潮观，江苏金匮人，官知泸州。工画竹，能诗）考证，定为虢州澄泥"真品第一"。

从砚材"青黑相间"、"红丝白点及黄斑炳炳"看，未必为澄泥。

曾兴仁自称"素有砚癖"，号"三十六砚斋"。所著《砚考》却多耳食之说，其《虢州澄泥考》云：

> 虢州，今河南怀庆府之温县，所制澄泥，唐人品砚以为第一。盖他处澄泥，色只三四，惟虢州备五色耳，然世不多见。

此说就有两讹：把虢州澄泥产地讹为怀庆府温县（今属河南焦作市）。又，单以色论，唐虢州澄泥较单调，无明人绛、泽等地制品丰富，五色当是谬誉。想曾氏所云澄泥"惟虢州备五色"云云，正是据李泌砚而致误断。

曾兴仁，字受田，湖南善化（今湖南长沙）人。嘉庆举人，官江西萍乡、宜春等地知县。

大约曾兴仁与杨潮观皆为南人又在南方为官，宦游不广，故评澄泥多为耳食之说。此南方收藏家于北地所产澄泥、红丝、洮砚多不甚了了之常情。

郑虔砚

元人陶宗仪《辍耕录》：

> 双砚堂周待制月岩先生，买地于府城之郑捏儿坊，创义塾以淑后进。筑时，掘地深才数尺，有青石，获双砚。砚有款识，乃唐郑司户虔故物。塾既成，遂名"双砚堂"。尔后，先生之弟本道先生，登庚申科，仕至惠州判官。虔字弱齐，俗讹为"捏儿"云。

郑虔（690～759年），字弱斋（一字弱齐、若齐），河南荥阳人。登进士第，唐玄宗开元中为广文馆学士。能歌工书，长于音律，擅画山水，山饶墨韵，树枝老硬。曾进献诗篇及书画，玄宗题赞"郑虔三绝"，专设一供官宦子弟读书之"广文馆"，任郑虔为广文馆博士，时人称其"郑广文"。与太白、老杜皆为诗酒友，郑虔卒后，老杜有诗悼之。

安禄山叛乱，郑虔被劫持至洛阳，强授兵部郎中、国子司业伪职。安氏败，被贬为浙江台州司户参军。后，病逝于台州官舍，时年六十九。近年郑虔墓志被千唐志斋收得，知郑氏故后归葬洛阳。

宋《嘉定赤城（天台）志·坊巷》：

> 户曹巷，在州东一里，以唐郑虔为户曹日居此，故名。

藏砚之"周待制月岩先生"，名仁荣，字本心，台州临海人，善书法，南宋遗民，为台州文坛领袖人物。其弟"本道先生"，名仔肩，亦有文名。

此砚为郑虔故居所出土，又有名款为证，是郑虔所遗真品无疑。记其事者陶宗仪亦天台本地人，自然必无讹说。

白居易砚

清民之季诗人陈衍（字叔伊，号石遗，福建侯官人，光绪举人。维新派）所撰《石遗室诗话》卷16：

> 一日在樊山处，出观所藏唐麟德殿砚，叹为至宝，同人约作歌诗张之。次日，沈观（周树模，湖北天门人，字少朴，号沈观。光绪进士，官至黑龙江巡抚）遂赋长歌，引据详确，不留余地矣。樊山自作，又复才思纷披，恢恢有余。笏卿（左绍佐，字季云，号笏卿，湖北应山人，光绪进士，历官至监察御史）继之，更能议论风生，穿穴处无意不搜。余亦思作一首，至是无可下笔矣。砚长周尺八寸，宽四寸，高寸余，背横刻"麟德殿"三字篆文；中刻"赐太清宫道士杨弘元"九字；右侧面刻"开成二年开国侯白居易恭记"等字；左旁低处刻"领山南西道李德裕敬观"等字；其额刻宋道君（宋徽宗赵佶）花押；左侧面刻"香山太傅砚"五字……

文中录陈衍及左绍佐、周树模所作咏砚诗三首。左氏诗有云："砚材青带紫，的知是端溪。"可知是方端砚。

砚藏者樊增祥（1846～1931年）字嘉父，号云门，别字樊山，湖北恩施人。光绪三年进士，累官至陕西、江宁布政使。诗词享誉一时。

唐代的"牛（牛僧孺）李（李德裕）党争"中，白傅看似抱着"逍遥派"的态度，实际上是偏向于牛相的，所以被李相压制，未能入中枢。李甚至对白氏送来"请教"的诗稿束之高阁，从不翻读。所以陈衍对白、李二人同铭一砚有所不明："吾闻赞皇

（李德裕）不阅白公之文恐意转，胡乃於此细字书密行？"陈氏解读：唐文宗太和八年（834年），李相在官山南西道的任上题砚，三年后的唐文宗开成二年（837年），白再题刻砚上。按此说法，似乎白傅比李相要大度。

砚的原主人太清宫道士杨弘元，陈衍等人皆未考出，或疑白傅妻族（白夫人出弘农杨氏），或疑白傅友人杨弘贞兄弟。实杨弘元真有其人，与白傅也确实相识。检索白傅行迹，唐文宗太和元年（827年）官秘书监时，于十月唐文宗生日，受诏在麟德殿中，与僧义林、道士杨弘元，进行三教对御讲论。《白居易全集》第68卷收有《三教论衡》一文，记云："太和元年十月，皇帝降诞日，奉敕召入麟德殿内道场，对御三教谈论……第一座秘书监赐紫金鱼袋白居易。安国寺赐紫引驾沙门义林。太清宫赐紫道士杨弘元。"

显然，砚铭所写赐砚之事，正在此此麟德殿论辩之日。但白傅铭砚却何以在十年之后的开成二年（837年）？既是李丞相题字在前，杨道士何不请丞相一并题上"赐太清宫道士杨弘元"，却留待后来者白太傅？

合理的解释，似乎砚铭为好事者根据白文《三教论衡》所伪托的可能性更大。

混过龙门的诸鱼

——《西清砚谱》名赝综考

砚史闻人

古语：读书可医俗。清高宗弘历，此位"乾隆爷"，自小受超一等汉文化教育，且是一汉文化之超级拥趸。但虽然此公自命是文人雅士，舞文弄墨，烧瓷品砚，种种附庸风雅情事，终因"根器"有差，难修上乘之果。故虽嗜古如命，但鉴古眼光并不高，所宝《快雪时晴帖》、《中秋帖》、《伯远帖》"三希"，除后者疑似真迹外，前二"希"一摹本一赝品；更将《富春山居图》以假作真、真反作假。尤可恶者，此公诗庸字俗却好滥题（乃父乃祖，尤其乃父雍正之书法，却颇为可观），多少内府名迹，遭其摧花黑手，称为"丽人黥面"、"佛头着粪"，丝毫不为过——真本《富春山居图》（吴用师卷）反因此公之眼拙，因祸得福躲过一大劫；伪本"子明卷"则"御题"累累，满目疮痍。

内府藏砚，亦遭此公肆意蹂躏。但对无款旧砚，因其好题，倒也造就不少"御铭砚"，如所谓"乾隆仿古六砚"，雅俗共赏，聊算是"清宫文化"之物件一种。

我国主流艺术的庸俗化，始自康熙时，盛行于乾隆朝，清廷的审美趣味乃是要因。康熙时，诸艺尚有晚明余绪，乾隆时堕入"红光亮"的俗雕矣。

弘历因《西清砚谱》而忝列砚史名人。客观而论，此谱收载明清砚真品多多，此是是谱砚史价值所在，也是奠定

《弘历鉴古图》（局部）。弘历命宫廷画师仿自宋人册页"二我图"，原画文士头像改为弘历。清廷禁汉装（华服），但汉装之美，人所共识，故弘历及乃父胤禛皆好作汉装行乐图。此图添枝加叶，较原作大为繁琐。有趣的是，原图书案上之长方砚被改画成一瓦形砚，而弘历对内府所藏多方汉瓦砚爱如拱璧。惜皆伪品。

弘历为一砚史功臣之基础。但弘历及馆臣们受鉴砚修养限制，且弘历本人极其迷古、泥古，馆臣们又曲意阿主，故因附会收入的"名赝"亦多，所载宋以前高古砚几可称全墨（这点，马承源先生在1991年重印的《西清砚谱》序文中已有指出）。而后人又经常照谱鉴砚，以讹传讹，此是谱之有所不足也。

当时并无今日因盗墓、基建而出土的大量真品，缺第一手标准器资料可参照，有此客观原因，弘历及编谱馆臣之多有谬断，也属情有可原。

汉瓦八砚皆赝

谱中首两卷，收有"汉砚"十一方，其中瓦砚八方："汉未央宫瓦砚"二方，"汉铜雀瓦砚"六方。

八砚形制大略相同，只砚背阳文隶书略异。西汉者为："大汉十年未央宫东阁瓦，赞候萧何监造"、"未央宫北温室殿用，萧何监造"；东汉者皆为"建安十五年"（彩图41）。有一种字上刻一古钱曰"宝货"，字下浮雕一回首卧鹿，皆为模制。除乾隆君臣外，砚上原有众多宋元明名家款，应伪品无疑。

首先，文字不合时风：汉初文字，未脱篆法，砚上此种成熟隶书焉能出萧何之手？乾隆时碑学已兴，此理易明，只乾隆及编谱馆臣无此法眼而已。

倪瓒《容膝斋图》。画上乾隆所盖诸印，大为破坏画面之空灵意境，宛如蠢薛蟠占据潇湘馆，西门庆搂了嫦娥腰。为倪高士一哭。

汉铜雀瓦第六砚拓片。《西清砚谱古砚特展》所刊，砚今藏台北故宫博物院。（彩图41）

其次，作伪手法拙劣：八方瓦砚除一方无藏者名款外，其余皆有多人名款。各砚计有，宋：苏东坡、米芾、王诜、李公麟、陆游；元：赵孟頫、虞集、鲜于枢、杨维桢、柯九思、乔箦成、倪瓒；明：宋濂、姚绶、项元汴、文征明。

再者，作伪漏洞明显：宋元诸大家无不善文擅题，但砚上皆仅署斋号或名印，无一咏砚铭辞，岂非咄咄怪事？偏落得大片空白，让与乾隆君臣铭个水泄不通？

　　乾隆对此种"高古名物"宠爱非常，每砚必有长题，而梁诗正诸人也忙不迭"恭和"。观砚背古钱"宝货"，可发一笑。

　　纪晓岚诗："铜雀台址颓无遗，何乃剩瓦多如斯？文士例有好奇癖，心知其妄姑自欺。"斥所藏一铜雀台是瓦砚属陶家俗工所作伪品，此语对乾隆内府此种"宝货"瓦砚藏家而言，可作棒喝语。只是善于逢迎之纪学士，在"裸奔"的弘历面前，绝不会做点破"皇帝新装"之无趣童子。

汉砖三砚亦伪

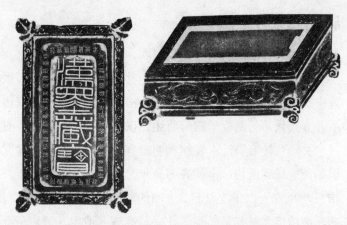

　　汉砖多福砚：以砚之色质及"蝙蝠"之形状看，无疑是产自泰山脚下、汶水之滨的燕子石（三页虫化石）所制。此物今日极寻常，多为玩家所不屑。古人罕见，看得神乎其神。王渔洋《池北偶谈》记明末人一"多福砚"，所描述砚状及铭文皆与此砚极相似，或即谱中所载之物。

《故宫周刊》所刊汉砖石渠砚

　　汉砖石渠砚：实物今藏台北故宫博物院。长方石渠池，池边刻云雷纹。四侧浅刻六螭纹，四兽足。背覆手内刻篆书："汉墨藏宝。"此砚"编裹青绿砂斑"，多已脱落。编者大约据背铭定为"汉砖"，实材质为澄泥，且质细润色鲜艳，工艺非唐前所能有。

　　汉砖虎伏（符）砚：形仿虎符，亦周身饰以仿古青铜器铜锈颜色，与谱中诸多定为唐宋"石渠砚"、"虎符砚"相同，亦是宋或宋以后澄泥仿古器之作。

魏晋三砚二伪一存疑

　　魏兴和砖砚：砚长方，瓶池，"质细声坚"。背左上角嵌"半两"钱一枚，并"玉蕊片"二。覆手内刻"大魏兴和年造"隶书。"兴和"，系北朝东魏孝静帝年号，故馆臣定砚为东魏物。今日北朝东魏、北齐带模

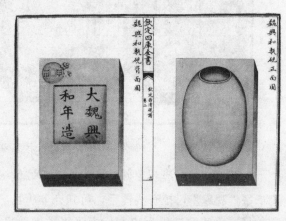

魏兴和砖砚

印年款及"千秋"、"万岁"、"富贵"之类吉语陶砚偶可见之，皆唐宋人以北朝邺城古砖所制。背阳文模印戳记"大魏兴和二年造记"款者，我亦过目多方。此砚若馆臣所记"背镌'大魏兴和年造'六字"，背款非模印而为镌刻无误，疑仿明时高氏《遵生八笺》所载"兴和砖砚"之作。

此砚即便真品，从砚池看，当是宋人以北朝邺城故砖所制，故只属魏砖所制宋砚，并非北魏砚。

晋砚两方：玉兰堂砚、王廞壁水砚，《赝砚考》书中已各有专文证其伪，不赘。

唐砚七方亦不真

谱中收"唐砚"七方，澄泥四、端二、歙一。

四方澄泥砚：三方皆石渠式。其一砚长方无足，石渠池边饰云雷纹，背双覆手。色黄中泛红，与今日习见的唐代出土澄泥砚不同。而背双覆手式，亦未见诸出土唐砚，当不能够到代。另两砚形制与前述"汉砖石渠砚"略同，应为宋或宋以后制品。

又一八棱石渠池：砚铭"明理宣迹，平水圆壁。建武庚子。"《高笺》载此铭，云南朝萧梁邱迟所作。南朝齐明帝年号"建武"共用五年，并无庚子。馆臣解此"庚子"指日期。古人以干支计日，但无年款后单署日期之例。即令"庚子"作月解，亦悖常理，故馆臣之解甚是勉强。此砚与高濂《遵生八笺》所载，定为唐砚之"八棱澄泥砚"形制铭文全同，只直径略小。唐代或有八棱砚，但必无此砚之浅覆手者。疑此砚即仿自《遵生八笺》，而《遵生八笺》砚之铭又仿自《高笺》。

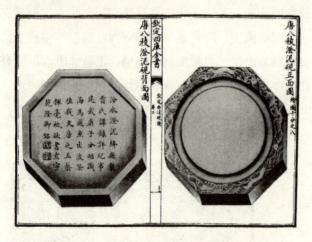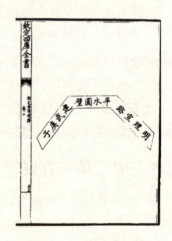

唐八棱石渠池

端石二：其一唐观象砚。亦为八棱形，侧缀兽面，砚额侧刻二字"唐砚"，背上方刻二字"观象"，挖有浅覆手，可知亦非唐物。

另一"唐端"更为唬人，为"褚遂良端溪石渠砚"。形与前述澄泥石渠略同，背深覆手内铭篆书："润比德，式以方。绕玉池，注天潢，永年宝之斯为良。遂良铭。"馆臣云"经登善宝用，足为墨林增重"，定为唐名书家褚遂良（字登善）用砚。从砚式看，应非唐物。又，不仅可考者有明代尤弼、程显中皆字遂良，元代济宁人赤盏显宗（应为女真族，官至中顺大夫，封济宁郡伯）也字遂良。故此砚倘非有意冒托褚氏，也应是元明某位"遂良"所铭。

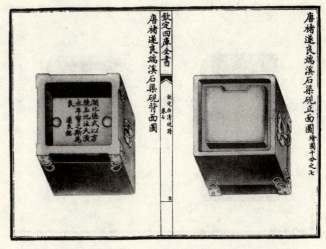

褚遂良端溪石渠砚。《西清砚谱》刊图。《故宫周刊》第三十一期刊一此砚绘图，铭字为篆书。

唐菱镜砚：刻作菱花边，背三足微屈如璜。砚池左上与砚背共粘"五株"钱五枚，砚额前侧刻字"唐砚"，背上部刻二字"菱镜"，俱隶书。馆臣定此砚为"唐歙溪石"。砚今在台北故宫博物院，色质实似端石。此类形制澄泥砚，近年北地晋豫等省出土甚多，皆元明所制，故此菱镜砚当亦不到代。

唐菱镜砚。《西清砚谱古砚特展》所刊，砚今藏台北故宫博物院。

宋以降名人砚多有附会

谱中名人铭款砚以苏、米二家最多，除"宋苏轼石渠砚"真伪难辨外，可确证无疑为真品者几无，赝品"汉瓦砚"上"雪堂"、"宝晋斋珍藏"之类更无论矣。谱中苏款"从星砚"、"结绳砚"、"石渠砚"，米款"螽斯瓜瓞砚"、"兰亭砚"之伪另

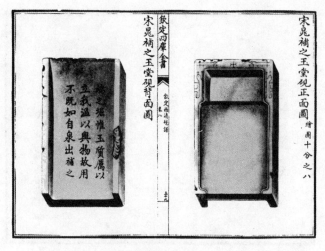

宋晁补之之玉堂砚

张栻写经澄泥砚。《西清砚谱古砚特展》所刊，今藏台北故宫博物院。

文已有考。其余谱中定为苏砚的"东井砚"、"端石砚"、"龙珠砚"，定为米砚的"中岳外史端石砚"、"远岫奇峰砚"、"宋澄泥海岳砚"，多只穷款，真伪难辨。

其余谱中以穷款附会名人者，亦复不少。此种"无头案"，严格而言，即便字非伪款，也只能归为有可能而不宜确指必是。举数例如下：

宋晁补之玉堂砚：砚背铭篆书二十二字，款"补之"。馆臣定为"苏门四学士"之一晁补之（无咎）。有趣的是，宋人除晁无咎外，可考者还有王补之、杨补之，二人不仅同名补之，且又皆字无咎。杨补之更为南宋名诗人，名声不逊晁补之。此外宋人著有《梁溪漫志》之费衮、将领练山甫也字补之。

宋张栻写经澄泥砚：侧刻隶书"南轩老人写经砚"。馆臣定为南渡重臣张浚之子、南宋理学大师张栻（号南轩）遗砚。与张栻同时之名诗人陈与义，亦号南轩；更有元文人牟若畯、陆宝皆号南轩。而张栻、陈与义皆未享高寿（一为47岁，一为48岁）。古人虽有壮年号某某老人者，然终非常例。当然，以"写经砚"论，确实更符合张南轩理学大家的本色。

元吴镇澄泥龙珠砚：背镌葫芦印"仲圭"。馆臣定为元四家之一吴镇（字仲圭）遗砚。但亦有宋人叶乐、明人齐琦皆字（或名）仲圭。

元释海云端石砚：款"海云"，馆臣云为元画僧海云用砚。然徽州休宁人、明代浙派人物画名家汪肇亦号海云。

元黄公望"痴庵"砚：此砚仅刻篆书款"痴庵"，馆臣云："考元黄公望，字子久，号大痴道人"，"痴庵或其所署款也。"检宋人祖觉、清初名书家王铎皆号"痴庵"。而黄公望之号乃"大痴"，与"痴庵"应别是两人。

宋龙尾石涵星砚：背铭"皎皎穿云月，星星出水荷。其昌"。乾隆铭"伴香光，居画禅"，显然将砚认定为董其昌（号香光、画禅室）真物。且不论明清可考名、字"其昌"者有多人。即以铭论，乃抄自东坡《龙尾石砚诗寄犹子远》诗首两句。大名士如董氏，若引用前人，当不至不注明出处。

张凤翼铭弁星砚：砚有款"伯起"。馆臣定为明戏曲家张凤翼（字伯起）。可考之"伯起"，除张凤翼外，宋至明尚有六人。

而谱中定为明代大藏家项元汴（子京）之砚有数方，有二方皆只镌"子京"二字。宋至明可考之"子京"多达八人。

即便查无重名者，如"宋吴儆井田砚"，馆臣定为南宋徽州休宁

王铎"痴庵"印　黄公望痴庵砚。《西清砚谱古砚特展》所刊，砚今藏台北故宫。

宋龙尾石涵星砚

诗人吴儆（字益恭）遗砚。然此砚砚式应不能到宋，当为明清人某"益恭"氏所铭。

如"宋陆游素心砚"铭辞，"明扬士奇端石子石砚"铭字之拙劣，皆可疑。

笠谷缀语：

阅《西清砚谱》所得感受：弘历玩砚乃至玩古，譬如其先射一箭，则馆臣之职，便是随后在靶上箭头处画一"十环"而已。

劝君莫做摧花客

——砚之殇

三灾石

陶谷《清异录·三灾石》：

> 萧颖士文爽兼人，而矜躁为甚。尝至仓曹李韶家，见歙砚颇良，既退，语同行者："君识此砚乎？盖三灾石也！"同行不喻，因问之，曰："字札不奇，砚一灾，文词不美，砚二灾，窗几狼藉，砚三灾。"同行者敛眉领之。

萧颖士(716～768年)，字茂挺，颖川人，开元二十三年举进士，官史馆待诏等职，曾预言安禄山乱，才略志节为人所称。终扬州功曹参军，客死汝南。颖士为唐代古文运动之先驱，从学者众，时称"萧夫子"，文名远扬朝鲜、日本。

如陶谷文中所评，萧颖士恃才傲物，性躁急。尝因醉酒野外，轻侮吏部尚书王丘，又曾作文讥讽权相李林甫，更拒永王李璘召见，其"矜躁"的结果是一生仕途不得意。

仓曹，为掌管官仓之吏。大约陶谷文中此位高级仓库保管员李韶，是一不修边幅的大老粗，故遭萧梁胄裔萧大才子揶揄。

白乐天诗《令狐尚书许过弊居先赠长句》有云："应将笔砚随诗主，定有笙歌伴酒仙。"萧颖士所云砚之"三灾"，本意讥讽李韶之类俗人却用雅物，属暴殄天物。袁枚有一《方砚铭》，末句正同萧氏意：慎勿随无墨者而与之周旋。

《清异录·字厄》又云：

> 蔡邕非纨素不下笔书篆，老贼古奸太多，魏晋人墨迹，类是第一等褚先生，可谓自重。今人不择纸而书，已纳败阙，更有用故纸者，字之大厄也。

以蔡中郎(邕)书法的造诣，点纸成金，其作书非精美细绢不下笔，倒也无可厚非。然今有书画界某闻人，画技尔尔，竟亦有非古纸、古墨不下笔的派头，正一"古纸之厄"、"古墨之厄"现代版！

陈眉公《小窗幽记·集韵》云："笔砚精良，人生一乐，徒设只觉村妆；琴瑟在御，莫不静好，才陈便得天趣。"眉公之意，拥有上品笔砚而不用，不过附庸风雅；而室陈琴瑟，则不必弹奏，也可得满室清音之趣。眉公此琴瑟之说，与五柳先生无弦琴故事同调。但笔砚之说，未必尽然，盖上等笔砚尤其佳砚，色品华美，观赏把玩已意趣无穷，甚至不忍染墨。

我更不以萧氏目"窗几狼藉"为砚之一灾为然。"窗几狼藉"不过易使名物"蓬头垢面"，似称不上砚之"灾难"。若我之所居，架书叠石、古杂纷陈，暇坐其间，抚砚弄璞、挤眉（纹）弄（石）眼，自得其乐，何"灾"之有？

萧氏所云砚之"三灾"，根源还在用砚者人之"俗"。清初吾歙张心斋（潮）《幽梦影》所谓"镜不幸而遇嫫母，砚不幸而遇俗子，剑不幸而遇庸将，皆无可奈何之事"（《幽梦影》卷七），亦同一慨叹。

第四灾

北宋彭乘《墨客挥犀》记：

> 孙之翰，人尝与一砚，直三十千。孙曰："砚有何异，而如此之价也？"客曰："砚以石润为贵，此石呵之则水流。"孙曰："一日呵得一担水，才直三钱。买此何用。"竟不受。

这位孙之翰（998～1057年），名甫，字之翰，许州阳翟人。举进士第，累官刑部郎中，天章阁待制，河北都转运使。著有文集七卷。

明人谢肇淛在《五杂俎》中评此事："一日呵得一担水，才直二钱，廉者之言也，然亦杀风景矣。质润生水，自是砚之上乘，譬之禾生合颖，梦秀两歧，可谓多得一石谷，才直二百钱乎？萧颖士谓石有三灾，当并此为四也。"

此位孙公为官清正，只是有些太过古板，是一实用主义者，此种作风为政，讲实效，必不作表面文章；于艺术审美，却是灾难。

但孙之翰能诗，又曾担任为皇帝、皇子讲学之侍读，学问必好；今有《致子温运判屯田同年侍史尺牍》手迹传世，书法亦可观，无不爱砚、不识砚之理。想其故作不解佳砚之美，不过爱惜名节，为"不受砚"找一借口而已。

与孙氏"却砚"故事相映成趣者，有孙氏前辈名相吕蒙正"却镜"故事：人献吕相一面"可照二百里"之稀世宝镜，吕对曰："吾面不过碟子大，安用照二百里哉？"

吕蒙正为人质朴宽厚，以正道自持，不喜"玩好"，其不为物累更合乎其秉性。当然，也可能一如孙之翰故事，其故作不解宝镜风情，亦为"不受镜"找一借口而已。

俗工

清初施愚山《砚林拾遗》：

石产端，而工不善凿，近日官吏饷贵人，命工镂琢有星宿海、珊瑚岛、龙虎风云、赤云捧日、三台独柱、人物山水等名状。愈工愈俗，是为石灾。吴人仿宋式，故为划损，蒙以墨沈，便成古物；别有一种，不尽琢磨，半留本色，谓之天然砚，殊有风韵。

从此文可知，端州土工砚艺之俗由来已久。古端砚中艺术水平较高之"不尽琢磨半留本色，谓之天然砚"者，多为"苏工"及周边江南地区砚工所制。

施氏"愈工愈俗"之说，后来的纪晓岚于砚铭中更有阐述："刻鸟镂花，弥工弥俗。我思古人，斫雕为朴"；"与其雕镂，吾宁取汝"；"不方不圆，因其自然，固差胜于雕镌"等等皆是。

约与纪晓岚同时之砚学名家朱

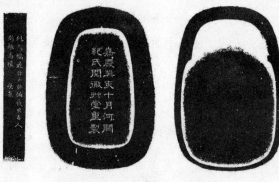

《纪谱》椭圆形砚。侧铭：刻鸟镂花，弥工弥俗。我思古人，斫雕为朴。

二垞（栋），在所撰《砚小史》中，论琢砚亦云：

> 有佳石不可无良工，有良材不可无古法。本质虽高，裁就之方未精，磨琢之工未至，终非雅品，难入艺林。

实早在北宋，大书法家蔡襄即已道出俗工伤砚之弊：

> 至于雕文刻理，花藻缤纷，以俗手出之；纵有良材，乃遭其厄，予所弗取。（《洮河石砚铭》）

石本身即具天然之美，善刻者因材施艺，所谓"天人合一"。舍天然之美，纯在繁工琐刻上用功，则舍本逐末，诚佳石之"杀手"！

今人好"吃祖宗饭，断后代粮"，因急功近利"杀鸡取卵"之掠夺式滥采，尤其近年来机械雕刻的滥用，"愈工愈俗"之势愈演愈烈，多少美材被"千刀万剐"？譬如天生丽质一璧人，可怜见活生生被断臂截肢。

后人之视当代所产"古砚"，其评价恐更又在施愚山当年之下。故我相石运刀之际，多抱诚惶诚恐之念，从未敢轻易造次。

俗眼

古文名篇《陆庐峰市砚》云：

明有陆公庐峰，于京城待用。尝于市遇一佳砚，议价未定。既还邸，使门人往，一金易归。门人持砚归，公讶其不类。门人坚称其是。公曰："前观砚有鸲鹆眼，今何无之？"答曰："吾嫌其微凸，路遇石工，幸有余银，令磨而平之。"公大惋惜。

因砚上鸲鹆眼微凸，竟花钱请石工磨平。一方带眼佳石，就此"瞎"了，此陆氏门人，显然全不懂砚，故行此愚蠢事。

陆氏门人不藏砚，所毁不过一石。可怕者玩砚之人审美意趣不足，此种"俗眼"对佳石之杀伤力甚大。当代某新砚名藏家，爱砚入迷，西洞、水舷上品，购之甚多，请工雕龙镂凤，而意自津津——客观而言，今日俗工泛滥，藏砚者"俗眼"的推波助澜，更有不可推卸的责任。

明人还有一毁眼砚事，明末雅流张宗子《陶庵梦忆·天砚》：

少年视砚，不得砚丑。徽州汪砚伯至，以古款废砚，立得重价，越中藏石俱尽。阅砚多，砚理出。曾托友人秦一生为余觅石，遍城中无有。山阴狱中大盗出一石，璞耳，索银二斤。余适往武林，一生造次不能辨，持示燕客。燕客指石中白眼曰："黄牙臭口，堪留支桌。"赚一生还盗。燕客夜以三十金攫去。命砚伯制一天砚，上五小星一大星，谱曰"五星拱月"。燕客恐一生见，铲去大小二星，止留三小星。一生知之，大懊恨……

与陆庐峰之"砚盲"门人不同，此故事中之燕客，乃一识砚行家。但为了掩盖巧夺他人佳砚之秽行，竟不惜将砚上两颗石眼磨去，较陆氏门人无心之过，更令人齿冷。

滥铭与毁铭

从萧颖士"三灾石"前"二灾"："字札不奇"、"文词不美"作一引申：倘砚铭字拙劣，便也失去文人砚品赏的根本，故辞鄙字劣而又好题者，亦砚一厄也。

滥题，以乾隆为最，不赘举。有此种"朕即天下"独夫心态者尚不止弘历。王渔洋《香祖笔记》卷三记：

东嘉赵士桢，字尝吉，能诗工书（赵氏乃一奇人，因善书以布衣身份被万历帝召用，且是一杰出的火器发明专家），明文华殿中书。一日出内府藏砚，悉刻前代年号，命士桢改制，刻万历字。内有一砚，乃唐文皇赐虞世南者，士桢奏云："太宗贤主，世南名臣，乞留此砚，以彰前代君臣相与之美。"从之。

可恶者，明神宗万历帝，竟然命赵士桢将内府所藏前代古砚上的年号磨去，刻上自家年号，此毁古恶行尤甚于弘历。历代内府所藏名物非民间可比，今日可靠之唐宋年款传世品古砚罕见，万历或应负一定责任？

弘历与万历不过附庸风雅，真正翰雅名人，亦不免因一己之好而行焚琴煮鹤之事。海上名画家吴湖帆，曾将百轴古人书画精品裁成统一尺寸。又大书法家如吴昌硕，其铭砚浑拙之字亦多与所题逸品砚不谐，破坏原砚意趣，可见铭砚之难。明遗民陈子升《砚书》所言，可为妄题者戒：

> 刻砚宜慎，必使砚与人并传，文与字并绝，加以刻工精妙，斯可以铭。若强作解事，蹈袭庸腐，混题姓氏，乖悖古法，殊汙此砚友也。

近人徐濠园（世章），藏砚甚多。其虽不以文翰名世，但书法尚可观，却甚少见其铭题于砚，连藏印亦绝少刊镌。此固为后世少一种鉴砚佐证，但其慎待古物之举，实为德业。

纪晓岚书法不高明（倒也无乾隆字那股俗气），但有自知之明，其砚铭多请伊墨卿等书家代笔，其辞亦多上乘，故读《纪谱》砚铭亦赏心悦目之事。

与乾隆相比，康生鉴砚水平未必高明多少，其书法却是不俗。但传康某人曾命人磨去阮芸台所铭乾隆"御赐康宁砚"，其"毁古"恶行与乾隆、万历也是一般无二。

与其因"疑古"而"毁古"，我宁取"存古"，未敢唐突古物。

草菅砚命

王渔洋《池北偶谈·铜雀瓦砚》：

> 吴匏庵尝蓄一铜雀瓦砚，甚珍之。一日，出示其友某公。某公恶曹瞒，拔剑击之，立碎。匏庵懊惜，时沈石田在座，乃援笔于便面作《击砚图》，匏庵大喜。崇祯间，有都司胡琳者，游吴中，以十金购得之，珍惜甚。病且革，手握扇不可解。家人遂以殉。琳，武进士，商邱人。所藏又有蒲廷昌《狮子》一轴，亦神品。宋牧仲中丞说。

吴匏庵（宽）此"三国迷"朋友某公，中《三国演义》之毒太深，走火入魔，认定曹阿瞒必是"白脸"奸臣，所以连阿瞒所筑铜雀台的遗瓦也视

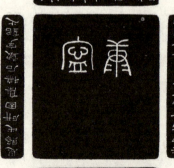

阮元铭御赐康宁砚。今人《拓片收藏四十题》刊拓，为康生未命人磨去砚铭之前所拓。

为"汉贼不两立"之物。只是此公虽过了一把"杀贼"干瘾，但置藏砚本主吴匏庵于何地？从其随身携剑及行事鲁莽看，必一不学武夫，且官职不低，否则何以如此肆无忌惮？幸有忠厚长者沈石田在场作一和事佬，否则场面恐是尴尬之极。

曹阿瞒之文韬武略，固是一代枭雄，然其"屠城"之纪录实在太多，就其屠夫行径而论，人类道德底线德标准不变，其"奸雄"定论当亦不变。然此《击砚图》故事，却实在是一"以人废物"的极端例子。我不为曹瞒抱屈，却为瓦砚鸣一冤。更冤者，所谓"铜雀瓦砚"多为赝品，"某公"击碎者恐还是一伪"曹贼"。

曹寅有《题启南先生莫砍铜雀砚图》诗咏其事。

朱栋《砚小史》收一朱氏所藏铜雀瓦砚，有沈石田观款，真赝莫可辨。

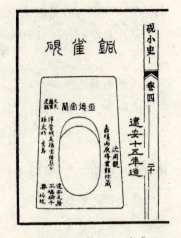

沈周铭铜雀砚。刊《砚小史》，上有"沈周观"及文氏"停云馆"、赵凡夫、董玄宰、朱竹垞款。

如果说吴匏庵损友某公，是因恨而毁砚，恨者，人，"曹贼"曹阿瞒也；那么下文之陶学士，看起来似乎是因爱而毁砚，爱者，则是砚本身。

《李谱》"李后主青石砚"条云：

> 李后主得青石砚。墨池中有黄石如弹丸。水常满，终日用之不耗。每以自随。后归朝（被宋军俘往开封），陶谷见而异之。砚大，不可持，乃取石弹丸去。后主掣其手振臂就取，后主请以宝玩为谢，陶不许。后主曰："唯此砚能生水，他砚皆不可用。"陶试数十砚，水皆不生。后主索之良苦，陶不能奈，曰："要，当碎之。"石破，中有小鱼跳地上即死，自是砚无复润泽。

此故事颇具神秘色彩，大约是因为李后主所宝爱的这方青石砚呵气成水，润泽异常，所以好事者演绎出石中涵一小鱼之奇谈。

陶谷是历仕后晋、后汉、后周至北宋的北方大名士，但此公有才无德，人品被时人诟病。南唐有国时，陶学士以后周使者身份出使江南，盛气凌人，态度傲慢。南唐升州（南京）太守韩熙载安排美人计，使金陵名妓秦弱兰，诈为驿卒之女，故意"邂逅"陶氏。陶氏中计，失慎独之戒，与秦家女结一夜露水姻缘，并赋《春光好》词一阕赠之。后数日，南唐中主李璟设宴澄心堂请陶氏，陶氏依然道貌岸然，满脸正经。太子李煜出秦弱兰歌《春光好》劝酒，陶氏尴尬惭笑，无地自容。

陶氏毁砚之举，测其因：一者，想必江南之行，大遭羞辱，为天下笑，因心怀旧怨而伺机报复；二者，陶氏本身也是个大博物学者，所撰《清异录》记其藏有数砚，算得上是个藏砚家，故见佳砚生欢喜心，进而起歹意。

从此角度而论，或许陶学士之毁砚，恐怕是爱砚与恨人（李后主）而个因素兼而有之。

国破而家也不保，赵光义看上李后主的小周后，招入宫中，数日不放归。连一个御用文人陶学士也敢当面掠砚，夺砚不成竟然毁之。彼时做了阶下囚的李后主，真正应了一句俗语——落难的凤凰不如鸡。

锥刀·覆瓿·锤钉

梁氏《两般秋两庵随笔·锥刀砚》：

> 家秋潭先生于所亲家见一砚，石质细润，良材也。其家不之贵，用以覆瓿。且磨刀锥，伤痕数处，先生乞归，名锥刀砚。镌铭其旁云："磨刀则磨，磨锥则磨；磨墨则磨，磨人则磨。"

得砚者梁文泓，字深父，号秋潭，钱塘人，诸生，工小行书。其侄乃为乾隆诗文代笔者之一的东阁大学士梁诗正。梁绍壬为梁文泓同里族人后辈，故称其为"家秋潭先生"。

"瓿"，指古人盛水小瓮。梁氏所得砚原作瓮盖之用。因砚材细坚，原本多作砺石之用（洮河石、松花石皆是）。伪品"岳忠武砺痕砚"即一"锥刀砚"。

梁文泓为康熙时人，想此"锥刀砚"，必明清易祚动荡时期所"沦落风尘"者。

私家所藏一端，长方抄手，素池。出土物，多有驳蚀。砚左侧上端镌行书四字"此砚端也"，靠下端镌行楷"宣和"二字，印"玉堂中人"。背镌四字方印一，残损不全，尚可辨为"宣和口年"。砚右侧略凹入，为磨刀所损，正一"锥刀砚"。

玉堂，本汉未央宫中一殿。宋太宗尝以轻绡飞白大书"玉堂之署"四字，令榜于翰林院厅额。自此后，玉堂遂为翰林院代称。"玉堂"又可作登科泛称，寄托文运昌盛之意。何薳《春渚纪闻》卷九，记吴兴许采所藏五砚之一：

> 又一端石，古斗样，长尺馀，马肝色，下有王禹玉丞相书"玉堂旧物"四字。

"王禹玉丞相"，即北宋神宗朝丞相王珪，早年曾任翰林学

宣和抄手砚

士。许采所藏此砚，上有款"玉堂旧物"，当是王珪在翰林院时所用。

此抄手"锥刀砚"或为宣和间某位翰林所用？惜砚上未留名款，或磨损一侧原有铭文而因磨刀被毁。

石材"弃予剑，参笔墨"，本是文明之演进，但此砚由"参笔墨"复归于"发金铁"，可叹！

又私家藏一端，青紫斑斓，朝天岩"坻珸斑"石。长方素池。背覆手满刻楷书铭：

> 同治九年秋九月，余自湖南假归日，□（偶？）见斯砚覆盐瓮于室隅。拾视而感，噫！发逆倡乱以来，凡物之遭残殁者，曷可胜数，独斯砚能历劫不灭。何以若此？砚欤，砚欤，吾愿与尔终老矣，并愿吾子子孙孙与尔长处富贵矣！同治十一年春二月，万香草堂主人蕙志。南通州姜沛刊石并书。

砚右侧镌行楷"覆瓮"，此砚正是一"覆瓿（瓮）砚"。

万香草堂主人藏覆瓮砚

砚主万香草堂主人蕙及镌铭者南通州姜沛，待考。从砚铭看，砚主应为南方人。

我徽"文物之邦"，太平天国前，邑中收藏家于古翰墨名迹多重宋元，明及清初且多不取，乾隆后物，根本不屑。但"大乱以后，金冬心、郑板桥之流一联一幅，皆值数万钱。昔时中人之家，黏柱障壁比比皆是，亦无人估值也"（许凝庵《歙事闲谭》引《草心楼读画记》）。

此砚铭，可为战乱对社会造成之劫难作一见证。砚主由砚之遭际，有感而发，遂生命运多舛的浩叹，祈愿自己及后代如此砚一样，能历经劫难而得金石之寿。

　　嘉庆间，隶书大家伊墨卿（秉绶）官惠州知府，捐资修葺白鹤峰东坡故居。在修竣"墨沼"时，淘出一端砚。砚背刻有行草"轼"字及一方印"德有邻堂"。"德有邻堂"乃东坡白鹤峰居处斋号，坡公取孔夫子名言"德不孤必有邻也"之意，表达其受贬时心境。

　　墨卿得砚，如获至宝，遍征题识，当时名流宋湘、冯敏昌、翁方纲等人，皆为铭石、题匣，成一时佳话。后伊氏去官回乡，此砚携归宁化。伊氏殁后，砚成其子孙传家之宝，历一百余年，20世纪五十年代被宁德文化馆征得。

　　传当年伊家此砚曾被当作"浮财"分给一贫下中农，贫下中农不在乎"坡公"、"伊公"，便"废物利用"，用之代替铁锤钉铁钉。所以，今日德有邻堂砚背面便留下几处钉痕。

　　东坡"德有邻堂砚"，又可称作"锤钉砚"矣。

　　锥刀、覆瓿、锤钉，污辱斯文如此；一砚之微，足以折射出世道文明之兴衰！

□□□公像砚

徐氏《清稗类钞·鉴赏类·张叔未藏铎铭铜雀瓦砚》：

　　真铜雀台瓦，世不多有。嘉庆庚午初夏，张叔未得王文安铭铜雀瓦砚于松江肆中，质极莹润，盖滤泥为之。上有王铎小楷书铭跋二，撰、书、刻俱精，可宝也。其铭曰："胡以瓦也而跻之栋、沈之渊；胡以吾也而授之几、升之筵。水之汇而胡以浴云飞烟。又何知此后之千百年，谁为主也为谁妍；物之遇合也且然。孟津王铎铭。"铭后有附记曰："崇祯十一年，绣衣使者二东张肯仲贶余，余再拜而受，识于北都之大明门。时虏警予晨于是门，三十日矣。十月二十一日午时。"铎之附记，为明崇祯戊寅九月大兵入塞，京师戒严事。"虏"字，当是臣国朝后所捶损者。

　　《四库全书》改"胡"为"金"，改"虏"为"敌"，传为岳武穆所作《满江红》词之"壮志饥餐胡虏肉"，便成了"壮志饥餐金敌肉"。王觉斯铭中"虏"字，原为"虏"，即明人藐称为"建虏"之清军。入清后，王氏本人或获砚的他人将"虏"字铲损，以避免招来文字之祸。

　　"文革"起，"四旧"破，时任中央文史馆副馆长之马一浮先生，家被搜罗一空。抄家者席卷而去前，马先生恳求"留下一方砚写写字"，答以一记耳光。年已八十四之马翁悲愤交集，旋即故去。

　　马先生被掠之砚，幸者今日或仍在某文博单位库房内；而许多"封建社会帝王将相"、"才子佳人"们所铭之遗砚，则难保能"全身而退"了，前述康生磨去阮芸台所铭乾隆"御赐康宁砚"即一例。

砚友瓦缶堂李俊林君藏一澄泥琴形砚，亦一遭劫之物。砚质细，色白。砚背"龙池"内镌楷书"王石谷珍藏"五字。铭字甚遒劲，似石谷风格。让人扼腕者，此砚铭文被人铲划毁坏，"王石"二字尤严重。划痕与原砚及铭文包浆新旧迥异，应是当年"破四旧"时所为。

又私家所藏一端。长方淌池。覆手浅刻一持砚老者半身像，工非精湛。隶书所题有意思，六字被铲去前三，尚剩"公小像"。细辨之，被铲三字为"曾文正"。

王石谷铭琴砚。瓦缶堂藏。

此铭之被毁，显然亦"文革"时作品，彼时"曾文正公（国藩）"乃"镇压太平天国革命运动的刽子手"。虽然砚非曾氏遗物，因刻有曾氏小像、镌有曾氏谥号，无疑也是招祸之道。于是乎，砚主便施个瞒天过海之计，将"反革命罪证"铲去。曾氏昔有"曾剃头"之称，今日其像题名却被"剃"头，亦有趣。

此种或将铭款铲去，或干脆将铭文全磨去之古砚，尚见过多方，可谓"文革"所遗疮疤。

曾国藩小像砚

与清净圆明本来妙觉真常之性同去

古人丧葬习俗，崇尚"事死如奉生"，常将死者生前长物或寓意吉祥之物品殉葬，以寄托对先人慎终追远之情。王侯贵族规模之巨者如秦皇兵马俑，马王堆汉墓，殉以金镂玉衣、鼎彝圭璧；贫民百姓虽无金玉可殓，然亦有一罐一碗为殉，"美人爱鉴，文人爱砚"，镜（鉴）为女性伴侣，故女性墓多少不了有镜陪葬。砚为文人墨客的"吃饭家伙"，东坡云"我生无田食破砚"，文人雅士之殉葬物，便多有生前舞文弄墨之长物——砚台。

见于记载之古名人出土砚，有《高笺》所记王献之砚（有疑）；北宋词人晁补之墓亦有砚为殉（见明人《铁网珊瑚》）；北宋隐士林和靖（逋）墓被杨琏真伽掘开，亦"独有端砚一枚"

（元人《遂昌杂录》）；今人发现北宋泰州名道士徐守信墓，亦只得一眉纹大歙砚而已。南北宋两位隐士羽人，轻身外之物而独有砚为死后之伴，可知砚于文人的意义。

传世米帖有云：

> 苏子瞻携吾紫金研去，嘱其子入棺。吾今得之，不以敛。传世之物，岂可与清净圆明、本来妙觉、真常之性同去住哉？

东坡因嗜砚，甚至不顾砚主米颠应允，欲将借观之紫金砚为自己殉葬（"与清净圆明、本来妙觉、真常之性同去住"），米氏当然不是省油的灯，强索而归。

何氏《春渚记闻》记吴兴书画家许采：

> 儿时已有砚癖，所藏俱四方名品，几至百枚，犹求取不已，常言：吾死则以砚甃圹，无遗恨矣！

当然，许氏以砚砌墓（圹）只是戏说，却也可知此公嗜砚入迷程度，可谓爱砚情深之"砚种"矣！

以物为殉，利弊互见，其弊在于陪葬品沉浸地下，易腐者如字画之类遭到毁坏在所难免。砚材多为陶、石，以砚殉葬，倒无腐朽之虞。但有些地区之葬俗，常将殉器有意敲损入土，此亦古砚一小劫难。

以砚为殉，虽有湮没于地下之弊，然也留于后人一份可能——使后世同道有再次开启"封存历史"之契机。

火葬兴，殉葬砚至此绝矣，此为后世砚人留下一难解的困局。

北宋徐守信眉纹歙砚。徐守信（1033～1180年），海陵（泰州）人，北宋名道士。五十年代，泰州乡人掘地时发现徐氏墓，出土此砚及徐氏墓志，别无他物。砚今藏泰州博物馆，见刊《中国古代工艺珍品》。编者标材质为"青石"，实为上品歙石大眉纹。砚形制较大，诚古歙砚之一名器。

私盗与公藏

乾隆奄有四海，内府藏砚极丰，所收汉唐古砚真者却鲜见，故《西清砚谱》所定汉唐砚多为主观臆断。近年出土之砚，其规模应可使地下之乾隆目瞪口呆。

若干年前，盗墓风潮方起，"土夫子"们所取惟金银财宝、青铜瓷玉，石刻、陶器以其材质普通而被弃之如敝屣，陶砚常被敲碎复埋。后来古肆真品渐少，一砖一瓦始皆有人拾取，此种恶行乃绝。

盗墓对出土砚研究之破坏，还在于资料的完整性被割裂，一墓出土之物，常因四散而去成失群"孤雁"，使砚之断代难度增加。尤其名人墓出土之无铭砚，从此砚主便成无名氏，就此而论，便显出官方考古发掘的可贵。南丰曾巩墓出土之砚，并无一字，若为盗墓者散出，只一普通宋抄手而已，谁知是古文大家曾子固用砚？内蒙赤峰耶律羽之墓出土之"万岁台"金龙银盒石砚，乃不幸中之大幸。墓为私盗，砚已散出，后案发被追回，始知为辽太宗耶律德光所赐耶律羽之之砚。故宫藏"十二峰陶砚"，因非考古发掘而出，故断代有误。又如张九龄墓出土陶砚，砚上只一"拯"字，如私盗者售于黑市，谁知此"拯"是张宰相之子张拯，而非"李拯"、"赵拯"？好事者甚至可托名"包青天"包拯！张拯之名，《旧唐书》作"张极"，《新唐书》作"张拯"。此砚之出，纠《旧唐书》之误，正所谓"补石室金匮之遗亡"也。

　　私盗于砚史之弊显而易见，但也并非全无是处。其客观有利于砚史者，使私人藏家得有亲近的机会，不至如考古发掘出的诸多砚史标准器，从此便因被"养在深宫人未识"而难见天日，基本终结其传承性；砚文化最有价值之人文部分：藏家题跋，观者鉴识，从此成为定式。此种"死砚"，只有石品、工艺、时代的标本价值。

　　试想若无康氏从公库"借"走伪品"纪晓岚绿端砚"，题铭大批纪氏，此砚不过一普通赝品而已，有何意思？

　　二十多年前，某博物馆展出馆藏古砚数十方，不乏大佳者。对如许尤物，爱砚如我，自然是见猎心喜，心花怒放。掏出相机准备拍照存档，以作研究资料之用，谁知不

"万岁台"金龙银盒石砚。1992年内蒙古赤峰市阿鲁科尔沁旗耶律羽之墓出土。今藏内蒙古文物考古研究所。银质砚盒，上刻"万岁台"三字，据此推断，此砚或原为耶律德光御用之砚。是砚史难得之珍稀物。

许。于是退而求其次，买来速写本，准备对砚写真，仍不许。力争，无果。只好仿效"鸡鸣狗盗"之徒，在展厅内仔细品读每方砚，看一方，出门默画一方，进进出出，如是者数十趟；好在馆方人员虽大不乐，倒也没有强行阻止（实在也无正当理由阻止），终于还是画的美砚归。

　　2003年春"非典"肆虐，我离京漫迹江南、秦晋，在苏州拙政园，恰遇苏州博物馆有一馆藏古砚展，陈列之古砚达一百余方，不乏明清名人砚上品，观之令人气爽。似苏州博物馆砚展之偶尔露峥嵘，总算让彼馆所藏古砚"晒了下太阳"。虽然，历年来天津博物馆、北京故宫博物院，因蔡鸿茹女士和张淑芬女士的努力，部分代表性的馆藏古砚已结集出版，其他如北京首都博物馆、广东省博物馆藏、安徽省博物馆、浙江省博物馆

的部份藏砚亦陆续见刊于世。但仍有众多公藏古砚默默地躺在库房里，终日面壁，无人问津，其遭际，恐怕可以用两句唐诗来作个概括——"一入侯门深似海"、"养在深闺人未知"。因此，就时下客观现实而言，古砚之公藏，多只有保全之功，颇缺少研究之能，不能不说算是爱砚者的一大憾事……

　　幸运的是，石坚而有寿，古砚不致于象库房的公藏许多古籍文献那样，发霉浸水甚至鼠咬虫蚀；因此，留得青山在，不怕没柴烧，此公藏古砚留给世人的念想。

笠谷缀语：

　　言及毁铭，我亦有心痛事，不吐不快。

　　某次与友人拜访京城文博界知名人士某君，此君知我制砚且好研古，兴致顿起，见面即云："近日以重价得一古砚，名人上品，请君过眼"。接砚一看，哭笑不得，竟是我之制品，被人作旧后售于某君。砚背摹刻一古人名书家小像，"某某某小像砚"题名篆字后，原刻有我名款印章，被人铲去，铲痕尤在。

　　又，见刊一仕女小像砚，被藏家当作红粉艳迹、古砚精品，实亦是我的作品，被人作旧后充作真鼎牟利。此两砚皆我寓京之初所刻旧作，不慎被好事者购走用作欺世。尤使人郁闷者，倘人不解内情，只从刻工看，似我风格，便误以为乃我蓄意作伪，背"黑锅"如此，何其冤哉？

　　再者，本出己手精心之作，被人铲去名字、改刻名款，变成他人之作甚至古人无名氏作品，无疑也是自己作品之一大劫难。恨恨！

　　米颠好作伪，常借真而还假；张大千亦好作伪，以蒙蔽名流为乐，我实无二公此种欺世或曰争胜心思。

　　言尽于此，而意不平，掷笔浩叹！

凤兮凤兮，岂止一凤？

——古砚名款年款的复杂性

下真迹一等

米元章《海岳名言》：

> 石刻不可学，但自书使人刻之，已非己书也，故必须真迹观之，乃得趣。

二王风流，颜苏浑博，赵董流美，所谓字如其人。碑板遒劲，馆阁甜俗，有涉时代风尚。诸家书艺于碑刻的精妙，须假刻工高手得以体现。明人谢肇淛《五杂俎》云：

> 《魏受禅碑》，梁鹄书，而钟繇镌之。李阳冰书，自篆自刻，故知镌刻非粗工俗手可能也。赵文敏为人作碑，必挟善镌者与偕，不肯落他人之手。近时文长洲（文征明）父子，皆自摹勒上石，或托门客温恕、章简甫为之，二人皆吴中名手也。纵有名笔，而不得妙工，本来面目，十无一存矣，况欲得其神采哉！

《西清砚谱》收一"明文征明绿玉砚"，款"衡山"，馆臣归为文征明（字衡山）。观此铭字，用笔草率、镌刻不精。从文氏对自书手笔选择刻工的严苛看，铭必非其所作。又，名款与印字相同，大是犯忌，也必非大家手法。另者，"而章"氏题云："绿玉。"疑仿刻自一题绿端铭文。

名人铭文，高手所镌，不输墨迹，必与铭者书风相附，如《高史》中之南皋铭、《沈氏砚林》中之吴昌硕铭。不仅亲题，且操刀者又为名手（南皋为自镌，吴为赵古泥镌），故《高史》、《沈氏砚林》可

乾隆内府原藏文征明绿玉砚。《西清砚谱古砚特展》所刊，今在台北故宫博物院。

作高、吴之碑刻集看。余如金冬心，不仅自可操刀，更有刻砚僮仆专司其职，一如颜鲁公之镌碑家仆，其铭自亦传神。黄莘田、林佶人等所铭多出吉人子在峨手，刻字之佳自无可疑。至于纪晓岚辈，以其地位，所倩也必刻字好手，此《纪谱》可证也。

但铭字，多为刻者之再创作，移形走神之处难免，所以终属"下真迹一等"。况且，若镌者为庸手，必致风神全无（宫廷及官造者少此弊）。

此所以名人砚铭，较名人书迹尤难辨别也，但也反增鉴赏名人砚的意趣。

春城无处不飞花韩翃

考辨名人砚铭之难，铭字优劣一目了然，辨析砚铭名款则颇复杂，尤其"穷款"更是难辨真身。

所谓"穷款"，狭义者，指砚铭只署作者名、号或印章外，别无跋语。因可资考证之材料太少，多属无解。反不若题辞累累者，作伪者难免百密一疏，所谓"言多必失"，真伪或还易辨。若大名士穷款，因字少，摹刻甚易，如"轼"、"元章"之类，更使人真假莫辨，只能从砚式、坑口、包浆、传承等来综合考辨。

亦有铭文字数虽未必少，但铭文除名字款外，别无其它可资佐证题铭人之身份者，此亦可归为广义之"穷款"。

愚见，凡砚上空白处甚多，却留大好文章不做只镌穷款者，倘其款为善题、好题之人，则大可疑，伪款之可能性极大。

不论狭义、广义之"穷款"，概言之，其之所以常被人有意无意附会名流，问题又多在于同姓名。

所谓"曾参杀人"、"毛遂坠井"，即是因同姓名之讹传，使曾母、平原君虚惊一场。唐德宗手书"春城无处不飞花"，告知宰相，提拔者乃作此诗之南阳人韩翃，而非另一江淮刺史韩翃。明有画家唐寅唐伯虎，宋更有诗人唐长孺唐伯虎、金州进士唐伯虎。阅清人查礼《铜鼓书堂遗稿》竟收有《题蒋介石处士松林独坐图》、《偕朱玉阶学使游七星岩即以志别》二诗。二百年前两文人，竟与当代二位大人物蒋中正（字介石）、朱德（字玉阶）姓名（字）一字不误，真乃拍案惊奇！

曩日听某评书名家说"隋唐"，一口一个"姓秦名琼，字表叔宝"、"姓单名通，字表雄信"，竟讹表字为字表，可见民初"新文化运动"肇起，表字、别号渐废之影响深远。故今人所谓"名字"，实有"名"无"字"，后人考证今人砚上名款，不免会被重名所困。

诗人岂可以没有别号?

而同姓名中，同字号之难辨，又是考定古砚铭款一最大难题。

古人名与字，基本固定，号则繁杂，有别号、斋名、谥号及绰号等。《二十年目睹之怪现状》里，一梅姓"名士"云："诗人岂可以没有别号？倘使不弄个别号，那诗名就湮没不彰了。"大抵道破取别号乃自我标榜之本意。汉人如此，满人也如此。老舍的自传体小说《正红旗下》即有如此记载："大舅的号叫云亭。在那年月，旗人越希望永远做旗人，子孙万代，可也越爱摹仿汉人。最初是高级知识分子，在名字而外，还要起个字雅音美的号。慢慢地，连参领佐领们也有名有号，十分风雅。"

因之，倘砚款只有字号，便难确定必是某名人，尤其如"石田"、"白石"之类，皆古人向慕烟霞，心寄自然之所取，重号者甚多，将其简单归为宋人姜夔、明人沈周乃至今人齐璜，皆失之想当然。极独立特行之另类别号，如朱耷寓"哭之"、"笑之"的"八大山人"，被人重复之可能性甚小；邓散木之"粪翁"，更是无人争美。又，谥号，为古人亡故后朝廷所赐谥（亦有民间私谥者）。曾见湘地一旧端，背铭云因"左文襄公"平叛有功，特赐"老砚"一方云云。"左文襄公"，当即晚清名臣左宗棠，"文襄"乃左公谥号。人已仙去，起其于地下受赐此砚乎？

穷款之名同于藏砚家、名刻工者，情况较特殊，确断为砚人遗迹大略妥当。如藏砚名家余甸，铭砚常只落一"甸"字。但也并非绝对。清人桑调元有好友姓陆名章字莘田，游绍安有好友姓黄名任字樵谷，齐召南有好友姓程名景伊字莘田，三人诗集皆有诗道及。桑、游、齐三人又皆是黄莘田好友，倘"莘田氏"有一砚赠桑调元或齐召南，"黄任"款者有一砚赠游绍安，未必绝对定是黄任黄莘田所赠。略早于黄莘田，还有一直隶元城人黄任，字志伊，号逊庵，历官刑部主事，有《坦斋诗钞》。《晚晴簃诗汇》即将其与黄莘田误为一人——因此，任何一名字皆有重名的可能。若铭款为同姓名，则须从砚上其它信息辨其为谁。

考辨古砚上之"纪年款"，虽不若名号款之枝蔓繁杂，但年款可资比勘铭者生平行迹，此辨铭文真伪一重要手段；且高古砚之有纪年者，对考辨砚式砚材之时代特征，具有标准器之意义，故其砚史价值非同一般。

有鉴于此，以下各举几例古今人之穷款、年款藏砚作例说。

一陈二刘皆名蜕

《广仓砚录》刊一"唐陈蜕砚"拓。只刊出砚面及砚侧，砚背不详。砚面略洼为砚堂，如意形墨池。左侧镌一篆字"蜕"，右侧楷书铭："《金石契》以为唐陈蜕研。阮元藏。"邹安题拓云：

> 吴槎客《拜经楼诗话》谓沈椒园旧藏，后归陈仲鱼。以唐诗人有陈蜕，戏仲鱼曰："君家研。"仲鱼为文达弟子，此研因入文选楼，同付一炬。此六舟僧拓本，当时遗管芷湘乡丈者。

中唐诗人陈蜕，生长江淮间，约肃代时人。有诗集《长安十五咏》。

只凭"蜕"字，便认定必是唐诗人陈蜕，何以排除必非张蜕、李蜕、欧阳蜕、耶律蜕？

阮氏《定香亭笔谈》卷三所收《戊午五月二十六日灵鹫峰销夏联句》，有句云："砚怀抱刘蜕"，后有注："余藏晋咸和砖砚及唐刘蜕研。"可见原砚确曾为阮氏文选楼中藏品。扬州阮氏文选楼于道光间不慎失火，此砚及众多藏品被焚，只遗僧六舟达受此拓传世。

阮芸台自己则定为唐刘蜕，而非陈蜕之砚。但唐人至少又有二刘蜕。

《广仓砚录》刊唐陈蜕砚

一为长沙人，字复愚，大中四年进士，咸通中官至左拾遗，外谪华阴令。著有《文泉子集》一卷。此刘蜕为湘地史上首位进士，故宅原称"蜕园"，陈寅恪先生即出生于彼宅。

一为商州人，生平不详。《唐阙史》记名相裴度曾获一出土古铁盎，上有九篆字，以为齐桓公时物。独舍人刘蜕以为赝品，指出铭文之非。裴相信服，立命击盎而碎。此博识之舍人刘蜕与长沙刘蜕时代不符，疑是商州刘蜕。

以此砚之形制尤其砚池琢法看，砚为宋后物无疑！

此砚虽非唐人物，然涉及清代名流甚多。阮芸台、张芑堂外，吴槎客（骞）、沈椒园（廷芳）、陈仲鱼（鳣）、释六舟（达受）、管芷湘（庭芬）皆乾嘉间博识雅流。诸人对唐砚不悉情有可原，因当时标准器罕有；但只凭一"蜕"字即附会必是唐诗人陈蜕、刘蜕，实在太过离谱。

孔乙己先生能懂"茴香豆的'茴'字有四种写法"，乾嘉诸名家竟不晓"蜕"字铭款的诸种可能解法，纪晓岚所云"文人例有嗜奇癖，心知其妄姑自欺"之弊，芸台诸人亦不免。

"文宝"必郑？

计楠《墨馀赘稿·刷丝罗纹砚跋》：

砚阴有"文宝珍藏"印，篆法古茂。按郑文宝，字仲贤，太平兴国八年登进士

第，累官兵部员外郎。能诗文，善篆书，工鼓琴。有文集二十卷、《谈苑》十卷、《江表志》三卷，见《宋史》本传、《东都事略》、《墨池编》。此砚明吴原博（吴宽）藏，上刻"南唐刷丝罗纹歙砚"隶书八字，有款印。考此石乃古歙州枣心坑石也，南唐李氏始采为砚。绿质，有青红丝环绕，色异而制古，目中绝少之物。

此计氏所藏刷丝罗纹砚，倘其"制古"为五代双足风字砚形制，自有郑文宝旧物的可能性。盖郑氏为汀州宁化（今属福建）人，南唐后主时，官校书郎。郑氏本南人，又曾官南唐，用歙砚乃寻常事。又，郑氏早年受业于小篆名家徐铉，与砚上"文宝珍藏"篆印亦甚相合。

然款识只"文宝"二字，若名文宝，则是张文宝？李文宝？未必一定必是郑文宝；若为姓文名宝，则南唐文宝？两宋文宝？而砚也未必定为南唐砚。

从此砚"绿质，有青红丝环绕"看，与古歙州枣心坑石有别，疑非歙石。

同宗两晋卿　　宋清两墨客

元代名学者黄潜，字晋卿，一字文潜。此公倘只在砚上落表字款，则两表字各与苏东坡二友王诜（字晋卿）、张耒（字文潜）"撞车"。而王诜王晋卿，甚至有同姓亦名晋卿者。

王诜（1036～1093年后，一作1048～1104年后）字晋卿，太原人，后徙开封。宋初名将王全斌五世孙，娶宋英宗女魏国大长公主，拜左卫将军、驸马都尉。卒赠昭化军节度使。善书画，工于棋。其词音调谐美，语言清丽，情致缠绵。

王晋卿与潜邸时之端王赵佶（晋卿为端王姑父）交好。亦与东坡、米颠交厚，苏、米、黄之间常有互相"攘夺"玩好之事。

已故砚友萧高洪先生所著《新见唐宋砚图说》收一"宋晋卿铭端砚"，素池浅抄手。背楷书"晋卿"之字，用笔爽利。将铭字与传世王诜墨迹落款比对，有几分相似。萧高洪先生认为："此砚是否为王诜遗物，有待进一步考证。"甚是。

"晋卿"款端砚

清人亦有一王晋卿，为吾徽制墨良工。生平无考。其墨肆曰"留素斋"。今尚有其所制"九子墨"传世，款曰"嘉庆甲子年，王晋卿监造"。倘此王氏亦好翰墨，则有铭砚之可能。

故而，如今人见一清代风格的"王晋卿铭"砚，则不应简单定为冒托宋人墨客（画家）王诜赝品，或为清人墨客

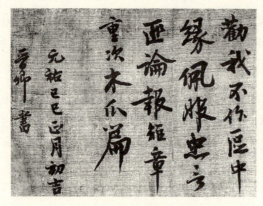

王诜自题《烟江叠嶂图》　　　　清王晋卿九子墨。 载《清墨谈丛》

（制墨家）王晋卿真物。

朱明三百年　凌家三云翰

粤博所藏端石一井田砚，收入《紫石凝英》等。此砚大约称得上同姓名之砚中，最为复杂之一例。

砚长方，砚堂为凸纹井田边。墨池卧一圆雕牛，作回首状，似耕耘之暇小憩。背铭：

> 紫云飞去复飞来，井字田边犊未归。磨却龙珠三万斛，化来烟水满楼台。永乐元年十一月，凌云翰。五云（印）。

《紫石凝英》编者将此砚定为元末明初浙江人凌云翰，应有误。盖明代前后共有同名同姓之三位"凌云翰"。

明初人教授凌云翰：浙江仁和人，字彦翀。博览群籍，通经史，工诗。元至正间举人。洪武时任成都府学教授。有《柘轩集》。

明中期县令凌云翰：应天府上元人，字伯远。凌文子。弘治十五年进士。历官德化、吉水知县，有惠政。

明末人画家凌云翰：字五云，万历、崇祯时人。善梅兰，

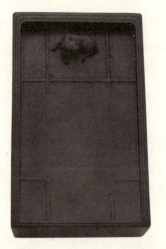

凌云翰款端石砚

尤工画石。尝与魏之璜等同校胡正言所辑《十竹斋书画谱》。

教授凌云翰之卒年，其遗著《柘轩集》附有同里后辈夏节所作凌氏《行述》，云凌教授卒于明太祖洪武二十一年戊辰（1388年）。距砚款之明成祖永乐元年癸未（1430年）已去世十六年，自然非其所铭。

县令凌云翰，中进士在弘治十五年壬戌（1502年），在铭砚年款永乐元年百年以后，亦绝非其所铭。

画家凌云翰，胡正言所列《十竹斋书画谱·梅谱》同校六人中，有"凌云翰五云甫"（"甫"，古人男性名下所加美称），显然此凌云翰字"五云"无疑。胡正言与此凌云翰为同时画友，断无讹误之理。《十竹斋书画谱》辑成于天启七年（1627），据铭砚之永乐元年更在二百余年后，砚自然更不可能为此人所铭。

所以，明代早、中、末跨度各相差一百年左右的三位凌云翰，皆与砚款之"凌云翰（五云）"年代不符，疑作伪者伪托画家凌云翰，而又与明初凌云翰相混淆，且对后者生平也不熟悉。

古人取名字，常从姓氏作延伸。"凌"，本升高意，凌云翰，或取文才高浚而闱场登科之美意，在"学而优则仕"的年代，此嘉名自然容易被重复采用。

天宝称载不称年

伪铭，年号不符者最常见，也较易辨。

北宋梅尧臣《宛陵集》云：

> 刘泾州以所得李士衡观察家号蟾蜍砚，其下刻云："天宝八年冬，端州刺史李元德灵卯石造。"示刘原甫，原甫方与予饮。辨云"天宝称载，此称年，伪也"。遂作诗。予与江邻几诸君和之。

此砚铭之伪，刘原甫所辨甚明："天宝八年"为唐玄宗李隆基年号，称载不称年。

然刘氏亦有小误，其云天宝"自改元即称载"，实天宝三年始改"年"为"载"。至唐肃宗至德三载改元"乾元"，始复称"年"。

自西汉文帝始用年号，至清末宣统两千多年，皆称"年"，而用"载"只玄宗父子区区十五年，此砚作伪者"运气"实在不佳。

实所谓"天宝称载不称年"，亦非绝对，山氓边民

唐《郭虚己墓志》。2001年豫省偃师发现，颜鲁公撰并书于天宝八载。

或有误者，然官家州守必无此讹。

刘原甫（1019～1068年），名敞，江西新喻人，庆历进士，官终判南京御史台。学问博洽，曾广搜古物，编成《先秦古器图》一书。又将所藏古器拓片送予欧阳修，故欧公辑成《集古录》，原甫有启肇之功。识此砚之伪，以刘氏之博识，确属区区无足道也。

与刘、梅作和诗之江邻几，名休复，开封陈留人。官至尚书刑部郎中。善诗，喜琴、弈、饮酒，亦雅流人物。曾官辖铜雀台的磁州，得其地出土古瓦砚二方赠予梅尧臣。

李士衡（959～1032年），字天均，秦州成纪人。太宗进士，真宗时官河北转运使、三司使等。此公曾任职馆阁，应有学识，何以不识此砚伪铭？

元丰年间无辛卯

李竹懒《紫桃轩又缀》记：

> 壬戌冬孟，得一苍碧砚，大如胡饼，厚五分，池作偃月。背小篆"半山斋砚，元丰辛卯"八字，殆宋物也。

"半山斋"之半山老人，即史上多贬而今人多尊之荆公王安石。

叶梦得《避暑录语》云：

> 王荆公不耐静坐，非卧即行。晚居钟山谢公墩，自山距城适相半，谓之半山。

王荆公晚年，即以其所居之半山为号。

宋神宗"元丰"年号共用八年，从元年戊午至八年乙丑，并无辛卯，故砚必伪铭。又王荆公虽号"半山"，未必定用"半山斋"署名。

李竹懒为此砚作有匣，并铭之曰：

> 半山老人挟此砚作《字说》，竹懒携以写奇树，俱不免横生枝节，而竹懒于文无害。

王相公政治上的"大跃进"，其"变法"药方，不过利用执政资源，与百姓做垄断生意，所谓"与民争利"；文化上亦热衷于"一言堂"，搞出一"语录"式《字说》，即被东坡讥讽"水皮"、"水骨"者。竹懒铭，亦含讥其《字说》之意。

竹懒字君实，恰与王荆公政敌司马君实（光）同表字，从题匣铭文看，李君实对王相公之"改革"，也如司马君实一样，大不以为然。

年号有误未必尽赝

萧高洪先生《新见唐宗砚图说》收有一"宋至和年款歙石天砚"。砚如天然卵石，形似葫芦，有鱼子纹。砚首篆"天原此君"，背上刻隶书"灵产天然"，下刻行楷：

> 色黯而润，质温而良，磨之不磷，是惟君子所藏，元晖。至和戊戌范景仁制于容膝斋中。

北宋有名臣范镇（1007～1087年），其字景仁，成都华阳人。官至翰林学士侍读，累封蜀郡公。此范学士姓名与时代皆与此砚款相符，但查范无"容膝斋"之号。

"元晖"，宋人多人有此名（或字、号），米颠子友仁亦字元晖。

以行楷铭字的草率看，非范学士等士大夫手笔。然其能作篆隶，铭辞亦畅达，且又有斋号，又似读书人所为，或出三家村中陋儒之手？

萧先生解："至和为宋仁宗统治时期的一个年号，以干支纪年始于甲午而终于丙申九月，戊戌系两年后之嘉祐三年（1058年），估计这种纪年上的差错，系民间艺人所致，朝廷年号的经常变更，信息传递的速度又慢，民间出现这种误差也就不足为奇了。"

民间艺人误刻年号之事有之，又如私家所藏一出土砖砚。纵达三十厘米。背有手印，侧镌楷书"康定三年"。

"康定"，亦为宋仁宗年号，始用为元年庚辰二月，终于二年辛巳十一月。因改元庆历时，已是年终，故民间于次年仍延用康定年号，实已是庆历二年。如萧先生所言，

宋手印砖砚。古人视手印砖为奇物。嘉道间收藏名家张廷济曾获一三国孙吴末帝孙皓"天册元年"手印砖，残一角。叔未后将砖赠与阮芸台，遂为阮氏八砖吟馆中珍品之一。此类出土"手印砖"偶能见之，隋唐砖为多。砖上手印来历似无定论，揣测或与释家"手印"有关，寓墓主礼佛之意。楼砚楼藏。

此类年号的"时间差",民间信息滞后使然;尤僻乡边氓,所谓"不知有汉,无论魏晋"。

百六十岁米老颠?

托名吕晚村之《天盖楼砚述》载一"宋米芾瓜瓟砚":

> 瓜瓟砚,以歙石为之,有银星。琢瓜一,藤与叶绕其砚,雕琢之工细,世莫与京。形成一瓜,而并不大。背有铭云:"质贞润复制精奇,两面胥堪受墨宜。"下有"咸淳三年春三月望日为元章先生作砚铭,洛阳黄叶邨居士王守廉",有"守廉"二字印。

此砚铭中之"元章",如书中题名之"宋米芾",显然指米芾米元章。

今台北故宫所藏有一"米芾瓜瓟砚",清宫遗砚,收入《西清砚谱》),其题材、雕工皆与《砚述》所记此砚相类。台北故宫砚,其工艺非宋人风格,铭字更非米颠水平。《砚述》此砚当与台北故宫博物院所藏者一样,乃清人作伪。

米颠,"路人皆知"北宋人。而此砚铭题于"咸淳三年"(1267年),为南宋末年度宗所用年号,距米颠去世之宋徽宗大观元年(1107年)已后一百六十年。

伪铭年款荒唐如此,让人哭笑不得!

无此大胆王状元

前书《赝砚考》中《宋高宗赐王安道端砚》一文附考,所收入"宋高宗赐王十朋端砚",因当时引用之资料,不仅砚照较模糊,铭文又未见原文作者释出,故未作必真定论。书出后,得砚友提供砚图(彩图42)并指出铭文有疑。今作伪品一例补充刊介于此。

此砚右侧刻砚铭十九行,行字不等,似为:

> 绍兴丁丑三月二十一日,集英殿赐第,特赐御铭宝砚,恭作颂并诗一章,有序:钦惟我皇上御极以来,二十有七年矣。治功远迈,安益求安。叡德日新,圣忘自圣。乾坤顺而景云见,礼乐咊(和)而洛书出。天昌文运,石蕰星而成章;物应时生,芝启光而献瑞。□□盛际,对策□(天?)廷。蒙御墨以褒嘉(下阙),天赐帝鸿之(下阙),奎章而景(下阙)。

铭字古拙,楷中融隶。文中"皇上"抬头另起一行;"恭作"、"有序"均书小字,合表章格式。辞藻华丽,亦是骈四俪六应制文体。文中"和"作"咊","蕴"作"蕰","星"作"曑",皆为古体。"礼"字作简体,《说文解字》已载,是古已有之。

此砚铭文之大可疑，在于"钦惟我皇上御极以来，二十有七年矣"一句。

宋高宗赐王十朋端砚。藏温州市博物馆。（彩图42）

铭文记刻于绍兴丁丑，即宋高宗绍兴二十七年（1157年）。"御极"，指即帝位。"御极二十七年"，指高宗改元绍兴以来之年数。但高宗于西元1127年已即位于南京（今河南商丘），改元建炎，至1131年改元绍兴，建炎共用四年。故到刻砚铭之绍兴二十七年，高宗实已在位三十一年。显然，如此笔误，罪同欺君，王状元岂至于如此草率？

因此，此砚或可到代，铭文必是赝刻。

拒用"伪年号"

明亡后，因深受儒家"尊王攘夷"影响，日本、朝鲜皆以"胡朝"视清廷。朝鲜李朝内部公文，仍沿用崇祯年号。仁祖后之历代朝鲜国王《实录》，只书干支纪年及国王在位纪年。至于私人著述，直至清末，仍有人书写崇祯年号，乃至出现有"崇祯二百六十五年"纪年者。

南宋、南明的遗民自然更是拒用元、清"伪年号"。如今传谢叠山流亡闽北期间所作《蔡氏宗谱序》，因署"至元十五年"，人疑伪作。清初，明遗民不用清廷年号，唯用干支纪年，屈翁山诗"山僧不记谁家腊，依旧楼台甲子年"，所指即此。顺治五年，毛重倬为坊刻《制艺》所写序文，不书"顺治"年号，被治罪。康熙间，戴名世撰《南山集》，用永历年号，成"文字狱"。可见不用当朝纪年，是一种严重的政治不合作态度。

诗文书画如此，砚款亦然。如鼓吹"华夷之辨"的大儒吕晚村，虽好藏砚、铭砚，然其多方遗砚铭款皆不署年号款。因此，倘有铭款如"顺治某某年屈大均铭"、"康熙某某年吕留良铭"之类砚，必伪无疑。

而吕晚村之好友，遗民大儒黄梨洲（宗羲）之情况则略复杂，不可一概而论。黄氏前期为反清遗民之旗帜，晚年则亦赞誉康熙为"圣天子"，称满清为"国朝"，清军为"王师"，甚至希望"同学之士，共起讲堂，以赞右文

吕留良刻黄宗羲铭井悖砚。《沈氏砚林》刊。

之治"，虽不似朱竹垞直接入京"供御"，也算是作过在野的"文化顾问"。

故而，虽同为史上著名反清名人，黄梨州早年之砚，明亡前自书崇祯年号，清初应以干支纪年，若有"顺治某某年"款则必伪；但若有一方黄梨洲晚年落康熙后期年款之砚，是否伪铭，则尚费思量。

满清末造，革命党兴，党人志士如林白水等，皆不用清室年号。也有清人"遗民"如罗雪堂（振玉），感念爱新觉罗氏，从不用民国纪年，只书干支。藏砚名家沈石友，亦以前清遗老自居，因之若有沈氏所铭之砚，却落民国年款，则砚亦必伪。

伪托年号多有之

《古名砚》刊一"南唐眉纹抄手砚"。歙石抄手，有眉纹数道，边刻夔纹。背抄手内行书"升元四年二月二日，文房副史臣邵周制"。字上叠刻"世受国恩"四字印。砚两侧二铭：

> 龙尾厥伴，凤味为伍。守墨一时，经文千古。吴兴赵孟𫖯题。

> 默以守玄，静以永年。安而能迁，其得水变化，风雨生云烟。由敦。谨堂（印）。

"升元"，为南唐先主李昪年号。其时砚式主流，已渐由唐箕形向风字抄手过渡。此类高台抄手应为宋中后期始出现，明时方流行。砚边刻夔纹，更为明清人所常用。

今藏台北故宫之怀素《自叙帖》，有南唐重装识语：

> 升元四年二月□日，文房副使、银青光禄大夫、兼御史中丞臣邵周重装。

此帖跋语，应为此砚伪铭的出处。

元赵子昂（孟𫖯），清汪由敦（徽州休宁人，字谨堂。乾隆时大学士）两铭，铭文书法行笔呆板，赵铭款字尤不佳，应皆伪。

《古名砚》刊眉纹抄手砚

砚有天地盖，上铭隶书：

> 文选楼藏砚。道光辛卯春日，仪征阮芸台秘玩。芸台阮元
> （印）。

以阮芸台的鉴砚水平，当无如此陋识，故此题也必伪，只书法稍
佳，疑有母本。

扶桑伪款三唐箕

日本国藏中国古砚数以十万计，名砚真品多，伪品之量也甚大。
见刊三方彼国所藏双足箕形砚，前者疑伪款，后二砚当连砚一并亦是
赝品。

1. "元康六年"双足箕形砚。

砚为昭和十一年（1936年）日版《汉研二千年纪念·古砚展观图
录》封面所刊，云背有"元康六年"一铭。

查用"元康"年号者，有西汉宣帝刘询元康（公元前65年～公元
前61年）与西晋惠帝司马衷元康（291～299年）。西汉时尚为研墨
（磨）器，虽宋人曾记有王
右军凤池砚，但至今并无南
北朝此类标准器可证。此砚
从砚式看，乃典型唐双足箕
形砚，即便南北朝时已有箕
形砚，也应只是雏形，恐其
形制尚未能达到如此完善。
故疑砚为后加款。从器形
看，或是一方真唐砚。

2. "武德七年"双足
箕形砚。

日版文房杂志《墨》所
刊。云"端溪石"，风字双
足。墨池横一鱼，背铭曰："武德甲申七年赵郡考工杜敬仁造。"

《汉研二千年纪念·古
砚展观图录》封面。

"武德七年"双足箕形砚。

怀素《自叙帖》
邵周重装跋

"考工"，工艺代称。春秋时齐国记录手工艺技术之典籍即名《考工记》，后世官
职有考工令等。传端石武德年间方始，此"武德七年"砚若真，则可算端砚"老祖"
了。

"广纳府"双足箕形砚端砚。

惜此砚外形僵硬，毫无流线美感。

3."广纳府"双足箕形端砚。

日版文房杂志《墨》所刊。此砚色绿，似绿端石所制。背款为"广纳府"印。

砚背印文篆法不高明，其双螭之装饰风格宋人方始见用。

广纳府，以名揣度，似为户部之属。今存隋官印仅三方，其一即"广纳府印"，款为隋文帝时"开皇十六年七月一日造"。

此印今人又有解作"广纳戍印"。戍，隋军事卫戍机构一种。唐有广纳县，在今四川通江附

隋"广纳府"官印

近，武德三年置。

此砚与"武德七年"砚，虽皆唐双足风字式，但从包浆看，古气不多，应皆非旧物。

"广纳府（戍？）印"原藏日本大西氏，此恐"广纳府砚"铭文出处。此种借隋（唐）官印以充隋（唐）官砚，亦伪托纪年之别种。

唐代带纪年款之砚极罕见，称为凤毛麟角丝毫不为过。因感于标准器对研究砚史的重要性，我素来留心搜集唐五代宋元纪年款砚。多年来，带纪年款之唐砚，亦只觅得三数方，皆出土物。可见此类砚之希有。在此刊介一品，以证真物与赝鼎其气质上之有云泥之别。

砚为虔州紫石所制（彩图43），双足箕形。背铭文云："大中十三年六月八日红子□。""红子"，意指红色砚石所制。民间砚工，用辞及刻字皆极率意，唐宋砚铭文多如此。视此砚线条之灵动，犹如凤翔九天。反观日人所藏"武德七年"、"广纳府"两伪品，尤其"武德七年"砚，直如发呆之"木鸡"。诚如俗云所谓：不怕不识货，只怕货比货。

唐大中十三年虔州紫石双足箕形砚。五绝砚斋藏。（彩图43）

赝伎九种
——以"伪坡"为主例说

赝鼎·赝砚

先秦时，鲁人以赝鼎冒充天子宝器谗鼎，搪塞齐人，此即"赝鼎"一词之来历。可知早在春秋战国时代，骨董作伪即已相当成熟。

南宋赵希鹄《洞天清禄集》已记唐五代官营作坊仿造铜器之事。而中晚明文人更是好作伪品骨董成风，连名流王稚登、张凤翼皆热衷此道。时人李竹懒《味水轩日记》：

> 自士大夫搜古以供嗜好，纨袴子弟翕然成风，不吝金帛悬购，而猾贾市丁，任意穿凿，凿空凌虚，几于说梦。昔人所谓李斯狗枷、相如犊鼻，直可笑也。

市场需求如此，而古物相对有限，赝品便大行其道。砚之作伪史，至少唐人已有，北宋李士衡家藏"天宝八年冬"款端砚即是。而今日造假者借机械雕刻之便，粗制滥造之劣品伪砚更是充斥坊间。时见攒砚多达数百方者，但多为伪品、普品。彼情彼景，常让人进退维谷，点破真相，犹如唤醒正在做梦取妻之光棍汉，是何其煞风景，也是何其残酷之事！

有造赝伎就有辨伪术，孔夫子即一博识专家，《孔子家语》等书载有夫子鉴别"金人"、研究"欹器"（汲水罐器）、辨识"石砮"之事例。

造假之手法，亦是识伪的法门。

具体到赝品砚的作伪手段，虽然"各村有各村的高招"，但亦有一定脉络可寻，其伎无外乎"依样画葫芦"、"天下文章一大抄"之类数种。其中又常有一砚而集几种方法杂用者，实难细分。故下文大略归类成九种，暗合古人以"九"为极数之意。

凡常之赝品名人砚举不胜举，著名者，拙著《赝砚考》多有专文考辨，此文不赘；只取见刊之一干名气稍次的伪品，尤其以"伪坡"为主作例说，盖"东坡玩砚"名传千古，伪砚铭文以冒托东坡者最常见，也最易迷惑好事者。

一、向壁虚构　无中生有——臆造

此法多为没来由之凭空生造，伪品最多。高手尚可根据所冒托名人之生平量身打造，劣者只硬套名人之名头而已。《赝砚考》书中所考之"岳飞砚"、"范成大紫金石砚"、"袁崇焕瓦砚"，算此法所造上品。

1. 东坡雪堂抄手砚

砚刊《余杭文物志》、《新见唐宋砚图说》。长方插手式，材似端。砚堂凹下，为使用之物。背插手靠左留一眼柱，抄手内镌篆书"雪堂"，字略大。砚两侧行楷铭：

> 元祐六年十月二十日，余自金陵归蜀道中，见渔者携一砚售人。余异而询之，得于海滨。余以五百缗置之，石质温润可爱，付迈以为书室之助。

"迈"，即东坡长子苏迈（1059～1119年）。其字伯达，历任饶州德兴尉、嘉禾令等，卒葬郏县。善为文，工书。

此砚为宋插手形制，书法亦似苏体行楷，运笔自然贯气，几不疑有他。然问题出在砚铭所云"元祐六年十月二十日，余自金陵归蜀"，与东坡行迹不附，萧

雪堂抄手砚（彩图44）

高洪先生已言及，但萧先生似乎认为砚不假，其云："看来苏东坡在元祐六年十月的行迹，有待史家的进一步的考证"。

捡存世各种东坡年谱、传记及诗文资料，皆无坡公元祐六年归蜀之说。此年六月，东坡从知杭州任上，被诏任翰林学士承旨入京。八月出知颍州，其次子迨及三子过随行。颍州即今皖北阜阳，东坡在颍所作诗文甚多，元祐六年有具体日期者亦有数首：九月作《祭欧阳文忠公文》、十月二十五日作《祈雨迎张龙公祝文》、十一月一日又作《聚星雪堂》诗。是冬还与同僚游颍州名胜西湖，至次年二月改知扬州赴任止，东坡应未离颍。

而坡公兄弟自随其父苏老泉（洵）于嘉祐元年出川应试得中后，只回蜀中故乡二次。第一次为嘉祐二年，回川为母亲程夫人奔丧。第二次为治平四年，护送其父老泉及东坡发妻王弗棺柩归葬家山。次年两兄弟复出川，从此便宦迹南北，只在梦里和诗里寄托乡思。

砚铭言自金陵归蜀道中时之元祐六年，较坡公最后一次回川的治平四年相差二十四年。且十月有东坡遗诗为证，在颍州。所以砚铭必伪！

此砚1967年出土于浙省余杭县临平镇西安隐寺遗址。被定为国家一级文物。

2. 东坡题米芾砚——狱中吟？

砚背拓片见刊《广仓砚录》。覆手内上部圆凸者似石眼。其下铭：

> "与一世同其波流，而悔吝不生，老子、庄周，吾师也。"此嵇叔夜语，海岳出砚命题，因书于嘱。元丰二年八月，东坡苏轼记事。子瞻（印）。

嵇叔夜，即"竹林七贤"领袖人物嵇康（224～263年）。其字叔夜。铭语出嵇氏名篇《与山巨源绝交书》，原文：

> 与一世同其波流，而悔吝不生耳。老子、庄周，吾之师也。

砚铭少"耳"、"之"二字。

"海岳"，显然指与坡公并称"苏米"之海岳外史米元章。

米元章以南唐砚山与苏仲恭易得晋唐古宅，号曰海岳庵，事在元章晚年。而元丰二年，米氏只二十九岁，时官长沙椽，何能用晚年斋号？

又，砚铭于"元丰二年秋八月"，东坡已于前一月之七月二十八日因"乌台诗案"被中使勾摄往京，八月十八日入台狱，一身陷囹圄之罪人何来闲情逸致为人铭砚？

此砚年款即便相符也必伪铭，盖其书法用笔轻佻，全无东坡宽博浑厚气象。

东坡题"海岳"砚

3. 东坡雪堂三足砚——假"名堂"

乾隆间名流汪秀峰藏砚集《飞鸿堂砚谱》收入一雪堂三足砚。砚圆形三足，双耳杯形墨池。未详何石。砚背隶书铭云：

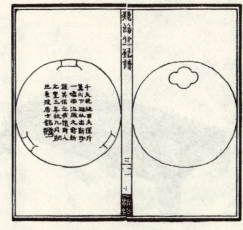

> 千夫挽绠，百夫运斤。篝火下縋，以出斯珍。一噱而泐，岁久愈新。谁其似之，我怀斯人。元丰三年秋九月朔旦，东坡居士铭。雪堂（印）。

铭即东坡砚史名作《端砚铭》。

坡公因"乌台诗案"被贬黄州团练副使。于神宗元丰三年二月至黄州，元丰五年筑成雪堂于黄州近郊。坡公《江城子》词序有云：

雪堂三足砚

元丰壬戌之春，余躬耕于东坡，筑雪堂居之。南抱四望亭之后丘，西控北山之微泉，慨然而叹，此亦斜川之游也。

坡公《雪堂记》：

苏子得废圃于东坡之胁，筑而垣之，作堂焉，号其正曰雪堂。堂以大雪中为之，因绘雪于四壁之间，无容隙地。起居偃仰，环顾睥睨，无非雪者，苏子居之，真得其所居也。

此坡公号"雪堂"之由来。又其地居黄州东坡，故又号"东坡居士"。坡公有数号，此二者最著名。

乙酉秋，我游黄州，觅得雪堂旧迹（已非原址）。其地周植松竹，前绕溪水，面峦背阜，景甚清幽。只"雪堂"其屋，荒败无人管，为坡公一叹！

此"雪堂"砚，铭款"元丰三年秋九月"，距坡公筑雪堂的元丰五年春尚早一年有余，何能已用"雪堂"为号？故必伪。

砚藏者汪秀峰（1728～1799年），名启淑，字慎仪，号秀峰，歙人，寓杭州，官兵部郎中。工诗文，喜考据。藏书、藏印尤有名，所辑《飞鸿堂印谱》人多知之。黄宾虹先生所藏古印，得之汪氏所遗者不少。若干年前，我从歙南秀峰后人处购得文三桥、何雪渔所篆印各一枚，惜今皆归于祝融氏。

汪秀峰亦好砚，有《飞鸿堂砚谱》行世。谱中收其藏砚百数十方。其中佳砚不少，伪铭者亦偶有。

4. 王艮小像几形端砚——心斋先生美髯公

砚藏北京故宫博物院（彩图45）。砚四足长方，几形。石渠池，砚面刻流水落花

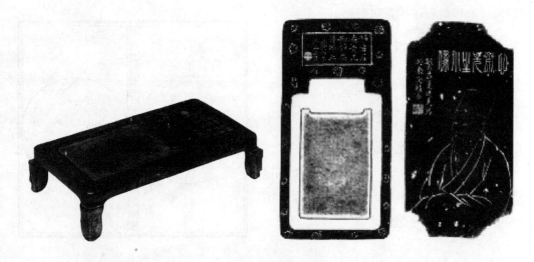

北京故宫博物院所藏"明王艮小像几形端砚"。硕大，长达34厘米。（彩图45）

王艮遗像。刊《重镌心斋王先生全集》（嘉庆二十一年重刻本）

纹，款镌楷书铭："静者石，安者几，知静安，得所止。正德六年汝止王艮。"后镌易经"艮卦"符号印。砚侧琢饰回纹，四足琢人面纹。砚背线刻王艮半身像，篆书题："心斋先生小像"，揩书款："繁昌夏廷美写于东淘精舍。"下镌"云峰"印。

王艮（1483～1541年），字汝止，号心斋，苏北泰州人。早年贩盐，布衣终身。幼家贫，奋读儒经，中年赴赣拜王阳明为师，听讲"致良知"。先后在泰州、金陵、扬州等处讲学，人称其学说为"淮南格物"。子王襞承其学。其弟子及再传弟子众多，以李卓吾（贽）最著名，世称"泰州学派"。后人辑有《王心斋全集》。

泰州学派，固占吾国哲学史一席之地，然论者仁智互见，褒贬不一。黄宗羲即斥此派为"小人之无忌惮"，以儒家之"异端"目之。想王心斋及其一干"贩夫走卒者流"门人，其学说草根性之进步意义，亦是其局限性。——愚见，宋理学是"儒表佛里"，"阳明学"是"儒表禅里"，至王心斋尤其李卓吾，则"儒表"而"狂禅里"了。

夏廷美（生卒年不详），字云峰，皖南繁昌农人，王心斋五传弟子，学有心得，四出讲学。其批评士大夫读书不过为"荣肥"，以阳明心学，评击程朱"天理"、"人欲"之说。

东淘精舍，系王心斋住宅及讲学之处。旧构穿堂三进，心斋殁，改作祠堂，1969年被毁。

此几形砚，设计颇独特，纹饰亦精巧，别致而有文气。但砚伪铭之破绽在小像。偶阅明末心斋门人焦竑（夏廷美亦曾从焦氏学）等编《重镌心斋王先生全集》（嘉庆间重刻本），发现书中所收"心斋王先生遗像"，与砚背小像之簇状山羊胡子形象不同，竟是一络腮胡子美髯公。

古人诗文集中之作者像，多以写真画像为本，属于"标准照"，自可采信。从集中之遗象看，王心斋瘦削而高颧骨，气格峻峭，与其傲岸不群的性情相符，可作相由心生之一例看。而砚背小像，脸较圆润，五官棱角亦较柔和，两相比较，明显两人。夏廷美乃王心斋门人，自然不会将师尊小像画的如此走形。所以，此砚大是可疑。

民国元年，上海《国粹学报》社出版有江苏东台人袁承业所编订《王心斋先生集》一种。书中附有袁氏所手摹心斋小像两种，其一明显临摹自《重镌心斋王先生全集》（或同一母本），只是胡须并非连鬓，而是三绺。另一为危坐小像，两颊略丰，然亦是三绺胡须。

《国粹学报》所收古名人小像多而杂芜，收入臆造者不少。或故宫砚背刻小像，即是好事者参考彼社出版之心斋集中小像所刻？

5. 金农小像砚——冬心先生亦美髯

砚为徐氏《归云楼砚谱》所刊。未详何石，卵形，素池竹节边。背刻一半身僧人小像。上镌两铭，一行书："秋月印禅心，春云凝道气。是石旧精魂，三生成妙谛。冬心老友以旧搨鹤铭易此石。自刻肖像期与金石共寿。是日与鼻山同观。袁枚题。"另一楷书：

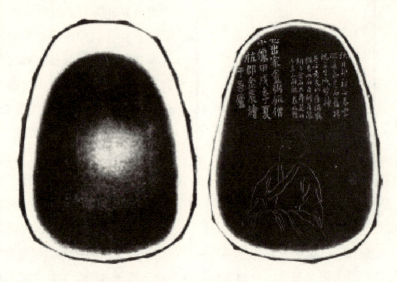

《归云楼砚谱》所收"袁枚铭金农小像砚"

"心出家庵粥饭僧小像。甲戌季夏杭郡金农绘于吾庐。"

按砚上两铭所言，砚为金冬心用旧搨本《瘗鹤铭》所换，冬心自刻小像于砚背。袁子才在冬心斋中见之，为题赞辞四句。

金冬心与袁子才有交情。冬心以鬻画为生，有时亦兼贩骨董、抄佛经，甚至刻砚来增加收入，其仆甬东（今浙江定海）人朱龙善琢砚，为冬心得力助手。冬心曾托袁氏代卖所画纱灯，袁大诗老自然不揽此种俗事，回信婉拒之。

辛亥革命所谓"无量头颅无量血，可怜购得假共和"，先有袁之大头像铸上法币大洋，后有北伐党军将孙的领袖像挂于天安门城楼。袁氏当国及北洋系柄政，固然是专制的，但就"共和"之水分而言，比之后继的各记"民国"，远非最次，此砚藏者归云楼主人徐世昌，即是一可圈可点之北洋要角。

徐世昌（1855～1939年），字卜五，号菊人、弢斋、水竹邨人、退耕老人等，名居处为退耕堂。祖籍天津，生于河南。未达时即与袁项城结为兄弟。后中进士，入翰林，佐袁氏小站练兵，一文一武，互为同道。历任军机大臣，东三省总督等职。以深谋远虑，颇得袁氏器重；但又能与袁氏保持距离，进退有度，在袁称帝时以沉默远离之。1918年至1922年任民国大总统。后淡出政坛，隐居津门，晚年屡拒日人劝诱，不供伪职。享寿85而卒。

徐氏国学颇有功底，亦研习书画，人称"文治总统"，平生著述甚多。其又是一砚史名家，与堂弟世章皆以藏砚名世，其将所庋百余砚辑成《归云楼砚谱》。虽然徐氏昆仲皆藏砚有名，然而，或许是因为藏砚纯粹是政暇余事，用心不如乃弟，乃兄藏品之整体质量远不如乃弟精彩。所藏此"金农小像砚"即是出自庸手之一赝品。

识破此砚之伪不难，留心画史者皆可，盖传世之金冬心写真画像有多种，以北京故宫所藏冬心《自画像》与浙江博物馆所藏罗两峰《冬心先生像》最著名，为清代人物画史名作。冬心先生真容，不仅可称天庭饱满，地阁方圆，且一部连鬓青须及胸而飘，亦是一位美髯公。与徐氏砚上深目勾鼻之梵僧样貌，迥乎不同。而冬心是因好写佛像遂号"心出家庵粥饭僧"（此号似可两解：心献我佛，身则随世逐流；以禅入画，不求笔墨皮相），并未真成空门中人，"心出家"而非身出家（齐白石则去"粥饭"二字，径号"心出家庵僧"），故砚上身穿僧服的形象，亦不合理。作伪者大概以为既号"心出家庵粥饭僧"，必曾为僧，故刻一僧人形象于砚，指为冬心。

冬心"漆书"，古穆醇厚，粗头乱服之间，透出苍逸稚拙之趣。此砚冬心款铭字，行笔乖张，结体凌乱，想是出自臆造。

6. 谢枋得端砚——"南京"沦陷已百年

近人《笔记小说大观》卷17记一谢叠山"题端砚"。铭云：

> 端孰为奇，紫润无声。伊惟兹石，实亚其精。归自东山，获于南京。从兹棋墅，永俪墨卿。

砚铭"归自东山，获于南京"，言砚为叠山自藏，得自南京。宇内名东山之地甚多，不知此指何处。南京，则必指宋时南都，并非今日南京。今日南京旧名甚名，石头城、金陵、建康、建业等等。南京之称，始自洪武元年，明太祖在此称帝，作为首都，定为南京（都）。

金农四十七岁小像。《冬心先生集》所刊。"扬州八怪"之一高西唐（翔）作品。

北宋四京：东京开封府（今开封）、西京河南府（今洛阳）、南京应天府（今商丘）、北京大名府（今河北大名）。南京应天府，原称宋州，宋太祖登基前曾任宋州节度使（宋之国号亦由此而来），乃帝业肇基之地，故为四京之一。

靖康之变，高宗先即位于南京应天府。迅即南渡，一度以建康为首都。再避金人兵锋，迁临安。建康便成南宋之"留都"。故终南宋之世，除沦陷中原的北宋故地"南京"（商丘）外，再无"南京"之设。

对于谢叠山而言，南宋生，南宋长，足迹未到被金、蒙先后占据的北宋"南京"商丘。即便其被强解大都时，北行路线也并不经过豫地商丘。何况彼时叠山殉国之心已决，怎有心思寻砚？

既然从无"获于南京"之机缘，此砚谢铭自属臆造。

二、移花接木　依样葫芦——抄书

用此伎作伪亦极常见，方法不过砚抄砚、砚抄谱、砚抄画而已。虽最易识其伪，也最易迷惑人。易识者，按图索骥即可；惑人者，伪瓢却有真葫芦模样。又因此种作伪法最省心，故赝品中此类甚多，不仅有"双包案"，更常见"多胞胎"。《赝砚考》书中所考的阿翠像砚、玉溪生像砚、杜甫像砚、文天祥玉带生砚、刘宗周海天旭日砚等等皆是。

1. 黄易石函澄泥砚——怎一个"凑"字了得

首博藏一"石函砚"，云"澄泥"。砚底与盖皆同一澄泥所剖开制成，略呈梯形。鳝鱼黄色，甚美艳。砚面及侧铭篆书"石函"、"秋庵珍藏"。隶书"小蓬莱所得金石文字"，行书"阮元为小松九兄题"。匣盖刻寒林掩映之幽居芸窗下，一高士倚窗而坐，景甚清雅。行书题：

> 小蓬莱阁。更无人处拓窗看，合筭渠侬耐夜寒。多谢一弦云起月，却弯疏影射阑干。梅花下作。小松（印）。

匣座满镌铭文，上镌行楷观款"小蓬莱阁著录弟子南康谢启昆、泰和姚颐、番禺潘有为"。印"石鼓亭"。下镌篆书观款"江宁严长明观"。两边行楷铭：

> 汉石经，宋时已难得。今又越数百年，而犹得见此数行，宜翁学士珍如凤毛麟角矣。遂为选工重摹于研，其转折顿挫，余颇订正一二也。乾隆戊戌八月五日，海盐张燕昌识（行楷）。芑、堂（印）。

此砚藏者黄易（1744-1802），字大易，号小松、小蓬莱阁、秋庵，杭州人。幼承家学，善诗，工画，篆隶尤精。师丁敬而有出蓝之誉。

阮元，清代金石考据大家、砚学名人，不赘。

翁学士，即翁方纲（1733～1818年）。其字正三，号覃溪。顺天大兴人。乾隆进士，官至内阁学士，擅诗文，精鉴赏，书法称"翁、刘、梁、王"四家之一。乾嘉考据派大家。

张燕昌（1738～1814年），字文鱼，号芑堂、石鼓亭等，海盐人。嘉庆举孝

黄易石函澄泥砚。《首都博物馆藏名砚》刊。(彩图46)

廉。擅诸体书，精篆刻、勒石，能画，与黄小松同为丁敬高弟。有《金石契》名世。

谢启昆（1737～1802年），字蕴山，号苏潭，江西南康人。官至广西巡抚。翁覃溪门人。

姚颐（生卒年不详），字雪门，江西泰和人。乾隆三十一年探花，历官甘肃按察使。

潘有为（生卒年不详），福建同安人。乾隆进士。官内阁中书，参与编纂《四库全书》。

严长明（1731～1787年），字用晦，号道甫。江宁人。乾隆南巡，召试赐举人，官至内阁侍读。

此砚集乾嘉碑学名流之大成，翁、阮、黄、张皆金石派领军人物，谢、姚、潘、严亦一时名流。惜砚只一摹刻赝品。

砚盖上所刻"小蓬莱阁"图仿自黄小松山水画，原画见刊民国版《艺林旬刊》三十二期。题

《艺林旬刊》黄小松山水图

诗原有，而原画无"小蓬莱阁"题名。原画天空有淡墨烘托之月亮，故题诗云"一弦云起月"。

砚上张芑堂伪铭想必有真本，只是作伪者却又并未将残石一并仿刻于砚上，使此伪铭"而犹得见此数行"之语不能自圆。

此种"石函砚"，尝见明人赵凡夫（宦光）款制品数方。凡夫卜居苏州寒山，此砚色质与腾村石极似，疑即所谓"苏州澄泥"所制。

2. 元武宗皇后砚——皇后非民妇

砚亦刊《广仓砚录》，题作"元砚"。长方形，门字边刻双龙戏珠纹，砚冈处饰双螭纹。砚背覆手内线刻元武宗皇后珍哥丰身小像，音缀峨冠，镌款"珍哥自写小像"。

砚拓有南社名士蔡守题跋二则，曰：

《广仓砚录》刊"元武宗皇后砚"

> 元武宗皇后砚，景叔先生审定。蔡守。

蔡守（1879～1941年），字哲夫，号寒琼，别署寒翁等。广东顺德人，工诗词书画及文物鉴赏。早年加入南社，襄助黄节和邓实主办《国粹学报》，著述极丰，在南社有才子之称，"现代第一女印人"谈月色慕其才，嫁之。惜蔡氏与汪伪政府有牵连，有损名声。

审定此砚之"景叔先生"，即《广仓砚录》编辑邹安，其字景叔。

蔡守与邹安皆民国时金石考据界名人，但对此砚无疑失察。首先，此种砚式明显是清人风格，未必够明，遑论元砚。其次，检诸文献，未见有真果能画之说，倘其有"自写小像"此技，自然早已载诸史册。更则，砚背小像衣领为左衽（向左开襟），不合元宫制度。孔子云"微管子，吾等披发左衽矣"（《论语·宪问》），衣领开襟之向左向右，此服饰之"华夷之辨"。蒙古袍

元武宗皇后真果像，台北故宫博物院所藏（旧藏清宫南熏殿）。像中头饰甚特异，称为罟罟冠(姑姑冠)。元代诸后化妆画眉有一特点，乃剃去真眉，另画两道水平细长之"一字眉"，如图中模样。真果相貌，扁面圆脸，典型蒙女形象。比较而言，画像不如砚背小像清秀可人。

服在蒙古汗国之前为左衽，入据中原后，采纳右衽为官制，只有少数民妇和侍女等仍用左衽。显然，贵为皇后的真果，定无可能将自己画成一下层"贱妇"之着装模样。

有此种种不合，砚背小像必是好事者所为无疑。

今台北故宫博物院所藏（旧藏清宫南熏殿）历代帝后像中，有真果画像一帧，与砚背小像相类，此当是砚背小像之出处。至于何以将小像刻成左衽着装，测是好事者为了撇清与母本的关系，弄巧反拙所致。

3. 唐寅画罗汉砚——"御笔"成代笔

砚背拓片刊《广仓砚录》，砚面未详。镌线画罗汉一尊，跌坐树叶所缀圃团上，边款"吴趋唐寅"。上铭"欢喜心，自在相。居极乐，寿无量。沈周为衡山寿"。字俱行楷。

从铭文看，似乎是沈周沈石田请弟子唐寅唐伯虎画罗汉像刻于砚背，并自题铭，作为赠送另一弟子文壁文征明（因先世衡山人，故号衡山居士，世称文衡山）的寿礼。

吾国画史鼎鼎大名之"明四家"（或称"吴门四家"）中，除仇英仇十洲外，一名师、二高徒，三家皆萃于此一砚，洵为壮观。

然明人顾炳所辑《顾氏画谱》，刊有一帧题为宋仁宗赵桢所作《罗汉图》，其人物与砚背所刻罗汉全同。画谱刊行于万历三十一年，其时唐伯虎已卒八十年。

《广仓砚录》刊"唐寅画罗汉砚"背拓

所谓《罗汉图》是宋仁宗御笔，恐靠不住，《顾氏画谱》所收晋唐名人画，从风格看多不真。是否仁宗真迹且不论，唐寅临《罗汉图》于砚背而不注明出处，此古人所不为。顾炳亦必不致于摹此砚背唐画刊作仁宗"御笔"。他人摹砚背唐画伪托宋仁宗御笔，而被顾氏误为真品收入画谱，事理有之，但终不若砚背之像摹自画谱更合情理。

从砚上沈石田铭文书法看，其字软弱无神，与石田字学黄山谷之开张道利全无似处，是知沈铭必伪。

"吴趋唐寅"四字，甚流美，想必是摹刻自唐伯虎墨迹落款。

《顾氏画谱》刊《罗汉图》

4. 李商隐抄手砚——赝仿赝

晚清民国间，传世有一方所谓"李商隐抄手砚"，拓刊民国《河北第一博物馆半月刊》，背有"玉溪生印"四篆字。拙作前书《赝砚考》已有专文考证此砚及英和款砚匣皆伪品。后阅《首都博物馆藏砚拓片册》，见是书亦收有一抄手砚，题名"洮石唐官砚"。砚背及砚侧所刻"大中丁卯"、"玉溪生砚"、"恩福堂藏研"、"铁卿"及砚盖"唐官砚。大中元年"云云诸铭皆同前砚，惟首博此砚一侧篆书"汲古阁珍藏"五字明晰，前砚"汲古"二字略有剥蚀。又，首博砚背面更多出行书铭两行，为"先曾祖梅庵公藏砚"，"光绪戊申二月曾孙绍康谨识"。

将两砚相较，雌雄立辨，民国人抄手，砚体斑驳，款式古朴，铭虽伪，砚本身却极可能为宋代遗物。而首博砚，其抄手形制是清代以降款式，字口亦完好，故伪铭应是仿自前砚。前砚铁保（号梅庵）"大中元年"云云题匣之铭，本是仿刻于铁氏"欧阳修南唐官砚"（拓刊《广仓砚录》，实物今在日本）伪铭，可见首博此砚自称铁保后人之"铁绍康"一铭，亦必冒托。

首博砚有今人题拓两则，考证此砚原为李商隐所用，先后经明代毛晋（藏书大家，其藏书楼名汲古阁）及清代铁保珍玩，有翁方纲纪年题跋云云，且云"近代曾一度为康生收藏"。砚上似并无康生题字，大约康氏也不信砚是玉溪生遗物，故未题。

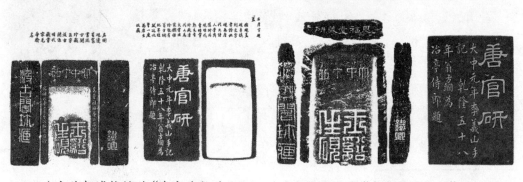

北京首都博物馆藏"李商隐抄手砚"。康生原藏。　　　　民国人藏"李商隐抄手砚"及砚匣。刘奉文先生藏拓。

三、偷梁换柱　断章取义——择句

此法实亦"抄书"一种，只不过择原文一段或几句拼凑而成，往往因削足适履而显文理不通，读之使人莫名其妙。

1. 蔡襄抄手砚——一个"拼盘"

周氏《梦坡室藏砚》载一砚拓，长方抄手式。背抄手内有行楷铭："混然器质价希代，君谟世藏千古珍。"右边行书铭："外祖端明极珍物。东山谢峒家藏。"砚侧两行书铭："蔡忠惠公研，此为宋第一端石也。鲜于枢谨题。"印"鲜于枢伯几氏"；"此蔡忠惠公志品，得之甚加珍惜，盖非特重其器，重其人也。长州吴宽题"。印："吴宽"、"原博"。

蔡襄（1012～1067年），字君谟。居仙游，迁莆田。天圣进士，官至端明殿学士。卒谥忠惠。工书，东坡尝推誉"蔡君谟独步当世"，"宋四家"之一。

鲜于枢（1257～1302年），字伯机，号困学民，渔阳人。官至太常寺

《梦坡室藏砚》所刊蔡忠惠公研

日本书道博物馆所藏蔡襄书《谢赐御书诗》

《谢赐御书诗》鲜于枢跋、吴宽跋

典簿。书法与赵子昂并称于世。

吴宽（1435～1504年），字原博，号匏庵，吴县人。官至礼部尚书。书学东坡，传世书迹尚多。

谢侗，蔡君谟外孙，生平无考，父仲规娶君谟长女为妻。

初阅鲜于氏铭"此宋第一端石也"，吴氏铭"此蔡忠惠公志品"，即颇感辞句突兀，但吴铭书法却是其学苏体风格。检得《三希堂法帖》所收蔡帖，始知此砚吴匏庵与鲜于氏两铭乃摹刻于蔡书《谢赐御书诗》题跋。

《谢赐御书诗》，亦称《自书谢表并诗》、《进诗帖》，原作今在日本，是蔡书传世名迹。帖后鲜于氏原跋：

> 蔡忠惠公书为赵宋法书第一，此玉局老（即东坡）语也。今观此帖，蔼然忠敬之意见于声画，又不可与《茶录》、《牡丹谱》（皆蔡帖）同日言也。鲜于枢获观谨题。

吴匏庵原跋：

> 蔡忠惠公书名重当时，上尝令写大臣碑志，则以例有资利。辞曰："此待诏职也，与待诏争利，可乎？"力不从，竟已。其人品如此，其书之庄重，凡落笔

皆然，岂以御前表疏始不苟耶！谦斋宫傅先生得此，甚加珍惜，盖非特重其书，重其人也。长洲吴宽题。

蔡襄《与大姐帖》谢峒跋

砚两伪铭乃择取吴氏、鲜于氏两跋中字句拼凑而成。

砚上谢峒铭，则仿刻自蔡书《与大姐帖》。帖中"大姐"即谢峒之母。帖后谢峒原跋云：

外祖端明墨妙计七纸，东山谢峒家藏。

谢峒原跋，乃题其珍藏的外祖家信而非遗砚。

从三则伪铭字迹看，是从《三希堂法帖》而非墨迹仿刻。《三希堂法帖》所收蔡书《与大姐帖》谢峒跋后，即为《谢赐御书诗》，此点亦可为证。故必清中期《三希堂法帖》行世以后所伪。

此类伪铭，字有所本，从铭字本身不宜察其售奸，宜从辞句着力。似此铭词句，拼接后支离破碎，识其伪尚易。

2. 东坡"洞庭春色"断砚——洞庭"半"春色

砚拓载《砚影》，砚只半截，未详何石。长方，素池。额镌行楷"洞庭春色"，印"子瞻"。池左边印"清绮堂珍赏"，"赏"字残存上半。侧镌印"文起氏珍藏"，篆书"苏文忠公断砚，震孟改制"。

"洞庭春色"，为北宋皇室安定郡王用黄柑所酿之一种酒名。郡王侄名画家赵德麟（令畤）得此酒以饷东坡，东坡作《洞庭春色赋》为记。后东坡于贬岭南途中，遇大

坡公断砚

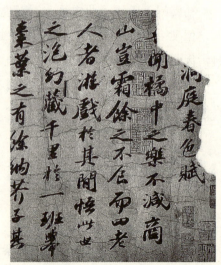

苏东坡《洞庭春色赋》

雨，留阻襄邑(今河南睢县)，书此赋与《中山松醪赋》述怀。两赋合卷清初为安仪周（岐）所藏，复入乾隆内府，刻入《三希堂法帖》。后真迹被溥仪携往长春，引首在散失时残损。今藏吉林博物馆，为东坡名迹之一。

坡公此卷首题"洞庭春色赋"四字，与断砚所题，行笔、结构全同，坡公自无亲笔题砚却要临摹自书墨迹之理。且"洞庭春色"与砚何干？故砚铭必为摹刻，赝品无疑。

文震孟(1574～1636年)，字文起，征明曾孙。天启状元，授修撰。崇祯时官礼部侍郎，兼东阁大学士。

文氏砚铭，书法尚可观。东坡伪铭若为《三希堂法帖》刊行后之仿作，文氏款亦必伪刻。

3. 东坡赠郭祥正砚——"赠"、"别"有别。

《广仓砚录》刊拓，只铭文两句而未刊砚状。铭曰："苏轼谨奉功甫奉议"、"元祐五年"。印"乐圃"。

"功甫"，即东坡诗友郭祥正，其字功甫，自号谢公山人，又号漳南浪士，当涂人。皇祐进士，历官德化尉，知端州等。有《青山集》传世。有才名，人誉为"太白后身"。东坡"七分吟三分诗"之"满分"趣事中的主人公。

"乐圃"，疑指与坡公同时之苏州名士朱长文，其字伯原，筑室乐圃坊，撰书阅古，人称"乐圃先生"，曾官太学博士。其卒，米颠为作《乐圃先生墓表》。

此砚铭之问题，在于与郭氏官职不合。"奉议"，宋文臣寄禄官阶奉议郎的简称，正八品。元丰更官职，以奉议郎换太常、殿中丞等。

《宋史·文苑传》记郭功甫因拍王荆公马屁，却反拍在马腿上，而以殿中丞（奉议郎）丢官，事在熙宁(1068～1077年)年间，比此砚铭之"元祐五年"(1070年)早十数年。又郭功甫约在元祐三年知端州任，今端州石室尚遗郭手书于元祐四年戊辰的题刻：

东坡赠功甫砚拓

元祐戊辰二月廿有八日，当涂郭祥正子功来治州事，即明年以其日上书乞骸骨。

宋知州为秩五品，何以一年后郭氏反成秩八品之奉议郎？从端州石刻看，郭端州任期还有一年。砚铭之伪可知。

翁覃溪《复初斋文集》收有《跋别功甫帖》，帖为东坡手迹"苏某谨奉别功甫奉议"九字，亦二行。翁氏考为东坡书于熙宁四、五年间杭州通判任上，正与郭以奉议郎去职时间相符。伪砚铭无疑是从《别功甫帖》摹刻之赝品，只改"苏某"为"苏轼"，而略去"别"字。只此一字之删，意思则大异，从原帖与郭告别变成赠砚于郭。

郭功甫不仅曾官端州，亦是一砚史名典的要角：东坡某次醉后为郭家漆屏作《竹石图》，郭遂将家传一对古剑为赠。后东坡又以双剑换得友人张仲家一上品龙尾砚，数事坡公皆有诗纪之。

所以，史上或无坡公赠郭砚之事，却有坡公因郭之赠剑为缘由得一方龙尾佳砚的逸事。

4.东坡龙纹砚——半"坡"。

河南商城曾于上世纪八十年代发现一方"苏轼砚"，见载2004年某期《商城周讯》。砚面四周浮雕龙云图案。砚侧行书铭为：

> 千夫挽绠，百夫运斤。篝火下锤（应为"缒"），以致（应为"以出"）斯珍。元祐四年三月眉山苏轼。

砚背镌楷书"建炎元年"四字，下有印二，印文难辨（别文云印为篆文"吉祥秘玩"、"夏静甫珍"）。又一铭云：

> 端溪之精，紫云之英。纪年南宋，以锡陶泓。天园地方，四远不悖。心苗种之，嘉禾呈瑞。道光八年文物馆主人杨星曜收藏并铭。

夏静甫，其人不详。

杨星曜（1782年～?），字西明，号语石。杭州人。能诗文，好金石，辑有《也宜书屋藏印》。

此砚"苏轼"铭乃"腰斩"东坡《端砚铭》一半，原铭其后还有"一嘘而泫，岁久愈新。谁其似之，我怀斯人。"

据云此砚出自当地名门周宰相（周祖培，字淑滋，号芝台，祖籍婺源。咸丰时拜体仁阁大学士）后裔之手。砚若此公当年所得，恐费去不少冤枉钱。

又传周氏后人愿将此砚以低价转让文管会收藏，不受，砚遂佚去。

日人《古名砚》收入数方东坡款"兰亭"。背多作海水中一鼋驮碑状，碑上有东坡款铭文，或行或隶，内容亦大同小异。其中有一种铭文即东坡"千夫挽绠"云云者，款"东坡识"。

此类物传世有量，材质多为端石，应是清人批量伪刻。

5.高凤翰圭璧澄泥砚——一女两嫁

砚为日人所藏，见刊《砚台》。长方素池，云鳝黄澄泥。砚额铭：

> 其色润，其质坚。水光云影，妙造自然（隶书）。甲寅腊月嘉平节铭，南村居

士（行书）。凤翰（印）。

背覆手作圭璧状。右侧行书铭：

> 我笔老枯，资尔燠嘘。尔嘘温温，我笔生春。巢民。水绘园（印）。

左侧铭：

> 丁酉六月上浣，翁学士覃溪以此砚寄赠。朝夕抚摩，爱不忍释，爰识数言以供珍赏（篆书）。黄易（楷书）。小松（印）。

砚原藏者"明末四公子"之一冒襄（1611～1694年），字辟疆，号巢民，其先西域人，居苏北如皋，娶秦淮名妓董小宛为妾。家有水绘园，为名流诗酒唱和之所在。

《砚台》刊水光云影澄泥砚

以铭文来看，砚原为冒辟疆水绘园中物，乾嘉时南村居士高凤翰铭之，后被翁学士覃溪所得，又转赠黄小松。

此砚初阅之，悦冒氏行书铭之流美，但惑铭辞与砚不谐，颇疑之。遂检《高史》，原来正在彼处等我！冒氏铭文和高氏铭款，即摹刻自谱中第三十二砚。原砚南阜铭，本为题锡制函石暖砚，故铭文"资尔燠（意热）嘘（意烫）"云云。作伪者将南阜原铭一女两嫁，分别配予冒、高两家。故臆撰之高氏铭"妙造自然"云云，其意境的平庸便无足奇怪。

从包浆看，此砚不会早于民国。

《高史》刊高南阜锡制函石暖砚

四、文不对题 张冠李戴——离题

此法亦在古纸堆里讨生活，但因作伪者，或文墨不悉或鉴石不精之故，致使铭辞所言与砚况相悖。当然，亦有蓄意改头换面而瞒天过海者。

1. 东坡结绳端砚——龙尾宋端？

《西清砚谱》刊。砚长方，云"宋老坑端石"。砚面四周饰以结绳纹，上方绳缩结处开作墨池。左侧下镌一"轼"字。背覆手内镌行书铭：

> 客将之端溪，请为予购砚，轼曰：余惟两手，其一不能书，而有三砚，奚以多为？今又获此龙尾小品，四美具矣！而惭前言于客。且江山风月之美，坌至我前，坌一手日不暇，又惭于砚。其以贻后之君子，将横四海分焉！穷与日月分齐光，庶不虚此玉德金声也。东坡居士识。

此砚题材，或取意于上古先民之"结绳而居"。

此砚铭之致命伤，在于文不对题。铭文言"今又获此龙尾小品"，而此砚"高四寸九分，宽二寸一分，厚五分"，以乾隆尺换算为今尺，长十六厘米有余，虽非特大材，亦绝不属小品。更者，此石为紫端而非歙石龙尾，铭与石，真正"牛头不对马嘴"！

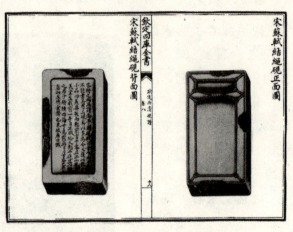

《西清砚谱》苏东坡结绳砚

《谢氏砚考》收一"结绳砚图"，砚式及背铭与上砚全同。谢氏此书晚出《西清砚谱》十年，不知两者因果关系如何。

此砚虽伪铭，但铭文真有来历。陈眉公《妮古录》云：

> 苏东坡有砚铭手迹："或谓居士：'吾当往端溪，可为公购砚。'居士曰：'吾手或先砚坏。'曰：'真手不坏。'居士曰：'真砚不损。'绍圣二年腊月七日。"

《东坡小品·砚铭》所记更详，或引自别本：

> 或问（东坡）居士："吾当往端溪，可为公购砚。"居士

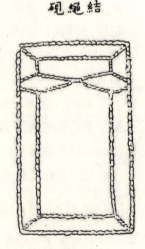

《谢氏砚考》东坡结绳砚图

曰："吾两手，其一解写字，而有三砚，何以多为？"曰："以备损坏。"居士
曰："吾手或先砚坏。"曰："真手不坏"，居士曰："真砚不坏。"

"真砚不坏"，物质不灭；"真手不坏"，精神不朽。此坡公问答式"语录"，可
作禅语机锋看。铭虽不见东坡《全集》，信为东坡真题。

伪铭"江山风月之美"，疑从坡公《前赤壁赋》句"惟江上之清风，与山间之明
月"择出。"玉德金声"，则坡公多处咏歙砚诗文用之，为后世赞歙名句。作伪者或略
有文墨，只是全不识砚。

台版《苏轼佚文汇编》收入此伪铭，云："见《西清砚谱》卷八。"可见赝铭讹乱
文史之害。

2. 东坡端溪螭虎砚——借黄州说"故事"

1982年某期《人民日报》报道云：湖北竹溪县文化馆征集到一方"宋代著名文学家
苏东坡用过的端砚"。砚为仿汉瓦形，额饰螭虎。色"宝蓝而偏猪肝"。正面刻"金声
玉质，卉垂于珍"八字，落款"苏轼"，印"宝藏"。背铭"后朵阁瓦"（当为"石渠
阁瓦"之讹）、"元符三年仲秋佳制"。此砚原为竹溪魏氏"祖传之宝"，而魏氏"祖
居黄州"云云。

砚铭之伪与前例"结绳砚"同一病：铭言歙而石为端！盖"金声玉质"乃喻歙名
句，意同"玉德金声"，而端则以木声为贵。

又见报道雷州半岛遂溪县某地藏一"东坡瓦砚"，云为坡公当年被贬海南时，路过
彼地所遗。砚背铭文与竹溪砚相同，砚面篆书：

> 其色温润，其制古朴，何以致之，石渠秘阁。改封即墨，兰台列爵。永宜宝
> 之，书香是托。

与此砚铭文相似者，我曾过目数方，差异只是砚面铭文篆、行字体不同而已。亦有
落款"懒翁赞"、"米芾"之类。印皆"奇珍"。此类"赝坡"瓦砚，皆旧伪。

3. 祝允明铭素池砚——神龙见尾不见首

砚不详何材，长方形，腰圆素池。背楷书
铭：

> 怀玉之德，潜颖之流。谁使要之，烦
> 塞修聊。从吾之所好，尚无怨明月之暗
> 投。允明再识。允明（印）。

祝允明（1460～1526年），字希哲，号枝
山，长洲人，弘治举人，官应天府通判。诗文

祝允明铭素池砚

列"吴中四子"。书法以草书最著名，小楷亦精。

此砚铭书法，布局呆如算子，行笔僵化滞神，四个"之"字如出一模，名书法家祝氏必不犯大忌如此。关键更在于：款云"再识"，有一有二方为再，此砚铭之外应尚有一铭，何不见之？故铭必伪。

4.李梦阳端石圭形砚——铭真"无眼"、臣假"无珠"

砚刊《西清砚谱》卷十四。端石。圭形，"池首鸲鹆活眼一"。背平，铭曰：

> 端溪砚铭：世人以眼贵而汝无，此人其瓦砾汝。

> 又：台端若方，汝式虚内。汝式越若钝，静亦乃式，乃磨不磷、涅不淄；允在兹相台。空同。李梦阳印（印）。

李梦阳（1473～1530年），字天赐，号空同子。甘肃庆阳人，徙河南扶沟。弘治进士，曾任户部郎中，因逆大珰刘瑾而下狱。瑾败，迁江西提学副使。擅诗，"前七子"领袖。

此砚铭见载李梦阳文集。然其病正在铭文。铭首两句："世以眼贵，而汝无此。"原砚本无石眼。而此砚池额竟有一鸲鹆活眼，何云"无此"？故连题铭砚侧之乾隆也大感不解："有眼缘何无眼之？"

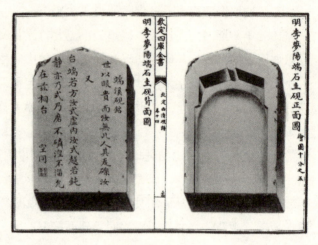

李梦阳端石圭形砚

此非李梦阳"无眼之"，乃编谱之馆臣们故意闭目不见。

5.郭麐云池砚——景刻江山、诗题美人

日人藏，刊《中国の名砚》。长方端石，云朵墨池。背覆手内浅刻山水小景，溪旁村舍，小桥古隘，景繁而工略嫌俗。侧行楷铭：

> 几南研北设相亲，惆怅西风客里身。怪底五更香不暖，梦中人是画中人。题砚屏美人旧作，郭麐。

郭麐（1767～1831年），字祥泊，号频迦，吴江人。诸生，失意科场，以文采名耀江淮间，曾入阳羡令陈曼生（鸿寿）幕，故"曼生壶"多有频迦作铭。

郭麐云池砚背拓

频迦性豪爽，醉后画，别有天趣。不屈于权贵，遇不合则拂袖而去。晚贫病以终。

铭文云"题砚屏美人旧作"，而此砚与"砚屏"、"美人"有何干系？其伪必矣！

频迦本失意才人，胸郁块垒，故其字寓兀傲不平之气，人格书艺皆高。此砚铭书法遒劲刚阳，与频迦书风略近，当从真本摹刻，原铭应是为一刻有美人图的砚屏所题。

《砚印赏读》亦刊一端砚。背覆手内所刻山水图与此砚如出一手，侧款则为康熙年间状元王世琛。

6．张问陶铭老学庵著书砚——汉钱在池不在背

砚拓刊民国黄睿（衡斋）所编《尊古斋金石集》。长方形，未刊砚面。砚一侧篆书"老学庵著书研"，印"陆"。行书："出剑南，来燕市，归我西亭文字喜。雍正戊申，后学高凤翰铭。"另侧隶书："宋澄泥砚"，印："项叔子"。砚背中间为照钱范所刻汉五铢钱各四枚。其周环刻"船山居士张问陶"款行书铭诗一首：

> 虢州泥与汉家钞，小结淳熙笔墨缘。老学庵中人去后，不知磨尽几桑田。
> 诗人托意不嫌麓，凿损池凹聚五铢。老子韩非同可传，只愁骄杀守钞奴。
> 万手传观几日闲，也如泉布散人间。更怜心太平庵砚，知在烟雾在市阛？
> 钞癖诗名一梦过，何须开匣日摩挲。人间砚是君家好，只为羲文孔孟磨。

匣盖镌隶书："宋澄泥陆放翁五铢砚"。行书款："辛末秋九月得于长安，耘叟"。印"培原之印"（下另一印及右边一印，不详）。

船山居士张问陶为乾嘉时名诗人，亦善书能画。有《船山诗草》。

此砚高凤翰铭，明显是仿刻自高氏《砚史》中的"老学庵著书第二研"，这点前书《赝砚考》已辨其伪。张船山铭，书法近于张氏书风，诗亦见载张氏诗集，故初未尝有疑。书出后，有砚友指出张铭亦伪，盖张诗云"凿损池凹聚五铢"，乃言五铢钱在砚池而非砚背，诗与砚不合。言之有理，张氏铭恐亦属仿刻。

五、劣篆粗隶　丑字奴书——俗字

此类作伪法较易辨，精书法者不说，不通书法者亦可从直观判断。难者，在于与伪托者书风似像非像之字，这便须从字外求证。此种伪铭字劣者举不胜举，故只举一例说明问题。

东坡端石从星砚——坡公无此奴书字、石庵难免帮闲文

砚为乾隆内府旧藏，载《西清砚谱》，今在台北故宫。抄手式，墨池中刻云纹托一眼柱，意流云衬月。背抄手内眼柱六十余，加上砚壁四周小眼，则眼过百数。砚右侧刻行书：

> 月之从星，时则风雨。汪洋瀚墨，将此是似。黑云浮空，漫不见天。风起云移，星月凛然。轼。子瞻（印）。

砚铭载东坡《文集》。东
坡为好友王定国（巩）所题砚
铭两首之一。另一首中有句
"戒以发剑，予以试墨"，当
指出自"戒"地之洮砚，石原
为当地戎人用以砺刀剑之用。
两铭皆无具体题名，未详是否
为同一砚所题。

　　此砚之石，虽乾隆题铭
称"依然北朝宋，真出老坑
端"，实只一端石下品梅花
坑。

乾隆内府原藏苏轼从星砚。《西清砚谱古砚特展》所刊。

　　苏体特点是多偃笔、用墨浓、用笔厚，结体取横式，故被山谷戏称"石压蛤蟆"。
坡公自云："知书不在于笔牢，浩然听笔之所之。"人或讥苏字"墨猪"，实不识东坡
"天真烂漫是吾师"之妙。此砚铭字，用笔拘谨，结体板敛，典型甜滑之"馆阁体"、
"干禄书"，毫无一丝东坡书法"肉丰骨轻"气息。东坡乃至北宋人，何来此等"奴
书"？清人所伪嫌疑颇大！

　　此方"东坡名砚"，除乾隆题铭外，于敏中、梁国治等八大臣各有和作，其中也有
玩砚名家刘石庵（墉）。其铭有"轼铭留宋制"云云。

　　刘石庵书名号称"翁、刘、成、铁"，且"文清（刘氏谥号）少习香光，壮迁坡
志"（《艺舟双楫》），此公乃学"苏体"的专家，必知此砚坡字之伪。其与同僚干
此类"恭和"帮闲事时，不免也会"戏说乾隆"。

六、凡句俚语　陋意浅思——庸辞

　　传世此类赝品名人砚，量最大，绝大多数其铭之劣一目了然，以下亦只举二例，余
不值赘墨。

　　1. 谢道韫砚——谢媛才尽？

　　王渔洋《池北偶谈》：

　　　　孙北海侍郎承泽，藏谢氏道韫小砚一。有铭云："绿红清石，墨光洪璧。资我
　　文翰，玉砆坚质。"末有"道韫"字。家兄考功云："详其文句可回读，然倒正皆
　　殊不工。""砆"，音厉，水击石声，作氷字用尤误，恐非谢笔耳。

　　谢道韫（约367年前后在世），史上著名才女，陈郡阳夏人。叔谢安，父谢奕，嫁

王右军子凝之为妻。

一次谢安召子侄辈赋诗，俄而大雪骤下，安问："白雪纷纷何所似？"其侄谢朗答："撒盐空中差可拟"，道韫云："未若柳絮因风起。"是句遂成咏雪千古名句，此诗案亦后人仕女画中的名典。

孙承泽（1592～1676年），字耳伯，号北海、退谷。顺天府上林苑采育人。崇祯进士。初录东林，继降李闯，再仕清朝，官至吏部左侍郎。以收藏古书画名迹称大家，著有《庚子销夏记》。

王士禄（1626～1673年），字子底，号西樵，山东新城人。顺治进士，累官吏部考功司员外郎。诗与其弟士祐、士禛称"三王"。

此砚之伪，正如王士禄所评：辞不高明，显然是托名谢才女。

2. 王羲之鉴制端砚——"书圣"掉"词袋"

据欧清煜先生与人合著的《中华砚典》所引《揭阳文物志》，云20世纪60年代，广东揭阳一座宋墓中出土一方端砚。长达42厘米，宽35厘米，厚5厘米，重13.5公斤。正面浮雕荷叶、荷花、蕉叶、灵芝等图采。砚边刻"片石留香"、"晋老坑"、"文丽紫凤"、"墨阁翰香"、"太元年羲之"五组隶书铭。砚底刻"五色文章"、"笔花墨舞"、"暖毫墨发舞黄鹤"、"墨阁腾云"及"晋右将军王羲之鉴制"五组楷书。

且不论从砚雕图案的内容看，最多不会晚于宋，端砚"老坑"也是宋以后人称法。多组题铭，内容看似辞藻华丽，实则架床叠屋，大掉"词袋"，甚是俗套，书圣何至于如此卖弄？且既已有"太元年羲之"款，何必又刻"晋右将军王羲之鉴制"？两个名字款，唯恐世人不识王将军？又，有监制一词，"鉴制"则词意不通。

今人某砚书云：粤地馆藏有一清人阮元题铭端砚，却是近年从"宋墓出土"云云，荒谬如此。从此方"王羲之鉴制砚"的雕工、铭文及硕大规格看，似乎明清人所为。所以是否真是"宋墓中出土"，颇令人怀疑。

七、下里俗工　伧夫野刻——劣工

此种亦易识，盖古人名家多博雅，即便于砚不精，俗工劣刻也其不取。为免污读者耳目，在此亦只举一例。

万承纪对弈砚——所谓有辱斯文

刊《中国の名砚》。云为端石，椭圆形。砚面刻两人对弈，一坐石倚松，手抚长髯；一无须者坐松干，举手作催促状。背隶书铭：

> 笠翁辞砚，行箧之便。千里相从，文心乃绚。万承纪藏。

万承纪（1766～1026年），南昌人，字廉山，乾隆副贡，官至海防同知，署淮扬道。诗文，书画、金石皆能。好砚，尝自缩摹汉碑一百通，延摹刻高南阜《砚史》的王子若（应绶）镌于砚上，用时七年，成《百汉碑砚谱》。

"笠翁"，当指清初名流李渔（1610～1680年），其字谪凡，号湖上笠翁，浙江兰溪人。戏剧大家，有《闲情偶寄》等名世。乃一"朱门清客"大名士。

此砚刻工俗不可耐，人物着装为清末民国模样，形象丑陋之极，水平如此，无疑属俗工下品。

砚铭之"辞"，通"词"。"辞砚"即"著书砚"。"行箧之便"，行箧中便以携带，指"行箧砚"，为古人游学行旅时，随携之轻便小砚，亦有钻孔穿绳以系腰间者。万氏之铭，言砚是李笠翁随携所用之砚。此砚大至二十六厘米，携此笨重之物"千里相从"，何来"行箧之便"？恐累死李家背砚书童矣！

砚铭虽伪，其字却有模样，且辞意尚可，疑有所本。

如此俗品，托名博雅名士李笠翁、玩砚专家万廉山，诚是辱没斯文。

万承纪对弈砚

八、以意穿凿　望文生义——附会

此法两说，一种为伪铭附会名人行迹；一种藏者附会名人"名头"。严格而言，后者并非作伪，乃玩古人所常犯的通病：捕风捉影，刻意高攀。

1. 东坡"紫云端"——东坡刻砚？

郑逸梅先生所撰《珍闻与雅玩·紫云砚题咏册》，记一"紫云砚"。砚上镌"紫云端"三隶书，下为"宋元丰六年十月十一日，东坡刊于承天寺中。"又一边有行书铭：

　　　　尔本无名，托乎云水。云尽水穷，唯一坚粹。夫常遇之，顾鉴之外。

据云此砚曾入清内府，嘉庆间，被罗田文人陈瑞琳（九香）所获。陈氏平素极慕坡公为人，有《集苏诗》一卷，得东坡砚，欣喜欲狂，遂以"食古砚斋主人"为别署。又遍征名人题诗，题者计有张祥河、祁寯藻、何绍基、许乃钊、张维屏等乾道间名流30余人。清末，砚及题册归镇江人翰林支恒荣。民国间，题册被郑先生所获，砚则已不知何在。郑先生所藏题册，亦于"文革"中付诸荡然。

坡公《记承天寺夜游》，字字玑珠，小品经典，不妨录出：

> 元丰六年十月十二日夜，解衣欲睡，月色入户，欣然起行。念无与为乐者，遂至承天寺寻张怀民。怀民亦未寝，相与步于中庭。庭下如积水空明，水中藻荇交横，盖竹柏影也。何夜无月？何处无竹柏？但少闲人如吾两人者耳。

紫云砚刊于"元丰六年十月十一日"，正是坡公夜游之前一日，故郑逸梅先生考证坡公"记夜游的前一天，即在寺中手刻所得端州马肝石砚"，"与他所蓄涵星砚、龙尾砚、月石砚，同为摩挲爱物"。实此砚伪托品无疑，理由有四：

其一，"东坡玩砚"有大名，但"东坡刻砚"闻所未闻。

其二，铭文首字"宋"，此种年款前冠以朝代名之格式，除墓志铭外，例为后人称前朝人物。

其三，承天寺与雪堂不远，东坡临睡时，起念往寺中寻张氏赏月，若前一日即在寺中勾留且刻砚铭，何以只隔一日又往？

其四，铭文"托乎云水，云尽水穷。"应是化用《记承天寺夜游》"庭下如积水空明"句。

此紫云砚，其铭显然是好事者附会坡公《记承天寺夜游》所作。

2.东坡"天砚"——哪有"天"？

《人民日报》1999年某版曾刊《河南发现苏东坡"天砚"》一文，云豫东虞城县乡间发现一奇异石砚，"经有关专家鉴定后认为，其为九百多年前宋代文学家苏轼丢失的'天砚'"。又据别文云，其砚椭圆形，深绿色，长达28厘米、宽22厘米、厚3.5厘米。砚面有墨池及龙形图案，背面刻有草书数行，字未辨出，唯"苏轼"二字清晰。

东坡确有"天砚"一方，有坡公《天石砚铭（并叙）》为证：

> 轼年十二时，于所居纱縠行宅隙地中，与群儿凿地为戏。得异石，如鱼，肤温莹，作浅碧色。表里皆细银星，扣之铿然。试以为砚，甚发墨，顾无贮水处。先君曰："是天砚也。有砚之德，而不足于形耳。"因以赐轼，曰："是文字之祥也。"轼宝而用之，且为铭曰：一受其成，而不可更。或主于德，或全于形。均是二者，顾予安取。仰唇俯足，世固多有。
>
> 元丰二年秋七月，予得罪下狱，家属流离，书籍散乱。明年至黄州，求砚不复得，以为失之矣。七年七月，舟行至当涂，发书笥，忽复见之。甚喜，以付迨、过。其匣虽不工，乃先君手刻。其受砚处，而使工人就成之者，不可易也。

　　显然，东坡儿时所得之天砚，乃属天然卵石一类，并非一规矩形之长方砚，更不会有"龙形图案"之类。

　　3. 东坡像砚——哪有"坡"？

东坡像砚

　　砚为长方端石，刊日人《古名砚》。素池，背深覆手，内镌线刻"东坡展笠图"。款隶书："东坡先生像，赵松雪画。"印："赵氏子昂。"砚面额题："宋苏文忠公研。"隶书款："光绪壬寅八月得于江宁，贵池镏氏宝藏。"砚边右侧行楷："辛亥人日，葱石参议招饮双忽雷阁观苏文忠公砚。孝胥。"左侧："葱石参议携此砚来，以目海上。同居慕畴堂，张謇因得敬观。时宣统三年三月三日题记。"

　　藏者"贵池刘（镏）氏"，为近代收藏名家刘世珩。

　　"孝胥"，指郑孝胥。其因得旧拓东坡书《丰乐亭记》，遂号"丰乐"，又有号亦曰"雪堂"，推重坡公如此。

　　"张謇"，指清季南通状元张謇。

　　此砚之问题是，砚背只刻东坡像，何以题为"东坡（苏文忠公）砚"？

　　以刘世珩、郑孝胥、张謇的识见，何至将"东坡像砚"误为"东坡砚"？砚背赵松雪所画东坡像，显然亦为摹刻。

　　今人藏一"岳飞砚"，砚面三铭与此砚相类，此铭或仿自彼铭母本。

　　4. 东坡"国宝"百一砚——一出荒诞剧"借东坡"

　　此一"东坡砚"，本不值一辨，但其谬说影响甚广，不仅屡屡见载，且一直被誉"国宝"，误人甚多，故略作辨析。

　　砚今藏国家博物馆（彩图47）。端石，抄手式。覆手内刻大小石柱共一百零一眼，故名"百一砚"。苏宗仁先生所捐。苏氏得砚始末：1931年，其偶于厂肆某古玩铺发现此砚，以大洋七十购归。后偶翻《西清砚谱》，始知砚即谱中之"宋端石百一砚"。"文革"时，砚被抄。后发还，苏氏遗嘱将砚捐公。

　　苏宗仁（1898～1986年），字厚如，祖籍皖南太平，苏子由后裔。早年就读北大文学院，后定居北京。与黄宾虹、傅增湘诸名流过从甚密，好藏古物，尝收得新安派浙江

清宫旧物百一砚。（彩图47）

大师所作《黄山图》十开，后捐入故宫博物院。

苏氏得砚后，颜其书室为"百一砚斋"，并刻"百一主人"闲章一，珍爱如此。

见刊今人一煽情"趣谈"，云砚为东坡物，宋代已被收入内府。至清，又被乾隆所宝。清末民初，宫中太监趁乱将砚偷出，售给珠宝商。珠宝商又转售厂肆古玩铺，古玩铺掌柜惧砚上乾隆御铭招祸，将铭磨去。民国间，苏宗仁先生偶见其砚，认出是先祖东坡先生遗物，遂花重金将砚购归……此奇说流传甚广，不知始作俑者为谁。

又一说云，"文革"时，砚被康生夺走，康氏将砚上乾隆题铭磨去。

藏宝、盗宝、护宝、献宝；文豪、皇帝、太监、爱国者（苏先生）、文物大盗（康生），诸色人等汇集一砚，此故事活脱脱一出《名砚传奇》矣！

可惜此砚，乾隆所藏是实，"东坡之物"纯属谬说。《西清砚谱》中馆臣只记此砚镌有"陆氏家藏"四篆书，别无他款，故只题此砚为"宋端石百一砚"，不仅与东坡毫不相干，与宋内府亦了无关系。

实此"百一砚"，疑本端溪下品梅花坑石，此坑以石眼多而名世，然质燥眼劣，徒以眼多为耳食辈猎奇罢了。

所谓康生"磨铭"之说，今日自然已无法起康某于地下对证，且传康某曾有磨去阮元题乾隆赐砚之恶行，似乎确有此砚毁铭元凶之嫌疑。又据苏先生后人一文云：康生对是砚觊觎已久。"文革"初，授命红卫兵查抄苏家，将砚掠为己有。为混淆视听，康氏将砚改名"十二星辰柱端石宋砚"，且以钟鼎文刻上自己名字于砚左侧。

耐人寻味者，别有异说：铭文并非康氏所磨……

5.李清照淌池端砚——"两字"值千金？

砚原为沈石友所藏，《沈氏砚林》中名砚之一。今在台湾林氏，载《兰千山馆藏砚录》（彩图48）。

砚长方，淌池，色棕黑，材甚厚，云端石。砚一侧刻篆书"易安"二字，另侧及背两铭：

感慨金石序，清新漱玉词。蟾蜍滴秋露，遐想吮豪时。癸卯闰五月。石友铭，古泥刻。（单刀小楷）

款镌小篆效臣斯，德甫应曾戏画眉。留与山斋编野史，中兴颂后更题诗。癸丑莫春，石友属题。昌硕。（行书）

沈石友、吴昌硕显然以其为李清照遗砚无疑，盖李号易安居士。

李易安与赵德甫（明诚）婚后，曾居青州十余年。德甫《金石录》（沈氏铭作"金石序"）初稿即完成于青州。李极满意于此一时期的乡居生活，谓"甘心老是乡矣！"称其居为"易安室"，并自号"易安居士"。老缶砚铭"留与山斋编野史"，即云俩夫妻稽古情事也。老缶又用汉代"张敞画眉"典故，比喻赵、李的恩爱。

现实生活中，神仙伴侣亦有难谐琴瑟和鸣之处。易安每得诗，必邀夫和之，明诚每被所苦。有妻"悍才"如李易安，对赵公子而言，或别是一种"陇西狮"。

此砚，从砚式看，面挖淌池，背开覆手，宋砚鲜见，为明清人常式。既非宋砚样式，只凭"易安"穷款，恐难定必为李清照所遗。如非赝刻，当是某位明清"易安氏"遗砚。可考之明人号"易安"者至少有二人，一为陈明，福建闽县人，字文显；一为陶愊，浙江会稽人，字润之。

此种别无他证，只以"穷款"攀附名人者，不胜枚举。鉴于李清照高名，在此聊举一例耳。

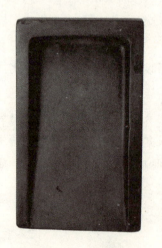

李清照砚。（彩图48）

九、著录伪案　规模惑世——造势

此法以造势欺人，非细枝末节之造假技术，所谓"取法乎上"。操作者多属长袖善舞之好事者、"活动家"，故颇能晕倒众多耳食者。实彼辈之志，多数往往还在"行外",砚本身不过一件为人作嫁的"花衣裳"。

1.赝谱作"托"——不为传名定爱钱

古董或云文物之专著、专题文章,佳者固为度人之金针,但若"文抄公"、"好大喜功"两"公"所作,其疏漏之处、演义之说或耳食之讹,则误人不浅。如《西清砚谱》所载高古砚,多伪品,后人以之为参照,多被误导。然此种"金针误人",还是无心之过;尤恶劣者,伪造著录害人也。

"不为传名定爱钱,笑他张姓谎连天。可知妮古成何用,已被人欺二百年。"此清人吴修《青霞馆论画绝句》,讥评明人张泰阶也。伪造著述欺世,以明人最盛,最著名者又数上海张泰阶,此公集所造三国曹不兴至宋元诸大家伪画二百余幅,画后更造全套伪跋,将诸多伪品编成伪书《宝绘录》二十卷行世。显然,张氏者流,借"著录为证"欺世盗名,最终所谋无非鬻赝目的。

前几年,有一"鉴赏古澄泥砚"之"专著"面世,谱中所收众多"古澄泥砚名人砚",几全从《西清砚谱》、《沈氏砚林》、《高史》、《纪谱》所摹刻(我有辨伪专文刊《收藏家》杂志)。倘爱砚者以彼所刊伪品为参照去"按图索骥",正入好事者彀中矣!

新出又有一本更豪华之砚谱,所收汉、唐伪砚比例极大。彼谱云只是初集,似乎此类"名砚"尚有源源不断推出之势。

又,当代粤地某藏砚闻人,攒砚有年,著书办展,声盖岭南,粤地藏砚界及端州吏民以之为荣焉。先观彼图录,已令人大跌眼镜,复有缘观砚展,目验所藏,果然,名与实"差了好几条街"。

存心作伪欺世也好,过于自信被人所欺也罢;不问动机,总之,"权威"是把双刃剑,收藏界的"水货"名流、伪劣专家带给信众的客观结果,必然是——把人往沟里带!

2.书圣门前舞"名砚"——兰亭新序

2006年秋,游越中,我曾往谒书法圣地兰亭。彼处确是风水佳地,景色甚美。惜者,也难逃青山依旧在,遗迹假古董的命运。倒是偶然一瞧,见山凹僻静处,有一粉墙黛瓦的幽居所在。询之来自西子故里的导游小姐,云彼楼乃是博物馆,正展览古砚。真是"他乡遇故知",遂登堂入室。

展室内架柜四盈,所陈之砚可谓琳琅满目,赤橙黄绿青蓝紫七彩纷呈;汉晋唐宋元明清等历朝之三彩、素釉、青花,诸品皆备,原来是一陶瓷砚专题收藏。绕室一周,心随脚步而趋凉,盈室所谓"古陶瓷砚"中,竟难觅一品可堪玩味的古器。

据云,展品皆某藏家所捐。真让人为发一叹!

效右军《兰亭序》,戏诌"兰亭新序"记观砚当时感慨:

共和有年，岁在丙戌，暮秋之初，游于会稽山阴之兰亭，谒书圣也。一人寻至，游客咸集。此地诚崇山峻岭、茂林修竹；犹有清流激湍、映带左右，效颦为流觞曲水，随坐其次。虽有越女汉装相待，一觞一笑，差足以畅发骚情。是日也，天朗气清，惠风和畅，远观园林尚大，近察旧迹无多，想味游目骋怀，却难耐喧哗之扰，算到过也。幸遇一幽居，展砚所在，或青花斗彩，色炫一室之内；或因时赋式，意在形制之外。虽风格万殊，精陋不同，以其祝融同宗，共聚于此，琳琅满目，不知何人搜至？已而阅览一过，情随物迁，感慨系之矣。初之所欣，一瞥之间，以为真鼎，自不能不以之兴怀，况随缘而遇、不期于此？吾人云：遇赝事小矣，败兴痛哉！每悉玩家得假之由，若合一契，未尝不见赝嗟悼，不能释之于怀。固知玩古多为寄情，然倾囊获尽墨，心高眼低，终日只念假经，悲夫！故略叙所思，录其所见，虽世殊事异，所以兴怀，其致一也。后之同好，亦将有感于斯文！

3. 汉唐名人"堂会"——醉翁之意不在砚

若干年前，砚友相告，某地一"公私合营"之博物馆藏出土汉唐名人砚甚多，令我兴致大起，急往访之。

至目的地，视其展馆华厦数层，气派堂皇，俨然正经。馆中陈列品，"商周古玉"、"五大名窑"之类琳琅满目，应有尽有。所藏"古砚"亦近百方，多为三、四十厘米大砚。多足、箕形、抄手，各式俱有。砚材多为鲁地红丝石及豫省洛阳等地常见的红石。其雕工之剔透、形体之硕大、砚品之完整，已让人"叹为观止"，哪知惊世骇俗者还在"后面"——砚背铭款全为汉唐大名人。自光武帝刘秀以降，班固、王羲之、房玄龄、李德裕、柳公权等等，汉唐文豪名将几被馆主一网打尽。更让人诧异者，众多"名人砚"竟常为成双成对，一式二砚者。铭文则又支离破碎，不可卒读。

通览一过，伤眼又伤心，大叹"见面不如闻名"。此馆主显然是一装睡之人，完全无必要亦完全无可能将其唤醒。正待落荒而逃，被闻讯赶来的馆长逮住听"故事"：砚皆彼家祖传，原为民国大总统徐世昌藏品。徐氏因欠债于彼祖上，便以古砚抵之云云……

今日鲁豫陕古肆，常见红丝石"唐砚"甚至"汉晋砚"，皆是劣等赝品耳。其特点是：形硕大，雕工繁，砚式臆造，铭文乖谬。此类"一眼假"之

所谓"唐杜如晦仕女多足红丝石砚"。

物，竟有拍出天价者，可见时下藏砚界之乱象一斑。

挟大量赝品大肆招摇，炒作者倘非无知者无畏，则必是醉翁之意不在酒；事实上，以后者居多。

显然，上述彼馆中所摆一干"古砚"乃至众多"文物"——不是砚——是"棋子"。

4. 砚史"卫星"——好大一桌菜

近来更有砚史一大"卫星"升空，其伪伎低劣，本不值一哂，聊作记录存此，为今日砚文化之乱象作一注脚。

传海外某华人大家族藏古代名人砚千余方，铭者李白、苏东坡、宋徽宗、岳飞、明太祖、乾隆、曾国藩……总之千余年来的王侯将相、诗宗文豪，亦少有漏网之鱼。

听此一通"报菜名"，此桌"千叟宴"之水分可知。再读砚铭，叹古贤之集体"江郎才尽"，多为抄写自家名诗充数，可知"御厨"手艺甚劣；从其中一些砚皆与《西清砚谱》等"撞车"看，更疑这桌菜连生熟皆成问题了。

觅得此批藏砚图录第一册（非正规出版物）一观，果然不仅砚全然"新鲜出炉"，且刻工拙劣之极。此一顿古砚"饕餮大餐"，应同北京全素馆"功德林"名菜"宫爆鸡丁"一样，与鸡肉毫不相干。

据一推手文章云："对历史学研究来说，研究这批砚台，可以廓清一些历史事实"，且看这批砚所"廓清"的"历史事实"——李商隐《乐游原》诗砚铭之落款比史载李商隐卒年晚了三年；龚自珍名句"落红不是无情物，化作春泥更护花"，明人砚铭已经刻过；王国维关于古今成大事业、大学问者之"三种此境界"说，二百多年前之画家王原祁就已经铭在砚上……

倘有人真以此种"物证"来纠史，则此"国际玩笑"可真就开大了！

识真八法

——聊充金针度与人

真气·真砚

相法有"望气"之说，三国魏人术士管辂，一望颜超气色，便判颜三日内必死。鉴古之最高境界，当亦为"望气"。此说似乎玄之又玄，实也并不神秘，盖古物之岁月沧桑，亦如人之气象，心为身之君，志为气之帅，其样貌可体现人的品性与格局之大概；古物外在观感，仿佛人之气血，真物，自然真气弥漫；反之则"行尸走肉"耳。

当然，用"望气"法鉴古砚，大不易。从形、色诸般细细揣摩，则为"经验主义"，具可操作性。宋人《青箱杂记》云："昔人谓官至三品，不读相书，自识贵人，以其阅多故也。"此所谓阅人愈多，识人愈准。套之鉴别古砚亦然，经验的积累，无外乎多读砚史、多观真器，此"渐悟"的必然过程；经此阶段，将诸般识伪方法了然于胸，便可达"至法无法"的"望气"境界，是为"开悟"。

然而，所谓"世事无绝对"，制赝手段层出不穷，防不胜防，故"小心求证"更为至法。

曾亲闻好藏新砚的某君高见："古砚名人铭文皆伪造。"此固"扛头"陋识，不值一驳。

或问：真品古名人砚之标准若何？

我以为概而言之，不外乎两点：砚合时代特点、铭符题者身份。若再细分，则又可从包浆古气、坑口源流、铭文措辞、传承渊源等处着力。

名人铭文，难辨真伪，固是不争之事实；但，相对于瓷玉之类，以器物本身而言，古砚断代却还较易，难者，铭文耳。

如前文《赝伎九种》一样，此文所归纳辨真数法，亦常有一砚多种互用者，归类分之，偏其轻重而已。所举实例，以未见刊之私家所藏精品为主。

一、流传有绪

所谓流传有绪，指器物流传各个环节，皆有案可查，脉络清楚。如日本皇室"万世一系"，故日本今藏许多唐代文物皆传承明了。吾国改朝换代频仍，且经"文革"扫荡，所谓"旧家"全已灰飞烟灭，流传有绪的明代物已不多见，何况唐宋？故此法虽于鉴砚真伪最称直接，实少有用武之地。

1. 纪晓岚墨注端砚——纪家真瓢原有注

砚端石。葫芦形。背上下镌两行书铭：

因石之形，琢为此状。虽画壶芦，岂是依样？

观弈道人，作斯墨注。虚则翕受，凹则汇聚。君子谦谦，憬然可悟。嘉庆乙丑正月铭，时年八十有二。

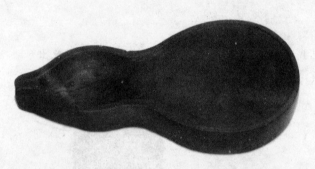

津博所藏纪晓岚墨注砚。刊《徐世章捐献文物精品选》。背行书铭与《纪谱》拓丝毫不差。

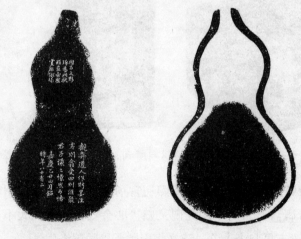

津博纪晓岚墨注砚。《中华古砚一百讲》刊拓。

前铭借"照葫芦画瓢"说事；后铭则借"谦受益，满招损"发挥，形、神俱备，以石明志。

将此砚与《纪谱》原拓比对，全然相合。

砚曾归徐世章氏，乃从纪晓岚四世孙纪堪谨处购得，今在津博。

纪堪谨为清末举人，曾任广西政务厅长。民国时居津沽为寓公。纪晓岚所藏之砚，历经百年，大多散失，所幸纪堪谨家藏图谱犹存。1916年由李响泉、严范孙倡议，将纪家所藏《阅微草堂砚谱》孤本交北洋印刷局印行，此谱从此得以传世。

此砚可谓不仅载诸图谱，且为纪氏后人家传之物，属流传有绪，必为原物无疑。

今人《文房赏玩》亦刊一"纪晓岚墨注砚"。砚却为圆池，砚侧一圈铭辞与《纪谱》者同，但字为隶书。抑或砚为纪氏一铭两刻？观圆砚之款为"乾隆甲辰"，即乾隆四十九年（1784年），而非《纪谱》原铭的"嘉庆乙丑"（嘉庆十年，1805年），比《纪谱》原铭竟还早二十一年，其伪可知。更者，纪氏原砚，因葫芦口有漕可注墨，故谓之"墨注"，而《文房赏玩》之砚乃墨海，何以注墨？故即便砚款无错，砚也必伪。

当然，真砚一直藏于纪家，他人所藏，即便造型、铭文相似，也必伪品。

2. 曾国藩藏澄泥砚——大帅府中"汾水"珍

砚由20世纪五十年代初，湖南省文物部门从湘乡曾涤生（国藩）故宅济州塘所征集（彩图49）。长方形，呈砖状。黑黄等多色相间，云为澄泥。墨池如意形，两侧刻竹枝。砚左侧亦浮雕竹杆一段，有枝有叶。砚右侧镌隶书铭：

> 绛州澄泥甲天下。惟五色者，世所推重。此砚藏天籁阁中，见《庸斋笔记》。惜因缘浅薄，故未欣赏。辛未四月，舟次吴江，晤心余太守，出示属题，天壤瑰宝，不能终秘人间，愿后之君子永珍勿替。阮元识。阮元、芸台（印）。

砚额前侧刻行书：

> 天籁阁澄泥砚，见诸庸斋记载。庚申年六月，李子芋仙由浮来湘，携此出示。因记归之，以志墨缘耳。国藩识。

曾国藩藏天籁阁澄泥砚。台版《典藏古美术》2004年第3期所刊。（彩图49）

从砚铭看，砚原为明代项墨林天籁阁中所藏，后归康熙初官刑部尚书之山西蔚州（今属河北）人魏象枢（字环极，号庸斋）。清中期此砚又归"心余太守"（此人不详），考据派名家阮芸台为题一铭。清末再归李士棻，李又将砚赠予恩师曾涤生。

李士棻（1821～1885年），字芋仙，号悔余道人，忠州人。咸丰五年举人，历任江西彭泽等地知县。其人天才风雅，学贯众流，时人美称为"酒龙诗虎"。晚侨居海上，与李鸿章、张之洞等交游甚密，主张接受西学。李氏道光三十年会考，以第一名及第，廷试缺席，阅卷大臣曾涤生深感惋惜，供学费命游太学。李氏后又入曾氏幕，故与曾涤生交情极深。此砚为李氏得于九江（浔阳），当为其官九江属县彭泽令任上所得。

与此澄泥砚同时征得之曾家所藏还有：带盒康熙御铭松花石竹节砚、曾纪泽自用仿汉瓦铁砚及五方曾涤生常用印。

曾涤生所藏澄泥砚，并无明人项墨林及清初魏象枢名款，阮芸台、曾涤生乃根据魏氏《庸斋全集》中对此砚之记述而定砚为天籁阁藏品。是否项氏天籁阁原物，阮芸台之铭是否真迹，似难定论。从图片看，砚似澄泥所制。从砚上所刻竹子看，刻手水平不高，甚至将茎脉直行之竹叶误作茎脉分叉之树叶状，定是出自不熟竹子的北方砚工之手，故有可能确系绛州砚工所制。果是，鉴于大名鼎鼎的绛州澄泥标准器罕有，此砚之弥足珍贵可知。

曾帅父子所遗三砚五印，出自曾氏后人所存传家之宝，出处清楚，不二真品无疑。

曾纪泽所用仿汉瓦铁砚。墨海式，背仿汉瓦"长乐未央"，砚侧铸阳文楷书一圈，为"劼刚先生著书研。时在同治戊辰岁三月江宁南冶造"字样。"江宁南冶"为曾涤生任两江总督时，倡导洋务所办之军事工业，江南制造总局前身。曾纪泽，字劼刚，号梦瞻，涤生长子，官至户部侍郎，近代著名外交奇才。

二、有谱可勘

此法易辨，因砚为古谱所载。如上文所考纪晓岚墨注砚，因有《纪谱》可对，伪器原形立现，无地可遁。然同有按图索骥之便，其"骥"成色却有区别。以"绝真"可信度论，原砚拓本如《纪谱》、《沈谱》最高；翻刻本《高史》、摹绘本《西清砚谱》次之，盖原石自然漫漶之处，摹本不能仿得。而同为摹本，《西清砚谱》又不逮《高史》，盖《西清砚谱》所摹原铭各体字，皆被统一成馆阁体抄录，旧铭字体原貌无从比较。三种传本之异同，各作例说。

1. 纪晓岚黻文砚——难得一幅"白头师生论砚图"

砚长方形。色黝质密，似歙。墨池边刻饰水波状线纹。砚背凸刻黻字图案𢆶。两侧及背刻铭五则：

晓岚爱余斁文砚，因赠之，而书以铭曰：文理缜密石骨刚，赠都御史写奏章，此翁此砚真枉当。壬子二月。石庵。（行书）

刘公清苦退院僧，纪公冷峭空潭冰。两公柴几许汝登，汝实外朴中藏锋。嘉庆丙辰二月曲阜桂馥铭。（隶书）

城南多少贵人居，歌舞繁华锦不如。谁见空斋评砚史，白头相对两尚书。师爌。（行书）

坚则坚，然不顽。晓岚铭。（行楷）

粹温其外刚其内，其文两已互相背，知汝不为端紫辈。秉绶。（隶书）

纪晓岚斁文端砚。今藏台北李文正先生处。

此砚铭文多，信息量亦丰。砚原为刘石庵所藏，因门生纪晓岚喜爱，刘便举以相赠，并题铭一首于砚纪事，时在乾隆五十七年壬子春日。据《东华续录》，此年正月，刘由左都御史迁礼部尚书，年已七十岁之纪晓岚接任，故石庵云"赠都御史写奏章"。御史职责为纠弹吏治，刘氏铭"此翁此砚真枉当"，勉励纪氏用此砚多写奏章，弹劾失职官吏（实纪氏一生"修书"，御史虚位而已）。

桂馥（1736～1805年），字未谷，号雩门，曲阜人。乾隆五十五年进士，官云南永平知县。善金石考据。篆刻、汉隶雅负盛名。

桂氏题铭之嘉庆元年丙辰十月，嘉庆一批谕评云："刘墉向来不肯实心任事"，"率以模棱之词塞责"；"纪昀读书多，不明理，不过寻常供职"（《东华录·嘉庆一》）。不得嘉庆重看，刘氏恐借释老解闷。桂氏云刘清苦似僧，纪冷峭似冰，虽誉词，恐也合刘纪当时心境。

蒋师爚（1743～1798年），字幕刘，号东桥，余杭人。乾隆四十四年解元，四十五年进士，选庶吉士，历官兵部主事等。

清廷实行满汉不通婚，满人居内城，汉人居外城之国策（各地驻防旗营亦如是），于是北京之汉臣及文士多居宣南（宣武门外）。前门八大胡同秦楼楚馆中夜夜笙歌，宣南众多会馆中名流们诗酒雅集，滚滚红尘中，纪、刘两皓首尚书，在空寂的阅微草堂中，自得其乐地评石论砚，此蒋师爚铭中给后人描绘的一幅"白头师生论砚图"。纪为石庵父刘统勋门人，故与石庵交厚，两人又皆好砚，互相赠送，亦互相攘夺，诚一段砚林佳话。

伊秉绶（1754～1815年），字组似，号墨卿，福建宁化人。乾隆五十四年进士，官惠州、扬州知府。力持风雅，文采映耀一时。隶书劲秀古媚，愈大愈壮，实为清隶第一人，格在桂未谷、邓石如上。

墨卿为纪晓岚任副考官时所取士，又为书法大家，故纪氏隶书砚铭多此得意门生代笔所书。墨卿此黻文砚题铭三句，首句言材质佳，次句言黻文图式，末句言石材非端。墨卿曾亲随石工入端溪水坑，采得佳石数片，以其一赠恩师，纪氏有铭记之。故墨卿对端材应较有研究。

黻纹，本衮服五彩纹十二章之一。所谓"黼黻文章"，寓天开文运之意，古砚常见题材。此黻纹砚，不仅有砚史名家纪晓岚、刘石庵、伊墨卿亲题手迹（纪氏此铭，字不高明，非代笔），又有名书家桂未谷及学者蒋东桥的题赞，且记录一段刘、纪两师生晚年砚事交往，甚是难得。故此砚是纪氏砚之上上品，其意义非一般"真纪"可比。

此砚关键中之关键在于，砚表剥落痕迹及磕损之处与《纪谱》原拓对勘，丝丝入扣，绝真物无疑。

2.高凤翰田田端砚——"翡翠屑金"人难造

砚端石，随形（彩图50）。砚池上部就黄绿色石皮琢成莲叶三片，卷舒有致。砚堂亦为展开凹入之一莲叶，诚一巧构。砚两侧及背皆有铭，字俱隶书。右侧镌砚名"田田"及"南邨画砚"。左侧镌"丁未"年款。砚背铭：

高凤翰田田端砚。沪博藏砚，见刊《中国名砚鉴
赏》、《四宝全集·砚》等。（彩图50）

　　翡翠屑金，香露泛碧。中通外直，为我守黑。渐之摩之，君子之德。耄高
（印）。

　　此砚不及手长（只十三公分），观之宛有初秋爽气，确信南阜之高名不虚。

　　《高史》见载此砚，列谱中第九砚。南阜有题拓云："此砚为紫端，面上多绿脉"。铭文
"翡翠屑金，香露泛碧"即言此。南阜是利用石材天然黄皮石璞刻成此"田田"砚，砚名取
汉乐府《江南》"江南可采莲，莲叶何田田"辞意。

　　南阜此"田田"砚，绝不可仿处，在于砚为妙用自然之作，砚面神肖莲叶的石璞绿脉非
人工所能仿造也。

　　又，日人藏一"高凤翰铭诚翁说诗砚"，见刊《古名砚》，国人砚书亦有刊用者。砚长
方，月形墨池。歙石玉带金星，材为上品，惜甚小，纵只十公分。背平无覆手，有南阜款铭四
则。《高史》确有一"诚翁说诗之砚"，然与日人此砚并非一物。《高史》原砚，为随形，故

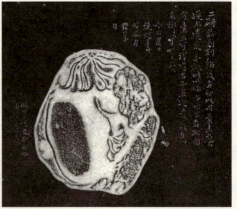

《高史》所刊高凤翰田田端砚拓片

后者必仿冒。

倘无《高史》行世，或《高史》未收入此砚，则日人所藏赝品，从字体、铭辞看，真假难辨矣！

鉴赏高氏砚，尚有一问题必须指出，即高氏藏砚、制砚多达千方，绝大多数皆未入谱。因之，不载谱中之传世高氏砚有之。

实际上，赝品高氏砚，伪铭多摹刻于《高史》，如上述赝品"诚翁说诗砚"。臆造一伪铭且书法又能与高氏相合，并非易事。

3. 乾隆所用澄泥玉堂砚——黑章"铁花"亦天成

《西清砚谱》中砚，今在北京故宫博物院、台北故宫博物院者尚不少，多为清宫原藏，但散失民间者则颇为复杂。

《西清砚谱》为绘图本，录前人铭文皆作馆阁体，大失原字真貌。但因绘本，原石之色彩、石品却可摹得模样。工可摹刻，石品有不能伪造者，此在西洋照相术引进之前，绘图本《西清砚谱》较原拓本《纪谱》、《沈谱》，翻刻本《高史》等反有一优点。

日人藏一"玉堂砚"，见刊《古名砚》，亦乾隆内府旧物。素池，所谓"玉堂式"。收入《西清砚谱》卷六，题"旧澄泥玉堂砚"。馆臣记：

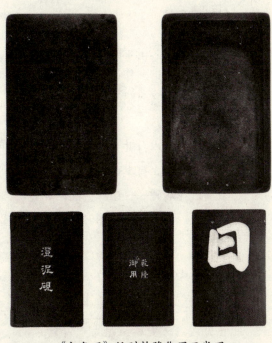

《古名砚》所刊乾隆御用玉堂砚

> 玉堂式，旧澄泥为之。色黄而泽，墨池深四分许，上方镌"澄泥砚"三字，楷书。覆手上下俱有铁花，中镌（乾隆）御铭一首，楷书……匣盖内并镌是铭，隶书……底内镌"乾隆御用"四字，外镌"澄泥砚"三字，俱隶书。谨案：是砚常侍翰筵，臣等敬观，受墨处洼圆如钱……

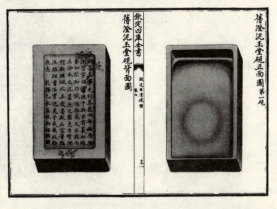

《西清砚谱》乾隆御用旧澄泥玉堂砚

日人所藏此玉堂澄泥砚，除未见刊出的匣盖内所镌弘历隶书题铭外，砚及匣皆与《西清砚谱》砚相符，信是真品。

此砚"覆手上下俱有铁花"为特殊之处，不可仿冒。砚非澄泥而是膢村石所制，"铁花"，石上一种褐色杂纹斑痕，所谓"黄质黑章"，正是膢村石特点之一。膢村石粗而燥，下墨甚快但发墨亦粗。可笑弘历取用之物，竟是此种凡品。

《西清砚谱》的弊端，以此弘历所用"玉堂砚"为例，如石材并无"铁花"此一特征，则其砚之材质、形制、铭文及砚匣，何者不可作伪？所以从辨伪精确性角度论，《西清砚谱》之类绘图本，又远不及原拓本《纪谱》，亦逊于摹刻本《高史》。

三、有案可查

砚虽见诸古人文字记载，但无砚图比勘，故比有图可考者复杂，如上文"纪晓岚墨注砚"，倘无《纪谱》作证，则《文房赏玩》所刊墨海端砚伪铭不易识别。故古人有记载之旧砚，照书中之"猫"画"虎"者常见，其真伪与否，须综合砚式、材质、石品、铭文诸因素辨析之。

又有一种砚，本身并无文献记载，但藏砚、题砚之人行迹，与砚或石之出处却有渊源，此亦可算一种"有案可查"。

1. 余甸青花端砚——铭辞色品两相宜

寒斋所藏。砚随形（彩图51），端石。墨池以螭纹为边。背略凹无覆手，镌楷书铭云：

> 大小青花，火捺硬礌。蕉白金钱，是不一类。问大夫之富？数砚以对。甸铭。

右下镌印：灌畦暇语。

此砚见载《林史》，题为"青花砚"，铭文辞句、字体与印文皆丝毫不差。林氏还录有余田生题此砚拓一跋，记此砚铭与印，皆田生请林在峨所手刻：

> 既铭此砚，乞轮川世好镌之，附以"灌畦暇语"图书。轮川铁笔精工，能掩余书之拙，乃其篆文坚老，亦非余原印所及，故当弃置前印勿使形秽。壬子五月廿八日跋于星槎

余甸青花砚。五绝砚斋所藏（彩图51）

亭畔。

余田生原藏之此砚，有青花、火捺、蕉白诸名品，砚堂有一硕大玫瑰紫青花，状若金钱火捺，尤极美艳，即铭中所喻状如"叆叇"（眼镜别称。袁枚《别眼镜》诗："叆叇捐除眼忽清"）者。

铭题于雍正十年壬子。砚为清前期风格，尚有明人遗韵。以工艺论，当为苏工。《林史》载余田生一"云锦砚"，云为"顾老翁"（德邻）所刻。"蕉白砚"、"水月镜花砚"则出顾二娘之手。此砚亦可能出自吴门顾家人之手。

砚右边镌有行书小字三行，首行已漫漶不清。铭文大略似为：

> 是砚□□为□□先生物。三月初旬，购自桐□南阳氏。识者曰："此端也，当宝之。"己未中元节□廷榜识。

藏砚者"廷榜"氏，俟考。据售砚者云砚出徽州。乾嘉间有徽州黟县举人汪廷榜，主持旌德敬亭书院。撰有《碧山草堂制义》。砚或汪氏物？

《林史》记余田生："家故多畜砚"，书中共收余氏铭砚达八十一方，数量占书中各家首位，比其次的黄莘田（三十八方）多出一倍有余。故田生此铭自道"问大夫之富？数砚以对"。所对之"数砚"，实不下百方。袁枚《小仓山房文集》卷二十四收一"货布砚铭"，其铭云："如货如布，数砚以对，惟士之富。"与余氏此铭暗合，不知袁氏是否借用田生之辞。

余田生款旧端，见刊及过目实物不下二十方，见诸古人记载者罕少。此砚，铭与石合，砚见史载，亦为不二真品。

2. 阮元岁寒三友茶坑石砚——蓝图阮督应指授

砚随形（彩图52），底色紫中带灰黄，面有褐色及淡绿色石纹，就其色纹浅刻成一松一梅及竹两竿，所谓"岁寒三友"。砚池琢成圆月状，池额隶书铭："岁寒三友，天成石文。临池圆月，墨雨香云。伯元。"砚面右侧镌行楷："琅嬛馆研。"侧铭镌行

阮元岁寒三友茶坑石砚。藏砚斋藏。（彩图52）

楷："道光二年，端州老工梁振馨刻。"背未磨平，利用石表折绉，在右下部浮雕出绝壁下一草庐，杂树掩映。左边石壁间一绿纹，被作者借喻为飞瀑，又俨然一幅"石壁观瀑图"，故石壁间隶题四字"茶岩观瀑"。

砚之藏者阮元（1764～1849年），字伯元，号芸台、雷塘庵主，晚号怡性老人，江苏仪征人。乾隆五十四年进士，选庶吉士，授翰林院编修，直南书房。历官鲁、浙学使，迁兵、礼、户部侍郎。嘉庆时，先后任湖广、两广、云贵总督。道光时，入朝为大学士，加太子太保，进太傅。卒谥文达。

阮芸台宦途显赫，但名声还在于学术史。其工诗文，善各体书，在金石、校勘方面造诣亦极高，集著作家、刊刻家、思想家于一身。著有《积古斋钟鼎疑识》、《研经室集》等。又是一砚史名人，辑有《百汉碑砚谱》、《龙门十品砚谱》、《石鼓砚谱》传世。恩平茶坑石，更是因阮氏之为扬誉，曾经名世一时。

恩平茶坑石，又称恩州石，产粤东恩平县南四十余里之山中。嘉庆初，端州水岩坑闭不复采，所采新坑质甚劣。茶坑石虽不及水岩，较端石新坑又不乏优胜之处，端州砚工遂取茶坑佳品以冒端岩，甚至冒充贡品送京。时人钱梅溪《履园丛话》记："近日阮芸台宫保在粤东，又得恩平茶坑石，甚发墨，五色俱有，较端州新坑为优，此前人之所未见。"阮氏亦撰有《恩平石记》，纪茶坑石发见始末。茶坑石天然石纹之斑斓，有砚山之趣，故为芸台所欣赏。

今扬州博物馆藏一巨型长方端砚，长达95厘米，甚有名，乃1975年从阮芸台后人处征集。素池。砚额镌成亲王楷书《诒晋斋诗》和阮芸台《文选楼诗》及其子阮福题记。砚背刻有芸台所摹补华山碑隶书百余字及题记。据阮福题记，知砚为道光三年所制。砚侧亦刻有"端州七十六岁老工梁振馨刻"铭文。

匠气，乃端州土工之通病，此"岁寒三友砚"松、竹、梅及背面丛树之刀法，亦有之。但其构图取景，意境营造，又大有文人气。之所以如此，显然是大学者阮芸台亲自指导琢制甚至亲自设计蓝图的结果。端州老砚工梁振馨，从此"岁寒三友"及"摹补华山碑"两阮氏砚皆出自其手看，应是阮氏督粤时所专请的一端州良工。

茶坑石、梁氏工及砚之题材设计的文人气等，皆与阮芸台相合，故砚不仅真品可无疑，且是一难得之逸品。

　3．龚璁红丝石卧马砚——铭者砚乡为大令

砚为红丝石所制。黄地红丝，出土物，故底色略呈灰黄。长方形，门字边。砚冈刊一回首卧马。背覆手内刻楷书铭：

　　　芸窗珍重，雪案相依。雕龙吐凤，珥笔天衢。道光庚戌年。龚玉亭铭。臣璁、齐大夫（印）。

龚璁铭红丝石卧马砚。棲砚楼藏。

铭者龚璁（生卒年不详），字玉亭，遵义人。嘉庆二十二年进士。历官山东武城、汶上、益都知县，撰有《留春山房集》、《古诗钞》传世。

龚氏在武城任上，"兴学校、重农桑、平狱讼、谨污防，诸善政不衰"。有意思者，还作有一七言长诗《劝民种树歌》。龚县令此诗，誉种树种种好处，完全是"摇钱树"。其诗洋洋洒洒，置之今日，诚一篇"要致富，□□□□多种树"的文宣佳作。

砚铭之"芸窗"，指书斋。金冯延登《洮石砚》诗："芸窗尽日无人到，坐看玄云吐翠微"。"雪案"，原指孙康映雪读书之几案，后泛指书桌。"雕龙"，取战国时驺奭长于口辩、被称为"雕龙奭"典故，《文心雕龙》即取其意。"吐凤"，指出口成华章。唐窦泉《述书赋》："思如泉而吐凤，笔为海而吞鲸。""珥笔"，古之史官、谏官上朝常插笔于冠侧以便记录，谓之"珥笔"。"天衢"，指京都或京都大道。砚铭首两句，言砚为书斋珍品，几案长物；后两句，言用此砚可作华美文章，取功名于都城，扬美名于四方。

清光绪《益都县志·官师志·国朝知县》记龚璁：道光二十八（1848年）年上任，在任六年。铭砚之嘉庆三十年庚戌（1850年），正是龚氏益都任上第三年。又道光《武城县志·宦绩》记龚氏：

> 性豪迈，善吟咏，尤工铁笔。喜接士类。莅任五年，以忧去，士民遮道而送。有《留别诗》十章，邑人和之，稿成帙，颜曰《去思编》。

能工铁笔，则必能书，视龚氏此砚铭字，虽未出"馆阁体"时风窠臼，却也不乏赵体风致。此砚之铭当为其所撰、自书、自刻。

龚璁既为红丝砚乡益都之父母官，铭砚又正在其官益都之时，真品自无可疑。古红丝砚传世物量不丰，似此有纪年款的当地官吏所铭遗物，诚古红

龚璁治印。龚氏曾选石二百余方，刊司空图《二十四诗品》为谱。此其一，印文为第十三品《精神》中语：明漪绝底，奇花初胎。

丝砚珍贵标本。

四、题归专石

此法为前法之引申。所谓"内容决定形式",砚铭据所题砚之石品、题材量身定做,别石不可借用;如前述余甸青花砚,即便无《林史》记载,只以题辞论,砚亦必真。所谓"专石专题",亦可称别是一种"天人合一"。

1.高兆端石鲛绡端砚——鲛绡艳绝真逸品

砚素池随形(彩图53)。简洁雅致,砚背略凹,镌楷书铭:

平铺鲛绡,横截昆璧;如春葱之始萌,仿秋藕之乍擘。高兆。

砚出端溪,色紫中泛青,有蕉叶白、胭脂晕诸品。砚堂中斜横一抹胭脂晕,朱白相间,如虹如练,艳而不俗,甚别致,固斋铭文中"平铺鲛绡"即指此。

鲛绡:传说中鲛人所织"龙纱",泛指薄纱;陆放翁《钗头凤》诗:"泪痕红浥鲛绡透"。北宋贾奕因与宋徽宗争吃名妓李师师之醋,填《南

高兆端石鲛绡砚。私家藏品。(彩图53)

乡子》词出道君之丑,词末句即云:"留下鲛绡当宿钱。"自然,贾生被发配天涯海角思过去了。词中鲛绡为道君随身汗巾耳。"昆璧",昆仑美玉(和田玉),言石材细腻;"如春葱之始萌,仿秋藕之乍擘(同掰)",言石之色品,如春天之嫩葱(此应特指砚堂之马尾纹火捺),如乍剖开之莲藕,柔艳之极。元人乔吉散曲云"春葱细腻,秋藕匀圆"。

此砚石材绝美,合精于鉴石之固斋所宜取;铭字从容娴熟而无俗态,合前人所记固斋工楷书之记载;尤其铭辞,典雅唯美,全为此石之殊品而赋,故必固斋真物。

以此砚之天生丽质,想在藏砚大家高固斋案上,亦得意之物,洵为古端逸品。

2.许瑶光辰溪石井田砚——象成天田励笔耕

此晚清诗人许瑶光所铭"井田砚"(彩图54),亦可为"专铭专用"作一例证。

砚近方,黎溪石所制。紫地似端,砚堂绿脉呈十字,透及背。砚面琢"井"字池,背挖覆手边,与十字绿纹加叠,恰为一"田"字,正背相含,喻"井田砚"也。砚背楷

书铭：

> 辰溪之石，象成天田。笔耕墨耨，自古有年。同治五年九月。云门许瑶光。

许瑶光（1817～1881年），字雪门，号复斋。湖南善化（长沙）人。道光二十九年拔贡。历任桐庐、仁和等地知县，有循声。三任嘉兴知府，前后十八年，政声卓著，人誉贤太守。据杨乃武之女云，许瑶光曾参与杨乃武与小白菜冤狱复审，因许氏之同情，冤案才有转机。

许瑶光出梁章钜门下，诗文书法，均有成就，著有《雪门诗草》、《谈浙》流传于世。

许瑶光辰溪石井田砚。棲砚楼藏。（彩图54）

所记太平天国于浙地之兵燹战祸，极有文献价值。许氏书法由董而及苏黄，嘉兴南湖烟雨楼等处，遗有其题牌匾。许氏又好收藏，尝得米芾手迹、吴镇《风竹图》，皆摹刻碑石置于南湖。

"井田砚"，寄托读书人笔耕砚田，祈获丰年的理想，即许氏砚铭"笔耕墨耨，自古有年"之意。此种砚式，本古砚常题，并无奇处；奇者，此砚利用石纹，铭中所谓"象成天田"，构思可谓巧矣。

铭字开张遒劲，受黄山谷影响明显，正与史载许氏书风合契。

辰溪石，产湘省辰州，因产地与色品皆与祁阳石相近，故人多将两者混为一谈。

许瑶光湘人，对此湘省所产石砚，当别有感情。

五、辞属专人

绝对多数古名人砚，都属即无古人图谱可对又无古人文字可考，其中真品必也不少。有一种铭文砚，其铭辞内容对于题铭者而言，有特定寓意，他人不可替代，为所题之人专用，属于"专人专题"，此亦真铭一重要征象。

1.邢侗来禽馆紫石砚——妙联巧嵌书斋名

砚随形，硕大，达32厘米，出自鲁地城武。出土物，土锈斑驳，砚面有剥蚀。质细腻润泽，色紫红，沉着美艳，间有褐丝，唐时曾为贡品之虢州紫石也。此砚刻工简约，诚明人风度。背平无覆手。镌行书铭曰：

　　　　割来紫云垂青露，青禽衔珠欲飞去。来禽馆。

　　来禽馆，为晚明书法名家邢侗斋号。铭文两句次字正嵌"来禽"，巧寓斋名于铭中。

　　邢侗（1551～1612年），字子愿，号知吾，晚号来禽馆主，人称来禽夫子，山东临邑人。仪容峻伟，丰颐方口，发如云，须如戟，声如洪钟。万历初进士，历官至太仆寺少卿。为官以廉惠称。

邢侗红丝石来禽馆砚。五绝砚斋藏品。（彩图55）

以亲老辞官归乡，筑来禽馆等二十六景名"泲园"，于园中攻读二十余年。家资巨富，后中落。善画，能诗文，工书，以钟王为主，尤得右军神髓。自言："与右军书坐卧几三十年，始克入化。"时人将其书艺与董其昌并称"南董北邢"，又加米万钟、张瑞图，并称"明末四家"。其字当时已名重海内外，有购得邢书尺幅者，皆宝为九鼎。朝鲜人购之，与黄金同价。琉球使者入贡，亦买邢书去。妹慈静、子王称亦有书名。

　　邢子愿藏墨极有名，著有《墨潭》、《墨记》。

　　邢诗《来禽馆》并序云：

　　　　土产甚夥，家园在所不乏。每展右军囊盛书，令人神爽，乃锡馆以嘉名。

　　　　买丝绣右军，分行种青李。总是爱来禽，帖与树俱尔。

　　邢氏因喜爱王右军《十七帖》中之《来禽帖》，遂将斋号名命"来禽馆"。

　　王右军《来禽帖》，楷书。又名《青李帖》、《青李来禽帖》。

邢侗自书诗轴

《十七帖》第二十六通尺牍。帖云：

　　　　青李、来禽、樱桃、日给滕，子皆囊盛为佳，函封多不生。

　　"来禽"，果名，味甘，能招众禽至，故有来禽之名。

　　邢子愿一生于右军处用心，故以右军帖名为斋号，寄托向慕右军之意。其又惨淡经营，历时八年亲自遴选、钩摹成以王右军书为主之书法丛帖，亦名《来禽馆帖》，文集又名《来禽馆集》。崇祯十一年，清兵破临邑城，子愿子王称率八百壮士护城殉国，"沛园"被清兵燹毁，仅存来禽馆和犁邱台两景。来禽馆原筑，民国间亦被拆毁。

　　邢子愿鲁人，此砚出自鲁地；砚式亦明人风格；铭字纯是王氏帖学正脉，大类《集王圣教序》；铭文乃题紫石（虢州紫石），又嵌"来禽馆"名于辞句中，诸种征象皆与邢氏相契，故砚必邢氏遗物无疑。

　　《来禽馆帖》、《来禽馆集》加上此"来禽馆砚"，邢子愿真属"右军迷"第一人。

　　2. 元徐贞静墓志铭眉纹歙砚——泣血孝子亲撰铭

　　砚出越中，出土物（彩图56）。硕大，背三足，犹可见宋人遗韵。材为极品龙尾，

元徐贞静墓志铭眉纹歙砚。林岗先生藏。（彩图56）

岁月分化所呈金银晕，衬托出道道眉子尤显曼妙。砚面满刻楷书铭文，墓志铭也。

　　据志文，徐贞静为湖州归安人，生于元成宗大德八年，二十岁时嫁予贞白居士沈鹧泊为妻，卒于元惠宗至正二十二年，享年五十九岁。志文为徐贞静独子沈与京所撰，侄子沈维鲁书字，鲁渊填讳，王吉贤刻铭。

　　沈与京，生平不详，为明太祖重要谋士刘伯温（基）学生。明人《国朝献征录》所引《诚意伯刘公行状》云：

（刘基）尝游西湖，有异云起西北，光映湖水中。时鲁道原、宇文公谅诸同游者皆以为庆云，将分韵赋诗。公独纵饮不顾，乃大言曰："此天子气也，应在金陵。后十年，有王者起其下，我当辅之。"时杭城犹全盛，诸老大骇，以为狂，且曰："欲累我族灭乎？"悉去之。公独呼门人沈与京置酒亭上，放歌极醉而罢。

此"西湖望云"故事中同游者鲁道原，即志文中填讳（古人出于避讳，墓志中先人名字皆请长者代书）之鲁渊（1319～1377年），其字道源，号本斋，淳安岐山人。元末进士，曾官华亭县丞、浙江儒学提举，后辞官乡居。明初，屡辞朝廷征召，人称"岐山先生"。著有《春秋节传》等。

从沈与京曾陪其师刘伯温遊西湖，及淳安人鲁渊为其志文填讳看，沈氏应为杭州或淳安人，淳安人的可能性更大，因为填讳多请里中名人。

鲁渊与沈与京两人行迹交谊，皆与砚铭所记相合，真品无疑。而沈氏志文，乃为母亲所专作，此亦可算别是一种专人专题，再无二份。

此砚材质之佳，罕少之品，又有明确纪年，不仅是元砚的标准器，亦是古歙砚之代表作。

六、妙笔难仿

此法较易理解，有两说。

一者，名家书铭。书法名家之铭字，真迹必与其书风相契，韵足神完。高手摹刻者，亦能乱真。墨迹习见之书史名家，高手臆造而字数少者，也可惑人；但传世真迹罕少之书家，臆造其笔迹则颇有难度，故从铭文字体看，亦是一辨别铭文真伪之法。

二者，名家刻铭。金石名手所刻铭文，字体、刀法皆精到，不易仿冒；尤其名家自书自刻者，其以刀代笔之运用自如，更非庸手所能梦见。故伪品多有形无神，真品则神形皆备，辨之不难。

1.虞似良三足眉纹歙砚——瘦金隶字虞家样

此龙尾歙石大砚，更为罕见重器（彩图57）。

砚亦长达30厘米余。浙地出土，南方多水，故此砚水锈斑斓，润泽之气逼人。

石色苍黝，数道大眉通透，甚是壮观别致。扣之铿铿然，抚之手生津，龙尾上品也。砚长方，墨堂未起边，如意墨池。四侧内敛，背三足，前足左边一半被凿去，入土前所为，殉葬习俗使然。此砚形制修长而薄，乃南宋典型砚式之一，与北宋之主流抄手已有变异，线条洗炼，温文典雅。

砚背镌隶书铭四行：

君有文章，作而芬芳；君有翰墨，吐而馨香。非石丈人，何以发扬？铭之者

虞似良眉纹砚。五绝砚斋藏品。（彩图57）

谁，曰虞仲房。

铭文大意：用砚之人即使满腹锦绣，有文章大才；笔底波澜，怀书画奇伎，但皆须借佳砚（石丈人）之供驱使方能得以发扬。亦"工欲善其事，必先利其器"之意。

铭者虞似良（生卒年待考），字仲房，号横溪真逸。祖籍余杭，南宋初，父官台州，遂迁居黄岩横溪。淳熙间官兵部郎官，后任成都府路运判官。

虞仲房曾官兵部郎官，二品大员。但其名载史册者，更在诗翰。其诗词，风格清婉，得唐人旨趣。徐似道、方翥、张镃等与之相唱和；名诗人楼钥赞虞曰："余杭名家多俊奇，君于辈行尤白眉。"虞诗《横溪堂春晓》，被选入《千家诗》，流传甚广、脍炙人口。诗云：

　　一把青秧趁手青，轻烟漠漠雨冥冥。
　　东风染尽三千顷，白鹭飞来无处停。

诗境清新空旷，极尽南国春景之韵致。

虞仲房有诗名，然成就最大者乃是书法，尤工篆隶，撰有《篆隶韵书》行于世。时人史学名家李焘云：

虞似良题航海祈风石刻。为泉州九日山十段南宋同类石刻之最早者。记泉州市舶司及地方官吏，为出洋船舶祈求风信之典礼仪式事。题字之宋孝宗淳熙元年（1174年），时虞氏正在泉州提举市舶使任上。其在泉，为政清廉，受到海外商人景仰，楼钥诗称"贾胡叹仰清节高"。

　　　仲房能为古文奇字，声溢东南，凡江浙偏旁，与其他金石刻，多仲房笔其乘暇。（《说文解字五音韵谱》）

时人陈槱评当时书坛：

　　　隶书则有吕胜己、黄铢、杜仲微、虞仲房。吕、杜、黄工古法，然虽颇劲，而其失太拙而短。虞间出新意，波磔皆长，而首尾加大……隶则贵仲房，行草则取于湖。（《负暄野录》）

可见虞仲房之隶书不墨守陈规，有自家创意，特点是笔画细长。虞家藏有汉碑刻数千本，心摹手追，尽得旨趣，故能自成一家。其隶书与著名词人于湖居士张孝祥之行草，为时人所并誉。

虞字传世墨迹似已不存，泉州九日山有一其题航海祈风石刻尚在。此石刻不仅是宋代隶书代表作之一，更是研究中外交通史之珍贵资料。

此眉纹砚之铭文隶书，结体开张，笔画细劲，仿佛隶书中之"瘦金体"，与史载虞书"波磔皆长，而首尾加大"正相合，自是虞侍郎真笔无疑。

此砚之石，龙尾名品；此砚形制，煌煌大材；此砚之铭，辞华字精。宋砚有文人铭者已罕少，况此名家之物？

故此砚于砚史、书史价值之高，不喻而言。

2. 黄士陵刻铭云纹端砚——名坑名品名人镌

此砚材质细润（彩图58），颜色娇艳，石品丰富，青花、胭脂晕、金线、冰纹诸美品皆具，端坑上品也。

如此佳石，寸璞寸金，故砚池只起浅边，显古人惜材美德也。池右边就天然石璞，琢以云蝠纹饰，此亦晚清端工处理佳石时风，今日所遗晚清旧砚工艺多如此。砚右侧镌铭云：

　　　不说玉砚贵，不叹铁砚穿；幸尔琢磨成器，与尔结文字因缘。南山藏砚，属星湄铭，牧甫书并刻。

藏砚者"南山"，撰铭者"星湄"，皆俟考。

砚铭书、刻者"牧甫"，即与吴让之、赵之谦、吴昌硕并称"晚清四大家"之黄士陵。

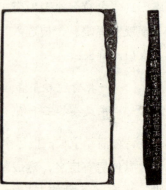

黄士陵刻铭云纹端砚。私家藏品。（彩图58）

黄士陵（1849～1908年），字牧甫，别号倦叟、黟山人，徽州黟县人。早年谋生赣地，后居广州以刻印为业。曾至北京国子监修业，与王懿荣、吴大澂等交好，研究金石之学。其篆刻取法汉印，参以商周铜器古文字体势笔意，在皖浙两派外，自成一家，名重东南，享誉海外，人称"黟山派"。有《黟山人黄牧甫印集》等。

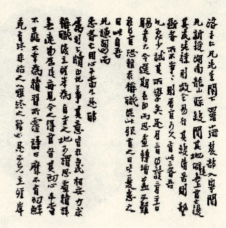

黄牧甫手扎

黄牧甫以金石篆刻绝艺傲视王侯，以布衣佐于卿相之间，先后被吴大澂、张之洞、端方等风雅大吏延为上客，或为校稿，或为辨古，眼界之广非等闲印人可比。晚年归隐黟山，乃隐于印艺的高士。

黄牧甫书法、篆刻皆有大名。其字从诏版、砖瓦文字中而来，尤有天趣。此砚牧甫之铭，与其书法风格完全相符，必牧甫真笔。

观铭字之运刀，爽利果决，贯气通畅，所谓"胸有成竹"者。此牧甫铁笔之工，绝难仿也！

七、匠心难雕

此法专就砚艺而论。砚艺流派，以地域分，有苏工、徽工、粤工等；以审美观论，可分文人砚、宫廷砚、民俗砚。民俗砚，古代文人多不取赏，不赘。画史有行家，利家（隶家）之说，前者指专业画匠，后者指文人画家。文人砚，以意境之文心取胜，利家也；宫廷砚，以刻工精细胜，行家也。此辨文人砚、宫廷砚之要旨。

1. 王岫君竹节端砚——"美人面"见文士心

文人画有所谓"工笔意写"，即构思严谨而以写意笔法出之，寥寥数笔中凸显作者匠心，意象在笔墨之外。相互生发者，为"意笔工写"，盖意境之深远，妙在计白当黑，白处为"千斤"，写虚；黑处是"四两"，写实。写实之处尤见功力，所谓少少许胜多多许。此法用之琢砚亦同一理，千刀万刀不逮一刀也。俗语云"外行看热闹，内行看门道"，所谓工艺，"工"可学，"艺"难仿。

此砚着刀不多，却的是大家手笔，门道甚多，可称是"苏造"砚艺中文人砚一派代表作品一例。

砚只手掌大小，所谓盈握。竹节形（彩图59）。蕉白、胭脂晕、玫瑰紫青花诸美品皆集。尤其大片蕉白布满砚面，反衬出砚面之胭脂晕更加妍丽，宛如西子芳颜，娇羞妩媚，风情万种，诚"美人面"之谓也！

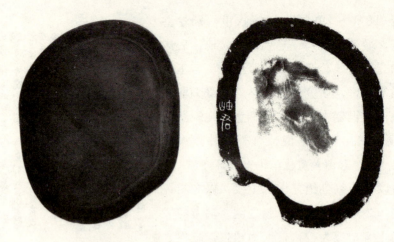

王岫君竹节端砚。私家藏品。(彩图59)

王岫君(生卒年不详),又作王幼君、王岫筠。阮葵生称:"吴门顾青娘、王岫君治砚,名闻朝野,信今传后无疑也。"乾嘉间江阴文人金棒闻亦云:"国朝斫砚名手,江南首推王岫筠,盖其雄浑精密,可意会不可言传也。"又有誉王氏砚艺为"清初江南第一"者,云其余如杨龙士、谢平邱(杨、谢与王氏不同时)等制砚高手虽各擅所长,皆瞠乎王氏之后。王氏制品传世物不乏见。津博藏一其所制山水砚,落款字体与此竹节砚款相同,砚正背均作山水图景,利用原材石皮石纹之自然形态加以雕琢,颇具匠心。

此砚工艺,正面略琢而成素池,"不着一字",不侵夺石品之美。其"尽得风流"在砚背覆手,所琢凹凸起伏的竹节剖面,显示作者处理刀法之圆浑。其佳处又在"残缺美"之利用,砚背左下有一天然缺口,就其"残"而赋形,得"齐而不齐"之自然韵味。落款"岫君"二字于左边,诚如"画眼",可知作者"经营位置"经验之丰富。名字款篆书,着刀爽利,神气宛然,弥见功力。

金棒闻赞王岫君砚艺:"雄浑精密,可意会而不可言传。"从此砚选石、赋形、琢艺、铭款看,信然!诚王氏真品佳制也。

2.乾隆赐刘湄仿周花乳钟端砚——仿古纹显御工精

清宫砚,繁工缛刻,工有余而文不足,有一种以仿刻古器纹饰之作,则属雅俗共赏。清宫造办处"砚作"所集本雕刻高手,所制虽多属砚中"馆阁体",然刻艺之娴熟,民间砚工多所难及(文人砚则重在"艺",不在"工")。故以工艺结合铭文审之,不难识清宫砚之真伪。台版《双清藏砚》所刊端石"仿周花乳钟砚",可算一"砚作"出品之佳器。

砚亦小品,纵只12.8厘米。端溪坑仔岩石,有鱼脑碎冻、蕉叶白等名品。砚池周边仿刻"周花乳钟"纹饰,及于砚背。钟身纹饰精细规整,显现刻手雕工娴熟。砚侧镌馆

仿周花乳钟砚　刊《双清藏砚》。

阁体五字："仿周花乳钟。"紫檀匣，亦钟形。上镌篆书二字"赐研"，字下行楷铭：

> 嘉庆元年正月四日，大鸿胪清平刘公陪宴千叟，荣沾宠锡。其乡人桂复书椟纪
> 事。

千叟宴，始自康熙五十二年于畅春园举行之千人大宴，因玄烨席赋《千叟宴》诗得名。乾隆五十年又宴于乾清宫，与宴者三千人。嘉庆元年正月再宴于宁寿宫，与宴者三千零五十六人。嘉庆元年"千叟宴"，举行于乾隆禅位四日后，或弘历做"太上皇"兴致颇高，赐品甚多，得赐砚者亦复不少。伊墨卿父朝栋亦于此次宴上受赐一方秦少游砚（砚为宋哲宗所赐，事见载《宋史·秦观传》），墨卿《留春草堂诗钞》记之，翁覃溪为作《跋赐研记》；江南河道总督兰第锡在此次宴上亦受赐一端砚，黄小松为题砚铭，载《秋庵遗稿》。

从此砚工艺及赐砚时间看，信为清宫赐品。

此砚出自清宫，固为推崇官器者所重；但其人文价值，更在于受赐者"清平刘公"及题椟者桂复。

桂复，即上文题纪晓岚黻文砚之乾嘉间隶书大家桂未谷。桂氏作书落款习惯，"桂"作楷而"复"作行草，故"复"字易惑人（《双清藏砚》误作"为"）。

考得"清平刘公"，乃鲁西清平（今属高唐）名宦刘湄，故曲阜人桂未谷题款自称乡人。

刘湄（1732～1802年），字芷林，号岸淮。性颖悟，幼即能深思质问疑义。稍长，通六经，浸淫百家之说。乾隆三十四年进士，为满清入主中原以来清平首位进士，授翰林院编修，历官御史、科道，洊至鸿胪寺正卿。尝奉命巡视瓜、仪、天津漕务，政绩累累。性伉直，不能随人俯仰，又俭约，退下近老氏之学。卒年七十一。

此砚题匣铭文书法，刚中有柔，碑学味甚厚，与桂未谷书风相符。刘湄之行迹、官职亦与赐砚时间相合，故必桂题刘藏之真品无疑，故远较一般"乾隆仿古六砚"之类清

宫赏赐砚，更为难得。

八、材有禁脔

又有只以材质看，亦可定为真品者。最典型者亦可举清宫砚。今日多见之所谓"乾隆仿古六砚"旧物，多数为清季民国人所伪。传清室退位，"砚作"工匠失业，遂归家私仿"御铭砚"糊口。故以砚技论，彼种仿品与真品全无差异。又内廷砚，材质只中上而已，石不难得，故以材质论，彼种仿品与真品亦相差无几。

但清宫砚，亦有绝难仿者。清宫砚之匣椟，制造精细，镶玉嵌翠，非私家易为，故传世带精美原匣之砚，多为真物。又，乾隆曾命取汾水泥烧制过一批澄泥砚，故今传"仿古六砚"中材为澄泥者，多为真物。再者，清室肇起于白山黑水，松花石为清廷专用，民间禁采，故传世清代松花砚，多清宫所制，民间罕有。

1.康熙赐孙勷松花石砚——石养深宫人未识

砚为松花绿石（彩图60）。色碧绿，青黄丝相间，极美。砚池刻竹节边，墨池内刻麒麟瑞兽一。砚背镌行楷"以静为用，是以永年"。方印"康熙御铭"。砚两侧楷书铭：

> 康熙五十八年十二月初四日。赐翰林院提督四译馆太常寺少卿臣孙勷。

孙勷（1657～1740年），字子未，号莪山，德州人。幼孤贫，鬻富家为青衣，聪颖非凡，主人养为己子。康熙二十四年进士，历官大理寺少卿、通政司参议。性简傲，不谐于俗。以时文名重天下，诗亦清超。其室名鹤侣斋，有《鹤侣斋集》。

旧本《婺源县志》，记孙勷原为婺源理田李氏裔，迁居苏州吴县。孙勷自幼过继致仕之吴县令、德州人孙继长子孙息为子。后孙勷子孙登科第者，皆认祖归宗，入婺源李氏谱牒。

今传咸丰刊本《鹤侣斋集》，收有孙勷外甥宋弼作于乾隆十四年之《莪山孙公遗事》。记孙勷于康熙四十八年己丑，督贵州学政。因政绩卓著，擢用大理寺少卿。雍

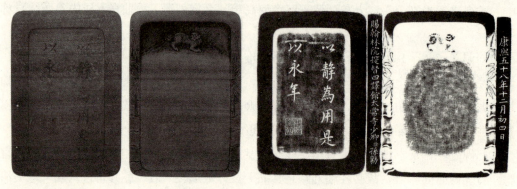

康熙赐孙勷松花砚。日版见刊《砚台》。（彩图60）

正四年丙午，请告归。独居一室者十五年，未尝至城市。乾隆五年庚申春，病故。

从宋弼此记可知，赐砚之康熙五十八年，孙勷正在大理寺少卿任上。砚款之"四译馆"，明清时用以培养"通译"（翻译）之类外语人才；"太常寺少卿"，掌朝廷礼乐之太常寺佐官，正四品，与掌全国刑狱的大理寺佐官"大理寺少卿"同品级，皆是闲曹。应是孙勷先官提督四译馆太常寺少卿，后改大理寺少卿，并终任此职致仕。

此砚刻工，为典型清宫"砚作"风格。背刻铭，亦康熙御铭习见常题。孙勷铭，与其宦迹相符。其铭字，为典型之馆阁体，合乎时风，当为孙勷自书。此数项，良工皆可仿制；难者，松花石料为清廷"禁脔"，不易得也。且松花石细腻坚密，包浆生成不易，所以仿品"皮壳"皆轻浮，识之不难。又，松花石质地细硬，年久易在石之表面起斑点"银星"。此歙石亦有之，他砚少见。

故受材质特性的限制，清宫松花砚作伪，实绝难，亦易辨，因之孙勷此砚必为康熙所赐真品无疑。

2. 徐立纲仿宋合璧金星歙砚——品压乾隆俗中雅

此砚虽非清宫所制，但因砚主对砚材的苛求，亦属可以材质论真伪之一个案。

砚为老坑歙石所制（彩图61）。色苍碧，有雨点金星，灿烂夺目，诚龙尾石上品。椭圆形，墨池呈半月，中琢一卧兔作回首状，意为"玉兔朝元"。背覆手相对应墨池处，呈圆形凸出状，意为太阳，故砚额侧刻楷书题："仿宋合璧砚"。款："乾隆辛丑春王正月，古虞徐立纲制赠"。砚背覆手内镌一铭，亦楷书，云：

> 相著而黑，惟古之铭。交也称石，雅怀硁硁。确尔山骨，宣歙蕴精。磨砺斯久，或逾瑱珉。百云铭。徐立纲印、涤甫（印）。

砚铭首两句，言磨墨功用。"相著而黑"，出《大戴礼记》所载《金匮砚铭》"石墨相著而黑"句；三、四句：言与石交，有君子风雅情怀。"硁硁"，浅薄固执状。《论语·子路》："硁硁然小人哉！"五、六句：言石为歙山之骨、歙溪之精。"山骨"：山中岩脉。唐人《石鼎联句》："巧匠斫山骨"；七、八句：言砚久用，比美玉更佳。"瑱"、"珉"：皆指美玉。此砚铭，中规中矩，袭前人

徐立纲歙石仿宋合璧砚。楼砚楼藏品。（彩图61）

成说，并无新意；但其誉石之辞，却非谬赞。

徐立纲（生卒年不详），字涤甫，号百云。浙江上虞人。乾隆四十年进士。历官散馆编修、安徽学政、顺天主考、湖南主考。

徐氏虽只算当时三流人物，于砚史却值得大书一笔。

常理，若世间流传两方铭款相同之砚，至少必有一伪。例外者，如清康、雍、乾三朝之内府赏赐砚，皆为一铭多题，其中"乾隆六砚"最多，徐立纲正是一位乾隆砚事的效尤者。

见刊徐立纲所铭赠砚有多方，皆歙石佳品所制。《中国古砚图鉴》、《双清藏砚》各刊一例，铭款与棲砚楼此砚略同，只砚之形制有异。《中华古砚一百讲》刊津博另藏一例。歙石，纯静无纹。背覆手铭又为：

> 停云既歌，他山有石。琢之磨之，相著而黑；曰惟君子之德。百云铭。百云（印）。

> 乾隆辛丑春王正月，古虞徐立纲制赠。

铭同于津博砚者，又有三例：《铁砚斋藏砚》之竹节砚、《雕虫小记》之长方抄手砚及别一私家所藏琴形砚。

徐立纲从乾隆四十五年至五十年，两任安徽学政。砚铭之"乾隆辛丑（四十六年）春王正月"，为徐首任皖省学政第二年。徐氏在此年不仅定制歙石一批，还定制徽墨一批。周绍良先生所撰《蓄墨小言》收一笏徐氏书卷墨即是。周氏评徐氏墨："徐氏制墨颇典雅，不失为佳制。从墨上标识，明显说明是馈赠之用。徽歙乃产墨之区，他以学官制墨，可能得到一些便宜；以之赠人，显得是土仪，加以特意精制，更可以邀受者欣赏。此公之用心亦良苦矣。"徐氏订砚的用处与墨一般无二。

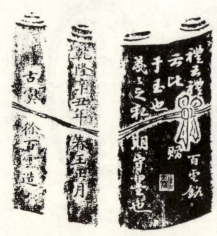

《蓄墨小言》所收徐立纲书卷墨

同是"行活"，"乾隆六砚"，虽有御赐声威，但品质不如徐氏"赠砚"。盖乾隆内府赐砚，材质中上而已。传办贡之人，例不以极品进御，虑来日无以为继，获罪天威。故弘历虽为"县官"，皖省学政徐氏却属"现管"，其选墨订砚，自然大得实惠。又，徐氏砚，虽铭字亦馆阁干禄书，但较乾隆"御铭"字之软靡，尚略有风骨。因之徐氏"赠砚"，其形式虽仿"乾隆六砚"，格调应在"乾隆六砚"之上。

故以材质优劣，亦定徐氏歙石"赠砚"真伪之一要因。欲仿冒徐氏砚之难处，获徐氏砚此种上材非易事也。

笠谷缀语：

所谓道高一尺，魔高一丈，先有混世之"魔"出现，方有降魔之"道"产生。故"魔"是主动的，"道"是被动的，"道"常常只能随"魔"的指挥棒起舞。而"魔"又总是千变万化的，且"野火烧不尽，春风吹又生"，故前文所列赝伎有九种，而本文识真却只列有"八法"，此数字原也契合鉴古困局之实情——造假之伎，永远都比辨伪之法要多。

因之，制赝与识赝，钟馗之道术与小鬼的魔法，本相生相克，鉴赏家之"道高"与造假者的"魔高"，互为因果，是收藏界一个永恒的主题。具体就鉴识古砚而言，一个合格的收藏家、一个负责任的鉴赏家，必须要理论联系实际，做到"胸有成砚"。而此胸中之成砚，又不仅只有真砚，还必须有赝砚。唯其如此，始能练就一双包青天之"阴阳眼"、孙猴子的"火眼金睛"。然后，方可以言披沙沥金，去伪存真——拿到勘破"玄之又玄"、层出不穷伪伎那把"众妙之门"的钥匙——从而占得鉴砚立于不败之地的先机。

后记

梦回何朝？

说起来，我之与砚结契，有个从职业上的日久生情，进而转化为事业上与之订交岁寒之盟的过程。

总角之年即好涂鸦，稍长痴迷古诗词，复学制砚；闻之追本溯源为问学正道，乃逆流而上，由新砚及古砚，由砚艺及砚学，刻石品璞，探究砚史，竟至深陷其中，不能自拔，以至于今——此我与砚结缘之心路历程也。

岁月如流，阅世渐深，所历况味日多，自知难有成为"痛苦的苏格拉底"的修为，却也不甘心，亦不耻于做一头"快乐的猪"；茫茫无归，怅望旷野。何以解忧？——遁入故纸堆、古砚堆，自成一统，似乎不失为一个寄托精神上"瓦全"的归宿。于是，书斋一壶酒，对砚成三人，客居京华闹市，心楼乡野山林，与书砚为伴，与古人为侣。心境如此，到有几分近乎钱锺书先生所谓做学问之理想环境：荒江野老屋中，两三素心人商量培养。

《文心雕龙》云："凡操千曲而晓声，观千剑而识器。"为得此"识晓"功夫，我勉力笃行思翁董其昌"行万里路，读万卷书"之格言，寓京华十余年，南北各地访砚以百次计，经眼古砚以万数计，查阅图书，浏览涉砚文献，更不知凡几。

浸淫日久，钟情有加，所识日多，所思愈深。对今日砚学之式微，心每有大不平。深感砚之为文士情人、文房至宝，不仅是传承华夏文明、中华文化之载体，于吾国乃至其他东方儒教文化诸国，尤有"成教化，助人伦"之大功焉。而其宝，尚不仅体现于材质、工艺、铭文，还体现于用砚之人、铭砚之人、传砚之人。自然之灵秀，人文之蕴藉，俱是风情，莫不可品可赏、可味可玩。文物价值之外，其文化价值更别是一种"郁郁乎文哉"。

砚道乾坤，石中日月，个中滋味既是如此一片光风霁月——独乐乐，与人乐乐，孰乐？曰——不若与人。

石不能言最可人。石之大美，石不能自言，我辈代言之；砚之有赝，砚不能自辨，吾侪为辨之。因此，为砚文化这颗蒙尘明珠拂去尘埃，展现其冉冉华光而鼓与呼，自是我辈砚人责无旁贷的份内事！

古贤朱子云"学贵善疑"，疑以信为体，悟以疑为用。此所以哲学上，古希腊产生怀疑学派；史学上，国人上世纪初肇兴疑古学派。所谓"真善美"，善、美，必以真为前提，鉴赏古砚，首务亦为去伪存真。西哲笛卡尔云"我思故我在"，"我"之价值，关键在"我"、在"思"——"我思"之结果，便是曾懂年代被灌输进脑中的一尊尊偶像，轰然倒地。因之，也就不迷信所谓"大人先生"们的既有结论。接触古砚，特别是古代名人砚以来，方知诸如鲁鱼亥豕之类伪伎欺人，一如世相。而古往今来之论砚者，多有互为牴牾辨难者，常未能穷其原委，判其是非；尤其今人某些论砚著作，更是附会凿空，讹舛率多，充斥外道之论、耳食之说，遂使逐影吠声者奉为金科玉律；甚至更不乏有强作解人，乃至指鹿为马者！——以其昏昏，焉能使人昭昭？

以此，我常觉如鲠在喉，不吐不快。此《名砚辨》与稍前所刊《赝砚考》两书，即有所感而发、为所快而吐者。

一个时代有一个时代之气象，一个人不同时期亦有不同时期的识见与感悟。观堂先生王国维治学三境界说，为我素所服膺。近年来，我于砚学闭门苦索，仍在"衣带渐宽终不悔，为伊消得人憔悴"之阶段。《名砚辨》与《赝砚考》，即辑自说砚心得文字中的一部分，均是对古代名人砚的辨伪及对砚史争议问题之考析。两书内容紧密关联，惟因篇幅较大，遂一花两叶，分两册出版。

所谓"钓胜于鱼"。人生的价值多在于过程之精彩，鉴砚之道亦不仅只在结果。尤其古名人砚，真伪固重要，但其传承过程中所发生的诸般情事，亦大可玩味；有发人深省者，有可补史阙者，亦颇有可引以为笑谈之助者。以此之故，两书在行文上，便信马由缰，一任神飞思骛矣。

"士先器识，而后文艺。"寓情于物，是玩古、品砚之最高境界；就石说石，甚至得指忘月、胶柱鼓瑟式论砚，斯落下乘。借砚这酒杯，浇心中之块磊，是我撰此两书之基调。盖玩砚本风雅闲适之事，抱璞观道，借砚寄情，所谓砚因人重、砚因人传，评说前贤清芬、扬誉鸿雪旧迹，意趣常在砚外；加入一些风花雪月乃至皮里阳秋、快意雌黄，原也无碍主旨。说到底，广义而言，无论自然科学与人文科学，各种学问无非"人学"，皆以人为主体，要在"天人合一"——"砚学"，本即"人学"意味最浓厚的学问一种。

于是，辨砚之伪，说人之真，砚外说砚，两书中，既有《沈汝瑾藏三像砚》、《钱柳合璧砚》、《疏香阁眉子砚证闻》、《十砚轩"十砚"及黄任诸砚事、艳事考实》等别是一种对"美人香草"的挽唱；也有《岳飞砚》、《文天祥玉带生砚》、《谢枋得桥亭卜卦砚》、《刘宗周海天旭日砚》、《正说明季粤地抗清烈士遗民砚事琴事》等对民族志士的讴歌；《纪晓岚绿红端辨诬》又是对砚史狂人的鞭挞；《砚之觞》更是对草菅文物者的"骂座"……而《名砚辨》所收《赝伎九种》、《识真八法》两篇，则是总结我鉴识古名人砚真伪之诸种心得，公诸同好，意在赠人玫瑰而手留余香耳。

白眼向朱门，折齿为美人，此戛戛独造之学者应有的风骨。故米颠作《砚史》，品藻硯林，月旦诸石，褒少贬多。大哲列子所谓"察见渊鱼者不祥"，或可作智者处世之明哲保身语解。然者，察见"滥竽充数"之烂鱼，犹作"今天天气哈哈哈"状，你好我好大家好，流于媚俗，非我之所取。此种态度，当是本书与《赝砚考》所追求的——学术批判精神之价值所在。

回顾搜集资料之幸劳，可谓黄卷青灯，十年一剑——当初为研究日本所藏中国古名砚，咬牙购《古名砚》煌煌五大册等日版砚著有之；为检勘涉砚资料，翻破一本《说砚》，去国图古籍馆抄满数册笔记本、印回资料数百页有之；为争得看古籍之平等权，据理力争甚至拍案骂座于国家图书馆有之；为探究"孔子砚"，披荆斩棘于闽北荒山有之；为目验"房相砚"，绕道赣东北山乡有之；而为考证清代中前期闽人玩砚集团及黄莘田、顾二娘的行迹、砚事，去国图检读相关时人诗文集、地方史乘几达百种之多……个中几多甘苦，几多欢乐，如人饮水，冷暖自知。

《说砚》书影。是书初版于1994年，收辑砚史文献数十种，为砚学者提供便利甚多。惜间夹残本，且影印字体太小，读之颇有不便。

然，所谓吾生有涯而学无涯，虽说下笔力求苟严，但错漏之处必然难免。前书《赝砚考》，因是处女作，对校稿之重要性有所疏忽，以致书中讹漏之处不少，颇觉愧赧，此憾唯待日后再版时补过了。

砚学、砚文化之复兴，须社会各界对砚道有兴味的同好，各以其性之所嗜好与力之所能及，分途以赴，合力推动。在此，借用梨洲先生黄宗羲《明儒学案·发凡》中一言："海内有斯文之责者，其不吝教我，此非末学一人之事也。"两书之出版，倘能如蔡鸿茹女士序文中所言"一石激起千层浪"，起到些许抛砖引玉的作用，则我之愿也。

本书与《赝砚考》的出版，首先要感谢中国书法家协会副主席、文物出版社苏士澍社长的鼓励。苏先生本为书法大家，多年来对我的砚铭刊刻乃至书法都素有指点。北京书法家协会常务理事丁知度先生，书风洒脱，亦素为我所喜，遂请两位先生分别为两书题写书名（张中行翁生前曾允诺请元白先生（启功）为拙作题签，以故未果，今请元白先生高徒苏士澍先生代劳，此亦缘由之一）。中华砚文化发展联合会刘红军会长，对我的砚学研究大力支持，关爱有加，并对本书《自序》部分提有宝贵意见。原天津博物馆研究馆员蔡鸿茹老师，系砚学前辈，为奖掖后学，在身染微恙的情况下，抱疴为本书作序。老友学长北京市语文特级教师三馀书屋刘德水兄，文章得张中行翁真传，不仅对本书校对尽心尽力，还代行公偿"文债"，为书作万余字长序（这段文字因缘德水兄序文中已道及）。诸位师友前辈的嘉勉期许，清风高谊，皆令我感佩不已。在撰稿过程中，还得到好友古文献学者杨立峰兄的很多教益；端砚名学者拿云楼欧忠荣先生、砚文化学者赵粤茹女士；古砚收藏名家瓦缶堂李俊林先生、林岗先生、盛源斋火来胜先生、藏砚斋金彤先生、开悟堂黄海涛先生、古越会馆方肖鸣先生、我堂刘奉文先生及砚雕家吴玉民先生，亦多有所关心支持。还有其他一些文友、砚友亦尝提供帮助，无法一一列名，拙稿付梓之际，谨此一并深致谢忱。

人生苦短，譬如朝露。异乡异客，红尘羁旅，挟薄伎而飘零江湖，"长安居，大不易"——长安居，想做点学问，且又是冷僻学问，尤大不易。楼砚楼主杨斌先生，素喜雅藏，急公好义，多年来给予我很多的勉励与支持；女友梁婧，兰质蕙心，红袖添字，常对我有所启发，深契我心。在此，更要表示特别的感谢！

最后，还要感谢有心读完《赝砚考》、《名砚辨》这两册姊妹书的同好诸君。"古调虽可爱，今人多不弹"，在此躁动时代，佳砚，宛若一缄默之大雅君子，淡看浮华，遗世独立，与砚结缘者，殊是难能可贵。

言尽于此，意犹未了，搁笔之际，谬撰一辞抒怀——一者，纪我的砚缘；二者，聊为两书作一注脚：

紫玉苍璧氏名列，骚客巨公竞风流。
乌衣巷中庋清閟，石渠天鉴由来久。
红尘冷暖个中勘，雾里看花辨缘由。
吟风弄月顾左右，及至言她皱眉头。
几品真经几赝鼎？几家欢乐几家愁？
假作真时真亦假？李逵心肝李鬼有？
我生无田食唯砚，得意忘形雕虫手。
琢龙镂凤外道矣，何如太朴真意留。
独行千山回眸笑，醉眠花巅悟狮吼。
抱璞时还涤尘心，枕石梦蝶逍遥游。
我以我血祭淬妃，砚外说砚八极走。
肥遁懒说文字狱，著书任谤稻粱谋。
砚海无涯人有涯，望断浮云上高楼。
苍天有情何足奇？莫道顽石不开口！

2011年10月5日，五绝砚斋主人吴笠谷记于燕京黄杉木店，时东方既白

封面题签：丁知度
封面设计：吴笠谷
责任印制：陈　杰
责任编辑：贾东营

图书在版编目（ＣＩＰ）数据

名砚辨 / 吴笠谷著. —— 北京 ： 文物出版社，
2012.8
　　ISBN 978-7-5010-3286-0

　　Ⅰ. ①名… Ⅱ. ①吴… Ⅲ. ①古砚－鉴赏－中国
Ⅳ. ①K875.42

中国版本图书馆CIP数据核字(2011)第196178号

名　砚　辨

吴笠谷 著

*

文 物 出 版 社 出 版 发 行

（北京东直门内北小街2号楼）

邮编：100007

http://www.wenwu.com

E-mail:web@wenwu.com

北京君升印刷有限公司印刷

新 华 书 店 经 销

787×1092　1/16　印张：36.25

2012年8月第1版　2012年8月第1次印刷

ISBN 978-7-5010-3286-0　定价：160.00元